Siekerkötter
Fehn

Wirtschafts- und Sozialkunde

für Kaufleute im Gesundheitswesen

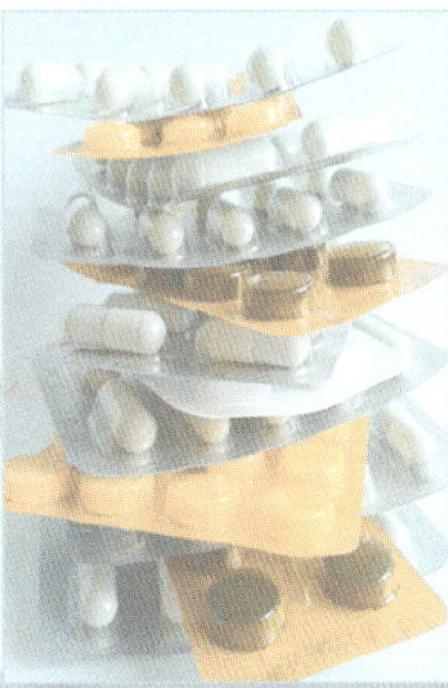

Merkur
Verlag Rinteln

Wirtschaftswissenschaftliche Bücherei für Schule und Praxis
Begründet von Handelsschul-Direktor Dipl.-Hdl. Friedrich Hutkap †

Verfasser:
Dr. Reiner Siekerkötter
Hagen
Studium der Betriebswirtschaftslehre und der Erziehungswissenschaft an der Universität Dortmund.

Thomas Fehn
Hamm
Studium für das Lehramt für die Sekundarstufe II in Wirtschaftswissenschaft und Deutsch an der Universität Dortmund. Lehrtätigkeit im berufsbildenden Schulwesen kaufmännischer Fachrichtung.

* * * * *

16. Auflage 2021

Gesamtherstellung:
MERKUR VERLAG RINTELN Hutkap GmbH & Co. KG, 31735 Rinteln

E-Mail: info@merkur-verlag.de
lehrer-service@merkur-verlag.de
Internet: www.merkur-verlag.de

Merkur-Nr. 0054-16
ISBN 978-3-8120-0054-3

Vorwort

Bei den

„Kaufleuten im Gesundheitswesen",

bei denen erstmalig die erforderlichen **beruflichen Qualifikationen aus dem kaufmännischen und dem gesundheitsspezifischen Bereich kombiniert** worden sind, handelt es sich um einen zum 1. August 2001 neu geschaffenen Ausbildungsberuf. Damit die Leistungsanbieter im Gesundheits- und Sozialwesen ihre Dienstleistungen besser vermarkten und gleichzeitig kosteneffizienter arbeiten können, entwickeln Kaufleute im Gesundheitswesen (die als Fachkräfte in Krankenhäusern, Pflegeheimen, Vorsorge- und Rehabilitationseinrichtungen, in Arztpraxen, bei Krankenkassen, ärztlichen Organisationen und Verbänden sowie bei Rettungsdiensten und den Verbänden der freien Wohlfahrtspflege zum Einsatz kommen) Dienstleistungsangebote mit und übernehmen eine Art Schnittstellenfunktion innerhalb des Betriebes wie auch zu anderen Einrichtungen des Gesundheits- und Sozialwesens.

Das vorliegende Lehrbuch

Wirtschafts- und Sozialkunde

für Kaufleute im Gesundheitswesen

entspricht dem auf Beschluss der Kultusministerkonferenz verabschiedeten **Rahmenlehrplan** vom 11. Mai 2001 für diesen Ausbildungsberuf und beinhaltet den gesamten Wissensstoff der drei Ausbildungsjahre einschließlich des **Schriftverkehrs.**

Aus dem Inhaltsverzeichnis sind die einzelnen **Lernfelder** zu entnehmen. Zur Verbesserung der Übersichtlichkeit und der Veranschaulichung ist die Darstellung durch folgende Merkmale gekennzeichnet:

▶ **Einzelabschnitte,** die im Inhaltsverzeichnis **nicht** durch eine Nummerierung erfasst wurden.

- **Unterpunkte** zu diesen Abschnitten.

  | **Beispiele** aus der betrieblichen Praxis, die durch einen Balken am linken Rand hervorgehoben werden, verdeutlichen an zahlreichen Stellen den Text.

Schaubilder dienen zur Erläuterung der Ausführungen und sind teilweise farbig ausgeführt.

Formulare sind in den jeweiligen Originalfarben abgedruckt.

Briefe werden in gelber Unterlegung hervorgehoben.

Übersichten als Zusammenfassungen befinden sich in farbiger Gestaltung am Schluss der einzelnen Themenkreise und geben deren Inhalt in Kurzform wieder.

Problem- und entscheidungsorientierte Aufgabenstellungen zur Lernzielsicherung und Lernerfolgskontrolle folgen am Ende eines jeden Kapitels.

Dieses Lehrbuch ist geeignet für die entsprechenden Ausbildungsberufe an Berufsschulen bzw. -kollegs, für Lehrgänge an Bildungszentren und Fachschulen sowie für die betriebliche Aus- und Weiterbildung.

Hagen, Hamm 2021

Reiner Siekerkötter
Thomas Fehn

Inhaltsverzeichnis

Lernfeld: Märkte und Marketing

Lernfeld: Personalwirtschaft

Lernfeld: Geldwirtschaft

Die normgerechte Gestaltung von Briefvordrucken und -vorlagen gemäß DIN 5008

Lernfeld: Betriebe im Gesundheitswesen

1 Handelsrechtliche Rahmenbedingungen

1.1 Kaufmannseigenschaft

Im täglichen Sprachgebrauch ist es üblich, diejenigen Mitarbeiter eines Unternehmens, die kaufmännische Tätigkeiten ausüben, als „Kaufleute" zu bezeichnen.

Kaufmann im Sinne des Handelsgesetzbuches ist dagegen nur derjenige, der ein **Handelsgewerbe betreibt** *(§ 1 I HGB)*.

Nach dem Handelsgesetzbuch *(§ 1 II HGB)* ist ein Handelsgewerbe **jeder Gewerbebetrieb,** es sei denn, dass das Unternehmen nach Art oder Umfang **keinen** in kaufmännischer Weise eingerichteten Geschäftsbetrieb erfordert.

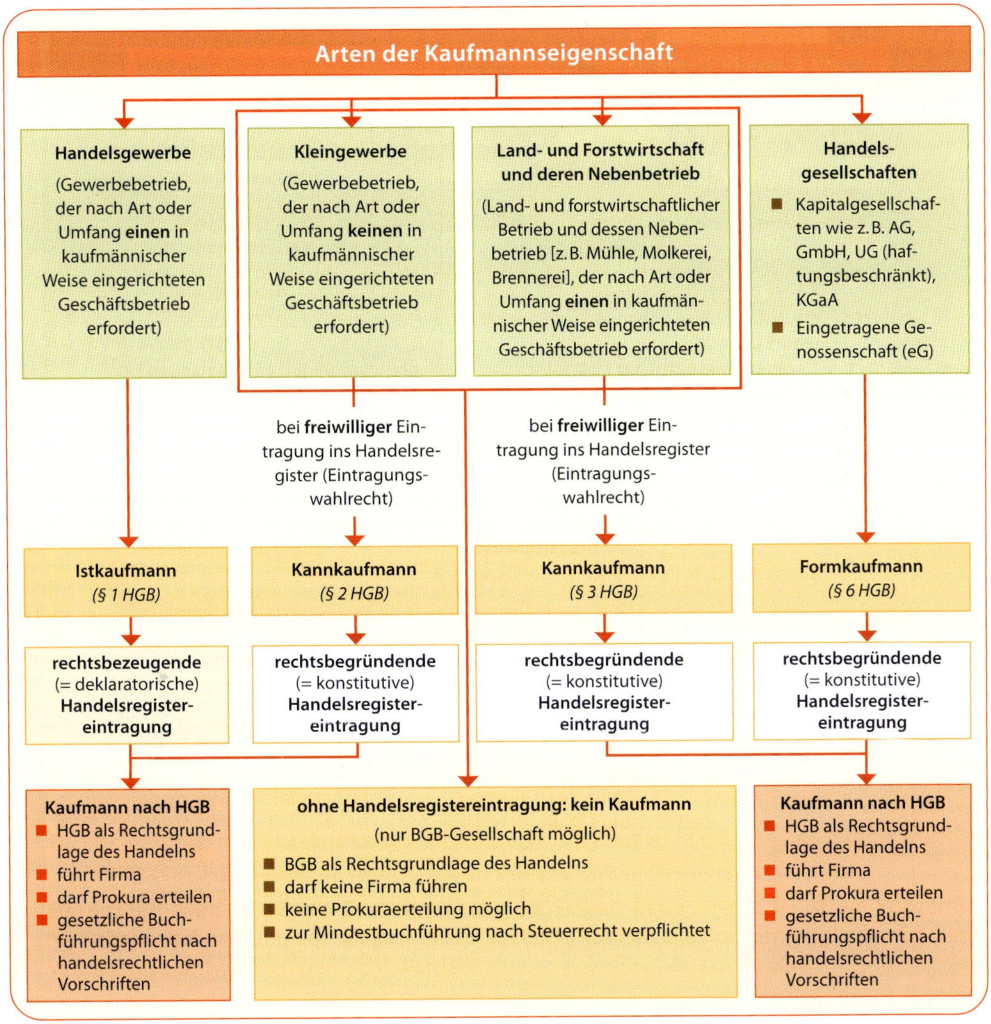

Ein Handelsgewerbe ist dann gegeben, wenn folgende Kennzeichen vorliegen:

- Eine **selbstständige auf Dauer** angelegte Tätigkeit,
- die **nach außen erkennbar ist** und
- die mit **Gewinnerzielungsabsicht** durchgeführt wird.

Besonderheit

Angehörige **freier Berufe** (Ärzte, Rechtsanwälte, Steuerberater, Künstler, Architekten) betreiben **kein** Gewerbe, obwohl die aufgeführten Merkmale auch auf sie zutreffen. Hingegen sind Apotheker, Optiker, Versicherungen, Hersteller medizinischer Geräte, Pharmaunternehmen, private Krankenhäuser und Pflegeheime **Kaufleute und betreiben ein Handelsgewerbe.**

Notwendigkeit eines in kaufmännischer Weise eingerichteten Geschäftsbetriebes

Wann im Einzelfall Art oder Umfang der Tätigkeit einen in kaufmännischer Weise eingerichteten Geschäftsbetrieb erfordern, ist gesetzlich nicht geregelt. Vielmehr hat der Bundesgerichtshof dazu in einem Urteil festgestellt, dass bei einer solchen Entscheidung über die **Notwendigkeit kaufmännischer Einrichtungen** die Verhältnisse des einzelnen Betriebes *in ihrer Gesamtheit zu würdigen sind.*

Insbesondere sind dabei in Betracht zu ziehen:

- die Zahl der Beschäftigten und die Art ihrer Tätigkeit,
- der Umsatz,
- das Anlage- und Betriebskapital,
- die Vielfalt der erbrachten Leistungen und Geschäftsbeziehungen,
- die Inanspruchnahme von Kredit,
- die Teilnahme am Wechselverkehr.

Die Entscheidung, ob ein in kaufmännischer Weise eingerichteter Geschäftsbetrieb notwendig ist, trifft das Amtsgericht – ggf. mit Unterstützung der zuständigen Industrie- und Handelskammer oder Handwerkskammer.

Ein in kaufmännischer Weise eingerichteter Geschäftsbetrieb wird zudem an einer kaufmännischen Buchführung erkennbar. Die Steuergesetzgebung legt fest, wer buchführungspflichtig ist.

§ 141 I Abgabenordnung *(AO)* nennt **vier Kriterien,** nach denen gewerbliche Unternehmer sowie Land- und Forstwirte verpflichtet sind, selbst dann Bücher zu führen und aufgrund jährlicher Bestandsaufnahmen Abschlüsse zu erstellen, wenn sich aus § 140 AO aufgrund anderer Gesetze (wie z. B. HGB, AktG, GmbHG oder GenG) **keine Buchführungspflicht** ergibt:

- Umsätze von mehr als 600 000 EUR im Kalenderjahr **oder**
- selbst bewirtschaftete land- und forstwirtschaftliche Flächen mit einem Wirtschaftswert von mehr als 25 000 EUR **oder**
- ein Gewinn aus Gewerbebetrieb von mehr als 60 000 EUR im Wirtschaftsjahr **oder**
- ein Gewinn aus Land- und Forstwirtschaft von mehr als 60 000 EUR im Kalenderjahr.

Ist also eines dieser Kriterien zur Buchführungspflicht erfüllt, wird davon ausgegangen, dass auch ein in kaufmännischer Weise eingerichteter Geschäftsbetrieb erforderlich ist.

 201 325

Benötigt ein Unternehmen **keinen** in kaufmännischer Weise eingerichteten Geschäftsbetrieb (z. B. bei kleineren Betrieben wie Imbissstände oder Kioske), so gilt es trotzdem dann als Handelsgewerbe, wenn die Firma des Unternehmens ins Handelsregister eingetragen ist (Kaufmann gemäß § 2 HGB). Der Unternehmer kann freiwillig entscheiden, ob er dies tun will oder nicht.

1.2 Firma

Allen Kapitalgesellschaften, Personenhandelsgesellschaften und Einzelkaufleuten ist freigestellt, wie sie die Firma, also den Namen des Unternehmens, festlegen wollen. Generell müssen dabei allerdings folgende Grundsätze beachtet werden:

▶ Grundsätze der Firmenwahl

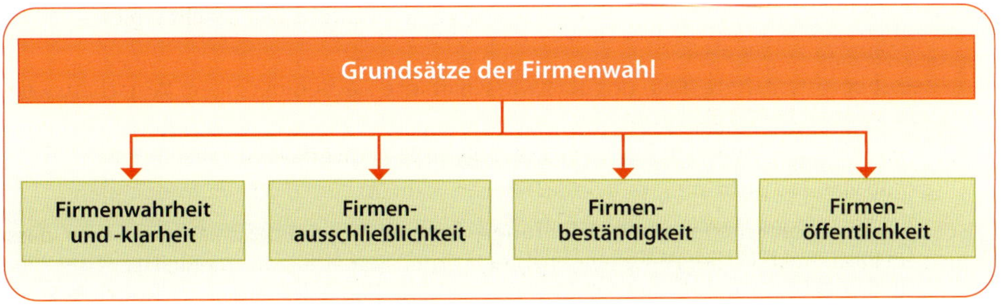

- **Firmenwahrheit und -klarheit**

  Die Firma muss zur Kennzeichnung des Kaufmanns geeignet sein und Unterscheidungskraft besitzen. Sie darf keine Angaben enthalten, die geeignet sind, über gesellschaftliche Verhältnisse, die für die angesprochenen Verkehrskreise wesentlich sind, irrezuführen *(§ 18 HGB).*

  - Beim „Schuhhaus Georg Albers e.K." erwarten Kunden, dass es sich um ein Schuhe anbietendes Fachgeschäft handelt und nicht etwa um einen Betrieb, der ausschließlich Schuhe repariert.
  - Die Firma „Bayreuther Lebensversicherung AG" erweckt den Eindruck, es handele sich um das einzige oder doch mindestens bedeutendste Unternehmen dieser Branche am Ort. Ist dies nicht der Fall, dürfte die Firma unter dieser Bezeichnung nicht geführt werden.

- **Firmenausschließlichkeit**

  Die Firma muss sich von den bereits am Ort vorhandenen Handelsnamen deutlich unterscheiden *(§ 30 HGB).*

- **Firmenbeständigkeit**

  Wechselt der Inhaber eines Unternehmens, darf die bisherige Firma beibehalten werden. Voraussetzung ist allerdings, dass der frühere Geschäftsinhaber oder seine Erben zustimmen *(§ 22 HGB).*

  Mit der Firma wird häufig ein Bild, eine Vorstellung über das Unternehmen und dessen Leistungen verbunden **(Image).** Ist es im Laufe langjähriger Geschäftstätigkeit gelungen, durch die Qualität der Produkte und die ansprechende Geschäftspolitik das Vertrauen der Kunden zu gewinnen, stellt der Name eines Unternehmens einen erheblichen Wert dar. Dieser **Firmenwert** sollte auch beim Wechsel des Geschäftsinhabers erhalten bleiben können.

  Herrmann Jüttner möchte aus Altersgründen sein Unternehmen, ein bekanntes und angesehenes Sanitätshaus, an Martin Bonhoff veräußern. Beide einigen sich, dass das Unternehmen unter der alten Firma weitergeführt werden soll, da der gute Ruf, der mit diesem Namen verbunden ist, Bonhoff den Eintritt in das Geschäftsleben erleichtern kann. Bonhoff firmiert also weiter unter „Sanitätshaus Hermann Jüttner e.Kfm". Denkbar wäre auch der Zusatz „Sanitätshaus Hermann Jüttner e.Kfm.– Nachfolger".

  Nicht möglich ist es, die Firma **ohne** das dazugehörige Handelsgeschäft zu veräußern *(§ 23 HGB).*

  Herrmann Jüttner könnte daher nicht das Sanitätshaus aufgeben und einem anderen Unternehmen erlauben, seinen bisherigen Handelsnamen zu führen, ohne dass dieses auch das Handelsgeschäft weiterführt.

- **Firmenöffentlichkeit**

  Jeder Kaufmann ist verpflichtet, die Firma oder mögliche spätere Änderungen des Handelsnamens zur Eintragung in das Handelsregister anzumelden *(§§ 29, 31 HGB).* Damit wird gewährleistet, dass die Öffentlichkeit – also Kunden, Lieferanten, Banken und Behörden – erfährt, unter welcher Firma Geschäftsvorgänge abgewickelt werden.

Firmierung verschiedener Unternehmensformen

- Die Firma des **Einzelkaufmanns** muss die Bezeichnung „eingetragener Kaufmann" oder „eingetragene Kauffrau" oder eine Abkürzung dieser Begriffe wie „e.K.", „e.Kfm." oder „e.Kfr." enthalten *(§ 19 HGB).*
- Bei der **offenen Handelsgesellschaft** *(§ 19 HGB),* der **Kommanditgesellschaft** *(§ 19 HGB),* der **Gesellschaft mit beschränkter Haftung** *(§ 4 GmbHG)* bzw. **der Unternehmergesellschaft (haftungsbeschränkt)** *(§ 5 a GmbHG)* und der **Aktiengesellschaft** *(§ 4 AktG)* muss die Firma

entweder die vollständige Angabe der Rechtsform (etwa Aktiengesellschaft) enthalten oder eine allgemein verständliche Abkürzung (z. B. bei der Aktiengesellschaft: „AG").

- Bei der **Genossenschaft** muss die Firma die Bezeichnung „Genossenschaft" oder die Abkürzung „e. G." enthalten *(§ 3 GenG)*.

1.3 Handelsregister

▶ Begriff

Das Handelsregister ist ein öffentliches Verzeichnis **aller Kaufleute.** In dieses **elektronisch geführte Register**[1] müssen eine Reihe von Informationen über das Unternehmen eingetragen werden, die für die Öffentlichkeit, insbesondere die Geschäftspartner der Kaufleute, wesentlich sind. Damit dient das Handelsregister der Sicherheit im Rechts- und Geschäftsverkehr mit Kaufleuten.

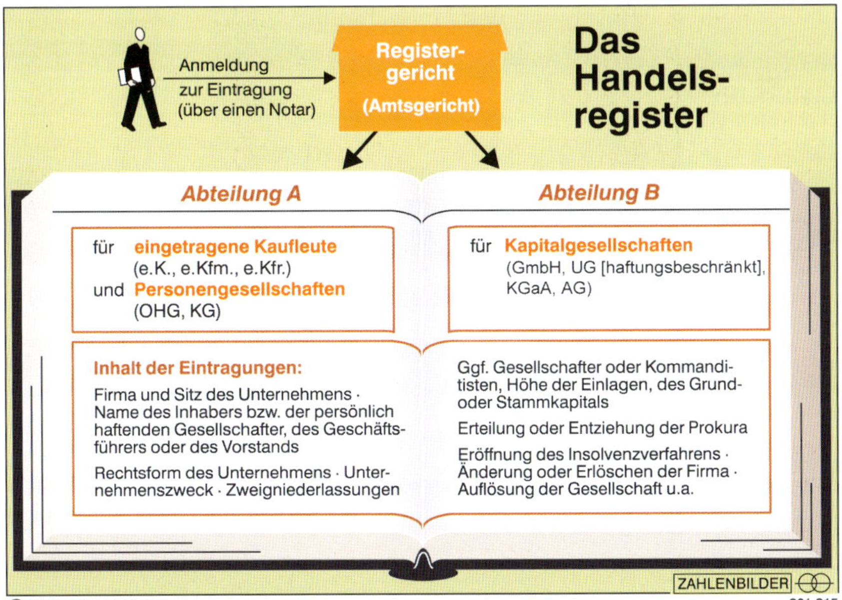

© Erich Schmidt Verlag 201 315

Zuständig für die Eintragung ist das Amtsgericht, in dessen Bezirk sich die Niederlassung des Kaufmanns befindet *(§ 8 HGB)*.

Das Handelsregister wird in zwei Abteilungen geführt:

- **Abteilung A**

  Einzelkaufleute (z. B. e. Kfr.) und Personengesellschaften (z. B. OHG, KG)

- **Abteilung B**

  Kapitalgesellschaften (z. B. GmbH, UG [haftungsbeschränkt], AG)

Für **Genossenschaften** wird ein gesondertes Genossenschaftsregister bei den Amtsgerichten elektronisch geführt.

1 Dies gilt auch für das Genossenschafts- und Partnerschaftsregister.

Bekanntmachung der Eintragungen

Das Amtsgericht macht die Registereintragungen in dem elektronischen Informations- und Kommunikationssystem bekannt, das von der Landesjustizverwaltung für die Abwicklung des elektronischen Abrufverfahrens der Handelsregisterdaten bestimmt worden ist *(§ 10 HGB)*. Das zu diesem Zweck bundesweit einheitlich aufgebaute elektronische Unternehmensregister ermöglicht unter der Internetadresse „www.unternehmensregister.de“ den schnellen und komfortablen Abruf aller publikationspflichtigen Unternehmensdaten aus dieser zentralen Datenbank.

Abfragen von Handelsregistereintragungen sind auch über eine spezielle Suchmaschine möglich, die unter „www.handelsregisterbekanntmachungen.de“ eingestellt worden ist.

Somit kann jeder Interessierte Einsicht in das Handelsregister sowie in die zum Handelsregister eingereichten Dokumente nehmen und Ausdrucke (von den Eintragungen und den eingereichten Dokumenten) verlangen bzw. Abschriften (von den nur in Papierform vorliegenden Schriftstücken) fordern *(§ 9 HGB)*.

Anmeldungen zur Eintragung und Einreichung

Anmeldungen zur Eintragung in das Handelsregister sind elektronisch in öffentlich beglaubigter Form einzureichen *(§ 12 I HGB)*. Die zum Handelsregister einzureichenden Dokumente sind elektronisch vorzulegen. Dabei genügt die Übermittlung einer elektronischen Aufzeichnung, wenn eine Urschrift oder eine einfache Abschrift vorzulegen ist oder für das Dokument die Schriftform bestimmt ist. Ein mit einem einfachen elektronischen Zeugnis[1] versehenes Dokument ist jedoch dann zu übermitteln, wenn ein notariell beurkundetes Dokument oder eine öffentlich beglaubigte Abschrift einzureichen ist *(§ 12 II HGB)*.

Die Anmeldung auf Eintragung in das Handelsregister erfolgt
- beim Einzelunternehmen durch den Inhaber,
- bei Personengesellschaften (OHG, KG) durch die Gesellschafter,
- bei der GmbH bzw. der UG (haftungsbeschränkt) durch den bzw. die Geschäftsführer,
- bei der AG durch die Gründer, Vorstands- und Aufsichtsratsmitglieder.

Inhalt und Wirkung der Eintragung

Der Kaufmann kann nicht beliebige Tatsachen, die er der Öffentlichkeit mitteilen möchte, in das Handelsregister aufnehmen lassen. Er muss sich daran halten, was das Gesetz als **eintragungsfähig** ansieht. Dazu gehören u. a.:

- Firma und Ort der Niederlassung *(§ 29 HGB)*,
- entsprechend der Unternehmensform die Inhaber, Gesellschafter, Geschäftsführer oder Vorstandsmitglieder,
- Änderungen der Firma, ihrer Inhaber oder eine Verlegung der Niederlassung *(§ 31 HGB)*,
- Erteilung und Widerruf von Prokura *(§ 53 HGB)* **(nicht von Handlungsvollmacht!)**,
- Auflösung des Unternehmens *(§ 31 HGB)*.

Grundsätzlich soll das Handelsregister nur Tatsachen bekannt machen, die bereits entstanden sind. Diese Eintragungen haben **rechtsbezeugende** (deklaratorische) **Wirkung.**

Bereits mit dem Abschluss des Gesellschaftsvertrages existieren eine OHG oder eine KG. Durch die Eintragung in das Handelsregister wird daher nur diese Tatsache der Öffentlichkeit bekannt gemacht.

---

1 Das zu übermittelnde Dokument muss mit einer qualifizierten elektronischen Signatur nach dem Signaturgesetz versehen sein, die auf einem Zertifikat beruht, das auf Dauer prüfbar ist. Mit dem Zeugnis muss eine Bestätigung der Notareigenschaft durch die zuständige Stelle verbunden sein. Das Zeugnis soll ferner Ort und Tag der Ausstellung angeben *(§ 39 a BeurkG)*.

In einigen Fällen ist dagegen die Eintragung notwendig, um eine Rechtslage überhaupt erst zu schaffen. Diese Eintragungen haben **rechtsbegründende** (konstitutive) **Wirkung.**

Kleinbetriebe werden erst durch die Eintragung in das Handelsregister zum Kaufmann.

Schutz des Vertrauens

Sind Informationen über ein Unternehmen in das Handelsregister eingetragen **und** bekannt gemacht worden, darf der Kaufmann darauf vertrauen, dass sie von der Öffentlichkeit zur Kenntnis genommen wurden *(§ 15 II HGB).*

Wurde einem Prokuristen die Vollmacht entzogen (Löschung im Handelsregister und Veröffentlichung) und schließt dieser danach noch einen Kaufvertrag mit einem Lieferanten ab, ist diese Vereinbarung für den Inhaber des Unternehmens **nicht** mehr bindend.

Hat sich der Lieferant als Kaufmann nicht über die Bekanntmachung der Handelsregistereintragung informiert, handelt er fahrlässig und hat keinen Anspruch auf Erfüllung des Geschäftes.

1.4 Anmeldevorschriften

In der Bundesrepublik Deutschland herrscht **Gewerbefreiheit.** Damit ist grundsätzlich jeder natürlichen und juristischen Person nach freier Wahl die Ausübung eines Gewerbes gestattet *(§ 1 GewO).*

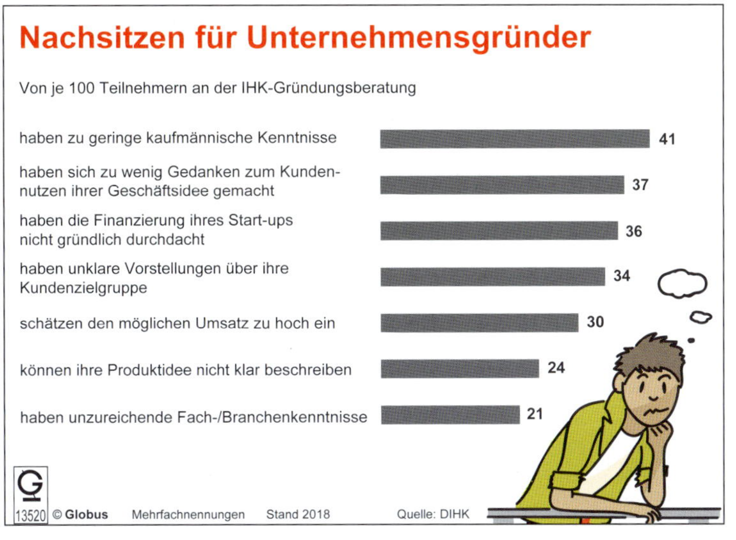

Damit der Sprung in die Selbstständigkeit nicht mit einer Bauchlandung endet, muss jeder Schritt der Existenzgründung gut überlegt und geplant sein. Hilfestellung geben beispielsweise die Industrie- und Handelskammern (IHK), die Existenzgründern Beratung anbieten. Dass guter Rat notwendig ist, zeigt eine Auswertung der Kammern: Es gibt deutliche Defizite bei den angehenden Unternehmern. Vor allem bei den kaufmännischen Kenntnissen und dem Nutzen, den die Gründer künftigen Kunden mit ihrer Geschäftsidee versprechen, gibt es Nachholbedarf (41 und 37 Prozent). 36 Prozent haben keinen durchdachten Plan, wie sie ihr Start-up finanzieren wollen. Besonders schwer dürften es jene 24 Prozent haben, die ihre Produktidee nicht überzeugend beschreiben können. Unter diesen Umständen dürfte wohl kaum ein potenzieller Geldgeber oder eine Bank zur Finanzierung bereit sein. – Grundlage für die DIHK-Aussagen sind Erfahrungsberichte der Existenzgründungsberater aus den 79 Industrie- und Handelskammern (IHK) sowie eine statistische Auswertung zum IHK-Gründerservice. Insgesamt haben im Jahr 2018 rund 200 000 Personen bei den Kammern zum Thema Unternehmensgründung in Industrie, Handel oder den Dienstleistungsbranchen Rat eingeholt.

Wer den selbstständigen Betrieb eines Gewerbes (z. B. Augenoptiker, Hörgeräteakustiker oder Orthopädietechniker) anfängt, muss im Grundsatz folgende Anmeldevorschriften beachten:

In anderen Bereichen ist es nicht ohne Weiteres möglich, ein Gewerbe zu betreiben. Dies gilt unter anderem für Apothekerinnen und Apotheker, Versicherungsunternehmen sowie für ärztliche und andere Heilberufe. Hier sind **spezifische Anmeldevorschriften und besondere Qualifikationsanforderungen vorgeschrieben:**

- Will ein **Versicherungsunternehmen** in Deutschland zugelassen werden, muss zunächst die Bundesanstalt für Finanzdienstleistungsaufsicht in Bonn nach Prüfung zustimmen.
- **Apotheker und Ärzte** benötigen zunächst als Qualifikationsnachweis eine Approbation (Zulassung), die bei der örtlich zuständigen Bezirksregierung oder dem Regierungspräsidenten beantragt werden muss.
- Für **approbierte Ärzte** ist darüber hinaus die Zulassung als Vertragsarzt notwendig, damit sie sich selbstständig machen, das heißt als Arzt niederlassen können. Diese Zulassung ist bei der kassenärztlichen Vereinigung zu beantragen.
- Da den Apotheken die im öffentlichen Interesse gebotene Sicherstellung einer ordnungsgemäßen Arzneimittelversorgung der Bevölkerung obliegt, dürfen **approbierte Apotheker** zwar grundsätzlich eine Hauptapotheke und bis zu drei Filialapotheken eröffnen, müssen aber für die Geschäftsräume eine Erlaubnis der zuständigen Behörde (z. B. Bezirksregierung oder Regierungspräsidium) haben. Die Behörde überprüft, ob die Apotheke den gesetzlichen Anforderungen (insbesondere Beschaffenheit, Größe [mindestens 110 m^2] und Einrichtung der Apothekenbetriebsräume, Vorhandensein wissenschaftlicher Hilfsmittel, die zur Herstellung und Prüfung von Arzneimitteln notwendig sind oder Vorratshaltung von Arzneimitteln) entspricht. Diese Abnahme der bezeichneten Räume erfolgt durch den Amtsapotheker bzw. die Amtsapothekerin (Erlaubnisurkunde).
- **Krankenhäuser und Pflegeheime** müssen mit den Trägern der gesetzlichen Sozialversicherung (z. B. Krankenversicherung) Versorgungsverträge abschließen, um den Geschäftsbetrieb aufnehmen und Patienten versorgen zu können.

▶ Zusammenfassung

Handelsrechtliche Grundlagen des Unternehmens

Kaufmann/Kauffrau

- benötigt entweder einen in kaufmännischer Weise eingerichteten Geschäftsbetrieb

oder

- lässt sich freiwillig in das Handelsregister eintragen

Firma (Handelsname)

- **Kaufleute** führen eine Firma und melden diese beim Amtsgericht zwecks Eintragung in das entsprechende Register an.
- Die **Wahl des Handelsnamens** ist abhängig sowohl von der gewählten Rechtsform des Unternehmens als auch von den Grundsätzen der Firmenwahl.

Eintragung in das entsprechende Register

Handels- oder Genossenschaftsregister als Verzeichnis aller Kaufleute, das von den Amtsgerichten elektronisch geführt wird

Anmeldevorschriften

bei der Gewerbebehörde oder den für den Gesundheits- und Sozialbereich zuständigen Stellen

Aufgaben 1

(1) Was ist unter einem Handelsgewerbe zu verstehen?

(2) Entscheiden Sie, ob in den genannten Fällen ein Handelsgewerbe vorliegt oder nicht. Begründen Sie kurz Ihre Meinung!

a) Beim Sommerfest in einer Kleingartenanlage werden Getränke an die Gäste verkauft.

b) Eine 27-jährige kaufmännische Angestellte gibt in einem Autohaus ihren alten Kleinwagen in Zahlung, als das von ihr bestellte Elektroauto ausgeliefert wird.

c) Zwei Freundinnen schließen sich zusammen, um für alte und kranke Menschen ambulante Pflegedienstleistungen anbieten zu können.

d) Eine pensionierte Lehrerin spekuliert ab und zu an der Börse.

e) Der Hausmeister eines Berufskollegs verkauft während der großen Pausen Getränke an die Schüler.

f) Nach Absolvierung der Meisterprüfung eröffnet Erich Letter eine Buchdruckerei.

(3) Prüfen Sie in den folgenden Fällen, ob und welche Kaufmannseigenschaft im Sinne des HGB vorliegt!

a) Huber OHG, Büromaschinengroßhandel

b) Zementwerke GmbH mit 53 Beschäftigten

c) Grillstube

d) Kino als Familienbetrieb

e) Spedition Wagner e. K.

f) Hotel mit 30 Beschäftigten

g) Werbeagentur mit jährlichen Umsätzen von mehr als 700 000 EUR

h) Schreinermeister Wurm macht sich zusammen mit seinem Gesellen selbstständig

i) die als Nebenbetrieb zur Landwirtschaft anzusehende Kornbrennerei mit einem jährlichen Umsatz von mehr als 100 000 EUR

(4) Verdeutlichen Sie, was unter der Firma eines Unternehmens zu verstehen ist!

(5) Welche Gründe könnten einen neuen Geschäftsinhaber dazu veranlassen, das Unternehmen unter der alten Firma fortzuführen?

(6) Gegen welchen Grundsatz der Firmenwahl verstößt Tobias Sinn-Leffers, der sein neu einzurichtendes Bekleidungsgeschäft mit „Sinn-Leffers GmbH" firmieren möchte?

(7) Ein Kaufmann will folgende Tatbestände über sein Unternehmen in das Handelsregister eintragen lassen. Prüfen Sie, welche Eintragungen nicht zulässig sind!

a) Erteilung von Prokura

b) Umsatz im letzten Geschäftsjahr

c) Anzahl der Mitarbeiter

d) Erteilung von Handlungsvollmacht

e) Ort der Niederlassung

(8) Erläutern Sie die Begriffe „rechtsbezeugende" und „rechtsbegründende" Wirkung der Handelsregistereintragung!

(9) In welchen der nachfolgenden Aussagen wird

① der Istkaufmann,

② der Kannkaufmann,

③ der Formkaufmann,

④ weder der Ist- noch der Kann- oder der Formkaufmann

angesprochen? Ordnen Sie den Aussagen die Ziffer vor der jeweils zutreffenden Antwort zu!

Aussagen:

a) Die Bentig UG (haftungsbeschränkt) ist im Handelsregister (Abteilung B) eingetragen.

b) Die Hollmann OHG ist im Handelsregister (Abteilung A) eingetragen.

c) Martin Kurz, Inhaber der „Pharmagroßhandlung Kurz e. Kfm.", ist im Handelsregister (Abteilung A) eingetragen.

d) Landwirtin Monika Plass, Inhaberin eines kleinen Hofladens, in dem Biogemüse verkauft wird, ist im Handelsregister (Abteilung A) eingetragen.

e) Holger Emts betreibt in Strandnähe einen kleinen Stehimbiss, ohne dass eine Eintragung in das Handelsregister erfolgt ist.

(10) Entscheiden Sie bei den ersten vier Aussagen der Aufgabe 9, ob die jeweilige Eintragung in das Handelsregister

① deklaratorische Wirkung oder

② konstitutive Wirkung

hat. Ordnen Sie zu diesem Zweck den einzelnen Aussagen die Ziffer vor der jeweils zutreffenden Antwort zu.

(11) Welchen besonderen Schutz bieten Eintragungen in das Handelsregister und deren Bekanntmachungen für das entsprechende Unternehmen?

2 Unternehmensformen

Bei der Gründung eines Unternehmens wird die **Wahl der geeigneten Rechtsform** insbesondere durch folgende Gegebenheiten bestimmt:

- **Was ist der Gegenstand des Unternehmens,** d. h., welche Produkte sollen hergestellt, welche Waren verkauft oder welche Dienstleistungen angeboten werden?

  > Für bestimmte Unternehmenstätigkeiten schreibt der Gesetzgeber Unternehmensformen vor: Privatrechtliche Versicherungsunternehmen können zwischen der Rechtsform einer AG und der eines Versicherungsvereins auf Gegenseitigkeit (VVaG) wählen; freiberuflich Tätige können sich in Form der BGB-Gesellschaft oder einer Partnerschaft zusammenschließen.

- **Wie viele Personen sind an der Unternehmensgründung beteiligt?**
- **Wie viel Kapital ist vorhanden bzw. kann beschafft werden?**
- **Soll nur mit dem Geschäftsvermögen des Unternehmens oder auch mit dem Privatvermögen der Beteiligten gehaftet werden?**
- **In welcher Art beabsichtigen die Gründer im Unternehmen „mitzuarbeiten",** d. h., wollen sie nur Kapital zur Verfügung stellen oder auch ihre Arbeitskraft einsetzen?

Innerhalb des Privatrechts stehen folgende Unternehmensformen zur Wahl:

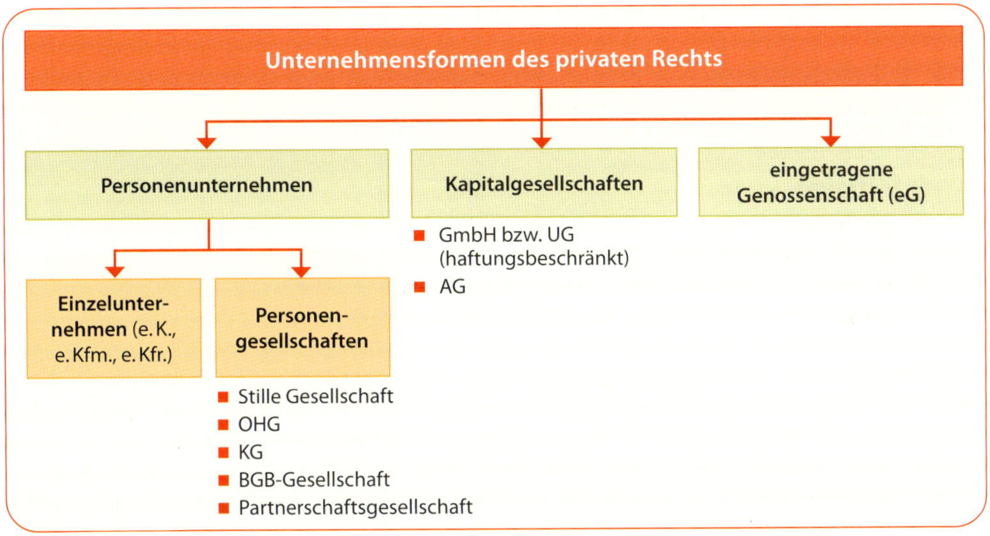

2.1 Einzelunternehmen

Die meisten Unternehmen in der Bundesrepublik Deutschland sind Einzelunternehmen. Der Inhaber trägt alle Pflichten und kann sämtliche Rechte in Anspruch nehmen, die sich aus dem Geschäftsbetrieb ergeben.

- Der Einzelunternehmer bringt das **Kapital** allein aus seinem Privatvermögen oder durch Bankkredite auf.
- Hieraus folgt die gesamte Übernahme des Risikos bei Kapitalverlust, d. h., er haftet **unbeschränkt** mit dem **Geschäfts- und Privatvermögen.** Allerdings fällt ihm auch der gesamte erwirtschaftete **Gewinn** zu.

- Der Inhaber eines Einzelunternehmens leitet das Geschäft allein, muss also seine **Entscheidungen** nicht mit anderen abstimmen und kann somit rasch handeln.

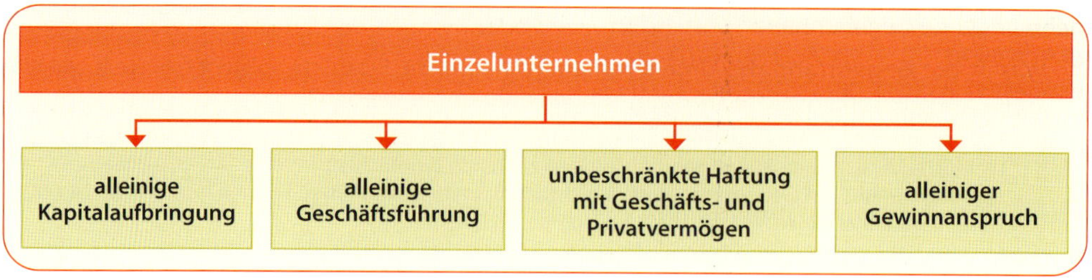

▶ Nachteile eines Einzelunternehmens

Die Nachteile dieser Unternehmensform bestehen zunächst in der Übernahme des Haftungsrisikos auch mit dem **Privatvermögen** des Einzelunternehmers. Probleme können sich zudem daraus ergeben, dass er Entscheidungen allein treffen muss.

Eine besondere Schwierigkeit liegt in der nur begrenzt möglichen Erhöhung von Eigen- und Fremdkapital, die z. B. für eine Geschäftserweiterung notwendig werden kann. Das **Eigenkapital** kann nur erhöht werden durch:

- Übertragung von Privatvermögen auf das Unternehmen oder
- nicht entnommenen Gewinn.

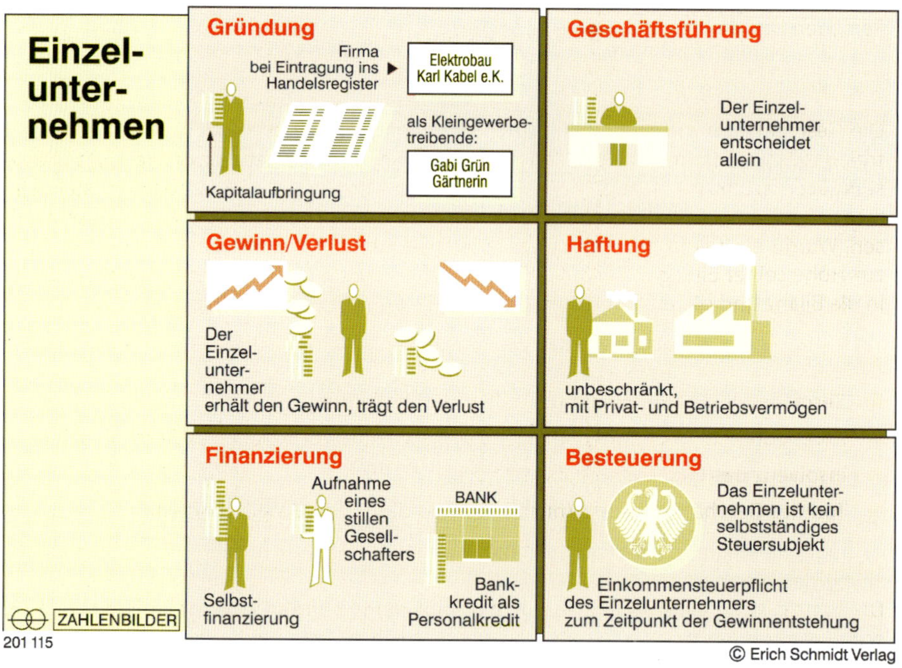

Für eine Person ist diese Art der Bereitstellung von Kapital nur in beschränktem Umfang möglich. Auch die Zuführung von **Fremdkapital** scheitert häufig an den nicht ausreichend vorhandenen Sicherheiten (Grundstücke, Gebäude, Wertpapiere), die von Banken gefordert werden.

2.2 Personengesellschaften

Bei Personengesellschaften schließen sich mindestens zwei Personen zusammen, um ein Unternehmen zu gründen. In diesem Fall haften einer oder mehrere der Beteiligten unbeschränkt mit dem **Geschäfts- und Privatvermögen** für die Verbindlichkeiten des Unternehmens. Mindestens ein Gesellschafter leitet das Unternehmen **persönlich.**

2.2.1 Stille Gesellschaft *(§§ 230–237 HGB)*

▶ Begriff

Bei der Gründung eines Unternehmens tritt häufig das Problem auf, das erforderliche Kapital zu beschaffen. Der Geschäftsinhaber könnte sich deshalb bemühen, eine Person zu finden, die sich mit einer **Kapitaleinlage** (Geld- oder Sachwerte) beteiligt. Dieser „stille Gesellschafter" tritt nach außen **nicht** in Erscheinung, sein eingebrachtes Kapital geht in das Vermögen des Geschäftsinhabers über.

▶ Gründung

Die Gründung der stillen Gesellschaft erfolgt durch den Abschluss eines formlosen Vertrages zwischen dem Geschäftsinhaber und dem stillen Gesellschafter. Schließt der Geschäftsinhaber mit mehreren Personen Gesellschaftsverträge ab, entstehen ebenso viele voneinander unabhängige stille Gesellschaften. Es erfolgt **keine Eintragung** in das Handelsregister. Jede Person kann stiller Gesellschafter werden, d. h., sie braucht kein Kaufmann zu sein. Auch für juristische Personen ist diese Form der Beteiligung möglich.

▶ Rechte und Pflichten

Die Geschäftsführung wird allein durch den Inhaber des Handelsgewerbes ausgeübt. Er vertritt das Unternehmen nach außen und schließt **unter seiner Firma** alle Geschäfte ab. Der stille Gesellschafter hat kein Recht und keine Verpflichtung zur Mitarbeit. Ihm steht ein angemessener Gewinnanteil zu, von etwaigen Verlusten kann er sich vertraglich ausschließen lassen. Wurde ein derartiger Ausschluss nicht vereinbart, haftet er für Verbindlichkeiten nur bis zur Höhe seiner Einlage. Der stille Gesellschafter kann zum Ende des Geschäftsjahres Einblick in die Bilanz und die ihr zugrunde liegenden Unterlagen verlangen.

▶ Auflösung

- Beschluss des Inhabers und des stillen Gesellschafters,
- Kündigung des Vertrages spätestens sechs Monate vor Ablauf des Geschäftsjahres,
- Insolvenz des Geschäftsinhabers,
- Tod des Geschäftsinhabers (nicht beim Tod des stillen Gesellschafters).

▶ Bedeutung

Die Konstruktion einer stillen Gesellschaft gibt dem Kaufmann die Möglichkeit der Kapitalbeschaffung, ohne den Kapitalgeber an geschäftlichen Entscheidungen beteiligen zu müssen. Darüber hinaus wird für Außenstehende nicht erkennbar, dass ein anderer eine Einlage in das Unternehmen eingebracht hat.

2.2.2 Offene Handelsgesellschaft (OHG) *(§§ 105–160 HGB)*

▶ Begriff *(§ 105 I HGB)*

Bei einer OHG schließen sich mindestens zwei Personen mit dem Ziel zusammen, ein Handelsgewerbe unter gemeinsamer Firma zu betreiben. Alle Gesellschafter haften für die Verbindlichkeiten des Unternehmens **unbeschränkt mit ihrem Geschäfts- und Privatvermögen.**

▶ Gründung

Die Gründung einer OHG setzt den Abschluss eines Gesellschaftsvertrages voraus. In ihm werden die Rechte und Pflichten der einzelnen Gesellschafter festgelegt. Der Vertrag ist zwar an keine bestimmte Form gebunden, wird in der Regel jedoch schriftlich abgefasst. Er muss nur dann notariell beurkundet werden, wenn einer der Gesellschafter ein Grundstück in das Unternehmen einbringt.

Die OHG wird in das Handelsregister eingetragen, wodurch der Geschäftsbetrieb offiziell aufgenommen wird. Wird ein Unternehmen als OHG gegründet und ist ein in kaufmännischer Weise eingerichteter Geschäftsbetrieb erforderlich (Istkaufmann), so entsteht dieses Unternehmen in der Regel schon mit dem Beginn der Geschäfte, selbst wenn zu diesem Zeitpunkt noch keine Handelsregistereintragung erfolgt ist.

▶ Pflichten und Rechte der Gesellschafter untereinander (Innenverhältnis) *(§§ 109–122 HGB)*

Die Rechte und Pflichten der Gesellschafter können im **Gesellschaftsvertrag** frei vereinbart werden. Nur wenn dort zu bestimmten Punkten **keine Regelungen** vorgesehen sind, **gelten die entsprechenden gesetzlichen Bestimmungen** *(HGB, BGB)*, die im Folgenden dargestellt werden.

■ Pflichten der Gesellschafter

➤ Einlagepflicht *(§ 706 BGB)*

Bei der Gründung der OHG ist jeder Gesellschafter verpflichtet, die vereinbarten Einlagen (Geld, Wertpapiere, Grundstücke, Gebäude, Maschinen, Werkzeuge, Geschäftseinrichtungen usw.) zu leisten. Damit werden diese Geld- oder Sachleistungen Bestandteile des Gesellschaftsvermögens.

➤ Pflicht zur Mitarbeit *(§ 114 HGB)*

Jeder Gesellschafter ist zur Mitarbeit in der Geschäftsführung berechtigt und verpflichtet. Der Gesellschaftsvertrag kann allerdings einen oder mehrere Gesellschafter von der Geschäftsführung ausschließen.

➤ Wettbewerbsverbot *(§ 112 I HGB)*

Ohne Einwilligung der anderen darf kein Gesellschafter im gleichen Handelszweig Geschäfte auf eigene Rechnung ausführen oder als persönlich haftender Gesellschafter einem anderen Unternehmen der gleichen Branche angehören.

➤ Verlustbeteiligung *(§ 121 III HGB)*

Endet ein Geschäftsjahr mit einem Verlust, so muss dieser von allen Gesellschaftern zu gleichen Teilen getragen werden. Es erfolgt eine entsprechende Kürzung der auf den Kapitalkonten der Gesellschafter geführten Anteile.

Rechte der Gesellschafter

Geschäftsführung *(§§ 114 – 117 HGB)*

Sind alle oder mehrere Gesellschafter zur Geschäftsführung berechtigt, darf jeder von ihnen allein handeln, es sei denn, einer der anderen geschäftsführenden Gesellschafter widerspricht einer bestimmten Handlung. Ist im Gesellschaftsvertrag festgelegt, dass die geschäftsführenden Gesellschafter nur gemeinsam handeln können, so bedarf jeder Geschäftsabschluss der Zustimmung aller.

Die Möglichkeit für einen geschäftsführenden Gesellschafter, Geschäfte allein abzuschließen, ist allerdings auf **gewöhnliche Geschäfte** (täglich anfallende Vorgänge wie der An- und Verkauf von Waren) beschränkt. Für nicht alltägliche Geschäfte (z. B. Kauf eines Grundstücks, grundlegende Veränderung im Warenangebot, Gewährung eines besonders hohen Kredits an einen Kunden) ist der Beschluss aller Gesellschafter bzw. bei der Erteilung von Prokura der Beschluss aller geschäftsführenden Gesellschafter notwendig.

Gewinnverteilung *(§ 121 HGB)*

Vom erwirtschafteten Gewinn erhält jeder Gesellschafter am Ende des Geschäftsjahres zunächst 4 % seines Kapitalanteils. Der gegebenenfalls darüber hinausgehende Betrag wird zu gleichen Teilen (also „nach Köpfen") verteilt.

Ein Jahresgewinn von 90 000 EUR soll gemäß dieser Regelung verteilt werden:

Gesellschafter	Kapitalanteil (Einlage)	4 % Zinsen auf die Einlage	Kopfanteil	Gesamtgewinn
Weiß	90 000 EUR	3 600 EUR	42 000 EUR	45 600 EUR
Schwarz	60 000 EUR	2 400 EUR	42 000 EUR	44 400 EUR
	150 000 EUR	6 000 EUR	84 000 EUR	90 000 EUR

Der Gesamtbetrag, den jeder Gesellschafter erhält, wird seinem Kapitalkonto gutgeschrieben.

Privatentnahme *(§ 122 HGB)*

Jeder Gesellschafter kann bereits während des Jahres Geld bis zum Betrag von 4 % seines Kapitalanteils der Geschäftskasse entnehmen. Damit soll ihm die Bestreitung seines Lebensunterhaltes ermöglicht werden. Diese vorab entnommenen Beträge werden mit dem späteren Gewinnanteil verrechnet.

Im Gesellschaftsvertrag einer OHG wird in der Regel folgende Vereinbarung über Entnahmen und Gewinnverteilung getroffen:

Die Gesellschafter erhalten ein monatliches Geschäftsführergehalt in bestimmter Höhe (Entnahmen). Am Jahresende wird der verbleibende Reingewinn in der Weise aufgeteilt, dass zunächst ein bestimmter Prozentsatz als Verzinsung auf die jeweiligen Kapitalanteile der Gesellschafter an diese ausgeschüttet wird. Der Rest wird nach Köpfen verteilt.

Kündigungsrecht *(§ 132 HGB)*

Jeder Gesellschafter ist berechtigt, den Gesellschaftsvertrag zum Schluss eines Geschäftsjahres mit einer Frist von mindestens sechs Monaten zu kündigen.

Das Verhältnis der Gesellschaft gegenüber Dritten (Außenverhältnis) *(§§ 123–130 b HGB)*

Während die Gesellschafter untereinander (Innenverhältnis) ihre Rechtsbeziehungen im Gesellschaftsvertrag frei regeln können, sind sie in ihrem Verhältnis zu Kunden, Lieferanten, Banken usw. (Außenverhältnis) an bestimmte gesetzliche Vorgaben gebunden.

- **Vertretung** *(§§ 125 f. HGB)*

  Jeder Gesellschafter ist grundsätzlich berechtigt, die OHG allein gegenüber Außenstehenden zu vertreten **(Einzelvertretungsmacht).** Selbst dann, wenn einer der Gesellschafter einen Vertrag mit einem Kunden, Lieferanten oder einer Bank abschließt und seine Mitgesellschafter die ausgehandelten Bedingungen später ablehnen, ist die Vereinbarung rechtswirksam. Die Einzelvertretungsmacht gilt sowohl für gewöhnliche als auch für außergewöhnliche Rechtsgeschäfte.

  > Bold und Krause, die beiden Gesellschafter einer OHG, haben im Gesellschaftsvertrag „Gesamtgeschäftsführung" vereinbart (Innenverhältnis). Krause erwirbt ohne Zustimmung Bolds eine neue Kühlanlage. Der Kaufvertrag ist wirksam, da Krause „Einzelvertretungsmacht" hat (Außenverhältnis). Allerdings verstößt er in diesem Fall gegen die vereinbarte Gesamtgeschäftsführung. Bold könnte, falls durch den Kauf der Anlage der OHG ein Schaden entstünde, Krause zum Ersatz dieses Schadens heranziehen.

  Im Gesellschaftsvertrag kann allerdings festgelegt werden, dass einzelne Gesellschafter von der Vertretung ausgeschlossen sind.

  Abweichend von der Regelung zur Einzelvertretung kann zudem **„Gesamtvertretung"** (d. h., alle oder mehrere Gesellschafter sind nur gemeinsam zur Vertretung berechtigt) vereinbart werden oder es wird bestimmt, dass ein Gesellschafter nur gemeinsam mit einem Prokuristen handeln darf. Derartige Änderungen der gesetzlichen Vertretungsmacht sind allerdings nur zulässig, wenn sie ins Handelsregister eingetragen werden, damit sich Außenstehende über diese Sachlage informieren können.

- **Haftung** *(§§ 128–130 HGB)*

  Grundsätzlich entspricht die Haftung der Gesellschafter einer OHG der des Einzelunternehmers. Die Haftung ist:

  - **unbeschränkt,** d. h., sie bezieht sich auf das Geschäfts- und Privatvermögen;
  - **unmittelbar,** d. h., ein Gläubiger kann sich zum Ausgleich bestehender Verbindlichkeiten direkt an einen (beliebigen) Gesellschafter wenden;
  - **solidarisch** (gesamtschuldnerisch), d. h., jeder Gesellschafter haftet allein für alle Schulden der Gesellschaft.

  Jeder Gesellschafter, der aus der OHG ausscheidet, haftet noch fünf Jahre für die bei seinem Ausscheiden bestehenden Verbindlichkeiten. Tritt ein Gesellschafter neu in die OHG ein, so haftet auch er für die zu diesem Zeitpunkt bestehenden Schulden.

- **Auflösung** *(§§ 131 ff. HGB)*

  Auflösungsgründe einer OHG können sein:

  - Ablauf der vereinbarten Dauer der OHG,
  - Auflösungsbeschluss der Gesellschafter,
  - gerichtliche Entscheidung,
  - Eröffnung des Insolvenzverfahrens über das Vermögen der OHG oder eines Gesellschafters.

▶ Bedeutung der OHG

Die OHG ist eine typische Personengesellschaft. Wie der Einzelunternehmer, so bringen die Gesellschafter der OHG das Kapital selbst auf, führen das Unternehmen persönlich und tragen das volle Risiko. Die OHG bietet die Möglichkeit der Aufgabenverteilung auf die Gesellschafter bei gleicher Verantwortung und ist aufgrund der unbeschränkten, unmittelbaren und solidarischen Haftung von hoher Kreditwürdigkeit.

Gleichzeitig bewirkt dieses Haftungsrisiko (mit Geschäfts- und Privatvermögen) allerdings, dass nur noch selten kleine und mittlere Unternehmen in dieser Rechtsform gegründet werden.

2.2.3 Kommanditgesellschaft (KG) *(§§ 161–177a HGB)*

▶ Begriff *(§ 161 HGB)*

Die Kommanditgesellschaft (KG) ist wie die offene Handelsgesellschaft (OHG) eine Personengesellschaft, deren Zweck auf den Betrieb eines Handelsgewerbes unter gemeinschaftlicher Firma gerichtet ist. Allerdings unterscheidet man bei ihr zwei Arten von Gesellschaftern:

- **Komplementär**

  Dieser haftet für die Verbindlichkeiten des Unternehmens wie alle Gesellschafter einer OHG, nämlich mit seinem Privat- und Geschäftsvermögen **(Vollhafter).**

- **Kommanditist**

  Er haftet gegenüber Dritten als Gesamtschuldner nur bis zur Höhe seiner noch nicht geleisteten Kapitaleinlage **(Teilhafter).** Diese persönliche Haftung entfällt, wenn die Kommanditeinlage geleistet ist.

Gründung *(§ 162 HGB)*

Mindestens ein Komplementär und ein Kommanditist schließen einen Gesellschaftsvertrag ab. In das Handelsregister werden eingetragen:

- die Namen aller Gesellschafter,
- die Höhe der Kapitaleinlagen der Kommanditisten.

Nur die Zahl der Kommanditisten wird öffentlich bekannt gegeben.

Pflichten und Rechte der Gesellschafter untereinander (Innenverhältnis) *(§§ 164–169 HGB)*

- **Komplementär**

  Für die Vollhafter gelten die **gleichen Bestimmungen wie für die Gesellschafter der OHG** *(§ 161 II HGB)*, d.h., sie führen die Geschäfte des Unternehmens.

- **Kommanditist**

  - **Einlagepflicht** laut Gesellschaftsvertrag (Geld- oder Sachwerte) *(§ 706 BGB)*
  - **Geschäftsführung** *(§ 164 HGB)*

    Die Kommanditisten sind von der Geschäftsführung ausgeschlossen. Bei außergewöhnlichen Geschäften steht ihnen allerdings ein Widerspruchsrecht zu, d.h., ihre Zustimmung ist erforderlich.
  - **Kontrollrecht** *(§ 166 I HGB)*

    Die Kommanditisten können den Jahresabschluss anhand der entsprechenden Einzelunterlagen überprüfen.
  - **Gewinnbeteiligung** *(§ 168 HGB)*

    Komplementäre und Kommanditisten erhalten zunächst vom Gewinn 4 % als Verzinsung ihres Kapitalanteils. Der Rest wird in einem angemessenen Verhältnis verteilt, d.h., die Mitarbeit und die Vollhaftung der Komplementäre werden stärker bewertet als die Teilhaftung der Kommanditisten.

    Im Gesellschaftsvertrag ist festgelegt, dass alle Teilhaber gemäß HGB zunächst 4 % ihrer Kapitalanteile erhalten. Der Restgewinn soll zu 75 % an den Komplementär und zu je 12,5 % an die beiden Kommanditisten fallen. Bei einem Jahresgewinn von 312 000 EUR ergibt sich folgende Gewinnverteilung:

Gesellschafter	Kapitalanteil (Einlage)	4 % Zinsen auf die Einlage	Kopfanteil	Gesamtgewinn
Komplementär	100 000 EUR	4 000 EUR	225 000 EUR	229 000 EUR
Kommanditist 1	100 000 EUR	4 000 EUR	37 500 EUR	41 500 EUR
Kommanditist 2	100 000 EUR	4 000 EUR	37 500 EUR	41 500 EUR
	300 000 EUR	12 000 EUR	300 000 EUR	312 000 EUR

  - **Kündigungsrecht** *(§ 132 HGB)*

    Der Kommanditist kann mit einer Frist von sechs Monaten zum Ende des Geschäftsjahres kündigen.

▶ Das Verhältnis der Gesellschafter gegenüber Dritten (Außenverhältnis)

- **Komplementär**

  Für die Vollhafter gelten die **gleichen Bestimmungen wie für die Gesellschafter der OHG** *(§ 161 II HGB),* d. h., sie vertreten das Unternehmen nach außen.

- **Kommanditist**

  - **Vertretung** *(§ 170 HGB)*

    Kommanditisten sind **nicht** zur Vertretung der KG gegenüber Dritten berechtigt.

  - **Haftung** *(§ 171 I HGB)*

    Die Kommanditisten haften gegenüber Dritten als Gesamtschuldner nur bis zur Höhe ihrer noch nicht geleisteten Kapitaleinlage. Diese persönliche Haftung entfällt, wenn die Kommanditeinlage geleistet ist.

- **Auflösung**

  Für die KG gelten die gleichen Auflösungsgründe wie für die OHG *(§ 131 HGB).* Allerdings ist der Tod eines Kommanditisten **kein** Auflösungsgrund *(§ 177 HGB).*

▶ Bedeutung der KG

Die KG bietet dem Einzelunternehmen oder der OHG die Möglichkeit zur Erweiterung der Kapitalgrundlage, ohne dem Geldgeber (Kommanditisten) Einfluss auf die Geschäftsführung oder gar die Vertretung einzuräumen. Ferner ist das Unternehmen nicht mit festen Zinsverpflichtungen belastet wie bei einem Darlehen oder Bankkredit.

© Erich Schmidt Verlag

2.2.4 Gesellschaft bürgerlichen Rechts (BGB-Gesellschaft) *(§§ 705–740 BGB)*

▶ Begriff

Die Gesellschaft bürgerlichen Rechts ist eine Sonderform der Personengesellschaft. Bei ihr schließen sich mindestens zwei Personen zur Erreichung eines gemeinsamen Zieles zusammen *(§ 705 BGB)*. Im Gegensatz zu den anderen Gesellschaftsformen kann die BGB-Gesellschaft auch zu **nicht gewerbsmäßigen Zwecken** gegründet werden.

Die BGB-Gesellschaft bietet für bestimmte Tätigkeiten die einzige Möglichkeit, eine Gesellschaft zu gründen. Sie findet Anwendung bei:

- **der gemeinsamen Durchführung einzelner Geschäftsvorfälle**

  Mehrere Banken schließen sich zusammen, um einen Großkredit für einen Kunden aufbringen zu können (Konsortium) bzw. um Aktien an der Börse unterzubringen.

- **nicht gewerbsmäßigen Zwecken**

  Zwei Städte betreiben gemeinsam ein Theater; mehrere Personen schließen sich zur Förderung der deutsch-französischen Freundschaft zusammen.

▶ Gründung

Die Gründung der Gesellschaft bürgerlichen Rechts erfolgt durch Abschluss eines formlosen Vertrages zwischen den Gesellschaftern. Gesellschafter können sowohl Privatpersonen als auch Kaufleute (natürliche und juristische Personen) sein.

Die Gesellschaft kann auch durch schlüssiges Verhalten zustande kommen, d. h., es werden vorab zwischen den Gesellschaftern keine vertraglichen Regelungen vereinbart.

Mehrere Personen unternehmen eine gemeinsam gebuchte Reise.

▶ Firma

Da die BGB-Gesellschaft keine Handelsgesellschaft ist und an ihr auch Privatpersonen beteiligt sein können, kann sie **nicht** ins Handelsregister eingetragen werden, kann **keine** Firma geführt werden, gelten für sie **nicht** die Bestimmungen des Handelsgesetzbuches.

▶ Rechte und Pflichten

Die Gesellschafter sind verpflichtet, an dem gemeinsamen Zweck der Gesellschaft mitzuwirken. Sie haben die im Gesellschaftsvertrag festgelegten Beiträge *(§ 706 BGB)* entweder in Form von Geld- oder Sachwerten oder auch in Form von Arbeitsleistungen zu entrichten.

Die einzelnen Gesellschafter haben, sofern es sich um einen gewerbsmäßigen Zweck handelt, Anspruch auf Gewinnbeteiligung.

▶ Geschäftsführung und Vertretung

Zur Geschäftsführung und Vertretung sind alle Gesellschafter nur gemeinschaftlich berechtigt und verpflichtet *(§§ 707, 709, 714 BGB)*, es sei denn, im Gesellschaftsvertrag ist eine andere Vereinbarung getroffen.

▶ Haftung

Jeder Gesellschafter haftet für die während seiner Zugehörigkeit zur BGB-Gesellschaft entstandenen Verbindlichkeiten.

▶ Auflösung

Die Gesellschaft bürgerlichen Rechts endet:

- mit Erreichung des vereinbarten Zwecks *(§ 726 BGB);*
- durch Tod eines Gesellschafters *(§ 727 BGB);*
- durch Kündigung eines Gesellschafters *(§ 723 BGB);*
- durch Eröffnung des Insolvenzverfahrens über das Vermögen der Gesellschaft oder eines Gesellschafters *(§ 728 BGB).*

2.2.5 Partnerschaftsgesellschaft (PartG) *(§ 1–11 PartGG)*

▶ Begriff

Die Partnerschaftsgesellschaft (PartG) ist eine Personengesellschaft, bei der sich Angehörige Freier Berufe (Rechtsanwälte, Ärzte, Steuerberater, Architekten, Ingenieure, Künstler u. a.) zusammenschließen können *(§ 1 PartGG)*. Angehörige einer Partnerschaft können nur natürliche Personen sein.

▶ Gründung

Die Gründung erfolgt durch Abschluss eines Partnerschaftsvertrages, der **schriftlich** abzufassen ist. Er muss

- den Namen und den Sitz der Partnerschaft;
- den Namen und den Vornamen sowie den in der Partnerschaft ausgeübten Beruf und Wohnsitz jedes Partners;
- den Gegenstand der Partnerschaft

enthalten *(§ 3 PartGG)*.

▶ Firma

Die Partnerschaftsgesellschaft ist **keine Handelsgesellschaft,** obwohl einzelne Bestimmungen des Handelsgesetzbuches *(HGB)* auf sie zutreffen. Sie wird in das bei den Amtsgerichten geführte Partnerschaftsregister eingetragen und führt **keine** Firma. Der Name der Partnerschaft muss den Namen mindestens eines Partners mit dem Zusatz „und Partner" oder „Partnerschaft" sowie die Berufsbezeichnung aller in der Partnerschaft vertretenen Berufe enthalten *(§ 2 PartGG)*.

▶ Rechte und Pflichten

Die Partner erbringen ihre beruflichen Leistungen unter Beachtung des jeweiligen Berufsrechts *(§ 6 PartGG)*. Der Partnerschaftsvertrag regelt die Einlagepflichten (Sach- und Geldeinlagen) und die Gewinnbeteiligung.

▶ Geschäftsführung und Vertretung

Zur Geschäftsführung und Vertretung ist jeder Partner berechtigt, es sei denn, im Partnerschaftsvertrag ist eine andere Regelung enthalten.

▶ Haftung

Die Partner haften gesamtschuldnerisch mit dem Vermögen der Partnerschaftsgesellschaft und ihrem Privatvermögen *(§ 8 PartGG)*.

Allerdings ist die Haftung für Schäden aus einer fehlerhafter Berufsausübung auf denjenigen beschränkt, der innerhalb der Partnerschaft die berufliche Leistung zu erbringen hat *(§ 8 PartGG)*.

▶ Auflösung

Verliert ein Partner die erforderliche Zulassung zu dem ausgeübten Freien Beruf, so scheidet er aus der Partnerschaft aus *(§ 9 PartGG)*.

Auflösungsgründe für die Partnerschaft ingesamt können sein *(§ 131 HGB)*:

- Ablauf der vereinbarten Zeit;
- Beschluss der Partner;
- gerichtliche Entscheidung;
- Eröffnung des Insolvenzverfahrens über das Vermögen der Partnerschaft.

2.3 Kapitalgesellschaften

Bei **Personengesellschaften** haftet mindestens ein Gesellschafter mit seinem Geschäfts- und Privatvermögen (Ausnahme: GmbH & Co. KG), der die Geschäfte des Unternehmens führt und die Gesellschaft nach außen vertritt.

Demgegenüber kennen **Kapitalgesellschaften keine persönliche Haftung.** Hier ist es nur das von den Gesellschaftern aufgebrachte Kapital (Gesellschaftsvermögen), das für die Verbindlichkeiten des Unternehmens einsteht. Diese Gesellschafter sind aber häufig nicht an der Unternehmensleitung beteiligt. Während für Personengesellschaften natürliche Personen (Eigentümer) charakteristisch sind, besitzen Kapitalgesellschaften eine **eigene Rechtspersönlichkeit,** d.h., sie sind **juristische Personen.**

Darüber hinaus zeichnen sich Kapitalgesellschaften dadurch aus, dass der Gesetzgeber mit dem Drittelbeteiligungsgesetz 2004 *(DrittelbG)* und dem Mitbestimmungsgesetz 1976 *(MitbestG)* eine Interessenvertretung und Mitbestimmung der Arbeitnehmer in den Unternehmensorganen (Vorstand/Aufsichtsrat) (vgl. S. 116ff.) vorschreibt, um so zu einer Demokratisierung der Arbeitswelt beizutragen.

2.3.1 Gesellschaftsformen mit beschränkter Haftung *(§§ 1–85 GmbHG)*

Gemäß GmbH-Gesetz *(GmbHG)* sind **zwei Gesellschaftsformen mit beschränkter Haftung** zu unterscheiden, wobei vor allem die Höhe des Mindeststammkapitals den wesentlichen Unterschied zwischen beiden Gesellschaftsformen ausmacht.

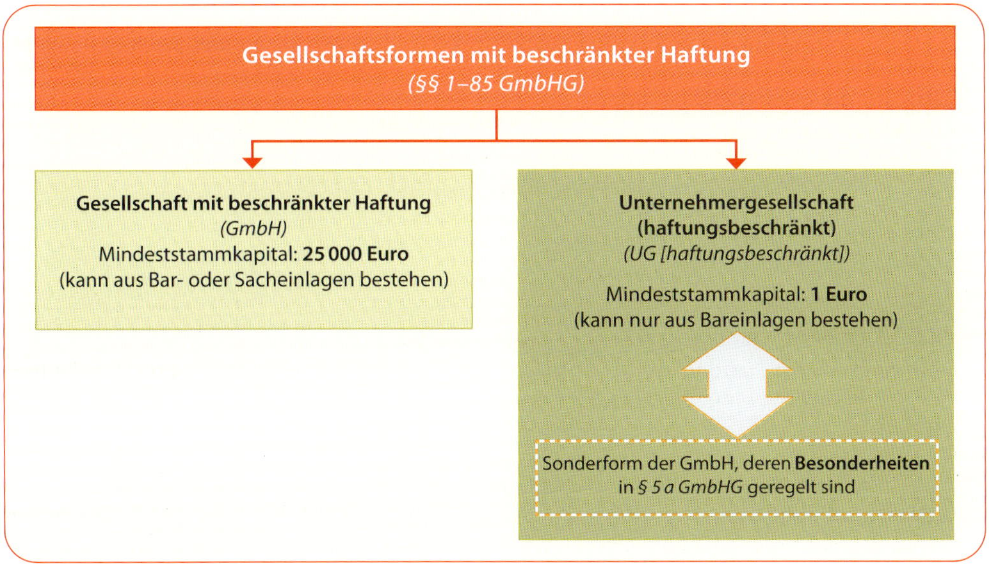

Bei beiden Gesellschaftsformen handelt es sich um Kapitalgesellschaften mit eigener Rechtspersönlichkeit (juristische Personen), bei denen die Haftung für die Verbindlichkeiten der GmbH bzw. der UG (haftungsbeschränkt) allein auf das Gesellschaftsvermögen beschränkt ist.

Diese Haftungsbeschränkung entsteht jedoch erst mit der Eintragung der GmbH bzw. der UG (haftungsbeschränkt) in das Handelsregister (konstitutive [= rechtsbegründende] Wirkung der Handelsregistereintragung). Bis zur Handelsregistereintragung haften die Gesellschafter der GmbH bzw. UG (haftungsbeschränkt) persönlich und solidarisch.

Beide Gesellschaftsformen gelten als **Handelsgesellschaft,** auch wenn der Gegenstand des Unternehmens **nicht im Betrieb eines Handelsgewerbes** (vgl. S. 13 f.) besteht *(§ 13 III GmbHG).*

▶ Gründung einer GmbH bzw. einer UG (haftungsbeschränkt) *(§§ 1 ff. GmbHG)*

Die zu **jedem gesetzlich zulässigen Zweck** zu errichtende GmbH bzw. UG (haftungsbeschränkt) kann durch eine oder mehrere Personen gegründet werden. Der dazu erforderliche Gesellschaftsvertrag **(Satzung)** muss von einem Notar beurkundet werden, der die erforderlichen Gründungsunterlagen zum Handelsregister elektronisch übermittelt.

Bei der Gründung einer GmbH bzw. einer UG (haftungsbeschränkt) können die Gesellschafter zwischen **zwei Gründungsmöglichkeiten** wählen:

- **Möglichkeit 1:** Die Gesellschafter wählen das schnellere und kostengünstigere **vereinfachte Verfahren.** Für diese Standardgründung der Gesellschaft **muss** eines der beiden **Musterprotokolle** verwendet werden, die in der Anlage zum GmbHG bestimmt sind. Dabei handelt es sich entweder um das
  - **Musterprotokoll für die Gründung einer Einpersonengesellschaft** oder das
  - **Musterprotokoll für die Gründung einer Mehrpersonengesellschaft mit bis zu drei Gesellschaftern.**

Inhaltliche Veränderungen der standardisierten Musterprotokolle sind **nicht** zulässig. Die Verwendung dieses Musterprotokolls, das zugleich Gesellschaftsvertrag, Geschäftsführerbestellung und Gesellschafterliste ist, ist insbesondere an folgende Voraussetzungen geknüpft:

- Die zu gründende Gesellschaft hat **höchstens drei Gesellschafter** und **maximal einen Geschäftsführer.**
- Die Stammkapitaleinlagen erfolgen ausschließlich als **Bareinlage.** Eine **Sachgründung** mittels Musterprotokoll ist **nicht** zulässig.

Musterprotokoll
für die Gründung einer Mehrpersonengesellschaft mit bis zu drei Gesellschaftern
(Anlage zu § 2 I a GmbHG)

UR. Nr. ....

Heute, den ....,

erschienen vor mir, ...,

Notar/in mit dem Amtssitz in ....,

Herr/Frau[1] ....[2],

Herr/Frau[1] ....[2],

Herr/Frau[1] ....[2]

,

1. Die Erschienenen errichten hiermit nach § 2 Abs. 1 a GmbHG eine Gesellschaft mit beschränkter Haftung unter der Firma ....
mit dem Sitz in ....
2. Gegenstand des Unternehmens ist ....
3. Das Stammkapital der Gesellschaft beträgt .... €
(i.W. .... Euro) und wird wie folgt übernommen:
Herr/Frau[1] ....übernimmt
einen Geschäftsanteil mit einem Nennbetrag in Höhe von .... €
(i.W. .... Euro) (Geschäftsanteil Nr. 1).
Herr/Frau[1] .... übernimmt
einen Geschäftsanteil mit einem Nennbetrag in Höhe von .... €
(i.W. .... Euro) (Geschäftsanteil Nr. 2).
Herr/Frau[1] .... übernimmt
einen Geschäftsanteil mit einem Nennbetrag in Höhe von .... €
(i.W. .... Euro) (Geschäftsanteil Nr. 3).
Die Einlagen sind in Geld zu erbringen, und zwar sofort in voller Höhe/zu 50 Prozent sofort, im Übrigen sobald die Gesellschafterversammlung ihre Einforderung beschließt[3]).
4. Zum Geschäftsführer der Gesellschaft wird Herr/Frau[4]) ....
....,
geboren am ...., wohnhaft in ....
...., bestellt.
Der Geschäftsführer ist von den Beschränkungen des § 181 des Bürgerlichen Gesetzbuchs befreit.
5. Die Gesellschaft trägt die mit der Gründung verbundenen Kosten bis zu einem Gesamtbetrag von 300 €, höchstens jedoch bis zum Betrag ihres Stammkapitals. Darüber hinausgehende Kosten tragen die Gesellschafter im Verhältnis der Nennbeträge ihrer Geschäftsanteile.

6. Von dieser Urkunde erhält eine Ausfertigung jeder Gesellschafter, beglaubigte Ablichtungen die Gesellschaft und das Registergericht (in elektronischer Form) sowie eine einfache Abschrift das Finanzamt – Körperschaftsteuerstelle –.
7. Die Erschienenen wurden vom Notar/von der Notarin insbesondere auf Folgendes hingewiesen:

....

Hinweise:

1) Nicht Zutreffendes streichen. Bei juristischen Personen ist die Anrede Herr/Frau wegzulassen.

2) Hier sind neben der Bezeichnung des Gesellschafters und den Angaben zur notariellen Identitätsfeststellung ggf. der Güterstand und die Zustimmung des Ehegatten sowie die Angaben zu einer etwaigen Vertretung zu vermerken.

3) Nicht Zutreffendes streichen. Bei der Unternehmergesellschaft muss die zweite Alternative gestrichen werden.

4) Nicht Zutreffendes streichen.

- **Möglichkeit 2:** Der Gründungsvertrag wird individuell so auf die entsprechenden Bedürfnisse der zu gründenden Gesellschaft zugeschnitten, dass auch über die gesetzlich vorgeschriebenen Mindestinhalte hinausgehende Regelungen zwischen den Gesellschaftern vereinbart werden können (z.B. mehr als drei Gründungsgesellschafter, Bestellung mehrerer Geschäftsführer). Bei diesem Gründungsvertrag ist für eine GmbH auch eine Gründung mit Sacheinlagen möglich.

Sowohl bei der Standardgründung unter Verwendung des Musterprotokolls als auch bei der individuellen Ausgestaltung bedarf es der notariellen Beurkundung des Gesellschaftsvertrages.

▶ Gesellschafter einer GmbH bzw. einer UG (haftungsbeschränkt)

Die Gesellschafter stellen der GmbH bzw. der UG (haftungsbeschränkt) **das jeweils gesetzlich vorgeschriebene Mindeststammkapital** (bei einer GmbH: 25 000 EUR bzw. bei einer UG [haftungsbeschränkt]: 1 bis 24 999 EUR) in Form ihrer Geschäftsanteile zur Verfügung. Der Nennbetrag jedes Geschäftsanteils muss auf **volle Euro** lauten. Ein Gesellschafter kann bei der Errichtung der Gesellschaft auch mehrere Geschäftsanteile übernehmen. Die Höhe der Nennbeträge der einzelnen Geschäftsanteile kann verschieden sein. Allerdings muss die Summe der Nennbeträge aller Geschäftsanteile mit dem Stammkapital übereinstimmen.

Ferner bestimmen die Gesellschafter den oder die Geschäftsführer der Gesellschaft. Diese können entweder die Gesellschafter selbst sein oder andere Personen werden zum Geschäftsführer bzw. zu den Geschäftsführern bestimmt.

▶ Organe der GmbH bzw. UG (haftungsbeschränkt)

- **Geschäftsführer** *(§§ 6, 35 ff. GmbHG)*

  Der oder die Geschäftsführer leiten das Unternehmen und vertreten es nach außen.

- **Gesellschafterversammlung** *(§§ 48 ff. GmbHG)*

  Sie wird durch den oder die Geschäftsführer einberufen und hat folgende Aufgaben:

  - Feststellung des Jahresabschlusses und der Gewinnverwendung,
  - Bestellung und Abberufung von Geschäftsführern,
  - Bestellung von Prokuristen,
  - Überwachung der Geschäftsführung.

  Beschlüsse werden mit einfacher Mehrheit gefasst, wobei auf jeden Euro eines Geschäftsanteils eine Stimme entfällt *(§ 47 II GmbHG)*.

- **Aufsichtsrat** *(§ 52 GmbHG)*

  Die Bestellung eines Aufsichtsrates kann durch die Satzung vorgeschrieben sein.

  Für eine GmbH mit mehr als 500 Arbeitnehmern ist nach den Mitbestimmungsgesetzen ein Aufsichtsrat zu bilden. In diesem Fall werden auch Vertreter der Arbeitnehmer an der Überwachung der Geschäftsführung beteiligt.

▶ Pflichten und Rechte der Gesellschafter einer GmbH bzw. UG (haftungsbeschränkt)

- **Einzahlung der Stammeinlagen** *(§ 19 GmbHG)*
- **Gewinnverwendung** *(§ 29 GmbHG)*

  Die Verteilung des Jahresüberschusses erfolgt im Verhältnis der Geschäftsanteile, sofern im Gesellschaftsvertrag kein anderer Verteilungsmaßstab festgesetzt worden ist.

▶ Auflösung der GmbH bzw. UG (haftungsbeschränkt) *(§§ 60 ff. GmbHG)*

Auflösungsgründe einer GmbH bzw. UG (haftungsbeschränkt) können sein:

- Ablauf der im Gesellschaftsvertrag bestimmten Zeit,
- Auflösungsbeschluss der Gesellschafter mit Dreiviertelmehrheit,
- Eröffnung des Insolvenzverfahrens.

2.3.1.1 Gesellschaft mit beschränkter Haftung (GmbH)

Für die GmbH ist ein Mindestkapital von 25 000 EUR **(Stammkapital oder gezeichnetes Kapital)** vorgeschrieben *(§ 5 I GmbHG)*. Es setzt sich aus der Summe der Nennbeträge aller Geschäftsanteile der einzelnen Gesellschafter zusammen.

© Erich Schmidt Verlag

▶ Firma *(§ 4 GmbHG)*

Die Firma der Gesellschaft muss die Bezeichnung „Gesellschaft mit beschränkter Haftung" oder eine allgemein verständliche Abkürzung dieser Bezeichnung enthalten.

▶ Anmeldung der GmbH zur Eintragung in das Handelsregister *(§ 7 GmbHG)*

Die GmbH ist bei dem Gericht, in dessen Bezirk sie ihren Sitz hat, zur Eintragung in das Handelsregister anzumelden. Die Anmeldung darf erst dann erfolgen, wenn auf jeden Geschäftsanteil, soweit nicht Sacheinlagen vereinbart sind, **ein Viertel des Nennbetrags** eingezahlt ist. Insgesamt muss auf das Stammkapital mindestens so viel eingezahlt sein, dass der Gesamtbetrag der eingezahlten Geldeinlagen zuzüglich des Gesamtnennbetrags der Geschäftsanteile, für die Sacheinlagen zu leisten sind, die Hälfte des gesetzlich vorgeschriebenen Mindeststammkapitals (also 12 500 EUR) erreicht.

▶ Bedeutung der GmbH

Die GmbH hat zunehmend an Bedeutung gewonnen. Dies ist zum einen auf das relativ geringe Mindeststammkapital und – im Vergleich zu den Personengesellschaften (OHG, KG) – zum anderen auf die Möglichkeit der Haftungsbeschränkung zurückzuführen.

2.3.1.2 Unternehmergesellschaft (haftungsbeschränkt) (UG [haftungsbeschränkt]) als Sonderform der GmbH *(§ 5 a GmbHG)*

Die Unternehmergesellschaft (haftungsbeschränkt) ist **keine eigene Rechtsform**, sondern eine **Sonderform der GmbH.** Indem sie auch ohne das sonst für die Errichtung einer GmbH vorgeschriebene Mindeststammkapital von 25 000 EUR gegründet werden kann, ermöglicht diese Sonderform gerade solchen Existenzgründern, die am Anfang wenig Stammkapital haben und benötigen, den Zugang zu einer Kapitalgesellschaft, bei der die Haftung gegenüber den Gläubigern auf das Gesellschaftsvermögen des Unternehmens beschränkt ist.

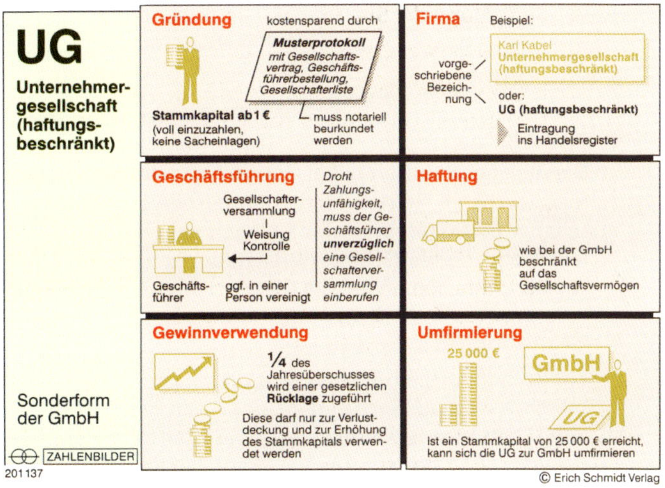

Das Stammkapital der UG (haftungsbeschränkt) beträgt **mindestens einen Euro.** Allerdings sollten sich die Unternehmensgründer darüber bewusst sein, dass die Insolvenzgefahr der UG (haftungsbeschränkt) umso höher ist, je niedriger das Stammkapital gewählt wird.

▶ Firma *(§ 5 a GmbHG)*

Die Firma der Gesellschaft muss die Bezeichnung „Unternehmergesellschaft (haftungsbeschränkt)" oder „UG (haftungsbeschränkt)" führen. Eine Abkürzung des Rechtsformzusatzes „haftungsbeschränkt" ist **nicht** zulässig.

▶ Anmeldung der UG (haftungsbeschränkt) zur Eintragung in das Handelsregister *(§ 5 a II GmbHG)*

Die Unternehmergesellschaft (haftungsbeschränkt) ist bei dem Gericht, in dessen Bezirk sie ihren Sitz hat, zur Eintragung in das Handelsregister anzumelden. Die Anmeldung darf erst dann erfolgen, wenn das Stammkapital in voller Höhe eingezahlt ist. Sacheinlagen sind ausgeschlossen.

▶ Gesetzliche Rücklage *(§ 5 a III GmbHG)*

Die Unternehmergesellschaft (haftungsbeschränkt) **muss** eine gesetzliche Rücklage bilden, in die 25 Prozent des erwirtschafteten Gewinns fließen müssen, um so das Mindeststammkapital der herkömmlichen GmbH nach und nach anzusparen. Erreicht das Stammkapital zusammen mit den so gebildeten Rücklagen schließlich den Betrag von 25 000 EUR, **kann** das Unternehmen unter Beibehaltung seines bisherigen Namens entweder den Rechtsformzusatz wechseln – also von „Unternehmergesellschaft (haftungsbeschränkt)" bzw. „UG (haftungsbeschränkt)" in „GmbH" – oder aber auch die bisherige Firma unverändert beibehalten.

▶ Bedeutung der UG (haftungsbeschränkt)

Mit dieser Rechtsform kommt der Gesetzgeber den Bedürfnissen jener Existenzgründer entgegen, die anfangs nur wenig Stammkapital aufbringen und benötigen sowie schnell, einfach und kostengünstig ein haftungsbeschränktes Unternehmen gründen wollen.

Indem die erwirtschafteten Gewinne nicht in voller Höhe ausgeschüttet werden dürfen, kann die UG (haftungsbeschränkt) auf diese Art und Weise das Mindeststammkapital der herkömmlichen GmbH nach und nach ansparen. Damit bietet diese Rechtsform eine Alternative zu ausländischen Rechtsformen mit geringer Kapitalausstattung (wie z. B. die englische Limited).

2.3.2 Aktiengesellschaft (AG) *(§§ 1–410 AktG)*

▶ Begriff

Die Aktiengesellschaft gilt als **Handelsgesellschaft,** auch wenn der Gegenstand des Unternehmens **nicht im Betrieb eines Handelsgewerbes** (vgl. S. 13 f.) besteht *(§ 3 AktG).* Die Gesellschafter **(Aktionäre),** die mit Einlagen an dem in Anteile **(Aktien)** zerlegten **Grundkapital** beteiligt sind, haften nicht persönlich für die Verbindlichkeiten der Gesellschaft, sondern nur bis zur Höhe ihrer Beteiligung (Aktien).

▶ Gründung *(§§ 2 ff. AktG)*

Zur Gründung einer AG sind eine oder mehrere Personen erforderlich. Sie schließen einen Gesellschaftsvertrag **(Satzung)** ab, der durch einen Notar beurkundet werden muss. Aufsichtsrat und Vorstand werden gebildet. Mindestens ein Viertel des notwendigen Grundkapitals muss zur Verfügung gestellt werden. Anschließend wird die AG durch den oder die Gründer, den Aufsichtsrat und den Vorstand beim Handelsregister angemeldet.

▶ Grundkapital *(§§ 1, 6 ff. AktG)*

Die AG besitzt ein in Aktien zerlegtes Grundkapital (= gezeichnetes Kapital). Die Mindesthöhe des Grundkapitals beträgt 50 000 EUR. Aktien sind Urkunden über die Beteiligung an einer AG. Maßgebend für die Größe dieser Beteiligung ist der auf der **Nennbetragsaktie** aufgedruckte Betrag, der **Nennwert.** Der Mindestnennwert ist ein Euro, höhere Beträge müssen auf volle Euro lauten. Möglich ist auch, das Grundkapital auf **Stückaktien** aufzuteilen, die keinen eigenen Nennbetrag besitzen, sondern einen bestimmten Anteil am Grundkapital verbriefen.

Aktien

Nennbetragsaktien

- lauten auf mindestens einen Euro
- höhere Aktiennennbeträge müssen auf volle Euro lauten
- Anteil am Grundkapital bestimmt sich nach dem Verhältnis ihres Nennbetrags zum Grundkapital

Stückaktien

- lauten auf keinen Nennbetrag, sodass sie in gleichem Umfang am Grundkapital der AG beteiligt sind
- der auf die einzelne Aktie entfallende Betrag des Grundkapitals darf einen Euro nicht unterschreiten
- Anteil am Grundkapital bestimmt sich nach der Zahl der Aktien

Das Grundkapital einer Aktiengesellschaft beträgt 500 000 EUR.

- Die Aktien werden als **Nennbetragsaktien** herausgegeben. Dabei ist z. B. folgende Stückelung möglich:

10 000 Aktien zu je	10 EUR	=	100 000 EUR
1 000 Aktien zu je	100 EUR	=	100 000 EUR
300 Aktien zu je	1 000 EUR	=	300 000 EUR

- Die Aktien werden als **Stückaktien** herausgegeben. Bei einer unterstellten Menge von 2 000 herausgegebenen Aktien entfällt auf jede Stückaktie $^1/_{2000}$ des Grundkapitals, also 250 EUR.

- Die meisten der an Börsen gehandelten Aktien sind **Inhaberaktien.** Ihre Besitzer können sie jederzeit über Banken frei veräußern.
- Ist eine Aktie mit dem Namen des Eigentümers versehen, handelt es sich um eine **Namensaktie.** Sie kann nur durch Indossament übertragen werden.
- **Vorzugsaktien** sind mit besonderen Rechten ausgestattet (z. B. eine Bevorzugung bei der Gewinnverteilung).

Das Grundkapital der AG setzt sich aus der Summe aller Aktiennennbeträge oder aller Stückaktien zusammen.

Vom **Nennwert** einer Aktie ist allerdings ihr **Kurswert** zu unterscheiden. Der Kurswert ist der Wert, zu dem die Aktie an der Börse gehandelt wird. Er ergibt sich durch Angebot und Nachfrage, ist in der Regel höher als der Nennwert und spiegelt die jeweilige wirtschaftliche Situation des Unternehmens wider.

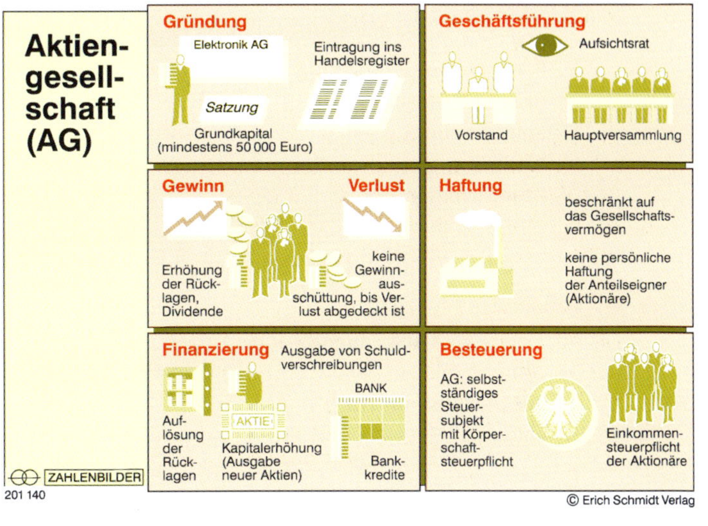

▶ Organe der AG

Als juristische Person kann die AG nicht selbst handeln. Zur Durchführung ihrer Geschäfte benötigt sie daher bestimmte Organe, in denen natürliche Personen die Entscheidungen treffen.

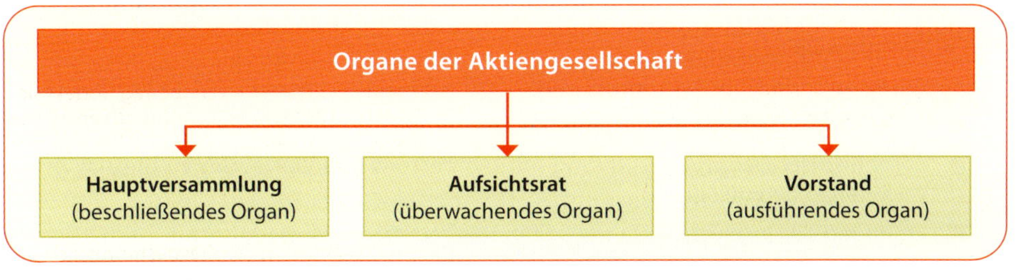

- **Hauptversammlung** *(§§ 118–137 AktG)*

  Die Hauptversammlung ist das **beschließende Organ** der AG. Sie besteht aus allen Aktionären und wird mindestens einmal jährlich vom Vorstand einberufen. Beschlüsse werden mit Mehrheit der abgegebenen Stimmen gefasst, wobei das Stimmrecht nach Aktiennennbeträgen, bei Stückaktien nach deren Anzahl, ausgeübt wird. Jeder Aktionär hat in der Hauptversammlung das Recht, Auskünfte über die Gesellschaft zu verlangen. Kleinaktionäre übertragen ihr Stimmrecht häufig an Bankenvertreter, sodass diese für eine Vielzahl von Beteiligten handeln können.

  Aufgaben der Hauptversammlung sind:

  - Wahl der Aktionärsvertreter in den Aufsichtsrat;
  - Entscheidung über die Gewinnverwendung;
  - Entlastung von Vorstand und Aufsichtsrat;
  - Beschluss über grundsätzliche Fragen des Unternehmens (Satzungsänderungen, Kapitalerhöhung oder -herabsetzung, Auflösung der Gesellschaft).

- **Aufsichtsrat** *(§§ 95–116 AktG)*

  Der Aufsichtsrat ist das **überwachende Organ** der AG. Seine **Aufgaben** sind:

  - Bestellung des Vorstandes auf fünf Jahre;
  - Überwachung der Geschäftsführung des Vorstandes (Überprüfung des Jahresabschlusses und des Vorschlages zur Gewinnverteilung);
  - Einberufung einer außerordentlichen Hauptversammlung, wenn dies das Wohl der Gesellschaft erfordert.

  Damit der Aufsichtsrat diesen Aufgaben gerecht werden kann, dürfen seine Mitglieder **nicht** gleichzeitig im Vorstand vertreten sein.

- **Vorstand** *(§§ 76–94 AktG)*

  Der Vorstand ist das **ausführende Organ** der AG. Er leitet die Geschäfte und vertritt die Gesellschaft nach außen. Seine **Aufgaben** sind:

  - Geschäftsführung und Vertretung;
  - regelmäßige Unterrichtung des Aufsichtsrates über die Geschäftslage;
  - Aufstellung des Jahresabschlusses;
  - Einberufung der ordentlichen Hauptversammlung einmal jährlich.

Gewinnverteilung *(§ 60 AktG)*

Die Anteile der Aktionäre am Gewinn (= **Dividende**) bestimmen sich nach ihren Anteilen am Grundkapital. Diese Dividende stellt für den Aktionär eine Verzinsung des eingesetzten Kapitals dar.

Auflösung der AG *(§ 262 AktG)*

Auflösungsgründe einer AG können sein:

- Ablauf der in der Satzung bestimmten Zeit;
- Beschluss der Hauptversammlung mit mindestens drei Viertel des zu diesem Zeitpunkt vertretenen Grundkapitals;
- Eröffnung des Insolvenzverfahrens über das Vermögen der Gesellschaft;
- der Beschluss, durch den die Eröffnung des Insolvenzverfahrens mangels Masse abgelehnt worden ist, wird rechtskräftig.

▶ Bedeutung der AG

Die AG, die sich besonders als Gesellschaftsform für kapitalintensive Unternehmen eignet, ermöglicht die Aufbringung bedeutender finanzieller Mittel dadurch, dass zahlreiche Einzelpersonen Geschäftsanteile in kleiner Stückelung (Aktie) übernehmen können. Das unternehmerische Risiko wird damit auf viele Aktionäre verteilt. Kapital und Unternehmensleitung sind getrennt. Der Aktionär (Kapitalgeber), der eine Aktie jederzeit veräußern kann, ist nicht auf Dauer an die Gesellschaft gebunden. Mit der Leitung des Unternehmens können Fachkräfte betraut werden, ohne dass diese selbst Kapital aufbringen müssen. Dabei kann allerdings die Situation eintreten, dass die Geschäftsleitung durch fehlerhafte Entscheidungen die Gesellschaft und deren Aktionäre schädigt, ohne selbst mit eigenem Kapital haften zu müssen.

2.4 Eingetragene Genossenschaft (eG) *(§§ 1–165 GenG)*

▶ Begriff

Eingetragene Genossenschaften verfolgen insbesondere das Ziel, durch den Zusammenschluss ihrer Mitglieder (Genossen) dem Einzelnen ähnliche Vorteile zu verschaffen, wie sie sonst nur Großunternehmen in Anspruch nehmen können (preisgünstiger Einkauf, bessere Produktionsmöglichkeiten, größere Absatzmöglichkeiten). Damit ist die Gewinnerzielung nicht das ursprüngliche Ziel, sondern die **Selbsthilfe** der Mitglieder untereinander. Der Zweck einer Genossenschaft kann aber auch darauf gerichtet sein, durch einen gemeinsamen Geschäftsbetrieb die sozialen oder kulturellen Belange ihrer Mitglieder zu fördern.

Bei eingetragenen Genossenschaften, die als **Kaufleute** im Sinne des HGB gelten, handelt es sich um juristische Personen mit eigener Rechtspersönlichkeit.

▶ Arten von Genossenschaften

Genossenschaften können nach folgenden **Tätigkeitsbereichen** unterschieden werden:

- **Einkaufsgenossenschaften**
  - im Einzelhandel (Edeka, Rewe)
  - im Handwerk (Metzgereigenossenschaften)
  - in der Landwirtschaft (zum Erwerb von Saatgut, Düngemitteln und Maschinen)
- **Produktions- und Absatzgenossenschaften**
  Molkerei-, Winzer-, Obst- und Gemüseverwertungsgenossenschaften
- **Kreditgenossenschaften**
  Raiffeisenbanken, Volksbanken
- **Baugenossenschaften**
  Wohnungsbau, Wohnungsverwaltung
- **Verkehrsgenossenschaften**
  Straßenverkehrsbetriebe, Binnenschifffahrt
- **Soziale oder kulturelle Genossenschaften**
  Sportstättengenossenschaften

▶ Gründung *(§§ 4 ff. GenG)*

Zur Gründung einer Genossenschaft sind mindestens **drei Mitglieder** erforderlich, die den Gesellschaftsvertrag **(Satzung)** schriftlich festlegen müssen. Nach der Wahl der Organe wird die Genossenschaft bei dem Gericht in das **Genossenschaftsregister** eingetragen, in dessen Bezirk die Genossenschaft ihren Sitz hat. Die Satzung, in der auch ein Mindestkapital der Genossenschaft bestimmt werden kann, kann auch Sacheinlagen als Einzahlungen auf den Geschäftsanteil zulassen.

▶ Mitgliedschaft *(§ 15 GenG)*

Zum Erwerb der Mitgliedschaft muss vom einzelnen Genossen eine Beitrittserklärung unterzeichnet werden, die beim zuständigen Gericht aufbewahrt wird. Damit wird er in die Liste der dort geführten Mitglieder aufgenommen. Eine Übertragung der Mitgliedschaft auf andere ist nicht möglich.

▶ Haftung *(§§ 2, 6 GenG)*

Jedes Mitglied muss sich mit der in der Satzung festgelegten Einlage **(Geschäftsanteil)** an der Genossenschaft beteiligen. Der Einlagebetrag ist für alle Mitglieder gleich hoch. Allerdings kann die Satzung bestimmen, dass sich Mitglieder mit mehreren Geschäftsanteilen beteiligen können.

Die Mitglieder haften gegenüber der Genossenschaft nur in Höhe ihrer Einlagen, es sei denn, die Satzung sieht vor, dass die Mitglieder im Insolvenzfall weitere Zahlungen zu leisten haben **(Nachschusspflicht).** Wurde diese Nachschusspflicht vertraglich ausgeschlossen, haftet gegenüber den Gläubigern nur das Gesellschaftsvermögen.

▶ Organe

Ähnlich wie die Aktiengesellschaft besitzt auch die Genossenschaft drei Organe.

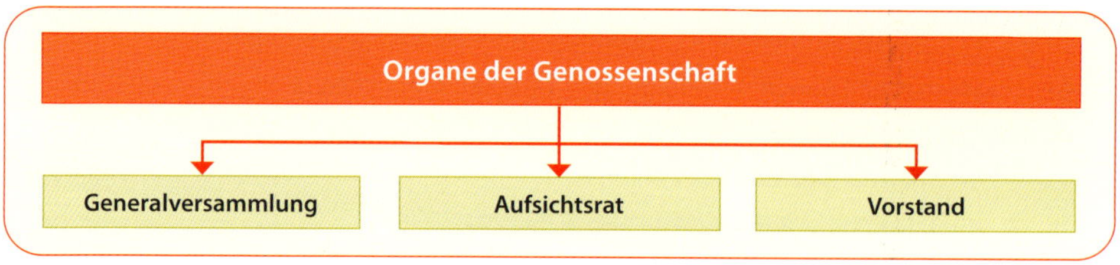

- **Generalversammlung** *(§§ 43 ff. GenG)*

  Oberstes Organ der Genossenschaft ist die Generalversammlung, in der jedes Mitglied (unabhängig von der Anzahl seiner Geschäftsanteile) nur eine Stimme hat. Ihre **Aufgaben** sind:

  - Wahl von Aufsichtsrat und Vorstand;
  - Beschluss über die Gewinn- und Verlustverteilung;
  - Entlastung von Vorstand und Aufsichtsrat.

- **Aufsichtsrat** *(§§ 9, 36 ff. GenG)*

  Der Aufsichtsrat besteht aus mindestens drei Personen und überwacht den Vorstand bei dessen Geschäftsführung. Bei Genossenschaften von nicht mehr als 20 Mitgliedern kann – durch eine entsprechende Bestimmung in der Satzung – auf einen Aufsichtsrat verzichtet werden. In diesem Fall nimmt die Generalversammlung die Rechte und Pflichten des Aufsichtsrates wahr.

■ **Vorstand** *(§§ 24 ff. GenG)*

Der Vorstand besteht aus mindestens zwei Personen. Bei Genossenschaften von nicht mehr als 20 Mitgliedern kann die Satzung bestimmen, dass der Vorstand aus einer Person besteht. Die **Aufgaben** des Vorstandes umfassen:

- Geschäftsführung und Vertretung;
- Aufstellung des Jahresabschlusses und des Lageberichtes;
- Führung des Verzeichnisses der Genossen;
- Einberufung der Generalversammlung.

▶ Pflichten und Rechte der Genossen

■ **Leistung der festgelegten Einlage**

■ **Nutzung genossenschaftlicher Einrichtungen**

■ **Beteiligung am Gewinn oder Verlust** *(§§ 19 f. GenG)*

Da eine Genossenschaft nicht als ursprüngliches Ziel die Gewinnerzielung hat, kann die Satzung einen Ausschluss der Gewinnverteilung vorsehen. In diesem Fall ist die Einzahlung der Gewinne in eine gesetzliche Rücklage vorgesehen, die spätere eventuelle Verluste ausgleichen soll.

Wird die Gewinnverteilung nicht ausgeschlossen, erfolgt sie im Verhältnis der Geschäftsguthaben der einzelnen Mitglieder.

■ **Kündigung** *(§ 65 GenG)*

Die Kündigung der Mitgliedschaft durch einen Genossen kann schriftlich zum Schluss eines Geschäftsjahres mit mindestens dreimonatiger Frist erfolgen.

▶ Auflösung der Genossenschaft *(§§ 78 ff. GenG)*

Auflösungsgründe einer Genossenschaft können sein:

- Beschluss der Generalversammlung mit mindestens drei Viertel der abgegebenen Stimmen;
- Ablauf der in der Satzung vereinbarten Zeit;
- Auflösung durch das Gericht bei Absinken der Mitgliederzahl unter drei Personen;
- Eröffnung des Insolvenzverfahrens.

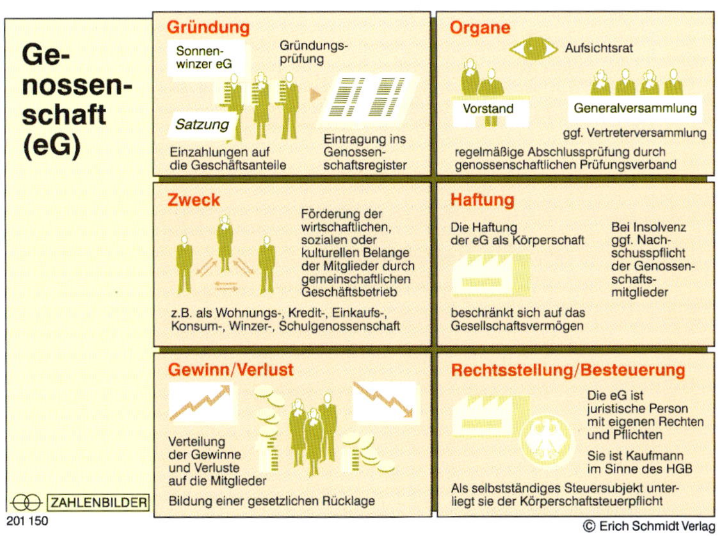

Bedeutung der Genossenschaft

Die Genossenschaften – entstanden während der Industrialisierung des 19. Jahrhunderts – waren zunächst vorwiegend Selbsthilfeorganisationen sozial und wirtschaftlich schwacher Gruppen. Heute sind sie in weitem Umfang zu kaufmännisch geführten Unternehmen geworden, die vor allem ihre Mitglieder im Konkurrenzkampf mit den Großunternehmen unterstützen.

Für die Rechtsbeziehungen zu Lieferanten, Kunden, Banken und Gesellschaftern benötigt jedes Unternehmen ein juristisches Kleid: die Rechtsform. Diese hängt von vielen Merkmalen ab, beispielsweise von der Unternehmensgröße, der Eigentümerstruktur und Fragen der Haftung. Rund zwei Drittel der rund 3,3 Millionen deutschen Unternehmen sind Einzelunternehmen. Dabei handelt es sich in der Regel um Kleinstunternehmen, deren Inhaber persönlich mit ihrem gesamten Privatvermögen haften. Nur 18 Prozent der Unternehmen hierzulande sind Kapitalgesellschaften, ganz überwiegend haben sie die Rechtsform der Gesellschaft mit beschränkter Haftung (GmbH). Neben den etwa 545 000 GmbHs zählen auch die rund 8 000 Aktiengesellschaften zu den Kapitalgesellschaften. Zu den Körperschaften des öffentlichen Rechts gehören unter anderem städtische Verkehrsbetriebe und Sparkassen, während unter den Genossenschaften beispielsweise Volks- und Raiffeisenbanken, aber auch Wohnungsbaugenossenschaften zu finden sind.

Zusammenfassung

Rechtsformen von Unternehmen

Unternehmensform / Merkmale	Einzelunternehmen	Personengesellschaften					Kapitalgesellschaften			Eingetragene Genossenschaft
		Stille Gesellschaft	OHG	KG	BGB-Gesellschaft	Partnerschaftsgesellschaft	Gesellschaftsformen mit beschränkter Haftung: GmbH	Gesellschaftsformen mit beschränkter Haftung: UG (haftungsbeschränkt)	AG	
Kapitalaufbringung	Einzelunternehmer bringt Kapital allein auf	Einzelunternehmer und stiller Gesellschafter	mindestens 2 Gesellschafter	mindestens 2 Gesellschafter: Komplementär und Kommanditist	mindestens 2 Gesellschafter	mindestens 2 Gesellschafter	mindestens 1 Gesellschafter mit 25 000 EUR Stammkapital	mindestens 1 Gesellschafter mit 1 EUR Stammkapital	mindestens 1 Aktionär mit 50 000 EUR Grundkapital	mindestens 3 Mitglieder
Haftung	mit Privat- und Geschäftsvermögen	Einzelunternehmer mit Privat- und Geschäftsvermögen; Stiller mit Einlage	alle Gesellschafter mit Privat- und Geschäfts-mögen	Komplementäre wie bei OHG; Kommanditisten nur bis zur Höhe ihrer noch nicht geleisteten Einlage	alle Gesellschafter mit Privat- und Gesellschaftsvermögen	alle Gesellschafter mit Privat- und Gesellschaftsvermögen	Gesellschaftsvermögen[1]		Gesellschaftsvermögen[1]	Mitglieder mit Geschäftsanteilen
Geschäftsführung	Einzelunternehmer	Einzelunternehmer; Kontrollrecht des Stillen	gewöhnliche Geschäfte: jeder Gesellschafter allein; außergewöhnliche Geschäfte: alle Gesellschafter gemeinsam	Komplementäre; Zustimmung der Kommanditisten bei außergewöhnlichen Geschäften erforderlich	alle Gesellschafter gemeinsam	alle Gesellschafter gemeinsam	Geschäftsführer; Kontrolle durch Gesellschafterversammlung und Aufsichtsrat		Vorstand; Kontrolle durch Hauptversammlung und Aufsichtsrat	Vorstand; Kontrolle durch Generalversammlung und Aufsichtsrat
Vertretung	Einzelunternehmer	Einzelunternehmer	jeder Gesellschafter allein	Komplementäre	alle Gesellschafter gemeinsam	alle Gesellschafter gemeinsam	Geschäftsführer		Vorstand	Vorstand
Gewinnzuweisung	allein an den Einzelunternehmer	an Einzelunternehmer und Stillen in angemessenem Verhältnis	4 % auf Kapitalanteil, Rest nach Köpfen	4 % auf Kapitalanteil, Rest in angemessenem Verhältnis	nach Köpfen	individuell festlegbar	im Verhältnis der Geschäftsanteile		im Verhältnis der Aktiennennbeträge oder Stückanteile (Dividende)	im Verhältnis der Geschäftsguthaben der einzelnen Mitglieder

1 Das Verlustrisiko des Gesellschafters (GmbH bzw. UG [haftungsbeschränkt]) bzw. Aktionärs (AG) ist auf die Höhe der Einlage begrenzt.

Aufgaben 2

(1) *Durch welche Gegebenheiten wird die Wahl der geeigneten Rechtsform eines Unternehmens bestimmt?*

(2) *Welche Vor- und Nachteile bietet das Einzelunternehmen gegenüber Personen- und Kapitalgesellschaften?*

(3) *Welche Merkmale sind allen Personengesellschaften gemeinsam?*

(4) *Aus welchem Grund wird der stille Gesellschafter als „still" bezeichnet?*

(5) *Erläutern Sie die Begriffe „Innenverhältnis" und „Außenverhältnis" sowie „Geschäftsführung" und „Vertretung" am Beispiel der OHG!*

(6) *Die Haftung der Gesellschafter einer OHG ist unbeschränkt, unmittelbar und solidarisch. Erläutern Sie diese Aussage!*

(7) *Wagner, Schulz und Strauß wollen ein Handelsgewerbe unter gemeinsamer Firma gründen. Gegenstand des Unternehmens ist der Handel mit Hard- und Software.*

   a) *Welche Rechtsform – mit welcher Firmenbezeichnung – kann z. B. gewählt werden, wenn alle Gesellschafter mitarbeiten wollen und jeder bereit ist, auch mit seinem Privatvermögen zu haften?*

   b) *Welche Rechtsform – mit welcher Firmenbezeichnung – kann z. B. gewählt werden, wenn Frau Schulz nicht bereit ist, über einen Betrag von 35 000 EUR hinaus zu haften?*

(8) *Laut Entwurf soll der Gesellschaftsvertrag einer neu zu gründenden OHG die Regelung enthalten, den erwirtschafteten Gewinn am Ende des Geschäftsjahres zwischen den beiden Gesellschaftern im Verhältnis der geleisteten Kapitalanteile, nämlich 60 zu 40, zu verteilen. Gesellschafter Wend wendet gegenüber seiner Partnerin ein, dass dieser Passus des Vertrages gegen die im § 121 HGB enthaltene Regelung (4 % auf den Kapitalanteil, der darüber hinausgehende Betrag zu gleichen Teilen) verstoße. Wer hat Recht? Begründen Sie Ihre Meinung!*

(9) *An einer KG sind drei Gesellschafter beteiligt, und zwar Frau Klein als Komplementär mit einer Kapitaleinlage in Höhe von 200 000 EUR und die beiden Kommanditisten Frau Moritz (mit 100 000 EUR) und Herr Koll (mit 75 000 EUR). Vereinbarungsgemäß soll der erwirtschaftete Jahresgewinn in Höhe von 195 000 EUR nach der gesetzlichen Regelung gemäß HGB verteilt werden. Bei der Gründung sind sich die drei Gesellschafter seinerzeit im Gesellschaftsvertrag einig geworden, dass der Restgewinn zu 80 % an den Komplementär und zu je 10 % an die beiden Kommanditisten fallen soll. Ermitteln Sie den auf jeden der drei Gesellschafter entfallenden Gewinnanteil!*

(10) *Warum nimmt die BGB-Gesellschaft unter den Personengesellschaften eine Sonderstellung ein?*

(11) *Konstruieren Sie für die verschiedenen Anwendungsbereiche der BGB-Gesellschaft jeweils ein Beispiel!*

(12) *Verdeutlichen Sie Unterschiede zwischen Personen- und Kapitalgesellschaften!*

(13) *An der Wenzig GmbH sind laut Gesellschaftsvertrag insgesamt drei Gesellschafter mit folgenden Geschäftsanteilen beteiligt:*

   - *Frau Berg mit einem Geschäftsanteil in Höhe von 52 500 EUR,*
   - *Frau Wasserhold mit einem Geschäftsanteil in Höhe von 20 500 EUR und*
   - *Herr Krollmann mit einem Geschäftsanteil in Höhe von 17 000 EUR.*

a) *Berechnen Sie die Höhe des Stammkapitals!*
b) *Wie viel Euro erhält jeder Gesellschafter, wenn der Jahresüberschuss der Wenzig GmbH in Höhe von 156 000 EUR verteilt werden soll und in der Satzung kein vom GmbHG abweichender Verteilungsmaßstab festgesetzt worden ist?*

(14) *Nennen Sie Argumente, die für die Gründung einer GmbH bzw. einer Unternehmergesellschaft (haftungsbeschränkt) mittels des standardisierten Musterprotokolls sprechen!*

(15) *Was versteht man unter dem Stammkapital einer GmbH bzw. UG (haftungsbeschränkt)?*

(16) *Beschreiben Sie die Funktionen der Organe bei einer GmbH bzw. UG (haftungsbeschränkt)!*

(17) *Erläutern Sie die Begriffe: gezeichnetes Kapital, Grundkapital, Inhaber-, Namens- und Vorzugsaktie, Nennwert, Kurswert!*

(18) *Diplom-Kauffrau Breuer ist zum Vorstandsmitglied einer Aktiengesellschaft bestellt worden. Welches Gremium hat diese Bestellung vorgenommen?*

(19) *Dürfen Vorstand und Aufsichtsrat die Änderung der Satzung einer AG beschließen?*

(20) *Welche der nachfolgenden Aussagen treffen*

① *nur auf die OHG,*
② *nur auf die KG,*
③ *nur auf die GmbH bzw. UG (haftungsbeschränkt),*
④ *sowohl auf die OHG und die KG als auch auf die GmbH bzw. UG (haftungsbeschränkt),*
⑤ *weder auf die OHG und die KG noch auf die GmbH bzw. UG (haftungsbeschränkt)*

zu? Ordnen Sie den Aussagen die Ziffer vor der jeweils zutreffenden Antwort zu!

Aussagen:

a) *Alle Gesellschafter haften auch mit ihrem privaten Vermögen.*
b) *Das gesetzlich vorgeschriebene Mindestkapital beträgt 50 000 EUR.*
c) *Alle Gesellschafter haften nur mit ihrer Kapitaleinlage.*
d) *Mindestens ein Gesellschafter haftet auch mit seinem privaten Vermögen.*
e) *Die Gesellschaft ist eine juristische Person und hat daher eine eigene Rechtspersönlichkeit.*
f) *Mitarbeitern kann Prokura erteilt werden.*
g) *Der oder die Geschäftsführer leiten das Unternehmen und vertreten es nach außen.*

(21) *Welchen Zweck verfolgen Genossenschaften in erster Linie?*

(22) *Vergleichen Sie das Stimmrecht der Aktionäre einer AG mit dem Stimmrecht von Genossenschaftsmitgliedern!*

(23) *Mehrere Landwirte wollen sich zu einer Absatzgenossenschaft zusammenschließen. Wie kann die Genossenschaft firmieren und unter welchen Voraussetzungen gilt die Genossenschaft als entstanden?*

2.5 Körperschaften und Anstalten des öffentlichen Rechts

Sowohl das Privatrecht als auch das öffentliche Recht weisen bestimmten Organisationen eigene Rechtsfähigkeit zu. Im Bereich des **Privatrechts** sind Kapitalgesellschaften, Versicherungsvereine auf Gegenseitigkeit, Genossenschaften, eingetragene Vereine und Stiftungen solche juristischen Personen (vgl. S. 216 f.).

Juristische Personen des öffentlichen Rechts werden insbesondere in Form der Körperschaft oder Anstalt tätig.

2.5.1 Körperschaften

Körperschaften werden durch gesetzliche Vereinbarungen gegründet. Ihre Mitglieder (in der Regel natürliche Personen) besitzen Mitwirkungs- und Mitbestimmungsrechte.

> Eine Stadt ist Körperschaft des öffentlichen Rechts. Die Bürger wirken durch Wahlen und die Übernahme ehrenamtlicher Aufgaben (z. B. freiwillige Feuerwehr) an der Entwicklung der Stadt mit.

▶ Gebietskörperschaften

Gebietskörperschaften erfassen – unabhängig von ihrem Willen – alle Personen, die in einem bestimmten Gebiet wohnen.

> Gebietskörperschaften sind Städte und Gemeinden, die Bundesländer oder bestimmte Landschaftsverbände.

▶ Personenkörperschaften

Personenkörperschaften stellen an die Mitgliedschaft besondere Voraussetzungen. Hier sind nicht alle in einem Gebiet lebende Personen Mitglied, sondern nur bestimmte Personen.

> Anwälte, Ärzte, Zahnärzte, Apotheker u.a. sind in Kammern organisiert. Auch Gewerbebetriebe und Handwerksbetriebe sind in der Industrie- und Handelskammer bzw. der Handwerkskammer Mitglied.

Die Träger der gesetzlichen Sozialversicherung sind Körperschaften des öffentlichen Rechts.

> Im Bereich der **Kranken- und Pflegeversicherung** sind z. B. Allgemeine Ortskrankenkassen (AOK) und Ersatzkassen, in der **Rentenversicherung** die Bundesträger (Deutsche Rentenversicherung Bund bzw. Deutsche Rentenversicherung Knappschaft-Bahn-See) sowie die Regionalträger (z. B. Deutsche Rentenversicherung Westfalen) und in der **Unfallversicherung** die Berufsgenossenschaften Körperschaften des öffentlichen Rechts. Darüber hinaus ist der Träger der **Arbeitslosenversicherung,** die Bundesagentur für Arbeit in Nürnberg, eine rechtsfähige Körperschaft des öffentlichen Rechts.

2.5.2 Anstalten

Während Körperschaften Mitglieder haben, sind Anstalten für „Benutzer" da, die bestimmte Leistungen gegen Entgelt beanspruchen können.

> Bei öffentlich-rechtlichen Rundfunk- und Fernsehanstalten sind die Hörer und Seher Benutzer, d. h., sie können die Programme empfangen, haben aber keine Mitwirkungsrechte. Gleiches gilt für Sparkassen, bei denen die Kunden zwar bestimmte Dienste beanspruchen, nicht aber Einfluss auf Arbeitsweise oder Organisationsform nehmen können.

2.6 Profit- und Nonprofit-Unternehmen

Je nach primärer unternehmerischer Zielsetzung kann zwischen Profit- und Nonprofit-Unternehmen unterschieden werden. Profit-Unternehmen sind mit **erwerbswirtschaftlichen Unternehmen** (vgl. S. 451 f.) gleichzusetzen, während Nonprofit-Unternehmen den **gemeinwirtschaftlichen Unternehmen** (vgl. S. 452) entsprechen.

Im Bereich des Gesundheits- und Sozialwesens sind beide Unternehmenstypen anzutreffen. Unternehmen, die als Wirtschaftseinheiten mit dem Ziel der Gewinnerzielung arbeiten, sind etwa Apotheker, niedergelassene Ärzte, Optiker, private Alten- und Pflegeheime oder ambulante Pflegedienste.

Neben diesen Dienstleistern und Gewerbetreibenden gibt es im Gesundheits- und Sozialwesen auch als Nonprofit-Institutionen tätige Organisationen, die durch ihre Arbeit die kommunalen und staatlichen Wohlfahrtseinrichtungen und Sozialverwaltungen entlasten. Erst dadurch wird es möglich, die sozialstaatliche Unterstützung und Versorgung in dem Umfang anzubieten, wie dies in der Bundesrepublik Deutschland der Fall ist.

Diese Nonprofit-Unternehmen, die ausschließlich und unmittelbar **gemeinnützige, mildtätige und kirchliche Zwecke** verfolgen, tun dies ohne Gewinnerzielungsabsicht. Zu diesen Organisationen zählen die Verbände der freien Wohlfahrtspflege, die unter anderem auch im Gesundheitswesen, der Behindertenhilfe und der Altenpflege tätig sind. Darüber hinaus sind zahlreiche weitere private Gruppen, Vereinigungen, Verbände und Stiftungen als „Nonprofit-Unternehmen" gemeinnützig in diesem Sektor tätig.

Die Gesamtheit aller sozialen Hilfen, die Nonprofit-Unternehmen in der Bundesrepublik Deutschland auf gemeinnütziger Basis leisten, bezeichnet man auch als **„Freie Wohlfahrtspflege"**. Die zahlreichen Wohlfahrtsverbände als Anbieter dieser für das soziale Netz unverzichtbaren Dienstleistungen haben sich in sechs Spitzenverbänden der Freien Wohlfahrtspflege zusammengeschlossen. Sie arbeiten in der **Bundesarbeitsgemeinschaft der Freien Wohlfahrtspflege e.V.** zusammen, um die soziale Arbeit durch gemeinschaftliche Initiativen und sozialpolitische Aktivitäten zu sichern und zu fördern.

6 Spitzenverbände der Freien Wohlfahrtspflege

AWO

Arbeiterwohlfahrt (AWO)
www.awo.org

Deutsches Rotes Kreuz

Deutsches Rotes Kreuz (DRK)
www.drk.de

DER PARITÄTISCHE GESAMTVERBAND

Deutscher Paritätischer Wohlfahrtsverband
www.der-paritaetische.de

Diakonie

Diakonie Deutschland –
Evangelischer Bundesverband
Evangelisches Werk für Diakonie und Entwicklung
www.diakonie.de

caritas

Deutscher Caritasverband (DCV)
www.caritas.de

ZWST

Zentralwohlfahrtsstelle der Juden in Deutschland (ZWST)
www.zwst.org

Arbeitsfelder der Caritas in Deutschland (Daten vom 31.12.2018)

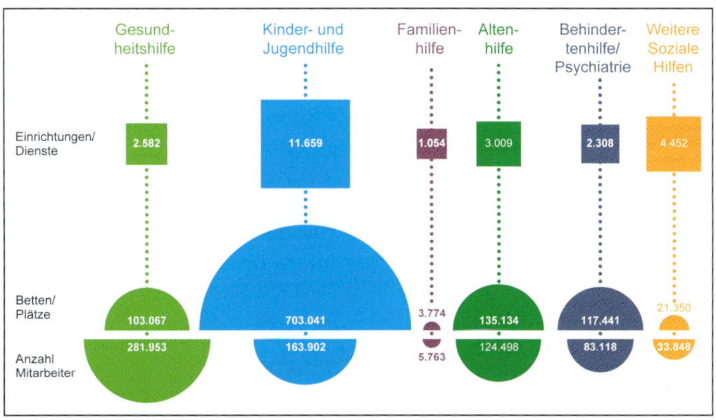

Quelle: https://www.caritas.de/diecaritas/wir-ueber-uns/die-caritas-in-zahlen/statistik

▶ Zusammenfassung

Juristische Personen des öffentlichen Rechts

Körperschaften

- Mitglieder besitzen Mitwirkungsrechte
  - Gebietskörperschaften z. B. Städte, Gemeinden
  - Personenkörperschaften z. B. Träger der Sozialversicherung

Anstalten

- Benutzer nehmen Leistungen gegen Entgelt in Anspruch wie etwa bei
  - Sparkassen
  - öffentlich-rechtlichen Rundfunk- und Fernsehanstalten

Aufgaben 3

(1) Welches wesentliche Merkmal unterscheidet Körperschaften und Anstalten?

(2) Stellen Sie Mitwirkungsrechte von Bürgern eines Bundeslandes dar!

(3) Welche Aufgaben übernehmen Anstalten und Körperschaften im Gesundheitswesen?

(4) Recherchieren Sie solche Organisationen, die im Gesundheits- und Sozialwesen gemeinnützig tätig sind. Stellen Sie Ihre Ergebnisse in einem Kurzvortrag vor!

3 Träger der sozialen Sicherung

Während die mit privaten Versicherungsinstituten bis auf wenige Ausnahmen (z. B. die Kraftfahrzeughaftpflichtversicherung, die eine Pflichtversicherung ist) auf freiwilliger Basis abgeschlossenen Verträge

- **personenbezogene Risiken** (z. B. private Kranken- oder Lebensversicherung),
- **sachbezogene Risiken** (z. B. Feuer-, Sturm- oder Einbruchdiebstahlversicherung) und
- **vermögensbezogene Risiken** (z. B. Haftpflicht- oder Rechtsschutzversicherung)

abdecken (Individualversicherung), stellt die **gesetzliche Sozialversicherung** eine **Pflichtversicherung** dar, die – z. B. im Alter oder bei Krankheit, Pflegebedürftigkeit, Arbeitslosigkeit und Unfall – der sozialen Absicherung dient.

Die soziale Absicherung erfolgt heute im Wesentlichen über fünf Versicherungszweige, wobei Einkommensgrenzen **(Beitragsbemessungsgrenzen)** und Beitragssätze jährlich neu festgelegt werden.

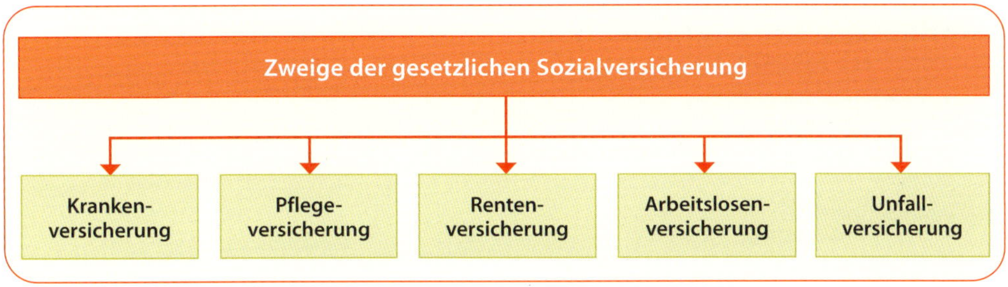

Deutschland ist eine schnell alternde Gesellschaft. Kommen heute auf je 100 erwerbsfähige Bürger im Alter zwischen 20 und 66 Jahren 30 Menschen im Rentenalter (67 Jahre und älter), so werden es im Jahr 2030 bereits 41 Ältere sein. Und die Lebenserwartung nimmt weiterhin zu. Dies und die niedrige Geburtenrate führen dazu, dass im Jahr 2060 dann 100 erwerbsfähigen Menschen 54 Ältere gegenüberstehen werden. Die Bevölkerung altert nicht nur, ihre Zahl sinkt auch insgesamt. Diese Entwicklungen können zwar durch Zuwanderung etwas gedämpft, aber nicht aufgehalten werden. Das stellt die Sozialsysteme, insbesondere das Renten-, Kranken- und Pflegeversicherungssystem, in den nächsten Jahrzehnten vor große Herausforderungen. Das Statistische Bundesamt hat für seine Bevölkerungsprognosen verschiedene Varianten zugrunde gelegt. Die Variante in unserem Schaubild geht von Geburtenziffern ähnlich den heutigen aus; außerdem wird eine Zuwanderung (netto) von 200 000 Menschen pro Jahr angenommen.

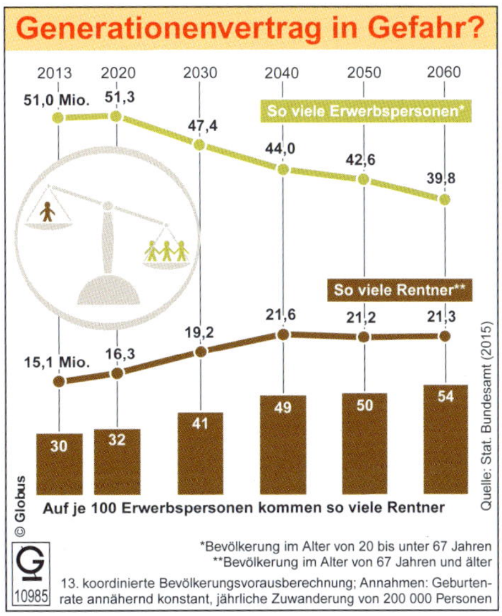

Beitragsbemessungsgrenzen und Beitragssätze 2021

	Krankenversicherung[1]	Pflegeversicherung[1]	Rentenversicherung	Arbeitslosenversicherung
monatliche Beitragsbemessungsgrenze ■ West ■ Ost	4 837,50 EUR 4 837,50 EUR		7 100,00 EUR 6 700,00 EUR	
Beitragssatz in % vom Bruttoentgelt (Grundsätzlich **je zur Hälfte** von Arbeitgeber [= AG-Anteil] und Arbeitnehmer [= AN-Anteil] zu tragen.)	14,6 %*	3,05 %**	18,6 %	2,4 %
	AN-Anteil	**AN-Anteil**	**AN-Anteil**	**AN-Anteil**
	7,3 % + Zusatzbeitrag zur Hälfte	1,525 % bzw. 1,525 % + 0,25 % = 1,775 %	9,3 %	1,2 %
	AG-Anteil	**AG-Anteil**	**AG-Anteil**	**AG-Anteil**
	7,3 % + Zusatzbeitrag zur Hälfte	1,525 %	9,3 %	1,2 %
Beitragssatz in % bei gewerblichen Minijobs bis zu monatlich 450 Euro (Arbeitgeber zahlt **pauschal** 30 % Abgaben, und zwar: ■ Sozialversicherung 28 % ■ Steuern 2 % Der Arbeitnehmer verdient also monatlich bis zu 450 EUR brutto für netto.)	13 %	–	15 % (AG-Anteil) 3,6 % (AN-Anteil) (Da alle seit 2013 neu beginnenden Minijobs automatisch rentenversichert sind, trägt der Minijobber die Differenz zwischen dem vollen Beitrag zur Rentenversicherung und dem AG-Anteil selbst. Auf Antrag kann sich der Minijobber jedoch auch von dieser Versicherungspflicht befreien lassen.)	–

* Dieser bundeseinheitliche **allgemeine Beitragssatz** in Höhe von 14,6 % enthält noch **nicht** den krankenkassenindividuellen Zusatzbeitrag, den jede gesetzliche Krankenkasse – je nach Finanzlage – seit Januar 2015 erheben darf. Der Spitzenverband der gesetzlichen Krankenkassen (GKV) ist verpflichtet, eine laufend aktualisierte Übersicht dieser einkommensabhängigen Zusatzbeiträge im Internet zu veröffentlichen *(§ 242 V SGB V)*.

** Der AN-Anteil kinderloser Versicherter, die älter als 23 Jahre sind, erhöht sich seit Januar 2005 – bei **unverändertem AG-Anteil** – um weitere 0,25 Prozentpunkte.

1 Die **allgemeine Krankenversicherungspflichtgrenze,** ab der sich ein Arbeitnehmer von der gesetzlich verankerten Versicherungspflicht befreien lassen und sich privat versichern kann, beläuft sich auf ein monatliches Bruttoentgelt in Höhe von 5 362,50 EUR.

3.1 Krankenversicherung

Die Rechtsgrundlage für die gesetzliche Krankenversicherung bildet das Sozialgesetzbuch *(SGB V)*.

▶ Beitrag

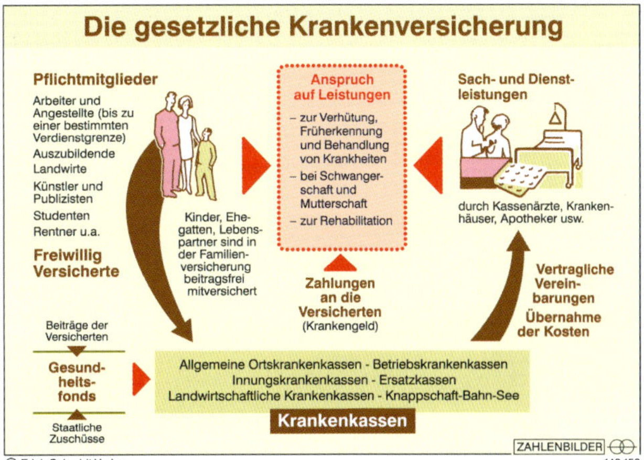

© Erich Schmidt Verlag 146 150

Der von Arbeitgeber und Arbeitnehmer je zur Hälfte zu tragende **allgemeine Krankenversicherungsbeitragssatz** des Pflichtversicherten in Höhe von 14,6 % (Bruttoentgelt liegt unterhalb der Beitragsbemessungsgrenze) bzw. freiwillig Versicherten (Bruttoentgelt übersteigt die Beitragsbemessungsgrenze) wird sofort vom Lohn abgezogen und vom Arbeitgeber – zusammen mit dessen Anteil – an den Sozialversicherungsträger überwiesen. Bereits seit 2015 darf jede gesetzliche Krankenkasse neben diesem allgemeinen Beitragssatz in Höhe von 14,6 % einen **prozentualen Zusatzbeitrag** festlegen. Für 2021 hat das Bundesministerium für Gesundheit im Bundesanzeiger einen durchschnittlichen Zusatzbeitrag in Höhe von 1,3 % veröffentlicht *(§ 242 SGB V)*, sodass sich in der Summe ein durchschnittlicher Krankenversicherungsbeitragssatz in Höhe von 15,9 % ergibt. Dieser krankenkassenindividuelle Zusatzbeitrag, der bis einschließlich 2018 nur von deren Mitgliedern – also nur von den Arbeitnehmern – zu zahlen war, wird bereits seit 2019 wieder paritätisch durch Arbeitgeber und Arbeitnehmer finanziert.

Seit der Einführung des **Gesundheitsfonds** im Jahre 2009 zahlen gesetzlich Krankenversicherte von ihrem monatlichen Bruttoentgelt einen für alle Krankenkassen **einheitlichen allgemeinen Beitragssatz** (derzeit – Stand Januar 2021 – 14,6 %). Darüber hinaus dürfen die gesetzlichen Krankenkassen je nach Finanzlage einen kassenindividuellen prozentualen Zusatzbeitrag erheben. Versicherte, deren Krankenkasse einen solchen einkommensabhängigen Zusatzbeitrag erhebt oder erhöht, besitzen ein Sonderkündigungsrecht, um zu einer anderen gesetzlichen Krankenkasse wechseln zu können. Bereits seit 2019 tragen Arbeitgeber und Arbeitnehmer diese Beiträge jeweils wieder zur Hälfte.

Höhe des monatlichen Bruttoentgeltes	Arbeit**nehmer**anteil[1]			Arbeit**geber**anteil[1]			**Summe der Arbeitnehmer- und Arbeitgeberanteile zur gesetzlichen Krankenversicherung**
	7,3 %	0,65 %	**Σ 7,95 %**	**7,3 %**	0,65 %	**Σ 7,95 %**	**15,9 %**
4 700,00 EUR	343,10 EUR	30,55 EUR	**373,65 EUR**	343,10 EUR	30,55 EUR	**373,65 EUR**	**747,30 EUR**
4 800,00 EUR	350,40 EUR	31,20 EUR	**381,60 EUR**	350,40 EUR	31,20 EUR	**381,60 EUR**	**763,20 EUR**
4 900,00 EUR[2]	353,14 EUR	31,44 EUR	**384,58 EUR**	353,14 EUR	31,44 EUR	**384,58 EUR**	**769,16 EUR**
5 000,00 EUR[2]	353,14 EUR	31,44 EUR	**384,58 EUR**	353,14 EUR	31,44 EUR	**384,58 EUR**	**769,16 EUR**

1 Unter Berücksichtigung eines individuellen Zusatzbeitrages, den die zuständige Krankenkasse auf zum Beispiel 1,3 % festgesetzt hat.

2 Der über der aktuellen Beitragsbemessungsgrenze (4 837,50 EUR) liegende Verdienst wird bei der Berechnung des Krankenversicherungsbeitrages nicht berücksichtigt.

Für Arbeitnehmer, die kein über der Entgeltgrenze für gewerbliche Minijobs liegendes Einkommen erzielen, sind pauschal 13 % als Beitrag zu entrichten. Arbeitnehmer mit Einkommen unterhalb der Geringverdienergrenze zahlen keinen **eigenen Beitrag** zur Krankenversicherung. In diesem Fall übernimmt der Arbeitgeber den vollen Betrag, d.h. den Arbeitgeber- **und** Arbeitnehmeranteil zur Krankenversicherung.

Aufgaben der Krankenversicherung

Die Krankenversicherung übernimmt Aufgaben zur Erhaltung oder Wiederherstellung der Gesundheit.

Aufgaben der Krankenversicherung gemäß SGB V

- **Gesundheitsuntersuchungen**
- **Krankenbehandlung**
  - ärztliche und zahnärztliche Behandlung
  - Versorgung mit Arznei-, Verband-, Heil- und Hilfsmitteln
  - häusliche Krankenpflege und Haushaltshilfe
  - Krankenhausbehandlung
  - Rehabilitationsmaßnahmen
- **Krankengeld**
- **Fahrkosten** (nur in Ausnahmefällen)
- **Leistungen bei Schwangerschaft und Mutterschaft**

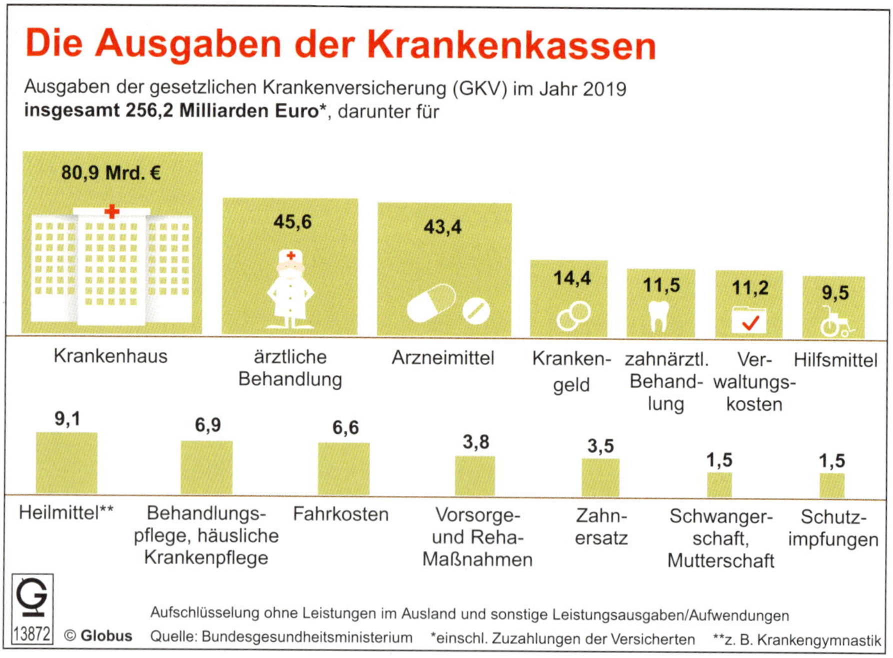

Die gesetzlichen Krankenkassen haben das Jahr 2019 mit einem Defizit von 1,5 Milliarden Euro abgeschlossen. Nach Angaben des Bundesgesundheitsministeriums standen Ausgaben von rund 251,9 Milliarden Euro Einnahmen von 250,4 Milliarden Euro gegenüber. Einschließlich der Zuzahlungen der Versicherten lagen die Ausgaben sogar bei 256,2 Milliarden Euro. Insgesamt verfügt die gesetzliche Krankenversicherung nun über ein Finanzpolster von 19,8 Milliarden Euro. – Die Ausgaben je Versicherten stiegen im vergangenen Jahr um 4,9 Prozent. Größter Ausgabenposten war die Krankenhausbehandlung, für die die Krankenkassen und die Versicherten 80,9 Milliarden Euro aufbrachten. Das waren drei Milliarden Euro mehr als im Vorjahr. An zweiter Stelle folgten die Ausgaben für ärztliche Behandlungen in Höhe von 45,6 Milliarden Euro (plus 1,7 Milliarden Euro gegenüber 2018).

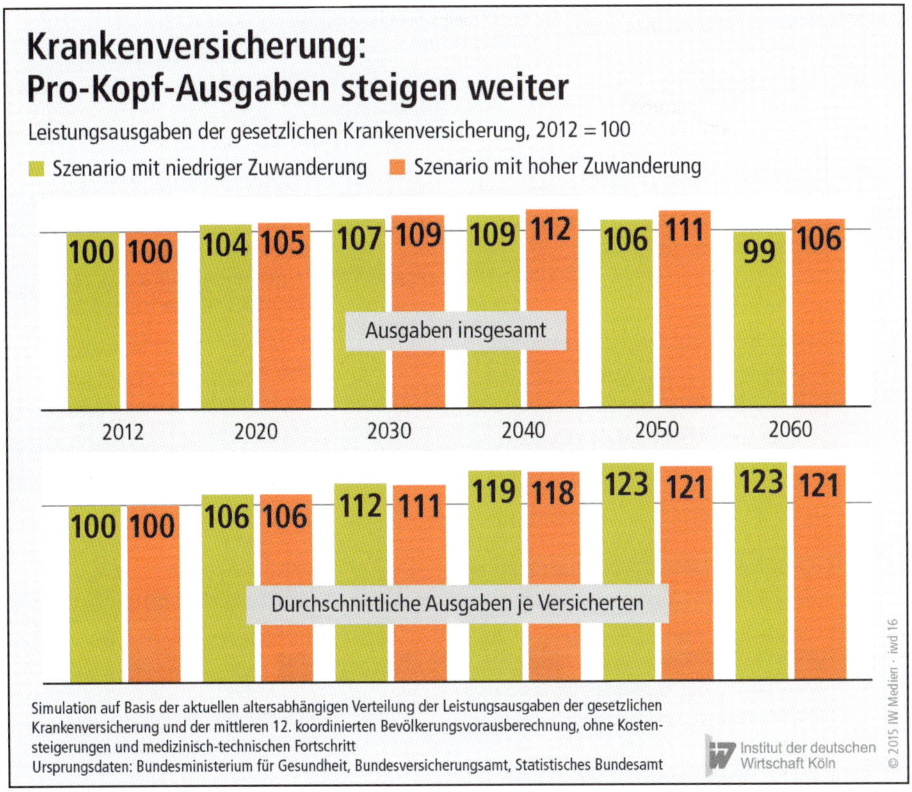

Quelle: iw-dienst: Informationen aus dem Institut der deutschen Wirtschaft Köln, Nr. 16 vom 16. April 2015, S. 3

Das Prinzip der Solidarität gehört zu den wesentlichen Merkmalen der gesetzlichen Krankenversicherung. Doch weil die Bevölkerung altert, ist es fraglich, inwieweit dieses Prinzip auf Dauer gewährleistet bleibt. Reformpläne müssen diesen Aspekt berücksichtigen.

▶ Gesundheitsfonds als weiterer Reformansatz zur Finanzierung der gesetzlichen Krankenversicherung

Nach bereits zahlreichen Gesundheitsreformbemühungen in der Vergangenheit ist mit dem **Gesundheitsfonds** ein weiterer Versuch unternommen worden, die nachhaltige und sozial ausgewogene Finanzierung des Gesundheitssystems sicherzustellen.

Die von den Arbeitgebern an die Krankenkassen zu überweisenden Beiträge (einschließlich der Zusatzbeiträge) fließen direkt in diesen vom Bundesversicherungsamt verwalteten

Gesundheitsfonds, der auch aus Steuermitteln bezuschusst wird. Je nach Risikostruktur (Alter, Geschlecht, Krankheiten und Einkommen der Versicherten) und je nach Zusatzbeitrag erhalten dann die gesetzlichen Krankenkassen ihre Zuweisungen zurück, um so ihre Ausgaben finanzieren zu können.

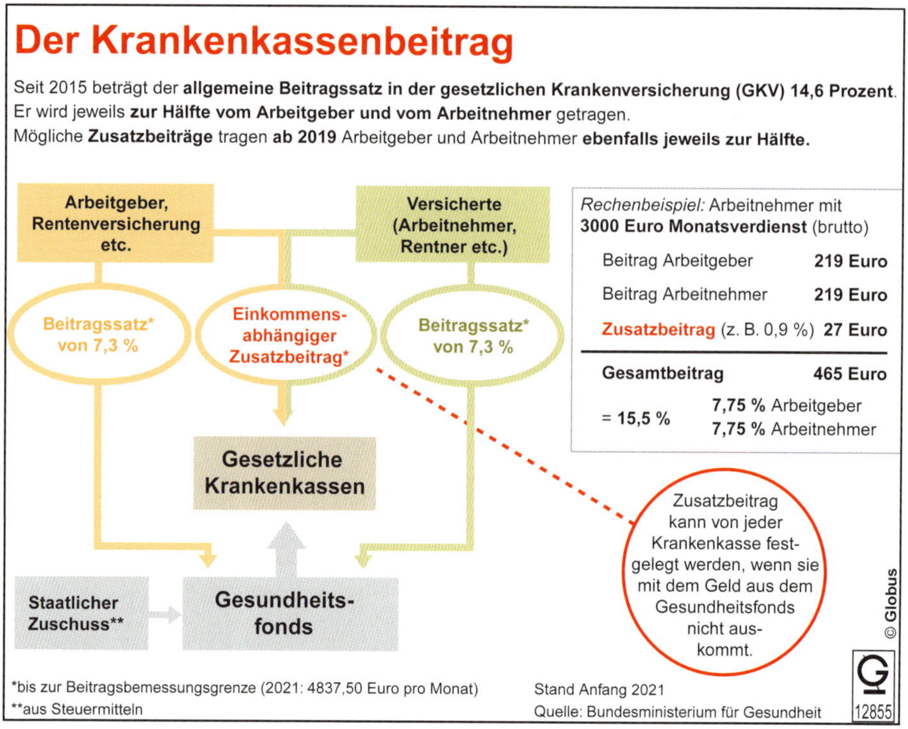

In der gesetzlichen Krankenversicherung gibt es seit 2015 einen einheitlichen Beitragssatz von 14,6 Prozent. Er wird je zur Hälfte von Arbeitgeber und Arbeitnehmer getragen. Der Gesetzgeber erlaubt zudem einen einkommensabhängigen Zusatzbeitrag, wenn die Kassen mit dem Geld nicht auskommen. Er wird ebenfalls in Prozent berechnet: Wer mehr verdient, zahlt also einen höheren Zusatzbeitrag. Diesen Zusatzbeitrag trugen bis 2018 nur die Arbeitnehmer; die Arbeitgeber beteiligten sich nicht daran. Union und SPD haben sich im Frühjahr 2018 in ihren Koalitionsverhandlungen darauf geeinigt, wieder zur paritätischen Finanzierung zurückzukehren. Arbeitgeber und Arbeitnehmer teilen sich also ab 2019 auch diesen Zusatzbeitrag jeweils zur Hälfte. Dazu ein Beispiel: Bei einem durchschnittlichen Zusatzbeitrag von 0,9 Prozent und einem monatlichen Bruttoverdienst von 3 000 Euro beträgt der Zusatzbeitrag 27 Euro, von denen der Arbeitnehmer dann nur noch 13,50 Euro tragen muss. Das bedeutet aufs Jahr gerechnet eine Entlastung von gut 160 Euro.

Aufgrund der aktuellen Arbeitsmarkt- und Wirtschaftslage sowie wegen der Corona-Pandemie droht den gesetzlichen Krankenkassen in den nächsten Jahren ein dauerhaftes zweistelliges Milliardenloch, zu dessen Beseitigung Beitragserhöhungen und/oder Leistungskürzungen denkbar sind.

Gesetzliche Krankenversicherung

	1991	2000	2010	2015	2018	2019
Anzahl in 1.000[1]						
Mitglieder	50.270	51.036	51.374	53.659	56.599	56.898
Pflichtmitglieder ohne Rentner	30.990	29.206	30.065	31.241	33.664	33.932
Rentner	14.169	15.302	16.848	16.747	16.842	16.882
freiwillige Mitglieder	5.111	6.528	4.461	5.672	6.093	6.084
Zahl der Versicherten	°	°	69.803	70.728	72.781	73.053
in EUR						
Beitragsbemessungsgrenze[2]	°	39.574	45.000	49.500	53.100	54.450
Versicherungspflichtgrenze[2, 3]	°	39.574	49.950	54.900	59.400	60.750
Beitragssatz in Prozent[4]	°	13,6	14,0	14,6	14,6	14,6
zusätzlicher Beitragssatz in Prozent[5]	°	°	0,9	0,9	1,0	0,9
jährliche Leistungsausgaben je Versicherten	1440	1.944	2.363	2.857	3.108	3.278
in Mrd. EUR						
Einnahmen	92,1	133,8	175,6	212,6	241,4	250,6
davon:						
Beitragseinnahmen[6]	88,5	130,1	160,8	195,8	224,9	233,1
Ausgaben	93,6	133,8	176,0	213,7	239,4	252,3
davon:						
Leistungsausgaben	88,8	125,9	165,0	202,0	226,2	239,5
Krankenstand Mitglieder in Prozent[7]	°	4,2	3,7	3,9	4,3	4,3

1 Stand am 01.07.1991 und 2000 Jahresdurchschnitte
2 Jahresbruttoeinkommen
3 ab 2010 abweichend von der Beitragsbemessungsgrenze
4 bis 2010 durchschnittlicher Beitragssatz, ab 2015 allgemeiner Beitragssatz
5 2010 zusätzlicher Beitragssatz der Mitglieder in Höhe von 0,9 Prozent ohne Berücksichtigung krankenkassenspezifischer Zusatzbeiträge, ab 2015 krankenkassenindividueller Zusatzbeitragssatz der Mitglieder (Angabe des Durchschnitts)
6 ab 2010 Beitragseinnahmen des Gesundheitsfonds einschl. Forderungen sowie Beitragseinnahmen der Krankenkassen
7 arbeitsunfähige kranke Mitglieder in Prozent der Mitglieder mit Anspruch auf Krankengeld (Jahresdurchschnitte), 1990 und 2000 arbeitsunfähige kranke Pflichtmitglieder in Prozent der Pflichtmitglieder

Quelle: BMG

Quelle: Gesamtverband der Deutschen Versicherungswirtschaft e.V. (GDV): Statistisches Taschenbuch der Versicherungswirtschaft 2020, Berlin 2020, Tabelle 119

Um trotz aller Probleme auch zukünftig eine gute medizinische Versorgung unter Nutzung der Möglichkeiten des medizinischen Fortschritts finanzieren zu können,

- ist der seit Januar 2011 maßgebliche Beitragssatz der Arbeitgeber **dauerhaft auf 7,3 % festgeschrieben worden;**
- müssen künftige Kostensteigerungen oder Einnahmenrückgänge in der gesetzlichen Krankenversicherung nach dem Willen des Gesetzgebers seit Januar 2015 **allein von den Versicherten** über **deren Zusatzbeiträge** getragen werden, **und zwar in unbegrenzter Höhe.** Die Finanzierung dieses Zusatzbeitrages erfolgt jedoch seit Januar 2019 wieder paritätisch. Die Höhe dieses Zusatzbeitrages, den die jeweilige Krankenkasse, die mit den ihr aus dem Gesundheitsfonds zugewiesenen Geldern zur Finanzierung ihrer Ausgaben nicht auskommt, legt dabei jede Krankenkasse individuell fest. Indem Versicherte, denen Zusatzbeiträge abverlangt werden, aufgrund eines Sonderkündigungsrechts zu einer anderen Krankenkasse wechseln können, verspricht sich der Gesetzgeber von diesen Beitragsunterschieden einen stärkeren Wettbewerb zwischen den einzelnen Krankenkassen.

3.2 Pflegeversicherung

Die Pflegeversicherung, die als fünfte Säule der Sozialversicherung das allgemeine Lebensrisiko der Pflegebedürftigkeit absichern soll, ist eine **Pflichtversicherung** für alle Mitglieder der gesetzlichen Krankenversicherung. Dieser Personenkreis wird grundsätzlich von der Kasse pflegeversichert, die sie auch vor dem Krankheitsrisiko schützt.

Privat Krankenversicherte müssen das Risiko der Pflegebedürftigkeit im Rahmen ihrer individuellen Vorsorge durch eine entsprechende Vertragsversicherung abdecken, die gleichwertige Leistungen wie die gesetzliche Pflegeversicherung vorsieht.

Zudem wird der Abschluss einer die gesetzlichen oder privaten Pflegeversicherung **ergänzenden privaten Pflege-Zusatzversicherung** staatlich gefördert. Einkommensunabhängig werden 60 EUR pro Jahr gewährt *(§ 126 f. SGB XI)*. Da der Vertragsabschluss dieser privaten Pflege-Zusatzversicherung unabhängig von Vorerkrankungen ist, darf es keine Gesundheitsprüfung, Leistungsausschlüsse und Risikozuschläge geben. Mit dem **„Zweiten Pflegestärkungsgesetz"** sind bereits bisher Pflegebedürftige ab 2017 automatisch von ihrer bestehenden Pflegestufe in den nächst höheren Pflegegrad übergeleitet worden. Menschen, bei denen eine dauerhafte erhebliche Einschränkung der Alltagskompetenz (Demenzerkranke) festgestellt worden ist, wurden in den übernächsten Pflegegrad überführt. Eine erneute Begutachtung des Pflegebedürftigen durch den Medizinischen Dienst der Krankenversicherung (MDK) erfolgte nicht. Ziel der Reform war es, allen Pflegebedürftigen einen gleichberechtigten Zugang zu den Leistungen der Pflegeversicherung zu ermöglichen, und zwar unabhängig davon, ob sie von körperlichen, geistigen oder psychischen Einschränkungen betroffen sind.

▶ Beitrag

Der Pflegeversicherungsbeitrag pflichtversicherter Arbeitnehmer in Höhe von 3,05 % wird von Arbeitgeber und Arbeitnehmer je zur Hälfte aufgebracht. Für alle kinderlosen Pflichtversicherten erhöht sich dieser Beitrag um 0,25 % des beitragspflichtigen Einkommens. Ausgenommen von diesem Beitragszuschlag sind sowohl kinderlose Versicherte, die das 23. Lebensjahr noch nicht vollendet haben, als auch Bezieher von Arbeitslosengeld (hier zahlt die Bundesagentur für Arbeit die Beiträge). Rentner tragen ihren Beitrag allein.

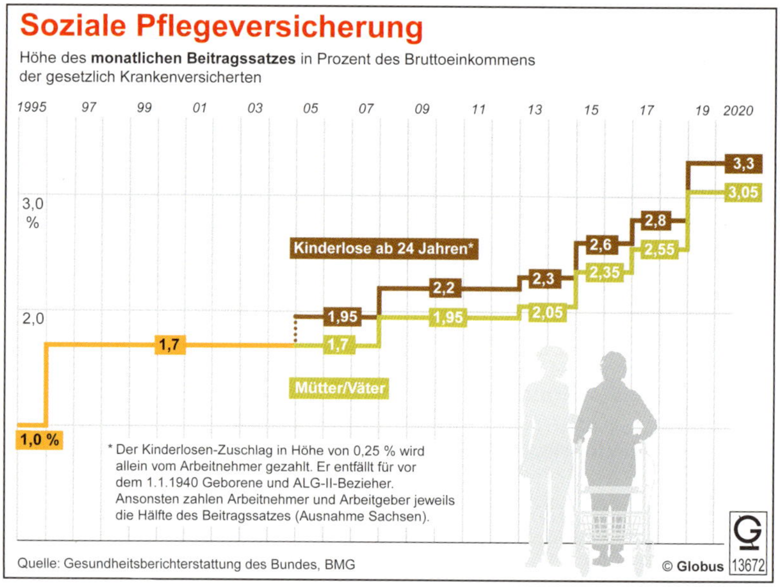

Im Januar 1995 wurde in Deutschland die Pflegeversicherung eingeführt. Seitdem ist jeder, der gesetzlich krankenversichert ist, auch in der sozialen Pflegeversicherung versichert und muss entsprechend Beiträge zahlen. Privatversicherte müssen eine private Pflegeversicherung abschließen. Die Höhe der Beiträge zur sozialen Pflegeversicherung ist von der Höhe des Bruttoeinkommens der Versicherten abhängig und wird mit Ausnahme Sachsens jeweils zur Hälfte vom Versicherten und seinem Arbeitgeber gezahlt. Seit Januar 2019 beträgt der Beitragssatz in der Pflegeversicherung 3,05 Prozent des Bruttoeinkommens. Seit 2005 müssen Kinderlose einen Zuschlag von 0,25 Prozent zahlen. Ihr Beitragssatz liegt derzeit bei 3,3 Prozent. Der Arbeitgeber wird an dem Kinderlosen-Zuschlag nicht beteiligt.

Zum Ausgleich der Arbeitgeberkosten haben die Bundesländer den Buß- und Bettag als Feiertag abgeschafft. (**Ausnahme:** In Sachsen, wo dieser Feiertag nicht gestrichen worden ist, tragen die Arbeitnehmer einen Beitrag von 2,025 % plus 0,25 % und die Arbeitgeber 1,025 %) des beitragspflichtigen Einkommens.)

▶ Leistungen der Pflegeversicherung

In Abhängigkeit vom Grad der festgestellten Pflegebedürftigkeit erstrecken sich die Pflegegeld- (monatlich bis zu 901 EUR) und -sachleistungen (monatlich bis zu 1 995 EUR) auf die **häusliche Pflege.** Der Hilfebedarf Pflegebedürftiger muss die Bereiche der Körperpflege, der Ernährung, der Mobilität und der häuslichen Versorgung umfassen.

Im **vollstationären Bereich** werden bis zu 2 005 EUR monatlich übernommen. Die Kosten für Unterkunft und Verpflegung trägt der Versicherte selbst.

So viel zahlt die Pflegekasse seit Januar 2017

Leistung	Pflegegrad 1	Pflegegrad 2	Pflegegrad 3	Pflegegrad 4	Pflegegrad 5
Pflegegeld[1]	0	316	545	728	901
Pflegesachleistungen[1]	0	689	1298	1612	1995
Tages- und Nachtleistungen[1]	0	689	1298	1612	1995
Vollstationäre Pflege[1]	0	770	1262	1775	2005
Zusätzliche Betreuungs- und Entlastungsleistungen[2]	125	125	125	125	125
Kurzzeitpflege (vorübergehende Unterbringung in einem Heim)	0	1612 Euro pro Jahr plus 100 Prozent des nicht genutzten Budgets der Verhinderungspflege, d. h. insgesamt bis zu 3224 Euro pro Jahr			
Verhinderungspflege (Ersatz für pflegende Angehörige bei deren Krankheit oder Urlaub)	0	1612 Euro pro Jahr plus 50 Prozent des nicht genutzten Budgets der Kurzzeitpflege, d. h. insgesamt bis zu 2418 Euro pro Jahr			
Wohnraumanpassung	bis zu 4000 Euro einmalig für alle Maßnahmen der Barrierereduzierung				
Pflegehilfsmittel	bis zu 40 Euro im Monat				
Wohngruppenförderung	2500 bis 10 000 Euro Gründungszuschuss (für maximal vier Personen pro WG) sowie monatlich 214 Euro Organisationszuschuss				
Pflegeunterstützungsgeld	ca. 67 Prozent des Bruttoeinkommens (für 10 Tage Freistellung zur Pflege eines nahen Angehörigen)				
Zuschüsse zum Hausnotruf	einmalig 10,49 Euro für Anschlusskosten und monatlich 18,36 Euro für Betrieb				

1 ı Angaben in Euro pro Monat. Das Pflegegeld erhält der Versicherte, wenn Verwandte oder Bekannte ihn versorgen. Andere Leistungen gehen an Heime oder Pflegedienste. Kommt ihre Hilfe dazu, sinkt das Pflegegeld entsprechend.
2 ı Erstattung von Leistungen an den Versicherten bei Vorlage von Belegen

Quelle: pflege.de

Quelle: FOCUS Nr. 39 vom 16.09.2017, Seite 84

Soziale Pflegeversicherung

	1995	2000	2010	2016	2018	2019
Anzahl in 1.000						
Mitglieder[1]	50.915	50.948	51.253	55.160	56.513	°
Versicherte[1]	71.901	71.319	69.785	71.450	72.808	°
Zahl der Leistungsempfänger[2]	1.061	1.822	2.288	2.749	3.685	°
ambulant	1.061	1.261	1.578	1.974	2.905	°
stationär	–	561	710	775	780	°
in EUR						
Beitragsbemessungsgrenze[3]	35.893	39.574	45.000	50.850	53.100	54.450
Beitragssatz in Prozent[4]	1,0	1,7	1,95	2,35	2,55	3,05
in Mrd. EUR						
Einnahmen	8,41	16,54	21,78	32,03	37,72	47,24
davon:						
Beitragseinnahmen	8,31	16,31	21,64	31,96	37,65	46,53
Ausgaben	4,97	16,67	21,45	31,00	41,27	43,95
davon:						
Leistungsausgaben	4,42	15,86	20,43	28,29	38,25	40,69
Zuführung zum Pflegevorsorgefonds	–	–	–	1,29	1,41	1,48
Mittelbestand Pflegevorsorgefonds	–	–	–	2,44	5,17	7,18

1 Stand am 01.07.
2 Stand am 31.12.
3 bis 2000 früheres Bundesgebiet, ab 2010 Deutschland; Jahresbruttoeinkommen
4 kinderlose Mitglieder haben ab 01.01.2005 einen um 0,25 Prozentpunkte erhöhten Beitragssatz zu tragen

Quelle: BMG

Quelle: Gesamtverband der Deutschen Versicherungswirtschaft e. V. (GDV): Statistisches Taschenbuch der Versicherungswirtschaft 2020, Berlin 2020, Tabelle 120

3.3 Rentenversicherung

Die Rentenversicherung ist eine Versicherung für einen Großteil der Bevölkerung. Die geleisteten Beiträge werden nicht für den Einzelnen als Rücklage angesammelt, sondern sofort wieder an andere Anspruchsberechtigte als Renten oder sonstige Leistungen ausgezahlt **(Umlageverfahren).** Besonderes Kennzeichen der Rentenversicherung ist, dass die heutigen Beitragszahler die Renten der bereits aus dem Erwerbsleben Ausgeschiedenen finanzieren.

Sie erwerben dadurch den Anspruch an die künftige Generation, dass durch deren Beitragszahlung ihre spätere Rentenversorgung gesichert wird **(Generationenvertrag).**

Deutschland ist geprägt durch eine schnell alternde Gesellschaft. Die Lebenserwartung nimmt weiter zu, die Geburtenrate ist niedrig. Der demografische Wandel führt dazu, dass immer mehr Ältere der jüngeren Generation gegenüberstehen werden. Das stellt die Sozialsysteme, insbesondere die gesetzliche Rentenversicherung, in den nächsten Jahrzehnten vor große Herausforderungen. Mit der stufenweisen Einführung der „Rente mit 67" wird das gesetzliche Renteneintrittsalter Schritt für Schritt heraufgesetzt. Wer früher in Rente gehen möchte, muss Abschläge in Kauf nehmen. Bereits in den vergangenen Jahren ist das tatsächliche durchschnittliche Renteneintrittsalter wieder gestiegen – in West-

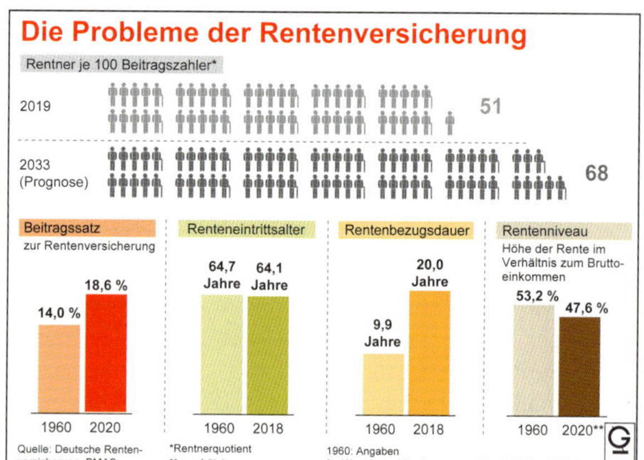

deutschland von 62,6 Jahren im Jahr 2000 auf 64,2 Jahre im Jahr 2019, in Ostdeutschland von 60,8 Jahre auf 63,6 Jahre im Jahr 2018. Damit kommt es – zumindest in Westdeutschland – dem durchschnittlichen Renteneintrittsalter wieder näher, das wir bereits einmal vor 59 Jahren hatten. Denn: 1960 war ein Rentner in der Bundesrepublik durchschnittlich 64,7 Jahre alt, wenn er sich aus dem Berufsleben verabschiedete.

Das Rentenniveau heute und morgen

Im Jahr 2015 hatte der sogenannte Standard- oder Eckrentner (45 Beitragsjahre mit dem jeweiligen Verdienst des Durchschnittsarbeitnehmers) ein Rentenniveau von 47,5 Prozent des durchschnittlichen Bruttoentgelts in diesem Jahr (jeweils nach Abzug der Sozialversicherungsbeiträge und vor Steuern). Nach den Plänen der Bundesregierung wird das Rentenniveau bis 2029 auf 44,6 Prozent sinken.

Das IW Köln hat ausgerechnet, wie hoch das Rentenniveau sein wird, wenn man die längere Lebensarbeitszeit – Stichwort: Rente mit 67 – berücksichtigt, also bis zu zwei zusätzliche Beitragsjahre unterstellt.

Rentenniveau vor Steuern in der gesetzlichen Rentenversicherung für den Standardrentner

■ Standardrentner 2015 und nach dem Rentenversicherungsbericht 2015 der Bundesregierung
■ Standardrentner mit längerer Lebensarbeitszeit

	Beitragsjahre	Monatliche Rente in Euro	Rentenniveau		Monatliche Rente in Euro	Beitragsjahre
2015	45	1.314	47,5		-	-
2020	45	1.517	47,6	48,5	1.544	45,8
2025	45	1.680	46,0	47,4	1.730	46,3
2029	45	1.824	44,6	46,6	1.905	47,0

Ursprungsdaten: Bundesministerium für Arbeit und Soziales
© 2016 IW Medien / iwd
Institut der deutschen Wirtschaft Köln

Regelaltersgrenze: Auf dem Weg zur 67

in Jahren

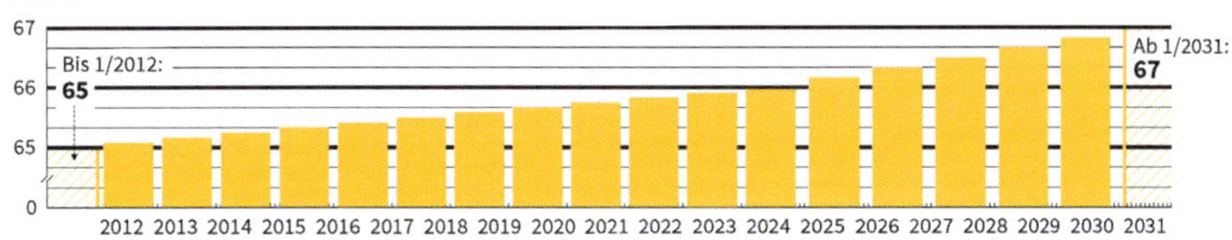

Quelle: Sozialgesetzbuch
© 2016 IW Medien / iwd
Institut der deutschen Wirtschaft Köln

Quelle: Institut der deutschen Wirtschaft Köln: Information aus dem Institut der deutschen Wirtschaft Köln, Nr. 34 vom 17.11.2016, Seite 6 f.

Beitrag

Der Rentenversicherungsbeitrag pflichtversicherter Arbeitnehmer wird je zur Hälfte von Arbeitgeber und Arbeitnehmer aufgebracht und zunächst an die zuständige Krankenkasse überwiesen. Diese leitet dann ihrerseits den entsprechenden Betrag an den jeweiligen Träger der Rentenversicherung weiter. Neben den Beiträgen von Arbeitgebern und Arbeitnehmern wird die Finanzierung der Renten durch Beiträge der Bundesagentur für Arbeit (für Bezieher von Arbeitslosengeld) bzw. durch einen Zuschuss des Bundes gesichert.

Wie bei der gesetzlichen Krankenversicherung wird die Höhe des zu entrichtenden Beitrages nur bis zur Beitragsbemessungsgrenze berechnet. Allerdings liegt die Entgeltgrenze der Rentenversicherung über der der Krankenversicherung. Die aus der Krankenversicherung maßgebliche Einkommensgröße für Geringverdiener (Arbeitgeber zahlt während der Berufsausbildung den Beitrag zur Sozialversicherung allein) und für gewerbliche Minijobs („450-Euro-Jobs“) gilt auch in der Rentenversicherung.

Aufgaben der Rentenversicherung

Regelleistungen der Rentenversicherung

- Zahlung von Renten wegen Alters, Erwerbsminderung und Todes
- Maßnahmen zur Rehabilitation
- Zahlung von Beiträgen an die Krankenversicherung der Rentner
- Aufklärung und Beratung der Versicherten und Rentner

Rentenversicherungsreform

Durch das **Rentenreformgesetz** und weitere Reformbestrebungen sollen die langfristigen finanziellen Probleme gelöst werden, die sich für die gesetzliche Rentenversicherung daraus ergeben, dass – bei hoher Arbeitslosigkeit und angespannter Lage der öffentlichen Kassen – einerseits die Zahl der Rentner steigt und gleichzeitig auch die Rentenbezugsdauer zunimmt, während andererseits die Zahl der Kinder abnimmt.

Deutsches Rentensystem: Weit weg von der Weltspitze

So bewertet der Allianz Pension Index 2020 die Rentensysteme in 70 Staaten auf einer Skala von 1 (bestmöglicher Wert) bis 7 (schlechtester Wert)

Rang	Land	Gesamtwert	Rang	Land	Gesamtwert
1	Schweden	2,91	4	Neuseeland	3,00
2	Belgien	2,92	5	USA	3,04
3	Dänemark	2,96	26	**Deutschland**	3,56

Quelle: Allianz Economic Research
© 2020 IW Medien / iwd

iwd

Im April starb der CDU-Politiker Norbert Blüm, einst Bundesarbeitsminister. Unsterblich ist indes sein Ausspruch „Die Rente ist sicher." Schon 1986 nutzte er ihn im Wahlkampf, 1997 wiederholte er die Aussage dann im Bundestag, als es in einer hitzigen Debatte darum ging, das Rentensystem zukunftsfähig zu machen. Bis heute versuchen sich die jeweils regierenden Parteien immer wieder an einer Rentenreform; allerdings nur mit mäßigem Erfolg, wenn man dem Global Pension Report der Allianz-Versicherungsgruppe glaubt. Für ihren Index hat die Allianz in den Kategorien Ausgangslage, Nachhaltigkeit und Angemessenheit die Rentensysteme von insgesamt 70 Staaten miteinander verglichen. Deutschland landet im Gesamtranking lediglich auf Platz 26, also im oberen Mittelfeld. An die Spitze schaffen es drei andere europäische Staaten – Schweden, Belgien und Dänemark.

Quelle: iwd: Informationen aus dem Institut der deutschen Wirtschaft Köln, Nr. 13 vom 18. Juni 2020

Für die über das Umlageverfahren finanzierte Rentenversicherung bedeutet dies, dass künftig immer weniger Beitragszahler immer mehr zur Finanzierung der Renten beizutragen haben. Dieser **demografische Wandel** spiegelt sich nicht zuletzt auch in der Höhe des Rentenversicherungsbeitragssatzes wider, der in den vergangenen Jahrzehnten kontinuierlich gestiegen ist (z. B. von 14 % [im Jahr 1960] auf 18,6 % [seit 2018]).

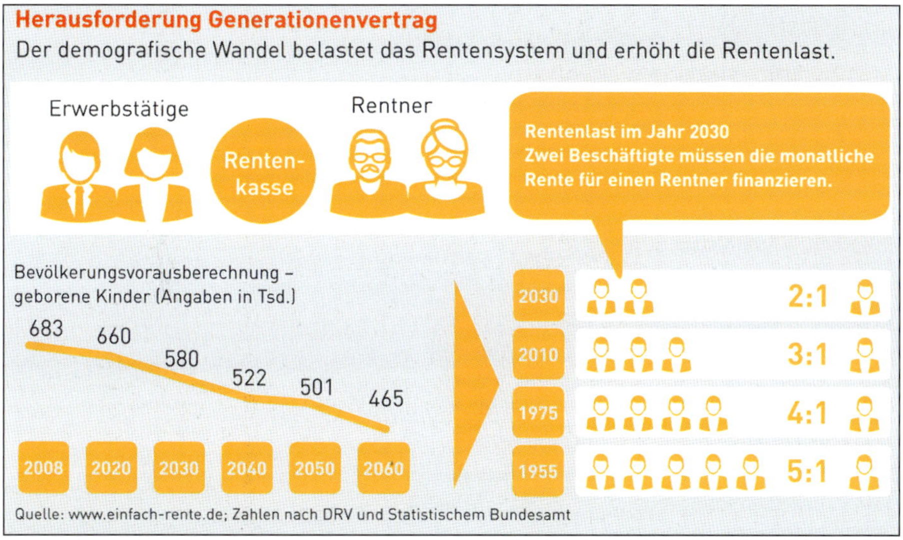

Quelle: Stiftung Jugend und Bildung, Wiesbaden, in Zusammenarbeit mit dem Bundesministerium der Finanzen (BMF), Berlin: Finanzen & Steuern, Lehrerinfo 2017/2018, S. 26

Gesetzliche Rentenversicherung

	1990[1]	2000	2010	2015	2018	2019
Anzahl in 1.000						
aktiv Versicherte[2]	24.128	33.830	35.370	37.027	38.727	°
Rentenbestand[3]	15.013	23.144	25.013	25.520	25.695	°
Altersrenten	8.523	15.338	17.619	18.027	18.247	°
Erwerbsminderungsrenten	1.846	1.894	1.589	1.788	1.825	°
Renten wegen Todes	4.644	5.912	5.805	5.704	5.623	°
in EUR						
Beitragsbemessungsgrenze[4]						
West	38.652	52.764	66.000	72.600	78.000	80.400
Ost	x	43.562	55.800	62.400	69.600	73.800
Beitragssatz in Prozent	18,7	19,3	19,9	18,7	18,6	18,6
durchschnittliche monatliche Rentenzahlbeträge[5]	602	698	740	822	906	°
monatliche Standardrente[6]	911	1.118	1.224	1.314	1.441	1.487
Rentenniveau in Prozent[7]	50,2	48,2	47,2	44,1	44,6	°
in Mrd. EUR						
Einnahmen	108,6	206,3	244,7	270,4	306,6	321,0
davon:						
Beitragseinnahmen	89,4	162,2	184,4	206,6	235,9	247,4
Bundeszuschüsse zur allgemeinen Rentenversicherung	15,2	42,3	59,0	62,4	69,5	72,3
Ausgaben[8]	103,7	205,7	242,6	272,0	302,2	319,1
davon:						
ausgezahlte Renten	89,9	177,8	211,0	236,2	263,0	277,0

1 früheres Bundesgebiet
2 am 31. 12. Beiträge entrichtende Versicherte ohne Rentenbezug
3 Stand am 31. 12.
4 allgemeine Rentenversicherung, Jahresbruttoeinkommen
5 Altersrenten in der allgemeinen Rentenversicherung
6 Monatsrente eines „Standardrentners" (Versicherter, der während 45 Versicherungsjahren stets ein Entgelt in Höhe des Durchschnittsentgeltes aller Versicherten bezogen hat), brutto; früheres Bundesgebiet; Stand am 01. 07.
7 Jahresrente eines Standardrentners (Versicherter, der während 45 Versicherungsjahren stets ein Entgelt in Höhe des Durchschnittsentgelts aller Versicherten bezogen hat) in Prozent des Jahresarbeitsentgelts eines Durchschnittverdieners, brutto; früheres Bundesgebiet
8 ohne Transferzahlungen innerhalb der gesetzlichen Rentenversicherung

Quelle: DRV

Quelle: Gesamtverband der Deutschen Versicherungswirtschaft e. V. (GDV): Statistisches Taschenbuch der Versicherungswirtschaft 2020, Berlin 2020, Tabelle 118

„Riester-Rente“ als private Altersvorsorge

Ziel der „Riester-Rente“ ist es, die in der gesetzlichen Rentenversicherung absehbaren Lücken mithilfe staatlicher Unterstützung zu schließen, indem Arbeitnehmer auf freiwilliger Basis zusätzlich zur gesetzlichen Rente individuell eine **private Altersvorsorge** aufbauen. Im Gegensatz zur umlagefinanzierten gesetzlichen Rente ist die private „Riester-Rente“ jedoch **kapitalgedeckt.**

Kern der staatlichen Förderung ist eine von Familienstand und Kinderzahl abhängige **Zulage** (Grundzulage und Kinderzulage), die auf solche Sparleistungen gewährt wird, die in entsprechend zertifizierte Altersvorsorgeverträge (z. B. Bank-, Bonussparpläne, Investmentfonds) eingezahlt werden. Anstelle der Zulage kann sich im Rahmen des Sonderausgabenabzuges jedoch für den Vorsorgesparer auch ein **Steuervorteil** ergeben. Das Finanzamt überprüft automatisch, ob die Zulage oder der Sonderausgabenabzug für den Vorsorgesparer günstiger ist.

149 480 © Erich Schmidt Verlag

Bestand an Riester-Verträgen

Jahr	Anzahl der Versicherungen		laufender Beitrag für ein Jahr		Versicherungssumme bzw. 12-fache Jahresrente	
	in Mio.	Veränderung gg. Vorjahr in Prozent	in Mio. EUR	Veränderung gg. Vorjahr in Prozent	in Mrd. EUR	Veränderung gg. Vorjahr in Prozent
2001	0,416	x	86,7	x	2,631	x
2003	3,352	14,1	532,8	14,4	16,594	15,2
2004	3,473	3,6	950,0	78,3	24,833	49,7
2005	4,419	27,2	1.291,5	36,0	32,593	31,3
2006	6,246	41,4	2.503,3	93,8	58,809	80,4
2007	8,042	28,8	3.333,3	33,2	77,115	31,1
2008	9,131	13,5	4.628,1	38,8	104,876	36,0
2009	9,826	7,6	5.041,0	8,9	113,515	8,2
2010	10,319	5,0	5.025,6	-0,3	122,270	7,7
2011	10,829	4,9	5.350,0	6,5	132,379	8,3
2012	10,856	0,3	5.421,0	1,3	136,055	2,8
2013	10,835	-0,2	5.449,9	0,5	138,859	2,1
2014	10,846	0,1	5.531,3	1,5	143,156	3,1
2015	10,803	-0,4	5.542,5	0,2	146,752	2,5
2016	10,726	-0,7	5.628,4	1,5	150,233	2,4
2017	10,652	-0,7	5.690,3	1,1	153,043	1,9
2018	10,590	-0,6	5.747,4	1,0	156,741	2,4
2019	10,535	-0,5	5.812,6	1,1	160,947	2,7

* förderfähige Lebensversicherungen nach § 82 Abs. 1 bis 3 EStG

Quelle: GDV

Quelle: Gesamtverband der Deutschen Versicherungswirtschaft e. V. (GDV): Statistisches Taschenbuch der Versicherungswirtschaft 2020, Berlin 2020, Tabelle 37

Ideale Form der Altersvorsorge

72 Prozent der Bevölkerung sehen in der gesetzlichen Rentenversicherung die ideale Form der Altersvorsorge. Repräsentative Umfragen zeigen, dass sich der Wert seit 2014 weiter deutlich verbessert hat.

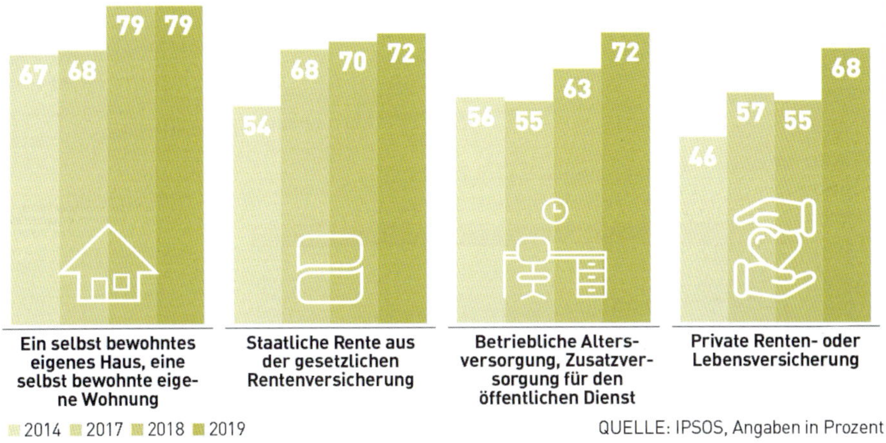

In Anlehnung an: Deutsche Rentenversicherung: Zukunft jetzt, Ausgabe 2/2019, S. 5

3.4 Arbeitslosenversicherung

Die Arbeitslosenversicherung ist eine Pflichtversicherung für alle Auszubildenden, Arbeiter und Angestellten. Ein freiwilliger Beitritt (z.B. für Selbstständige) ist nicht möglich. Nicht von der Arbeitslosenversicherung erfasst werden zudem alle Beamte.

▶ Beitrag

Der Beitrag zur Arbeitslosenversicherung wird je zur Hälfte von Arbeitgebern und Arbeitnehmern getragen, direkt vom Lohn abgezogen und gemeinsam mit den anderen Sozialversicherungsbeiträgen zunächst an die Krankenkasse und von dieser an die Bundesagentur für Arbeit in Nürnberg überwiesen.

Die für die Rentenversicherung maßgeblichen Einkommensgrenzen, also die Beitragsbemessungsgrenze sowie die Entgeltgrenze für Geringverdiener und gewerbliche Minijobs (vgl. S. 54), gelten auch in der Arbeitslosenversicherung.

▶ Aufgaben der Bundesagentur für Arbeit

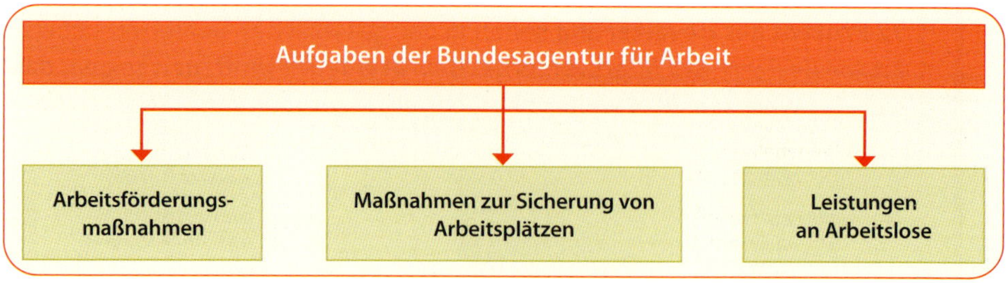

Gesetzliche Arbeitslosenversicherung

	1991	2000	2010	2015	2018	2019
Anzahl in 1.000						
Beschäftigte[1]	°	27.842	27.967	30.771	32.870	33.407
Empfänger von Arbeitslosengeld[2]	1.328	1.695	1.024	834	715	750
in EUR						
Beitragsbemessungsgrenze[3]						
West	39.881	52.764	66.000	72.600	78.000	80.400
Ost	20.861[4]	43.562	55.800	62.400	69.600	73.800
Beitragssatz in Prozent	6,8	6,5	2,8	3,0	3,0	2,5
in Mrd. EUR						
Einnahmen	35,89	49,61	37,07	35,16	39,34	°
davon:						
Beitragseinnahmen	34,29	46,36	22,61	29,94	34,17	°
Ausgaben	36,77	50,47	45,21	31,44	33,11	°
davon:						
Arbeitslosengeld[5]	12,14	23,61	16,60	14,85	13,76	°
Leistungen der aktiven Arbeitsförderung	11,83	21,24	14,98	7,89	7,87	°

1 Stand am 30.06.
2 Jahresdurchschnitte; ab 2010 Arbeitslosengeld I
3 Jahresbruttoeinkommen
4 ab 01.07.
5 bei Arbeitslosigkeit, einschl. Erstattungen an ausländische Versicherte; ab 2010 Arbeitslosengeld I

Quelle: BA

Quelle: Gesamtverband der Deutschen Versicherungswirtschaft e.V. (GDV): Statistisches Taschenbuch der Versicherungswirtschaft 2020, Berlin 2020, Tabelle 122

3.5 Unfallversicherung

In der gesetzlichen Unfallversicherung sind alle Arbeitnehmer **unabhängig von der Höhe ihres Monatseinkommens** pflichtversichert. Der Versicherungsschutz erstreckt sich bei abhängig Beschäftigten, Schülern, Studenten und pflichtversicherten Unternehmern sowohl auf die Arbeitsstelle bzw. Schule oder Hochschule als auch auf den unmittelbaren Weg von und zur Arbeits- bzw. Ausbildungsstätte.

Personen, die in Unglücksfällen Hilfe leisten, sind während der Hilfeleistung versichert, Kinder in Kindertagesstätten während des Kindertagesstättenbesuches.

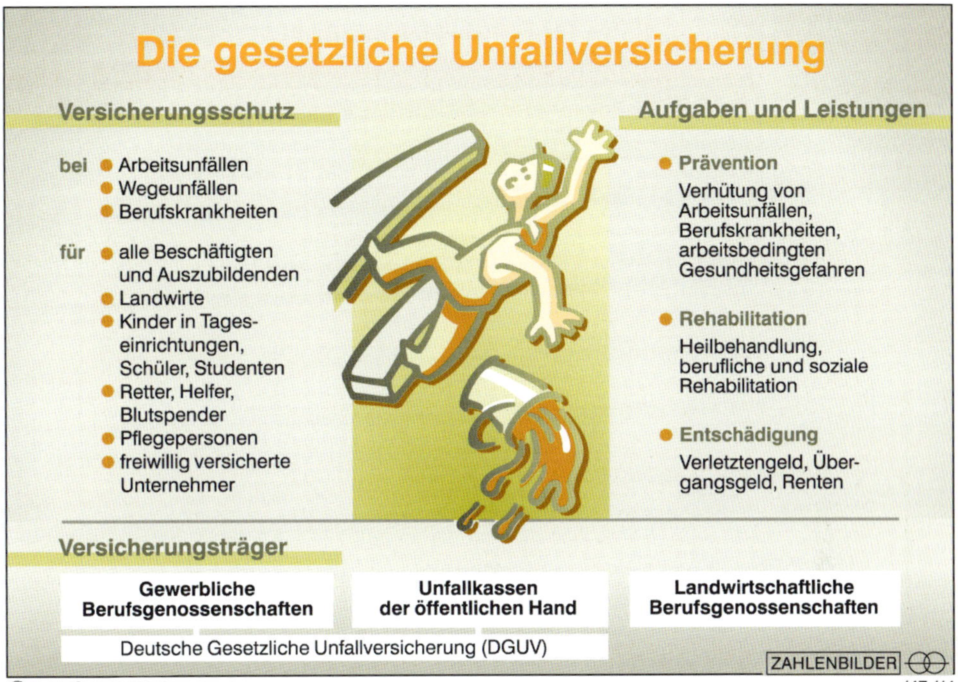

© Erich Schmidt Verlag 147 114

Beitrag

Die Beiträge zur Unfallversicherung werden vom Arbeitgeber bzw. von der öffentlichen Hand **allein** getragen. Die Höhe des jeweiligen Beitrages richtet sich nach dem Verdienst der Versicherten und den Gefahrenklassen, in die das einzelne Unternehmen eingestuft ist.

Aufgaben der Unfallversicherung

Aufgaben der Unfallversicherung

Maßnahmen zur Unfallverhütung

- Erlass von Unfallverhütungsvorschriften
- Überwachung der Einhaltung dieser Vorschriften
- Ahndung von Verstößen gegen die Unfallverhütungsvorschriften
- Durchführung von Ausbildungslehrgängen

Leistungen bei Arbeitsunfall, Wegeunfall und Berufskrankheit

- Heilbehandlung
- Übergangsgeld
- Berufshilfe
- Verletztenrente
- Sterbegeld
- Rente an Hinterbliebene
- Abfindung

Gesetzliche Unfallversicherung*

	1990	2000	2010	2015	2017	2018
Anzahl in 1.000						
Versicherte	41.134	57.960	61.880	65.899	66.804	68.918
Rentenbestand	921	1.143	965	884	852	834
meldepflichtige Unfälle	1.860	1.749	1.272	1.126	1.148	1.140
nachrichtlich:						
Versicherte in der Schülerunfallversicherung	°	17.363	17.123	17.171	17.507	17.574
in Mrd. EUR						
Einnahmen	8,28	13,88	14,50	14,98	16,08	16,15
davon:						
Beitragseinnahmen	7,57	12,07	11,92	13,18	13,99	14,01
Ausgaben	8,13	13,73	14,40	14,99	16,14	16,25
davon:						
Renten	3,81	5,67	5,65	5,65	5,85	5,91
Heilbehandlung	1,18	2,48	3,02	3,52	3,79	3,92
Unfallverhütung	0,36	0,76	0,97	1,18	1,26	1,29

* ohne Schülerunfallversicherung; bis 1990 früheres Bundesgebiet
Quelle: BMAS

Quelle: Gesamtverband der Deutschen Versicherungswirtschaft e. V. (GDV): Statistisches Taschenbuch der Versicherungswirtschaft 2020, Berlin 2020, Tabelle 121

Die **Berufsgenossenschaft für Gesundheitsdienst und Wohlfahrtspflege** in Hamburg hat die Unfallverhütungsvorschriften für **Apotheken** erlassen:

Auszug aus den Unfallverhütungsvorschriften

- Alle Behälter, auch Spritzflaschen, in denen Chemikalien aufbewahrt werden, müssen aus geeigneten Werkstoffen bestehen und nach ihrem Inhalt gekennzeichnet sein.
- Behälter mit gefährlichen Arbeitsstoffen dürfen in Regalen, Schränken usw. nur bis zu einer solchen Höhe aufbewahrt werden, dass sie sicher entnommen und abgestellt werden können.
- Sehr giftige Stoffe (z. B. Arsenik) sind unter Verschluss zu halten.
- Nicht bruchsichere Gefäße dürfen nicht am Hals getragen, sondern müssen am Boden unterstützt werden. Sie dürfen über weitere Strecken, über Treppen, Flure usw. nur mit Geräten befördert werden, die ein sicheres Halten und Tragen ermöglichen, z. B. in Tragkästen.
- Mit Spülarbeiten betraute Personen dürfen keinen Gefahren durch Rückstände im Gefäß ausgesetzt sein. Gefäße müssen deshalb vom Benutzer entleert und vorgespült werden.
- Ist die Bildung gefährlicher explosionsfähiger Atmosphäre bei Arbeiten mit brennbaren Flüssigkeiten nicht durch primäre Schutzmaßnahmen (z. B. Lüftung) vermeidbar, sind Maßnahmen durchzuführen, die eine Entzündung verhindern, z. B. Löschen offener Flammen.
- Fußböden oder deren Beläge sowie Leitungsdurchführungen müssen flüssigkeitsdicht sein.
- Arbeitstische müssen hinsichtlich Werkstoff, Konstruktion, Rohrleitungen, Armaturen und elektrischer Installation so beschaffen sein, dass sie den vorgesehenen betrieblichen Beanspruchungen standhalten. Insbesondere sollen die Arbeitsflächen und Abzüge mit einem weitgehend flüssigkeitsdichten Belag versehen sein.

Unfallverhütungsvorschriften regeln demnach die Pflichten sowohl des Arbeitgebers als auch seiner Mitarbeiter und enthalten Bestimmungen über die Gestaltung von Betriebsanlagen, das Verhalten an der Arbeitsstelle und arbeitsmedizinische Vorsorgemaßnahmen. Jeder Versicherte ist verpflichtet, sich mit den Unfallverhütungsvorschriften vertraut zu machen.

Branchenübergreifend mehr Sicherheit

Gemeldete Arbeitsunfälle je 1.000 Vollarbeiter in der gewerblichen Wirtschaft

	2000	2010	2018
Berufsgenossenschaften der gewerblichen Wirtschaft insgesamt	37,1	26,6	24,9
Bauwirtschaft	90,4	66,5	53,1
Verkehrswirtschaft, Post-Logistik, Telekommunikation	48,8	43,5	43,9
Holz und Metall	58,3	42,6	34,4
Nahrungsmittel und Gastgewerbe	56,0	40,1	31,9
Handel und Warenlogistik	32,6	26,9	23,3
Energie, Textil, Elektro, Medienerzeugnisse	22,9	21,8	18,2
Rohstoffe und chemische Industrie	30,8	19,2	18,2
Verwaltung	19,0	15,8	18,0
Gesundheitsdienst und Wohlfahrtspflege	15,9	15,7	15,0

Vollarbeiter: Teilzeitkräfte umgerechnet auf Vollzeitarbeitsplätze; gewerbliche Wirtschaft: ohne landwirtschaftliche Berufsgenossenschaft und ohne Unfallversicherungsträger der öffentlichen Hand; Verkehrswirtschaft, Post-Logistik, Telekommunikation: bis 2015 Transport und Verkehrswirtschaft; Verwaltung: einschließlich Bahnen, Glas/Keramik

Quelle: Deutsche Gesetzliche Unfallversicherung

iwd

Beiträge sinken weiter

Beiträge der Arbeitgeber zur Unfallversicherung in Prozent des gesamten Arbeitsentgelts

	2016	2018
Bauwirtschaft	3,64	3,38
Verkehrswirtschaft, Post-Logistik, Telekommunikation	1,75	1,72
Nahrungsmittel und Gastgewerbe	1,35	1,45
Rohstoffe und chemische Industrie	1,39	0,63
Holz und Metall	1,29	1,24
Energie, Textil, Elektro, Medienerzeugnisse	1,03	1,01
Handel und Warenlogistik	0,93	0,94
Verwaltung	0,78	0,74
Gesundheitsdienst und Wohlfahrtspflege	0,75	0,73
Berufsgenossenschaften der gewerblichen Wirtschaft insge-	**1,18**	**1,10**

Gewerbliche Wirtschaft: ohne landwirtschaftliche Berufsgenossenschaft und ohne Unfallversicherungsträger der öffentlichen Hand; Verwaltung: einschließlich Bahnen, Glas/Keramik

Quellen: Deutsche Gesetzliche Unfallversicherung, Institut der deutschen Wirtschaft

iwd

Quelle: https://www.iwd.de/artikel/deutschlands-unbekannte-sozialversicherung-324623/

▶ Zusammenfassung

Gesetzliche Sozialversicherung					
Zweige / Merkmale	Krankenversicherung	Pflegeversicherung	Rentenversicherung	Arbeitslosenversicherung	Unfallversicherung
Pflichtversicherte	u. a. ■ Auszubildende ■ Arbeiter und Angestellte (bis zu einer bestimmten Einkommenshöhe) ■ Rentner ■ Arbeitslose	■ alle Mitglieder der gesetzlichen Krankenversicherung	u. a. ■ Auszubildende ■ Arbeiter ■ Angestellte ■ Arbeitslose	■ Auszubildende ■ Arbeiter ■ Angestellte	u. a. ■ Auszubildende ■ Arbeiter ■ Angestellte ■ Arbeitslose ■ Schüler ■ Studenten
Finanzierung	■ Beiträge durch Arbeitgeber und Arbeitnehmer ■ Beiträge der Rentner ■ Beiträge der Bundesagentur für Arbeit ■ Zuschuss des Bundes	■ Beiträge durch Arbeitgeber und Arbeitnehmer ■ Beiträge der Rentner ■ Beiträge der Bundesagentur für Arbeit	■ Beiträge durch Arbeitgeber und Arbeitnehmer je zur Hälfte ■ Beiträge der Bundesagentur für Arbeit ■ Zuschuss des Bundes	■ Beiträge durch Arbeitgeber und Arbeitnehmer je zur Hälfte	■ Arbeitgeber allein
Leistungen	■ Gesundheitsuntersuchungen ■ Krankenbehandlung ■ Krankengeld ■ Fahrkosten (in Ausnahmefällen) ■ Leistungen bei Schwangerschaft und Mutterschaft	je nach Pflegebedürftigkeit: ■ bei häuslicher Pflege: – Sachleistungen – Pflegegeld ■ bei stationärer Pflege: – Erstattung pflegebedingter Aufwendungen	■ Zahlung von Renten wegen Alters, Erwerbsminderung und Todes ■ Maßnahmen zur Rehabilitation ■ Zahlung von Beiträgen an die Krankenversicherung der Rentner ■ Aufklärung und Beratung der Versicherten und Rentner	■ Arbeitsförderungsmaßnahmen ■ Maßnahmen zur Sicherung von Arbeitsplätzen ■ Leistungen an Arbeitslose	■ Maßnahmen zur Unfallverhütung ■ Leistungen bei Arbeitsunfall, Wegeunfall und Berufskrankheit
Träger	■ Allgemeine Ortskrankenkassen ■ Betriebskrankenkassen ■ Innungskrankenkassen ■ See-Krankenkasse ■ Ersatzkassen ■ Landwirtschaftliche Krankenkassen ■ Bundesknappschaft	■ Pflegekassen, die bei jeder Krankenkasse errichtet worden sind	■ Deutsche Rentenversicherung Bund ■ Deutsche Rentenversicherung Knappschaft-Bahn-See ■ Regionalträger der deutschen Rentenversicherung ■ Landwirtschaftliche Alterskassen	■ Bundesagentur für Arbeit ■ Regionaldirektionen ■ Agenturen für Arbeit	■ Berufsgenossenschaften ■ Bundesagentur für Arbeit ■ Bund, Länder und Gemeinden

Aufgaben

4

(1) *Welche Lebens- und Beschäftigungsrisiken werden durch die gesetzliche Sozialversicherung abgedeckt?*

(2) *Erläutern Sie den Begriff „Beitragsbemessungsgrenze" und stellen Sie deren Bedeutung für die Berechnung des an einen Arbeitnehmer zu überweisenden Nettoentgelts dar!*

(3) *Entscheiden Sie, welche Aussagen über die Auswirkungen der Beitragsbemessungsgrenze(n) richtig oder falsch sind!*

a) *Die Beitragsbemessungsgrenzen werden jährlich der allgemeinen Lohn- und Gehaltsentwicklung angepasst.*

b) *Wenn das sozialversicherungspflichtige Arbeitsentgelt eines Angestellten oder eines Arbeiters die für die Rentenversicherung maßgebliche Beitragsbemessungsgrenze übersteigt, ist dieser Arbeitnehmer nicht mehr rentenversicherungspflichtig.*

c) *Ein pflichtversicherter Arbeitnehmer zahlt Beiträge zur gesetzlichen Krankenversicherung. Bei einem Arbeitsentgelt oberhalb der Beitragsbemessungsgrenze stellt die niedrigere Beitragsbemessungsgrenze die Grundlage dar für die Berechnung der von Arbeitnehmer und Arbeitgeber zu tragenden Krankenversicherungsbeiträge.*

d) *Die Beitragsbemessungsgrenze der Krankenversicherung ist niedriger als die der Renten- und Arbeitslosenversicherung.*

e) *Die Beitragsbemessungsgrenze gilt nur für Angestellte.*

f) *Ein Arbeitnehmer, dessen Arbeitsentgelt die Beitragsbemessungsgrenze der Krankenversicherung übersteigt, ist grundsätzlich nicht mehr krankenversicherungspflichtig.*

g) *Die Beitragsbemessungsgrenzen gelten für alle fünf Zweige der gesetzlichen Sozialversicherung.*

(4) *Die Beitragssätze der Sozialversicherung steigen seit Jahren. Trotz der eingeleiteten Reformen scheinen weitere Beitragserhöhungen bzw. Leistungseinschränkungen vorprogrammiert zu sein.*

a) *Erörtern Sie das Für und Wider weiterer Beitragserhöhungen!*

b) *Unterbreiten Sie Vorschläge zur Lösung der anstehenden Probleme!*

(5) *Welche wesentlichen Leistungen werden von den einzelnen Zweigen der Sozialversicherung im Rahmen ihrer gesetzlichen Aufgaben erbracht?*

(6) *Ein Auszubildender besucht nach Dienstschluss eine Kunstausstellung in der Nachbargemeinde. Auf dem anschließenden Heimweg fällt er unglücklich und bricht sich den rechten Arm. Besteht ein Anspruch auf Leistungen der gesetzlichen Unfallversicherung?*

(7) *Nennen Sie wesentliche Unfallverhütungsvorschriften, die für Ihren Ausbildungsbetrieb Gültigkeit besitzen!*

(8) *Welche der nachfolgenden Leistungen werden von welchem Zweig der gesetzlichen Sozialversicherung erbracht?*

a) *Zahlung eines Zuschusses zum notwendig gewordenen Zahnersatz*

b) *Zahlung einer Verletztenrente nach einem Arbeitsunfall*

c) *Geldzahlung nach dem unverschuldeten Verlust des Arbeitsplatzes*

d) *Durchführung einer Umschulungsmaßnahme*

e) *Zahlung von Krankengeld nach Ablauf von 6 Wochen*

f) Bewilligung einer Geldleistung wegen Erwerbsminderung

g) Kostenübernahme für die regelmäßige tägliche ambulante Versorgung einer Alleinstehenden durch das Deutsche Rote Kreuz

h) Kostenübernahme für die Vorsorgeuntersuchung einer schwangeren Arbeitnehmerin

i) Zahlung von Geldleistungen an die Hinterbliebenen eines verstorbenen Versicherten

j) Zahlung von Geldleistungen an die Hinterbliebenen eines bei einem Arbeitsunfall tödlich verletzten Versicherten

k) Kostenübernahme für den ambulanten Hilfebedarf in Härtefällen

l) Zahlung von Geldleistungen für den Betreuungsaufwand eines Demenzkranken

4 Organisation von Betrieben im Gesundheitswesen

▶ Begriff der Organisation

Zur Erfüllung ihrer Zielsetzungen benötigt jedes Unternehmen ein **System von Regelungen,** durch das einzelne Teilaufgaben in bestmöglicher Weise arbeitsteilig erfüllt werden können. Durch organisatorische Maßnahmen **erfolgt eine Gestaltung der Struktur und des Ablaufs des Unternehmens.** In zeitlicher Hinsicht ist die Problemstellung zu lösen, in welcher Reihenfolge einzelne Arbeitsschritte ausgeführt werden sollen. Hierbei ist die Tätigkeit der einzelnen Mitarbeiter aufeinander abzustimmen.

▶ Aufgabenbereiche der Organisation

Die durch Organisation zu schaffenden Regelungen können sich auf die Gestaltung von Aufgaben mit Dauercharakter oder auf von Fall zu Fall auftretende Aufgabenstellungen beziehen:

- **Generelle Regelungen** werden für stets wiederkehrende, relativ gleichbleibende Aufgaben benötigt.

  > Abwicklung von Lohn- und Gehaltszahlungen, Patientenaufnahme und Leistungsabrechnung

- **Fallweise Regelungen** gelten für vorhersehbare, aber nicht in jeder Einzelheit wiederkehrende Aufgaben.

  > Verhaltensvorschriften bei Unfällen, Beschaffung selten benötigter Arzneimittel

- **Einzelentscheidungen** sind bei ungewöhnlichen, unerwarteten oder neuartigen Ereignissen erforderlich (Improvisationen).

  > Ausfall der Krankenhausküche, mehrere Mitarbeiter eines privaten ambulanten Pflegedienstes fallen krankheitsbedingt aus

4.1 Aufbauorganisation zur Gestaltung unternehmerischer Strukturen

Je nachdem, ob man den organisatorischen Aufbau einer Unternehmensstruktur nach Sachbereichen oder nach personellen Aspekten gliedert, unterscheidet man eine funktionsorientierte oder personenorientierte Aufbauorganisation.

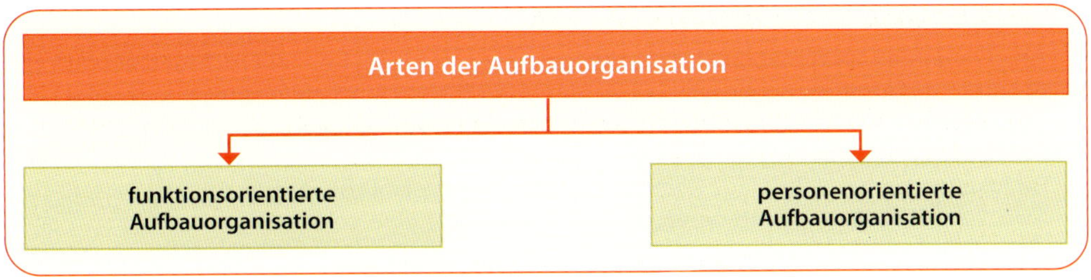

▶ Funktionsorientierte Aufbauorganisation

Die Analyse der Aufgaben eines Unternehmens führt zu der Überlegung, welche verwandten Teilaufgaben sich sachlich zu Aufgabenbereichen zusammenfassen lassen. Hieraus ergibt sich die Bildung von Abteilungen nach **funktionellen Gesichtspunkten.** Die Funktionsbereiche eines Unternehmens nach bestimmten Sachbereichen (wie etwa Personal, Technik, Versorgungswirtschaft, Finanzen und Abrechnung) spiegeln die Aufgabengliederung eines Unternehmens wider. Nach welchen funktionellen Aspekten ein Unternehmen gegliedert wird, ist in der betrieblichen Praxis u.a. von der Branche, der gewählten Rechtsform, der Betriebsgröße und den personellen Voraussetzungen abhängig.

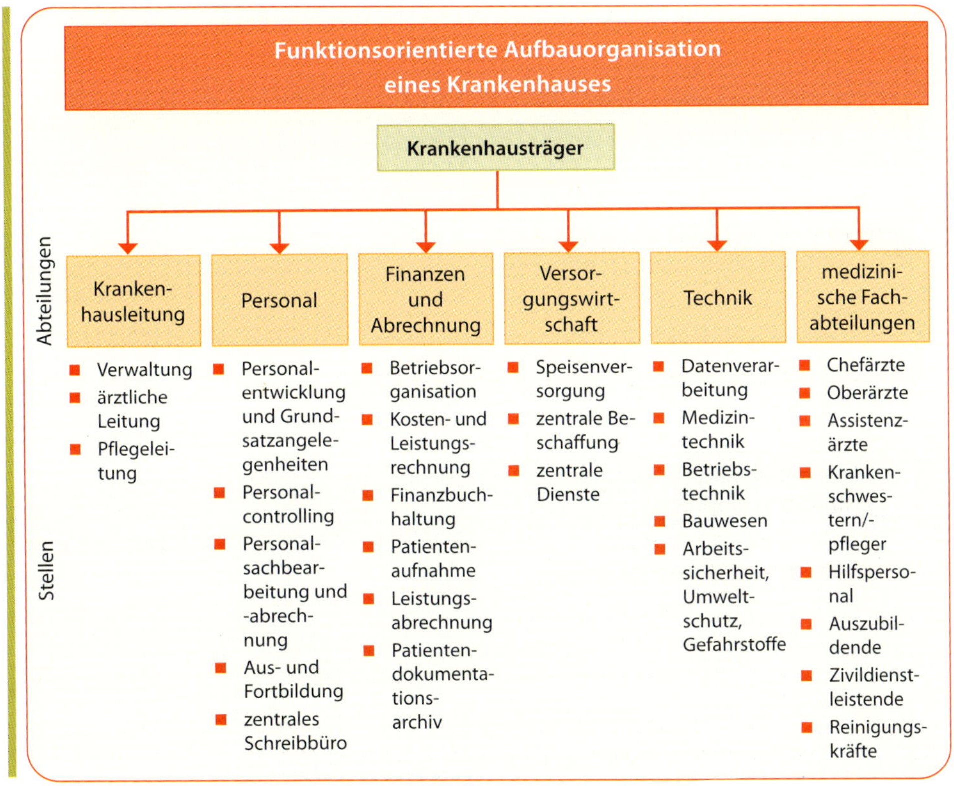

▶ Personenorientierte Aufbauorganisation

Eine Gliederung nach **personellen Gesichtspunkten** ist häufig bei der Errichtung eines Unternehmens festzustellen. In diesem Fall werden Teilaufgaben solchen Personen zugeordnet, die über eine entsprechende Qualifikation verfügen. Dabei können völlig unterschiedliche Aufgabenbereiche auf eine Person übertragen werden, weil diese entsprechende Kenntnisse und Fähigkeiten besitzt. Allerdings kommt es auch vor, dass Einfluss und Ausübung persönlicher Macht die Zuordnung bestimmen. Problematisch wird eine solche Organisationsform allerdings bei einem Personalwechsel, da dann eine Ersatzkraft mit gleichartigen Fähigkeiten wie die ausgeschiedene gefunden oder eine Umstrukturierung dieser Aufbauorganisation vorgenommen werden muss.

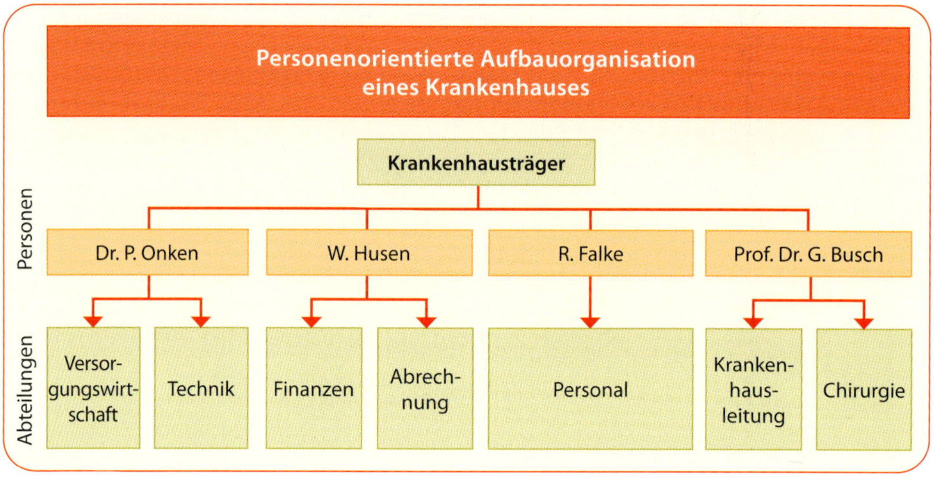

4.2 Ablauforganisation zur Gestaltung unternehmerischer Prozesse

Die Ablauforganisation soll eine sinnvolle Gestaltung der einzelnen Arbeitsvorgänge ermöglichen. Hierzu müssen diese so geordnet werden, dass jeder Bearbeitungsvorgang in möglichst kurzer Zeit erledigt werden kann. Es ist deshalb notwendig, die **inhaltliche, zeitliche und räumliche Abfolge von Arbeitsschritten** festzulegen.

▶ Darstellung von Arbeitsabläufen

Die Darstellung von Arbeitsabläufen hilft, Schwachstellen in der geplanten Arbeitsdurchführung aufzuzeigen, unnötige Doppelarbeiten zu vermeiden, Zeitersparnisse zu erreichen und den Mitarbeitern verbindliche Arbeitsanweisungen zu erteilen.

Am Fall der **Einstellung einer neuen Krankenschwester** werden folgende Darstellungsmöglichkeiten von Arbeitsabläufen aufgezeigt:

- **Verbale Ablaufdarstellung**

  Sie ist in der Regel wenig übersichtlich und klar. Aus ihr geht nicht mit einem Blick hervor, welcher Schritt dem vorherigen folgen soll und wie die einzelnen Bestandteile der Arbeitsdurchführung verbunden sind.

Ausschreibung der Stelle in den entsprechenden Tageszeitungen. Eingehende Bewerbungen werden vom zuständigen Sachbearbeiter kontrolliert. Sind alle notwendigen Voraussetzungen erfüllt, werden die Bewerber zum Vorstellungsgespräch schriftlich eingeladen. Dieses Gespräch führt die einstellende Abteilung. Eine weitere Vorauswahl wird getroffen. Die infrage kommenden Bewerber werden zur betriebsärztlichen Untersuchung geladen, und für ihre Einstellung wird die Zustimmung des Personalrates eingeholt. Die endgültige Entscheidung trifft die einstellende Abteilung. Ein schriftliches Angebot zur Einstellung ergeht an den Bewerber.

Arbeitsablaufdiagramm

Bei dieser Methode werden die einzelnen Arbeitsschritte durch **Symbole** dargestellt. Zusätzlich können Angaben zu den Sollzeiten eingetragen werden. Die Übersicht ist klar und knapp. Allerdings gelingt es kaum, Arbeitskreisläufe oder verzweigte Abläufe abzubilden. Die zur Erstellung gebräuchlichen Symbole sind:

Symbol	Bedeutung
○	Tätigkeit, Bearbeitung, Operation
⇨	Transport
□	Kontrolle, Überprüfung
D	Unterbrechung, Verzögerung, Wartezeit, Puffer
▽	Lagerung, Ablage, Archivierung

Abt. Personalwesen
aufgenommen von: Kraus
Datum: 18. 09. 20 . .

Lfd. Nr.	Arbeitsvorgang	Bearbeitung	Transport	Überprüfung	Verzögerung	Lagerung	Zeit
1.	Ausschreibung der Stelle	●	⇨	□	D	▽	30 Tage
2.	Eingang der Bewerbungen	○	⇨	□	◗	▽	
3.	Eingehende Bewerbungen werden überprüft	○	⇨	■	D	▽	3 Tage
4.	Einladungen zum Vorstellungsgespräch	●	⇨	□	D	▽	7 Tage
5.	Vorstellungsgespräch	●	⇨	□	D	▽	1 Tag
6.	Weitere Vorauswahl	○	⇨	■	D	▽	1 Tag
7.	Einladung zur betriebsärztlichen Untersuchung	●	⇨	□	D	▽	7 Tage
8.	Betriebsärztliche Untersuchung	○	⇨	■	D	▽	1 Tag
9.	Zustimmung Personalrat	●	⇨	□	D	▽	1 Tag
10.	Entscheidung über Einstellung	○	⇨	■	D	▽	1 Tag
11.	Angebot zur Einstellung	●	⇨	□	D	▽	7 Tage
12.	Vorgang auf Wiedervorlage	○	⇨	□	D	▼	

- **Datenflussdiagramm**

  Aus einem Datenflussdiagramm wird zusätzlich die Aufteilung einzelner Arbeitsschritte auf die beteiligten Abteilungen deutlich. Aufgaben und Verantwortungsbereiche werden erkennbar.

Stelle / Erläuterung	Personal-abteilung	Stations-leitung	Betriebsarzt	Personalrat
Ausschreibung	□			
Bewerbungseingang	□			
Überprüfung der Bewerber		□		
Einladung zum Vorstellungsgespräch	□			
Vorstellungsgespräch		□		
Weitere Vorauswahl		□		
Einladung zur betriebsärztlichen Untersuchung	□			
Betriebsärztliche Untersuchung			□	
Zustimmung Personalrat				□
Entscheidung über Einstellung		□		
Angebot zur Einstellung	□			
Vorgang auf Wiedervorlage	□			

4.3 Ambulante, teilstationäre und stationäre Einrichtungen im Gesundheitswesen

Medizinische und pflegerische Dienstleistungen im Gesundheitswesen werden in unterschiedlicher Intensität bereitgestellt. Ausschlaggebend dafür sind vor allem **Art und Schwere der Erkrankung** sowie **deren voraussichtliche Dauer.** In Einzelfällen kann auch der Patient entscheiden, ob er eine Behandlung ambulant oder stationär durchführen möchte.

Gesundheitswesen

	2000	2010	2015	2017	2018
Personal des Gesundheitswesens (Anzahl in 1.000)					
insgesamt	4.028	4.880	5.380	5.577	5.679
davon:					
in ambulanten Einrichtungen	1.567	1.986	2.204	2.287	2.329
davon:					
in Arztpraxen	586	651	679	693	700
in Zahnarztpraxen	284	325	347	354	356
in Apotheken	186	217	224	226	228
in ambulanter Pflege	185	275	344	378	398
in stationären/teilstationären Einrichtungen	1.579	1.764	1.911	1.988	2.013
Krankenhäusern	1.021	1.038	1.113	1.155	1.175
Vorsorge-/ Rehabilitationseinrichtungen	115	118	119	121	122
stationäre/teilstationäre Pflege	443	608	679	712	716
Einrichtungen des Gesundheitswesens					
Krankenhäuser (Anzahl)	2.242	2.064	1.956	1.942	1.927
Betten (Anzahl)	559.651	502.749	499.351	497.182	498.283
Bettenauslastung in Prozent	81,9	77,4	77,5	77,8	77,1
Gesundheitsausgaben in Mrd. EUR[1]					
insgesamt	214,7	291,1	344,6	375,7	390,6
davon:					
in ambulanten Einrichtungen	102,5	144,1	173,0	186,7	193,9
in stationären/teilstationären Einrichtungen	80,7	107,7	128,1	138,2	142,5
Ausgabenträger:					
öffentliche Haushalte	13,9	14,5	15,9	16,3	16,5
gesetzliche Krankenversicherung	123,4	165,1	198,9	214,2	222,1
private Krankenversicherung	17,5	26,6	30,5	31,7	33,3
sonstige Sozialversicherungsträger	23,8	30,1	37,7	47,7	50,4
Arbeitgeber	8,7	12,1	14,5	15,5	16,4
private Haushalte[2]	27,3	42,6	47,1	50,3	52,1
in Prozent des BIP	10,2	11,4	11,4	11,6	11,7
in EUR je Einwohner	2.635	3.626	4.218	4.545	4.712
nachrichtlich:					
Einkommensleistungen[3]	66,5	70,5	91,3	99,9	104,0

1 ohne Einkommensleistungen
2 einschl. privater Organisationen ohne Erwerbszweck
3 Krankengeld u. a.
Quelle: StBA

Quelle: Gesamtverband der Deutschen Versicherungswirtschaft e.V. (GDV): Statistisches Taschenbuch der Versicherungswirtschaft 2020, Berlin 2020, Tabelle 101

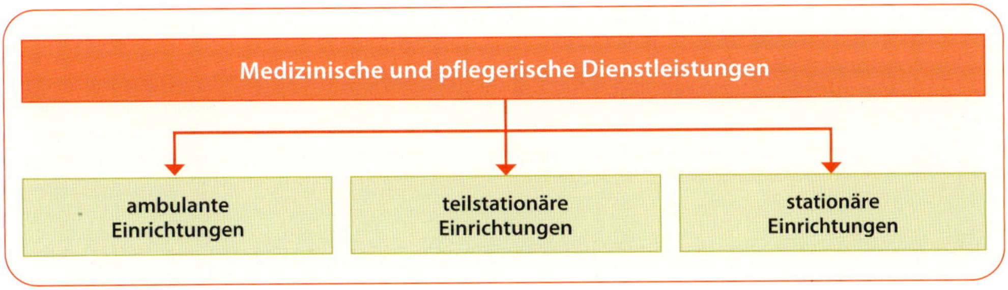

▶ Ambulante Einrichtungen

Ambulante Behandlungen finden entweder zu Hause, in der Arztpraxis oder in den Ambulanzen der Krankenhäuser statt. Die Patienten unterliegen hier nur einer kurzzeitigen medizinischen Versorgung oder Betreuung. Durch ambulante Einrichtungen werden in der Regel akute Erkrankungen behandelt oder häusliche Pflegedienstleistungen erbracht.

Herz- und Kreislauferkrankungen bleiben die häufigste Todesursache in Deutschland. Rund 36 Prozent aller Todesfälle im Jahr 2018 gehen auf Versagen von Herz oder Kreislauf zurück. Krebserkrankungen sind die zweithäufigste Todesursache: Ein Viertel aller Verstorbenen (238 300 Menschen) erlagen einem Krebsleiden. Bei Männern waren Lungen- und Bronchialkrebs (28 350 Fälle) sowie Prostatakrebs (14 963) die häufigsten Krebsarten. Häufigste Einzeldiagnose bei den Krebserkrankungen der Frauen war der Brustkrebs mit 18 591 Betroffenen. Insgesamt starben 470 032 Männer und 484 840 Frauen im Jahr 2018; das waren 2,4 Prozent mehr als im Vorjahr. Mehr als die Hälfte der verstorbenen Frauen und Männer war 80 Jahre und älter.

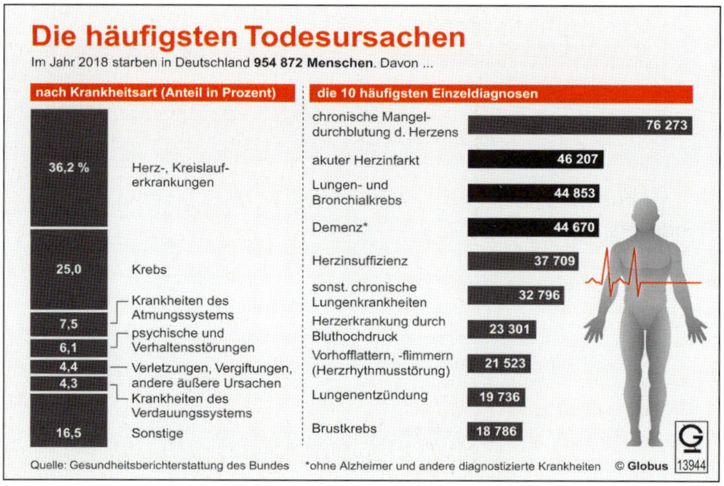

Rund 385 100 Ärzte arbeiteten Ende 2017 in Deutschland, 1,7 Prozent mehr als im Jahr davor. Das geht aus der Statistik der Bundesärztekammer hervor. Gut die Hälfte der Ärzte arbeitet in Krankenhäusern (52 Prozent), 40 Prozent sind im ambulanten Bereich tätig, acht Prozent bei Behörden, Körperschaften und in sonstigen Bereichen. Die Zahl der Ärzte in Deutschland steigt seit Jahren kontinuierlich. Seit dem Jahr 2000 ist sie um rund 30 Prozent gestiegen. Trotzdem gibt es nach Angaben der Bundesärztekammer einen Ärztemangel. Die Menschen in Deutschland leben immer länger, weshalb auch der Behandlungsbedarf steigt. Es fehle de facto an Arztstunden. Die Ärztekammer rät mehr Ärzte auszubilden, um diesem Mangel entgegenzuwirken.

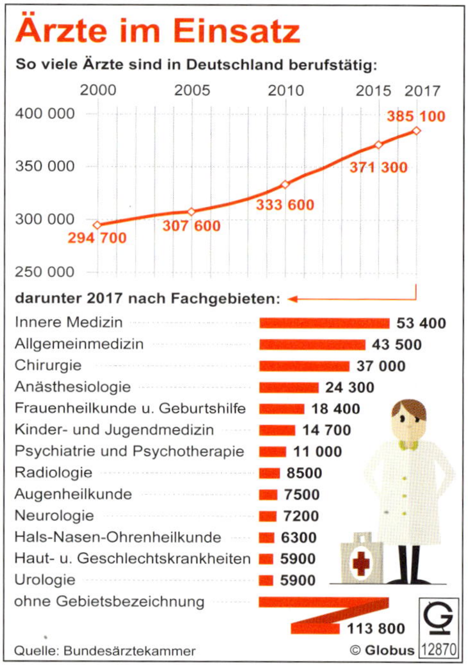

▶ Teilstationäre Einrichtungen

Leistungen in teilstationären Einrichtungen werden dann erbracht, wenn medizinische und pflegerische Betreuung zeitweilig nicht gewährleistet werden kann. Teilstationäre Einrichtungen im Gesundheitswesen sind vorrangig Pflegeheime zur Tages- oder Nachtpflege von pflegebedürftigen Personen, die einen Teil des Tages betreut werden müssen, da sie zumindest zeitweise auf Hilfen Dritter angewiesen sind. Die teilstationäre Pflege umfasst auch die notwendige Beförderung des Pflegebedürftigen von der Wohnung zur Einrichtung der Tages- oder Nachtpflege und zurück.

▶ Stationäre Einrichtungen

Stationäre Einrichtungen sind auf die längere oder dauernde medizinische und pflegerische Betreuung und Versorgung von Patienten angelegt. Zu ihnen zählen insbesondere Krankenhäuser, Vorsorge- und Rehabilitationseinrichtungen, Kurkliniken, Alten- und Pflegeheime oder Teilzeitpflegeheime (z.B. bei Urlaub der sonst pflegenden Familienangehörigen). In solchen stationären Einrichtungen werden entweder Krankheiten behandelt, nach deren Genesung der Patient die Einrichtung wieder verlassen kann, oder sie übernehmen die dauernde Versorgung pflegebedürftiger älterer Menschen.

19,5 Millionen Menschen wurden im Jahr 2017 stationär in Krankenhäusern in Deutschland behandelt. Versorgt wurden sie von rund 909800 Vollzeitkräften (sämtliche Beschäftigte umgerechnet auf die volle tarifliche Arbeitszeit). Im Durchschnitt blieben die Patienten 7,3 Tage im Krankenhaus. Vor zehn Jahren war die durchschnittliche Verweildauer mit 10,4 Tagen noch deutlich höher. Ebenfalls deutlich gesunken im Zehnjahresvergleich ist die Zahl der Betten in den Krankenhäusern. Waren es 1997 noch 580425, gab es im Jahr 2017 mit 497205 Betten fast ein Siebtel weniger. Gestiegen ist dagegen die Zahl der Patienten (plus 18,9 Prozent) und die Zahl der sie behandelnden Ärzte (plus 52,6 Prozent).

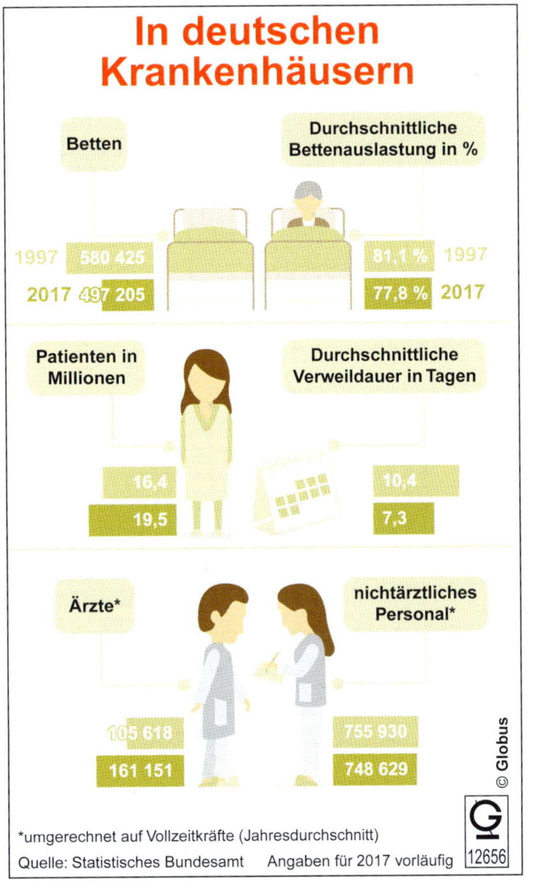

5 Aufgaben von Betrieben im Gesundheitswesen

Die im Gesundheits- und Sozialwesen tätigen Dienstleister übernehmen die Aufgabe der **Erhaltung, Förderung oder Wiederherstellung der Gesundheit.**

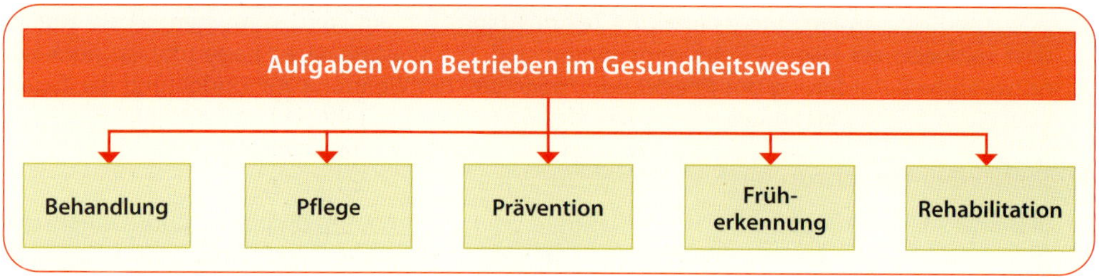

▶ Behandlung

Unter Krankenbehandlung werden alle Maßnahmen verstanden, die dazu beitragen können, eine Krankheit zu erkennen, zu heilen, ihre Verschlimmerung zu verhüten oder Krankheitsbeschwerden zu verhindern.

Die Krankenbehandlung umfasst im Einzelnen alle dazu notwendigen ärztlichen und psychotherapeutischen Maßnahmen, die zahnärztliche Behandlung einschließlich der Versorgung mit Zahnersatz, die Versorgung mit Arznei-, Verband-, Heil- und Hilfsmitteln, die häusliche Krankenpflege, die Krankenhausbehandlung sowie medizinische Leistungen zur Rehabilitation und Arbeitstherapie.

In diesem Bereich sind vorrangig tätig: Ärzte, Zahnärzte, Apotheken, Krankenhäuser, ambulante Pflegedienste, Psychologen, Psychotherapeuten, Hörgeräteakustiker, Optiker und Zahnlabors.

▶ Pflege

Pflegebedürftigkeit besteht, wenn Personen wegen einer körperlichen, geistigen oder seelischen Krankheit oder Behinderung für die gewöhnlichen und regelmäßig wiederkehrenden Verrichtungen des täglichen Lebens der Hilfe bedürfen. Die Pflegeversicherung (vgl. S. 59 ff.) unterscheidet fünf Pflegegrade.

- Den **Pflegegrad 1** können Menschen erhalten, die noch viele Bereiche ihres Alltags selbst meistern können, aber schon in gewissem Maße – zumeist körperlich – eingeschränkt sind und der Unterstützung bedürfen.
- Den **Pflegegrad 2** erhalten Menschen, bei denen schon erhebliche Beeinträchtigungen der Selbstständigkeit oder von Fähigkeiten festgestellt worden sind.
- Der **Pflegegrad 3** wird Menschen zuerkannt, die laut Begutachtung schwere Beeinträchtigungen der Selbstständigkeit oder der Fähigkeiten haben.
- Der **Pflegegrad 4** ist für Menschen gedacht, die schwerste Beeinträchtigungen der Selbstständigkeit oder der Fähigkeiten haben.
- Der **Pflegegrad 5** wird dann anerkannt, wenn schwerste Beeinträchtigungen der Selbstständigkeit oder der Fähigkeiten vorliegen, die noch deutlich über denen des Pflegegrades 4 liegen.

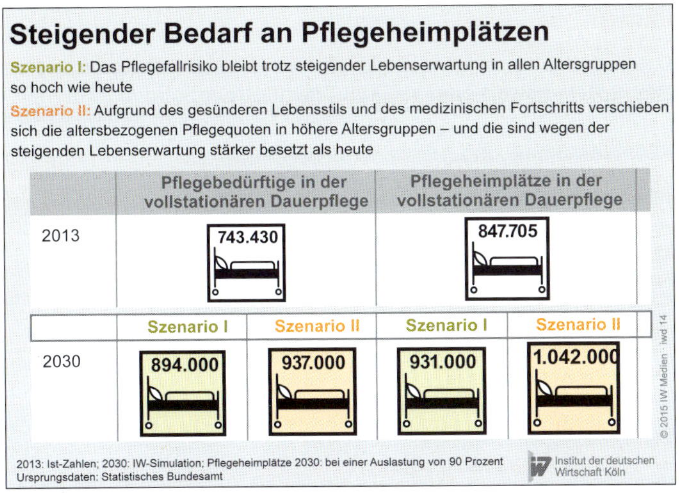

Quelle: iw-Dienst: Informationen aus dem Institut der deutschen Wirtschaft Köln, Nr. 14 vom 12. April 2015, S. 5

Prävention

Die Prävention versucht durch vorbeugende Maßnahmen, einen Krankheitseintritt zu verhindern, zu verzögern oder Krankheitsfolgen abzumildern.

Maßnahmen der Prävention können danach unterschieden werden, wann sie zum Einsatz kommen.

- Die **Primärprävention** dient der Gesundheitserhaltung etwa durch Schutzimpfungen oder bestimmte Prophylaxemaßnahmen (Gesundheitsförderung), die vor allem im Bereich der Verhütung von Zahnerkrankungen oder der Müttergenesung liegen.
- Bei der **Sekundärprävention** sollen bereits vorhandene, aber noch nicht akute Krankheiten frühzeitig diagnostiziert und therapiert werden. Maßnahmen sind hier vor allem die Möglichkeiten der Früherkennung wie Gesundheits-Check-up oder Krebsfrüherkennungsuntersuchungen.
- Mit der **Tertiärprävention** sollen Rückfälle und Folgeschäden bereits eingetretener Krankheiten durch Maßnahmen verhindert oder abgemildert werden. Nachsorgemaßnahmen nach Krebserkrankungen, Herzinfarkten oder Bandscheibenvorfällen zählen zur Tertiärprävention.

Vor allem Ärzte, Zahnärzte, Krankengymnasten, Kurkliniken sowie Gesundheitsämter sind präventiv tätig.

Früherkennung

Maßnahmen der Früherkennung sind mit der Sekundärprävention gleichzusetzen. Sie umfassen etwa folgende Maßnahmen: Gesundheits-Check-up für Versicherte der gesetzlichen Krankenversicherung nach vollendetem 35. Lebensjahr (jedes zweite Jahr Früherkennung von Herz-Kreislauf- und Nierenerkrankungen sowie der Zuckerkrankheit), Krebsfrüherkennung für Frauen ab dem 20. und Männer ab dem 45. Lebensjahr, Früherkennung bei Kindern etwa auf Hör- und Sehstörungen, Sprachfehler, Haltungsschäden oder Zahnentwicklung.

In diesem Bereich bieten in erster Linie Ärzte, Zahnärzte, Krankenhäuser sowie Gesundheitsämter ihre Dienste an.

▶ Rehabilitation

Aufgabe der Rehabilitation ist es, durch medizinische, berufsfördernde und ergänzende Maßnahmen körperlich, geistig oder seelisch Behinderte möglichst dauerhaft in Arbeit, Beruf und Gesellschaft einzugliedern. Träger von Rehabilitationsmaßnahmen sind in erster Linie die gesetzliche Renten-, Unfall- und Krankenversicherung.

Zu den Rehabilitationsmaßnahmen gehören unter anderem Kuren, Anschlussheilbehandlungen unmittelbar im Anschluss an stationäre Behandlungen, Müttergenesungskuren oder Rehabilitationssport.

> Im Bereich der Rehabilitation sind vor allem Rehabilitationskliniken, Krankengymnasten und Sportmediziner tätig.

▶ Zusammenfassung

Betriebe im Gesundheitswesen

- **Organisation**
  - **Aufbauorganisation**: Unternehmensaufgaben werden bestimmten Stellen zugeordnet und die Zusammenarbeit dieser Stellen geregelt.
  - **Ablauforganisation**: Die Abfolge von einzelnen Arbeitsschritten wird inhaltlich, zeitlich und räumlich festgelegt.
- **Aufgaben**
  - Behandlung
  - Pflege
  - Prävention
  - Früherkennung
  - Rehabilitation

→
- ambulante Einrichtungen
- teilstationäre Einrichtungen
- stationäre Einrichtungen

Aufgaben 5

(1) *Grenzen Sie Aufbau- und Ablauforganisation voneinander ab!*

(2) *Unterscheiden Sie zwischen den ambulanten, teilstationären und stationären Einrichtungen des Gesundheitswesens und bilden Sie Beispiele!*

(3) *Präsentieren Sie in einem Kurzvortrag, welche Aufgaben Ihr Ausbildungsbetrieb im Gesundheitswesen übernimmt!*

Lernfeld: Berufsausbildung

1 Ausbildungsberuf Kaufmann/Kauffrau im Gesundheitswesen

1.1 Berufliche Bildung im dualen Ausbildungssystem

In der Bundesrepublik Deutschland erfolgt die Berufsausbildung vor allem innerhalb **des dualen Systems:** Zwei voneinander unabhängige Ausbildungsträger **(Lernorte),** und zwar **Betrieb** und **Berufsschule,** verfolgen gemeinsam das Ziel, in einem geordneten Ausbildungsgang jene Fertigkeiten, Kenntnisse und Fähigkeiten zu vermitteln, die für den gewählten Ausbildungsberuf im jeweiligen Berufsbild (vgl. S. 89 f.) festgeschrieben sind.

DAS DUALE SYSTEM DER BERUFSAUSBILDUNG IN DEUTSCHLAND

Voraussetzungen	Je nach Ausbildungsberuf erwarten die Arbeitgeber bestimmte Schulabschlüsse von den Bewerbern. Gesetzlich vorgeschrieben sind sie jedoch nicht. Lediglich für Gesundheits- und Sozialberufe und für Berufe im öffentlichen Dienst und in der Verwaltung gibt es besondere Zugangsbestimmungen.	
Bewerbung	direkt bei den Betrieben. Die Berufsberatung der Arbeitsagentur hilft durch Ausbildungsstellenvermittlung.	
duale Ausbildung	**1. Ausbildung im Betrieb (rund 70 Prozent)**	**2. Ausbildung in der Berufsschule (rund 30 Prozent)**
zwei bis dreieinhalb Jahre, je nach Beruf Ausbildungsvergütung je nach Beruf und Bundesland, im Durchschnitt 876 Euro monatlich (Stand 2017)	durch Ausbilder und Meister nach bundeseinheitlichen Ausbildungsordnungen (in der Regel drei bis vier Tage wöchentlich)	fachtheoretischer, fachpraktischer und allgemeinbildender Unterricht durch Fachlehrer nach Lehr- oder Bildungsplänen, die mit den betrieblichen Ausbildungsordnungen abgestimmt sind (ein bis zwei Tage wöchentlich, zum Teil auch als Blockunterricht)
Abschluss	nach erfolgreicher Abschlussprüfung vor dem Prüfungsausschuss der zuständigen Stelle für Berufsbildung (zum Beispiel Industrie- und Handelskammer oder Handwerkskammer)	

Quelle: eigene Darstellung nach: Bundesinstitut für Berufsbildung

Quelle: Arbeitsgemeinschaft Jugend und Bildung e.V. in Zusammenarbeit mit dem Bundesministerium für Arbeit und Soziales: Sozialpolitik, Ausgabe 2018/2019, Seite 21

▶ Berufsausbildung vor neuen Herausforderungen

Vor allem der mit dem **Einsatz neuer Technologien** (z.B. moderne Informations- und Kommunikationsmedien, Robotereinsatz, neue Verfahrenstechniken, Digitalisierung) verbundene organisatorische Wandel stellt das Bildungs- und Beschäftigungssystem der Bundesrepublik Deutschland vor neue Aufgaben. Die sich so wandelnde Arbeitswelt bestimmt die künftigen – teils zusätzlichen, teils aber auch neuen – Anforderungen an die betrieblichen Mitarbeiter

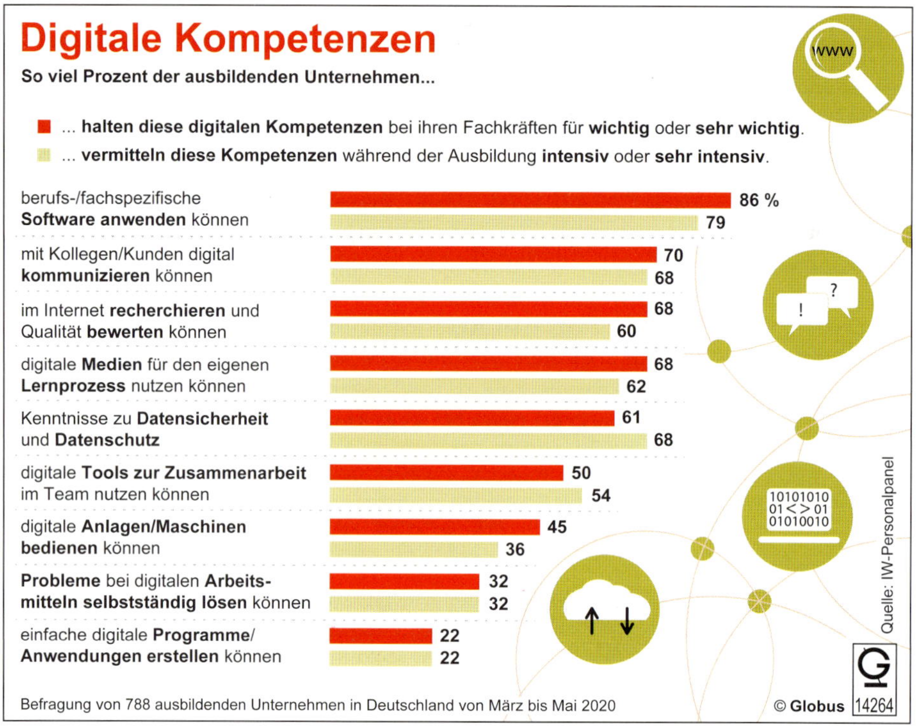

Die Corona-Pandemie hat das Thema noch mal stärker in den Fokus der Unternehmen gerückt: Digitalisierung. Ob es um digitale Kommunikation mit den Kunden geht, um fachspezifische Softwarekenntnisse oder um sicheres Recherchieren im Internet, die digitalen Fähigkeiten der Fachkräfte werden immer wichtiger. Rund 68 Prozent der Unternehmen halten es für wichtig, dass ihre Mitarbeiterinnen und Mitarbeiter berufs- oder fachspezifische Software anwenden können. Die große Mehrheit der Betriebe hält zudem die Fähigkeit, mit Kollegen und Kunden digital kommunizieren zu können, für besonders relevant. Ähnlich sind die Prioritäten auch in der Ausbildungszeit gesetzt. Zu den wichtigsten Ausbildungsinhalten zählen die sichere Softwareanwendung sowie die digitale Kommunikation. Im Frühjahr 2020 wurden 788 ausbildende Unternehmen in Deutschland im Rahmen des Projekts „Netzwerk Q 4.0" befragt.

Neben einer **qualifizierten Berufsausbildung (Fachkompetenz)** sind als weitere Voraussetzung für eine erfolgreiche **berufliche Handlungsfähigkeit** auch **berufsübergreifende Qualifikationen** erforderlich. Diese gewinnen in Gestalt der **Sozial- und der Methodenkompetenz** zunehmend an Bedeutung.

Mithilfe der berufsübergreifenden Qualifikationen kann der Einzelne neben einer breit angelegten beruflichen Grundbildung dazu befähigt werden, sich auf neue Entwicklungen und Gegebenheiten in der zukünftigen Arbeitswelt einzustellen, um so auf Dauer seine berufliche Qualifikation anzupassen und zu erhalten.

Berufsübergreifende Qualifikationen

Sozialkompetenz

Fähigkeit zu **Kommunikation und Kooperation mit Dritten** wie z. B.

- Teamarbeit
- Kritikfähigkeit und -willigkeit
- Kommunikationsbereitschaft und -fähigkeit
- Einsatzbereitschaft in der Gruppe
- gruppenorientierte Verantwortungs-übernahme
- Konfliktbewältigung in der Gruppe

Methodenkompetenz

Fähigkeit zur **selbstständigen Aneignung neuer Kenntnisse und Fertigkeiten** wie z. B.

- Denken in komplexen Zusammenhängen
- Abstraktionsvermögen
- Organisationsvermögen
- Problemerkennungs- und -lösungsfähigkeit
- Kreativität

1.1.1 Lernort Betrieb

Während der Berufsschule die überwiegend berufstheoretische Ausbildung übertragen wurde, obliegt dem Betrieb die vorwiegend berufspraktische Ausbildung. Dabei bilden insbesondere die **Ausbildungsordnung** (vgl. S. 88 ff.) und der **Ausbildungsvertrag** (vgl. S. 91 ff.), aber auch das **Berufsbildungsgesetz** (*BBiG*, vgl. S. 88) die rechtlichen Grundlagen für eine einheitliche und ordnungsgemäße Berufsausbildung. Darüber hinaus hat der ausbildende Betrieb die Vorschriften des **Jugendarbeitsschutzgesetzes** (*JArbSchG*, vgl. S. 96 f.) zu beachten, sofern der/die Auszubildende das 18. Lebensjahr noch **nicht** vollendet hat.

Innerhalb der betrieblichen Berufsausbildung übernehmen die berufsständischen Vertretungen, (z. B. Ärztekammern, Industrie- und Handelskammern) nicht nur Verwaltungs- und Koordinationsaufgaben, sondern nehmen zugleich Aufsichts-, Schlichtungs- und Prüfungsaufgaben wahr.

1.1.2 Lernort Berufsschule

Neben allgemein bildenden Inhalten vermittelt die Berufsschule den Auszubildenden insbesondere die für die Ausübung einer qualifizierten Berufstätigkeit notwendigen fachlichen Kenntnisse und Fertigkeiten. So werden nicht nur Religionslehre, Politik, Deutsch und Sport, sondern vor allem berufsbezogene Unterrichtsfächer erteilt.

Da das Berufsschulwesen aufgrund der Kulturhoheit in den Zuständigkeitsbereich der einzelnen Bundesländer fällt, unterliegt die schulische Berufsausbildung den entsprechenden Schulgesetzen der Länder (z. B. Berufsschulpflicht,[1] Anrechenbarkeit des erfolgreichen Besuchs einer einjährigen Berufsfachschule bzw. des Berufsgrundschuljahres als erstes Jahr der Berufsausbildung[2]). Insbesondere die Vermittlung des berufstheoretischen Unterrichtsstoffes erfolgt auf der Grundlage von **länderspezifischen Lehrplänen.** Diese orientieren sich wiederum am bundeseinheitlichen **Rahmenlehrplan,** den die „Ständige Kultusministerkonferenz“ (KMK) für den jeweiligen Ausbildungsberuf erlassen hat.

1 Unabhängig davon, wann das Ausbildungsverhältnis begonnen wird, dauert die Berufsschulpflicht grundsätzlich drei Jahre. Sie endet jedoch spätestens mit Ablauf des Schuljahres, in dem der/die Auszubildende das 21. Lebensjahr vollendet.

2 Die Anrechnung bestimmt sich nach den entsprechenden Vorschriften der jeweils zuständigen Bundesministerien.

▶ Übersicht über die Lernfelder für den Ausbildungsberuf Kaufmann im Gesundheitswesen/Kauffrau im Gesundheitswesen

Lernfelder		Zeitrichtwerte		
Nr.		1. Jahr	2. Jahr	3. Jahr
1	Den Betrieb erkunden und darstellen	80		
2	Die Berufsausbildung selbstverantwortlich mitgestalten	60		
3	Geschäftsprozesse erfassen und auswerten	80		
4	Märkte analysieren und Marketinginstrumente anwenden	100		
5	Dienstleistungen und Waren beschaffen und verwalten		80	
6	Dienstleistungen anbieten		80	
7	Dienstleistungen dokumentieren		60	
8	Dienstleistungen abrechnen		60	
9	Geschäftsprozesse erfolgsorientiert steuern			100
10	Personalwirtschaftliche Aufgaben wahrnehmen			100
11	Investitionen finanzieren			80
	Summe (insgesamt 880 Std.)	**320**	**280**	**280**

Quelle: Rahmenlehrplan für den Ausbildungsberuf Kaufmann im Gesundheitswesen/Kauffrau im Gesundheitswesen vom 11. Mai 2001

▶ Teilzeit- und Blockunterricht

Der Berufsschulunterricht findet entweder als **Teilzeitunterricht** oder als **Blockunterricht** statt. Beim Teilzeitunterricht ist der/die Auszubildende den größten Teil der Woche im Betrieb und besucht in der Regel an bis zu zwei Tagen die Berufsschule.

Demgegenüber wird beim Blockunterricht der gesamte Berufsschulunterricht in einem Block (12 – 14 Wochen) oder zwei Blöcken (je 6 – 7 Wochen) pro Ausbildungsjahr zusammengefasst.

1.2 Berufsbildungsgesetz

Das **Berufsbildungsgesetz** *(BBiG)* sieht vor, dass Ausbildungsberufe durch Ausbildungsordnungen beschrieben werden *(§ 4 BBiG)*. Diese Ausbildungsordnungen werden – im Einvernehmen mit dem Bundesministerium für Bildung und Forschung – vom zuständigen Bundesminister erlassen d. h. für Kaufleute im Gesundheitswesen vom Bundesminister für Wirtschaft und Technologie.

1.2.1 Ausbildungsordnung

Die vorgeschriebenen Mindestinhalte der „Verordnung über die Berufsausbildung zum Kaufmann im Gesundheitswesen/zur Kauffrau im Gesundheitswesen" sind wie folgt gestaltet:

▶ Staatliche Anerkennung des Ausbildungsberufes

Der Ausbildungsberuf wird staatlich anerkannt.

Ausbildungsdauer

Die Ausbildungszeit beträgt in der Regel drei Jahre. Dieser Zeitraum kann um ein halbes oder sogar ein Jahr verkürzt werden, wenn zu erwarten ist, dass der/die Auszubildende das Ausbildungsziel in der gekürzten Zeit erreichen wird *(§ 8 BBiG)*. Verkürzungen der Ausbildungszeit sind üblich, wenn der/die Auszubildende über die Hochschul- oder Fachhochschulreife verfügt bzw. wenn er/sie einen Realschulabschluss erworben hat. Der Antrag auf Verkürzung der Ausbildungszeit kann von der/dem Auszubildenden bzw. vom ausbildenden Betrieb an die zuständige Kammer gestellt werden, die dann unter Berücksichtigung der bisherigen schulischen und berufspraktischen Leistungen entscheidet. Der erfolgreiche Besuch einer einjährigen Berufsfachschule (Handelsschule) oder des Berufsgrundschuljahres kann als erstes Jahr der Berufsausbildung angerechnet werden. Allerdings trifft diese Regelung nicht auf alle Bundesländer zu.

Ausbildungsberufsbild

Fertigkeiten und Kenntnisse, die Gegenstand der Berufsausbildung sind, werden im **Berufsbild** dargestellt.

Ausbildungsberufsbild (§ 4 der Ausbildungsordnung)

(1) Gegenstand der Berufsausbildung sind mindestens die folgenden Fertigkeiten und Kenntnisse:

1. Der Ausbildungsbetrieb:
   - 1.1 Stellung, Rechtsform und Struktur,
   - 1.2 Berufsbildung, arbeits- und sozialrechtliche Grundlagen,
   - 1.3 Sicherheit und Gesundheitsschutz bei der Arbeit,
   - 1.4 Umweltschutz,
   - 1.5 Qualitätsmanagement;
2. Geschäfts- und Leistungsprozess:
   - 2.1 betriebliche Organisation,
   - 2.2 Beschaffung,
   - 2.3 Dienstleistungen;
3. Information, Kommunikation und Kooperation:
   - 3.1 Informations- und Kommunikationssysteme,
   - 3.2 Arbeitsorganisation,
   - 3.3 Teamarbeit und Kooperation,
   - 3.4 kundenorientierte Kommunikation;
4. Marketing und Verkauf:
   - 4.1 Märkte, Zielgruppen,
   - 4.2 Verkauf;
5. kaufmännische Steuerung und Kontrolle:
   - 5.1 betriebliches Rechnungswesen,
   - 5.2 Kosten- und Leistungsrechnung,
   - 5.3 Controlling
   - 5.4 Finanzierung;
6. Personalwirtschaft;
7. Organisation, Aufgaben und Rechtsfragen des Gesundheits- und Sozialwesens;
8. medizinische Dokumentation und Berichtswesen; Datenschutz;
9. Materialwirtschaft;
10. Marketing im Gesundheitswesen;

11. Finanz- und Rechnungswesen im Gesundheitsbereich:
   11.1 Finanzierung im Gesundheitsbereich,
   11.2 Leistungsabrechnung,
   11.3 Besonderheiten des Rechnungswesens im Gesundheitsbereich;
12. Qualitätsmanagement im Gesundheitswesen.

Quelle: Verordnung über die Berufsausbildung zum Kaufmann im Gesundheitswesen/zur Kauffrau im Gesundheitswesen vom 25. Juni 2001

Prüfungsanforderungen

Nach Beendigung der Ausbildungszeit wird die **Abschlussprüfung** zum Kaufmann im Gesundheitswesen/zur Kauffrau im Gesundheitswesen vor der zuständigen Kammer abgelegt. Diese Prüfung kann auch in zwei zeitlich auseinanderfallenden Teilen durchgeführt werden *(§ 5 BBiG)*.

Abschlussprüfung (§ 9 der Ausbildungsordnung)

(1) Die Abschlussprüfung erstreckt sich auf die in der Anlage 1 aufgeführten Fertigkeiten und Kenntnisse sowie auf den im Berufsschulunterricht vermittelten Lehrstoff, soweit er für die Berufsausbildung wesentlich ist.

(2) Die Prüfung ist in den Prüfungsbereichen Gesundheitswesen, Geschäfts- und Leistungsprozesse in Einrichtungen des Gesundheitswesens sowie Wirtschafts- und Sozialkunde schriftlich und im Prüfungsbereich Fallbezogenes Fachgespräch mündlich durchzuführen.

(3) Die Anforderungen in den Prüfungsbereichen sind:

1. Prüfungsbereich Gesundheitswesen:

   In höchstens 120 Minuten soll der Prüfling praxisbezogene Aufgaben oder Fälle insbesondere aus folgenden Gebieten

   a) Aufgaben des Gesundheitswesens,
   b) rechtliche Grundlagen des Gesundheits- und Sozialwesens; Finanzierung des Gesundheitswesens,
   c) Leistungserbringer und Leistungsträger,
   d) Qualitätsmanagement im Gesundheitswesen

   bearbeiten und dabei zeigen, dass er Sachverhalte und Zusammenhänge analysieren sowie Lösungsmöglichkeiten entwickeln und darstellen kann;

2. Prüfungsbereich Geschäfts- und Leistungsprozesse in Einrichtungen des Gesundheitswesens:

   In höchstens 150 Minuten soll der Prüfling praxisbezogene Aufgaben oder Fälle insbesondere aus folgenden Gebieten

   a) Dienstleistungserstellung, Marketing und Kundenorientierung,
   b) Leistungsabrechnung,
   c) Beschaffung und Materialwirtschaft,
   d) kaufmännische Steuerung und Kontrolle

   bearbeiten und dabei zeigen, dass er Sachverhalte und Zusammenhänge analysieren sowie Lösungsmöglichkeiten entwickeln und darstellen kann;

3. Prüfungsbereich Wirtschafts- und Sozialkunde:

   In höchstens 90 Minuten soll der Prüfling praxisbezogene Aufgaben oder Fälle bearbeiten und dabei zeigen, dass er wirtschaftliche und gesellschaftliche Zusammenhänge der Berufs- und Arbeitswelt und die Bedeutung des Gesundheitswesens als Gesellschafts- und Wirtschaftsfaktor darstellen und beurteilen kann;

4. Prüfungsbereich Fallbezogenes Fachgespräch:

Im Prüfungsbereich Fallbezogenes Fachgespräch soll der Prüfling eine von zwei ihm zur Wahl gestellten praxisbezogenen Aufgaben insbesondere aus den Gebieten

a) interne Kooperation, insbesondere Lösung einer innerbetrieblichen Aufgabenstellung,
b) kundenorientierte Kommunikation, insbesondere bei Information und Verkauf sowie im Beschwerdemanagement

bearbeiten. Für die Vorbereitung ist ein Zeitraum von höchstens 15 Minuten vorzusehen. Die Aufgabe soll Ausgangspunkt für das folgende Fachgespräch sein. Hierbei ist der betriebliche Ausbildungsschwerpunkt zugrunde zu legen. Der Prüfling soll dabei zeigen, dass er komplexe Aufgaben bearbeiten, Sachverhalte analysieren, Lösungsmöglichkeiten entwickeln sowie Gespräche systematisch, situationsbezogen und kundenorientiert führen kann. Das Fachgespräch soll für den einzelnen Prüfling höchstens 20 Minuten dauern.

(4) Sind in der schriftlichen Prüfung die Prüfungsleistungen in bis zu zwei Prüfungsbereichen mit „mangelhaft" und in den übrigen Prüfungsbereichen mit mindestens „ausreichend" bewertet worden, so ist auf Antrag des Prüflings oder nach Ermessen des Prüfungsausschusses in einem der mit „mangelhaft" bewerteten Prüfungsbereiche die schriftliche Prüfung durch eine mündliche Prüfung von etwa 15 Minuten zu ergänzen, wenn diese für das Bestehen der Prüfung den Ausschlag geben kann. Der Prüfungsbereich ist vom Prüfling zu bestimmen. Bei der Ermittlung des Ergebnisses für diesen Prüfungsbereich sind die Ergebnisse der schriftlichen Arbeit und der mündlichen Ergänzungsprüfung im Verhältnis 2 :1 zu gewichten.

(5) Bei der Ermittlung des Gesamtergebnisses haben die Prüfungsbereiche Gesundheitswesen sowie Fallbezogenes Fachgespräch gegenüber jedem der übrigen Prüfungsbereiche das doppelte Gewicht.

(6) Zum Bestehen der Abschlussprüfung müssen im Gesamtergebnis und in drei der vier Prüfungsbereiche mindestens ausreichende Prüfungsleistungen erbracht werden. Werden die Prüfungsleistungen in einem Prüfungsbereich mit „ungenügend" bewertet, so ist die Prüfung nicht bestanden.

Quelle: Verordnung über die Berufsausbildung zum Kaufmann im Gesundheitswesen/zur Kauffrau im Gesundheitswesen vom 25. Juni 2001

Besteht der/die Auszubildende die Abschlussprüfung nicht, so kann er/sie diese noch zweimal wiederholen *(§ 37 BBiG)*; der Ausbildungsvertrag verlängert sich auf Antrag des/der Auszubildenden, höchstens jedoch um ein Jahr *(§ 21 BBiG)*. Sofern die Abschlussprüfung in zwei zeitlich auseinanderfallenden Teilen durchgeführt wird, ist der erste Teil nicht eigenständig wiederholbar *(§ 37 BBiG)*.

1.2.2 Ausbildungsvertrag

Neben den allgemeinen Erläuterungen des Ausbildungsberufes durch die Ausbildungsordnung werden Einzelheiten der Berufsausbildung im **Berufsausbildungsvertrag** niedergelegt *(§ 10 BBiG)*. Ein solcher Vertrag wird zwischen dem/der Auszubildenden und dem Ausbildenden geschlossen. Die wesentlichen Vertragsinhalte sind schriftlich niederzulegen *(§ 11 BBiG)*. Dazu werden die von entsprechenden Fachverlagen herausgegebenen Vertragsformulare genutzt. Ist der/die Auszubildende noch nicht volljährig (18 Jahre), müssen zusätzlich die Eltern oder gegebenenfalls der Vormund den Vertrag mit unterzeichnen, der dann bei der zuständigen Kammer in das Verzeichnis der Berufsausbildungsverhältnisse eingetragen wird *(§ 36 BBiG)*. Diese Eintragung ist Voraussetzung dafür, dass der/die Auszubildende zur Abschlussprüfung vor der entsprechenden Kammer zugelassen wird *(§ 43 BBiG)*.

1.2.2.1 Mindestinhalte des Ausbildungsvertrages

Der Berufsausbildungsvertrag enthält gemäß § 11 BBiG Angaben über:

- **Art, sachliche und zeitliche Gliederung der Berufsausbildung,** insbesondere die Berufstätigkeit, für die ausgebildet werden soll.

  Der Verlauf der Ausbildung im Betrieb richtet sich nach dem Plan, den das ausbildende Unternehmen für den Auszubildenden/die Auszubildende zu erstellen hat. Dieser Ausbildungsplan, der die sachliche und zeitliche Gliederung der Berufsausbildung darstellt, soll sich nach dem jeweiligen **Ausbildungsrahmenplan** richten.

  Zur Vereinfachung geben die zuständigen Kammern zusammen mit dem Berufsausbildungsvertrag einen solchen individuellen Ausbildungsplan aus. Zwei der Exemplare sind für die Vertragsparteien, das Dritte ist für die zuständige Kammer bestimmt.

  Für die Berufsausbildung zum Kaufmann im Gesundheitswesen/zur Kauffrau im Gesundheitswesen sollen die im Ausbildungsberufsbild genannten Fertigkeiten und Kenntnisse zu folgenden Themenbereichen in sachlicher und zeitlicher Hinsicht wie folgt vermittelt werden:

Lfd. Nr.	Teil des Ausbildungsberufsbildes	Zu vermittelnde Fertigkeiten und Kenntnisse	Zu vermitteln im Ausbildungsjahr		
			1	2	3
1	2	3	4		
1	Der Ausbildungsbetrieb (§ 4 Nr. 1)				
1.1	Stellung, Rechtsform und Struktur (§ 4 Nr. 1.1)	a) Zielsetzung, Aufgaben und Stellung des Ausbildungsbetriebes im gesamtwirtschaftlichen Zusammenhang beschreiben	X		
		b) Aufbau, Struktur und Leitbild des Betriebes erläutern	X		
		c) Rechtsform des Ausbildungsbetriebes erläutern	X		
		d) Geschäftsfelder des Ausbildungsbetriebes darstellen	X		
		e) Zusammenarbeit des Ausbildungsbetriebes mit Wirtschaftsorganisationen, Behörden, Verbänden, Gewerkschaften und Berufsvertretungen beschreiben	X		
1.2	Berufsbildung, arbeits- und sozialrechtliche Grundlagen (§ 4 Nr. 1.2)	a) die Rechte und Pflichten aus dem Ausbildungsverhältnis feststellen und die Aufgaben der Beteiligten im dualen System beschreiben	X		
		b) den betrieblichen Ausbildungsplan mit der Ausbildungsordnung vergleichen und unter Nutzung von Arbeits- und Lerntechniken zu seiner Umsetzung beitragen	X		
		c) lebensbegleitendes Lernen als Voraussetzung für die berufliche und persönliche Entwicklung begründen; branchenbezogene Fortbildungsmöglichkeiten ermitteln	X		
		d) Fachinformationen nutzen	X		
		e) wesentliche Inhalte eines Arbeitsvertrages erklären	X		
		f) arbeits-, sozial- und mitbestimmungsrechtliche Vorschriften sowie die für den Ausbildungsbetrieb geltenden tariflichen Regelungen beachten	X		
1.3	Sicherheit und Gesundheitsschutz bei der Arbeit (§ 4 Nr. 1.3)	a) Gefährdung von Sicherheit und Gesundheit am Arbeitsplatz feststellen und Maßnahmen zu ihrer Vermeidung ergreifen	X	X	
		b) berufsbezogene Arbeitsschutz- und Unfallverhütungsvorschriften anwenden	X	X	
		c) Verhaltensweisen bei Unfällen beschreiben sowie erste Maßnahmen einleiten	X	X	
		d) Vorschriften des vorbeugenden Brandschutzes anwenden; Verhaltensweisen bei Bränden beschreiben und Maßnahmen zur Brandbekämpfung ergreifen	X	X	

Lfd. Nr.	Teil des Ausbildungsberufsbildes	Zu vermittelnde Fertigkeiten und Kenntnisse	Zu vermitteln im Ausbildungsjahr		
			1	2	3
1	2	3	4		
1.4	Umweltschutz (§ 4 Nr. 1.4)	Zur Vermeidung betriebsbedingter Umweltbelastungen im beruflichen Einwirkungsbereich beitragen, insbesondere			
		a) mögliche Umweltbelastungen durch den Ausbildungsbetrieb und seinen Beitrag zum Umweltschutz an Beispielen erklären	X	X	
		b) für den Ausbildungsbetrieb geltende Regelungen des Umweltschutzes anwenden	X	X	
		c) Möglichkeiten der wirtschaftlichen und umweltschonenden Energie- und Materialverwendung nutzen	X	X	
		d) Abfälle vermeiden; Stoffe und Materialien einer umweltschonenden Entsorgung zuführen	X	X	
1.5	Qualitätsmanagement (§ 4 Nr. 1.5)	a) Ziele, Aufgaben und Instrumente des betrieblichen Qualitätsmanagements erläutern	X		X
		b) qualitätssichernde Maßnahmen im eigenen Arbeitsbereich anwenden, dabei zur kontinuierlichen Verbesserung von Arbeitsprozessen beitragen		X	X
		c) den Zusammenhang zwischen Qualität und Kundenzufriedenheit beschreiben und die Auswirkungen auf das Betriebsergebnis darstellen		X	X

Quelle: Anlage 1 zu § 5 der Verordnung über die Berufsausbildung zum Kaufmann im Gesundheitswesen/zur Kauffrau im Gesundheitswesen vom 25. Juni 2001

▶ Beginn und Dauer der Berufsausbildung

Die Ausbildung beginnt mit dem im Berufsausbildungsvertrag festgelegten Zeitpunkt, in der Regel zum 1. August eines Jahres.

Gemäß Ausbildungsordnung erstreckt sich die Berufsausbildung jeweils auf einen Zeitraum von drei Jahren, wobei ggf. eine entsprechende Vor- bzw. Ausbildung des/der Auszubildenden angerechnet werden kann.

▶ Ausbildungsmaßnahmen außerhalb der Ausbildungsstätte

Ausbildungsmaßnahmen außerhalb der Ausbildungsstätte, die das Bildungsangebot des Lernorts Betrieb ergänzen, stellen im kaufmännischen Bereich eher die Ausnahme dar. Eine solche Verfahrensweise ist jedoch denkbar, wenn spezielle Kenntnisse und Fertigkeiten, die laut Berufsbild Gegenstand der Ausbildung sein sollen, innerhalb des Ausbildungsbetriebes **nicht** vermittelt werden können.

Allerdings sind Ausbildungsmaßnahmen in benachbarten Betrieben oder überbetrieblichen Ausbildungsstätten von vornherein im Berufsausbildungsvertrag schriftlich festzulegen.

Teile der Berufsausbildung können auch im Ausland durchgeführt werden, wenn dies dem Ausbildungsziel dient *(§ 2 BBiG)*.

▶ Dauer der regelmäßigen täglichen Arbeitszeit

Jugendliche dürfen nach dem Jugendarbeitsschutzgesetz (vgl. S. 96 f.) nur an fünf Tagen in der Woche und mit nicht mehr als 8,5 Stunden täglich beschäftigt werden *(§§ 8, 15 JArbSchG)*.

▶ Dauer der Probezeit

Das Ausbildungsverhältnis beginnt mit der Probezeit, die **mindestens einen Monat und höchstens vier Monate** betragen darf *(§ 20 BBiG)*.

Regeln für die Probezeit für Auszubildende und Arbeitnehmer

Alle Berufsausbildungen und die meisten neuen Arbeitsverhältnisse beginnen mit einer Probezeit. Dabei gelten u. a. folgende Regeln:

DAUER	KÜNDIGUNG*	URLAUB	VERLÄNGERUNG DER PROBEZEIT
Azubis: gesetzlich festgelegt: mind. 1 Monat bis max. 4 Monate	**Azubis:** jederzeit ohne Einhalten einer Kündigungsfrist und ohne Angabe von Gründen beiderseits möglich	voller Urlaubsanspruch besteht nach sechs Monaten ABER: **kein generelles Urlaubsverbot** in der Probezeit	Bei längerer Unterbrechung, z. B. durch Krankheit, kann die Probezeit um den entsprechenden Zeitraum verlängert werden.
Arbeitnehmer: je nach Vereinbarung im Arbeits- oder Tarifvertrag: i.d.R 3 bis 6 Monate (bei anspruchsvollen Tätigkeiten auch länger)	**Arbeitnehmer:** verkürzte Kündigungsfrist von 2 Wochen Das Kündigungsschutzgesetz greift nach sechs Monaten, auch wenn eine längere Probezeit vereinbart wurde!	Auch in der Probezeit erwirbt man **jeden Monat 1/12 des Jahresanspruchs**, den man nehmen kann, wenn keine dringenden betrieblichen Gründe dagegen sprechen bzw. es dringend erforderlich ist.	Arbeitgeber und Arbeitnehmer einigen sich einvernehmlich auf eine Verlängerung. Die Probezeit darf insgesamt nicht länger als 6 Monate dauern.

*besonderer Kündigungsschutz u.a. für Schwangere und Schwerbehinderte

Quelle: Berufsbildungsgesetz, Bundesurlaubsgesetz, Bürgerliches Gesetzbuch

Die Probezeit ist eine Bedenkzeit für beide Seiten: Für den Auszubildenden bzw. Angestellten zeigt sich in der Zeit, ob der Betrieb oder das Unternehmen, die Anforderungen des Jobs und das Arbeitsumfeld passen. Für den Betrieb ist es wichtig zu testen, ob der Azubi bzw. der Angestellte für die Stelle geeignet ist, ob er die entsprechenden Fähigkeiten besitzt und ob er ins Team passt. Für Auszubildende legt das Berufsbildungsgesetz fest, dass es eine Probezeit geben muss – mindestens einen Monat, aber maximal vier Monate. Eine solche gesetzliche Vorgabe gibt es für Arbeitnehmer nicht, aber in der Regel wird auch im neuen Arbeitsvertrag eine Probezeit zwischen drei und sechs Monaten festgelegt. Innerhalb der Probezeit gelten spezielle Kündigungsfristen. Der Berufsausbildungsvertrag kann ohne Einhalten einer Frist und ohne besonderen Grund beiderseitig gekündigt werden. Für Arbeitnehmer und Arbeitgeber gilt eine zweiwöchige Kündigungsfrist.

▶ Voraussetzungen, unter denen der Berufsausbildungsvertrag gekündigt werden kann

■ Kündigung in der Probezeit

Stellt der/die Auszubildende **in der Probezeit** fest, dass er/sie die gewählte Ausbildung nicht fortführen möchte, kann er/sie als noch nicht Volljährige(r) das Vertragsverhältnis nur mit der vorherigen Einwilligung seiner/ihrer Erziehungsberechtigten, allerdings ohne Angabe von Gründen, kündigen.

Kommt der Ausbildende in dieser Zeit zu der Ansicht, dass der/die Auszubildende für diese Berufstätigkeit nicht geeignet erscheint, ist er ebenfalls – ohne Angabe von Gründen – zur Vertragsauflösung berechtigt *(§ 22 BBiG)*. Bei minderjährigen Auszubildenden ist diese Kündigungserklärung gegenüber den Erziehungsberechtigten abzugeben.

- **Ordentliche Kündigung**

  Entscheidet sich der/die Auszubildende erst **nach der Probezeit,** die Ausbildung aufzugeben oder sich in einem anderen Beruf ausbilden zu lassen, muss er/sie eine **Kündigungsfrist von vier Wochen** einhalten. Ein solches „ordentliches" Kündigungsrecht hat der Ausbildende nach Ablauf der Probezeit nicht mehr.

- **Fristlose Kündigung**

  Allerdings haben sowohl der Arbeitgeber als auch der/die Auszubildende ein Recht auf „fristlose" Kündigung, wenn ein **wichtiger Grund** vorliegt.

  - **Kündigungsgründe für den Betrieb**

    Ständige Unpünktlichkeit des/der Auszubildenden, Fernbleiben vom Berufsschulunterricht, Tätlichkeiten, Diebstahl

  - **Kündigungsgründe für Auszubildende**

    Verstöße gegen die Ausbildungspflicht und gegen die Freistellung zum Besuch der Berufsschule, Nichtgewährung von Urlaub und Nichtzahlung der Ausbildungsvergütung

  Darüber hinaus kann das Ausbildungsverhältnis zu jeder Zeit aufgelöst werden, wenn Betrieb und Auszubildende(r) dies gemeinsam wünschen.

Zahlung und Höhe der Vergütung

Die Ausbildungsvergütung ist spätestens am letzten Arbeitstag eines Monats zu zahlen *(§ 18 BBiG)* und muss in jedem Ausbildungsjahr steigen *(§ 17 BBiG).*

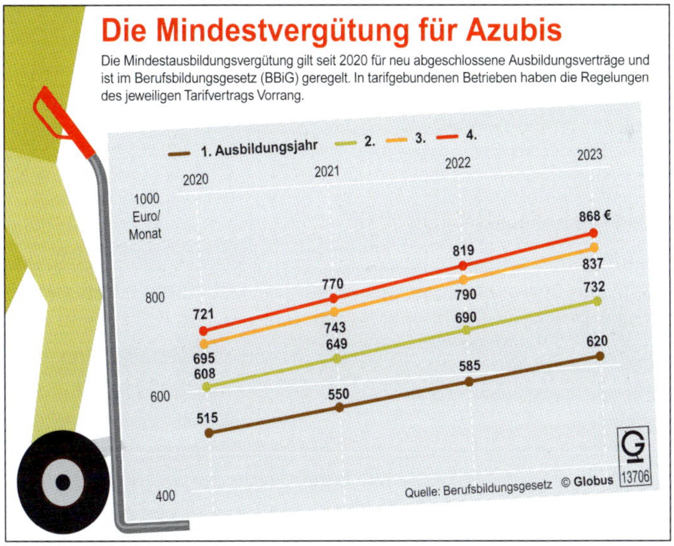

Urlaub

Während Jugendlichen bis zu 18 Jahren bezahlter Erholungsurlaub nach den Bestimmungen des Jugendarbeitsschutzgesetzes (vgl. S. 97) zu gewähren ist, erhalten ältere Auszubildende Urlaub nach dem jeweils gültigen Ausbildungs- oder Tarifvertrag.

1.2.2.2 Rechte und Pflichten aus dem Ausbildungsvertrag

Aus dem Ausbildungsvertrag ergeben sich für beide Vertragspartner Rechte und Pflichten, deren Grundlage die §§ 14–19 BBiG sind.

Pflichten des/der Auszubildenden = Rechte des Ausbildenden	Pflichten des Ausbildenden = Rechte des/der Auszubildenden
■ Der/die Auszubildende hat darum bemüht zu sein, Kenntnisse und Fertigkeiten zu erwerben, die zur Erreichung des Ausbildungszieles erforderlich sind. ■ Sorgfältige Ausführung der aufgetragenen Tätigkeiten. ■ Teilnahme an Ausbildungsmaßnahmen, insbesondere am Berufsschulunterricht. ■ Führung von schriftlichen Ausbildungsnachweisen als Tätigkeitsnachweis. ■ Befolgen von Anweisungen des Ausbildenden. ■ Beachtung der für die Ausbildungsstätte geltenden Betriebsordnung. ■ Sorgfältige Behandlung der Waren und der Geschäftseinrichtung. ■ Ärztliche Untersuchungen vor Beginn der Ausbildung und vor Ablauf des ersten Ausbildungsjahres.	■ Vermittlung der Fertigkeiten und Kenntnisse, die zum Erreichen des Ausbildungszieles erforderlich sind. ■ Der Ausbildende hat selbst auszubilden oder einen geeigneten Ausbilder zu beauftragen. ■ Kostenlose Bereitstellung von Ausbildungsmitteln. ■ Freistellung zum Berufsschulbesuch und zur Ablegung von Prüfungen. ■ Überprüfung der schriftlichen Ausbildungsnachweise. ■ Übertragung von Verrichtungen, die nur dem Ausbildungszweck dienen und die den körperlichen Kräften des/der Auszubildenden angemessen sind. ■ Charakterliche Förderung und Vermeidung sittlicher und körperlicher Gefährdungen. ■ Ausstellung eines Zeugnisses nach Beendigung der Ausbildung. ■ Urlaubsgewährung und Zahlung von Ausbildungsvergütung.

1.3 Jugendarbeitsschutzgesetz

Neben dem Berufsbildungsgesetz gelten für Auszubildende, die das **18. Lebensjahr noch nicht vollendet haben,** die Bestimmungen des Jugendarbeitsschutzgesetzes *(JArbSchG)*. Durch dieses Gesetz erfährt dieser Personenkreis einen besonderen Schutz. Es schreibt im Einzelnen vor:

- Für die Zulassung zur Arbeit gilt im Grundsatz ein Mindestalter von 15 Jahren. Eine Beschäftigung unter 15 Jahren ist allerdings im Rahmen eines Berufsausbildungsverhältnisses gestattet *(§ 7 JArbSchG)*.
- Die Dauer der täglichen Arbeitszeit kann bis zu 8,5 Stunden betragen, die Wochenarbeitszeit ist allerdings auf 40 Stunden begrenzt. Jugendliche dürfen in der Regel nur an 5 Tagen in der Woche beschäftigt werden *(§ 8 JArbSchG)*.
- An Samstagen und Sonntagen dürfen Jugendliche normalerweise nicht beschäftigt werden. Eine Ausnahme von dem Beschäftigungsverbot gilt u. a. für „offene Verkaufsstellen", zu denen unter anderem Bäckereien zählen. Eine Beschäftigung an einem Samstag ist allerdings auch nur dann zulässig, wenn die Jugendlichen an einem berufsschulfreien Arbeitstag derselben Woche freigestellt werden.

  In Betrieben mit einem Betriebsruhetag kann die Freistellung an diesem Tag erfolgen. Werden die Jugendlichen am Samstag nicht 8 Stunden beschäftigt, kann der Unterschied zwischen der tatsächlichen und der höchstzulässigen Arbeitszeit an dem Tag bis 13:00 Uhr ausgeglichen werden, an dem die Jugendlichen freizustellen sind *(§§ 16 f. JArbSchG)*.

- Die tägliche ununterbrochene Freizeit muss mindestens 12 Stunden betragen *(§ 13 JArbSchG)*.
- Grundsätzlich erfolgt eine Beschäftigung nur in der Zeit von 06:00 – 20:00 Uhr *(§ 14 JArbSchG)*.
- An Berufsschultagen mit einer Unterrichtszeit von mehr als 5 Unterrichtsstunden dürfen Jugendliche nicht mehr beschäftigt werden. Diese Regelung ist aber nur für einen Unterrichtstag pro Woche vorgesehen *(§ 9 JArbSchG)*.

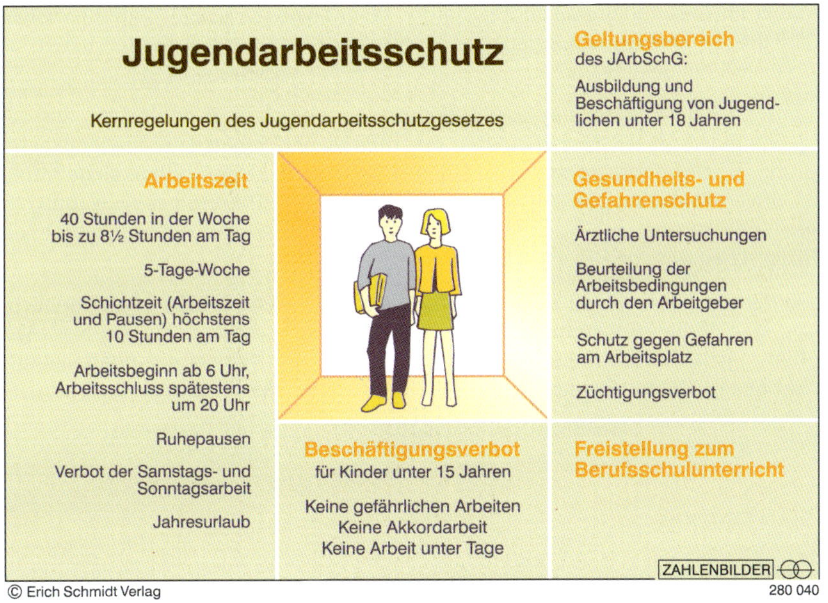

280 040

- Die Dauer des Urlaubs richtet sich nach dem Alter und beträgt:
  - bis zu 16 Jahren: 30 Werktage,
  - bis zu 17 Jahren: 27 Werktage,
  - bis zu 18 Jahren: 25 Werktage *(§ 19 JArbSchG)*.
- Jugendliche sind zur Teilnahme an Prüfungen bzw. an dem Arbeitstag, der der schriftlichen Abschlussprüfung unmittelbar vorausgeht, freizustellen *(§ 10 JArbSchG)*.
- Bei einer Arbeitszeit zwischen 4,5 und 6 Stunden muss insgesamt eine 30-minütige, bei einer Arbeitszeit von mehr als 6 Stunden eine insgesamt 60-minütige Ruhepause gewährt werden. Als Ruhepause gilt nur eine Arbeitsunterbrechung von mindestens 15 Minuten *(§ 11 JArbSchG)*.

1.4 Weiterbeschäftigung nach der Ausbildung

Wird der/die Auszubildende nach Abschluss der Berufsausbildung weiterbeschäftigt, ohne dass hierüber etwas vereinbart wurde, so gilt er/sie als auf unbestimmte Zeit angestellt *(§ 24 BBiG)*.

Der/die Auszubildende kann sich bereits innerhalb der letzten sechs Monate der Ausbildung verpflichten, nach erfolgreicher Abschlussprüfung ein unbefristetes Arbeitsverhältnis mit dem Ausbildungsbetrieb einzugehen *(§ 12 I BBiG)*. Er/sie wird damit **kaufmännischer Angestellter/kaufmännische Angestellte.**

2 Medizinische und nichtmedizinische Berufe im Gesundheitswesen

Das Gesundheitswesen ist einer der wichtigsten, aber auch zugleich der personal- und kostenintensivsten Wirtschaftsbereiche der Bundesrepublik Deutschland. So beliefen sich im Jahr 2018 die Gesundheitsausgaben auf ca. 391 Milliarden EUR. Angesichts der demografischen Veränderungen – die Menschen werden zunehmend älter – hat sich das Gesundheitswesen zu einem Wachstumsfaktor der Volkswirtschaft entwickelt. Derzeit dürften ca. 5,7 Millionen Personen direkt oder indirekt im Gesundheitswesen beschäftigt sein, davon etwa 4 Millionen in solchen Dienstleistungsbetrieben und Einrichtungen, die unmittelbar Kontakt mit Patienten haben und mit der Krankenbehandlung befasst sind.

Die Gesamtverantwortung für das Gesundheitswesen liegt beim Bund und bei den Ländern, die die Aufgaben einerseits an Körperschaften des öffentlichen Rechts (z. B. Krankenkassen, Rentenversicherung, Berufsgenossenschaften, kassenärztliche und kassenzahnärztliche Vereinigungen) sowie an private Anbieter (z. B. Arzt-, Zahnarzt- und Tierarztpraxen, pharmazeutische Industrie, Apotheken, private oder privatgemeinnützige Krankenhäuser und Altenpflegeheime, Hersteller von medizinischen Geräten) übertragen haben.

Zu den Erwerbstägigen zählen die Beschäftigten, die Leistungen der gesundheitlichen Versorgung erbringen. Neben der ambulanten und stationären Versorgung sind dies vor allem die Pflege, der Rettungsdienst, das Gesundheitshandwerk, der Einzelhandel mit pharmazeutischen und medizinischen Produkten sowie Forschung, Ausbildung und Verwaltung im Gesundheitswesen.

Gesundheitspersonal nach Einrichtungen und Geschlecht

Art der Einrichtungen	insgesamt		darunter Frauen	
	2016	2017	2016	2017
	in 1 000		in 1 000	
	Beschäftigte insgesamt			
Insgesamt	**5 486**	**5 579**	**4 161**	**4 226**
Gesundheitsschutz	37	37	26	26
Ambulante Einrichtungen	2 250	2 287	1 836	1 863
Arztpraxen	685	693	562	568
Zahnarztpraxen	350	354	289	293
Praxen sonstiger medizinischer Berufe	505	514	405	411
Apotheken	225	226	186	186
Einzelhandel	120	123	76	78
Ambulante Pflege	364	378	318	328
Stationäre/teilstationäre Einrichtungen	1 950	1 988	1 541	1 565
Krankenhäuser	1 134	1 155	857	871
Vorsorge-/Rehabilitationseinrichtungen	121	121	93	93
Stationäre/teilstationäre Pflege	695	712	591	601
Rettungsdienste	64	67	20	21
Verwaltung	219	219	144	144
Sonstige Einrichtungen	421	435	319	330
Vorleistungsindustrien	544	545	275	277
Pharmazeutische Industrie	155	148	77	75
Medizintechnische/augenoptische Industrie	157	162	68	70
Großhandel/Handelsvermittlung	137	139	72	74
Medizinische/zahnmedizinische Laboratorien	96	96	59	59

In Anlehnung an: Statistisches Bundesamt: Statistisches Jahrbuch 2019, Tabelle 4.2.5 (www.destatis.de)

Zu den im Gesundheitswesen Tätigen zählen:

- **akademische Gesundheitsdienstberufe** wie Ärzte, Zahnärzte, Tierärzte und Apotheker;
- **Pflegeberufe** wie Krankenschwestern, Krankenpfleger, Hebammen, Altenpflegerinnen und Altenpfleger sowie Heilerziehungspflegekräfte;
- **nichtärztliche medizinische Berufe** wie Heilpraktiker, Physiotherapeuten, Heilpädagogen, Psychologen, Logopäden sowie Ernährungsberaterinnen und Ernährungsberater;
- **Assistentinnen mit medizinisch-technischen und pharmazeutisch-technischen sowie verwandten Berufen;**
- **unterstützende Berufe** wie medizinische, zahn- und tiermedizinische Fachangestellte, Verwaltungsfachangestellte, Sekretärinnen sowie Versicherungs-, Bürokaufleute und Kaufleute im Gesundheitswesen;
- **gesundheitssichernde Berufe** wie Gesundheitsingenieure.

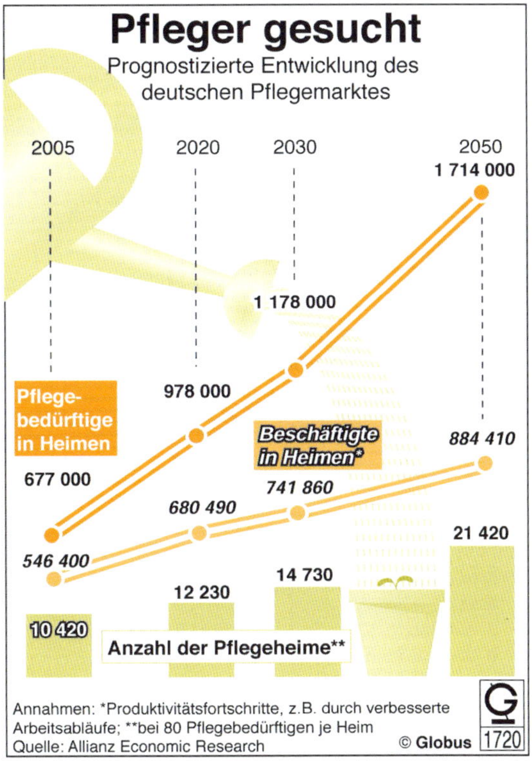

Hierzu kommen Berufe sowohl im **Gesundheitshandwerk** (z. B. Augenoptiker, Chirurgiemechaniker, Hörgeräteakustiker, Orthopädiemechaniker und Bandagisten) als auch in **Unterstützungsbereichen** (Küchenpersonal und Reinigungskräfte).

Neben der Unterscheidung nach Berufsgruppen können die Mitarbeiter im Gesundheitswesen auch hinsichtlich ihres Status unterschieden werden:

- **Arbeitnehmer**
  - tarifliche Mitarbeiter, deren Arbeitsbedingungen in Tarifverträgen geregelt sind (z. B. medizinische, zahn- und tiermedizinische Fachangestellte, Verwaltungsfachangestellte, Krankenschwestern oder Altenpflegerinnen);
  - außertarifliche Mitarbeiter, deren Arbeitsbedingungen individuell zwischen dem einzelnen Mitarbeiter und seinem Arbeitgeber festgelegt werden (z. B. angestellte Chefärzte in Krankenhäusern, leitende Mitarbeiter bei den Trägern der gesetzlichen Sozialversicherung oder privater Versicherungsunternehmen);
- **Freiberufler** wie Ärzte, Zahnärzte, Tierärzte, Psychologen oder Heilpraktiker mit eigener Praxis;
- **Gewerbetreibende** wie Apothekerinnen und Apotheker, Optiker, Hörgeräteakustiker sowie Hersteller von medizinisch-technischen und pharmazeutisch-technischen Geräten.

▶ Zusammenfassung

Ausbildungsberuf:
Kaufmann/Kauffrau im Gesundheitswesen

Berufliche Bildung im dualen Ausbildungssystem

Vermittlung von
- **Fachkompetenz**
- **berufsübergreifenden Qualifikationen**
  - Sozialkompetenz
  - Methodenkompetenz

Lernort Betrieb
berufspraktische Ausbildung

Lernort Berufsschule
berufstheoretische Ausbildung im Teilzeit- oder Blockunterricht

Berufsbildungsgesetz (BBiG)

Festlegung der Inhalte
- der Ausbildungsordnung
- des Ausbildungsvertrages

Jugendarbeitsschutzgesetz (JArbSchG)

Schutz der jugendlichen Arbeitnehmer vor
- Überbeanspruchung
- Gefahren am Arbeitsplatz

Schulgesetze der Bundesländer
- Pflicht zum Besuch der Berufsschule
- Anrechenbarkeit einer Vor- bzw. Ausbildung

Länderspezifischer Lehrplan

Festlegung der schulischen Inhalte

Ausbildungsordnung
- staatliche Anerkennung des Ausbildungsberufes
- Ausbildungsdauer
- Ausbildungsberufsbild
- Prüfungsanforderungen

Ausbildungsvertrag
- Gliederung der Berufsausbildung
- Beginn und Dauer der Berufsausbildung
- Ausbildungsmaßnahmen außerhalb der Ausbildungsstätte
- Arbeitszeit
- Probezeit
- Kündigung
- Vergütung
- Urlaub
- Rechte und Pflichten des/der Auszubildenden und des Ausbildenden

mit bestandener Abschlussprüfung:
Kaufmann/Kauffrau im Gesundheitswesen
(= unterstützender Beruf innerhalb des Gesundheitswesens)

Aufgaben 6

(1) *Skizzieren Sie die Aufgaben der beiden Lernorte Betrieb und Berufsschule innerhalb des dualen Ausbildungssystems!*

(2) *Grenzen Sie die Fachkompetenz gegenüber der Sozialkompetenz ab und nennen Sie je drei Beispiele!*

(3) *Warum wird in der Berufsausbildung den berufsübergreifenden Qualifikationen ein immer größerer Stellenwert zugeschrieben? Begründen Sie Ihre Meinung!*

(4) *Nennen Sie die wesentlichen Rechtsgrundlagen für die Berufsausbildung im dualen Ausbildungssystem und stellen Sie deren Bedeutung dar!*

(5) *Welche Mindestinhalte sieht das Berufsbildungsgesetz für Ihren Ausbildungsberuf vor?*

(6) *Welchen Zweck erfüllt die im Ausbildungsvertrag vereinbarte Probezeit?*

(7) *Welche Kündigungsmöglichkeiten bestehen während bzw. nach der Probezeit aufseiten des/der Auszubildenden bzw. des ausbildenden Betriebes?*

(8) *Erläutern Sie an Beispielen die Rechte und Pflichten des/der Auszubildenden!*

(9) *Eine Auszubildende entschließt sich im fünften Monat ihrer Ausbildung, sich für einen anderen Beruf ausbilden zu lassen. Ist eine Kündigung möglich und wenn ja, mit welcher Frist?*

(10) *Eine 17-jährige Auszubildende möchte wissen, in welchen der nachfolgend genannten Rechtsquellen sie sich bezüglich der nachstehenden Fragen informieren kann. Ordnen Sie den Fragen die Ziffer vor der jeweils zutreffenden Rechtsquelle zu!*

Rechtsquellen:

① *Handelsgesetzbuch*
② *Jugendarbeitsschutzgesetz*
③ *Jugendschutzgesetz*
④ *Ausbildungsordnung*
⑤ *Berufsbildungsgesetz*
⑥ *Bürgerliches Gesetzbuch*
⑦ *Bundesurlaubsgesetz*
⑧ *Betriebsverfassungsgesetz 1972*

Fragen:

a) *Kann das Berufsausbildungsverhältnis gekündigt werden?*
b) *Muss im Anschluss an den Berufsschulunterricht noch im Ausbildungsbetrieb gearbeitet werden?*
c) *Welcher Urlaubsanspruch steht minderjährigen Auszubildenden zu?*
d) *Welche Pausenzeiten stehen minderjährigen Auszubildenden zu?*
e) *Zu welchem Zeitpunkt hat der Ausbildungsbetrieb die vereinbarte Ausbildungsvergütung spätestens zu zahlen?*
f) *Auf welche Prüfungsfächer erstreckt sich die Abschlussprüfung?*
g) *Auf welchen Zeitraum erstreckt sich die Probezeit höchstens?*
h) *Können minderjährige Auszubildende in die Jugend- und Auszubildendenvertretung gewählt werden?*

(11) *Welche Bestimmungen sieht das Jugendarbeitsschutzgesetz für folgende Fälle vor:*

a) *Berufsschulunterricht an zwei Wochentagen mit jeweils sechs Stunden. Muss danach noch im Betrieb gearbeitet werden?*
b) *Eine Auszubildende hat am Samstag Dienst. Was ist zu beachten?*

3 Arbeitsschutzrechte

Die gesetzlichen Bestimmungen zum Arbeitsschutz umfassen alle Maßnahmen, die den Arbeitnehmer in Ausübung seiner Erwerbstätigkeit vor Schaden an Leben und Gesundheit bewahren sollen. Die Einhaltung der Arbeitsschutzvorschriften wird durch die **Ämter für Arbeitsschutz und Sicherheitstechnik** sowie durch die **Berufsgenossenschaften** überwacht.

Zum Rechtsbereich des Arbeitsschutzes zählen u. a. folgende wesentliche gesetzliche Vorschriften:

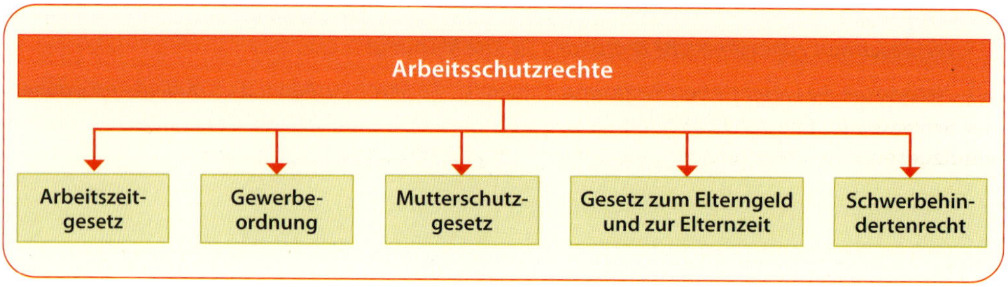

3.1 Arbeitszeitgesetz *(§§ 1–26 ArbZG)*

Das Arbeitszeitgesetz zielt vor allem darauf ab, die Sicherheit und den Gesundheitsschutz der Arbeitnehmer – im Sinne dieses Gesetzes verstanden als Arbeiter und Angestellte sowie die zu ihrer Berufsbildung Beschäftigten *(§ 2 II ArbZG)* – bei der Arbeitszeitgestaltung zu gewährleisten und die Rahmenbedingungen für flexible Arbeitszeiten zu verbessern *(§ 1 I ArbZG)*.

Die werktägliche Arbeitszeit darf acht Stunden (ohne Ruhepausen) nicht überschreiten. Eine Verlängerung auf bis zu zehn Stunden ist möglich, wenn innerhalb von sechs Kalendermonaten oder innerhalb von 24 Wochen im Durchschnitt acht Stunden werktäglich nicht überschritten werden *(§ 3 ArbZG)*. Nach Beendigung der täglichen Arbeitszeit müssen Arbeitnehmer und Auszubildende eine ununterbrochene Ruhezeit von mindestens elf Stunden haben *(§ 5 I ArbZG)*. Die Arbeit ist durch im Voraus festgesetzte Ruhepausen zu unterbrechen, die in Zeitabschnitte von jeweils mindestens 15 Minuten aufgeteilt werden können. Je nach Dauer der Arbeitszeit betragen diese Ruhepausen insgesamt mindestens 30 Minuten (Arbeitszeit von mehr als sechs bis zu neun Stunden) bzw. 45 Minuten (Arbeitszeit von mehr als neun Stunden) *(§ 4 ArbZG)*.

Nacht- und Schichtarbeit ist für Frauen und Männer ebenfalls auf acht Stunden begrenzt. Sie kann auf bis zu zehn Stunden verlängert werden, wenn innerhalb eines Kalendermonats oder innerhalb von vier Wochen im Durchschnitt acht Stunden werktäglich nicht überschritten werden *(§ 6 II ArbZG)*.

3.2 Gewerbeordnung *(§§ 102 a–120 f GewO)*

▶ Aufgaben

Die Gewerbeordnung verpflichtet die Unternehmer, Arbeitsräume, Betriebsvorrichtungen, Maschinen und Geräte so einzurichten und zu unterhalten, dass ein gefahrloser Arbeitsbetrieb möglich ist und die Arbeitnehmer gegen Gesundheitsrisiken geschützt sind. Insbesondere ist für ausreichend Licht und Belüftung zu sorgen. Ferner sind Umkleide-, Wasch- und Toilettenräume sowie Gemeinschaftsunterkünfte bereitzustellen.

▶ Sonn- und Feiertagsarbeit

In der Gewerbeordnung ist die Regelung der Sonn- und Feiertagsarbeit enthalten. Sie gilt für alle gewerblichen Arbeitnehmer einschließlich der Personen, die im Handelsgewerbe beschäftigt sind. Die Arbeit an Sonn- und Feiertagen ist nach dieser Bestimmung grundsätzlich verboten. Allerdings gibt es zahlreiche Ausnahmen wie z. B. Arbeiten in Notfällen oder die Bewachung von Betriebsanlagen.

3.3 Mutterschutzgesetz *(§§ 1–34 MuSchG)*

Zum bestmöglichen Schutz der Gesundheit der Frau und ihres Kindes am Arbeitsplatz während der Schwangerschaft, nach der Entbindung und in der Stillzeit hat der Gesetzgeber im Mutterschutzgesetz einen besonderen **Gesundheits- und Kündigungsschutz** geregelt.

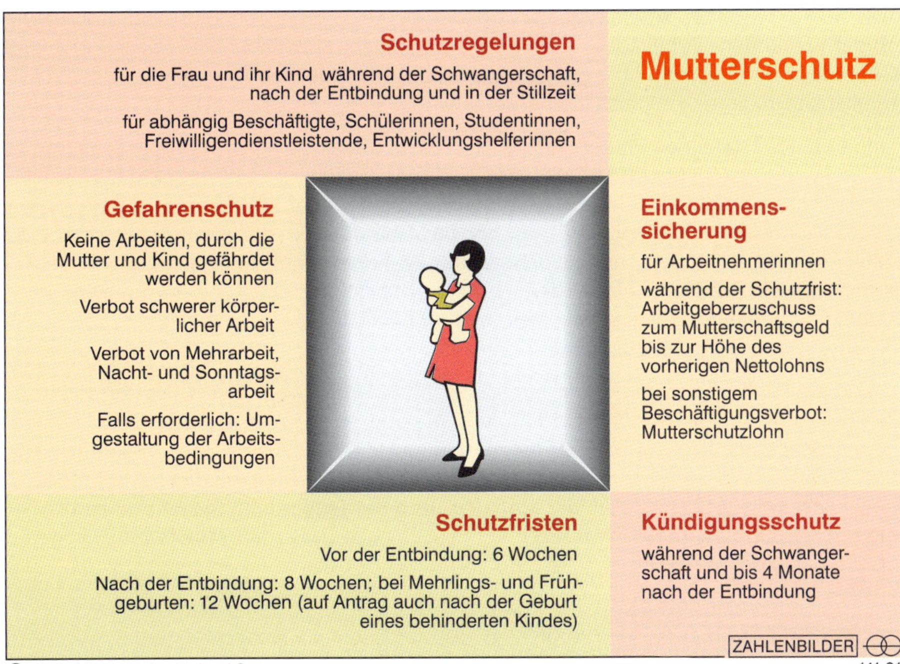

© Bergmoser + Höller Verlag AG 141 213

Das Mutterschutzgesetz gilt jedoch nicht nur für alle schwangeren und stillenden Frauen in einem Beschäftigungsverhältnis (Voll- oder Teilzeit, geringfügiges Beschäftigungsverhältnis [Minijob], Befristung, Probezeit oder Berufsausbildung), sondern auch für Frauen, die in unterschiedlichen Vertragsbeziehungen zu Arbeitgebern, Auftraggebern oder auch zu Institutionen stehen können (z. B. als Schülerinnen, Studentinnen, Praktikantinnen oder Entwicklungshelferinnen).

Gleichzeitig werden durch dieses Gesetz auch die materiellen Leistungen gesichert.

Entbindet eine Frau nicht an dem errechneten Geburtstermin, der sich aus dem ärztlichen Zeugnis oder dem Zeugnis einer Hebamme oder eines Entbindungspflegers ergibt, verkürzt oder verlängert sich die sechswöchige Schutzfrist vor der Entbindung entsprechend. In dieser Zeit darf der Arbeitgeber eine schwangere Frau nicht beschäftigen, es sei denn, dass die Schwangere auf eigenen Wunsch ausdrücklich weiterarbeiten möchte *(§ 3 I MuSchG)*. Während der acht- bzw. zwölfwöchigen Schutzfrist nach der Entbindung besteht jedoch ein **absolutes Beschäftigungsverbot.** Bei einer vorzeitigen Entbindung verlängert sich die Schutzfrist nach der Entbindung um den Zeitraum, der vor der Niederkunft nicht in Anspruch genommen werden konnte *(§ 3 II MuSchG)*. Bei der Überschreitung des errechneten Geburtstermins verkürzt sich die acht- bzw. zwölfwöchige Schutzfrist nach der Entbindung nicht.

Der Arbeitgeber hat die Arbeitsbedingungen so zu gestalten, dass **Gefährdungen** einer schwangeren oder stillenden Frau oder ihres Kindes möglichst **vermieden werden und eine unverantwortbare Gefährdung ausgeschlossen ist** *(§ 9 II MuSchG)*. So sind z.B. Sitzgelegenheiten und Möglichkeiten kurzer Arbeitsunterbrechungen einzurichten *(§ 9 III MuSchG)*. Schwangere oder stillende Frauen dürfen insbesondere keine getaktete Arbeit in einem vorgeschriebenen Zeittempo ausüben, wenn die Art der Arbeit oder das Arbeitstempo eine unverantwortbare Gefährdung für die Schwangere oder ihr Kind darstellt *(§§ 11 VI, 12 V MuSchG)*. Werden unverantwortbare Gefährdungen festgestellt, hat der Arbeitgeber für jede Tätigkeit einer schwangeren oder stillenden Frau vor dem Ausspruch eines Beschäftigungsverbotes gegen den Willen der Beschäftigten zu prüfen, ob der vorhandene Arbeitsplatz mit verhältnismäßigem Aufwand sicher umgestaltet werden kann. Alternativ ist zu prüfen, ob die schwangere oder stillende Frau an einem anderen geeigneten Arbeitsplatz im Betrieb zumutbar eingesetzt werden kann *(§ 13 MuSchG)*.

Schwangeren oder stillenden Frauen, die 18 Jahre oder älter sind, ist Mehrarbeit verboten. Maximal 8,5 Stunden täglich oder 90 Stunden pro Doppelwoche (einschließlich Sonntage) sind zulässig. Für unter 18-Jährige gelten maximal 8 Stunden täglich oder 80 Stunden pro Doppelwoche *(§ 4 I MuSchG)*. Nach Beendigung der täglichen Arbeitszeit muss der Arbeitgeber schwangeren oder stillenden Frauen eine ununterbrochene Ruhezeit von mindestens 11 Stunden gewähren *(§ 4 II MuSchG)*. Nachtarbeit ist zwischen 20:00 und 06:00 Uhr verboten. Ausnahmen sind bis 22:00 Uhr genehmigungsfähig, wenn keine gesundheitlichen Gründe dagegen sprechen *(§ 5 I MuSchG)*. Bei Sonn- und Feiertagsarbeit, die unter bestimmten Voraussetzungen zulässig sein kann *(§ 6 I MuSchG)*, darf die Schwangere nicht alleine auf dem Arbeitsplatz eingesetzt werden *(§ 6 II MuSchG)*.

Während der Schwangerschaft, bis zum Ablauf von vier Monaten nach einer Fehlgeburt nach der zwölften Schwangerschaftswoche und bis zum Ende ihrer Schutzfrist nach der Entbindung, mindestens jedoch bis zum Ablauf von vier Monaten nach der Entbindung besteht gegenüber einer Frau ein **Kündigungsschutz** *(§ 17 I MuSchG)*.

An diese Schutzfristen kann sich die Elternzeit anschließen, die – gerechnet von der Geburt – nach 36 Monaten endet *(§ 15 BEEG)*,

Die in einem Beschäftigungsverhältnis stehende Frau erhält als pflichtversichertes Mitglied einer gesetzlichen Krankenkasse für den Zeitraum der Schutzfristen vor und nach der Entbindung *(§ 3 MuSchG)* – also in den letzten sechs Wochen vor und bis zum Ablauf von acht Wochen nach der Entbindung[1] – sowie für den Entbindungstag von ihrer Krankenkasse ein **Mutterschaftsgeld** von maximal 13 EUR pro Kalendertag (also je nach Länge des Monats höchstens 403 EUR). Die Differenz zwischen diesem Betrag und dem vollen Nettoarbeitsentgelt ist für diese Zeit vom Arbeitgeber mit seinem **Zuschuss zum Mutterschaftsgeld** auszugleichen *(§ 19f. MuSchG)*. Bei ärztlichen Beschäftigungsverboten außerhalb der Schutzfristen vor oder nach der Entbindung hat der Arbeitgeber das durchschnittliche Arbeitsentgelt der letzten drei abgerechneten Kalendermonate vor dem Eintritt der Schwangerschaft als **Mutterschutzlohn** *(§ 18 MuSchG)* zu zahlen.

---

1 Bei Früh- und Mehrlingsgeburten verlängert sich die Schutzfrist nach der Entbindung auf 12 Wochen. Wird vor Ablauf von acht Wochen nach der Entbindung bei einem Kind eine Behinderung ärztlich festgestellt, kann die Schutzfrist auf Antrag ebenfalls auf 12 Wochen verlängert werden.

3.4 Gesetz zum Elterngeld und zur Elternzeit *(BEEG)*

Elterngeld

Für Kinder ab dem Geburtsjahr 2007 wird auf schriftlichen Antrag hin, und zwar zusätzlich zum Kindergeld, **Elterngeld** gezahlt. Da sich die Höhe des Elterngeldes am vorherigen Nettoeinkommen desjenigen berufstätigen Elternteils orientiert, der nach der Geburt eines Kindes seine Arbeit wegen der Babybetreuung unterbricht,[1] ist das Elterngeld eine **einkommensabhängige Lohnersatzleistung.**

© Bergmoser + Höller Verlag AG

Das Elterngeld beträgt 67 % des in den letzten 12 Monaten vor der Geburt des Kindes verdienten Nettolohns (höchstens jedoch 1 800 EUR monatlich) und wird für einen Zeitraum von maximal 12 Monaten gewährt.

Liegt das vor der Geburt des Kindes erzielte monatliche Nettoeinkommen über 1 200 EUR, wird das Elterngeld in Stufen gekürzt, indem der Prozentsatz von 67 % – und zwar um 0,1 Prozentpunkte für je 2 EUR, um die das maßgebliche Einkommen den Betrag von 1 200 EUR überschreitet – auf maximal 65 % sinkt. Bei Arbeitnehmern, die vor der Geburt des Kindes weniger als 1 000 EUR verdient haben, erhöht sich der Prozentsatz von 67 % um 0,1 Prozentpunkte für je 2 EUR, um die das maßgebliche Einkommen den Betrag von 1 000 EUR unterschreitet, auf bis zu 100 % des entfallenden Nettolohns. Alleinerziehenden mit einem zu versteuernden Jahreseinkommen von mehr als 250 000 EUR (bzw. 500 000 EUR bei Verheirateten) wird kein Elterngeld mehr gezahlt.

Der Anspruchszeitraum verlängert sich um zwei weitere Monate, wenn der andere Partner wegen der Kleinkindbetreuung seine Berufstätigkeit für mindestens zwei Monate unterbricht. Alleinerziehenden wird das Elterngeld für 14 Monate gewährt. Die angegebenen Bezugszeiten können auch verdoppelt werden: In diesem Fall reduzieren sich allerdings die pro Monat gezahlten Beträge auf die Hälfte. Ein über 300 EUR liegendes Elterngeld wird auf andere Sozialleistungen (z. B. Arbeitslosengeld I oder Mutterschaftsgeld) angerechnet.

Beide Elternteile können sich die Bezugsdauer des Elterngeldes beliebig aufteilen, sofern bei einem der Partner mindestens zwei Monate verbleiben. Das Elterngeld kann auch abwechselnd (z. B. 8 Monate die Mutter und anschließend 6 Monate der Vater) oder zeitgleich (z. B. Mutter und Vater parallel jeweils 7 Monate) in Anspruch genommen werden.

Mütter oder Väter, die vor der Geburt nicht erwerbstätig gewesen sind, erhalten als Elterngeld einen Sockelbetrag in Höhe von 300 EUR monatlich. Bei Empfängern von Sozialhilfeleistungen und Hartz-IV-Beziehern wird dieser Sockelbetrag in voller Höhe als Einkommen (insbesondere auf das Arbeitslosengeld II) angerechnet.

---

1 Wer nach der Geburt eines Kindes seine Arbeitszeit auf höchstens 30 Wochenstunden verringert, hat ebenfalls Anspruch auf Elterngeld, und zwar in Höhe von bis zu 67 % der durch die Teilzeitbeschäftigung verursachten Lohneinbuße.

▶ ElterngeldPlus

Anstelle des Elterngeldes (Basiselterngeld) kann auch ElterngeldPlus gewählt oder beides kombiniert in Anspruch genommen werden.

ElterngeldPlus kommt für alle Eltern, deren Kinder nach dem 1. Juli 2015 zur Welt gekommen sind, in Frage. Statt 12 bis 14 Monate beim Elterngeld verlängert sich die Bezugszeit beim ElterngeldPlus auf 24 bis 28 Monate.[1]

Auch beim ElterngeldPlus orientiert sich die Höhe der Zahlung am Erwerbseinkommen, das der betreuende Elternteil im Jahr vor der Geburt des Kindes erzielt hat. Es beträgt allerdings nur die Hälfte der Zahlung beim Elterngeld, also 150 EUR bis maximal 900 EUR monatlich.

Die sonstigen Regelungen zum Elterngeld gelten auch für das ElterngeldPlus, allerdings werde alle Mindestbeträge halbiert.

3.5 Schwerbehindertenrecht *(SGB IX)*

▶ Vorschriften zur Beschäftigung von Schwerbehinderten

Rechtsgrundlage für den **Schutz schwerbehinderter Arbeitnehmer** ist das Neunte Buch des Sozialgesetzbuches. Schwerbehinderte sind Personen, die infolge körperlicher, geistiger oder seelischer Erkrankung in ihrer Erwerbsfähigkeit nicht nur vorübergehend um mindestens 50 % gemindert sind *(§ 2 SGB IX)*. Das Gesetz legt den privaten und öffentlichen Arbeitgebern, die über mindestens 20 Arbeitsplätze verfügen, die Verpflichtung auf, Schwerbehinderte auf wenigstens 5 % der Arbeitsplätze zu beschäftigen *(§ 71 SGB IX)*. Innerhalb dieses Pflichtsatzes sind besonders schwerbehinderte Arbeitnehmer sowie Schwerbehinderte, die das 50. Lebensjahr vollendet haben, in einem angemessenen Anteil zu beschäftigen *(§ 72 SGB IX)*.

Rund 10,2 Millionen Menschen in Deutschland hatten im Jahr 2017 körperliche und/oder geistige Beeinträchtigungen und galten damit als behindert. Das waren 12,5 Prozent der Bevölkerung. Menschen mit Behinderung arbeiten zwar in allen Branchen, sind aber auf dem Arbeitsmarkt immer noch deutlich unterrepräsentiert. Im Vergleich zur Gesamtbevölkerung war der Anteil der Berufstätigen und Arbeitssuchenden unter den Menschen mit Behinderung nicht einmal halb so hoch (30 Prozent) wie unter den Menschen ohne Behinderung (65 Prozent). Von den 10,2 Millionen Menschen mit Behinderung waren rund drei Millionen erwerbstätig. Die meisten von ihnen fanden eine Stelle im Bereich „öffentliche und private Dienstleistungen". Dazu zählen beispielsweise die Bereiche Erziehung und Unterricht sowie Gesundheits- und Sozialwesen.

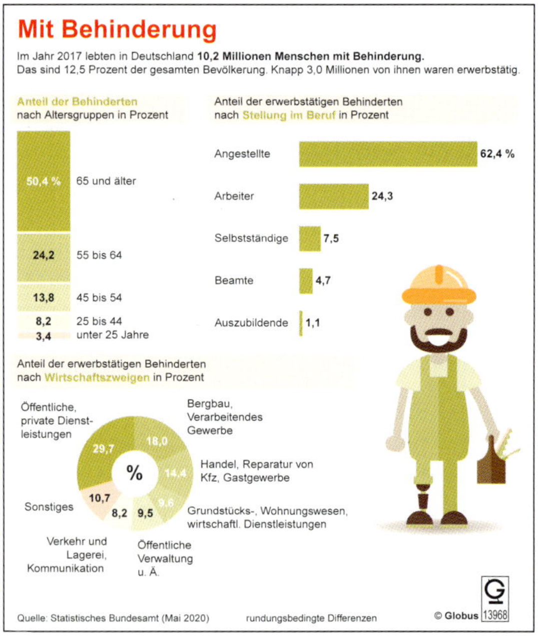

1 Entscheiden sich die Eltern, gleichzeitig für 4 Monate jeweils 25 bis 30 Wochenstunden während der ElternPlus-Zeit zu arbeiten, gibt es einen Partnerschaftsbonus von 4 zusätzlichen ElternPlus-Monaten je Elternteil.

Bei der **Besetzung freier Arbeitsstellen** sind die Arbeitgeber verpflichtet zu prüfen, ob Schwerbehinderte beschäftigt werden können; gegebenenfalls sind Bewerbungen mit der Vertrauensperson[1] der Schwerbehinderten zu erörtern. Schwerbehinderte Arbeitnehmer sind ihren Fähigkeiten und Kenntnissen entsprechend zu beschäftigen. Zudem sind besondere Sicherheitsvorkehrungen zu treffen *(§ 81 SGB IX)*. Die Kündigung des Arbeitsverhältnisses eines Schwerbehinderten bedarf der vorherigen Zustimmung des **Integrationsamtes** *(§ 85 SGB IX)*. Die Integrationsämter sind auf Länderebene eingerichtet und für die Erhebung der **Ausgleichsabgabe,** den Kündigungsschutz und die begleitende Hilfe für schwerbehinderte Menschen im Arbeitsleben zuständig *(§ 102 SGB IX)*.

▶ Zahlung einer Ausgleichsabgabe

Wer als Arbeitgeber die vorgeschriebene Zahl Schwerbehinderter nicht beschäftigt, hat für jeden unbesetzten Pflichtplatz eine **Ausgleichsabgabe** in Höhe von mindestens 105 EUR je Monat zu zahlen. Der Arbeitgeber kann sich durch diese Zahlungen nicht von der Verpflichtung befreien, Schwerbehinderte einzustellen *(§ 77 SGB IX)*.

Ausgleichsabgabe: Wofür sie verwendet wird

Unternehmen mit mindestens 20 Arbeitsplätzen müssen 5 Prozent davon mit schwerbehinderten Beschäftigten besetzen. Erfüllen sie diese Quote nicht, müssen sie für jede unbesetzte Stelle eine Ausgleichsabgabe zahlen.

So viele Millionen Euro aus der Ausgleichsabgabe wurden 2016 zur Unterstützung von Betrieben verwendet, die Menschen mit Behinderungen beschäftigen

		Fallzahlen
Leistungen bei außergewöhnlichen Belastungen	151,7	45.879
Behindertengerechte Einrichtung von Arbeits- und Ausbildungsplätzen	27,0	9.507
Schaffung von Arbeits- und Ausbildungsplätzen	18,9	2.057
Prämien und Zuschüsse zur Berufsausbildung	0,7	329
Prämien für ein betriebliches Eingliederungsmanagement	0,2	k. A.
Insgesamt	198,4	57.772

Leistungen bei außergewöhnlichen Belastungen: zum Beispiel Ausgleich für Leistungseinschränkungen von Mitarbeitern mit Behinderung

Quelle: Institut der deutschen Wirtschaft

iwd

Quelle: https://www.iwd.de/artikel/ausgleichsabgabe-millionen-fuer-inklusion-im-job-410502/

1 In Betrieben mit wenigstens fünf schwerbehinderten Menschen werden eine Vertrauensperson und ein Stellvertreter gewählt *(§ 94 SGB IX)*.

▶ Zusammenfassung

Arbeitsschutzrechte

Rechtsbereich	Betroffene	Wichtige Inhalte
Arbeitszeitgesetz	Arbeitgeber und Arbeitnehmer (Arbeiter, Angestellte und Auszubildende)	– gewährleistet über die Arbeitszeitgestaltung vor allem die Sicherheit und den Gesundheitsschutz – verbessert die Rahmenbedingungen für flexible Arbeitszeiten
Gewerbeordnung	Arbeitgeber und Arbeitnehmer in Gewerbebetrieben	– sichere Arbeitsplatzgestaltung – Regelung von Sonn- und Feiertagsarbeit
Mutterschutzgesetz	Arbeitgeber, Auftraggeber und Institutionen, bei denen schwangere und stillende Frauen in einem Beschäftigungsverhältnis oder in unterschiedlichen Vertragsbeziehungen stehen	– Gesundheitsschutz – Kündigungsschutz – Gestaltung der Arbeitsbedingungen derart, dass eine unverantwortbare Gefährdung ausgeschlossen ist – Schutzfristen vor und nach der Entbindung – Mutterschaftsgeld, Zuschuss zum Mutterschaftsgeld und Mutterschutzlohn
Gesetz zum Elterngeld und zur Elternzeit	Eltern, deren Kinder nach 2007 geboren worden sind	Zahlung von Elterngeld: – maximal 1 800 EUR monatlich für 12 Monate – Sockelbetrag von 300 EUR monatlich
	Eltern, deren Kinder nach dem 1. Juli 2015 geboren worden sind	Zahlung von ElterngeldPLUS: – maximal 900 EUR monatlich für 24 Monate – Sockelbetrag von 150 EUR monatlich
Schwerbehindertenrecht	Arbeitgeber, die Schwerbehinderte bzw. über 20 Arbeitnehmer beschäftigen	– Pflicht zur Beschäftigung – Zahlung einer Ausgleichsabgabe – sinnvoller Einsatz von Schwerbehinderten

Aufgaben 7

(1) Welche Bedeutung haben die Arbeitsschutzrechte für den einzelnen Arbeitnehmer?

(2) Wer überwacht die Einhaltung der Arbeitsschutzbestimmungen?

4 Interessenvertretung der Mitarbeiter im Betrieb

Arbeitnehmer sollen die Möglichkeit haben, sich an betrieblichen Entscheidungen zu beteiligen, um gemeinsam ihre besonderen Interessen gegenüber den Arbeitgebern wahrnehmen zu können. Mit den Bestimmungen des **Betriebsverfassungsgesetzes 1972** *(BetrVG 1972)* sowie der **Personalvertretungsgesetze** (vgl. S. 114f.) – und zwar dem Bundespersonalvertretungsgesetz und den Personalvertretungsgesetzen der Länder – trägt der Gesetzgeber diesem Grundanliegen Rechnung, indem er Arbeitnehmern über die zu bildenden **Gremien** (Betriebs- oder Personalrat) und **Ausschüsse** (Jugend- und Auszubildendenvertretung) **bestimmte Beteiligungsrechte** ermöglicht. Diese erstrecken sich insbesondere auf **soziale** (z. B. Beginn und Ende der täglichen Arbeitszeit und Pausen, Lohngestaltung, Gesundheitsschutz), **personelle** (z. B. bei Einstellungen, Versetzungen und Kündigungen) **und wirtschaftliche Angelegenheiten** (z. B. Rationalisierungsvorhaben, Stilllegung von Betrieben oder Betriebsteilen bzw. Auflösung oder Zusammenlegung von Dienststellen).

4.1 Betriebsverfassungsgesetz 1972

Das Betriebsverfassungsgesetz 1972 *(BetrVG 1972)* stellt die gesetzliche Grundlage für die Interessenvertretung der Arbeitnehmer an Entscheidungen in solchen **Betrieben dar, die in privatrechtlicher Trägerschaft stehen** (z. B. Einzelunternehmen, OHG, AG, GmbH oder UG [haftungsbeschränkt]).

4.1.1 Betriebsrat

▶ Grundinformationen über den Betriebsrat

Der Betriebsrat, der die von den Mitarbeitern eines Betriebes gewählte Vertretung der Arbeitnehmer gegenüber dem Arbeitgeber darstellt, **kann** für Betriebe mit mindestens fünf wahlberechtigten Arbeitnehmern, von denen drei wählbar sein müssen, gebildet werden. Dies gilt auch für gemeinsame Betriebe mehrerer Unternehmen *(§ 1 I BetrVG)*.

Ein gemeinsamer Betrieb mehrerer Unternehmen wird vermutet, wenn

- zur Verfolgung arbeitstechnischer Zwecke die Betriebsmittel sowie die Arbeitnehmer von den Unternehmen gemeinsam eingesetzt werden oder
- die Spaltung eines Unternehmens zur Folge hat, dass von einem Betrieb ein oder mehrere Betriebsteile einem an der Spaltung beteiligten anderen Unternehmen zugeordnet werden, ohne dass sich dabei die Organisation des betroffenen Betriebes wesentlich ändert *(§ 1 II BetrVG)*.

▶ Arbeitnehmerbegriff *(§ 5 BetrVG)*

Arbeitnehmer (Arbeitnehmerinnen und Arbeitnehmer) im Sinne des Betriebsverfassungsgesetzes sind Arbeiter und Angestellte einschließlich der zu ihrer Berufsausbildung Beschäftigten, unabhängig davon, ob sie im Betrieb, im Außendienst oder mit Telearbeit beschäftigt werden. In Heimarbeit Tätige, die in der Hauptsache für den Betrieb arbeiten, gelten ebenfalls als Arbeitnehmer *(§ 5 I BetrVG)*. Leitende Angestellte zählen jedoch **nicht** dazu *(§ 5 III BetrVG)*.

▶ Wahl und Zusammensetzung des Betriebsrates *(§§ 7–20 BetrVG)*

Alle Arbeitnehmer, die das 18. Lebensjahr vollendet haben, sind wahlberechtigt. Wählbar sind alle wahlberechtigten Arbeitnehmer, die dem Betrieb mindestens sechs Monate angehören.

Die Größe des Betriebsrates *(§ 9 BetrVG)* richtet sich dabei

- in Betrieben mit bis zu 51 wahlberechtigten Arbeitnehmern ausschließlich nach der **Zahl der Wahlberechtigten;**
- in Betrieben mit über 51 wahlberechtigten Arbeitnehmern – unabhängig davon, ob die Wahlberechtigung gegeben ist oder nicht – **nach der Zahl aller beschäftigten Arbeitnehmer.**

Der Betriebsrat, der in geheimer und unmittelbarer Wahl gewählt wird *(§ 14 I BetrVG)*, soll sich möglichst sowohl aus Arbeitnehmern der einzelnen Organisationsbereiche als auch aus den verschiedenen Beschäftigungsarten der im Betrieb tätigen Arbeitnehmer zusammensetzen *(§ 15 I BetrVG)*. Besteht ein Betriebsrat aus mindestens drei Mitgliedern, muss das Geschlecht, das in der Belegschaft in der Minderheit ist, mindestens entsprechend seinem zahlenmäßigen Verhältnis im Betriebsrat vertreten sein *(§ 15 II BetrVG)*.

▶ Amtszeit des Betriebsrates *(§§ 21–25 BetrVG)*

Der in geheimer und unmittelbarer Wahl gewählte Betriebsrat bleibt vier Jahre im Amt.

▶ Schutz der Betriebsratsmitglieder *(§ 38 BetrVG, § 15 KSchG)*

In Betrieben mit mehr als 200 Arbeitnehmern muss eine bestimmte Zahl von Betriebsratsmitgliedern von der Arbeitsleistung freigestellt werden. Die **ordentliche Kündigung** eines Mitgliedes des Betriebsrates ist bis zu einem Jahr nach Beendigung seines Amtes **unzulässig.**

▶ Zusammenarbeit zwischen Betriebsrat und Arbeitgeber

■ Regelmäßige Betriebsversammlung *(§§ 42 ff. BetrVG)*

Der Betriebsrat hat in jedem Kalendervierteljahr eine **Betriebsversammlung** für alle Arbeitnehmer einzuberufen, zu der auch Vertreter der Arbeitgeberseite eingeladen werden.

Mindestens einmal jährlich wird hier vom Arbeitgeber über:

- das Personal- und Sozialwesen (einschließlich des Standes der Gleichstellung von Frauen und Männern im Betrieb sowie der Integration der im Betrieb Beschäftigten ausländischen Arbeitnehmer),
- die wirtschaftliche Lage und Entwicklung des Betriebes und
- den betrieblichen Umweltschutz

berichtet, sofern dadurch nicht Betriebs- oder Geschäftsgeheimnisse gefährdet werden *(§ 43 II BetrVG)*.

■ Einigungsstelle *(§ 76 BetrVG)*

Zur Beilegung von Meinungsverschiedenheiten zwischen Arbeitgeber und Betriebsrat ist bei Bedarf eine **Einigungsstelle** einzurichten. Durch Betriebsvereinbarungen kann eine ständige Einigungsstelle eingerichtet werden. Sie setzt sich aus einer gleichen Anzahl von Arbeitgeber- und Arbeitnehmervertretern (paritätische Besetzung) und einem unparteiischen Vorsitzenden, auf dessen Person sich beide Seiten einigen müssen, zusammen. Die in der Einigungsstelle getroffenen Übereinkünfte werden schriftlich in Form von **Betriebsvereinbarungen** niedergelegt.

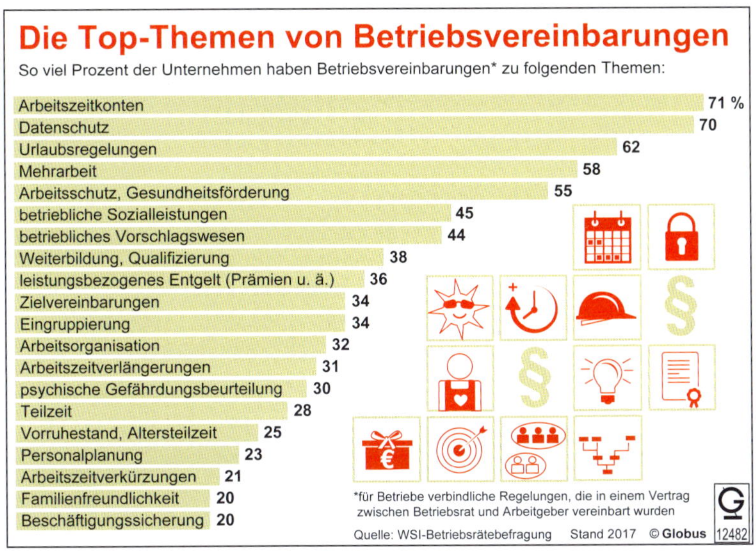

▶ Beteiligungsrechte des Betriebsrates

■ Allgemeine Aufgaben *(§ 80 BetrVG)*

Der Betriebsrat hat folgende allgemeine Aufgaben zu erfüllen:

- **Überwachung** der Durchführung der zugunsten der Arbeitnehmer geltenden Gesetze, Verordnungen, Unfallverhütungsvorschriften, Tarifverträge und Betriebsvereinbarungen;
- **Förderung** der Belange von Jugendlichen und Auszubildenden, Schwerbehinderten, älteren und ausländischen Arbeitnehmern.

- **Rechte des Betriebsrates** *(§§ 81 ff. BetrVG)*

  - **Mitbestimmung:** Die Wirksamkeit bestimmter betrieblicher Maßnahmen ist von der **Zustimmung** des Betriebsrates abhängig. Verweigert der Betriebsrat die Zustimmung, entscheidet die Einigungsstelle.

    Arbeitszeitregelungen, Urlaubspläne, Ausschreibung von Arbeitsplätzen im Betrieb, Durchführung betrieblicher Berufsbildungsmaßnahmen

  - **Mitwirkung:** Bei anderen betrieblichen Maßnahmen hat der Betriebsrat ein **Widerspruchsrecht** (gegen einen solchen Widerspruch kann der Arbeitgeber vor dem Arbeitsgericht klagen).

    Kündigung von Arbeitnehmern, Einstellung oder Versetzung von Mitarbeitern

  - **Information und Beratung:** Der Betriebsrat wird über Maßnahmen **unterrichtet** bzw. er **berät** oder **verhandelt** mit dem Arbeitgeber.

    Personalplanung, Berufsbildungsfragen, Rationalisierungsvorhaben, Einschränkung oder Stilllegung des Betriebes oder von Teilen des Betriebes

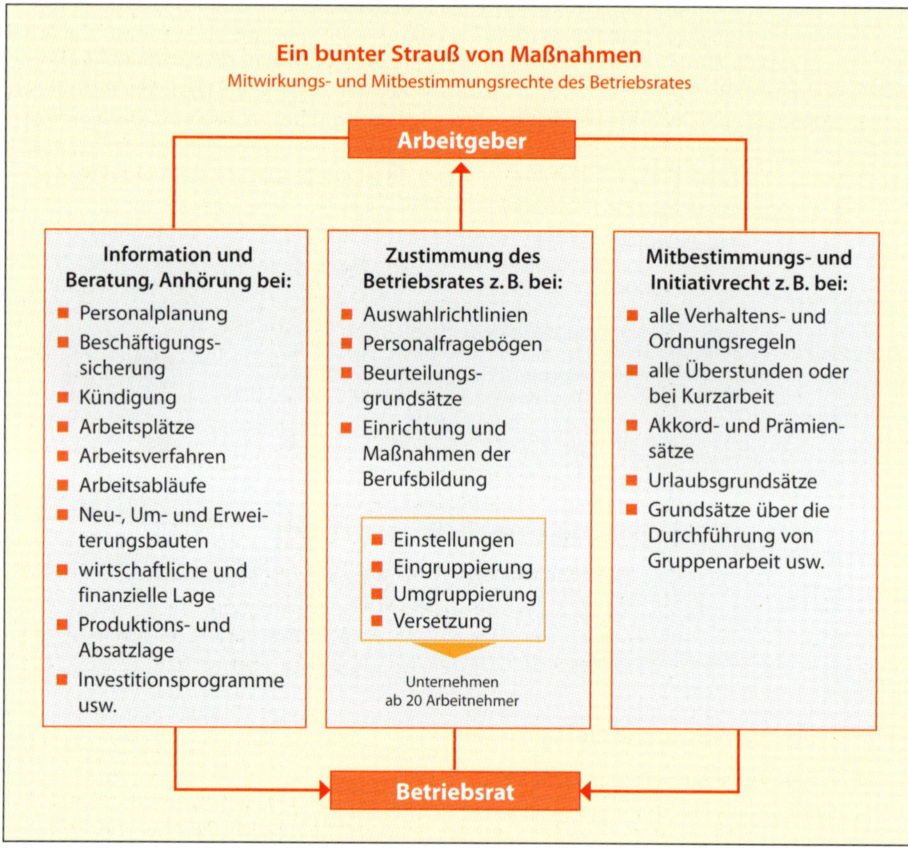

Quelle: Informationsdienst des Instituts der deutschen Wirtschaft Köln, Nr. 17, 2002

4.1.2 Jugend- und Auszubildendenvertretung *(§§ 60 ff. BetrVG)*

▶ Wahl und Zusammensetzung der Jugend- und Auszubildendenvertretung

Neben dem Betriebsrat **kann** es eine gesonderte Jugend- und Auszubildendenvertretung geben, wenn mindestens fünf Arbeitnehmer beschäftigt werden,

- die unter 18 Jahre sind (jugendliche Arbeitnehmer) **oder**
- die zu ihrer Berufsausbildung beschäftigt sind **und** das 25. Lebensjahr noch nicht vollendet haben *(§ 60 I BetrVG)*.

Darüber hinaus muss der Betrieb bereits über einen Betriebsrat verfügen, da dieser die Wahl der Jugend- und Auszubildendenvertretung vorzubereiten und durchzuführen hat *(§ 80 I Nr. 5 BetrVG)*. Wahlberechtigt sind alle jugendlichen Arbeitnehmer und Auszubildende, die das 25. Lebensjahr noch nicht vollendet haben. Wählbar sind alle Mitarbeiter, die das 25. Lebensjahr noch nicht vollendet haben *(§ 61 II BetrVG)*.

Jugend- und Auszubildendenvertreter werden für zwei Jahre gewählt, ihre Anzahl richtet sich nach der Zahl der im Betrieb tätigen Jugendlichen und Auszubildenden *(§ 62 I BetrVG)*.

Die Jugend- und Auszubildendenvertretung, die in geheimer und unmittelbarer Wahl gewählt wird *(§ 63 I BetrVG)*, soll sich möglichst aus Vertretern der verschiedenen Beschäftigungsarten und Ausbildungsberufe der im Betrieb tätigen jugendlichen Arbeitnehmer und Auszubildenden zusammensetzen *(§ 62 II BetrVG)*. Besteht eine Jugend- und Auszubildendenvertretung aus mindestens drei Mitgliedern, muss das Geschlecht, das unter den in § 60 I genannten Arbeitnehmern in der Minderheit ist, mindestens entsprechend seinem zahlenmäßigen Verhältnis im Ausschuss vertreten sein *(§ 62 III BetrVG)*.

▶ Rechte der Jugend- und Auszubildendenvertretung

Die Jugend- und Auszubildendenvertretung kann zu allen Betriebsratssitzungen einen Vertreter entsenden. Bei Tagesordnungspunkten, die besonders jugendliche Arbeitnehmer und Auszubildende betreffen, hat die gesamte Jugend- und Auszubildendenvertretung Teilnahme- und Stimmrecht.

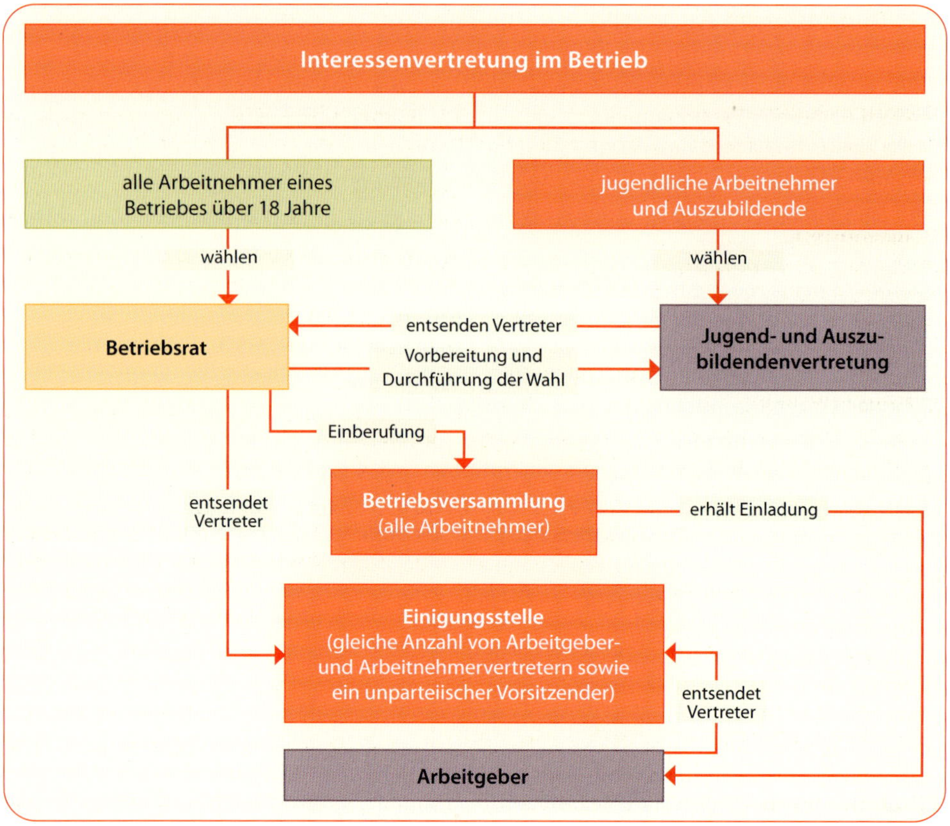

4.2 Personalvertretungsgesetze

Die für **Verwaltungen und Betriebe der öffentlichen Hand** in den Personalvertretungsgesetzen (Bundespersonalvertretungsgesetz und den Personalvertretungsgesetzen der Länder) festgelegten Bestimmungen (z.B. hinsichtlich Bildung, Wahl, Zusammensetzung, Stärke, Amtszeit und Geschäftsführung des **Personalrates** sowie dessen Beteiligungsrechte, Aufgaben der Jugend- und Auszubildendenvertretung) ähneln jenen Regelungen, die das Betriebsverfassungsgesetz 1972 für die in privatrechtlichen Betrieben zu bildenden Gremien und Ausschüssen (vgl. S. 109ff.) vorschreibt.

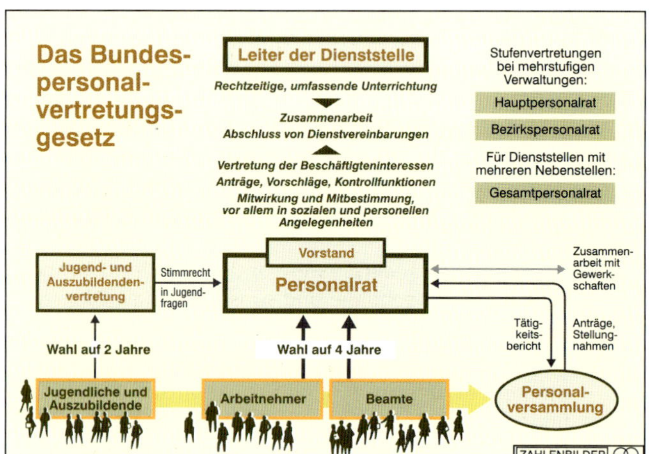

Auszug aus dem Bundespersonalvertretungsgesetz	Auszug aus dem Betriebsverfassungsgesetz 1972
§ 12 [Bildung von Personalvertretungen] (1) In allen Dienststellen, die in der Regel mindestens fünf Wahlberechtigte beschäftigen, von denen drei wählbar sind, werden Personalräte gebildet. **§ 13 [Aktives Wahlrecht]** (1) Wahlberechtigt sind alle Beschäftigten, die am Wahltage das 18. Lebensjahr vollendet haben … **§ 19 [Wahlgrundsätze]** (1) Der Personalrat wird in geheimer und unmittelbarer Wahl gewählt. **§ 32 [Bildung des Vorstandes]** (1) Der Personalrat bildet aus seiner Mitte den Vorstand. Diesem muss ein Mitglied jeder im Personalrat vertretenen Gruppe angehören. Die Vertreter jeder Gruppe wählen das auf sie entfallende Vorstandsmitglied. Der Vorstand führt die laufenden Geschäfte. **§ 33 [Erweiterter Vorstand]** (1) Hat der Personalrat elf oder mehr Mitglieder, so wählt er aus seiner Mitte mit einfacher Stimmenmehrheit zwei weitere Mitglieder in den Vorstand. Sind Mitglieder des Personalrates aus Wahlvorschlagslisten mit verschiedenen Bezeichnungen gewählt worden und sind im Vorstand Mitglieder aus derjenigen Liste nicht vertreten, die die zweitgrößte Anzahl, mindestens jedoch ein Drittel aller Angehörigen der Dienststelle abgegebenen Stimmen erhalten hat, so ist eines der weiteren Vorstandsmitglieder aus dieser Liste zu wählen. **§ 2 [Zusammenwirken von Dienststellen, Personalvertretungen, Gewerkschaften und Arbeitgebervereinigungen]** (1) Dienststelle und Personalvertretung arbeiten unter Beachtung der Gesetze und Tarifverträge vertrauensvoll und im Zusammenwirken mit den in der Dienststelle vertretenen Gewerkschaften und Arbeitgebervereinigungen zum Wohle der Beschäftigten und zur Erfüllung der der Dienststelle obliegenden Aufgaben zusammen.	**§ 1 Errichtung von Betriebsräten.** In Betrieben mit in der Regel mindestens fünf ständig wahlberechtigten Arbeitnehmern, von denen drei wählbar sind, werden Betriebsräte gebildet. **§ 7 Wahlberechtigung.** Wahlberechtigt sind alle Arbeitnehmer, die das 18. Lebensjahr vollendet haben. **§ 14 Wahlvorschriften.** Der Betriebsrat wird in geheimer und unmittelbarer Wahl gewählt. **§ 26 Vorsitzender.** (1) Der Betriebsrat wählt aus seiner Mitte den Vorsitzenden und dessen Stellvertreter. **§ 27 Betriebsausschuss.** (1) Hat ein Betriebsrat neun oder mehr Mitglieder, so bildet er einen Betriebsausschuss. Der Betriebsausschuss besteht aus dem Vorsitzenden des Betriebsrats, dessen Stellvertreter und bei Betriebsräten mit 9 bis 15 Mitgliedern aus 3 weiteren Ausschussmitgliedern, 17 bis 23 Mitgliedern aus 5 weiteren Ausschussmitgliedern, 25 bis 35 Mitgliedern aus 7 weiteren Ausschussmitgliedern, 37 oder mehr Mitgliedern aus 9 weiteren Ausschussmitgliedern. Die weiteren Ausschussmitglieder werden vom Betriebsrat aus seiner Mitte in geheimer Wahl und nach den Grundsätzen der Verhältniswahl gewählt. **§ 2 Stellung der Gewerkschaften und Vereinigungen der Arbeitgeber.** (1) Arbeitgeber und Betriebsrat arbeiten unter Beachtung der geltenden Tarifverträge vertrauensvoll und im Zusammenwirken mit den im Betrieb vertretenen Gewerkschaften und Arbeitgebervereinigungen zum Wohl der Arbeitnehmer und des Betriebs zusammen.

4.3 Tendenzbetriebe

In Betrieben und Unternehmen mit „Tendenzcharakter" gilt das Betriebsverfassungsgesetz 1972 **nicht oder nur eingeschränkt.** Tendenzbetriebe und -unternehmen verfolgen unmittelbar und überwiegend besonders geschützte geistig-ideelle Zwecke (Tendenzzwecke).

- Für **Religionsgemeinschaften und deren Einrichtungen** (wie etwa von Kirchen betriebene Krankenhäuser, Pflegeheime und sonstige soziale Dienste) gilt unabhängig von deren Rechtsform das Betriebsverfassungsgesetz 1972 **nicht** *(§ 118 II BetrVG).*
- Auf **Unternehmen und Betriebe,** die unmittelbar und überwiegend **karitativen, konfessionellen, erzieherischen, wissenschaftlichen oder künstlerischen Bestimmungen** dienen, findet das Betriebsverfassungsgesetz 1972 **dann keine Anwendung,** wenn **die Eigenart des Unternehmens oder Betriebes dem entgegensteht** *(§ 118 I BetrVG).* Dies ist bei den gesetzlichen Beteiligungsrechten des Betriebsrates nur dann der Fall, wenn durch die Ausübung dieser Rechte die geistig-ideelle Zielsetzung des Tendenzträgers ernstlich beeinträchtigt werden

kann. Diesen Tendenzbetrieben im Gesundheits- und Sozialwesen – vorrangig Einrichtungen der Freien Wohlfahrtspflege oder private Pflegedienste (vgl. S. 50f.) – soll nämlich eine durch Mitbestimmungseinflüsse unbeeinträchtigte Verfolgung ihrer geistig-ideellen Zwecke ermöglicht werden. Auch in Tendenzbetrieben können Betriebsräte gewählt werden. Allerdings sind dessen gesetzliche Beteiligungsrechte mehr oder weniger stark eingeschränkt.

5 Mitbestimmung im Unternehmen

Die Mitbestimmung der Arbeitnehmer durch die Organe des Betriebsverfassungsgesetzes 1972 – Betriebsrat (vgl. S. 110ff.) sowie Jugend- und Auszubildendenvertretung (vgl. S. 113f.) – wird durch die Mitbestimmung im Unternehmen ergänzt und erweitert. In beiden Fällen wird der Grundsatz der Arbeitnehmermitbestimmung im Arbeitsleben verwirklicht, um zu einer Demokratisierung der Arbeitswelt beizutragen.

Interessenvertretung und Mitbestimmung der Arbeitnehmer

im Betrieb (Betriebsrat)	**im Unternehmen** (Vorstand/Aufsichtsrat)
■ **Betriebsverfassungsgesetz 1972**	■ **Drittelbeteiligungsgesetz 2004** für Kapitalgesellschaften (zum Beispiel GmbH, AG) mit mehr als 500 Mitarbeitern ■ **Mitbestimmungsgesetz 1976** für Kapitalgesellschaften (zum Beispiel GmbH, AG) mit mehr als 2 000 Mitarbeitern

Im Gegensatz zum Betriebsverfassungsgesetz 1972 schaffen die gesetzlichen Regelungen der Mitbestimmung im Unternehmen **keine eigenen neuen Gremien,** sondern bedienen sich der bereits bestehenden Organe. In erster Linie sind dies bei Aktiengesellschaften der **Aufsichtsrat** und der **Vorstand.**

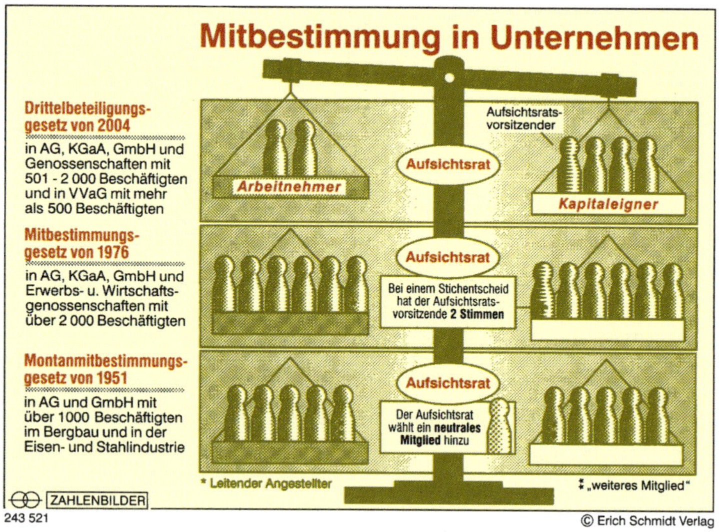

Während der Vorstand die Geschäfte der Aktiengesellschaft (AG) führt und sie nach außen vertritt **(ausführendes Organ),** überwacht der Aufsichtsrat die Geschäftsführung des Vorstands **(überwachendes Organ).**

▶ Drittelbeteiligungsgesetz 2004

Bei Aktiengesellschaften und bei Gesellschaften mit beschränkter Haftung mit 501 bis 2000 Mitarbeitern muss der Aufsichtsrat zu **einem Drittel aus Vertretern der Arbeitnehmer** bestehen *(§ 4 I DrittelbG).*

Damit diese Beteiligung der Arbeitnehmer im Aufsichtsrat auch praktisch durchführbar ist, sieht § 95 AktG vor, dass der Aufsichtsrat aus drei Mitgliedern besteht bzw. aus einer höheren Zahl, die durch drei teilbar sein muss.

Die Vertreter der Arbeitnehmer werden in allgemeiner, geheimer, gleicher und unmittelbarer Wahl von allen Arbeitnehmern, die das 18. Lebensjahr vollendet haben, bestimmt *(§ 5 DrittelbG).*

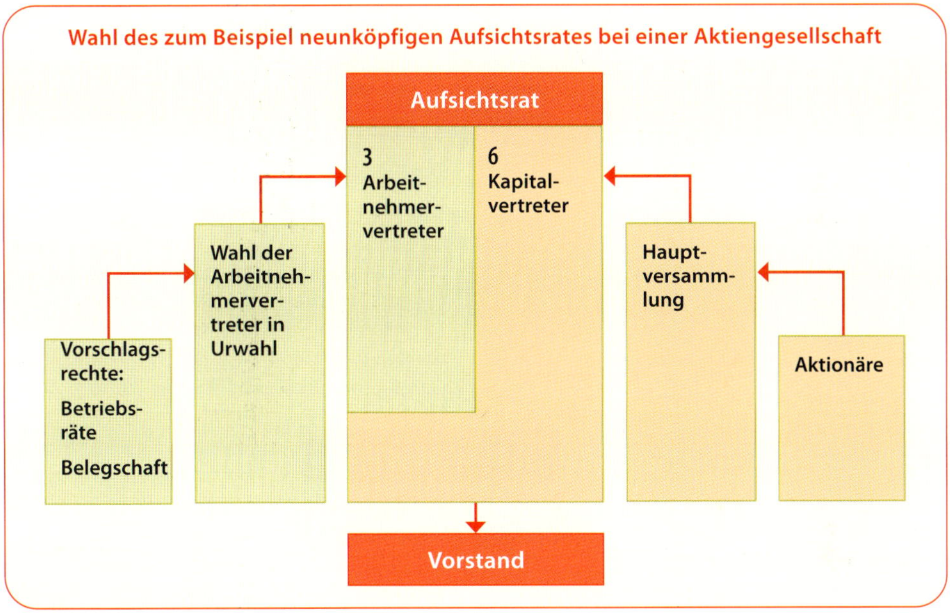

Quelle: Bundesministerium für Arbeit und Soziales: Mitbestimmung – eine gute Sache, Bonn 2019, S. 70

▶ Mitbestimmungsgesetz 1976

Bei Aktiengesellschaften und GmbHs mit mehr als 2000 Arbeitnehmern haben die Mitarbeiter ein erweitertes Mitbestimmungsrecht *(§ 1 MitbestG).* Sie verfügen über die gleiche Anzahl von Vertretern im Aufsichtsrat wie die Anteilseigner.

Der Aufsichtsrat ist gemäß § 7 I MitbestG wie folgt zusammengesetzt:

- **Unternehmen mit in der Regel nicht mehr als 10000 Arbeitnehmern:**
  je 6 Aufsichtsratsmitglieder der Anteilseigner und der Arbeitnehmer
- **Unternehmen mit in der Regel mehr als 10000 Arbeitnehmern:**
  je 8 Aufsichtsratsmitglieder der Anteilseigner und der Arbeitnehmer
- **Unternehmen mit in der Regel mehr als 20000 Arbeitnehmern:**
  je 10 Aufsichtsratsmitglieder der Anteilseigner und der Arbeitnehmer

Unter den Aufsichtsratsmitgliedern der Arbeitnehmer müssen sich **Vertreter der Gewerkschaften** befinden *(§ 7 II MitbestG)*, und zwar:

- 2 Vertreter bei einem 12- bis 16-köpfigen Aufsichtsrat;
- 3 Vertreter bei einem 20-köpfigen Aufsichtsrat.

Zudem ist ein Vertreter der leitenden Angestellten in den Aufsichtsrat zu wählen *(§ 15 II MitbestG)*.

Wahl des Aufsichtsrates bei einer Aktiengesellschaft mit mehr als 20000 Arbeitnehmern

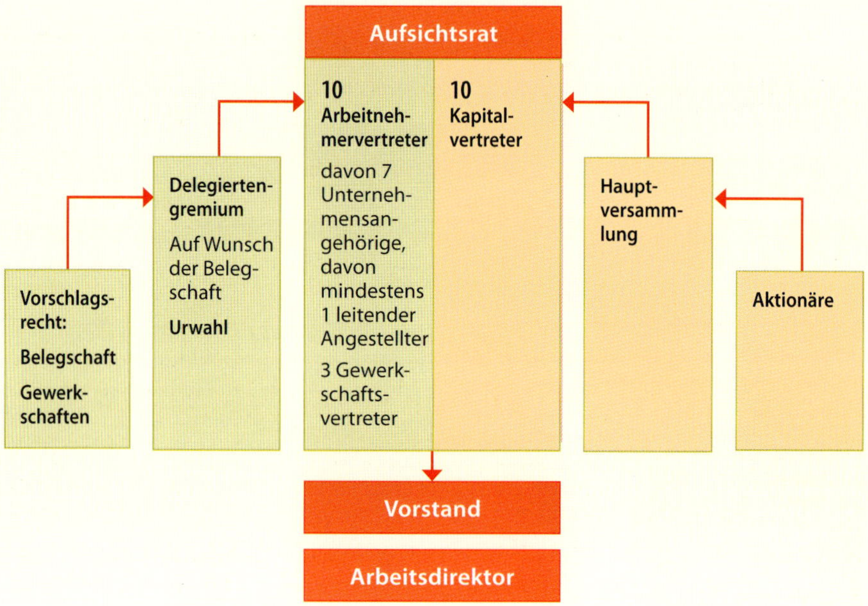

Quelle: Bundesministerium für Arbeit und Soziales: Mitbestimmung – eine gute Sache, Bonn 2019, S. 74

Zwar besteht eine paritätische Besetzung des Aufsichtsrates mit Vertretern der Anteilseigner und der Arbeitnehmer, in der Praxis wird sich diese Verteilung jedoch zugunsten der Arbeitgeberseite verschieben, und zwar aus folgendem Grund:

- **Ergibt eine Abstimmung im Aufsichtsrat Stimmengleichheit** und führt eine erneute Abstimmung wieder zu einer Patt-Situation, räumt § 29 II MitbestG dem Aufsichtsratsvorsitzenden doppeltes Stimmrecht ein.

  Wenn die zur Wahl des Aufsichtsratsvorsitzenden und seines Stellvertreters benötigte $^{2}/_{3}$-Mehrheit im Aufsichtsrat nicht erreicht wird, sieht § 27 II MitbestG vor, dass in einem zweiten Wahlgang der **Aufsichtsratsvorsitzende von den Vertretern der Anteilseigner** und dessen Stellvertreter von den Arbeitnehmervertretern **gewählt wird.**

Damit dürfte in der Regel ein Übergewicht der Arbeitgebervertreter im Aufsichtsrat bestehen.

▶ Zusammenfassung

Interessenvertretung und Mitbestimmung der Arbeitnehmer

im Betrieb

- **Betriebsrat**
  - Betriebsversammlung
  - Einigungsstelle
- **Jugend- und Auszubildendenvertretung**

In **Tendenzbetrieben** gilt das Betriebsverfassungsgesetz 1972 **nicht** (bei Religionsgemeinschaften und deren Einrichtungen) **bzw. nur begrenzt.**

im Unternehmen

Gesetz / Inhalt	Drittelbeteiligungsgesetz 2004	Mitbestimmungsgesetz 1976
Geltungsbereich	für Kapitalgesellschaften mit 501 bis 2 000 Arbeitnehmern	für Kapitalgesellschaften mit mehr als 2 000 Arbeitnehmern
Zusammensetzung des Aufsichtsrates	⅓ Arbeitnehmervertreter ⅔ Vertreter der Anteilseigner die Anzahl ist abhängig von der Größe der Gesellschaft	½ Arbeitnehmervertreter ½ Vertreter der Anteilseigner die Zahl ist abhängig von der Größe der Gesellschaft
Wahl der Arbeitnehmervertreter in den Aufsichtsrat	durch allgemeine, geheime, gleiche und unmittelbare Wahl unter allen Arbeitnehmern, die das 18. Lebensjahr vollendet haben	– Unternehmen mit nicht mehr als 8 000 Arbeitnehmern: direkt durch die wahlberechtigten Arbeitnehmer – Unternehmen mit mehr als 8 000 Mitarbeitern: indirekt durch Delegierte
Wahl der Vertreter der Anteilseigner in den Aufsichtsrat	durch das jeweils befugte Wahlorgan, z. B. bei Aktiengesellschaften die Hauptversammlung	durch das jeweils befugte Wahlorgan, z. B. bei Aktiengesellschaften die Hauptversammlung
Ausschlag bei Stimmengleichheit im Aufsichtsrat	– – –	die Stimme des Aufsichtsratsvorsitzenden, der in der Regel den Vertretern der Anteilseigner angehört (doppeltes Stimmrecht)
Wer bestellt den Arbeitsdirektor?	– – –	der Aufsichtsrat, auch gegen die Stimmen der Arbeitnehmervertreter
Wertung	Informationsrechte für die Arbeitnehmervertreter	Übergewicht der Vertreter der Anteilseigner im Aufsichtsrat

Aufgaben 8

(1) *Grenzen Sie die Interessenvertretung und Mitbestimmung der Arbeitnehmer durch den Betriebsrat von der durch Aufsichtsrat/Vorstand ab!*

(2) *Beschreiben Sie die „Organe" der Mitbestimmung nach dem Betriebsverfassungsgesetz 1972!*

(3) *Nennen Sie Rechte des Betriebsrates und verdeutlichen Sie diese jeweils an einem Beispiel!*

(4) *Nehmen Sie zu der folgenden Behauptung kritisch Stellung und begründen Sie Ihre Meinung!*
In betriebsratsfähigen Betrieben sind stets ein Betriebsrat zu bilden und eine Jugend- und Auszubildendenvertretung zu wählen.

(5) *Aus welchem Grund hat der Gesetzgeber gerade für Betriebsratsmitglieder einen besonderen Kündigungsschutz vorgesehen?*

(6) *An welche Voraussetzungen ist die Wahl einer Jugend- und Auszubildendenvertretung nach dem Betriebsverfassungsgesetz 1972 gebunden?*

(7) *Neben dem Arbeitsvertrag, den Tarifverträgen und den Arbeitsschutzgesetzen regeln zusätzlich Betriebsvereinbarungen das Arbeitsverhältnis des einzelnen Mitarbeiters. Erklären Sie den Begriff Betriebsvereinbarung!*

(8) *Verdeutlichen Sie, wer in Abstimmungen des Aufsichtsrates nach den vorgestellten Mitbestimmungsmodellen in der Regel den Ausschlag gibt!*

(9) *Diskutieren Sie Gründe, die zu einem nach Unternehmensgrößen abgestuften Mitbestimmungsrecht geführt haben könnten!*

(10) *Beschreiben Sie die Ursache, die zu einem Übergewicht der Arbeitgeber bei Abstimmungen im Aufsichtsrat führt! Für diese Unternehmen soll das Mitbestimmungsgesetz 1976 gelten.*

(11) *Erläutern Sie die Interessenvertretung und Mitbestimmung am Beispiel Ihres Ausbildungsbetriebes!*

6 Entlohnung im Betrieb

6.1 Begriff des Lohns

Arbeitsentgelt

Lohn im engeren Sinne

- Lohn des Arbeiters
- Gehalt des Angestellten
- Gehalt des Beamten (Besoldung)
- Gage des angestellten Künstlers
- Sonstige Lohnbestandteile
  - Gratifikationen
  - Zuschläge
  - Provisionen
  - Tantiemen

Lohn im weiteren Sinne

- Einkünfte von Freiberuflern (Honorare)
- Einkünfte von Unternehmern

▶ Lohn im engeren Sinne

Lohn ist der Preis für geleistete menschliche Arbeit. Unter diesem Begriff werden verschiedene Formen des Arbeitsentgeltes zusammengefasst (vgl. S. 393).

▶ Lohn im weiteren Sinne

Die durch selbstständige Arbeit erzielten Einkünfte eines freiberuflich Tätigen (Arzt, Psychologen, Heilpraktiker, Hebammen) oder eines Unternehmers können nur im weitesten Sinne dem Lohnbegriff zugeordnet werden.

Einkünfte aus Kapitalvermögen (Zinsen, Dividenden) sowie Einkünfte aus Vermietung und Verpachtung zählen jedoch **nicht** zum Lohn.

6.2 Problem des gerechten Lohns

Eine in der Diskussion um die Arbeitsentgelte immer wieder aufgeworfene Frage ist die nach der **Lohngerechtigkeit.** Aussagen zum Problem des **„absolut gerechten Lohns"** können nur Meinungen von Einzelnen wiedergeben, da es keinen objektiven Maßstab dafür gibt, was gerecht ist.

Aussagen über einen **„relativ gerechten Lohn"** lassen sich schon eher durch einen Vergleich verschiedener Tätigkeiten treffen. Die Entlohnung sollte sich nach dem Wert der Leistung richten und im Verhältnis zum Lohn anderer Mitarbeiter, die „höhere" oder „niedrigere" Tätigkeiten verrichten, angemessen sein. Die Festlegung dieser Leistungsrelationen als Kriterium zur Lohnfindung stößt jedoch auf Schwierigkeiten. Einerseits sind Arbeitsleistungen und Arbeitsergebnisse nur schwerlich messbar (Tätigkeiten eines Pförtners, Lehrers, Polizeibeamten), andererseits können verschiedene Arbeitsverrichtungen nicht immer sinnvoll miteinander verglichen werden (z. B. Buchhalter und Verkäufer). Die konsequente Verfolgung des **Leistungsprinzips** bei der Lohnfindung würde für gleiche Leistung gleichen Lohn voraussetzen. Neben der Arbeitsleistung sind jedoch auch soziale Überlegungen zur Festlegung der Lohnhöhe maßgebend. Dieses **Bedarfsprinzip** („jedem nach seinen Bedürfnissen") geht davon aus, dass die Einkommenshöhe auch nach Kriterien wie Alter, Familienstand, Kinderzahl abzustufen ist.

Die in der Praxis angewandte Form der Entgeltfindung ist **eine Mischform,** die sowohl dem Leistungs- als auch dem Bedarfskriterium Rechnung trägt. Die Festsetzung der Lohnhöhe erfolgt deshalb unter Beachtung folgender Einzelbewertungen:

- **Anforderungsgerechter Lohn:** Durch Verfahren der Arbeitsbewertung werden die körperlichen und geistigen Anforderungen einer Arbeitstätigkeit bestimmt.
- **Leistungsgerechter Lohn:** Der individuellen Leistung des Einzelnen wird Rechnung getragen.
- **Sozial gerechter Lohn:** Bei der Höhe des Entgelts werden soziale Komponenten berücksichtigt (u. a. auch die Dauer der Betriebszugehörigkeit).

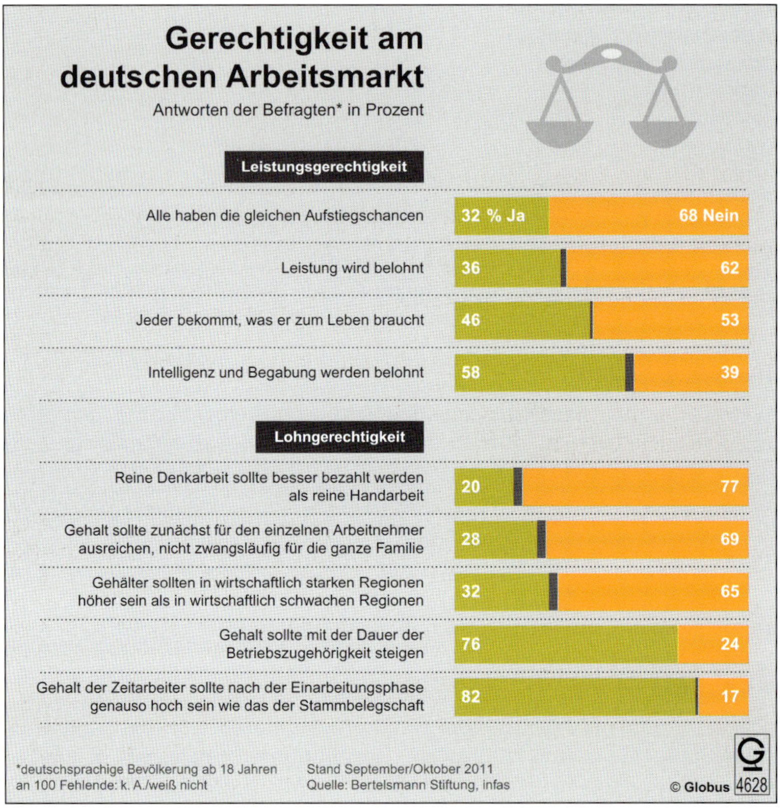

Die Bundesbürger halten den Arbeitsmarkt in Deutschland in weiten Teilen für ungerecht. Nur rund ein Drittel der Bevölkerung in Deutschland ist zum Beispiel der Meinung, dass alle die gleichen Aufstiegschancen haben. Dies ergibt eine Umfrage, die das Meinungsforschungsinstitut infas im Auftrag der Bertelsmann Stiftung erstellt hat. Dass Arbeitnehmer für ihre Leistungen auch belohnt werden, glauben nur 36 Prozent der Befragten. Auch ist mehr als die Hälfte (53 Prozent) der Ansicht, dass nicht jeder das bekommt, was er zum Leben braucht. Danach gefragt, was ihnen bei einem Arbeitsplatz das Wichtigste ist, gaben 72 Prozent der Befragten ein gutes Betriebsklima an. Für 35 Prozent ist die leistungsgerechte Bezahlung, für elf Prozent die Sicherheit des Arbeitsplatzes besonders wichtig.

6.3 Lohnformen

Verfahren zur Berechnung des Entgelts für eine Arbeitsleistung werden als **Lohnformen** bezeichnet.

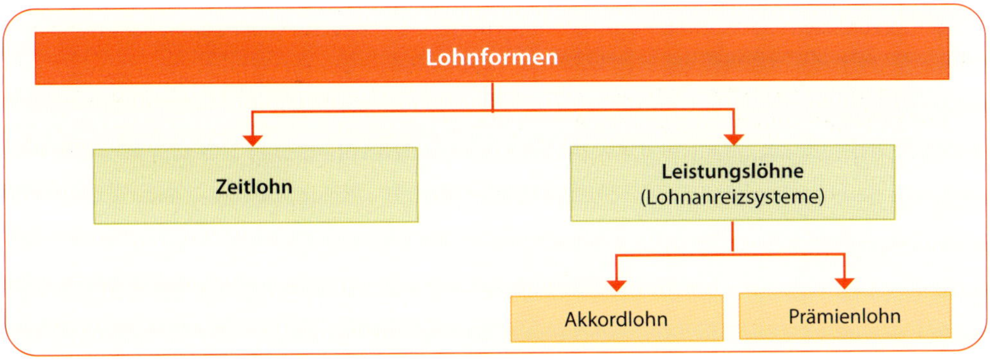

▶ Zeitlohn

Die Höhe des Entgelts beim Zeitlohn wird so bestimmt, dass für eine feste Zeiteinheit (z.B. Stunde für einen Arbeiter oder Monat für einen Angestellten/Beamten) ein bestimmter gleichbleibender Lohnsatz gezahlt wird. Der Bruttolohn ist das Produkt aus Arbeitszeit und Lohnsatz je Zeiteinheit, wobei die Höhe des Lohnsatzes durch den Arbeitsvertrag bestimmt ist und anforderungs- und leistungsgerecht sein sollte.

Bruttolohn = Anzahl der Zeiteinheiten x Lohnsatz je Zeiteinheit

Lohnsatz je Zeiteinheit (Stunde):	18,97 EUR
geleistete Stunden im Monat:	160
Bruttolohn: 160 x 18,97 EUR:	3 035,20 EUR

Obwohl beim Zeitlohn keine unmittelbare gegenseitige Abhängigkeit von Lohn und Leistung gegeben ist, ist die Meinung, dass damit nur die Anwesenheitszeit eines Arbeitnehmers bezahlt werde, unzutreffend.

Die Höhe des Zeitlohns richtet sich nach Ausbildung und Erfahrung des Mitarbeiters, die für einen bestimmten Arbeitsplatz vorausgesetzt werden muss.

Anwendungsbereiche des Zeitlohns	Beispiele
Qualitätsarbeiten	Zahntechniker, Juweliere, Optiker
Gefährliche Arbeiten	Feuerwehr
Tätigkeiten, bei denen der Arbeitnehmer das Arbeitstempo nicht beeinflussen kann	Arbeiten am Fließband
Arbeitsleistungen, die nur schwerlich messbar sind oder einem einzelnen Mitarbeiter nicht direkt zugerechnet werden können	Bürotätigkeiten, Ausbilder

Der Nachteil des Zeitlohns liegt darin, dass er – abgesehen von der Möglichkeit der jährlichen Lohnsatzsteigerung – keinerlei Anreize zur Leistungssteigerung bietet und außerdem zu Unzufriedenheit führen kann, wenn ein Arbeitnehmer festzustellen glaubt, dass er mehr leistet als sein Kollege, der den gleichen Zeitlohn erhält.

▶ Leistungslöhne

Bei diesen Entlohnungssystemen besteht eine direkte Beziehung zwischen Lohnhöhe und Leistung. Die Leistung muss messbar und in Beziehung zu einer Normalleistung zu setzen sein.

- **Akkordlohn**

  Bewertungsmaßstab beim Akkordlohn ist die **Menge der tatsächlich gefertigten Werkstücke je Zeiteinheit** (Stunde, Tag, Woche oder Monat). In den Tarifverträgen sind **Akkordrichtsätze** vereinbart, denen eine „Normalleistung" zugrunde liegt. Der Begriff der Normalleistung geht von der Vorstellung einer durchschnittlichen und dem Arbeitnehmer langfristig „zumutbaren" Beanspruchung aus.

- **Prämienlohn**

  Bei einer Prämienentlohnung wird zu einem vereinbarten **leistungsunabhängigen Grundlohn** (Fixum, das nicht unter dem tariflichen Lohn liegen darf) eine zusätzliche **leistungsabhängige Prämie** gezahlt.

6.4 Entlohnung im Gesundheits- und Sozialwesen

Mitarbeiter im Gesundheitswesen erhalten in der Regel Zeitlöhne (mit Zuschlägen oder variablen Gehaltsbestandteilen), arbeiten auf freiberuflicher Basis (zumeist nach Gebührenordnungen oder sonstigen rechtlichen Vorgaben) oder bieten ihre Leistungen zu Marktpreisen an.

- **Tarifmitarbeiter** im Gesundheitswesen erhalten einen Zeitlohn, der sich nach dem jeweiligen Tarifvertrag bestimmt. Für den öffentlichen Dienst ist dies z. B. der **Tarifvertrag für den öffentlichen Dienst der Länder** (TV-L). Kirchliche Einrichtungen haben häufig eigene Tarifverträge, die sich an den TV-L anlehnen. Arbeitgeber können ihre Tarifmitarbeiter durchaus übertariflich entlohnen (**Günstigkeitsprinzip**, vgl. S. 377), nicht aber das im Tarifvertrag festgelegte Mindestgehalt unterschreiten.

  Zusätzlich erhalten Tarifmitarbeiter Zuschläge für Überstunden, Arbeiten an Sonn- und Feiertagen, Nachtarbeit oder bei Tätigkeiten, die mit höheren Gesundheitsrisiken verbunden sind.

- **Außertarifliche Mitarbeiter** vereinbaren ihr Gehalt individuell mit dem Arbeitgeber. In der Regel wird ein Jahresarbeitsentgelt festgelegt. Darüber hinaus kann vereinbart werden, dass ein weiterer Gehaltsbestandteil (variable Vergütung), der sich nach der persönlichen Leistung und dem Unternehmenserfolg ausrichtet, zusätzlich gezahlt wird. Zuschläge – z. B. für Überstunden – sind bei außertariflichen Mitarbeitern in der Regel nicht üblich.

- Die Entlohnung von **Freiberuflern** richtet sich in der Regel nach festgelegten Gebührenordnungen. Hier ist aufgelistet, für welche Leistungen welche Kosten (z. B. mit den Krankenkassen) verrechnet werden können.

- Bei **Gewerbetreibenden** wird sich das Einkommen über die zu erzielenden Marktpreise ergeben. Ausnahme ist hier der Apotheker, der bei Arzneimitteln nur die in der Arzneimittelpreisverordnung *(AMPreisV)* festgelegten Entgelte verlangen darf. Bei der Preisgestaltung seines Randsortiments ist er jedoch – wie andere Gewerbetreibende auch – in seiner Preisgestaltung grundsätzlich frei.

- Bereits seit dem 1. August 2010 erhalten Pflegekräfte in Altenheimen und bei ambulanten Diensten einen – über dem **gesetzlichen – liegenden branchenbezogenen Mindestlohn.** Derzeit (ab September 2021) beträgt er bundesweit für Pflegehilfskräfte 12,00 EUR, für qualifizierte Pflegehilfskräfte 12,50 EUR und für Pflegefachkräfte 15,00 EUR je Stunde. Ab April 2022 steigt der bundesweite Mindestlohn dann auf 12,55 EUR, 13,20 EUR bzw. 15,40 EUR je Stunde.

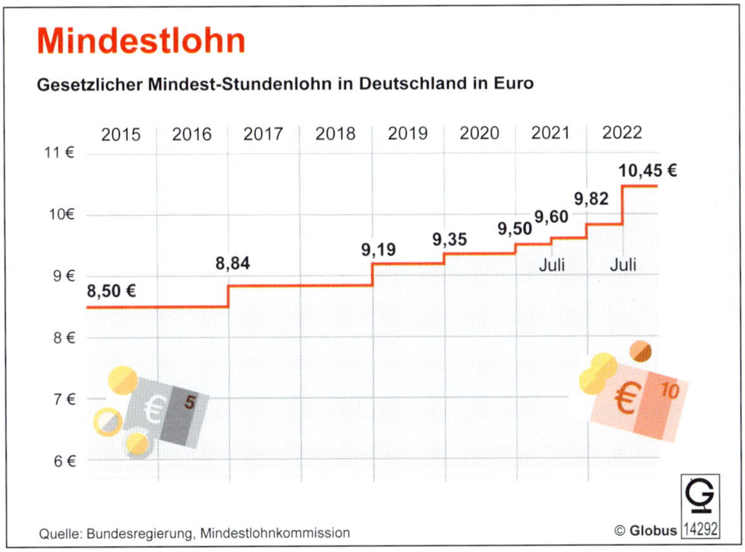

Seit Januar 2015 gibt es in Deutschland einen gesetzlichen Mindestlohn. Er startete mit einer Höhe von 8,50 Euro je Stunde. Mindestens dreimal im Jahr setzt sich eine extra dafür eingesetzte Mindestlohnkommission zusammen, um über den Mindestlohn zu beraten. Alle zwei Jahre legen die ehrenamtlichen Kommissionsmitglieder ihre Arbeitsergebnisse der Regierung in einem Bericht vor und geben Empfehlungen für Erhöhungen des Mindestlohnes für die kommenden zwei Jahre. Dabei orientieren sie sich an der Tarifentwicklung in Deutschland. Das Bundeskabinett ist den Empfehlungen bislang stets gefolgt. Nach dem jüngsten Beschluss wird der Mindestlohn bis zum Juli 2022 schrittweise auf 10,45 Euro angehoben.

▶ Zusammenfassung

Entlohnung

- **Tarifmitarbeiter:** Zeitlohn nach Tarifvertrag (evtl. mit Zuschlägen), gesetzlicher Mindestlohn für Pflegekräfte
- **außertarifliche Mitarbeiter:** individuell vereinbartes Gehalt (evtl. mit Leistungszulagen)
- **Freiberufler:** Abrechnung der erbrachten Leistung nach Gebührenordnung
- **Gewerbetreibende:** von den zu erzielenden Marktpreisen abhängiges Einkommen (Ausnahme: Arzneimittelverkauf in Apotheken)

Aufgaben 9

(1) Diskutieren Sie Vor- und Nachteile der einzelnen Lohnformen!

(2) Welche Formen der Entlohnung werden in den folgenden Fällen zur Anwendung kommen?

a) niedergelassener Zahnarzt
b) Kauffrau im Gesundheitswesen
c) medizinische Fachangestellte
d) Augenoptiker
e) Assistenzärztin im Krankenhaus
f) Apotheker

Lernfeld: Märkte und Marketing

1 Notwendigkeit des Wirtschaften

1.1 Bedürfnisse und Bedarf

Ausgangspunkt wirtschaftlichen Handelns sind die Wünsche des Menschen nach Wohnung, Kleidung und Nahrung. Darüber hinaus hat er zahlreiche weitere Anliegen (wie z. B. Besuch von Theatern oder Museen), deren Ausführung dazu beiträgt, sein Leben angenehmer zu gestalten.

Zur Erfüllung der zum Teil lebensnotwendigen Wünsche entstehen beim Menschen **Mangelgefühle,** die er zu beseitigen sucht. Diese Mangelempfindungen werden im wirtschaftlichen Sprachgebrauch als **Bedürfnisse** bezeichnet, die das Bestreben hervorrufen, den Mangel zu beheben.

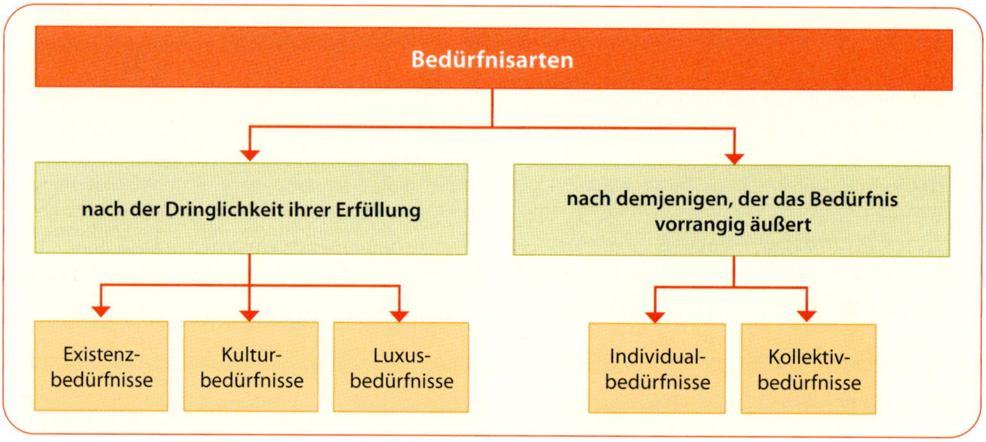

▶ Bedürfnisarten nach der Dringlichkeit ihrer Erfüllung

Eine wichtige Unterscheidung der Bedürfnisse ist die nach ihrer Dringlichkeit:

- **Existenzbedürfnisse** wie Essen, Trinken oder Wohnen müssen vorrangig behoben werden, da ihre Befriedigung lebensnotwendig ist.
- **Kulturbedürfnisse** gehen über das Existenzminimum hinaus und werden dadurch geweckt, dass der Mensch in einer bestimmten Gesellschaft mit einer besonderen Kultur lebt. Die Befriedigung dieser Bedürfnisse wie z. B. Unterhaltung, Bildung oder Reisen wird in der Gesellschaft weitgehend als selbstverständlich betrachtet.
- **Luxusbedürfnisse** sind solche, die prinzipiell als entbehrlich anzusehen sind (Sportwagen, wertvoller Schmuck).

Welchem Bereich ein bestimmtes Bedürfnis zuzuordnen ist, hängt häufig von der spezifischen Situation des Menschen ab. Einzelne Bedürfnisse können von bestimmten Personen als selbstverständlich betrachtet werden (Durchführung einer Weltreise), während sie von Mitgliedern anderer sozialer Schichten als Luxus empfunden werden. Bedürfnisse sind auch im Zeitablauf wandelbar und ändern sich durch technische und gesellschaftliche Entwicklungen. Der Wunsch nach einer Auslands-Urlaubsreise oder nach einem Laptop war zunächst ein Luxusbedürfnis, wird jedoch heute als üblich eingestuft.

Bedürfnisse nach demjenigen, der das Bedürfnis vorrangig äußert

Bedürfnisse können weiter in **Individual- und Kollektivbedürfnisse** unterschieden werden, und zwar je nachdem, ob ein Bedürfnis eher von einer einzelnen Person ausgeht oder alle Mitglieder der Gesellschaft dieses Bedürfnis gleichermaßen äußern.

- **Individualbedürfnisse:** ein Nahrungsmittel, ein Möbelstück, eine Erholungsreise.
- **Kollektivbedürfnisse** (Gemeinschafts- oder Sozialbedürfnisse): Schulen, Krankenhäuser, Straßen, Umweltschutz, Rechtssicherheit.

Inwieweit der Mensch seine Bedürfnisse tatsächlich befriedigen kann, hängt in der Regel von seiner Vermögens- und Einkommenssituation, d.h. von der ihm zur Verfügung stehenden **Kaufkraft,** ab. Die Summe der mit Kaufkraft versehenen Bedürfnisse wird als **Bedarf** bezeichnet. Dieser kann durch den Erwerb bestimmter Güter gedeckt werden. Wird der Bedarf auf diese Weise durch einen Kaufentschluss am Markt wirksam, wird er zur **Nachfrage.**

1.2 Güter als Mittel der Bedürfnisbefriedigung

Alle Mittel, die die Bedürfnisse befriedigen, nennt man **Güter.** Sie sind für den Menschen von Nutzen, weil sie ein bestehendes Mangelgefühl beseitigen.

Freie Güter

Nicht alle Güter werden durch wirtschaftliche Tätigkeit erstellt. Mittel, die die Natur unbeschränkt und unentgeltlich zur Verfügung stellt (Luft, Sonnenlicht, Meerwasser, Wüstensand, Steine im Gebirge), ohne dass zu ihrer Erlangung Arbeit geleistet werden muss, nennt man **freie Güter.** Sie sind im Verhältnis zu den Bedürfnissen reichlich vorhanden und deshalb **nicht** Gegenstand des Wirtschaftens.

Infolge der zunehmenden Einwirkungen des Menschen auf die Natur durch Umweltbelastungen (Luft- und Gewässerverschmutzung) werden die freien Güter allerdings nicht nur oft nachhaltig in ihrer Qualität geschädigt, sondern auch stetig verringert. Aufgrund dieser zunehmenden Knappheit ergibt sich zusehends die Notwendigkeit, auch mit freien Gütern wirtschaften zu müssen.

Wirtschaftliche Güter

Ökonomisch von Bedeutung sind vor allem die wirtschaftlichen Güter, die durch folgende **Merkmale** charakterisiert sind:

- Die meisten Güter, die der Mensch benötigt, stellt die Natur nur in einem begrenzten Umfang und meist nicht in direkt verbrauchsgerechtem Zustand zur Verfügung (Rohstoffe, Energie). Diese nur unter Arbeitseinsatz nutzbaren Güter sind **knapp** und deshalb muss mit ihnen **gewirtschaftet** werden. Ein Gut wird dann knapp, wenn bei gleichbleibendem Angebot die Nachfrage steigt. **Relativ knapp** sind Güter, die prinzipiell in beliebiger Menge hergestellt werden können; **absolut knapp** sind Güter, die sich nicht vermehren lassen (z.B. der Boden).
- Die Herstellung bzw. die Bearbeitung wirtschaftlicher Güter verursachen **Kosten.**
- Wirtschaftliche Güter werden am **Markt** angeboten und erzielen einen **Preis.**
- **Materielle Güter (Sachgüter)** sind körperlicher Natur und dienen entweder als **Produktionsgüter** zur Herstellung wirtschaftlicher Güter oder finden in Form von **Konsumgütern** unmittelbare Verwendung zur Bedürfnisbefriedigung.

  Sowohl Produktions- als auch Konsumgüter können **Verbrauchsgüter** (das Gut wird beim Verbrauchsvorgang „vernichtet") oder **Gebrauchsgüter** (das Gut wird über einen längeren Zeitraum „genutzt") sein.

- **Immaterielle Güter** sind **Dienstleistungen** (menschliche Leistungen, die der Bedürfnisbefriedigung dienen, z.B. bereitgestellt durch Rechtsanwälte, Ärzte, Banken, Versicherungen) und **Rechte** (Patente, Lizenzen).

Immaterielle Güter kommen wie materielle Güter sowohl im Produktions- als auch im Konsumbereich vor.

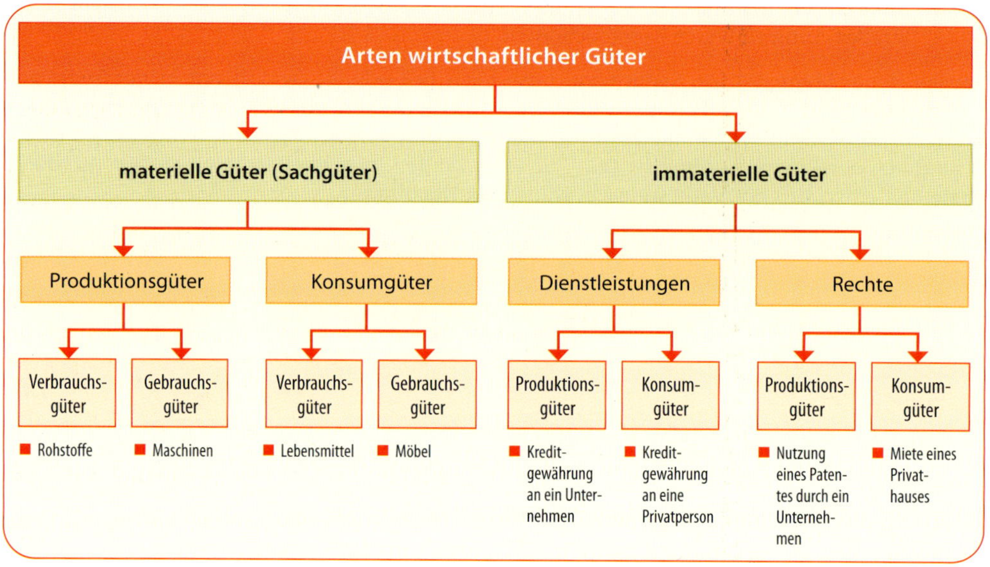

1.3 Ökonomisches Prinzip

Wirtschaftliche Entscheidungen müssen planvoll und vernünftig (rational) getroffen werden, wenn der angestrebte Erfolg bestmöglich erreicht werden soll. Wirtschaftlich arbeiten bedeutet, mit knappen Gütern eine **optimale Bedürfnisbefriedigung** zu erzielen. Als Grundsatz wirtschaftlichen Handelns gilt das ökonomische Prinzip **(Rationalprinzip, Prinzip der Wirtschaftlichkeit)**, wobei in zwei Einzelprinzipien unterschieden werden kann:

▶ Maximalprinzip

Mit einem gegebenen Einsatz von Mitteln soll der größtmögliche (maximale) Erfolg (Nutzen, Leistung) erzielt werden.

- Ein Ehepaar versucht, mit dem zur Verfügung stehenden Haushaltsgeld einen höchstmöglichen Nutzen für die Familie zu erreichen.
- Ein Textilunternehmen ist bestrebt, aus einer bestimmten Menge Stoff durch geeignetes Zuschneiden möglichst viele Damenblusen anzufertigen.

▶ Minimalprinzip

Ein bestimmter Erfolg soll mit dem geringsten (minimalen) Einsatz von Mitteln erreicht werden.

- Ein Konsument ist bestrebt, für den Kauf bestimmter Lebensmittel möglichst wenig Geld auszugeben.
- Für den Warenversand wird die preisgünstigste Versandart gewählt.

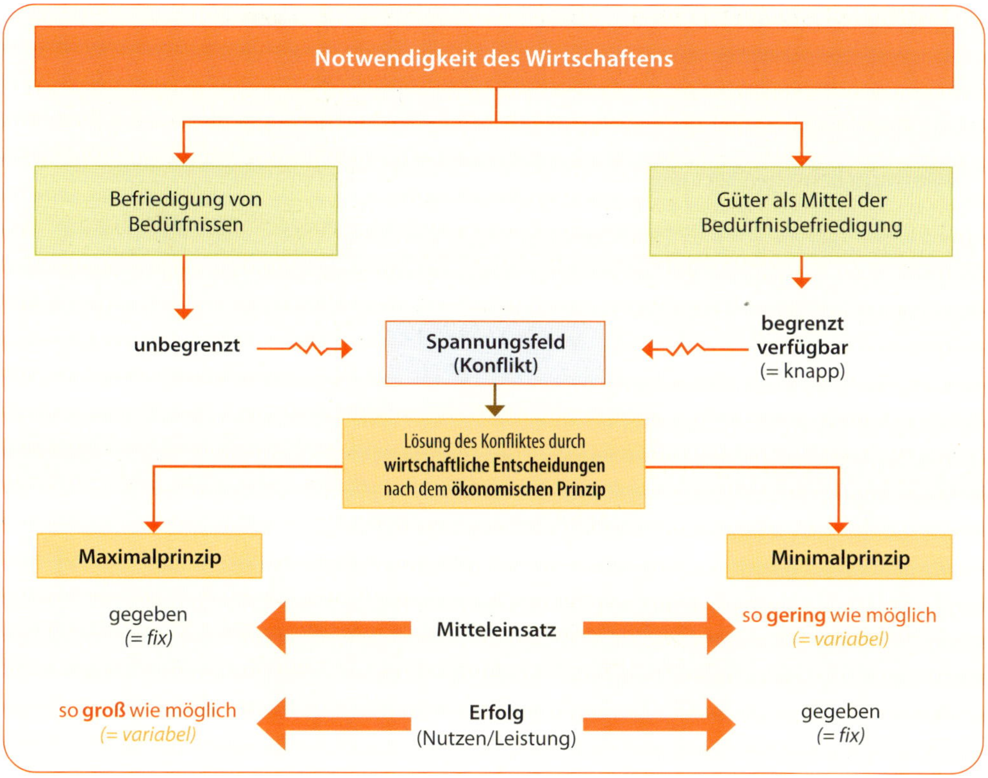

Beim ökonomischen Prinzip werden Aufwand und Nutzen in ein Verhältnis zueinander gesetzt. Das Ergebnis gibt Aufschluss über den **Erfolg wirtschaftlichen Handelns.** Das Maximalprinzip erfordert die Ergiebigkeit der Mittelverwendung, das Minimalprinzip bedingt die Sparsamkeit der einzusetzenden Mittel.

Spätestens seitdem die **Belastungen der Umwelt** weltweit bedrohliche Ausmaße (z.B. Waldsterben, Ozonloch, Klimaveränderungen) angenommen haben, die unsere natürlichen Lebensgrundlagen beeinträchtigen, ist deutlich geworden, dass **wirtschaftliches Handeln auch ökologischen Erfordernissen** gerecht werden muss. Die Realisierung von Umweltschutzmaßnahmen berührt daher stets auch ökonomische Interessen.

So erfordern die Vermeidung oder Beseitigung von Umweltbelastungen zusätzliche Investitionen, die oft einen erheblichen Kapitaleinsatz bedingen. Die dadurch verursachten Kosten stehen der erwerbswirtschaftlichen Zielsetzung des Unternehmens, die bestmögliche Verzinsung des eingesetzten Kapitals zu erreichen, entgegen. Andererseits können innovative Umweltschutzmaßnahmen (wie etwa die Entwicklung eines rohstoff- oder eines energiesparenden Produktionsverfahrens) zukunftsorientierte Märkte eröffnen.

Bei Zielkonflikten im Spannungsfeld zwischen ökonomischen Belangen und ökologischen Notwendigkeiten sollte immer dann der **Ökologie** der Vorrang eingeräumt werden, wenn bei der Verfolgung wirtschaftlicher, politischer und gesellschaftlicher Interessen mit Beeinträchtigungen der Umwelt (z.B. Gefahren für die menschliche Gesundheit oder Bedrohung unserer natürlichen Lebensgrundlagen) zu rechnen ist.

2 Produktionsfaktoren

Die vielfältigen **Bedürfnisse** der Menschen und der sich daraus durch Kaufkraft am Markt ergebende **Bedarf** erfordern es, dass die zur Bedürfnisbefriedigung notwendigen **Güter** von Unternehmen produziert und für die Verbraucher bereitgestellt werden. Für diesen Produktionsprozess sind als Grundelemente **Produktionsfaktoren** notwendig, die nach volkswirtschaftlichen und betriebswirtschaftlichen Faktoren unterschieden werden können.

2.1 Volkswirtschaftliche Produktionsfaktoren

Unter Produzieren im volkswirtschaftlichen Sinn wird das Beschaffen, Erzeugen und Verteilen von Gütern verstanden. Die Produktion von Gütern kann nur erfolgen, wenn **menschliche Arbeit** und das in der Natur vorfindbare Gut **Boden** eingesetzt werden (ursprüngliche Produktionsfaktoren). Als zusätzliche (abgeleitete) Faktoren kommen das **Kapital** sowie das **menschliche Know-how** (Bildung) hinzu.

▶ Produktionsfaktor Arbeit

Träger des Produktionsfaktors Arbeit ist der Mensch. Volkswirtschaftlich bedeutet Arbeit die bewusste geistige und körperliche Tätigkeit des Menschen, die auf **Einkommenserzielung** gerichtet ist.

> Die Tätigkeit einer Kauffrau im Gesundheitswesen dient dem Erwerb von Einkommen und ist somit dem Produktionsfaktor Arbeit zuzurechnen. Hält sich die Angestellte in ihrer Freizeit durch körperliche Aktivitäten fit, erfüllt sie zwar auch eine Arbeitsleistung, die allerdings nicht zur Schaffung von Gütern dient. Arbeit ist entsprechend nur dann ein Produktionsfaktor, wenn sie zur Produktion oder Verteilung von Waren oder Dienstleistungen vollbracht wird und damit im Dienst der Bedarfsdeckung steht.

Körperliche Tätigkeiten verlangen vermehrt manuelle Kenntnisse und Fertigkeiten. Hier werden besondere Anforderungen an Muskelkraft, Beweglichkeit und Geschicklichkeit gestellt. Grundvoraussetzung ist aber auch eine gründliche Schulung oder Ausbildung, die das notwendige Wissen zur Ausführung der Tätigkeit vermittelt.

Geistige Tätigkeit ist eher durch Planungs-, Kontroll- und Leitungsaufgaben gekennzeichnet, die Wissen und Denkvermögen stärker fordern. Auch hier ist eine entsprechende Ausbildung Voraussetzung.

▶ Produktionsfaktor Boden (Natur)

Der Produktionsfaktor Boden ist absolut knapp, d. h. nicht vermehrbar. Beim Boden handelt es sich um einen umfassenden Oberbegriff für alle von der Natur zur Verfügung gestellten **„natürlichen Hilfsquellen"** (Ressourcen), insbesondere um alle für die Produktion von Gütern erforderlichen **Rohstoffe** und **Naturkräfte.**

> Der Boden leistet durch seine wirtschaftliche Nutzung einen dreifachen Beitrag:
> - **Abbaufunktion** durch Nutzung von Rohstoff- und Energievorkommen (Kohle, Erze, Erdöl, Erdgas, Wasser, Sonnenenergie);
> - **Anbaufunktion** in der Land- und Forstwirtschaft (Ackerbau, Viehzucht, Anbau von Obst, Wein, Gemüse und Holz sowie Fischfang);
> - **Standortfunktion** für Unternehmen und Haushalte (landwirtschaftliche Betriebe sind von Bodenqualität und klimatischen Bedingungen abhängig; Industriebetriebe sind teilweise an bestimmte Standorte zu Rohstoffen, Energiequellen und Transportwegen gebunden).

In den letzten Jahren wurde im Zusammenhang mit den von der Natur zur Verfügung gestellten Ressourcen immer wieder die Forderung erhoben, Belastungen des Produktionsfaktors

Boden (Natur) zu vermeiden bzw. bereits vorhandene Schäden nachträglich zu beseitigen. In den hohen Kosten des Umweltschutzes (z. B. für geeignete Maßnahmen zum Gewässerschutz, zur Luftreinhaltung oder zur Lösung des Müllproblems) spiegelt sich somit der Preis für den Produktionsfaktor Boden (Natur) wider.

▶ Produktionsfaktor Kapital

Der Produktionsfaktor Kapital ist schwieriger zu beschreiben als die Faktoren Arbeit und Boden (Natur). Produzieren ist nur durch Kombination dieser beiden **ursprünglichen (originären) Produktionsfaktoren** möglich. Kapital ist dagegen von Anfang an kein ursprünglicher, sondern ein **abgeleiteter (derivativer) Produktionsfaktor,** der erst durch das Zusammenwirken der Produktionsfaktoren Arbeit und Boden (Natur) entstehen kann.

Unter dem **Produktionsfaktor Kapital** sind alle materiellen Ergebnisse wirtschaftlicher Tätigkeit zu verstehen, die nicht zum unmittelbaren Verbrauch, sondern zur weiteren Gütererstellung bestimmt sind. Man bezeichnet sie deshalb als **produzierte Produktionsmittel** (Gebäude, Maschinen, Vorprodukte u. a.).

> Kapital kann nur dadurch gebildet werden, dass nicht alle mit den ursprünglichen Produktionsfaktoren Arbeit und Boden erzeugten Güter sofort konsumiert, sondern gespart werden. Erst durch einen vorübergehenden Konsumverzicht wird es möglich, Kapital zu bilden, um damit später mehr Güter erzeugen zu können.
>
> Ein Landwirt, der die Erträge des Bodens und seiner Arbeit nicht restlos verbraucht, wird nach einiger Zeit in der Lage sein, die angesparten Mittel in Maschinen zu investieren, die das spätere Produktionsergebnis wesentlich verbessern.

▶ Produktionsfaktor menschliches Know-how (Bildung)

Da auch der Stand des naturwissenschaftlichen, technischen, handwerklichen oder kaufmännischen Wissens die Ergiebigkeit und Qualität der im Produktionsprozess eingesetzten ursprünglichen (originären) Produktionsfaktoren Boden und Arbeit steigern, gilt **Bildung** ebenso wie das Kapital als **abgeleiteter (derivativer) Produktionsfaktor.**

Das durch Aus- und Fortbildung oder Erfahrung erworbene **„menschliche Know-how"** ermöglicht es nicht nur, Umfang und Qualität der Produktion zu steigern, sondern fördert auch den vernünftigen Umgang mit den anderen Produktionsfaktoren. Nicht die sinnlose Ausbeutung von Natur und Arbeitskräften sichert auf längere Sicht die Produktivität, sondern der überlegte Einsatz dieser wertvollen Produktionsfaktoren.

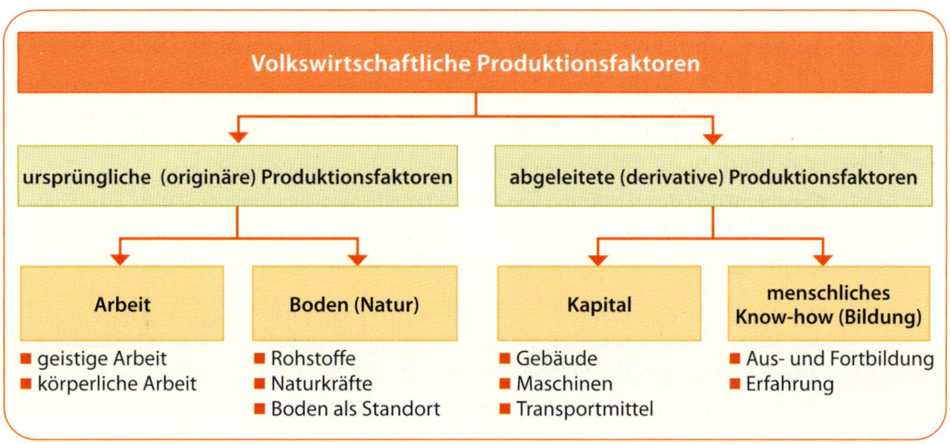

Das in Unternehmen vorhandene Wissen wird immer mehr zum entscheidenden Produktionsfaktor und ist dadurch mittlerweile genauso wichtig wie Kapital und Arbeit. Das Wissensmanagement hat die Aufgabe, den Erwerb, die Entwicklung, den Transfer und die Konservierung von Wissen systematisch zu organisieren.

Kritisiert wird am Wissensmanagement häufig, dass der Begriff undifferenziert ist und „Wissen" nicht stark genug von den Begriffen „Daten" und „Informationen" abgegrenzt wird.

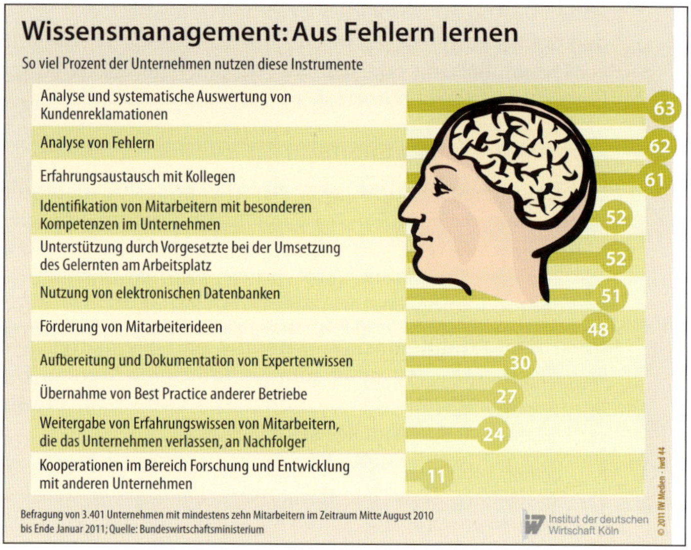

Quelle: iw-dienst: Informationen aus dem Institut der deutschen Wirtschaft Köln, Nr. 44 vom 3. November 2011

2.2 Betriebswirtschaftliche Produktionsfaktoren

Die volkswirtschaftlichen Produktionsfaktoren Arbeit, Boden (Natur), Kapital und Bildung beziehen sich auf die Gesamtwirtschaft eines Landes. Die Betriebswirtschaftslehre hingegen bestimmt **betriebswirtschaftliche (einzelwirtschaftliche) Produktionsfaktoren** für den betrieblichen Leistungsprozess.

Die Erstellung der betrieblichen Leistung erfolgt dabei durch das Zusammenwirken folgender Produktionsfaktoren:

- Einsatz von **menschlicher Arbeitskraft**
- Einsatz von **Betriebsmitteln** in Form von Grundstücken, Gebäuden, Maschinen, Werkzeugen, Transporteinrichtungen, Büroausstattung usw.
- Verwendung von **Werkstoffen** in Form von Rohstoffen (z. B. Holz für ein Möbelstück), Hilfsstoffen (z. B. Farbe) und Betriebsstoffen (z. B. Strom)
- Nutzung von **Rechten** wie Patente, Lizenzen, Miet- oder Pachtverträge

In einem Unternehmen werden die Faktoren menschliche Arbeitskraft, Betriebsmittel, Werkstoffe und Rechte so miteinander kombiniert, dass das angestrebte Produktionsziel erreicht wird. Die wichtige Steuerung dieses Prozesses erfolgt durch Mitarbeiter, die nur indirekt an der Leistungserstellung beteiligt sind. Ihre Aufgabe ist die **Leitung, Planung** und **Organisation** des Unternehmens, d. h., sie nehmen Managementfunktionen wahr. Die Tätigkeit dieser **leitenden Arbeitskräfte** (z. B. Geschäftsführer, Abteilungsleiter) bildet einen **selbstständigen betriebswirtschaftlichen Produktionsfaktor.**

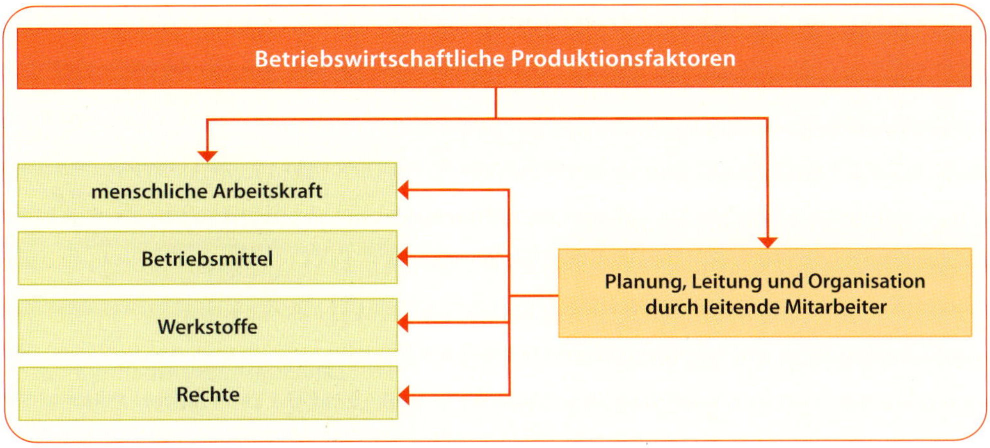

2.3 Kombination und Substitution der Produktionsfaktoren

Die zentrale Aufgabe von Unternehmen, Güter für die Bedarfsdeckung bereitzustellen, wird durch die **Kombination der Produktionsfaktoren** Arbeit, Boden (Natur), Kapital und menschliches Know-how (Bildung) erreicht. Das mengenmäßige Ergebnis des Zusammenwirkens der Produktionsfaktoren ist der **Ertrag** (Produktionsmenge oder Output).

Kann eine bestimmte Menge eines Produktionsfaktors durch eine bestimmte Menge eines anderen ersetzt werden, sind also Produktionsfaktoren ganz oder teilweise **gegeneinander austauschbar (substituierbar),** ohne dass sich der Ertrag ändert, handelt es sich um die **Substitution von Produktionsfaktoren.**

In Handelsbetrieben werden **computergestützte Warenwirtschaftssysteme** eingesetzt. Sie gestatten es, den für betriebliche Entscheidungsprozesse erforderlichen Informationsbedarf vom Warenein- bis zum Warenausgang wirtschaftlich zu decken.

Dieser Einsatz rechnergestützter Warenwirtschaftssysteme ist mit einer **Substitution von Produktionsfaktoren** verbunden:

- **Ersatz körperlicher Arbeit** (Ablesen und manuelles Erfassen des auf dem Warenetikett aufgedruckten Einzelpreises) **durch Kapital** (über Lesestifte oder Scanner maschinelle Erfassung der Artikelcodierung und Abruf des dazu gespeicherten Preises);
- **Ersatz geistiger Arbeit** (zeitaufwendige und umständliche Auswertungen des für betriebliche Entscheidungsprozesse benötigten Datenmaterials wie z.B. Tagesumsatz, Umsatz in Prozent des Gesamtumsatzes für einzelne Artikel bzw. Warengruppen, Lagerumschlagshäufigkeit, -dauer und -zinsen) **durch Kapital** (die im Betrieb eingesetzte Hard- und Software gestattet zu jedem Zeitpunkt die artikelgenaue, lückenlose und aktuelle Verarbeitung und Aufbereitung der mengen- und wertmäßigen Warenbewegungsdaten).

3 Wirtschaftskreislauf

Die wirtschaftlichen Abläufe in einer Volkswirtschaft sind außerordentlich kompliziert und zeigen auf den ersten Blick ein Bild verwirrender Vielfalt. Millionen privater Haushalte und Tausende von Unternehmen unterhalten zueinander ökonomische Beziehungen. Zur vereinfachenden Verdeutlichung dieser vielfältigen Strukturen wird der ständige Vorgang von Produktion in Unternehmen und Konsum in Haushalten im **Modell eines Wirtschaftskreislaufes** dargestellt.

3.1 Einfacher Wirtschaftskreislauf

Im einfachen Wirtschaftskreislauf bleiben die Aktivitäten des Staates und des Bankensystems im Wirtschaftsprozess sowie die Außenhandelsbeziehungen unberücksichtigt.

Alle gleichartigen Wirtschaftseinheiten werden zu den Sektoren (Ausschnitten)

- **Unternehmen** und **Haushalte**

und alle Wert- und Mengenbewegungen zum

- **Güterstrom** und **Geldstrom**

zusammengefasst.

▶ Güterkreislauf

Die privaten Haushalte stellen den Unternehmen die Produktionsfaktoren Arbeit oder auch Boden (Natur) zur Verfügung. Die Unternehmen kombinieren die produktiven Faktoren im Produktionsprozess und erzeugen auf diese Weise **Güter,** die sie wiederum an die Haushalte verkaufen. Der Güterkreislauf besteht demnach aus den Faktorleistungen der Haushalte und der Güterbereitstellung durch die Unternehmen (Güterströme oder Realströme).

▶ Geldkreislauf

Für ihre Faktorleistungen erhalten die Haushalte als Gegenleistung von den Unternehmen **Geldeinkommen** (Lohn). Diese Einkommen der Haushalte stellen für die Unternehmen Kosten dar. Die produzierten Güter werden an die Haushalte veräußert, wodurch Erlöse an die Unternehmen zurückfließen. Der Geldkreislauf bewegt sich somit **gegenläufig** zum Güterkreislauf: Einem Strom von Sachgütern und Dienstleistungen (Güterkreislauf) fließt ein gleich großer Geldstrom (Geldkreislauf) entgegen.

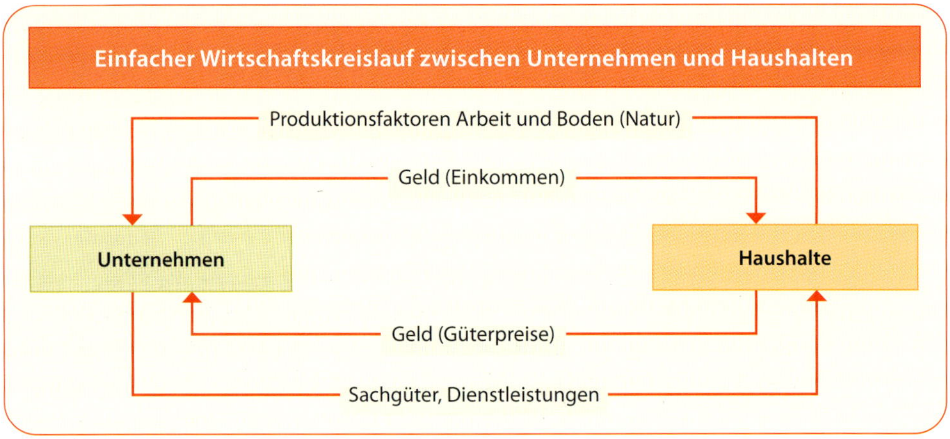

▶ Begriff des Marktes

Das Modell des einfachen Wirtschaftskreislaufes zeigt, dass von Haushalten und Unternehmen **Angebot** und **Nachfrage** ausgehen. Private Haushalte bieten insbesondere menschliche Arbeitskraft an und fragen Sachgüter und Dienstleistungen nach. Unternehmen unterbreiten dieses Güterangebot und erheben selbst Nachfrage nach den Leistungen der Haushalte.

Den Ort, an dem Anbieter und Nachfrager zusammentreffen, bezeichnet man als **Markt** (vgl. S. 147).

3.2 Erweiterter Wirtschaftskreislauf

Das Modell des einfachen Wirtschaftskreislaufes setzt voraus, dass die Haushalte ihr gesamtes Einkommen (Volkseinkommen = Y) für den Kauf von Konsumgütern (C) verwenden und dass alle von den Unternehmen erzeugten Güter an die Haushalte abgegeben werden.

$$Y = C$$

Ein Teil der erstellten Güter wird aber in den Unternehmen selbst zur Verbesserung der Produktionsbedingungen **investiert** (I) und ein Teil des durch die Produktion entstandenen Einkommens der Haushalte wird nicht konsumiert, sondern **gespart** (S).

Für die **Einkommensbildung** gilt: $Y = C + I$

und für die **Einkommensverwendung:** $Y = C + S$

Damit der Kreislauf geschlossen bleibt, gilt: $I = S$

Die Funktion des Mittlers zwischen Ersparnissen und Investitionen wird vom **Bankensystem** übernommen. Entsprechend ist das einfache Kreislaufmodell zu erweitern.

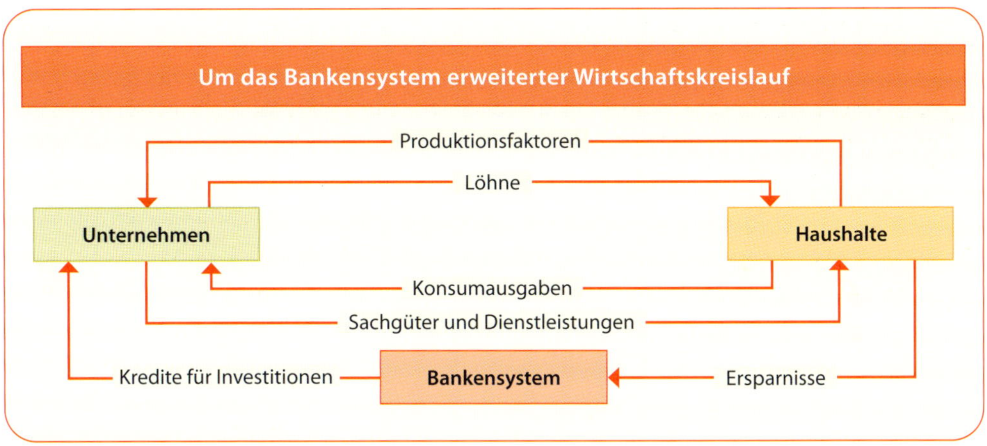

Neben den für den privaten Konsum und die Investitionen erstellten Gütern müssen bei der Einkommensbildung Leistungen zwischen Unternehmen und Staat (indirekte Steuern und Subventionen) Berücksichtigung finden (T). Auch die privaten Haushalte müssen bei der Einkommensverwendung beachten, dass Teile in Form von direkten Steuern und Beiträgen zur Sozialversicherung das Einkommen mindern (St).

Für die **Einkommensbildung** gilt: $Y = C + I + T$

und für die **Einkommensverwendung:** $Y = C + S + St$

Weiterhin stehen Unternehmen auch mit dem Ausland in wirtschaftlichen Beziehungen. Für Waren, die sie aus dem Ausland beziehen **(Import),** fließen Gelder in Form von Importausgaben an das Ausland ab.

Für Warenlieferungen an ausländische Kunden **(Export)** werden der Volkswirtschaft wieder Gelder als Exporteinnahmen zugeführt. Das Ergebnis des Außenhandels errechnet sich aus der Summe der Exporteinnahmen abzüglich der Importausgaben (Ex - Im).

Für die **Einkommensentstehung** gilt: $Y = C + I + T + (Ex - Im)$

Die Einkommensverwendung muss berücksichtigen, dass sowohl von inländischen Haushalten Transferzahlungen an das Ausland erfolgen (T_{IA}) als auch von ausländischen Haushalten Leistungen in das Inland fließen (T_{AI}).

- Ein Ehepaar überweist seiner im Ausland studierenden Tochter monatlich einen Betrag zur Finanzierung des Studiums (T_{IA}).
- Ein in der Bundesrepublik Deutschland lebendes Ehepaar erhält von einem verstorbenen Verwandten aus dem Ausland eine Erbschaft übertragen (T_{AI}).

Für die **Einkommensverwendung** gilt: $Y = C + S + St + (T_{IA} - T_{AI})$

Um das Bankensystem, den Staat und das Ausland erweiterter Wirtschaftskreislauf

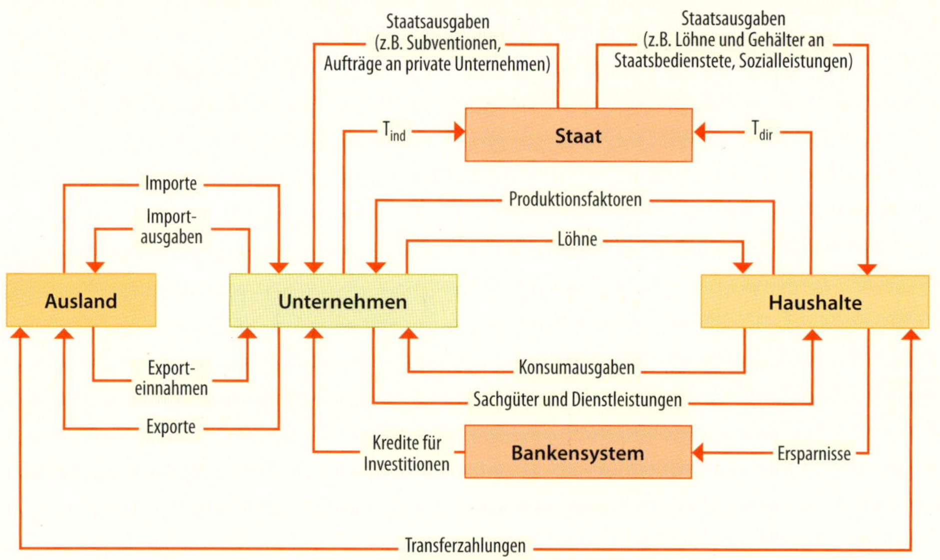

▶ Zusammenfassung

Grundlagen des Wirtschaftens

Notwendigkeit des Wirtschaftens

- **Bedürfnisse** des Menschen als Mangelempfindungen
  - Existenzbedürfnisse
  - Kulturbedürfnisse
  - Luxusbedürfnisse
  - Individualbedürfnisse
  - Kollektivbedürfnisse
- **Bedarf** als Summe der durch Kaufkraft zu realisierenden Bedürfnisse
- **Güter** als Mittel der Bedürfnisbefriedigung
  - freie Güter: Luft, Sonnenlicht, Meerwasser
  - wirtschaftliche Güter: knappe Güter, mit denen gewirtschaftet werden muss:
    - **materielle Güter** (Sachgüter) als Produktions- oder Konsumgüter
    - **immaterielle Güter** in Form von Dienstleistungen und Rechten
- **ökonomisches Prinzip** (Rationalprinzip, Prinzip der Wirtschaftlichkeit)
  - **Maximalprinzip** (mit gegebenen Mitteln den größtmöglichen Erfolg erzielen)
  - **Minimalprinzip** (einen bestimmten Erfolg mit den geringsten Mitteln erreichen)

Produktionsfaktoren

- **Volkswirtschaftliche Produktionsfaktoren**
  Arbeit, Boden (Natur), Kapital, menschliches Know-how (Bildung)
- **Betriebswirtschaftliche Produktionsfaktoren**
  menschliche Arbeitskraft, Betriebsmittel, Werkstoffe, Rechte, Leitungsfunktionen

Wirtschaftskreislauf

- **einfacher Wirtschaftskreislauf**
  Güter- und Geldströme zwischen Unternehmen und Haushalten
- **erweiterter Wirtschaftskreislauf**
  Güter- und Geldströme zwischen Unternehmen, Haushalten, Bankensystem, Staat und Ausland

Aufgaben 10

(1) *Nennen Sie 15 Bedürfnisse, die Sie selbst haben, und ordnen Sie diese nach ihrer Dringlichkeit!*

(2) *Warum wird der Wunsch nach Rechtssicherheit des Bürgers zu den Kollektivbedürfnissen gezählt?*

(3) *Erläutern Sie die Begriffe: Bedürfnis, Bedarf und Nachfrage!*

(4) *Wodurch kann ein freies Gut zu einem wirtschaftlichen Gut werden?*

(5) *Welche Beispiele kann man bei folgender Einteilung anführen?*

a) Produktionsgüter als Verbrauchs- bzw. Gebrauchsgüter

b) Konsumgüter als Verbrauchs- bzw. Gebrauchsgüter

(6) *Geben Sie jeweils zwei Dienstleistungen für den Produktions- und Konsumgüterbereich an!*

(7) *Nennen Sie Beispiele aus Ihrem Ausbildungsbetrieb für die Anwendung des Maximalprinzips und des Minimalprinzips!*

(8) *Warum werden Arbeit und Boden (Natur) als ursprüngliche (originäre) Produktionsfaktoren und Kapital sowie menschliches Know-how (Bildung) als abgeleitete (derivative) Faktoren bezeichnet?*

(9) *Wie werden die Produktionsfaktoren aus volkswirtschaftlicher und betriebswirtschaftlicher Sicht gegliedert?*

(10) *Geben Sie betriebswirtschaftliche Produktionsfaktoren Ihres Ausbildungsbetriebes an!*

(11) *Beschreiben Sie die Unterschiede zwischen den Modellen des einfachen und des erweiterten Wirtschaftskreislaufes!*

(12) *Der nachfolgende erweiterte Wirtschaftskreislauf spiegelt ausschließlich den Geldstrom zwischen den beteiligten Wirtschaftseinheiten wider. Ordnen Sie den nachfolgenden Zahlungsvorgängen die entsprechende Ziffer aus der Grafik zu!*

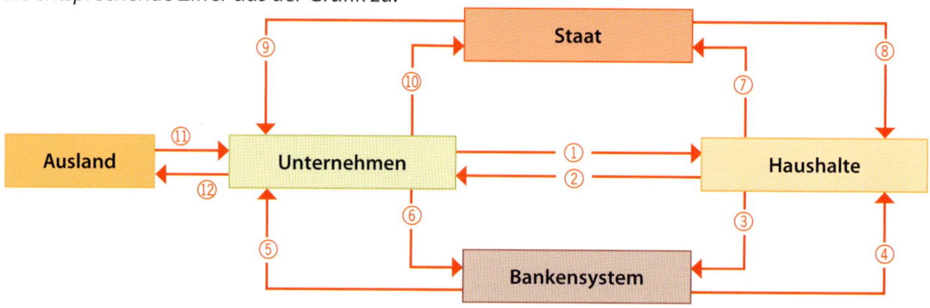

a) *Eine Kommune begleicht die Rechnung eines Bauunternehmens für die Modernisierung einer Kläranlage.*
b) *Eine Berufsschülerin bezahlt ihre Einkäufe an der Kasse eines Warenhauses.*
c) *Eine pensionierte Beamtin erhält ihre monatlichen Altersbezüge.*
d) *Zahlung von Körperschaftsteuer.*
e) *Der Inhaber einer Apotheke überweist die fällige Einkommensteuer.*
f) *Zinszahlungen der Banken für Spareinlagen der Privatkunden.*
g) *Zinszahlungen der Banken für Spareinlagen der Geschäftskunden.*
h) *Auszahlung des Arbeitslosengeldes II.*
i) *Ein deutscher Importeur überweist die Eingangsrechnung an seinen amerikanischen Lieferanten.*
j) *Überweisung der Kfz-Steuer für einen Lkw.*
k) *Ein Arbeitnehmer bezahlt Zinsen für die Inanspruchnahme seines Dispositionskredites.*
l) *Ein Unternehmen in Berlin erhält für gelieferte Ware von seinem japanischen Kunden die vereinbarte Abschlagszahlung.*
m) *Ein Unternehmen bezahlt Zinsen für die Inanspruchnahme des eingeräumten Kontokorrentkredites.*
n) *Auszahlung der Löhne.*

4 Wirtschaftsordnung als Teil der Gesellschaftsordnung

Die Gesamtheit der kulturellen, sozialen, politischen, rechtlichen und wirtschaftlichen Beziehungen in einer Gesellschaft wird als **Gesellschaftsordnung** bezeichnet.

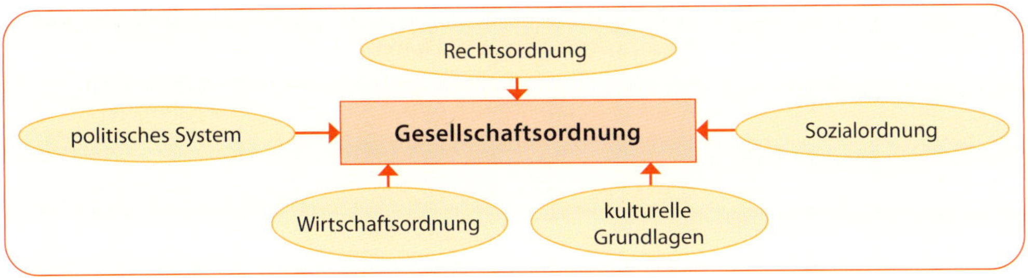

Unter **Wirtschaftsordnung** versteht man die reale Erscheinungsform einer Volkswirtschaft, d.h. die in einem Staat geltenden Regeln für den Aufbau und Ablauf des Wirtschaftens.

Die Gestaltung einer Wirtschaftsordung ist weitgehend von bestimmten gesellschaftspolitischen Grundsatzentscheidungen abhängig. Dabei ist es besonders wesentlich, auf welche Weise die **Planung wirtschaftlicher Handlungen** erfolgen soll.

Aufgrund der Knappheit der Güter müssen in jeder Wirtschaftsordnung **drei Grundfragen** gelöst werden:

- **WAS** soll produziert werden, d.h., welche Güter (Waren und Dienstleistungen) sollen in welchen Mengen wann hergestellt bzw. angeboten werden?
- **WIE** sollen die Güter produziert werden, d.h., in welcher Kombination der Produktionsfaktoren (Arbeitskräfte, Produktionsstätten, Rohstoffe, Maschinen, Technologien usw.) sollen diese erstellt werden?
- **WEM** sollen die Güter zur Verfügung gestellt werden, d.h., wer soll in den Genuss der Waren und Dienstleistungen kommen?

Zur Beantwortung dieser dreiteiligen Fragestellung gibt es **zwei gegensätzliche Lösungsmöglichkeiten:**

- die **dezentrale Lösung** kennt eine Vielzahl voneinander unabhängiger Entscheidungen der Wirtschaftssubjekte (insbesondere der Produzenten und Konsumenten);
- die **zentrale Lösung** verfolgt die Durchführung von Entscheidungen durch eine zentrale Behörde (Planungskommission), deren Anweisungen sich die Wirtschaftssubjekte unterwerfen müssen.

Die Gestaltungsmöglichkeiten wirtschaftlicher Planung sind also davon abhängig, ob der **Freiheit des Individuums** (Individualprinzip) oder dem **Staat** als Vertreter der Gesamtgesellschaft (Kollektivprinzip) der größte Entfaltungs- und Wirkungsbereich zuerkannt wird.

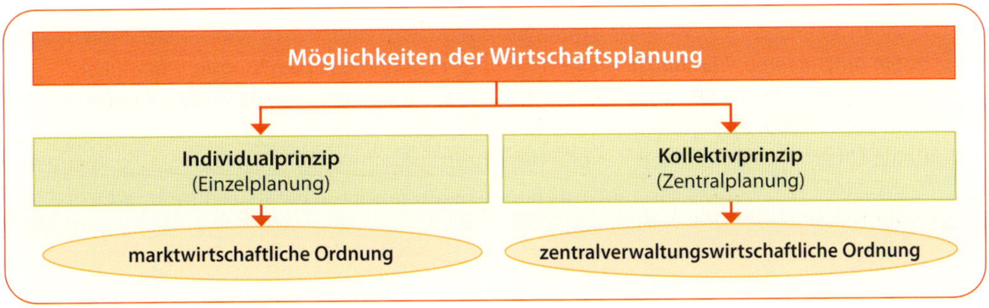

▶ Individualprinzip *(Einzelplanung)*

Im Mittelpunkt des individualistischen Prinzips steht der Mensch. Der Einzelne ist in seinen Entscheidungen frei und unabhängig; alle Einzelwesen zusammengefasst bilden den Staat. Die geistigen Wurzeln des Individualprinzips liegen im **Liberalismus** (lat. liber = frei), der sich als politische und ökonomische Bewegung gegen den Absolutismus (unbeschränkte Herrschaft) der Fürsten in den zurückliegenden Epochen Europas entwickelt hat.

Bei der Individualplanung sind die **einzelnen Wirtschaftssubjekte** in der Volkswirtschaft Träger der ökonomischen Planentscheidungen. Unternehmen und Haushalte bestimmen **selbstständig** über ihr wirtschaftliches Handeln durch Angebot und Nachfrage. Die Folge dieser Vorgehensweise ist eine **marktwirtschaftliche Ordnung.**

▶ Kollektivprinzip *(Zentralplanung)*

Das Kollektivprinzip weist dem Individuum eine gegenüber der Gesellschaft **untergeordnete Stellung** zu. Der Mensch ist in erster Linie ein Sozialwesen (Gemeinschaftswesen), das sich den Prinzipien von Staat und Gesellschaft unterzuordnen hat. Diese kollektivistische Ordnung beruht weitgehend auf den von **Karl Marx** (1818 – 1883) aufgestellten Thesen und hat ein **sozialistisches bzw. kommunistisches System** zum Ziel.

Bei der Kollektivplanung übernimmt eine **zentrale Behörde** als **staatliche Institution** die Entscheidung über die Gestaltung der Wirtschaftsplanung einer Volkswirtschaft. Die einzelnen Wirtschaftssubjekte erhalten im Rahmen der getroffenen Gesamtentscheidung einen begrenzten wirtschaftlichen Handlungsspielraum. Die Anwendung des Kollektivprinzips auf die Wirtschaft führt zu einer **zentralverwaltungswirtschaftlichen Ordnung.**

4.1 Idealtypische Wirtschaftsordnungen

Unter idealtypischen Wirtschaftsordnungen werden solche Systeme zur Gestaltung der Wirtschaft verstanden, die zwar in Wirklichkeit nicht anzutreffen sind, aber die Grundprinzipien besonders deutlich erkennen lassen. Es handelt sich um **Modelle,** die die wesentlichen und kennzeichnenden Merkmale der Wirtschaftsordnungen in ihrer „reinen" Form hervorheben.

Unterschieden werden idealtypische Modelle mit den Gestaltungsformen:

- **dezentrale Planung** in marktwirtschaftlicher Ordnung **(Modell der freien Marktwirtschaft);**
- **zentrale Planung** unter staatlicher Wirtschaftsführung **(Modell der Zentralverwaltungswirtschaft).**

In beiden Arten der Wirtschaftsordnungen müssen demnach die ökonomischen Abläufe geplant werden, da ohne **Planung** vernünftiges wirtschaftliches Handeln nicht möglich ist (im Übrigen ist im Begriff „Wirtschaft" das Moment des Planens bereits enthalten). Der wesentliche Unterschied zwischen den Modellen besteht darin, dass in Staaten mit marktwirtschaftlicher Ordnung **jeder Wirtschaftende** (Verbraucher, Handwerker, Arbeitnehmer, Unternehmen, Gemeinde usw.) eigene Wirtschaftspläne aufstellt und durchführt (Planung „von unten"), während in zentralverwaltungswirtschaftlichen Systemen das Wirtschaften durch **einen Plan einer staatlichen Stelle** gelenkt wird (Planung „von oben").

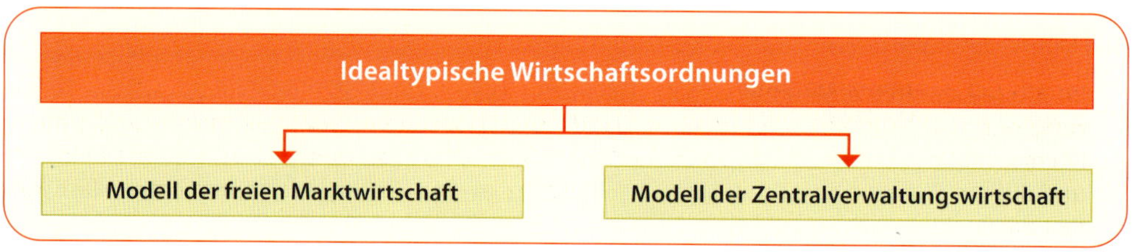

4.1.1 Modell der freien Marktwirtschaft

4.1.1.1 Funktionsweise des Modells

Das Modell der freien Marktwirtschaft ist durch eine **dezentrale Entscheidungsfindung** gekennzeichnet: Die Wirtschaftseinheiten Haushalte, Unternehmen und Staat erstellen ihre Wirtschaftspläne selbst und führen sie eigenverantwortlich aus; sie allein entscheiden, welche Güter auf welche Weise und für wen produziert, angeboten und verbraucht werden sollen. Angebot und Nachfrage, die auf dem **Markt** zusammentreffen, sind das Ergebnis der in den Einzelplänen der Produzenten und Verbraucher ausgewiesenen Entscheidungen. Der sich auf dem freien Markt bildende **Preis** reguliert Produktion und Konsum.

4.1.1.2 Ordnungsmerkmale des Modells

Zur Funktion eines marktwirtschaftlichen Systems müssen bestimmte **Grundvoraussetzungen** erfüllt sein:

▶ Liberale Rechtsordnung

Freie Marktwirtschaft kann sich nur dort entfalten, wo die Rechte des einzelnen Wirtschaftssubjektes besonders stark ausgeprägt sind und die Ansprüche der Gesellschaft in den Hintergrund treten.

- **Privateigentum**

  Grundlegende Voraussetzung für individuelle ökonomische Entscheidungen ist das uneingeschränkte Recht auf Eigentum, insbesondere an den Produktionsmitteln (am „Kapital", daher „Kapitalismus").

- **Vertragsfreiheit**

  Jeder Einzelne hat das Recht, seine Beziehungen zu anderen durch freie Vereinbarungen zu ordnen. Die Gestaltung von Verträgen (Kauf-, Miet-, Leih-, Pachtverträgen usw.) wird den Vertragsparteien überlassen.

- **Gewerbe- und Niederlassungsfreiheit**

  Entscheidungen über Gründung, Tätigkeitsbereich und Standort eines Unternehmens können ohne staatliche Eingriffe getroffen werden.

- **Wettbewerbsfreiheit**

  Das Funktionieren der Marktwirtschaft setzt voraus, dass auf offenen Märkten im freien Spiel der Kräfte zahlreiche Anbieter um die Gunst der Nachfrager werben können.

- **Arbeitsplatzwahl**

  Freie Wahl des Berufes und des Arbeitsplatzes müssen garantiert sein.

- **Produktions- und Konsumfreiheit**

  Die Entscheidungen über Art und Menge des Güterangebotes liegen beim Produzenten. Die Entscheidung, welche und wie viele Waren und Dienstleistungen nachgefragt werden, trifft der Konsument.

▶ Ordnungsfunktion des Staates

Im Modell der freien Marktwirtschaft beschränkt sich die Aufgabe des Staates auf die **Sicherung der marktwirtschaftlichen Grundlagen** durch Gestaltung und Wahrung einer liberalen Rechtsordnung. Darüber hinaus hat der Staat **Leben und Eigentum der Bürger** gegen innere und äußere Feinde zu schützen. Er hat kein Recht, in das Wirtschaftssystem einzugreifen; ihm fällt die Funktion des Aufpassers zu.

Modell der freien Marktwirtschaft

Voraussetzungen

- Vertragsfreiheit
- Wettbewerbsfreiheit
- Recht auf Privateigentum
- Produktions- und Konsumfreiheit
- neutrale Stellung des Staates mit Sicherungsfunktion

Merkmale

- dezentrale, individuelle Planung
- freie Preisbildung
- Angebots- und Absatzrisiko
- Markt als Lenkungsorgan
- ökonomisches Handeln nach dem erwerbswirtschaftlichen Prinzip

4.1.1.3 Mängel der freien Marktwirtschaft

Im Kapitalismus des 19. und frühen 20. Jahrhunderts suchte man das von der industriellen Revolution geprägte Modell der freien Marktwirtschaft zu verwirklichen. Allerdings konnte es sich in der wirtschaftlichen Realität nicht bewähren. Es gelang der „unsichtbaren Hand des Marktes" nicht, das eigennützige Handeln des Einzelnen mit den Interessen des Gemeinwohls in Einklang zu bringen.

Trotz beachtlicher wirtschaftlicher Erfolge (Zeitalter der Industrialisierung, Beginn der Massenproduktion, Entwicklung neuer Produkte, Erschließung der Weltmärkte) wurde eine Reihe von Missständen deutlich, die sich als **Mängel dieser Wirtschaftsordnung** herausstellten:

- Infolge der **Konzentration wirtschaftlicher Macht** bei den großen Produktionsunternehmen (z. B. Bergbau, Eisen- und Stahlindustrie) bildeten sich Oligopole und Monopole. Der **freie Wettbewerb** wurde eingeschränkt und die Steuerungsfunktion des Güterpreises auf dem Markt erlag weitgehend.
- Diese Entwicklung bewirkte eine starke **Vermögenskonzentration** bei wenigen Großunternehmen und Einzelpersonen auf Kosten der abhängigen und vermögenslosen Arbeitnehmer.
- **Unzumutbare Arbeitsbedingungen** und die **Verelendung breiter Bevölkerungsschichten** führten zu **Wirtschaftskrisen** und **Arbeitslosigkeit.**
- Da das Angebot an Waren und Dienstleistungen nur unter **Rentabilitätsgesichtspunkten** erfolgte, blieben vielfältige Bedürfnisse der Allgemeinheit dann unbefriedigt, wenn kein ausreichender Gewinn zu erwarten war. Die im Modell unterstellte Macht der Konsumenten war keineswegs so stark, dass sie die Produktivkräfte hätte steuern können.

4.1.2 Modell der Zentralverwaltungswirtschaft

Das Modell der Zentralverwaltungswirtschaft ist durch eine **zentrale Entscheidungsfindung** gekennzeichnet: Der Umfang von Produktion und Verbrauch wird für einen bestimmten Zeitraum im Voraus durch staatliche Stellen in Jahres- und Mehrjahresplänen festgelegt. Die einzelnen Wirtschaftssubjekte verfügen über keine individuelle Entscheidungsfreiheit. Ein weit gespanntes Informations- und ein umfangreiches Überprüfungssystem sind notwendig, um **Planung und Kontrolle** wirtschaftlicher Produktion und Nachfrage zu gewährleisten.

4.1.3 Modellvergleich von Marktwirtschaft und Zentralverwaltungswirtschaft

Marktwirtschaft	Systemmerkmale	Zentralverwaltungswirtschaft
Individualprinzip	Grundordnung	Kollektivprinzip
dezentral durch alle Wirtschaftssubjekte (Unternehmen, Haushalte, Staat)	Planungsmöglichkeit in der Volkswirtschaft	zentral durch staatliche Planungsbehörde
kann wirtschaftlich frei entscheiden	Individuum	hat sich den Planvorgaben unterzuordnen
Privateigentum	Eigentum an Produktionsmitteln	gesellschaftliches Eigentum (Staatseigentum und genossenschaftliches Eigentum)
Erwirtschaftung von Gewinn	Ziele von Unternehmen	Erfüllung eines bestimmten Planes
freies Unternehmertum der Privatwirtschaft	Unternehmensgestaltung	Staatsunternehmen
auf dem Markt durch Angebot und Nachfrage	Preisbildung	staatlich festgesetzte Preise
durch Tarifpartner	Lohnfestsetzung	durch staatliche Behörde
Durchsetzen von Löhnen sowie verbesserten Arbeitsbedingungen für Arbeitnehmer	Aufgaben der Gewerkschaften	Verbreitung parteilicher bzw. staatlicher Zielsetzungen
kein Eingriff in den Wirtschaftskreislauf	Funktion des Staates	gestaltet den Wirtschaftsablauf

4.2 Realtypische Wirtschaftsordnung am Beispiel der sozialen Marktwirtschaft

Die „reinen" Formen der freien Marktwirtschaft und der Zentralverwaltungswirtschaft stellen **modellhafte Grenzfälle** dar, die in extremem Gegensatz zueinander stehen und real nicht existieren. Eine **realtypische Wirtschaftsordnung** ist demgegenüber ein solches System, das in der Wirklichkeit vorkommt. Diese Wirtschaftsordnung stellt eine **Mischform** dar, die in unterschiedlichem und sich veränderndem Maße Elemente der Marktwirtschaft und der Zentralverwaltungswirtschaft enthält.

4.2.1 Wesen der sozialen Marktwirtschaft in der Bundesrepublik Deutschland

Die Wirtschaftsordnung der Bundesrepublik Deutschland wird als soziale Marktwirtschaft bezeichnet. Diese Konzeption, die vorrangig das Individualprinzip vertritt und im Weiteren soziale Elemente zu berücksichtigen sucht, bestimmt die Wirtschaftspolitik seit 1948.

Das im Mai 1949 in Kraft getretene Grundgesetz schreibt keine bestimmte Wirtschaftsordnung verpflichtend vor; allerdings bildet die Verfassung einen Rahmen zur Gestaltung der Wirtschaftsabläufe. Neben der Festlegung, dass die Bundesrepublik Deutschland ein **sozialer Staat** ist, garantiert das Grundgesetz u. a. Gewerbefreiheit, Vereinigungsfreiheit, freie Berufs- und Arbeitsplatzwahl sowie den Schutz des Privateigentums.

Nach dem 2. Weltkrieg und im Anschluss an die Währungsreform (1948) entschied sich die erste Bundesregierung, mit der **sozialen Marktwirtschaft** ein weiterentwickeltes Marktmodell einzuführen. Mit ihm sollten die Fehler der liberalistischen Wirtschaftsauffassung vermieden werden.

Ziel dieser Wirtschaftsordnung ist es, auf Grundlage eines **funktionierenden Wettbewerbs** die **freie Initiative** mit einem gerade durch die marktwirtschaftliche Leistung gesicherten **sozialen Fortschritt** zu verbinden. Versucht wird demnach die Verknüpfung des Prinzips der Freiheit auf dem Markt mit dem des sozialen Ausgleichs und der sozialen Gerechtigkeit.

4.2.2 Ordnungsmerkmale der sozialen Marktwirtschaft

▶ Elemente der sozialen Marktwirtschaft

■ Eigentumsordnung

In der sozialen marktwirtschaftlichen Ordnung der Bundesrepublik Deutschland befindet sich der größte Teil der Produktionsmittel im **Privatbesitz.** Darüber hinaus sind auch Staat und Verbände (z. B. Gewerkschaften) Eigentümer von Produktionsmitteln.

Das Grundgesetz schreibt die **Sozialpflicht des Eigentums** vor, d. h., sein Gebrauch soll zugleich dem Wohle des Volkes dienen.

- Im öffentlichen Interesse ist die Enteignung eines Grundstücks gegen Entschädigung des Eigentümers möglich (Straßenbau, Errichtung von Schulen und Krankenhäusern usw.).
- Privatwald muss auch für Spaziergänger zugänglich sein.

■ Unabhängigkeit der Wirtschaftssubjekte

Unternehmen und Haushalte können ihre wirtschaftlichen Entscheidungen im Rahmen der sozialen Bindung **frei und eigenverantwortlich** treffen. Das einzelne Unternehmen plant sein Angebot von Waren oder Dienstleistungen aufgrund der Nachfrageerwartung. Die Haushalte planen den Einsatz des Produktionsfaktors Arbeitskraft und entscheiden frei über ihre Einkommensverwendung.

■ Marktpreisbildung

Aufgrund des freien Wettbewerbs übernimmt der **Preisbildungsmechanismus des Marktes** eine wichtige Steuerungsfunktion in der marktwirtschaftlichen Ordnung. Allerdings kommt es immer wieder zu Ungleichgewichten mit Inflation, Konjunkturschwankungen und Arbeitslosigkeit. Ergänzend müssen deshalb staatliche Maßnahmen hinzutreten, um Fehlentwicklungen zu lindern und den Wettbewerb zu sichern. In bestimmten Bereichen kommt es somit zur Festlegung von **politischen Preisen:** Mindestpreise in der Landwirtschaft, öffentliche Tarife im Verkehrswesen, Mieten für Sozialwohnungen.

Auch im Gesundheitswesen ist der Preisbildungsmechanismus des Marktes eingeschränkt. Der Staat bzw. von ihm beauftragte Organisationen legen „Preise" fest. Dies gilt etwa für die Kosten von Arzneimitteln, für die Gebühren von Ärzten und Zahnärzten, die diese für bestimmte Leistungen verlangen dürfen, oder für die Höhe der Zuschüsse, die die gesetzlichen Krankenkassen bei Heil- und Hilfsmitteln leisten.

Aus sozialen Gründen ist auch der überwiegende Teil des **Arbeitsmarktes** dem Mechanismus der Marktpreisbildung nur begrenzt unterworfen. So ist z. B. teilweise ein Mindestlohn tarifvertraglich gewährleistet.

- **Tarifautonomie der Sozialpartner**

  Das **Tarifvertragsgesetz** *(TVG)* sieht vor, dass Löhne, Gehälter und Arbeitsbedingungen durch Gewerkschaften und Arbeitgeberverbände im Rahmen ihrer Tarifhoheit **frei ausgehandelt** werden können. Zur Durchsetzung dieser Ziele stehen als Kampfmaßnahmen Streik und Aussperrung zur Verfügung.

Ordnungsfunktionen des Staates

In der sozialen Marktwirtschaft fällt dem Staat die Aufgabe zu, durch bestimmte Eingriffe unerwünschte ökonomische und soziale Folgen des marktwirtschaftlichen Geschehens zu verhindern. Hierzu zählen staatliche Maßnahmen zur Wettbewerbs- und Sozialordnung sowie in der allgemeinen Wirtschaftspolitik.

- **Wettbewerbspolitik**

  Zur Aufrechterhaltung des für die marktwirtschaftliche Ordnung **unverzichtbaren Wettbewerbs** hat der Staat Gesetze und Verordnungen erlassen. Hierzu zählen insbesondere:

  - **Gesetz gegen Wettbewerbsbeschränkungen** *(GWB)*, das die Konzentration von Unternehmen beschränken will;
  - **Gesetz gegen den unlauteren Wettbewerb** *(UWG)*, mit dem wettbewerbswidrige Handlungsweisen von Marktteilnehmern bekämpft werden sollen.

- **Sozialpolitik**

  Im Rahmen der Sozialpolitik versucht der Staat, negative soziale Folgen des marktwirtschaftlichen Geschehens zu verhindern oder mindestens abzuschwächen (**soziales Netz,** vgl. S. 449 f.).

- **Wirtschaftspolitische Zielsetzungen des Staates**

  Mithilfe der Wirtschaftspolitik versucht der Staat durch vielfältige Aktivitäten, auf den **konjunkturellen Verlauf des Wirtschaftsgeschehens** einzuwirken. Seine **Hauptziele** sind dabei:

  - Stabilität des Preisniveaus;
  - Vollbeschäftigung;
  - außenwirtschaftliches Gleichgewicht und
  - Wirtschaftswachstum.

  Darüber hinaus ist der Staat im Rahmen seiner wirtschaftspolitischen Maßnahmen bestrebt, auch den **abgeleiteten Zielen** Rechnung zu tragen. Insbesondere geht es dabei um Fragen

  - einer gerechteren Einkommensverteilung,
  - des Umweltschutzes bzw. einer verantwortungsbewussten Umweltpolitik,
  - einer gerechteren Verteilung der vorhandenen Arbeit.

▶ Zusammenfassung

Wirtschaftsordnungen

Wirtschaftsordnung als Teil der Gesellschaftsordnung

- **Möglichkeiten der Wirtschaftsplanung**
  - **Einzelplanung** (Individualprinzip) im marktwirtschaftlichen System
  - **Zentralplanung** (Kollektivprinzip) im zentralverwaltungswirtschaftlichen System

Idealtypische Wirtschaftsordnungen

- **Modell der freien Marktwirtschaft**
  - **dezentrale Entscheidungsfindung** bei der Wirtschaftsplanung
  - **liberale Rechtsordnung** mit Privateigentum sowie Vertrags-, Gewerbe-, Niederlassungs-, Berufswahl-, Wettbewerbs-, Produktions- und Konsumfreiheit
  - **staatliche Ordnungsfunktion** beschränkt auf die Sicherung der marktwirtschaftlichen Grundlagen und des Schutzes von Leben und Eigentum der Bürger
- **Modell der Zentralverwaltungswirtschaft**
  - **zentrale Entscheidungsfindung** durch staatliche Stellen, die Produktion und Verbrauch in Jahres- und Mehrjahresplänen festlegen und den Wirtschaftsablauf kontrollieren

Realtypische Wirtschaftsordnung am Beispiel der sozialen Marktwirtschaft in der Bundesrepublik Deutschland

- **Ordnungsmerkmale**
  - Privateigentum und Sozialpflicht des Eigentums
  - Unabhängigkeit der Wirtschaftssubjekte
  - Marktpreisbildung
  - Tarifautonomie der Sozialpartner
  - staatliche Maßnahmen zur Wettbewerbs- und Sozialpolitik sowie zur allgemeinen Wirtschaftspolitik

Aufgaben

11

(1) *Erläutern Sie die Grundfragen, die sich infolge der Güterknappheit bei der Planung wirtschaftlichen Handelns ergeben!*

(2) *Beschreiben Sie Möglichkeiten der Wirtschaftsplanung an den Beispielen des Individual- und Kollektivprinzips!*

(3) *Erklären Sie den Unterschied zwischen idealtypischen und realtypischen Wirtschaftsordnungen!*

(4) *Nennen Sie Grundvoraussetzungen in der liberalen Rechtsordnung des Modells der freien Marktwirtschaft!*

(5) *Begründen Sie, warum der Individualismus die geistige Grundlage des marktwirtschaftlichen Modells darstellt!*

(6) *Welche Rolle fällt dem Staat im System der freien Marktwirtschaft zu?*

(7) *Begründen Sie das Auftreten bestimmter Mängel im Modell der freien Marktwirtschaft!*

(8) *Erläutern Sie den Begriff „soziale Marktwirtschaft"!*

(9) *Beschreiben Sie die unverzichtbaren Ordnungselemente der sozialen Marktwirtschaft!*

(10) *Wodurch unterscheidet sich die Funktion des Staates in der realen Ordnung der sozialen Marktwirtschaft von der Stellung des Staates im idealtypischen Modell der freien Marktwirtschaft?*

(11) *Vergleichen Sie Konzeption und Wirklichkeit des Systems der sozialen Marktwirtschaft!*

5 Markt und Preis

5.1 Begriff und Funktion des Marktes

Überall dort, wo Angebot und Nachfrage zusammentreffen, entsteht ein **Markt.** Er kann sowohl räumlich und zeitlich begrenzt sein (Wochenmarkt) als auch an verschiedenen Orten und zu unterschiedlichen Zeiten stattfinden (Kapitalmarkt).

Die Funktion des Marktes ist es, **einen Ausgleich zwischen Angebot und Nachfrage herbeizuführen.**

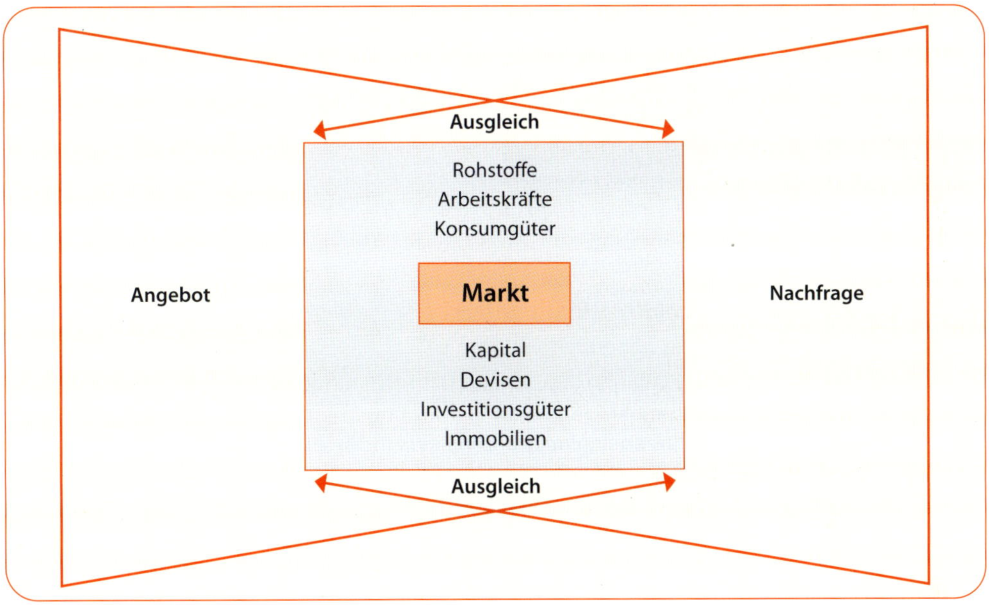

Dieser Ausgleich vollzieht sich unter Berücksichtigung der angebotenen und nachgefragten Mengen über den **Güterpreis.** Nicht alle Märkte sind funktionsfähig, d.h. können diese Ausgleichsfunktion erfüllen,

- da zu einem bestimmten Preis nur ein Teil der Nachfrage befriedigt werden kann **(Nachfrageüberhang);**

  Für bestimmte Kfz-Modelle ist bei einem vorgegebenen Preis die Nachfrage so groß, dass die produzierten Mengen nicht ausreichen.

- da zu einem bestimmten Preis nur ein Teil des Angebotes abgesetzt werden kann **(Angebotsüberhang);**

  Der Textilfachhandel kann seine Winterkollektion aufgrund der milden Witterungslage nicht im gewohnten Umfang veräußern.

- da der Angebotspreis festgelegt ist und damit kein Preisausgleich stattfinden kann.

  Für Dienstleistungen bestimmter Berufsgruppen (z.B. Ärzte, Rechtsanwälte, Steuerberater) gibt es **Gebührenordnungen,** die eine bestimmte, vorab festgelegte Honorierung vorsehen.

5.2 Marktarten

Je nach Sichtweise des Marktbetrachters lassen sich folgende Marktarten unterscheiden.

Marktarten

Märkte **ohne** direkte staatliche Einflussnahme	Märkte **mit** direkter staatlicher Einflussnahme
■ Märkte nach der Art der gehandelten Güter ■ Märkte nach der Zahl der Anbieter und Nachfrager ■ Märkte nach der Art der Preisbildung ■ Märkte nach räumlichen bzw. räumlich-zeitlichen Gesichtspunkten	■ Märkte nach dem Umfang der Marktzutrittsmöglichkeiten ■ Märkte nach dem Umfang der staatlichen Marktbeeinflussung

▶ Märkte ohne direkte staatliche Einflussnahme

■ Märkte nach der Art der gehandelten Güter

Nach der Art der gehandelten Sachgüter und Dienstleistungen lassen sich Märkte in Faktor- und Gütermärkte unterteilen.

- **Faktormärkte** sind solche Märkte, auf denen die Produktionsfaktoren Boden, Arbeit und Kapital ausgetauscht werden.
  - Bebaute und unbebaute Grundstücke für private und gewerbliche Zwecke werden auf dem **Immobilienmarkt** gehandelt.
  - Die menschliche Arbeitskraft wird auf dem **Arbeitsmarkt** von arbeitslosen bzw. einen neuen Arbeitsplatz suchenden Personen angeboten. Als Nachfrager treten private und staatliche Wirtschaftsunternehmen, öffentlich-rechtliche Körperschaften und private Haushalte auf.
  - Der Produktionsfaktor Kapital wird entweder auf dem **Kapitalmarkt** (für langfristige Kapitalmittel) oder auf dem **Geldmarkt** (für kurzfristige Kapitalmittel) gehandelt.
- Auf **Gütermärkten** soll ein Ausgleich zwischen dem Angebot und der Nachfrage nach Konsumgütern bzw. Produktionsgütern erreicht werden.
- Auf dem **Konsumgütermarkt** kaufen private und öffentliche Haushalte angebotene Waren (Nahrungsmittel, Kleidung oder Einrichtungsgegenstände) bzw. fragen Dienstleistungen (z. B. von Kreditinstituten, Versicherungen, Ärzten oder Steuerberatern) nach.
- Auf dem **Produktionsgütermarkt** treten Unternehmen als Nachfrager solcher Güter auf (z. B. Maschinen, Anlagen, Betriebs- und Geschäftsausstattung, Roh-, Hilfs- und Betriebsstoffe), die als Produktionsmittel zur Herstellung von Konsum- bzw. Investitionsgütern dienen.

■ Märkte nach der Zahl der Anbieter und Nachfrager

- **Polypolistische Märkte** (poly = viel) sind dadurch gekennzeichnet, dass eine große Zahl von Anbietern und Nachfragern auf diesen Märkten auftreten.
- **Oligopolistische Märkte** (olig = wenige) zeichnen sich dadurch aus, dass aufseiten der Anbieter, der Nachfrager **oder** auf beiden Seiten nur wenige Marktteilnehmer auftreten.

- **Monopolistische Märkte** (mono = ein) liegen vor, wenn entweder nur ein Anbieter oder Nachfrager mehreren oder sehr vielen anderen Marktteilnehmern gegenübersteht.
  - Polypol: Effektenbörse
  - Oligopol auf der Anbieterseite: Mineralölmarkt, Markt für Fernlinienbusse
  - Oligopol auf der Nachfragerseite: Markt für Heimarbeit
  - Monopol auf der Anbieterseite: Notare, die allein für die Beurkundung von Immobilienkaufverträgen zuständig sind
  - Monopol auf der Nachfragerseite: Deutsche Bahn AG für Waggons (zumindest mehrheitlich)

Marktformen nach der Marktteilnehmerzahl

Zahl der Anbieter / Zahl der Nachfrager	einer	wenige	viele
einer	zweiseitiges Monopol	beschränktes Nachfragemonopol	Nachfragemonopol
wenige	beschränktes Angebotsmonopol	zweiseitiges Oligopol	Nachfrageoligopol
viele	Angebotsmonopol	Angebotsoligopol	Polypol

- **Märkte nach der Art der Preisbildung**
  - **Vollkommene Märkte** zeichnen sich dadurch aus, dass es für ein bestimmtes Gut nur einen einheitlichen Preis (**Gleichgewichtspreis** – vgl. S. 158 ff.) geben kann. Bei der Börse sind die Bedingungen des vollkommenen Marktes am ehesten gegeben.
  - Bei den weitaus meisten Märkten handelt es sich jedoch um **unvollkommene Märkte.** Kennzeichen unvollkommener Märkte ist, dass es für ein bestimmtes Gut verschiedene Preise geben kann.

- **Märkte nach räumlichen bzw. räumlich-zeitlichen Gesichtspunkten**
  - Nach rein **räumlichen Gesichtspunkten** lassen sich etwa der Weltmarkt, der europäische Markt, der norddeutsche Markt oder der Markt einer bestimmten Stadt unterscheiden.
  - **Nach räumlich-zeitlichen Aspekten** sind Märkte zu unterscheiden, bei denen Angebot und Nachfrage für einen bestimmten Zeitraum an einem bestimmten Ort zusammentreffen (Versteigerungen, Auktionen, Börsen, private Gebrauchtwagenmärkte, Großmärkte für Gemüse, Blumen u. a.) bzw. solche Märkte, bei denen Angebot und Nachfrage nicht zur selben Zeit am selben Ort erfolgen (Arbeitsmarkt, Immobilienmarkt, Märkte für Textilien, Lebensmittel oder Freizeitangebote).

Märkte mit direkter staatlicher Einflussnahme

Im Gegensatz zu den bisher dargestellten Marktarten sind die folgenden direkt von staatlichen Maßnahmen beeinflusst.

- **Märkte nach dem Umfang der Marktzutrittsmöglichkeiten**
  - Bei **offenen Märkten** steht es jedermann frei, als Anbieter oder Nachfrager am Marktgeschehen teilzunehmen.
  - Zu **geschlossenen Märkten** haben nicht alle Personen Zutritt. So ist es auf der Anbieterseite der Deutschen Bahn AG vorbehalten, bestimmte Beförderungsdienstleistungen zu erbringen. Durch gesetzliche Regelungen ist es der Nachfragerseite untersagt, bestimmte

Waren frei zu erwerben (Alkohol oder Tabak für Jugendliche, Medikamente, Waffen oder Sprengstoff für die meisten Personen).

- **Märkte nach dem Umfang der staatlichen Marktbeeinflussung**
  - Auf **freien Märkten** spielt sich das Marktgeschehen ohne staatliche Interventionen (Eingriffe) ab.
  - Bei **reglementierten (gelenkten) Märkten** greift der Staat in das Marktgeschehen ein, um wirtschafts- oder sozialpolitische Ziele zu verwirklichen.
    - Für strukturschwache Wirtschaftsbereiche gewährt der Staat **Subventionen** (Kohle, Eisen und Stahl).
    - Auf dem Arbeitsmarkt greift der Staat dadurch sozialpolitisch lenkend ein, dass er z.B. Schwerbehinderten oder Müttern den Zugang zu Arbeitsplätzen oder deren Erhalt sichert oder für Pflegekräfte gesetzliche Mindestlöhne festlegt.

Zusammenfassung

Markt

Begriff

Zusammentreffen von Angebot und Nachfrage, wobei der Güterpreis auf funktionsfähigen Märkten die Aufgabe des Ausgleichs zwischen Angebot und Nachfrage erfüllt

Marktarten

- **nach der Art der gehandelten Güter**
  - Faktormärkte
  - Gütermärkte
- **nach der Zahl der Anbieter und Nachfrager**
  - Polypol
  - Oligopol
  - Monopol
- **nach der Art der Preisbildung**
  - vollkommene Märkte
  - unvollkommene Märkte
- **nach räumlichen bzw. räumlich-zeitlichen Gesichtspunkten**
- **nach dem Umfang der Marktzutrittsmöglichkeiten**
  - offene Märkte
  - geschlossene Märkte
- **nach dem Umfang der staatlichen Marktbeeinflussung**
  - freie Märkte
  - reglementierte Märkte

Aufgaben

12

(1) Beschreiben Sie den Begriff des Marktes und seine Funktion!

(2) Welche Aufgabe übernimmt der Güterpreis auf funktionsfähigen Märkten?

(3) Wann ist ein Markt nicht funktionsfähig?

(4) Um welche Marktart handelt es sich in folgenden Fällen?

a) Zwei große Anbieter beliefern eine Vielzahl von Nachfragern.

b) Ein Arbeitnehmer sucht einen neuen Arbeitsplatz.

c) Eine Familie schließt eine Hausratversicherung ab.

d) Für ein bestimmtes Gut gibt es am Markt nur einen einheitlichen Preis.

5.3 Anbieter- und Nachfragerverhalten

Anbieter sind daran interessiert, die von ihnen erzeugten, hergestellten oder zu verteilenden Güter am Markt absetzen zu können. Nachfrager möchten, dass ein ausreichendes Angebot an Waren und Dienstleistungen zur Deckung ihres Bedarfs bereitsteht. Dabei sind die Nachfrager bestrebt, ihre Beschaffung zu möglichst niedrigen Preisen zu realisieren, während die Anbieter in der Regel versuchen werden, einen möglichst hohen Preis zu erzielen.

5.3.1 Anbieterverhalten

Das Güterangebot der privaten Anbieter wird im Einzelnen durch folgende **Einflussgrößen** bestimmt:

- vom zu erzielenden Verkaufspreis des angebotenen Gutes;
- von den Preisen der Güter, die mit dem zu veräußernden Gut in engem Zusammenhang stehen (komplementäre und substitutive Güter);
- von den Preisen der Produktionsfaktoren;
- von den Zielsetzungen des Anbieters (Ausweitung des Marktanteils, Sicherung eines angemessenen Gewinns);
- von der Marktsituation (konjunkturelle Lage, Konkurrenzsituation, Bevölkerungsentwicklung, Wachstumsbranche).

Der Zusammenhang zwischen dem Preis und der angebotenen Menge eines Gutes wird dabei in einer **Angebotsfunktion** dargestellt. Die anderen Faktoren bleiben bei diesen Überlegungen unberücksichtigt, da sie nur schwer zahlenmäßig darstellbar sind.

5.3.1.1 Typische Angebotsfunktion

Für das typische Verhalten von Anbietern ist es charakteristisch, dass sie versuchen, bei steigenden Absatzpreisen ihr Angebot mengenmäßig auszuweiten. Für die Angebotsfunktion gelten entsprechend folgende Zusammenhänge zwischen Preis und Menge:

- **Mit steigendem Preis eines Gutes steigt die angebotene Gütermenge.**
- **Mit sinkendem Preis eines Gutes nimmt die angebotene Gütermenge ab.**

Der Eigentümer von Aktien möchte eine bestimmte Anzahl dieser Wertpapiere an der Börse veräußern. Die Absatzmenge richtet sich dabei nach dem voraussichtlich zu erzielenden Kurswert.

Kurswert der Aktie	Anzubietende Menge
245 EUR	55
250 EUR	75
255 EUR	90
260 EUR	100
265 EUR	105

Das Verkaufsangebot dieses einzelnen Aktienanbieters stellt sich wie folgt dar:

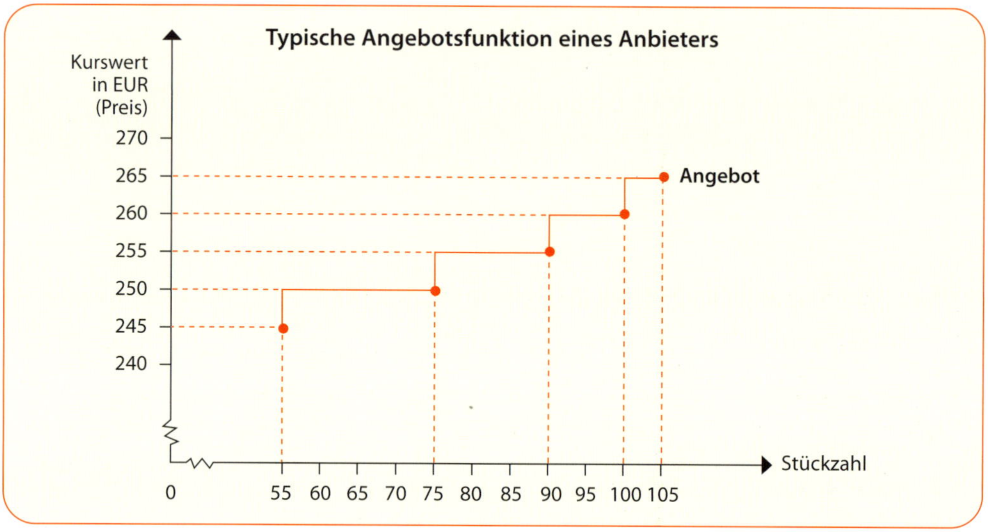

Betrachtet man das Gesamtverkaufsangebot aller Inhaber dieser Aktie, werden also alle individuellen Angebotskurven zu einer Kurve zusammengefasst (aggregiert), so erhält man die **typische Angebotsfunktion** aller Anbieter eines bestimmten Gutes (hier einer bestimmten Aktie).

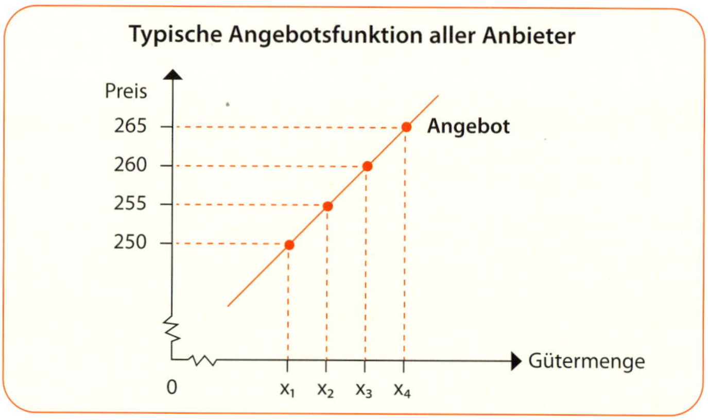

Im Normalfall gilt also:

- **Je höher der Preis, desto höher die angebotene Menge.**
- **Je niedriger der Preis, desto geringer die angebotene Menge.**

5.3.1.2 Atypische Angebotsfunktion

Abweichend von dieser typischen Angebotsfunktion kann die angebotene Menge mit steigendem Preis abnehmen oder mit sinkendem Preis zunehmen.

> Steigt der Preis für die Unze Feingold und erwarten die Eigentümer weitere Preissteigerungen, werden die Verkaufsaufträge aus Spekulationsgründen zurückgehalten, sodass die angebotene Menge sinkt.

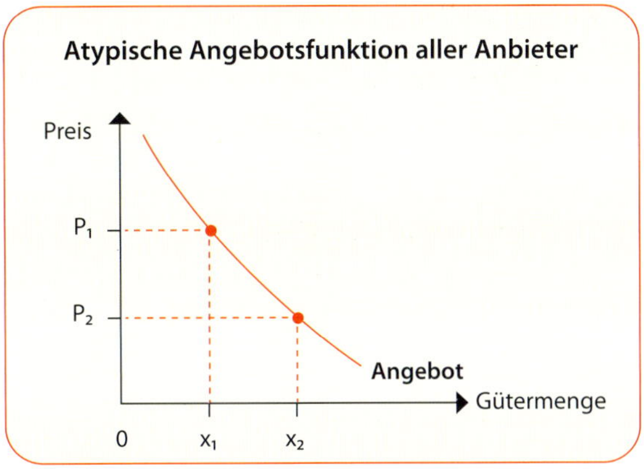

5.3.1.3 Sonderfälle

Neben dem typischen und atypischen Anbieterverhalten gibt es zwei Sonderfälle.

- Beim **vollkommen preiselastischen Angebot** wird auch bei steigender Nachfrage der Preis des Gutes nicht erhöht.

  > Die unausgelasteten Kapazitäten im Schiffbau werden die Anbieter auch dann nicht zu Preiserhöhungen veranlassen, wenn die Nachfrage steigt, um die neuen Absatzchancen nicht zu gefährden.

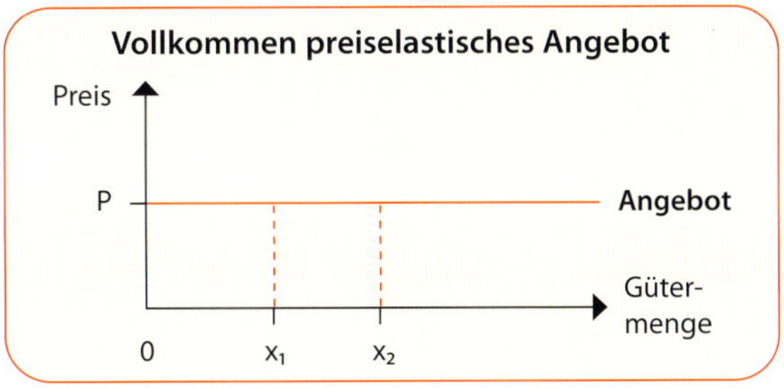

- Beim **vollkommen preisunelastischen Angebot** können zwar die Güterpreise, nicht jedoch (kurz- bzw. mittelfristig) die Gütermengen erhöht werden.

  > Anbieter einer bestimmten Dienstleistung (z.B. Transport von Satelliten in den Weltraum) können ihre Kapazitäten (kurz- oder mittelfristig) nicht erhöhen. Sie sind nur in der Lage, die Preise für ihre Transportfunktion anzuheben.

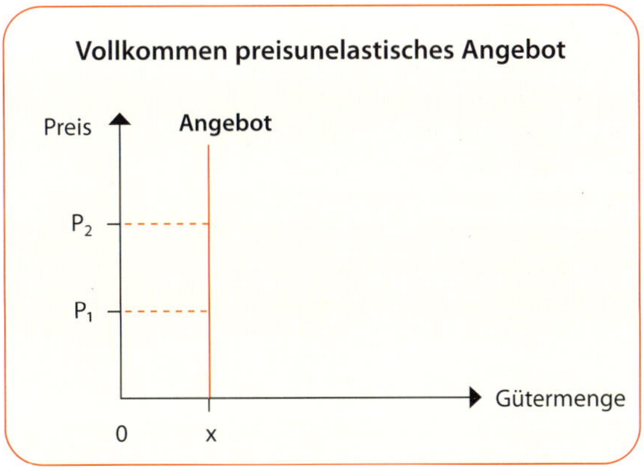

5.3.2 Nachfragerverhalten

Ähnlich wie das Güterangebot orientiert sich auch die Nachfrage der privaten Haushalte an bestimmten Einflussgrößen. Die von den privaten Haushalten nachgefragten Mengen eines Gutes hängen insbesondere von folgenden **Faktoren** ab:

- vom Preis des nachgefragten Gutes;
- vom verfügbaren Einkommen und Vermögen;
- von der individuellen Bedürfnisstruktur;

  > Bei gleichen Preisen und gleichem verfügbaren Einkommen kann die Nachfrage von zwei Haushalten nach einem Gut aufgrund der jeweiligen Bedürfnislage verschieden sein. Haushalte mit Kindern werden andere Güter nachfragen als Haushalte ohne Kinder. Manche Familien fragen stärker Sportartikel nach, andere wieder mehr Bücher.

- von den Erwartungen der Nachfrager über die zukünftige wirtschaftliche Entwicklung.

  > Eine angekündigte Erhöhung von Verbrauchsteuern (etwa Mineralöl-, Tabak- oder Kaffeesteuer) wird die Haushalte veranlassen, ihre Konsumpläne so weit als möglich schon vor dem jeweiligen Stichtag zu realisieren, um so zumindest für kurze Zeit der Steuererhöhung auszuweichen.

Wie bei der Angebotsfunktion werden auch bei der **Nachfragefunktion** nur quantifizierbare Faktoren berücksichtigt, also die Güterpreise in Abhängigkeit von der nachgefragten Menge. Subjektive Größen wie Bedürfnisstruktur und Erwartungshaltungen bleiben folglich unberücksichtigt.

5.3.2.1 Typische Nachfragefunktion

Für das normale Nachfragerverhalten ist kennzeichnend, dass die in einer bestimmten Zeiteinheit nachgefragte Menge eines Gutes umso größer ist, je niedriger sein Preis ist.

Somit besteht bei der typischen Nachfragefunktion zwischen Preis und Menge folgender Zusammenhang:

- **Mit steigendem Preis sinkt die nachgefragte Gütermenge.**
- **Mit sinkendem Preis steigt die nachgefragte Gütermenge.**

Ein Kaufinteressent möchte eine bestimmte Anzahl Aktien an der Börse erwerben. Die nachgefragte Menge wird sich nach dem derzeit gültigen Kurswert ausrichten.

Kurswert der Aktie	Nachgefragte Menge
245 EUR	105
250 EUR	100
255 EUR	90
260 EUR	75
265 EUR	55

Das Kaufangebot dieses einzelnen Interessenten stellt sich wie folgt dar:

Typische Nachfragefunktion eines Nachfragers

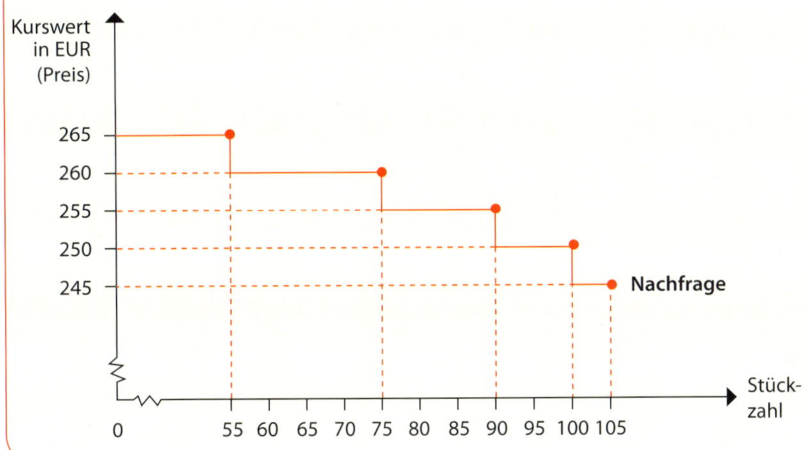

Betrachtet man das Gesamtkaufangebot aller an dieser Aktie Interessierten, so erhält man die **typische Nachfragefunktion** aller Nachfrager eines bestimmten Gutes (hier einer bestimmten Aktie).

Typische Nachfragefunktion aller Nachfrager

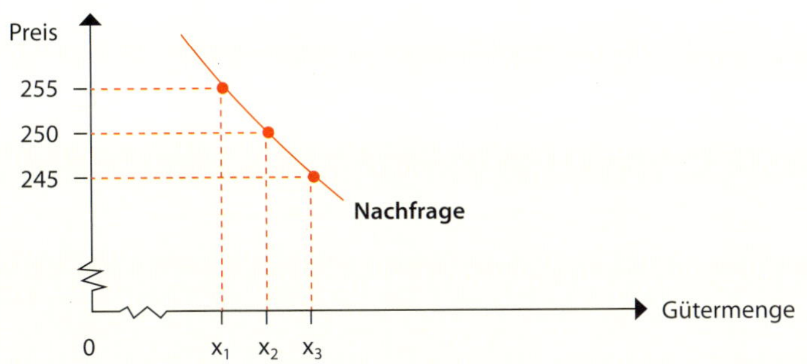

Im Normalfall gilt also:

- **Je höher der Preis, desto niedriger die nachgefragte Menge.**
- **Je niedriger der Preis, desto höher die nachgefragte Menge.**

5.3.2.2 Atypische Nachfragefunktion

Werden von den Haushalten bei steigenden Preisen größere bzw. bei sinkenden Preisen geringere Mengen eines Gutes nachgefragt, spricht man vom atypischen Nachfrageverhalten.

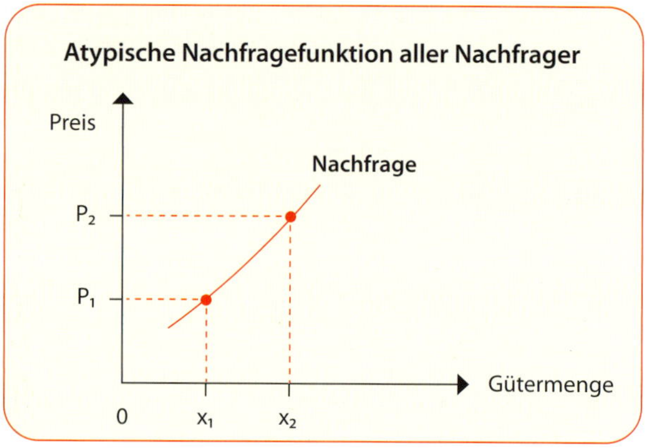

- Im 19. Jahrhundert stellte der englische Nationalökonom Robert Giffin im Londoner Armenviertel fest, dass der Brotverbrauch mit steigendem Brotpreis anstieg. Infolge des erhöhten Brotpreises mussten die Arbeiter auf höherwertige Lebensmittel verzichten und waren deshalb gezwungen, mehr Brot zu konsumieren.
- Nimmt ein Nachfrager den Preis eines Gutes als Qualitätsmaßstab, so wird er mit steigendem Preis mehr, mit sinkendem Preis weniger nachfragen.

5.3.2.3 Sonderfälle

Ähnlich wie beim Anbieterverhalten gibt es neben der typischen und atypischen Nachfragefunktion zwei Sonderfälle.

- Bei **vollkommen elastischer Nachfrage** führt eine geringe Preiserhöhung dazu, dass von diesem Gut keine Menge mehr nachgefragt wird bzw. bei einer geringen Preissenkung sehr hohe Mengen nachgefragt werden.

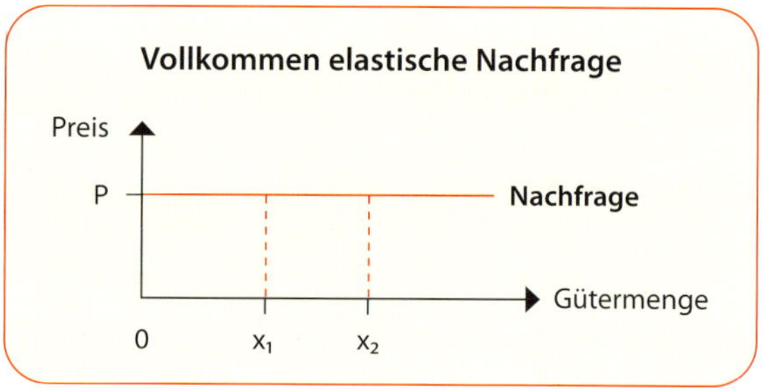

Die vollkommen elastische Nachfrage richtet sich zum einen nach der Art des Gutes, zum anderen aber auch nach den Bedürfnisstrukturen der Nachfrager. Ist es zum Beispiel für Haushalte unerheblich, ob sie als Gemüse Broccoli oder Blumenkohl verzehren, wird eine geringe Preiserhöhung bei einem dieser Güter dazu führen, dass die Haushalte das andere Gut nachfragen.

- Bei **vollkommen unelastischer Nachfrage** wird eine feste Menge zu jedem beliebigen Preis nachgefragt. Eine Erhöhung oder Senkung des Preises führt zu keiner Mengenänderung.

  Die vollkommen unelastische Nachfrage tritt bei lebensnotwendigen Gütern auf. Bei Preiserhöhungen können Haushalte auf diese Güter (z. B. Energie und Trinkwasser) weder verzichten noch sie durch andere ersetzen.

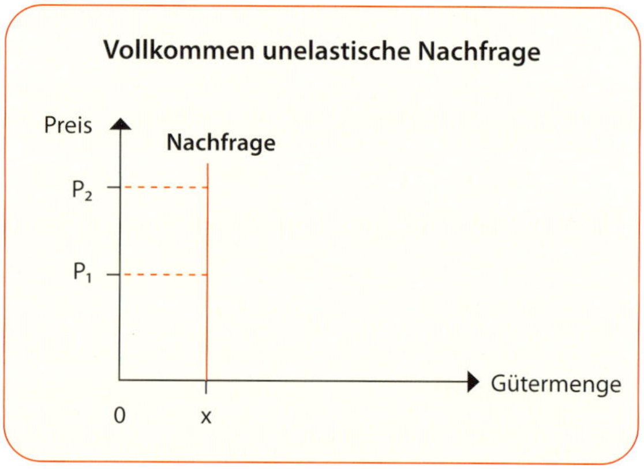

▶ Zusammenfassung

Anbieter- und Nachfragerverhalten

Angebotsfunktion

stellt den Zusammenhang zwischen dem **Preis** und der **angebotenen Menge** eines Gutes dar

- **typische Angebotsfunktion**
  mit steigendem Preis eines Gutes steigt die angebotene Gütermenge, mit sinkendem Preis nimmt sie ab
- **atypische Angebotsfunktion**
  mit steigendem Preis eines Gutes nimmt die angebotene Gütermenge ab, mit sinkendem Preis nimmt sie zu
- **vollkommen preiselastisches Angebot**
  der Güterpreis bleibt bei steigender Nachfrage konstant
- **vollkommen preisunelastisches Angebot**
  der Preis eines Gutes steigt bei konstantem Angebot

Nachfragefunktion

stellt den Zusammenhang zwischen dem **Preis** und der **nachgefragten Menge** eines Gutes dar

- **typische Nachfragefunktion**
  mit steigendem Preis eines Gutes sinkt die nachgefragte Gütermenge, mit sinkendem Preis steigt sie
- **atypische Nachfragefunktion**
  mit steigendem Preis eines Gutes nimmt die nachgefragte Gütermenge zu, mit sinkendem Preis nimmt sie ab
- **vollkommen preiselastische Nachfrage**
  eine geringe Preiserhöhung führt dazu, dass keine Gütermenge mehr nachgefragt wird, eine geringe Preissenkung führt zu sehr starkem Nachfragezuwachs
- **vollkommen preisunelastische Nachfrage**
  eine Senkung oder Erhöhung des Güterpreises hat keinen Einfluss auf die nachgefragte Menge

Aufgaben

13

(1) Welche Interessen verfolgen Anbieter und Nachfrager am Markt?

(2) Nennen Sie Einflussgrößen, die das Anbieterverhalten bestimmen!

(3) Stellen Sie grafisch eine typische Angebotsfunktion dar und erläutern Sie die Zusammenhänge zwischen Güterpreis und Gütermenge!

(4) Bilden Sie ein Beispiel für ein Gut, dessen Angebotsfunktion atypisch verlaufen könnte!

(5) Erläutern Sie die Aussage, dass bei einem vollkommen preisunelastischen Angebot zwar die Güterpreise, nicht aber die Gütermengen erhöht werden können!

(6) Nennen Sie Größen, die auf das Nachfrageverhalten Einfluss nehmen!

(7) Welche Zusammenhänge zwischen Güterpreis und Gütermenge vermittelt die typische Nachfragefunktion?

(8) Bei welcher vollkommen elastischen Nachfrage führt eine geringe Preisänderung dazu, dass dieses Gut nicht mehr nachgefragt wird? Bilden Sie ein Beispiel!

(9) Bei welchen Gütern kann eine vollkommen unelastische Nachfrage unterstellt werden?

5.4 Preisbildung

Angebots- und Nachfrageverhalten wurden bisher getrennt untersucht und die entsprechenden Abhängigkeiten zwischen Preis und Menge dargestellt. Aber erst durch gemeinsame Betrachtung von Angebot und Nachfrage wird der **Preisbildungsmechanismus** auf verschiedenen Märkten deutlich.

5.4.1 Preisbildung auf vollkommenen polypolistischen Märkten

Als vollkommen gelten solche **polypolistischen Märkte,** auf denen zwischen vielen Anbietern und vielen Nachfragern **vollständige Konkurrenz** besteht.

Die Bedingungen des vollkommenen Marktes sind:

- Die gehandelten **Güter sind homogen,** d. h. vollkommen gleichartig.

  > Aktien einer bestimmten Gesellschaft; Goldbarren; Wein eines bestimmten Jahrganges, einer Lage und Rebsorte; Strom

- Anbieter und Nachfrager verfügen über **vollständige Marktübersicht** (Markttransparenz), d.h., jeder Marktteilnehmer ist über Qualitäten, Mengen und Preise aller Angebote und über den Bedarf der Nachfrager informiert.

  > Die Besucher eines Wochenmarktes können sich über das Angebot an Frischfisch umfassend informieren. Die Verkäufer selbst überblicken das Angebot der Konkurrenten.

- Anbieter und Nachfrager **reagieren augenblicklich auf Änderungen der Marktsituation.**

  > Die Käufer von Frischfisch auf dem Wochenmarkt können augenblicklich auf Preissenkungen reagieren. Die Konkurrenten sind in der Lage, eine entsprechende Preissenkung sofort nachzuvollziehen.

- Zwischen Käufer und Verkäufer bestehen **keine Präferenzen** (Bevorzugungen), d. h., bei homogenen Produkten dürfen keine sachlichen, zeitlichen, räumlichen oder persönlichen Präferenzen dazu führen, dass ein bestimmter Anbieter oder ein bestimmter Nachfrager bevorzugt wird.

  > Tatsächlich bestehen häufig vielfältige Präferenzen: So entscheiden bei baugleichen Produkten die sachliche Präferenz (Bevorzugung einer bestimmten Produktmarke), die räumliche (die Nähe zum Marktpartner), die zeitliche (etwa Lieferfrist) und die persönliche Präferenz (langjährige Geschäftsbeziehung) über den Kauf einer Ware.

- Alle Anbieter und Nachfrager haben **freien Zutritt zum Markt,** d. h., weder staatliche Maßnahmen noch natürliche Gegebenheiten oder wettbewerbswidriges Verhalten anderer Anbieter bzw. Nachfrager beschränken den Marktzutritt.

  > Folgende Gegebenheiten machen einen freien Marktzutritt unmöglich:
  >
  > - Im Dienstleistungsgewerbe ist der Zugang zu bestimmten Berufsgruppen von der Erfüllung staatlich festgelegter Qualifikationen (z. B. bei Ärzten oder Apothekern) abhängig.
  > - Ein Großabnehmer verpflichtet – wettbewerbswidrig – seinen Lieferanten, an keinen anderen Abnehmer Waren zu veräußern.
  > - Aus räumlichen Gesichtspunkten ist eine Ausweitung der Zahl der Anbieter auf dem Nürnberger Christkindl-Markt nicht möglich.

Auf vollkommenen Märkten bildet sich zwischen Angebot und Nachfrage ein **Gleichgewichtspreis,** d. h. ein Preis, zu dem der Markt geräumt wird: Angebotene und nachgefragte Mengen gleichen sich aus. Dieser Gleichgewichtspreis ist für alle Marktteilnehmer ein Datum, d. h., Anbieter und Nachfrager können nur als **Mengenanpasser** reagieren.

Banken erhalten von Aktienkäufern und -verkäufern Aufträge. Dabei können sowohl Käufer als auch Verkäufer ihre Aufträge begrenzen. Ein Käufer kann beispielsweise die Bank beauftragen, eine Aktie höchstens zu 90 EUR zu kaufen. Sollte der Kurs am Kauftag diesen Betrag überschreiten, so wird der Auftrag nicht ausgeführt. Andererseits kann ein Verkäufer Order erteilen, seine Aktien für mindestens 82 EUR zu verkaufen. Ist der Kurs am Verkaufstag unter die Order gesunken, bleibt der Auftrag ebenfalls unausgeführt. Die Banken geben nun die Kauf- und Verkaufsaufträge ihrer Kunden an die Börse weiter.

Kaufaufträge (Nachfrage)	**Verkaufsaufträge** (Angebot)
35 Stück zu 84 EUR höchstens	80 Stück zu 84 EUR mindestens
40 Stück zu 85 EUR höchstens	55 Stück zu 85 EUR mindestens
45 Stück zu 86 EUR höchstens	20 Stück zu 86 EUR mindestens
30 Stück zu 88 EUR höchstens	30 Stück zu 88 EUR mindestens
20 Stück zu 90 EUR höchstens	35 Stück zu 90 EUR mindestens
170 Stück Nachfrage insgesamt	220 Stück Angebot insgesamt

Es liegt nun im Aufgabenbereich des Börsenmaklers festzustellen, bei welchem Kurs der **höchste Umsatz** erzielt werden kann. Dazu muss ermittelt werden, welche Umsätze bei den einzelnen Kursen möglich sind.

Mögliche Kurse	**Durchführbare Kaufaufträge** (Nachfrage)	**Durchführbare Verkaufsaufträge** (Angebot)	**Umsatz**
80 EUR	170 Stück	-- Stück	-- Stück
84 EUR	170 Stück	80 Stück	80 Stück
85 EUR	135 Stück	135 Stück	135 Stück
86 EUR	95 Stück	155 Stück	95 Stück
88 EUR	50 Stück	185 Stück	50 Stück
90 EUR	20 Stück	220 Stück	20 Stück
94 EUR	-- Stück	220 Stück	-- Stück

In diesem Beispiel wird der größte Umsatz bei 85 EUR je Aktie getätigt, weil hier der Gleichgewichtskurs (Gleichgewichtspreis) erreicht ist. Der **Gleichgewichtspreis** bringt also Angebot und Nachfrage zum Ausgleich, er räumt den Markt.

Geht man von einem Preis von 90 EUR aus, so werden 220 Aktien angeboten, jedoch nur 20 nachgefragt. Es besteht also ein **Angebotsüberhang** von 200 Aktien. Diese Marktsituation führt zur Konkurrenz der Anbieter auf dem Aktienabsatzmarkt und erzwingt laufende Preissenkungen. Diese Bewegung entlang der Angebots- und Nachfragekurve setzt sich fort, bis das Marktgleichgewicht erreicht ist.

Bei einem Kurs von 84 EUR besteht andererseits ein **Nachfrageüberhang,** da 170 Stück nachgefragt, aber nur 80 Stück angeboten werden. Diese Marktsituation führt zu einem Konkurrenzdruck der Nachfrager und damit zu steigenden Preisen. Neue Anbieter werden durch die steigenden Preise angelockt und die alten Anbieter werden ihr Angebot so lange ausweiten, bis das Marktgleichgewicht erreicht ist.

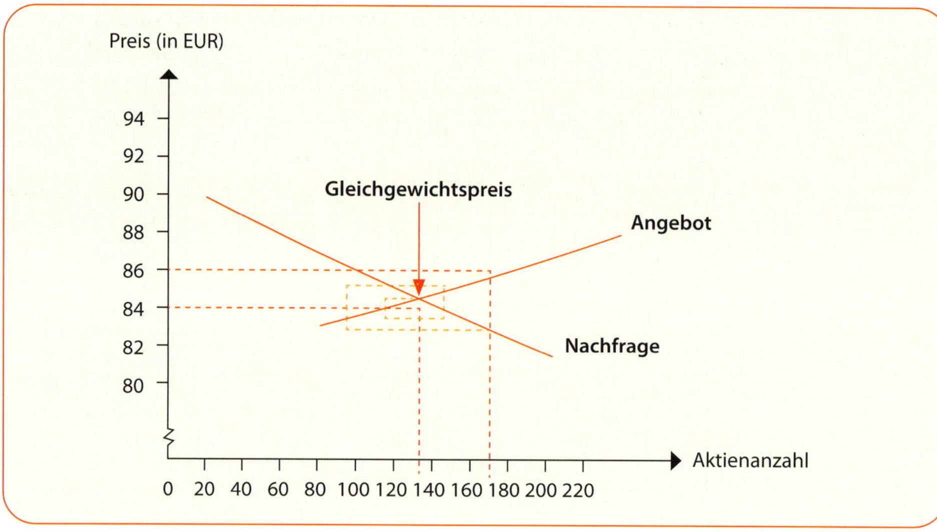

Formuliert man diese Erkenntnisse nun allgemeiner, so kann Folgendes festgestellt werden:

- **Mit steigendem Preis nehmen das mengenmäßige Angebot zu und die mengenmäßige Nachfrage ab.**
- **Mit sinkendem Preis nehmen das mengenmäßige Angebot ab und die mengenmäßige Nachfrage zu.**

▶ Wechselwirkungen zwischen Angebot, Nachfrage und Preis

Die den Preis-Mengenmechanismus beeinflussenden wirtschaftlichen Daten unterliegen ständigen Veränderungen, sodass ein bestimmter Gleichgewichtspreis nur vorübergehend maßgeblich ist.

Sich ändernde Bedürfnisse, steigende Einkommen, neu am Markt angebotene Produkte, Veränderungen in der Zahl der Anbieter oder Nachfrager, das Steigen oder Fallen der Preise anderer Güter, Modetrends u. a. nehmen Einfluss auf das Angebots- und Nachfrageverhalten.

- Eine **Nachfrageerhöhung** führt zu einer Verschiebung der Nachfragekurve nach „rechts", eine **Nachfragesenkung** zu einer Verschiebung nach „links".

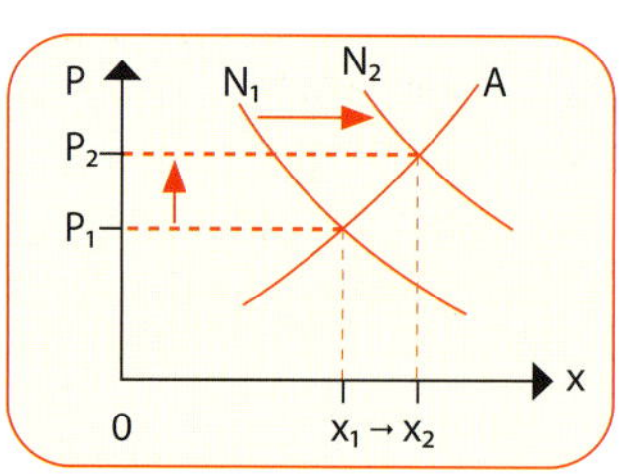

Steigende Nachfrage (Preis steigt)

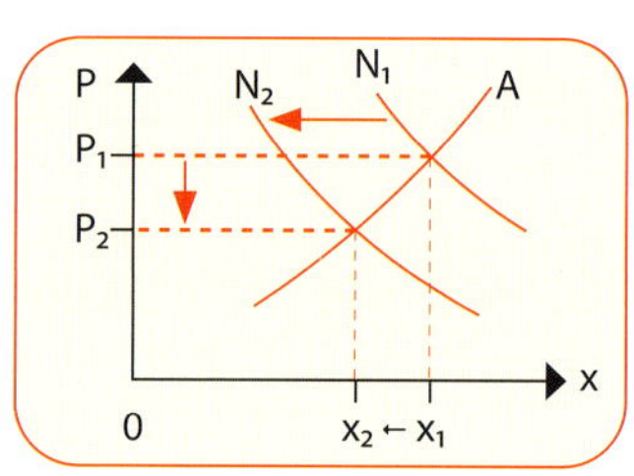

Sinkende Nachfrage (Preis sinkt)

P = Preis
A = Angebot
N = Nachfrage
x = Menge

Die Nachfrage nach Dieselfahrzeugen nimmt aufgrund der am Markt verstärkt angebotenen Elektroautos ab.

Bei gleichbleibendem Güterangebot führt eine **Nachfrageerhöhung** zu steigenden Preisen, eine **Nachfragesenkung** hingegen zu fallenden Preisen.

- Entsprechend bewirkt eine **Angebotserhöhung** eine Verschiebung der Angebotskurve nach „rechts", eine **Angebotsverminderung** eine Verschiebung nach „links".

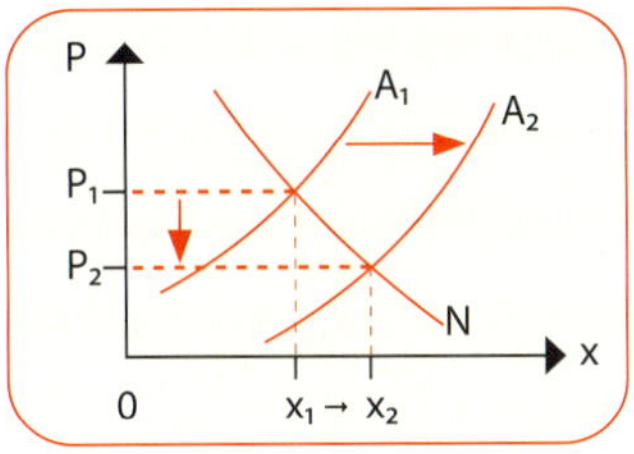

Steigendes Angebot (Preis sinkt)

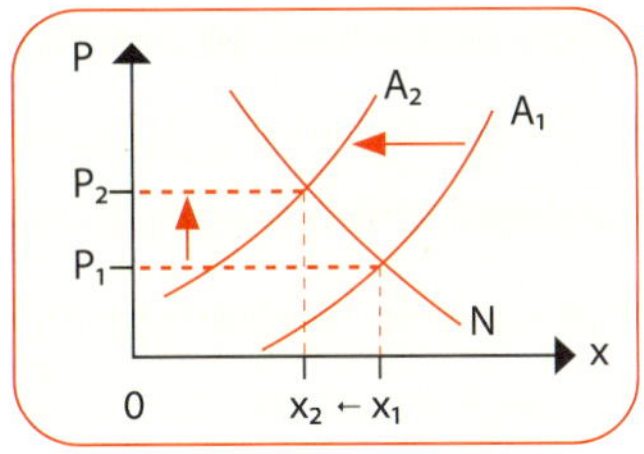

Sinkendes Angebot (Preis steigt)

P = Preis
A = Angebot
N = Nachfrage
x = Menge

> Infolge einer verminderten Kaffeeernte können die Röstereien ihre bisherigen Angebotsmengen nicht aufrechterhalten.

Bei gleichbleibender Nachfrage führt eine **Angebotserhöhung** damit zu sinkenden Preisen, eine **Angebotssenkung** wiederum zu steigenden Preisen.

▶ Funktionen des Gleichgewichtspreises

Der Gleichgewichtspreis auf vollkommenen Märkten nimmt besondere Funktionen wahr.

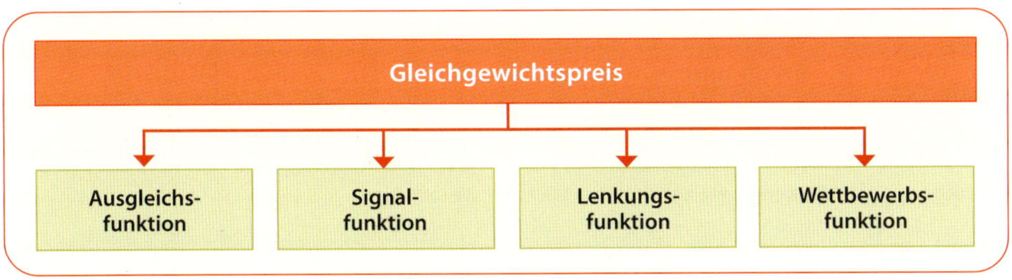

- **Ausgleichsfunktion**

  Angebot und Nachfrage werden ausgeglichen, Kauf- und Verkaufsangebote stimmen mengenmäßig überein. Jeder Marktteilnehmer kann wie geplant zu dem gegebenen Preis ein bestimmtes Gut veräußern oder erwerben.

- **Signalfunktion**

  Abweichungen vom Gleichgewichtspreis signalisieren Marktänderungen. So kann ein fallender Preis bei gleichbleibender Nachfrage auf ein erhöhtes Güterangebot hindeuten oder bei gleichbleibendem Angebot eine sinkende Nachfrage anzeigen. Steigende Preise signalisieren entgegengesetzte Markttendenzen. Der sich einstellende Marktpreis ist entsprechend ein Anzeichen für die „Knappheit" von Gütern.

- **Lenkungsfunktion**

  Bildet sich der Preis am Markt frei nach Angebot und Nachfrage, werden die Anbieter dort Produktion und Verkauf konzentrieren, wo die größte Nachfrage (damit der höchste Preis) zu erwarten ist. Andererseits werden die Nachfrager bestrebt sein, dort ihren Bedarf zu

11 Merkur-Nr. 0054

realisieren, wo die niedrigsten Preise verlangt werden. Der Marktpreis lenkt damit Angebot und Nachfrage auf die jeweils günstigsten Märkte.

- **Wettbewerbsfunktion**

  Alle Anbieter, die zum gegebenen Gleichgewichtspreis ein Gut nicht anbieten wollen oder aufgrund ihrer Kostenstruktur nicht anbieten können, scheiden aus diesem Teilmarkt aus. Sie müssen entweder ihre unternehmerische Tätigkeit einstellen oder sich dem Wettbewerb auf anderen Märkten stellen. Abnehmer, die den Marktpreis nicht zahlen wollen (aber können), müssen diesen Bedarf zurückstellen oder versuchen, ihn auf anderen Märkten (durch andere Güter) zu befriedigen.

5.4.2 Preisbildung auf unvollkommenen polypolistischen Märkten

Der vollkommene Markt ist ein **idealtypisches Modell,** das in der Wirklichkeit (vielleicht mit Ausnahme der Börse) nicht erreicht wird. Häufig werden eine oder mehrere Anforderungen, die an einen vollkommenen Markt gestellt werden, **nicht** erfüllt.

- Selbst Pkw eines Typs sind durch die Möglichkeit unterschiedlicher Ausstattung, Motorisierung oder Farbe keine homogenen, sondern heterogene Güter, d. h. grundsätzlich verschiedenartig.
- Für einen Nachfrager, der in einer Großstadt ein Elektrogerät erwerben möchte, ist es nicht möglich, sich über die Konditionen der zahlreichen Anbieter Informationen zu beschaffen.
- Viele Nachfrager erwerben aufgrund persönlicher Präferenzen die Produkte eines bestimmten Herstellers oder tätigen ihre Einkäufe vorzugsweise in ausgewählten Geschäften.

Fehlen also eine oder mehrere Voraussetzungen, die für einen vollkommenen Markt gefordert werden, liegt ein – wie in der Realität üblich – **unvollkommener Markt** vor.

Der Polypolist auf einem unvollkommenen Markt besitzt einen monopolistischen Absatzbereich, innerhalb dessen er den Preis ändern kann, ohne mit einer Reaktion seiner Mitanbieter oder einer stärkeren Ab- bzw. Zuwanderung von Kunden rechnen zu müssen. Dieser Preisspielraum ergibt sich u. a. deshalb, weil die Güter heterogen sind, keine Markttransparenz herrscht oder bestimmte Präferenzen für Marken, Geschäfte oder Produkte bestehen.

Zwar kann der Anbieter sich innerhalb des Preisspielraumes ähnlich wie ein Monopolist verhalten. Der entscheidende Unterschied zum Monopol besteht jedoch darin, dass auf dem polypolistischen Markt Mitwettbewerber vorhanden sind, mit denen sich die Anbieter den Gesamtmarkt teilen müssen. Das hat eine bestimmte Eingrenzung der Monopolstellung zur Folge:

- **Erhöht** der Anbieter seinen Preis über den oberen Grenzpunkt hinaus, muss er mit der Abwanderung eines großen Teils seiner Kunden rechnen.
- **Unterschreitet** der Anbieter mit seinem Preis den unteren Grenzpunkt, so kann er von einer Zuwanderung von Nachfragern ausgehen.

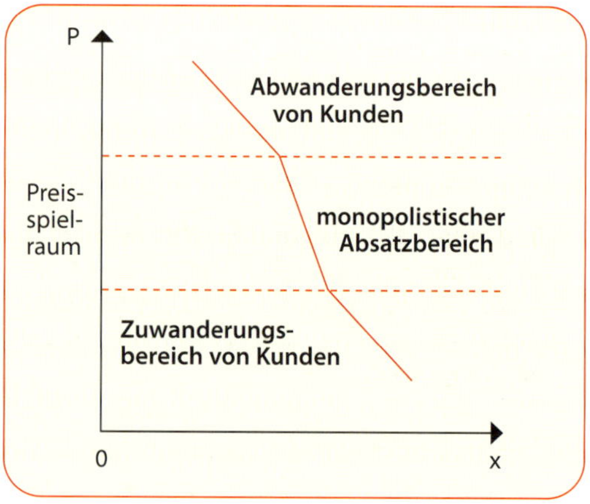

P = Preis x = Menge

5.4.3 Preisbildung im Oligopol

In hoch entwickelten Volkswirtschaften ist die Angebotsform des Oligopols am stärksten verbreitet (z. B. in der Automobil-, Mineralöl- und Zigarettenindustrie).

Durch den **Einsatz preispolitischer Maßnahmen** kann der Oligopolist das Marktgeschehen zwar beeinflussen, er muss jedoch mit sofortigen Gegenmaßnahmen seiner Konkurrenten rechnen, deren Reaktionen nach Art und Stärke zudem kaum vorhersehbar sind. Auf einem oligopolistischen Markt, auf dem sich nur einige wenige Anbieter die gesamte Nachfrage teilen, wird für das einzelne Unternehmen eine preispolitische Maßnahme des Konkurrenten besonders deutlich spürbar, da – falls das Unternehmen seinerseits nicht augenblicklich reagiert – eine erhebliche Nachfrageveränderung die Folge sein kann.

Die geknickte Preis-Absatz-Kurve zeigt die Besonderheiten der **oligopolistischen Preisbildung:**

- **Senkt ein Oligopolist den Preis** von P_1 auf P_2, so erhöht sich die auf ihn entfallende Nachfrage nicht wesentlich, denn seine Konkurrenten werden ihrerseits mit sofortigen Preissenkungen reagieren und dementsprechend einen Teil der möglichen zusätzlichen Nachfrage abfangen.
- **Erhöht ein Oligopolist seinen Preis** von P_1 auf P_3 und ziehen die Konkurrenten nicht mit, wird ein drastischer Nachfragerückgang von x_1 auf x_3 die Folge sein. Auch hier erweist es sich für den einzelnen Oligopolisten als nicht sinnvoll, den Preis zu verändern.

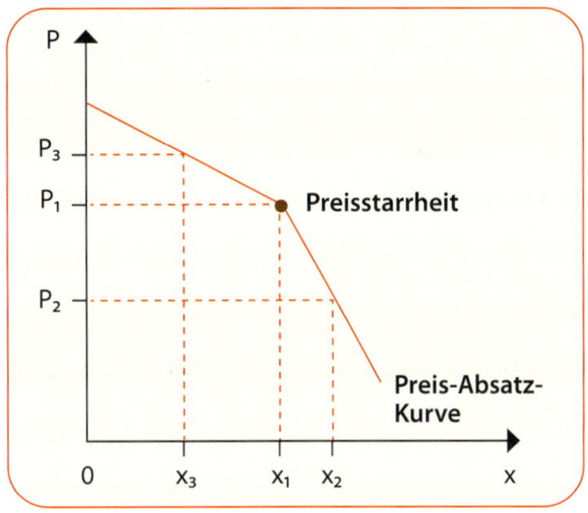

P = Preis x = Menge

Ein Oligopolist wird daher bei der Preisbildung sowohl die Reaktion der Nachfrager als auch die seiner Mitkonkurrenten beachten. Er wird – unter den idealtypischen Bedingungen eines vollkommenen Marktes – selbst keine aktive Preispolitik betreiben. Für die in der Wirklichkeit anzutreffenden unvollkommenen oligopolistischen Märkte (u. a. keine augenblickliche Reaktion auf Änderungen der Marktsituation, Präferenzen der Marktteilnehmer, keine vollständige Marktübersicht) lassen sich zwei grundlegende **Preisbildungsstrategien** unterscheiden.

▶ Kampfverhalten

In diesem Fall versucht ein Unternehmen, seine Konkurrenten durch „Kampfpreise" vom Markt zu drängen. Langfristig könnte diese Strategie zu einer Monopolstellung dieses Unternehmens führen; andererseits ist aber die Gefahr vorhanden, dass Konkurrenten die Preissenkungen nachvollziehen, sodass das den Preiskampf auslösende Unternehmen selbst vom Markt verdrängt wird.

▶ Koalitionsverhalten

Im Normalfall werden sich die an einem Oligopol beteiligten Unternehmen „friedlich" verhalten, d. h., sie werden preispolitisch nicht miteinander konkurrieren.

Die **Preisgestaltung** geschieht im Wege des gegenseitigen Beobachtens oder durch stillschweigendes Verhalten. Preiserhöhungen oder -senkungen werden gemeinsam (kollektive

Preispolitik) durchgeführt. Häufig ist es der „Preisführer" – etwa das Unternehmen mit dem größten Marktanteil – der eine Preisveränderung ausführt und alle anderen Unternehmen des Oligopols folgen nach. Es muss sich kein „Einheitspreis" am Markt bilden, die Preisdifferenzen zwischen den Anbietern werden allerdings nicht erheblich sein.

In diesem Fall wird der Wettbewerb zwischen den konkurrierenden Unternehmen also nicht auf der Preisebene, sondern vielmehr in einer Qualitäts-, Service- und Werbekonkurrenz ausgetragen.

Für ein **Nachfrage-Oligopol** darf erwartet werden, dass sich die wenigen Abnehmer gemeinsam über preispolitische Vorgehensweisen gegenüber den zahlreichen Anbietern verständigen.

5.4.4 Preisbildung im Monopol

Ein **Angebotsmonopolist,** der auf seinem Markt einer Vielzahl von Nachfragern gegenübersteht, kann den Preis für sein Gut frei festlegen. Dabei hängt von diesem festgelegten Preis die abgesetzte Menge ab. Entsprechend gilt: Je höher der Preis, desto geringer die abgesetzte Menge und umgekehrt.

Dem Monopolisten ist eine Nachfragekurve vorgegeben, die zugleich seine Preis-Absatz-Funktion darstellt, d.h., sie gibt ihm darüber Auskunft, zu welchen Preisen er welche Mengen absetzen kann.

Der Angebotsmonopolist wird also auf vollkommenen Märkten die Menge anbieten, die ihm den höchsten Gewinn verspricht. In der Realität (auf unvollkommenen Märkten) wird diese dem Monopolisten mögliche freie Preis-Mengen-Bestimmung durch unterschiedliche Interessengruppen beschränkt. So können die Verbraucherverbände, die politischen Parteien, die Regierung, die Gewerkschaften oder die öffentliche Meinung dazu beitragen, dass der Angebotsmonopolist nicht mehr sein Gewinnmaximum realisieren kann oder will.

Für ein **Nachfrage-Monopol** darf erwartet werden, dass der einzelne Abnehmer seine Preisvorstellungen gegenüber den zahlreichen Anbietern durchsetzen wird.

▶ Zusammenfassung

Preisbildung

Vollkommener polypolistischer Markt

Der **Gleichgewichtspreis** ist für alle Marktteilnehmer ein **Datum,** Preisbildungsspielräume gibt es nicht. Der einzelne Anbieter oder Nachfrager kann nur über die Gütermenge am Markt reagieren.

Unvollkommener polypolistischer Markt

Der einzelne Anbieter besitzt einen **Preisbildungsspielraum** (monopolistischer Absatzbereich), in dem er die Preise ändern kann, ohne mit Reaktionen der Konkurrenten oder der Kunden rechnen zu müssen.

Oligopol

- Auf **vollkommenen oligopolistischen Märkten** hat der einzelne Anbieter keinen Preisbildungsspielraum.

- Auf **unvollkommenen oligopolistischen Märkten** versucht der einzelne Anbieter entweder die Konkurrenten durch Preiskampf vom Markt zu drängen oder er stimmt sich in der Preisgestaltung mit ihnen ab.

Monopol

- Auf **vollkommenen monopolistischen Märkten** kann der einzelne Anbieter den Preis des Gutes frei bestimmen. Von diesem festgelegten Preis hängt dann die abzusetzende Menge ab.
- Auf **unvollkommenen monopolistischen Märkten** verwehren häufig Interessengruppen die Realisierung dieser Preis-Mengen-Festlegung.

Aufgaben 14

(1) Welche Bedingungen werden an einen vollkommenen Markt gestellt?

(2) Erläutern Sie folgende Aussage: Zwischen Käufern und Verkäufern bestehen keine Präferenzen!

(3) Welche Aufgabe übernimmt der Gleichgewichtspreis auf vollkommenen polypolistischen Märkten?

(4) Für eine Aktie liegen folgende Kauf- bzw. Verkaufsaufträge vor:

Kaufaufträge:	*Verkaufsaufträge:*
20 Stück zu 40 EUR höchstens	*5 Stück zu 40 EUR mindestens*
25 Stück zu 44 EUR höchstens	*15 Stück zu 44 EUR mindestens*
35 Stück zu 48 EUR höchstens	*35 Stück zu 48 EUR mindestens*
15 Stück zu 50 EUR höchstens	*10 Stück zu 50 EUR mindestens*
5 Stück zu 52 EUR höchstens	*15 Stück zu 52 EUR mindestens*

Ermitteln Sie den Preis, der Angebot und Nachfrage ausgleicht!

(5) Ordnen Sie den Ziffern des nachfolgenden Marktmodells die unter a) bis f) genannten Begriffe zu!

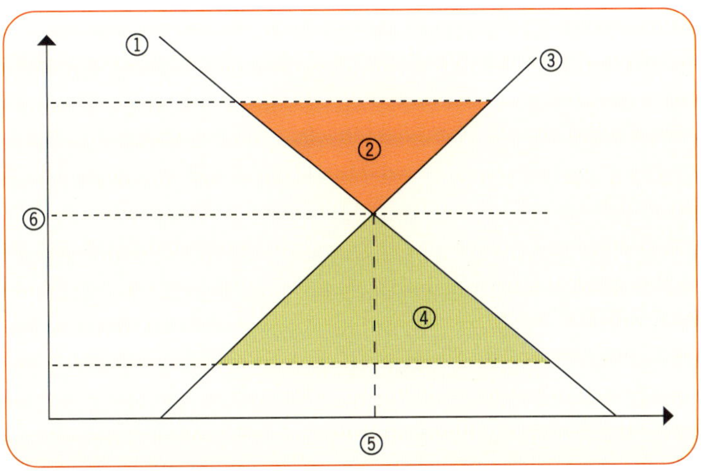

a) Gleichgewichtspreis	*c) Nachfrageüberhang*	*e) Nachfragekurve*
b) Angebotskurve	*d) Gleichgewichtsmenge*	*f) Angebotsüberhang*

(6) *Die nachfolgende Grafik enthält verschiedene Situationen eines vollkommenen Marktes. Bei welchem Preis*

   a) *wird der Markt geräumt?*
   b) *wird die Menge M1 angeboten?*
   c) *finden sich kein Anbieter und kein Nachfrager, sodass kein Umsatz stattfindet?*
   d) *wird die Menge M1 nachgefragt?*
   e) *entspricht die nachgefragte der angebotenen Menge?*
   f) *ist die angebotene Menge kleiner als die nachgefragte Menge?*
   g) *liegt der Gleichgewichtspreis?*
   h) *ist die angebotene Menge größer als die nachgefragte Menge?*

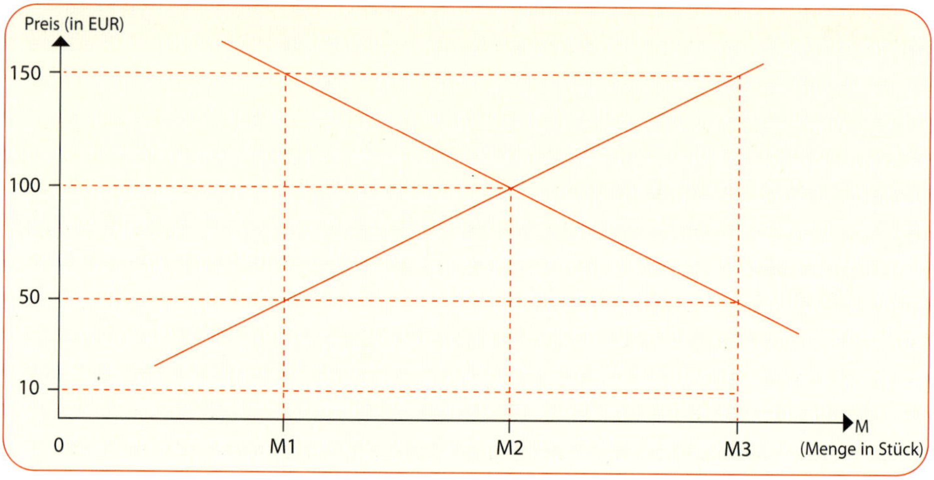

(7) *Beschreiben Sie den Einfluss, den steigende bzw. fallende Preise auf das mengenmäßige Angebot bzw. die mengenmäßige Nachfrage haben werden!*

(8) *Konstruieren Sie jeweils ein Beispiel für eine Einflussgröße, die*

   a) *eine Verschiebung der Nachfragekurve nach rechts (Nachfrageerhöhung),*
   b) *eine Verschiebung der Angebotskurve nach links (Angebotsverminderung)*

   zur Folge hat!

(9) *Erläutern Sie die Funktion des Gleichgewichtspreises auf vollkommenen Märkten!*

(10) *Welche Auswirkungen hat eine Preiserhöhung über den oberen Grenzpunkt des monopolitischen Absatzbereiches für einen Anbieter auf einem unvollkommenen polypolistischen Markt?*

(11) *Beschreiben Sie die in der Realität anzutreffenden Preisbildungsmechanismen im Oligopol!*

(12) *Verdeutlichen Sie die Preisbildungsspielräume eines Monopolisten in Abhängigkeit von der Gütermenge!*

6 Zusammenarbeit zwischen Unternehmen und freier Wettbewerb

Grundelement der sozialen Marktwirtschaft ist auch die Sicherung des freien Wettbewerbs zwischen Unternehmen. Zwar soll die Zusammenarbeit zwischen ihnen möglich bleiben, um die Leistungsfähigkeit zu steigern, andererseits darf dies aber nicht dazu führen, dass der unverzichtbare Wettbewerb am Markt nicht mehr stattfinden kann.

6.1 Kooperationsformen

Kooperation bedeutet **Zusammenarbeit.** Rechtlich und wirtschaftlich selbstständig bleibende Unternehmen vereinbaren **vertraglich** die Zusammenarbeit, um ihre Leistungsfähigkeit am Markt zu verbessern.

Kooperationsformen

gemeinsames Handeln

gegenseitige Unterstützung in bestimmten Bereichen, etwa bei

- Forschungs- und Entwicklungsarbeiten
- Absatzaktivitäten
- Nutzung von Räumlichkeiten

Formen engerer Zusammenarbeit

gemeinsame Planung und Durchführung von Maßnahmen etwa in den Bereichen

- Einkauf
- Vertrieb
- Organisation
- Verwaltung

Franchise

besonderes Verkaufs- und Vertriebssystem auf der Grundlage eines Franchise-Vertrages

▶ Gemeinsames Handeln

In diesem Fall beschließen die beteiligten Unternehmen, sich in bestimmten Bereichen gegenseitig zu unterstützen und gemeinsam anstehende Aufgaben zu lösen. Diese Zusammenarbeit kann sich beziehen auf:

- **Forschungs- und Entwicklungsarbeiten**

Raketen am Fließband

Mit der Trägerrakete Ariane 6 will Europa neue Wege beschreiten – nicht nur technisch: Kosten und Fertigungszeit sollen sich im Vergleich zum Vorgängermodell halbieren. Möglich mache das eine fließbandähnliche Produktion, bei der die Maschinen immer ausgelastet seien, sagte der Standortleiter des Herstellers Ariane Group in Bremen, Jürgen Lassmann. Die Taktfertigung sei ein Novum im europäischen Raketenbau. Die Produktion der Oberstufe soll im kommenden Frühjahr in Bremen beginnen. Diese soll wiederzündbar sein und daduch Satelliten in unterschiedlichen Umlaufbahnen aussetzen können.

Künstlerische Darstellung der neuen Ariane-6-Trägerrakete
Quelle: ESA/David Ducros, www.dlr.de

Quelle: Westfälischer Anzeiger vom 7. November 2017

- **Absatzaktivitäten**
  - Schaffung von **Gütezeichen** (vgl. S. 253)
  - **Gemeinschaftswerbung,** bei der die beteiligten Unternehmen namentlich nicht in Erscheinung treten (vgl. S. 198)
  - **sich ergänzende Leistungsangebote**

- **Nutzung von Räumlichkeiten**

In den Geschäftsräumen vieler Supermärkte bieten selbstständige Einzelhändler ergänzende Waren und Dienstleistungen (Reinigung, Backwaren, Tabakwaren, Zeitschriften oder Blumen) an.

▶ Formen engerer Zusammenarbeit

Festere Zusammenschlüsse haben die Aufgabe, die Existenz und Wettbewerbsfähigkeit der beteiligten selbstständig bleibenden Unternehmen zu sichern. Gemeinsam können etwa der Einkauf, der Vertrieb, die Organisation und die Verwaltung geplant und durchgeführt werden. Ziel dieser Maßnahmen ist, sich am Markt auch gegen Großunternehmen behaupten zu können.

Einkaufsgenossenschaften (Edeka eG, REWE eG, ZEG Zweirad-Einkaufsgenossenschaft eG)

Einkaufsgenossenschaften sind Zusammenschlüsse von Einzelhändlern nicht nur zum Zweck des gemeinsamen Einkaufs. Nachdem zunächst die Beschaffung von preisgünstigeren Waren im Vordergrund gestanden hat, erstrecken sich die Aufgaben mittlerweile auch auf gemeinsame Werbung, Lagerhaltung und Organisationsfragen.

▶ Franchise

Das Franchise stellt ein besonderes Verkaufs- und Vertriebssystem dar. Als Franchise-Geber sucht ein Unternehmen Partner, mit denen es seine Waren oder Dienstleistungen vermarkten möchte. Der Vorteil für den Franchise-Geber besteht darin, dass er sich teure Investitionen zum Aufbau eines eigenen Vertriebssystems sparen kann.

Seine Partner eröffnen mit eigenem Kapital als Franchise-Nehmer selbst Unternehmen. Sie bleiben dabei **rechtlich und wirtschaftlich selbstständig,** können aber auf die Erfahrungen des Franchise-Gebers zurückgreifen. Grundlage dieser partnerschaftlichen Kooperation ist ein **Franchise-Vertrag.**

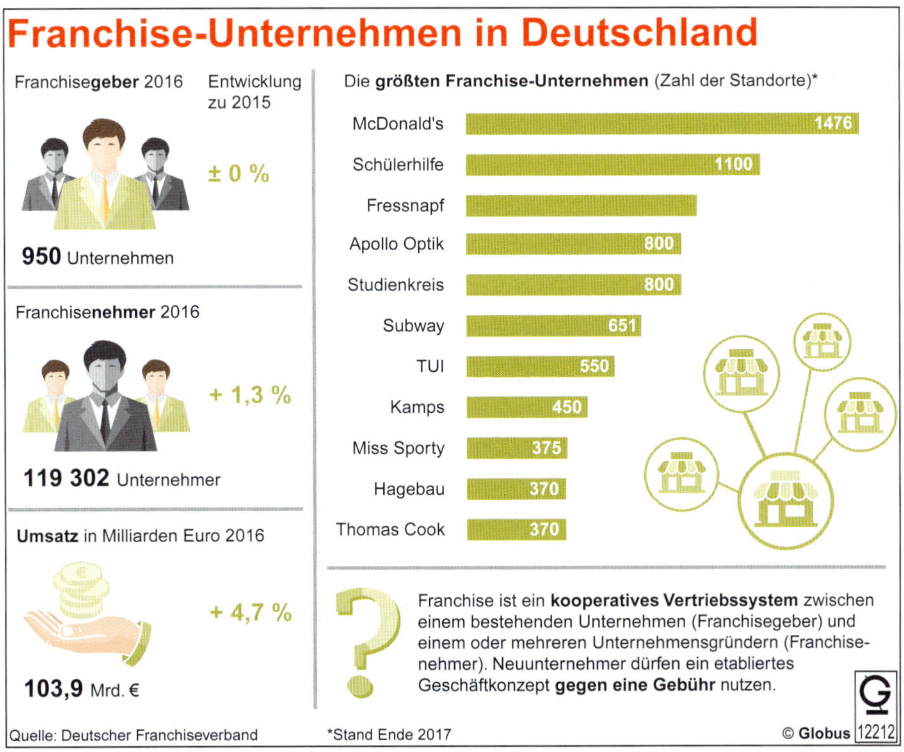

> Das Prinzip ist einfach: Ein Unternehmensgründer – der Franchisenehmer – nutzt ein etabliertes Geschäftskonzept eines Unternehmens – des Franchisegebers –, um sich selbstständig zu machen. Dadurch minimiert er auf der einen Seite sein Risiko – das Geschäftsmodell ist bewährt und wurde über die Jahre weiterentwickelt –, auf der anderen Seite bleibt ihm wenig Raum für eigene Kreativität und Mitgestaltung. Zudem zahlt er sogenannte Franchise-Gebühren für die nötigen Lizenzen und Nutzungsrechte. In vielen Fällen gibt der Franchisenehmer sogar noch einenTeil des erwirtschafteten Gewinns an den Urheber der Geschäftsidee ab. Der größte und bekannteste Franchisegeber ist McDonald's. Ende 2017 hatte das Unternehmen in Deutschland 1476 Standorte. Im einfachsten Fall eröffnet ein Franchisenehmer einen eigenen Standort. Die 550 Standorte des Reiseunternehmens TUI beispielsweise werden von 550 Franchisenehmern geleitet. Es gibt aber auch Investoren, die mehrere Standorte betreiben. Für die 1476 McDonald's-Restaurants sind nach aktuellen Zahlen des Deutschen Franchiseverbands nur 249 Partner eingetragen.

Der Franchise-Geber verpflichtet sich z.B. darin, seinem Partner Waren und Dienstleistungen zur Verfügung zu stellen und ihn mit dem entsprechenden Know-how zu versorgen. Dazu zählen etwa die Unterstützung beim Aufbau des Unternehmens, die Durchführung von Personalschulungen, Werbemaßnahmen und Public-Relations-Aktionen sowie die Nutzung von Patenten oder Marken. Franchise-Nehmer und -Geber treten unter einem **einheitlichen Erscheinungsbild** am Markt auf.

Der Franchise-Nehmer zahlt für diese Leistungen eine einmalige Einstandsgebühr und zudem monatliche Beträge. Diese laufenden Abgaben errechnen sich entweder als prozentualer Anteil vom Umsatz oder werden vertraglich als fixe Größe festgelegt.

Der Vorteil von Franchise-Systemen liegt darin, dass der Franchise-Nehmer sich an einem bereits am Markt eingeführten Unternehmenskonzept beteiligt und nicht alle Erfahrungen selbst machen muss. Er kann unter einem bereits bekannten Markennamen seine Geschäfte abwickeln. Franchise-Nehmer gehen damit bei der Unternehmensgründung in der Regel ein geringeres Risiko ein als Unternehmen, die ohne Unterstützung eines Franchise-Gebers gegründet werden.

6.2 Konzentrationsformen und Konzentrationskontrolle

Unter **Konzentration** (= Zusammenfassung) versteht man sowohl Formen der Zusammenarbeit als auch Zusammenschlüsse, bei denen die Unternehmen mindestens einen Teil ihrer wirtschaftlichen Selbstständigkeit aufgeben.

Im Gegensatz zur **Kooperation** besteht bei den meisten Formen der Konzentration viel eher die Gefahr, dass der Wettbewerb zwischen vorher konkurrierenden Unternehmen eingeschränkt oder gar vollkommen unterbunden wird. Beherrschen einige wenige Unternehmen den Markt, können sich kleinere Mitwettbewerber nicht mehr behaupten. Es besteht die Gefahr, dass Preise willkürlich festgelegt werden und sich nicht mehr durch Angebot und Nachfrage bilden oder dass die Wahlmöglichkeiten der Verbraucher beim Erwerb eines bestimmten Gutes erheblich eingeschränkt werden.

Derartige Konzentrationsformen können am Markt in verschiedenen Formen in Erscheinung treten:

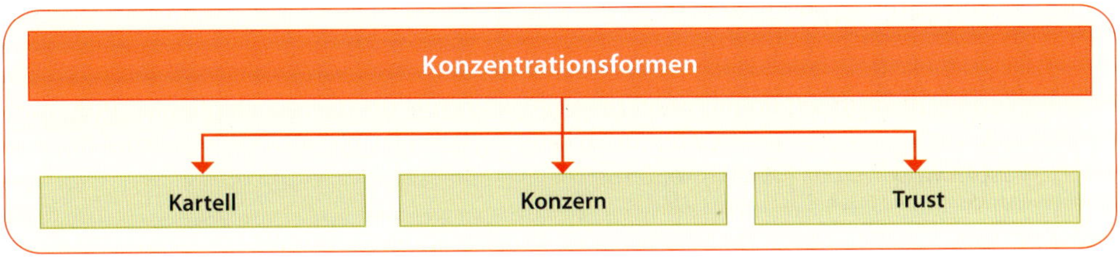

6.2.1 Kartell

Kartelle sind **Vereinbarungen** zwischen **rechtlich selbstständig** bleibenden Unternehmen. Festgelegt wird, dass die Partner in einem bestimmten Bereich gemeinsam vorgehen wollen.

So vereinbaren selbstständig bleibende Unternehmen bei „Mittelstandskartellen" *(§ 3 GWB)*, Rationalisierungen wirtschaftlicher Vorgänge gemeinsam durchzuführen, um so die eigene Wettbewerbsfähigkeit (kleiner und mittlerer Unternehmen) zu verbessern.

Mit den Bestimmungen des Kartellrechts kommt der Staat seiner wettbewerbspolitischen Ordnungsfunktion nach. Das **Gesetz gegen Wettbewerbsbeschränkungen** *(GWB)* wendet sich aber nicht nur gegen wettbewerbsbeschränkende Verträge, Beschlüsse, aufeinander abgestimmte Verhaltensweisen oder Empfehlungen zwischen selbstständigen Unternehmen, sondern enthält insbesondere auch **Vorschriften über die Kontrolle marktbeherrschender Unternehmen sowie unternehmerische Kooperations- und Konzentrationsformen.** Das GWB **verbietet grundsätzlich** solche Vereinbarungen zwischen Unternehmen, die eine Verhinderung, Einschränkung oder Verfälschung des Wettbewerbs bezwecken oder bewirken *(§ 1 GWB)*.

Das Kartellrecht lässt allerdings dort Ausnahmen zu, wo angenommen werden kann, dass Wettbewerbsbeschränkungen gesamtwirtschaftlich wünschenswert und sinnvoll sein könnten.

So sind etwa freiwillige Vereinbarungen *(§ 2 GWB)* zulässig, die zur Verbesserung der Warenerzeugung oder -verteilung oder zur Förderung des technischen oder wirtschaftlichen Fortschritts beitragen. Auch Vereinbarungen zur Rationalisierung wirtschaftlicher Vorgänge sind erlaubt *(§ 3 GWB)*.

Verstößt ein Unternehmen gegen das Gesetz gegen Wettbewerbsbeschränkungen oder eine Verfügung der Kartellbehörde, kann es zum Ersatz des entstandenen Schadens verpflichtet werden *(§ 33 GWB)*.

6.2.2 Konzern

Konzerne sind Zusammenschlüsse von Unternehmen, die zwar **rechtlich selbstständig** bleiben, ihre **wirtschaftliche Eigenständigkeit allerdings aufgeben,** indem sie **unter eine einheitliche Leitung** gestellt werden. Dabei sind drei Formen der oftmals **kapitalmäßigen Beteiligung** zu unterscheiden.

▶ Kapitalverflechtung (Gleichordnung)

Jedes einzelne Unternehmen ist kapitalmäßig mit dem anderen verbunden und unter einer einheitlichen Leitung gleichgeordnet *(§ 18 II AktG)*.

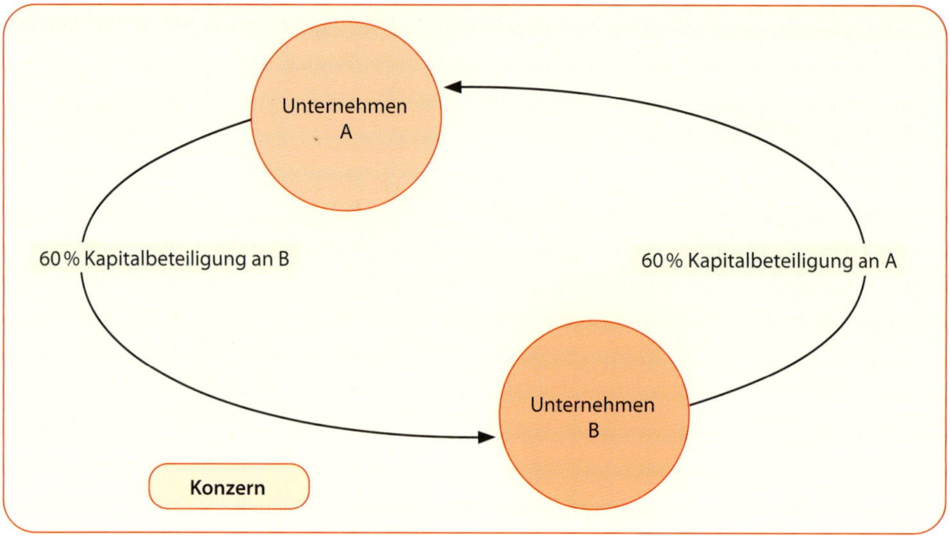

▶ Muttergesellschaft und Tochtergesellschaften (einseitige Beherrschung)

Übt ein Unternehmen durch kapitalmäßige Bindungen die Herrschaft über ein oder mehrere Unternehmen aus und unterstellt sie damit einer einheitlichen Leitung, ist gleichfalls ein Konzern anzunehmen *(§ 18 I AktG)*.

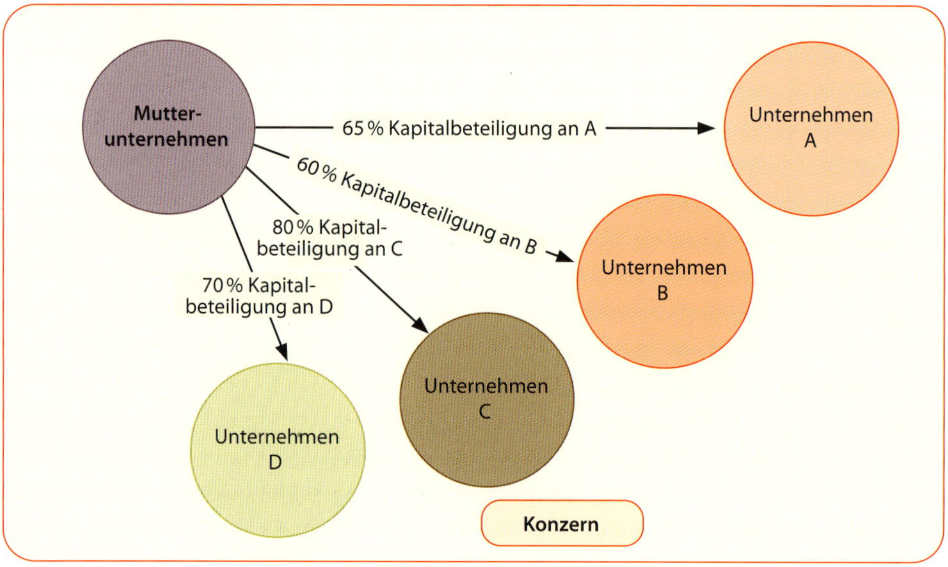

Holding

Wird für mehrere Unternehmen eine Leitungsgesellschaft errichtet, die kapitalmäßig an den einzelnen Unternehmen beteiligt ist, für diese aber nur **Verwaltungs- und Organisationsaufgaben** übernimmt, liegt eine **Holdinggesellschaft** vor. Die Holding (= Dachgesellschaft) hat die Funktion einer Muttergesellschaft, ohne allerdings selbst zu produzieren oder andere veräußerbare Leistungen zu erstellen.

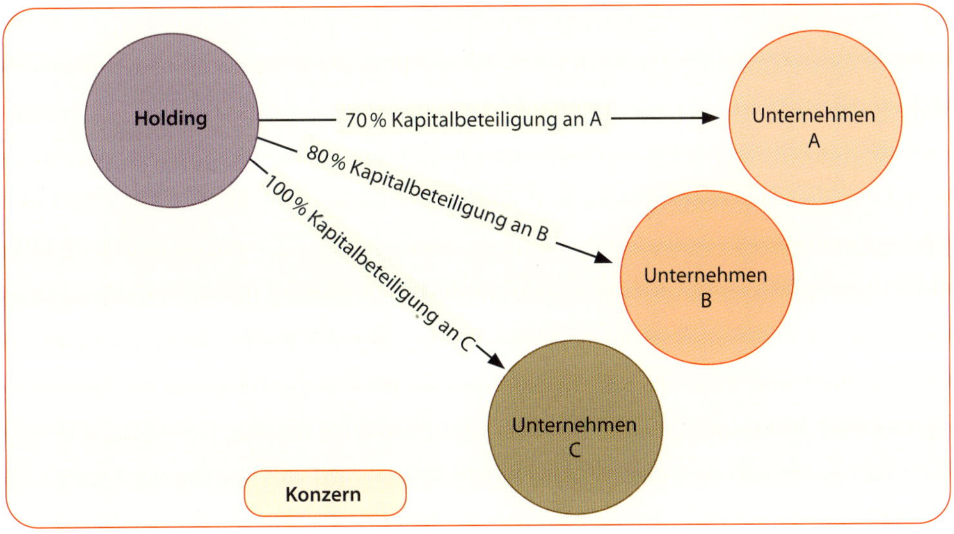

Missbrauchsaufsicht über marktbeherrschende Unternehmen

Großunternehmen können eine derartige Macht am Markt erlangen, dass der Wettbewerb, wenn nicht aufgehoben, so doch stark eingeschränkt wird. Marktbeherrschung ist anzunehmen, wenn ein Unternehmen im Verhältnis zu seinen Mitwettbewerbern eine **überragende Marktstellung** hat *(§ 19 GWB)*. Diese überragende Marktstellung wird z. B. aus seinem Marktanteil oder seiner Verflechtung mit anderen Unternehmen abgeleitet.

Das Vorliegen einer Marktbeherrschung wird nach bestimmten Kriterien beurteilt. So gilt ein Unternehmen als marktbeherrschend, wenn es auf seinem Markt einen Anteil von 40 Prozent erreicht.

Verhält sich nun ein marktbeherrschendes Unternehmen missbräuchlich, d. h. behindert oder benachteiligt es andere Mitwettbewerber, kann die Kartellbehörde einschreiten und dieses Verhalten unterbinden.

Missbräuchlich sind z. B.:

- der Verkauf von Waren unter Selbstkosten, nur um die Mitwettbewerber vom Markt zu vertreiben oder
- das Erzwingen von besonders günstigen Bedingungen bei Lieferanten und das gleichzeitige Verbot, diese Konditionen auch anderen Abnehmern zu gewähren.

Ein Konzern wird in diesem Zusammenhang als Einheit betrachtet, d. h., ist ein Konzernteil marktbeherrschend und verhält sich missbräuchlich, können alle Konzernmitglieder für dieses Verhalten verantwortlich gemacht werden.

6.2.3 Trust

Der Trust ist ein Zusammenschluss von Unternehmen, die ihre **rechtliche und wirtschaftliche Selbstständigkeit aufgeben** und durch diese **Fusion** (= Verschmelzung) eine neue Gesellschaft bilden. Solche Zusammenschlüsse sind vor dem Vollzug beim **Bundeskartellamt** anzumelden und dürfen erst **nach der Genehmigung** vollzogen werden *(§ 39 I GWB)*.

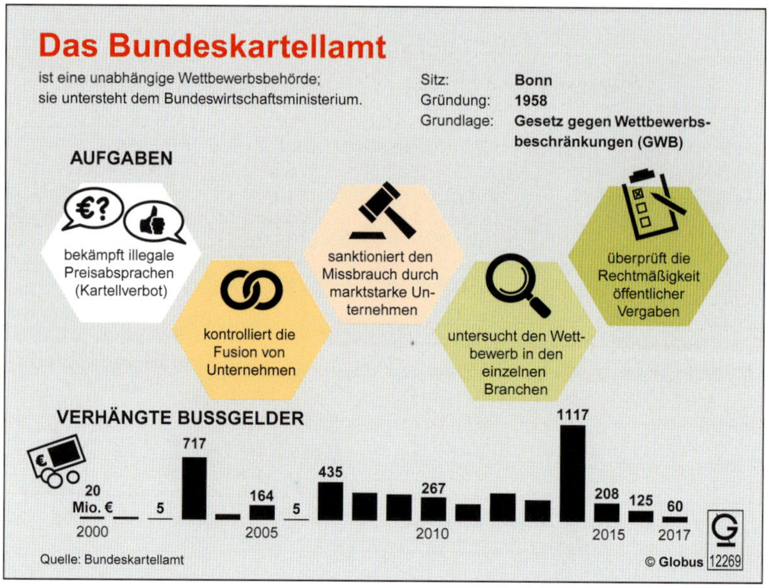

Freier Wettbewerb läuft im Idealfall so ab: Es gibt eine Vielzahl von Anbietern, die um die Gunst ihrer Kunden konkurrieren. Wenn ein Anbieter seine Preise senkt und die Konkurrenz damit unterbietet, werden die Kunden wegen der günstigeren Preise zu diesem Anbieter wechseln bzw. mehr zusätzliche Güter und Dienstleistungen kaufen. Dieser Marktmechanismus sorgt theoretisch für einen optimalen Ausgleich von Angebot und Nachfrage. Allerdings kann dieser Wettbewerb für einzelne Unternehmen anstrengend und unbequem sein. Um mitzuhalten, sind Unternehmen dazu gezwungen, günstige Angebote zu machen, hohe Qualität zu bieten und neue Produkte zu entwickeln. Um sich dem zu entziehen und höhere Gewinne einzustreichen, sprechen manche Unternehmen ihre Preise, Mengen oder Kundengruppen mit den Konkurrenten verbotenerweise ab. Koordinieren mehrere Unternehmen ihr Verhalten auf dem Markt, spricht man von einem Kartell. Die geschädigten sind die Verbraucher, die höhere Preise als bei einem funktionierenden Wettbewerb des Marktes zahlen müssen. Im Jahr 2017 hat das Bundeskartellamt rund 60 Millionen Euro Bußgelder gegen 16 Unternehmen und elf Manager verhängt. Am 15. Januar 2018 feierte das Bundeskartellamt sein 60-jähriges Bestehen. Grundlage der Arbeit ist das „Gesetz gegen Wettbewerbsbeschränkungen", das oft auch als „Grundgesetz der Marktwirtschaft" bezeichnet wird. Als die Behörde 1958 ihre Arbeit aufnahm, lag der Fokus auf der Entflechtung großer deutscher Industriebranchen wie Stahl, Zement und Papier. Nach Schätzungen gab es 1930 in Deutschland noch mehr als 2000 Kartelle. Heute rücken die Verbraucher immer mehr in den Mittelpunkt der 345 Behörden-Mitarbeiter. Aktuell läuft eine Untersuchung gegen Facebook wegen missbräuchlicher Datensammlungen.

Das Kartellamt kann einen derartigen Zusammenschluss verbieten, wenn zu erwarten ist, dass damit eine marktbeherrschende Stellung des neuen Unternehmens entsteht oder verstärkt wird *(§ 36 I GWB)*. Allerdings kann der Bundesminister für Wirtschaft und Technologie zu einem zuvor vom Bundeskartellamt untersagten Zusammenschluss dennoch die Erlaubnis erteilen *(Ministererlaubnis gemäß § 42 GWB)*, wenn gesamtwirtschaftliche Vorteile überwiegen oder ein überragendes Interesse der Allgemeinheit an der Fusion gegeben ist.

Die Vorschriften über die Zusammenschlusskontrolle des GWB gelten, wenn im letzten Geschäftsjahr vor dem Zusammenschluss:

- die beteiligten Unternehmen weltweit insgesamt Umsatzerlöse von mehr als 500 Mio. EUR **und**
- mindestens ein beteiligtes Unternehmen im Inland Umsatzerlöse von mehr als 25 Mio. EUR

erzielt haben *(§ 35 I GWB)*.

358 Millionen Euro Bußgelder

Kartellamt ahndet 19 Firmen wegen verbotener Absprachen

Bonn – Wegen verbotener Absprachen hat das Bundeskartellamt im Januar 2020 Bußgelder von insgesamt 358 Millionen Euro verhängt.

Betroffen waren 19 Firmen, wie die Bonner Behörde am Dienstag mitteilte. Es ging unter anderem um Händler von Pflanzenschutzmitteln, Hersteller von Kfz-Schildern sowie Aluminium-Schmieden. Ein kleiner Teil der Bußgelder wurde natürlichen Personen – also Managern – aufs Auge gedrückt.

Im Vorjahr hatten die Bußgelder bei 848 Millionen Euro gelegen, während sie 2018 ähnlich hoch waren wie jetzt. „Wirtschaftlich schwierige Zeiten sind keine Rechtfertigung für Kartellabsprachen", sagte Behördenchef Andreas Mundt. Die Kartellverfolgung bleibe ganz oben auf der Agenda.

Kartellabsprachen sind grundsätzlich verboten: Sie hemmen den Wettbewerb, was beim Kunden zu höheren Kosten führt.

Wie viel der Staat nach Verhängung der Bußgelder letztendlich in die Kasse bekommt, ist noch unklar. Denn die betroffenen Unternehmen können den Bußgeldbescheid vor dem Düsseldorfer Oberlandesgericht kippen oder abmildern lassen. Allerdings hat der Gang vor das OLG seine Tücken, denn das Gericht kann den Vorgang auch strenger bewerten als die Bonner Behörde und die Zahlungsverpflichtungen erhöhen. dpa

Quelle: Westfälischer Anzeiger vom 30. Dezember 2020

6.3 Bedeutung von Unternehmenszusammenschlüssen

Zusammenschlüsse von Unternehmen können dazu beitragen, die Angebote der Beteiligten zu vereinheitlichen. Das einzelne Unternehmen sieht sich nicht mehr der Notwendigkeit ausgesetzt, seine Leistungen marktgerecht anzubieten, d. h. sowohl die Wünsche der Konsumenten als auch die Aktivitäten der Konkurrenten zu berücksichtigen. Die Folge kann in überhöhten Preisen oder minderwertigen bzw. veralteten Produkten bestehen.

Vor allem **marktbeherrschende Unternehmen** erreichen ihre Erfolge (Gewinnzuwachs, Ausweitung des Marktanteils) nicht selten auf Kosten der anderen Marktteilnehmer. Derartige Unternehmen können nach Belieben den anderen Marktteilnehmern ihre Bedingungen diktieren und sie gegebenenfalls vom Markt verdrängen.

Zudem verringert sich durch die Konzentration der Anbieter die Auswahlmöglichkeit des Abnehmers. Der Grundsatz der Vertragsfreiheit ist in Verhandlungen mit einem übermächtigen Anbieter (oder Nachfrager) kaum zu verwirklichen. Bei allen Unternehmenszusammenschlüssen besteht grundsätzlich die Gefahr eines Missbrauchs der entstehenden wirtschaftlichen Macht zum Nachteil der schwächeren Mitkonkurrenten oder Nachfrager. Zudem darf nicht unberücksichtigt bleiben, dass Großunternehmen auch eine erhebliche politische Macht darstellen, d. h. auf die Meinungsbildung und Gesetzgebung Einfluss nehmen können.

Andererseits ist es für die Leistungsfähigkeit vor allem kleinerer Unternehmen erforderlich, so weit wie nötig ihre Aktivitäten abzustimmen, um sich gegen Großunternehmen bzw. die internationale Konkurrenz behaupten zu können.

Ein **freier Wettbewerb** ist die beste Garantie dafür, dass Anbieter in Konkurrenz miteinander marktgerechte Leistungen hervorbringen. Die Sicherung dieser Auseinandersetzungen zwischen Unternehmen ist Aufgabe der staatlichen Wettbewerbspolitik.

▶ Zusammenfassung

Kooperations- und Konzentrationsformen zwischen Unternehmen

Kooperationsformen

- Rechtlich und wirtschaftlich selbstständig bleibende Unternehmen vereinbaren, sich bei der Lösung anstehender Aufgaben zu unterstützen.
- Diese Kooperation kann vollzogen werden durch:
  - **gemeinsames Handeln.**
  - **Formen engerer Zusammenarbeit** wie Einkaufsgenossenschaften.
  - **Franchise** als besonderes Verkaufs- und Vertriebssystem auf Basis eines Franchise-Vertrages.

Konzentrationsformen

Kartell

- Rechtlich selbstständig bleibende Unternehmen treffen Vereinbarungen.
- Sie behalten in allen Bereichen, die von dieser Vereinbarung nicht betroffen werden, ihre wirtschaftliche Eigenständigkeit.

Konzern

- Zusammenschlüsse von Unternehmen, die rechtlich selbstständig bleiben, ihre wirtschaftliche Eigenständigkeit allerdings völlig aufgeben.
- Konzerne können entstehen durch:
  - **Kapitalverflechtung,** d. h., jedes Unternehmen ist am anderen kapitalmäßig beteiligt.
  - **einseitige Beherrschung,** d. h., eine Muttergesellschaft ist an mehreren Tochtergesellschaften kapitalmäßig beteiligt.
  - **die Gründung einer Holding,** d. h. einer Dachgesellschaft, die selbst keine veräußerbaren Leistungen erstellt, aber Kapitalbeteiligungen an allen Unternehmen besitzt.

Trust

- Zusammenschlüsse von Unternehmen, die ihre rechtliche und wirtschaftliche Selbstständigkeit aufgeben.
- Durch diese **Fusion** entsteht ein neues Unternehmen.

Ziel der Kooperations- und Konzentrationsformen

- Steigerung der Leistungsfähigkeit und damit der Wettbewerbsfähigkeit der beteiligten Unternehmen.

Aufgaben 15

(1) *Beschreiben Sie Gründe, die Unternehmen zur Zusammenarbeit veranlassen könnten!*

(2) *Nennen Sie Kooperationsmöglichkeiten zwischen Unternehmen und bilden Sie Beispiele!*

(3) *Grenzen Sie Kartelle von Konzernen und Trusts ab!*

(4) *Bei welchen Kartellarten überprüft die Kartellbehörde, ob sie gesamtgesellschaftlich wünschenswert und sinnvoll sind?*

(5) *Welche Formen der kapitalmäßigen Beteiligung lassen sich bei Konzernen unterscheiden?*

(6) *Bei allen Zusammenschlüssen von Unternehmen besteht grundsätzlich die Gefahr, dass die damit verbundene Macht zu Ungunsten anderer Marktteilnehmer ausgenutzt wird. Welche Folgen können sich für Mitkonkurrenten und Konsumenten aus der missbräuchlichen Ausnutzung einer marktbeherrschenden Stellung ergeben?*

(7) *Welche Argumente sprechen für eine Zusammenarbeit von Unternehmen?*

7 Marketing

7.1 Marketingstrategie des Unternehmens

Bei der Leistungserstellung und -verwertung ist ein Unternehmen eng mit den Geschehnissen auf den **Beschaffungs- und Absatzmärkten** verbunden. Für die Produktions- und Absatzentscheidungen sind daher die derzeitigen, aber auch die vorhersehbaren künftigen Marktgegebenheiten ausschlaggebend. Am Beginn aller Überlegungen steht deshalb nicht nur das Produkt, sondern es gilt außerdem, den Wünschen, Bedürfnissen und Erwartungen der Abnehmer Rechnung zu tragen. Für eine solche **auf den Markt ausgerichtete Unternehmensführung** wird der Begriff **Marketing** verwandt.

- Ein Unternehmen, das zunächst ein Produkt entwickelt und erst anschließend Überlegungen zu dessen Verkaufsmöglichkeiten anstellt, läuft Gefahr, den Bedürfnissen des Marktes nicht gerecht zu werden.
- Werden hingegen zunächst mithilfe der Marktforschung Informationen über Kundenwünsche und bisher von Konkurrenten angebotene Produkte beschafft und zudem zukünftige Marktentwicklungen berücksichtigt (z.B. Rohstoffverteuerungen bei Erdöl, neue gesetzliche Bestimmungen zur Vermeidung von Umweltbelastungen), wird das aufgrund dieser Daten geplante Produktprogramm bessere Absatzchancen besitzen.

Unter Marketing werden alle unternehmerischen Aktivitäten verstanden, die – unter zunehmender Berücksichtigung ökologischer Erfordernisse – darauf abzielen, zur Erhaltung der vorhandenen Nachfrage und zur Gewinnung neuer Abnehmer ein planmäßiges Leistungsangebot bereitzustellen, dessen Inhalt und Zielsetzung maßgeblich von den Bedingungen des Absatzmarktes bestimmt werden. Zu den Voraussetzungen einer erfolgreichen unternehmerischen Arbeit zählen aber auch die Entscheidungen über die Beschaffung notwendiger Waren und Dienstleistungen. Marketing beschäftigt sich demzufolge mit der Suche, Entwicklung und Pflege sowie dem Ausbau von Märkten.

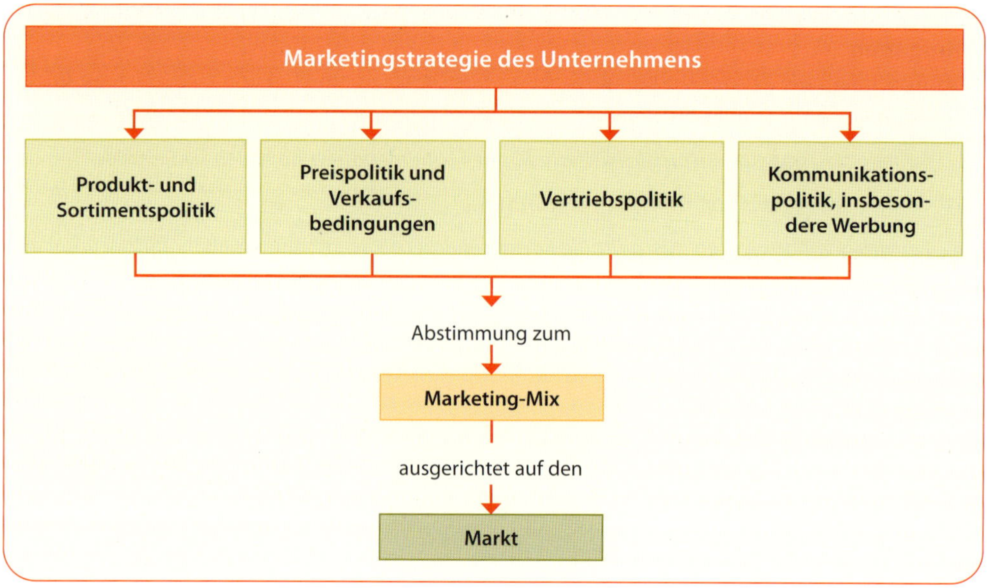

Um alle Entscheidungen auf den Markt auszurichten, bedient sich das Unternehmen einer bestimmten **Marketingstrategie.** Die einzelnen Instrumente (Produkt- und Sortimentspolitik, Preispolitik und Verkaufsbedingungen, Vertriebspolitik sowie Werbung, vgl. S. 181 ff.) werden dabei so aufeinander abgestimmt, dass sie eine an den Marktgegebenheiten ausgerichtete Handlungsstrategie, den **Marketing-Mix,** ergeben.

Ein Unternehmen, das ohne ausreichende Kenntnisse der Märkte und unter Verzicht auf die gegenseitige Abstimmung der einzelnen **Marketinginstrumente** ein Produkt entwickelt, läuft Gefahr, den Marktgegebenheiten bzw. -erfordernissen und damit den Wünschen und Erwartungen der Abnehmer nicht gerecht zu werden.

Werden hingegen zunächst Informationen über Beschaffungs- und Absatzmärkte, Kundenwünsche, Konkurrenten und allgemeine Marktdaten erhoben, hat das Unternehmen wesentlich bessere Aussichten, sein Produktions- und Absatzprogramm erfolgreich zu verwirklichen. **Marktuntersuchungen** sind daher eine notwendige Voraussetzung für alle unternehmerischen Entscheidungen.

7.2 Marktuntersuchungen als Grundlage für die Marketingstrategie

Bei der Beschaffung ausreichender aktueller und auf die jeweilige Entscheidungssituation abgestimmter Daten greift ein Unternehmen auf verschiedene Informationsquellen zurück. Dabei werden zunächst eigene Unterlagen aus der Betriebsstatistik, dem Rechnungswesen oder der Kunden- und Lieferantendatei zusammengestellt und ausgewertet, bevor sich die Auswertung der außerhalb des Unternehmens vorhandenen Datenquellen anschließt.

Hilfe zur Entscheidungsfindung bieten insbesondere Angaben über:

- **Konkurrenten** (z. B. ihre Zahl, die jeweiligen Marktanteile und die Produktpalette);
- **Konsumenten** (z. B. Kaufkraft, Altersstruktur, Wünsche und Einstellungen);
- **allgemeine Marktdaten** (z. B. Preise auf den Beschaffungs- und Absatzmärkten, Zinsniveau, Lohnkosten, Konjunkturlage);

- **gesellschaftliche Umwelt** (z. B. Gesetze, Normen und Werte, zukünftig zu erwartende politische Entwicklungen).

Dabei bestimmt die Art der Marktuntersuchung, wie Daten zu erheben und aufzubereiten sind.

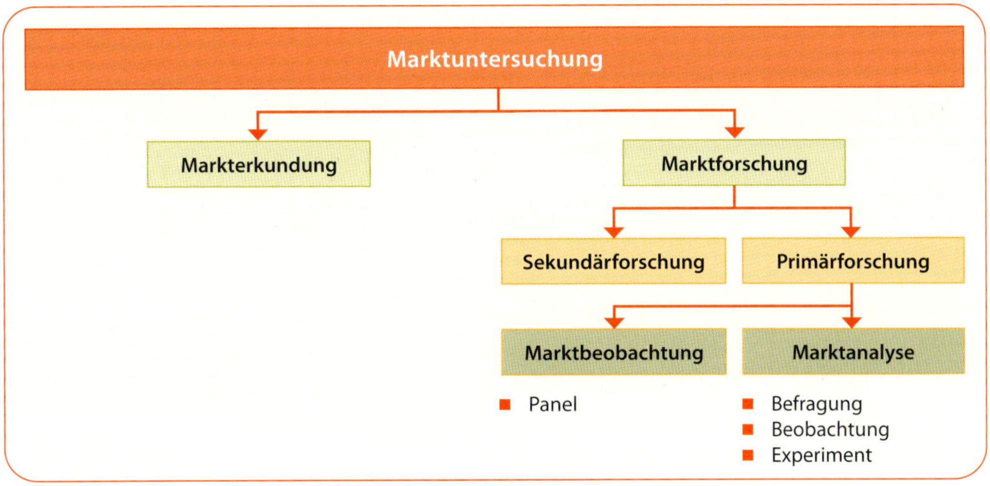

7.2.1 Markterkundung und Marktforschung

Marktuntersuchung ist der Oberbegriff für alle Arten der Markterkundung und Marktforschung. Werden Marktdaten relativ willkürlich, zufällig und planlos erfasst, spricht man von einer **Markterkundung.** Demgegenüber zeichnet sich die **Marktforschung** durch ein systematisches, wissenschaftlich gesichertes und planvolles Vorgehen bei der Ermittlung von Marktdaten aus.

Besucht ein Anbieter von Zeit zu Zeit die Geschäfte seiner Konkurrenten, um sich über deren Sortiments- und Preisgestaltung zu informieren, erkundet er diesen Markt mehr oder weniger zufällig. Beauftragt dieser Anbieter hingegen ein Marktforschungsinstitut, wöchentlich die Durchschnittspreise seiner Konkurrenten für bestimmte Waren zu ermitteln, wird das Institut gezielt und nach Plan Marktforschung betreiben.

7.2.2 Arten der Marktforschung

Bei allen Marktforschungsaktivitäten stellt sich die Frage, auf welche Art und Weise die zur Lösung des betrieblichen Entscheidungsproblems benötigten Marktdaten beschafft werden können.

▶ Sekundärforschung

Grundsätzlich wird ein Unternehmen zunächst auf bereits vorhandenes Informationsmaterial zurückgreifen. In erster Linie werden eigene Unterlagen, öffentliche Statistiken, Bücher, Zeitungen und Zeitschriften ausgewertet. Wichtige Datenquellen sind auch die Veröffentlichungen des Statistischen Bundesamtes in Wiesbaden sowie Publikationen der Statistischen Landesämter, der Pressedienste, privater Informationsdienste oder das Internet.

Reichen die so ermittelten Informationen nicht aus, um in einer Entscheidungssituation die richtigen Maßnahmen einleiten zu können, muss neues bzw. zusätzliches Datenmaterial am Markt erhoben werden.

▶ Primärforschung

Diese Untersuchung kann nun wesentlich genauer auf das anstehende Problem ausgerichtet werden, da neue, bisher noch nicht vorhandene, aktuelle Daten erhoben werden. Dabei sind allerdings wesentlich höhere Kosten und ein größerer Zeitaufwand in Kauf zu nehmen.

> Ein Pharmaunternehmen plant die Erweiterung seiner Produktionsanlagen. Dazu errechnet es einen Finanzbedarf von 20 Millionen EUR. In der Stabsabteilung werden zunächst die Konditionen verschiedenster Kreditinstitute verglichen, wie sie von Wirtschaftszeitschriften, Informationsdiensten oder Industrie- und Handelskammern ermittelt worden sind. Diese Sekundäranalyse liefert erste Anhaltspunkte, wo die Konditionen des Darlehens am günstigsten sein könnten. Da das vorliegende Datenmaterial allerdings bereits einige Wochen alt ist und zudem nur die Zinsen und keine anderen Bedingungen der Kreditgewährung dargestellt sind, erhält ein Mitglied der Unternehmensleitung den Auftrag, sich mit fünf vorab ausgewählten Banken in Verbindung zu setzen. Dieses prüft anschließend im Rahmen einer Primärerhebung persönlich die aktuellen Kreditdaten, um eine Entscheidung herbeiführen zu können.

Durch die systematische, planvolle und wissenschaftlich fundierte Vorgehensweise liefern Marktforschungsergebnisse wesentliche Informationsgrundlagen für alle unternehmerischen Entscheidungen. Eine Marketingstrategie wird nur dann erfolgreich sein, wenn sie auf Datenmaterial basiert, das die früheren, gegenwärtigen und zukünftig zu erwartenden Entwicklungen auf den Märkten beschreibt.

7.3 Informationsgewinnung durch Methoden der Primärforschung

7.3.1 Marktbeobachtung

Wird Marktforschung mit dem Ziel betrieben, über Entwicklungen und Veränderungen auf den Märkten ständig unterrichtet zu sein, also Daten über einen **längeren Zeitraum** zu erheben, wählt man als Erhebungsart die **Marktbeobachtung.** Dazu wird als Untersuchungsmethode das **Panel** eingesetzt.

▶ Panel

Panel heißt soviel wie „abgegrenztes Feld". Damit kommt zum Ausdruck, dass ein gleichbleibender Personenkreis über einen längeren Zeitraum hinweg immer wieder Auskünfte über einen bestimmten Sachverhalt erteilt.

> Eine bestimmte Anzahl von Haushalten wird ausgewählt. Die Haushaltsmitglieder erklären sich bereit, etwa wöchentlich über alle Einkäufe Buch zu führen. Damit werden dem Marktforschungsinstitut Art, Mengen und Preise der gekauften Waren bekannt. Auf Basis dieser Daten können dann Rückschlüsse über Veränderungen im Kaufverhalten (wie etwa Markentreue, Bevorzugung bestimmter Packungsgrößen, Reaktionen auf Preisänderungen oder Sonderangebote) gezogen werden.

7.3.2 Marktanalyse

Sollen hingegen Marktdaten zu einem bestimmten Stichtag erhoben werden, d.h., wird die Untersuchung in dieser Form also nur **einmal** vorgenommen, handelt es sich um eine **Marktanalyse.** Die benötigten Daten werden aufgrund von Befragungen, Beobachtungen bzw. Experimenten beschafft.

▶ Befragung

Im Rahmen der Marktanalyse spielt die Befragung die wichtigste Rolle. Entweder wird einem ausgewählten Personenkreis ein Fragebogen zur **schriftlichen Beantwortung** zugesandt oder ein Interviewer sucht die entsprechenden Personen auf und legt ihnen die Fragen persönlich zur Beantwortung vor **(persönliches Interview).** Bei besonders eiligen Untersuchungen kann die Befragung auch telefonisch abgewickelt werden **(telefonisches Interview).**

▶ Beobachtung

Sollen hingegen Informationen unabhängig von der Auskunftsbereitschaft des Einzelnen beschafft werden, wird die Beobachtung gewählt. Hier gelingt es allerdings nur, gegenwärtige, äußerlich wahrnehmbare Geschehnisse und Sachverhalte zu erfassen. Vergangenes, Zukünftiges sowie Meinungen, Motive und Einstellungen von Marktteilnehmern entziehen sich jedoch naturgemäß einer Beobachtung.

- Die Anzahl von Kunden eines Einkaufszentrums wird durch den Einsatz fotomechanischer Geräte festgestellt.
- Mit Kameras wird aufgezeichnet, auf welchen Wegen sich die Besucher durch einen Supermarkt bewegen.
- Um festzustellen, wie Kunden ein neues Blutzuckermessgerät handhaben, werden sie aus einem Nebenraum durch einen Spiegel beobachtet, der nur zu dieser Seite Durchblick gewährt.

▶ Experiment

Ein Experiment ermittelt im Gegensatz zur Beobachtung keine tatsächlich vorhandenen Vorgänge oder Tatbestände. Statt dessen werden die benötigten Daten über künstlich geschaffene Situationen erhoben.

Um die geeignetste Präsentationsform für das Sortiment einer Apotheke festzulegen, dekoriert man in den nach Kundenstamm, Standort und Sortiment vergleichbaren Filialen die Artikel des Kern- und Randsortiments auf verschiedene Weise. Die in den einzelnen Filialapotheken anschließend festzustellenden Unterschiede im Absatz dieser Waren lassen bei sonst gleichen Bedingungen den Schluss zu, dass eine bestimmte Art der Warendarbietung am ehesten geeignet erscheint, um Kunden anzusprechen.

7.4 Marketinginstrumente

Bei der Ausrichtung seiner Handlungsstrategie auf die Marktgegebenheiten bedient sich das Unternehmen folgender Instrumente:

7.4.1 Produkt- und Sortimentspolitik

Die Produkt- und Sortimentspolitik umfasst die marktgerechte Gestaltung des Leistungsprogramms eines Unternehmens. Dabei sind Entscheidungen in folgenden vier Bereichen bedeutsam:

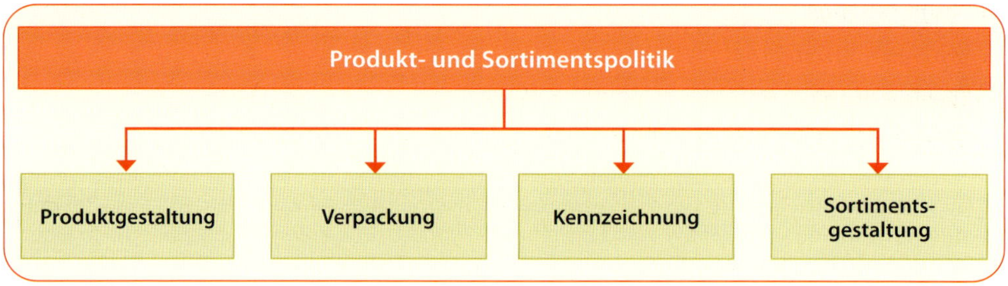

7.4.1.1 Produktgestaltung

Die herzustellenden und anzubietenden Waren sollten in ihrer Beschaffenheit, Verwendungsfähigkeit und Gestaltung den Kundenwünschen entsprechen.

Nur ein Angebot, das qualitativ und funktionsgerecht ist sowie in Form und Farbe den Erwartungen der Abnehmer entspricht, wird auf Dauer zu einem befriedigenden Umsatzergebnis für das Unternehmen führen. Fehlerhafte, minderwertige, umwelt- oder gar gesundheitsschädliche Produkte dürfen in einem marktgerechten Angebot nicht enthalten sein.

7.4.1.2 Verpackung

Die Produktverpackung, die die Waren in erster Linie bei Transport und Lagerung vor Beschädigung und Verderb schützen soll, muss auf die jeweilige Ware abgestimmt gestaltet sein und die Anforderungen an zweckmäßige Beförderung und leichte Handhabbarkeit erfüllen.

Verpackungen müssen gewährleisten, dass:

- verbrauchsgerechte Mengen angeboten und entnommen werden können;

  > Waschmittel in unterschiedlichen Packungsgrößen.

- ein leicht handhabbarer Umgang mit dem Produkt ermöglicht wird.

  > Behälter für Flüssigkeiten sollten ein problemloses Öffnen, sicheres Wiederverschließen und vollständiges Entleeren gewährleisten.

In zunehmendem Maße sind der Verpackung auch **Servicefunktionen** übertragen worden. Diese Aufgabenstellung umfasst z. B.:

- die Möglichkeit, Lebensmittel in der Verpackung zuzubereiten und auf den Tisch zu bringen,
- die Bildung von Bedarfseinheiten (Menüs für die häusliche Verpflegung älterer Menschen),
- die Wiederverwendungsmöglichkeit von Verpackungen (Waren verpackt in Trinkgläsern oder Eimern).

Die Verpackungspraxis wird allerdings aus Umweltüberlegungen heftig kritisiert. Insbesondere wird beklagt, dass es zu viele und zu aufwendige Verpackungen gibt, die weit über die erforderlichen Verpackungsfunktionen hinausgehen und dadurch den Müllanfall in einem Maße vergrößern, dass dieser unter ökologisch vertretbaren Gesichtspunkten nur schwerlich zu beseitigen ist. Aus diesen Feststellungen ergeben sich Forderungen in Bezug auf eine **umweltgerechte Verpackungsgestaltung:**

- Verringerung der Verpackungsmenge auf das notwendige Maß;
- Einführung wiederverwendungsfähiger Verpackungen;
- Herstellung leicht zu vernichtender bzw. recyclinggerechter[1] Verpackungen.

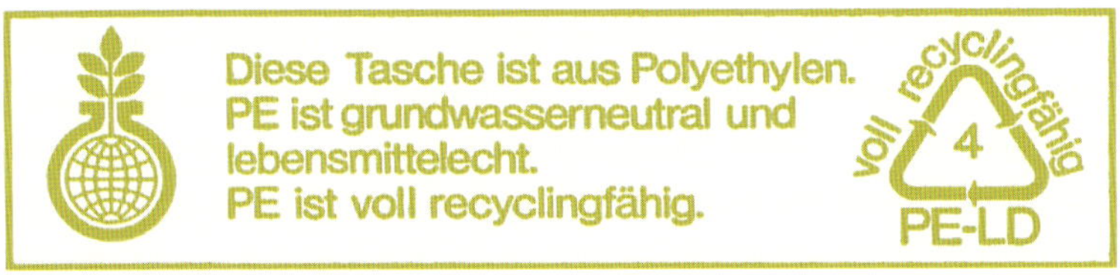

Verbot von Einweg-Plastik beschlossen

Riesige Mengen Plastikmüll landen jedes Jahr in den Ozeanen. Nun plant die Europäische Union drastische Gegenmaßnahmen. Einige Alltagsprodukte sollen verschwinden.

Das EU-Verbot von Plastiktellern, Trinkhalmen und anderen Wegwerfprodukten aus Kunststoff ist unter Dach und Fach. Unterhändler des Europaparlaments und der EU-Staaten einigten sich am Mittwochmorgen in Brüssel auf die Einzelheiten. Das Verbot soll dazu beitragen, die Massen von Plastikmüll in der Umwelt und in den Weltmeeren einzudämmen.

Die EU-Kommission hatte im Mai vorgeschlagen, Einmalgeschirr, Strohhalme, Wattestäbchen und andere Wegwerfartikel aus Plastik zu verbieten. Die Menge an Lebensmittel-Verpackungen und Trinkbechern soll mit Reduktionszielen zurückgedrängt werden. EU-Parlament und EU-Länder hatten die Pläne im Gesetzgebungsverfahren leicht verändert. Sie müssen die Einigung der Unterhändler noch offiziell bestätigen. In Kraft treten werden die Änderungen voraussichtlich in gut zwei Jahren.

Die Strategie gegen Plastikmüll dürfte für fast Jeden im Alltag spürbare Veränderungen bringen. Verboten werden sollen aber nur Gegenstände, für die es bessere Alternativen gibt. Bedeutsam ist das Paket vor allem für die Kunststoffbranche, die nach Behördenangaben 2015 einen Umsatz von 340 Milliarden Euro machte und 1,5 Millionen Menschen beschäftigte.

Die EU-Kommission verspricht sich von dem Plan große Umweltvorteile. Die Maßnahmen sollen den Ausstoß von Kohlendioxid um 3,4 Millionen Tonnen verringern. Bis 2030 könnten Umweltschäden im Wert von 22 Milliarden Euro vermieden werden, hieß es. Verbraucher könnten bis zu 6,5 Milliarden Euro sparen. Die Kommission begründet den Vorstoß vor allem mit dem Schutz der Ozeane. Mehr als 80 Prozent des Mülls in den Meeren seien Plastik.

Teil der neuen Strategie ist die Beteiligung von Herstellern an den Kosten für das Aufräumen. So könnte die Tabakindustrie künftig für das Einsammeln von Zigarettenstummeln zur Kasse gebeten werden. „Wer Wegwerfartikel wie Zigaretten herstellt, wird künftig mehr Verantwortung für den Müll übernehmen müssen", sagte Bundesumweltministerin Svenja Schulze den Zeitungen der Funke Mediengruppe. „So könnte die Zigarettenindustrie zum Beispiel an den Kosten für die Reinigung von Stränden oder Parks beteiligt werden." **(dpa)**

Quelle: https://www.fr.de/wirtschaft/eu-verbot-von-einweg-plastik-beschlossen-a-1641191?GEPC=s5 vom 19.12.2018

1 Erneute Gewinnung von Rohstoffen aus wiederaufbereitbaren Müllbestandteilen wie z. B. Altglas, Altpapier.

Verpackungsgesetz

Das **Gesetz über das Inverkehrbringen, die Rücknahme und die hochwertige Verwertung von Verpackungen (Verpackungsgesetz** – *VerpackG*) bezweckt, die Auswirkungen von Verpackungsabfällen auf die Umwelt zu vermeiden oder zu verringern. Um diese abfallwirtschaftlichen Ziele zu erreichen, regelt das Verpackungsgesetz das Verhalten der Verpflichteten so, dass Verpackungsabfälle vorrangig vermieden und darüber hinaus einer Vorbereitung zur Wiederverwendung oder dem Recycling zugeführt werden. Gleichzeitig sollen dabei die Marktteilnehmer vor unlauterem Wettbewerb geschützt werden *(§ 1 I VerpackG).*

Das Verpackungsgesetz gilt grundsätzlich für **alle Verpackungen** *(§ 2 I VerpackG),* also – vor allem neben Getränke-, Mehrweg-, Einweg-, Verbundverpackungen sowie restentleerten Verpackungen – insbesondere auch für die vom **Hersteller** aus beliebigen Materialien produzierten und an den **Vertreiber** oder **Endverbraucher** weitergegebenen

- Verkaufsverpackungen (als Service- oder Versandverpackungen),
- Umverpackungen oder
- Transportverpackungen *(§ 3 I VerpackG).*

Gegenstände, die gemäß Anlage 1 zu § 3 I VerpackG als Verpackungen gelten	Gegenstände, die gemäß Anlage 1 zu § 3 I VerpackG **nicht** als Verpackungen gelten
▪ Klarsichtfolie um CD-Hüllen ▪ Versandhüllen, die Kataloge und Magazine enthalten ▪ Blumentöpfe, die nur für den Verkauf und den Transport von Pflanzen bestimmt sind und in denen die Pflanze nicht während ihrer Lebenszeit verbleiben soll ▪ Kleiderbügel, die mit einem Kleidungsstück verkauft werden ▪ Getränkesystemkapseln (z. B. für Kaffee, Kakao, Milch), die nach Gebrauch leer sind ▪ Tragetaschen aus Papier oder Kunststoff ▪ Frischhalte- und Aluminiumfolie ▪ Etiketten, die unmittelbar am Produkt hängen oder befestigt sind	▪ Tonerkartuschen ▪ CD-, DVD- und Videohüllen, die jeweils zusammen mit einer CD, DVD oder einem Video verkauft werden ▪ Teebeutel ▪ Blumentöpfe, in denen die Pflanze während ihrer Lebenszeit verbleibt ▪ Kleiderbügel, die getrennt verkauft werden ▪ Getränkesystemkapseln, Kaffee-Folienbeutel und Kaffeepads aus Filterpapier, die zusammen mit dem verwendeten Kaffeeprodukt entsorgt werden ▪ Einpack- und Geschenkpapier, das getrennt verkauft wird ▪ RFID-Tags für die Funkfrequenzkennzeichnung

Hersteller ist dabei derjenige Vertreiber, der Verpackungen erstmals gewerbsmäßig in Verkehr bringt oder gewerbsmäßig in den Geltungsbereich des Verpackungsgesetzes einführt *(§ 3 XIV VerpackG).* **Vertreiber** ist jeder, der Verpackungen gewerbsmäßig in Verkehr bringt, und zwar unabhängig von der Vertriebsmethode oder Handelsstufe *(§ 3 XII VerpackG),* **Endverbraucher** ist derjenige, der die Ware in der an ihn gelieferten Form nicht mehr gewerbsmäßig in Verkehr bringt *(§ 3 X VerpackG).*

Das Verpackungsgesetz nimmt Hersteller (und Vertreiber) in die Pflicht, sich mit ihren **systembeteiligungspflichtigen Verpackungen** – also mit den von ihnen **mit Ware befüllten Verkaufs- und Umverpackungen, die nach Gebrauch typischerweise beim privaten Endverbraucher als Abfall anfallen** *(§ 3 VIII VerpackG)* – bei einem oder mehreren der zugelassenen **dualen Systeme**[1] zur Gewährleistung der flächendeckenden Rücknahme zu beteiligen, also zu lizensieren *(§ 7 I VerpackG)*. Indem dieses neben dem öffentlich-rechtlichen Abfallbeseitigungssystem bestehende zweite Entsorgungssystem die Aufgabe übernimmt, diesen Verpackungsmüll einzusammeln und zu verwerten, werden im Gegenzug diejenigen, die diese Verkaufs- und Umverpackungen zuvor gewerbsmäßig in Umlauf gebracht haben, von ihrer erweiterten Produktverantwortung entbunden, diese Verpackungen selbst zurücknehmen und verwerten zu müssen.

Zur Finanzierung dieses Systems zahlt der Inverkehrbringer von Verpackungen ein Lizenzentgelt an die dualen Wertstoffsammelsysteme. Diese Systembeteiligungsentgelte sind dabei im Einvernehmen mit dem Umweltbundesamt und in Abstimmung mit dem Bundeskartellamt so nach ökologischen Kriterien zu gestalten, dass über die dadurch geschaffenen finanziellen Anreize

- besonders recyclingfähige Verpackungen,
- der Einsatz nachhaltiger Verpackungen aus nachwachsenden Rohstoffen sowie
- hohe ökologische Standards bei der Sammlung und Verwertung der Verpackungsabfälle

speziell gefördert werden, um so die ökologische Lenkungswirkung des Systembeteiligungsentgelts zu verstärken.

Das Verpackungsgesetz verpflichtet gleichzeitig auch die dualen Systeme zu deutlich höheren Verwertungsanforderungen der bei ihnen beteiligten Verpackungsmaterialien *(§ 16 VerpackG):*

Verpackungsmaterialien	Gesetzliche Mindest-Recyclingquoten	
	ab 2019	ab 2022
Glas	80 %	90 %
Papier, Pappe und Karton	85 %	90 %
Eisenmetalle und Aluminium	80 %	90 %
Getränkekartonverpackungen	75 %	80 %
sonstige Verbundverpackungen	55 %	70 %
Kunststoffe	58,5 %	63 %

1 Duale Systeme umfassen solche „Wertstoffsammler", die Papiertonnen bzw. -container, Altglascontainer, gelbe Tonnen oder gelbe Säcke (wie z. B. Der Grüne Punkt - Duales System Deutschland GmbH oder Landbell AG für Rückhol-Systeme) nutzen, um den eingesammelten Verpackungsmüll zu verwerten.

38 Millionen Tonnen Müll haben die privaten Haushalte im Jahr 2019 entsorgt. Pro Person waren es 457 Kilo und damit zwei Kilo mehr als im Jahr 2018. Wichtig dabei ist aber: mehr abbaubare Abfälle, wie Obstreste, Eierschalen und Teebeutel sind im Biomüll gelandet. Und dieser Müll ist wertvoll, denn er wird von den Abfallbetrieben weiterverarbeitet. Er kann beispielsweise zu Biogas, zu Kompost oder auch zu Flüssigdünger aufbereitet werden. Das Statistische Bundesamt gibt an, dass die Menge des Bioabfalls von 9,9 Millionen Tonnen im Jahr 2018 auf 10,2 Millionen Tonnen im Jahr 2019 gestiegen ist. Pro Kopf waren es 122 Kilo und damit zwei Kilo mehr pro Person als im Jahr 2018. Allerdings macht der Bioabfall nicht den größten Teil des Mülls der deutschen Haushalte aus. An erster Stelle steht nach wie vor der Hausmüll – besser bekannt als Restmüll – mit 156 Kilo pro Kopf. Auch die weggeworfene Menge an Wertstoffen blieb mit insgesamt 12,1 Millionen Tonnen und einem Pro-Kopf-Aufkommen von 146 Kilogramm nahezu unverändert. Zu den Wertstoffen zählen unter anderem Papier, Verpackungen und Glas.

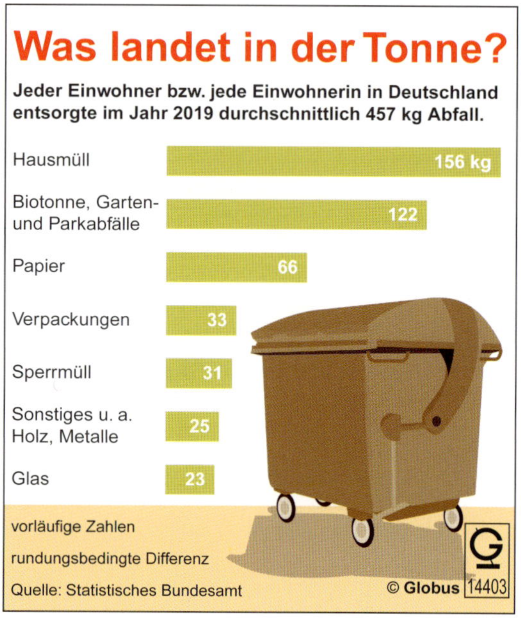

Hersteller (und Vertreiber) müssen sich vor dem Inverkehrbringen systembeteiligungspflichtiger Verpackungen elektronisch im Verpackungsregister LUCID,[1] einer Datenbank bei der **Zentralen Stelle Verpackungsregister** (ZSVR), als Produktverantwortliche registrieren lassen. Dabei sind insbesondere folgende Angaben zu hinterlegen *(§ 9 II VerpackG)*:

- Markennamen, unter denen der Hersteller seine systembeteiligungspflichtigen Verpackungen in Verkehr bringt;
- Erklärung, dass der Hersteller seine Rücknahmepflichten durch Beteiligung an einem oder mehreren Systemen oder durch eine oder mehrere Branchenlösungen erfüllt;
- Erklärung, dass die Angaben der Wahrheit entsprechen.

Die ZSVR bestätigt die Registrierung und teilt dem Hersteller seine Registrierungsnummer mit. Neben dieser Registrierungspflicht müssen Hersteller die im Rahmen einer Systembeteiligung getätigten Angaben zu den Verpackungen auch unverzüglich der ZSVR melden. Dabei sind mindestens folgende Daten zu übermitteln *(§ 10 I VerpackG):*

- Registrierungsnummer;
- Materialart und Masse der beteiligten Verpackungen;
- Name des Systems, bei dem die Systembeteiligung vorgenommen wurde;
- Zeitraum, für den die Systembeteiligung vorgenommen wurde.

1 www.verpackungsregister.org

Indem das duale System die mit seinen Vertragspartnern, also den Herstellern von systembeteiligungspflichtigen Verpackungen, vereinbarten lizenzierten Verpackungsmengen ebenfalls der ZSVR unter Angabe deren Registrierungsnummer zu melden hat, ist leicht feststellbar, ob es zu abweichenden Mengenangaben kommt. Damit zeigt LUCID für jeden öffentlich einsehbar, welche Hersteller bzw. Erstinverkehrbringer sich mit welchen Marken registriert haben und damit ihrer finanziellen Produktverantwortung für die Sammlung und das Recycling ihrer Verpackungen nachgekommen sind. Die ZSVR, die außerdem im Zweifelsfall auf Antrag entscheidet, ob eine Verpackung systembeteiligungspflichtig ist, überwacht gleichzeitig auch die Erfüllung der Recyclingquoten und fördert nachhaltigere Verpackungen finanziell.

Verstöße gegen das Verpackungsgesetz können mit einer Geldbuße bis zu 200 000 EUR geahndet werden *(§ 34 VerpackG)*.

Gegenüber der bislang geltenden **Verordnung über die Vermeidung von Verpackungsabfällen (Verpackungsverordnung** – *VerpackV*) nimmt somit das neue Verpackungsgesetz nun Händler und Hersteller, die mit Waren befüllte Verpackungen in Verkehr bringen, deutlich stärker in die Pflicht, indem jeder, der Verkaufs- und Umverpackungen nutzt, zur finanziellen Beteiligung an einem dualen System sowie zur Registrierung und zur Meldung der von ihnen lizenzierten Verpackungsmengen bei dem ZSVR verpflichtet ist.

Gleichzeitig weitet das neue Verpackungsgesetz auch die Pfand- und Rücknahmepflichten von Getränkeverpackungen aus: So dürfen seit Januar 2019 Einweggetränkeverpackungen von Frucht- und Gemüse-Nektaren mit Kohlensäure (z.B. Saftschorlen) und Mischgetränke mit einem Molke-Anteil von mindestens 50 Prozent nur noch gegen ein Pfand von 0,25 EUR je Verpackung abgegeben werden. Einweggetränkeverpackungen sind vor dem Inverkehrbringen dauerhaft, deutlich lesbar und an gut sichtbarer Stelle als **pfandpflichtig** zu kennzeichnen *(§ 31 I VerpackG)*.

Betriebe der Lebensmittelbranche, im Verpackungsgesetz als „Letztvertreiber" bezeichnet, sind außerdem dazu verpflichtet, die Endverbraucher in der Verkaufsstelle (z.B. am Warenregal) durch deutlich sicht- und lesbare, in unmittelbarer Nähe zu den

- Einweggetränkenverpackungen befindliche Informationstafeln oder -schilder mit dem Schriftzeichen „EINWEG" darauf hinweisen, dass diese Verpackungen nach der Rückgabe nicht wiederverwendet werden *(§ 32 I VerpackG);*
- Mehrweggetränkeverpackungen befindliche Informationstafeln oder -schilder mit dem Schriftzeichen „MEHRWEG" auf die Wiederverwendbarkeit dieser Verpackungen hinzuweisen *(§ 32 II VerpackG)*.

226 Kilo Verpackungsmüll pro Kopf

Der Verbrauch von Verpackungen hat 2017 ein neues Allzeithoch erreicht. Ein Grund dafür ist der Lebensstil der Deutschen. Was tut die Politik dagegen?

Berlin – Im Netz bestellen statt ins Geschäft gehen. Getränke und Snacks auf die Hand, der Reis so praktisch portioniert: Moderne Kunsumgewohnheiten haben den Verpackungs-Verbrauch in Deutschland im Jahr 2017 auf einen Rekordwert getrieben. 18,7 Millionen Tonnen fielen insgesamt an, wie das Umweltbundesamt (UBA) am Montag mitteilte – rechnerisch waren das 226,5 Kilogramm pro Person und drei Prozent mehr als im Vorjahr. Private Verbraucher hatten daran einen Anteil von 47 Prozent und 107 Kilogramm pro Kopf.

Den Bericht veröffentlichte die Umweltbehörde zum Auftakt der Europäischen Woche der Abfallvermeidung. Als Gründe nennt sie unter anderem Trends zum Online-Versand, kleinen Portionen sowie Essen und Trinken zum Mitnehmen, aber auch überflüssige Verpackungen – wie etwa die Zahnpasta-Tube noch einmal in einer Pappschachtel steckt. Die Zahlen für 2017 liegen erst jetzt vor, weil es lange dauert, sie zu sammeln und zu überprüfen.

„Wir verbrauchen viel zu viele Verpackungen", sagte UBA-Präsidentin Maria Krautzberger. „Das ist schlecht für die Umwelt und für den Rohstoffverbrauch." Abfälle müssten möglichst schon in der Produktionsphase vermieden werden. „Auf unnötige und unnötig materialintensive Verpackungen sollte verzichtet werden." Es brauche „viel mehr Mehrweg", nicht nur bei Mineralwasser und Bier. „Auch den Kaffee kann man im Mehrwegbecher mitnehmen, und wer sein Essen mitnimmt, sollte das auch in Mehrwegbehältern tun können."

In Deutschland fällt zwar viel Verpackungsmüll an, es wird davon aber auch viel recycelt – knapp 70 Prozent. Die Quote ist stark vom Material abhängig. Sehr hoch liegt sie etwa bei Stahl mit 92,2 Prozent sowie Papier und Karton bei 87,6 Prozent und Glas mit 84,4 Prozent. Verpackungsmüll aus Kunststoff wird zu 49,7 Prozent wiederverwertet.

Die Quoten können aber täuschen: Bisher gilt als recycelt, was in die Recyclinganlage gebracht wird. Dabei wird dann nochmal aussortiert, was zu schmutzig ist oder sich aus anderen Gründen nicht zur Wiederverwendung eignet. „Bei Aluminium scheint die Quote mit 87,2 Prozent hoch", teilte das UBA mit. In dem, was als Alu gewertet wird, sei eben nur etwa 30 bis 40 Prozent reines Aluminium enthalten. Spätestens von 2020 an werde die Recyclingquote anhand dessen berechnet, was wirklich wiederverwertet wird.

Seit 2019 schreibt das Verpackungsgesetz vor, dass die Gebühren für gut recycelbare Verpackungen günstiger sein müssen als die für Produkte, die schlecht wiederverwertbar sind. dpa

Wie sich Verpackungsmüll im Alltag zumindest etwas reduzieren lässt

Tatsächlich begegnet Verbrauchern Verpackungsmüll überall im Alltag. Dabei ist es gar nicht schwer, diesen Müll zumindest etwas zu reduzieren.

LEBENSMITTEL EINKAUFEN

Sogenannte Unverpackt-Läden gibt es in immer mehr Städten, sie kommen ganz ohne Verpackung aus. Verbraucher können sich eigene Gefäße und Gläser zum Abfüllen von Nudeln, Müsli oder Milch mitbringen. Doch auch ohne solche Läden lässt sich viel Verpackungsmüll sparen: Obst und Gemüse lieber lose kaufen und in mitgebrachte Netze stecken, Brot lieber beim Bäcker kaufen, Joghurt und Milch besser in Gläsern und Flaschen als in kleinen Plastikbechern. Viele Käse- und Wursttheken akzeptieren außerdem mittlerweile mitgebrachte Behälter.

Bei Getränken empfehlen sich Mehrwegflaschen, bei Wasser tun es oft das Leitungswasser und ein Sprudler, das spart das Schleppen. Vermieden werden sollten to-go-Artikel wie abgepackte Salate sowie Fertigprodukte, auch Konservendosen produzieren viel Verpackungsmüll, hier sind Gläser die bessere Alternative. Problematisch sind auch mehrfach verpackte Süßigkeiten und kleine Einzelportionen, dann lieber zur großen Fruchtgummitüte greifen. Alle Einkäufe sollten dann am besten in mitgebrachten Taschen oder Stoffbeuteln verstaut werden.

KÖRPERHYGIENE, REINIGUNGSMITTEL

Eine gute Alternative zu Duschgeltuben und Shampooflaschen sind lose Seifen, selbstgemachte Flüssigshampoos oder Haarseifen. Doch nicht alle mögen das, daher sind hier Nachfüllpackungen eine Alternative, diese gibt es auch für Handseife, Waschmittel und Spülmittel. Generell gilt: Lieber große Verpackungen kaufen und viele kleine Flaschen. Für die Reise empfehlen sich auffüllbare Behälter. Beim Rasieren können feste Seife und Edelstahlprodukte Plastik ersetzen, bei der Damenhygiene und bei Windeln können Menstruationstassen oder Stoffprodukte eine Alternative sein.

Hausmittel wie Essigessenz, Zitronensäure und Soda eignen sich zum Entkalken und Putzen, auch Natronpulver und Kernseife sind vielseitig einsetzbar. Für die Geschirrspülmaschine ist Pulver in Pappschachteln besser als einzeln verpackte Tabs.

HAUSHALT UND KLEIDUNG

Tücher aus Baumwolle oder Bienenwachs ersetzen Plastik- und Alufolie, Trinkflaschen und Vorratsdosen aus Edelstahl oder Glas halten ebenso gut wie solche aus Plastik. Auch Schneidebretter aus Holz sind umweltfreundlicher und sorgen zudem für eine natürliche Desinfektion. Viele Utensilien wie Rührlöffel und Salatbesteck gibt es auch aus Holz oder Edelstahl. Als Mülltüten eignen sich auch alte Zeitungen.

Auch Kleidung kann viel Mikroplastik enthalten, das beim Waschen in die Umwelt gelangt. Naturfasern wie Baumwolle, Wolle, Seide, Leinen und Hanf eignen sich besser und sind gut biologisch abbaubar, auch halbsynthetische Fasern wie Viskose und Tencel sind geeignet. Problematisch sind synthetische Kunstfasern wie Polyester, Nylon und Elastan.

Quelle: Westfälischer Anzeiger vom 19. November 2019

7.4.1.3 Kennzeichnung

Durch die Kennzeichnung mit bestimmten Markierungen wird die Absicht verfolgt, Produkte aus der Anonymität herauszuheben, sie von Konkurrenzangeboten zu unterscheiden und bestimmte Informationen als Kaufentscheidungshilfe zu übermitteln (z. B. Anwendungsbereich, Haltbarkeit, Frische, Qualitätsmerkmale).

Die Markierung eines Produktes erfolgt durch bestimmte produktbezogene Merkmale (Marke [vgl. S. 253], Zeichen, Design oder eine Kombination dieser Elemente).

7.4.1.4 Sortimentsgestaltung

Unter einem **Sortiment** versteht man die Gesamtheit aller von einem Unternehmen angebotenen Güter.

- Das Sortiment einer Apotheke umfasst neben den Arzneimitteln (Kernsortiment) auch apothekenübliche Waren (Randsortiment) wie Hygieneartikel, Kosmetika, Säuglingsnahrungsmittel oder diätetische Fruchtsäfte.
- Kreditinstitute bieten eine breite Palette von Leistungen an, die von der Kontoführung über die Kreditgewährung bis zur Anlage von Kundengeldern reicht.

Bei herstellenden Betrieben spricht man in diesem Zusammenhang auch vom **Produktionsprogramm.**

Die Gestaltung des Produktionsprogrammes bzw. Sortimentes muss sich den ständig wandelnden Marktbedingungen anpassen, um den Verkaufserfolg zu sichern. Maßnahmen zur Veränderung der hergestellten bzw. angebotenen Produktpalette sind:

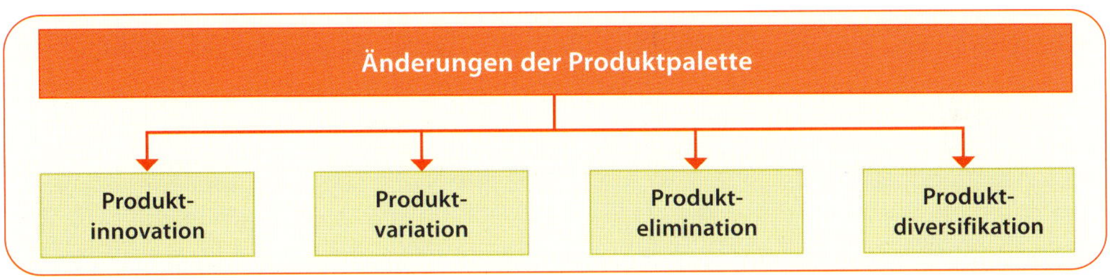

▶ Produktinnovation

Zur langfristigen Sicherung eines Unternehmens spielt die Entwicklung bzw. die Übernahme von Innovationen (Neuerungen) in die Produktpalette eine wichtige Rolle. **Produktneuheiten** erweitern das Angebot an die Kunden und verbessern damit die Absatzchancen.

- Innovationen, die in den letzten Jahren Käufer ansprachen, waren z. B. Tablet-PC, Blu-ray-Player, digitale Bilderrahmen, LCD-TV-Geräte sowie Smartphones.
- Im Versicherungsbereich bilden bei der privaten Unfallversicherung für Senioren die Assistance-Leistungen eine Dienstleistungsneuheit. Im Falle eines Unfalls vermitteln dann Versicherungsunternehmen Hilfestellungen, die vom Menübringdienst bis zum Hunde-Sitter reichen. Dabei kann sich die Leistung des Versicherers nicht nur auf die Vermittlung dieser Hilfestellungen, sondern auch auf die Kostenübernahme erstrecken.
- Banken und Sparkassen ermöglichen ihren Kunden, auch nach Schalterschluss an Automaten oder per Smartphone-App bzw. Internet Bankgeschäfte zu erledigen. Hier ermöglichte eine technische Neuheit eine zusätzliche Servicefunktion im Dienstleistungsbereich.

Produktvariation

Gelingt es nicht, neue Entwicklungen am Markt vorzustellen, kann ein weiteres Mittel der Produktpolitik darin bestehen, bestimmte Eigenschaften bereits bekannter Waren zu verändern, um damit Absatzmöglichkeiten zu bewahren oder zu verbessern. **Veränderungen** an schon vorhandenen Produkten können sich dabei etwa auf folgende Einzelheiten beziehen:

- **Veränderungen in Qualität, Funktionsfähigkeit oder Recycling- und Entsorgungseignung,** d.h. Änderung der technischen Konstruktion oder des Materials bzw. des Inhalts der Dienstleistungen,

  Hausratversicherungen werden um den Tatbestand des Vandalismus bei Wohnungseinbrüchen erweitert.

- **Veränderung in der Gestaltung,** d.h. der Farbe, Form oder Verpackung,
- **Veränderung der Kennzeichnung,** d.h. des Produktnamens oder des Markenzeichens.

Produktelimination

Produktelimination (Elimination = Beseitigung, Entfernung) bedeutet die **Herausnahme von Gütern** aus dem bisherigen Produktionsprogramm oder Sortiment. Gründe für derartige Überlegungen können z.B. sein:

- **Änderungen der Wünsche der Abnehmer**

  Durch das ausgeprägte Sicherheitsbedürfnis werden vermehrt Kraftfahrzeuge mit festen Freisprecheinrichtungen, Navigationssystem, Kurvenlicht, Seiten-Airbag und Xenon-Licht nachgefragt.

- **Veränderte gesetzliche Vorschriften**

  Durch das Einfuhrverbot bestimmter Tierfelle können entsprechende Erzeugnisse nicht mehr angeboten werden.

- **Negativer Einfluss des Produktes auf den guten Ruf (Image) des Unternehmens**

  Eine angebotene Ware ist zu reparaturanfällig oder enthält Schadstoffe.

Produktdiversifikation

Unter **Diversifikation** (= Abwechslung, Vielfalt) wird die **Aufnahme zusätzlicher Produkte** in das Angebot eines Unternehmens verstanden. Häufig stehen diese neuen Produkte in einem Zusammenhang mit dem bisherigen Leistungsprogramm (z.B. ein Automobilhersteller produziert auch Wohnwagen). Sie können jedoch auch ganz anderer Art sein (eine Tankstelle bietet in einem Shop Süßigkeiten und Spirituosen an). Zudem erweist es sich häufig als sinnvoll, **Zusatzangebote** in das Sortiment aufzunehmen, d.h. Angebote zu unterbreiten, die die Funktionsfähigkeit anderer Waren erst ermöglichen oder verbessern bzw. die eigentliche Ware ergänzen.

- **Waren, die die Funktionsfähigkeit anderer Produkte ergänzen oder verbessern**
  - wiederaufladbare Akkus zum MP3-Player,
  - Imprägniermittel zum Wildledermantel,
  - Elektrogeräte für Einbauküchen;
- **ergänzende Waren**
  - Hemd zum Anzug,
  - Ohrringe zur Halskette,
  - beim Kauf eines Computers wird dem Kunden gleichzeitig ein Standard-Softwarepaket angeboten;
- **sich ergänzende Dienstleistungen**
  - private Krankenversicherungen werden um Pflege- und Krankenhaustagegeldversicherungen ergänzt.

7.4.2 Preispolitik und Verkaufsbedingungen

Die Preispolitik eines Unternehmens umfasst sowohl die erstmalige Bestimmung der Preise für Waren und Dienstleistungen als auch deren laufende Anpassung an die sich verändernden Marktdaten.

Anpassung bedeutet für ein Unternehmen z. B.:

- die Preissenkung der Konkurrenten nachzuvollziehen;
- eine vorgenommene Preiserhöhung zurückzunehmen, wenn die Käufer das Produkt nicht mehr nachfragen;
- die Verkaufspreise aus Kostengründen (verteuerte Rohstoffe, Umweltschutzkostenüberwälzung, höhere Kreditzinsen) zu erhöhen.

Aufgabe der Preispolitik ist damit die stetige Festlegung des „richtigen Preises" unter Berücksichtigung aller unternehmerischen Zielsetzungen sowie in Abstimmung mit den anderen Marketinginstrumenten.

Neben dem Preis für eine Ware oder Dienstleistung spielen weitere Vereinbarungen bei der Entscheidung über den Kauf bzw. die Inanspruchnahme der vom Unternehmen angebotenen Leistungen eine wesentliche Rolle. So ist es für den Kunden nicht unerheblich zu wissen, welche **Rabatte** gewährt, welche Aufgaben im Rahmen des **Kundendienstes** vom Verkäufer übernommen und ob **Kreditangebote** mit dem Vertrag verbunden sind. Diese Verkaufsbedingungen sind Inhalt der zwischen Abnehmer und Anbieter auszuhandelnden **Lieferungs- und Zahlungsbedingungen.**

7.4.2.1 Preispolitik

Soll der Preis einer Ware oder Dienstleistung festgelegt bzw. angepasst werden **(Preisermittlung),** bietet die auf betrieblichen Daten aufbauende **Kalkulation** einen ersten Anhaltspunkt.

▶ Kalkulierter Verkaufspreis

Dem Unternehmen entstehen von der Beschaffung über die Produktion bis zum Verkauf von Gütern Kosten. Der kalkulierte Verkaufspreis sollte diese Kosten decken und zudem einen angemessenen Gewinn berücksichtigen.

Für eine Apotheke bestehen diese Kosten z. B. im Erwerb der weiterzuveräußernden apothekenüblichen Waren, in Ausgaben für Personal, Miete, Steuern. Der im Rahmen der **Vorwärtskalkulation** zu ermittelnde Bruttoverkaufspreis wird aber auch die gewährten Rabatte und Skonti einbeziehen.

	Listeneinkaufspreis	**300,00 EUR**
–	10 % Liefererrabatt ([v. H.] → Listeneinkaufspreis = 100 %)	30,00 EUR
=	**Zieleinkaufspreis (= Warenwert)**	**270,00 EUR**
–	3 % Liefererskonto ([v. H.] → Zieleinkaufspreis = 100 %)	8,10 EUR
=	**Bareinkaufspreis**	**261,90 EUR**
+	Bezugskosten (je Stück)	13,10 EUR
=	**Bezugspreis/Einstandspreis**	**275,00 EUR**
+	30 % Handlungskostenzuschlag ([v. H.] → Bezugspreis = 100 %) (Zinsen, Abschreibungen, Miete, Steuern, Werbung, Personal usw.)	82,50 EUR
=	**Selbstkostenpreis**	**357,50 EUR**

+ 30 % Gewinnzuschlag ([v. H.] → Selbstkostenpreis = 100 %)	107,25 EUR
= **Barverkaufspreis**	**464,75 EUR**
+ 2 % Kundenskonto ([i. H.] – Zielverkaufspreis = 100 %)	9,48 EUR
= **Zielverkaufspreis**	**474,23 EUR**
+ 3 % Kundenrabatt ([i. H.] → Nettoverkaufspreis = 100 %)	14,67 EUR
= **Nettoverkaufspreis/Listenverkaufspreis**	**488,90 EUR**
+ 19 % Umsatzsteuer ([v. H.] → Nettoverkaufspreis = 100 %)	92,89 EUR
= **Bruttoverkaufspreis (Auszeichnungspreis)**	**581,79 EUR**

Ob sich dieser kalkulierte Preis am Markt tatsächlich durchsetzen lässt, hängt vor allem vom Verhalten der anderen anbietenden Unternehmen und der Kunden ab. Ist die Zahl der Anbieter klein oder ist sogar nur ein Anbieter vorhanden und fragen viele Kunden die Waren nach, wird sich der so ermittelte Verkaufspreis realisieren lassen. Bieten allerdings viele Konkurrenten ihre Produkte an, bestimmen **Angebot und Nachfrage** den **Marktpreis.**

Dies ist allerdings **nicht** für alle Anbieter so. **Apotheken sind in ihrer Preisgestaltung des Kernsortiments enge Grenzen gesetzt:**

Für die Abgabe von Arzneimitteln sind die von der Apotheke zu berechnenden Zuschläge in der Arzneimittelpreisverordnung *(AMPreisV)* festgelegt. Der jeweilige **Apothekenabgabepreis** errechnet sich:

- **für verschreibungspflichtige Fertigarzneimittel** *(§ 3 AMPreisV)*

  Apothekeneinkaufspreis
  \+ ein Festzuschlag von 3 % (bezogen auf den Apothekeneinkaufspreis)
  \+ Abgabehonorar in Höhe von 8,35 EUR
  \+ 0,16 EUR zur Förderung der Sicherstellung des Notdienstes
  \+ Umsatzsteuer 19 %
  = **Apothekenabgabepreis für verschreibungspflichtige Fertigarzneimittel**

- **für unbearbeitet abgegebene Stoffe** *(§ 4 AMPreisV)*

  Apothekeneinkaufspreis für den Stoff ohne Umsatzsteuer
  \+ Apothekeneinkaufspreis für das Abgabegefäß ohne Umsatzsteuer
  \+ Apothekenzuschlag auf den Einkaufspreis für den Stoff und die Verpackung jeweils 100 %
  \+ Umsatzsteuer 19 %
  = **Apothekenabgabepreis für den Stoff**

- **für rezepturmäßig hergestellte Arzneimittel** *(§ 5 AMPreisV)*

  Apothekeneinkaufspreise der verwendeten Stoffe ohne Umsatzsteuer
  \+ Apothekeneinkaufspreis für die Verpackung
  \+ Apothekenzuschlag auf den Einkaufspreis für die Stoffe und die Verpackung jeweils 90 %
  \+ Arbeitspreis (Rezepturzuschlag in Höhe von 3,50 EUR, 6,00 EUR oder 8,00 EUR)
  \+ Umsatzsteuer 19 %
  = **Apothekenabgabepreis für den Stoff**

Marktpreis

In diesem Fall hat der Verkäufer selbst kaum Einfluss auf die Preisgestaltung. Er muss sich am **Gleichgewichtspreis** (vgl. S. 158 ff.) orientieren, der sich durch das Verhältnis von Angebot und Nachfrage bildet. Ist ein Artikel in großer Menge am Markt erhältlich, wird der zu erzielende Preis niedrig sein; verringert sich die angebotene Menge, steigt der mögliche Verkaufspreis.

Liegt der am Markt zu erzielende Gleichgewichtspreis über dem kalkulierten Preis, erhöht sich die Einnahme des Unternehmens. Ist der Marktpreis geringer als der errechnete Preis, kann es unter Umständen sinnvoller sein, den entsprechenden Artikel nicht mehr herzustellen oder anzubieten, da sonst Verluste drohen (Verkauf unter Herstellungs- oder Selbstkostenpreis).

Verkaufspreise bei Zeitungen und Zeitschriften

Bei Zeitungen und Zeitschriften kann der Hersteller dem Einzelhändler den Verkaufspreis vorschreiben *(§ 30 GWB).*

Vorgegebene Verkaufspreise

Für Dienstleistungen bestimmter Berufsgruppen (z. B. Ärzte, Rechtsanwälte, Steuerberater) gibt es Gebührenordnungen, die eine bestimmte, vorab festgelegte Honorierung vorsehen.

Auch für staatliche Leistungen werden **Gebühren** erhoben. Die der Finanzierung gemeinschaftlicher Einrichtungen dienenden **Beiträge** werden im Gegensatz zu den Gebühren schon dann fällig, wenn lediglich die Möglichkeit der Leistungsinanspruchnahme besteht.

Gebühren und Beiträge sind somit vorgegebene „Verkaufspreise" für Dienstleistungen.

Preisstrategien

Ist der Verkaufspreis der Ware oder Dienstleistung weitgehend festgelegt, können noch gewisse **„Feinabstimmungen"** vorgenommen werden.

Psychologische Preisgestaltung

Bei seiner Preisgestaltung muss das Unternehmen bestimmte, beim Kunden bestehende Preisbarrieren beachten. Jenseits dieser Schwelle wird der Kauf einer Ware nicht mehr ohne Weiteres durchgeführt. Die psychologische Preisgestaltung arbeitet daher mit **gebrochenen Preisen.**

> Ein Hersteller hochwertiger Fitnessgeräte bietet sein Produkt nicht für 1 008 EUR, sondern für 999 EUR an.

Rabattgewährung

Beim Verkauf eines Artikels an Konsumenten (Endverbraucher) gewähren Anbieter in bestimmten Fällen **Barzahlungsrabatte.**

Preisdifferenzierungen

Werden für die gleiche Ware von verschiedenen Kundenkreisen unterschiedliche Preise gefordert, spricht man von **Preisdifferenzierung.**

Räumliche Preisdifferenzierung

Güter werden in verschiedenen Gebieten zu unterschiedlichen Preisen abgesetzt.

> - Eine Apotheke unterhält in mehreren Städten Filialen. Je nach Kaufkraft (Einkommen) des jeweiligen Kundenkreises werden die apothekenüblichen Waren zu unterschiedlichen Preisen angeboten.
> - In der Kraftfahrtversicherung werden die Prämien unter anderem nach Zulassungsbezirken gestaffelt.

Zeitliche Preisdifferenzierung

Güter werden in verschiedenen Zeiten zu unterschiedlichen Preisen verkauft.

> Eisenbahn- und Flugtarife, Urlaubsreisen

Sachliche Preisdifferenzierung

Güter werden je nach Verwendungszweck mit unterschiedlichen Preisen versehen.

> - Salz als Speisesalz oder Streusalz
> - Mineralöl als Heizöl oder Dieselkraftstoff
> - Unterschiedliche Honorarsätze ärztlicher Leistungen bei Kassen- und Privatpatienten.

7.4.2.2 Vereinbarungen über Verkaufsbedingungen

Neben dem Preis werden zwischen Käufer und Verkäufer auch andere mit dem Erwerb einer Ware oder der Inanspruchnahme einer Leistung verbundene Vereinbarungen getroffen. Beförderungs- und Verpackungskosten, Lieferzeit, Preisnachlässe (Skonto, Bonus und Rabatt) sowie Kreditgewährungen (Zielkauf, Ratenkauf) bilden den wesentlichen Inhalt der in den **Lieferungs- und Zahlungsbedingungen** festgelegten Vertragsbestandteile.

Kundendienstangebote ergänzen das Verkaufsangebot des Unternehmens.

▶ Allgemeine Serviceleistungen

Jeder Verkäufer wird bemüht sein, neben angemessenen Preisforderungen und günstigen Lieferungs- und Zahlungsbedingungen sein Angebot durch besondere Serviceleistungen zu ergänzen.

Dieser Kundendienst kann folgende **Leistungen** umfassen:

- fachkundige und höfliche Verkaufsberatung;
- Bereitstellung von Einrichtungen zur Erleichterung des Kaufs bzw. zur angenehmen Gestaltung der Einkaufsdurchführung;

  > Parkplätze, Fahrstühle und Rolltreppen, Fernsprecher, Toiletten und Waschräume, Erfrischungsräume, Getränkeangebot, Sitzgelegenheiten in den Abteilungen, Gepäckaufbewahrung, Klimaanlage, Geldautomat

- Möglichkeiten der elektronischen Warenbestellung, der Änderung oder der Mitnahme von Waren zur Auswahl;
- Angebot von Teilzahlungsgeschäften oder Zielkäufen.

Die **Betreuung der Kunden** ist nicht mit dem Warenerwerb beendet. Oft ist es notwendig, bestellte Waren anzuliefern, sie in der Wohnung oder im Betrieb des Käufers aufzubauen oder das Bedienungspersonal einzuweisen.

> Anlieferung und Aufbau von Maschinen, Einbau von Küchen, Anschluss von Beleuchtungskörpern, Ausrichten von Satellitenanlagen, Programmierung von Telefonanlagen

Auch notwendige **Reparatur- und Wartungsarbeiten** werden in eigener Werkstatt oder durch entsprechend geschulte Mitarbeiter im Außendienst ausgeführt.

> Auch in den Dienstleistungsbereichen des Gesundheits- und Sozialwesens werden eine Reihe von kostenfreien Serviceleistungen erbracht. Dazu zählen insbesondere:
>
> - Blutdruckmessungen und Gewichtskontrollen in Apotheken
> - Nicht vorrätige Medikamente werden dem Kunden im Rahmen eines Zustellservices nach Hause gebracht
> - In Sanitätshäusern wird intensiv über die Verwendung von Heil- und Hilfsmitteln beraten
> - Überprüfung der Sehkraft beim Optiker
> - Einrichtung von regionalen ärztlichen Notdiensten
> - Beratungsangebote von Krankenhäusern in Pflegefällen
> - Zugaben in Apotheken wie Taschentücher, Kalender, Seife
> - Ernährungsberatungen

▶ Kulanz

Nicht selten wird vom Käufer der Wunsch an das Unternehmen herangetragen, **Waren ohne Mängel** zurückzunehmen **(Umtausch)** oder die Gewährleistungsangebote über die gesetzlich vorgeschriebenen Garantiefristen hinaus zu verlängern.

- Für andere Personen gekaufte DVDs, Pullover, Bücher usw. (Geschenkkäufe) sind bereits vorhanden und sollen daher gegen andere Waren umgetauscht werden.
- Autohersteller übernehmen in bestimmten Fällen auch nach Ablauf der Garantiefrist die Kosten für den Austausch schadhafter Teile.
- Ein Maschinenbauunternehmen erklärt sich bereit, einen Teil der Reparaturkosten für die von ihm hergestellte Anlage auch nach Ablauf der Garantiefrist zu übernehmen.

Kulanzgewährung bedeutet also eine **„Gefälligkeit"** des Unternehmens gegenüber seinen Kunden, zu der es rechtlich nicht verpflichtet ist, die es aber im Rahmen des Kundendienstes übernimmt.

So können Versicherungsunternehmen im Rahmen der Kulanz Schäden regulieren, zu deren Ersatz sie nicht oder nicht in diesem Umfang verpflichtet wären. Auch die nachträgliche Änderung von Vertragsbedingungen, wie z.B. die Verkürzung der Laufzeit einer Lebensversicherung, fällt unter diese spezielle Serviceleistung.

7.4.2.3 Vertriebspolitik

Vertrieb bedeutet die Verteilung von Waren und Dienstleistungen zwischen Produzenten, Händlern und Endverbrauchern. Zur Gewährleistung der Bereitstellung der Produkte zur richtigen Zeit, am richtigen Ort und in der richtigen Art und Weise sind Überlegungen zur Auswahl der geeigneten **Absatzmethoden** notwendig.

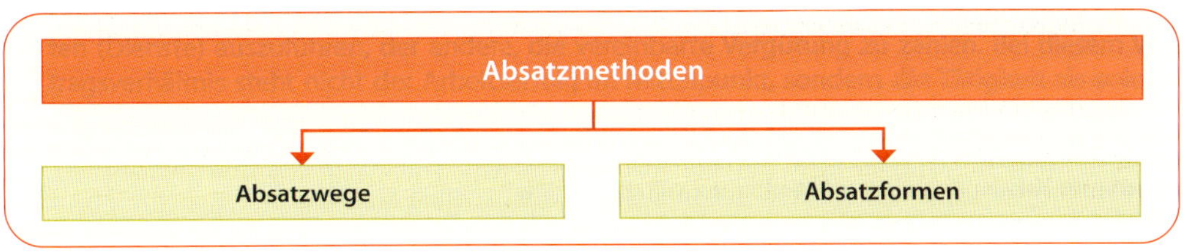

▶ Absatzwege

Unternehmen können ihre Leistungen auf direktem oder indirektem Weg anbieten.

- **Direkter Absatzweg**

  Beliefert der Produzent/Dienstleister unmittelbar Weiterverarbeiter oder Konsumenten, spricht man von **direktem Absatz.**

  - Ein Pflegedienst betreut die Patienten direkt in deren Wohnung.
  - Ein orthopädischer Schuster fertigt für eine Kundin Schuhe nach Maß.

- **Indirekter Absatzweg**

  Liefert der Hersteller seine Produkte an selbstständige Handelsbetriebe, die diese Waren mit Gewinnzuschlag an Weiterverarbeiter oder Konsumenten veräußern, spricht man von **indirektem Absatz.**

  - Ein Pharmaunternehmen (Produzent) liefert Arzneimittel über den pharmazeutischen Zwischenhandel (Großhandel), der wiederum die Apotheke (Einzelhändler) bedient, die dann ihrerseits die Medikamente an die Patienten (Endabnehmer) abgibt.
  - Ein Hersteller von Sanitäranlagen (Produzent) beliefert über einen Zwischenhändler (Großhandel) Handwerksbetriebe (Dienstleister), die diese Produkte dann bei Krankenhäusern (Endabnehmern) einbauen.

▶ Absatzformen

Hat sich ein Unternehmen entschlossen, seine Produkte **direkt** zu vertreiben, muss es eine Entscheidung über die geeignete **Absatzform** treffen.

Im Gesundheits- und Sozialwesen sind es vor allem **betriebseigene Mitarbeiter,** die den Kunden die Waren bzw. Dienstleistungen anbieten.

> Betriebseigene Mitarbeiter können sein: Pflegepersonal, medizinische, zahn- und tiermedizinische Fachangestellte, pharmazeutisch-kaufmännische Angestellte in Apotheken, Verkaufspersonal in Sanitätshäusern, Innen- und Außendienstmitarbeiter von Versicherungen, Pharmareferenten und Kaufleute im Gesundheitswesen.

7.4.2.4 Werbung als Teilbereich der Kommunikationspolitik

Jeglicher Austausch von Gütern am Markt ist mit einer Vielzahl von Kommunikationsprozessen verbunden. Jedes Unternehmen muss seine Kunden stets in geeigneter Weise über den eigenen Betrieb und die angebotenen Waren bzw. Dienstleistungen unterrichten. Gleichzeitig benötigt es selbst ausreichende Kenntnisse über das Angebotsprogramm seiner Lieferanten. Mit anderen Marktpartnern in Verbindung zu treten, sie zu informieren und gleichzeitig im Sinne der Unternehmensziele zu beeinflussen, bezeichnet man als **Kommunikationspolitik,** deren zentrales Element die **Werbung** ist.

Innerhalb der Kommunikationspolitik können verschiedene Maßnahmen unterschieden werden:

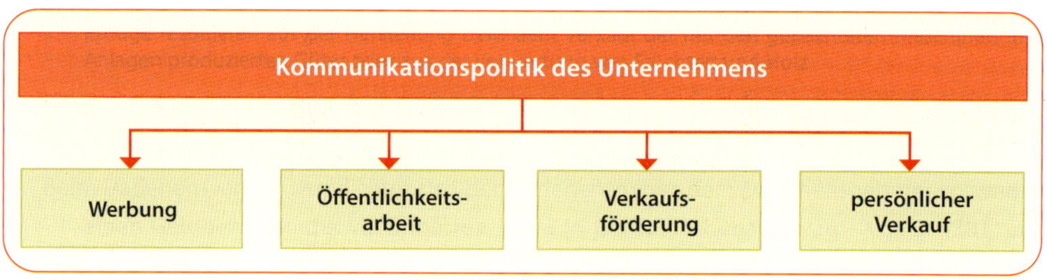

▶ Werbung

Werbung will dem Kunden **Informationen** über das Angebot an Waren, Dienst- und Serviceleistungen übermitteln und ihn zum Erwerb der Güter veranlassen.

▶ Öffentlichkeitsarbeit (Public Relations)

Die Produktwerbung wird durch die **positive Selbstdarstellung des Unternehmens** ergänzt. Es soll Verständnis für die eigenen Tätigkeiten geschaffen werden, ohne bestimmte Güter zu erwähnen. Ziel ist es, eine Atmosphäre des Vertrauens zwischen dem Unternehmen und seinen Lieferanten, Kunden und anderen Bezugsgruppen herzustellen. Gleichzeitig wird damit der Einsatz produktbezogener Werbeaktionen vorbereitet.

▶ Verkaufsförderung

Während sich die Werbung eher um den stetigen Absatz der Waren bemüht, wollen Verkaufsförderungsmaßnahmen einen **zusätzlichen, kurzfristigen Anreiz** zum Kauf bestimmter Produkte schaffen.

- **Verkaufsförderung bei Käufen durch Konsumenten:**
  - Verteilung von kostenlosen Proben oder Gutscheinen
  - Vorführung von Verwendungsmöglichkeiten bestimmter Produkte am Verkaufsort
  - Preisausschreiben
- **Verkaufsförderung bei Käufen durch den Handel:**
  - Bereitstellung von Werbematerial durch den Hersteller
  - Gewährung von Preisnachlässen beim Warenbezug zu einem bestimmten Zeitpunkt

▶ Persönlicher Verkauf

In diesem Fall **nimmt der Verkäufer mit dem Kunden persönlich Verbindung auf,** um durch ein gezieltes Gespräch einen Verkaufsabschluss herbeizuführen.

7.4.2.4.1 Arten der Werbung

Die Durchführung von Werbeaktionen kann sowohl durch ein Unternehmen allein als auch in Zusammenarbeit mit anderen Unternehmen erfolgen.

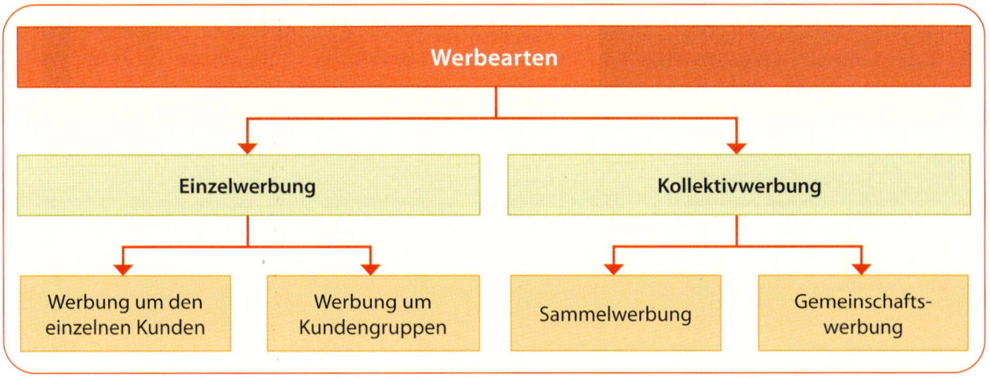

▶ Einzelwerbung

In diesem Fall bemüht sich das Unternehmen allein um die Bekanntmachung seiner Angebote.

- **Werbung um den einzelnen Kunden**
  Zur gezielten persönlichen Information werden **Werbebriefe** – häufig unter Hinzufügung von Prospekten – versandt.
- **Werbung um Kundengruppen**
  Werbung, die sich an viele Kunden gleichzeitig richten soll, kann etwa durch Anzeigen in der Tagespresse, Homepages (Informationen im Internet), durch Werbeanschläge (Plakate), CD-ROM oder Rundfunk- und Fernsehsendungen übermittelt werden.

Kollektivwerbung

Führen mehrere Unternehmen ihre Werbeaktionen gemeinsam durch, spricht man von Kollektivwerbung.

Sammelwerbung

Da Werbemaßnahmen, die auf einen größeren Kreis von möglichen Käufern abgestimmt sind, erhebliche Kosten verursachen, schließen sich mehrere Werbetreibende für solche Aktionen zusammen. Die beteiligten Unternehmen werden dem Umworbenen namentlich bekannt gemacht.

Unternehmen derselben Branche werben gemeinsam

Die an der Werbeaktion Beteiligten stellen ein Produkt vor, das von allen angeboten wird.

- Die Buchhändler einer Stadt informieren über Neuerscheinungen.
- Die Vertragshändler eines Autoherstellers kündigen die gemeinsame Vorstellung der neuen Pkw-Modelle an.
- Hotel- und Gaststättenbetriebe stellen sich den Reisenden auf einer Tafel am Ortseingang vor.
- Hersteller präsentieren ihr Leistungsangebot auf Ausstellungen und Messen (Möbelmesse, Spielwarenmesse, Bootsausstellung).

Unternehmen verschiedener Branchen werben gemeinsam

Ziel dieser Vorgehensweise ist es, auf ein besonderes Ereignis, auf das Gesamtangebot an Waren eines Einkaufszentrums oder auf sich ergänzende Produkte aufmerksam zu machen.

- Die Einzelhändler einer Region stellen sich mit ihren aktuellen Angeboten in Zeitungsbeilagen vor.
- Verschiedene Hersteller präsentieren ihre Produkte im Werbefernsehen.
- Ein Einkaufszentrum kündigt eine Werbeaktion (z. B. „Englische Woche") an.

Gemeinschaftswerbung

Hier treten die beteiligten Unternehmen oder Organisationen nicht namentlich in Erscheinung. Geworben wird für das Leistungsangebot einer Branche oder eines Wirtschaftszweiges. Derartige Aktionen werden von Industrie- oder Fachverbänden durchgeführt.

7.4.2.4.2 Funktionen der Werbung

Werbung verfolgt das Ziel, bisherige, möglichst aber auch neue Kunden anzusprechen, sie mit Informationen zu versorgen, ihre Aufmerksamkeit und Neugier zu wecken und für ihre Bedürfnisse das entsprechende Angebot vorzustellen.

Im Einzelnen gilt es:

- eine Unternehmensgründung oder die Einführung neuer Produkte bekannt zu machen,
- fortlaufend an die im Sortiment bzw. Produktions- oder Dienstleistungsprogramm geführten Güter zu erinnern,
- über Preisänderungen, zusätzliche Serviceleistungen oder besondere Ereignisse (z.B. Messen, Ausstellungen, Jubiläen) zu informieren,
- die eigenen Produkte von denen der Konkurrenz abzugrenzen.

7.4.2.4.3 Werbemittel und Werbeträger

Mit der Festlegung der Werbemittel und Werbeträger bestimmt das Unternehmen, auf welche Weise die Informationen dem Kunden vorgestellt werden sollen.

Als **Werbeträger,** also als Vermittlungs- und Transportmedien, stehen z.B. Zeitungen, Zeitschriften, Rundfunk und Fernsehen, Plakatanschlagflächen oder das Internet zur Auswahl.

Der deutsche Werbemarkt ist im vergangenen Jahr um knapp zwei Prozent gewachsen. Die Bruttowerbeinvestitionen der Unternehmen erreichten 2019 einen Wert von 32,6 Milliarden Euro. Neben der Fernsehwerbung, die mit 15,6 Milliarden Euro fast die Hälfte des Werbekuchens für sich beansprucht, und den Anzeigen in Zeitungen (4,9 Milliarden Euro) hat sich die Online-Werbung zu einem bedeutenden Geschäftsfeld entwickelt. Sie erreichte eine Höhe von 3,8 Milliarden Euro, fast acht Prozent mehr als im Vorjahr. Einen starken Zuwachs gab es bei der Außenwerbung (Plakate etc.). Dort verzeichnete das Marktforschungsinstitut Nielsen ein Plus von 13 Prozent auf 2,5 Milliarden Euro. Zu den werbestärksten Branchen zählten 2019 der Lebensmitteleinzelhandel, die Online-Dienstleister und die Pkw-Branche, die zwischen 1,8 und 1,6 Milliarden Euro in Werbung investierten.

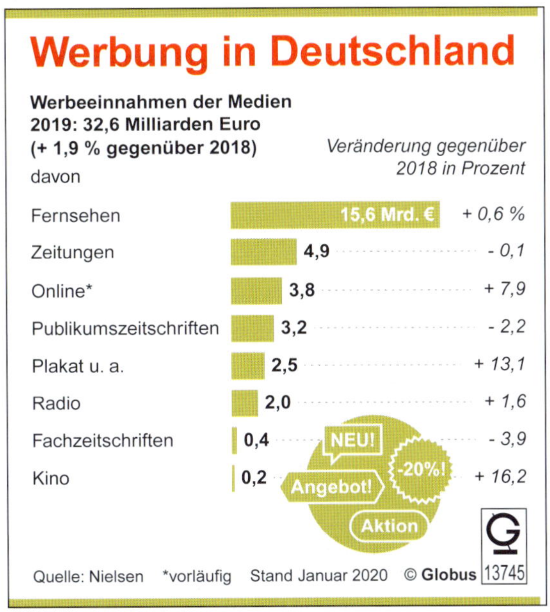

Werbemittel gestalten die Werbebotschaft. So ist z.B. der über den Werbeträger „Werbefernsehen" gesendete „Werbefilm" ein Werbemittel, das die Produktinformation in akustischer (Worte) und optischer (Bilder und Zeichen) Weise verdeutlicht.

Gestaltung	Werbemittel
optisch	■ Packungsmaterial ■ Warenpräsentation im Verkaufsraum ■ Warenpräsentation im Schaufenster ■ Schaukasten und Vitrine ■ Leuchtmittel ■ Handzettel ■ Katalog (auch als CD-ROM) und Prospekt ■ Anzeige ■ Werbebrief ■ Werbeanschlag ■ Homepage
akustisch	■ CD ■ Lautsprecherdurchsage ■ Rundfunkwerbung
optisch/akustisch	■ Videovorführung ■ Computeranimation ■ Warenvorführung und Verkaufsgespräch ■ Kinowerbung ■ Fernsehwerbung ■ Influencerwerbung auf Social-Media-Plattformen (z. B. Instagram)

Die Qualität der Gesundheitsversorgung in Deutschland ist hoch. Doch es gibt Unterschiede zwischen einzelnen Ärzten, Krankenhäusern oder Pflegeeinrichtungen. Die Weisse Liste hat den Anspruch, diese Unterschiede transparent zu machen, und zwar über das unabhängige **Internetportal** www.weisse-liste.de. Das Ziel: Patienten können den für sich passenden Gesundheitsanbieter wählen. Die Anbieter selbst kommen in einen Wettbewerb um Qualität, von dem wiederum die Patienten profitieren.

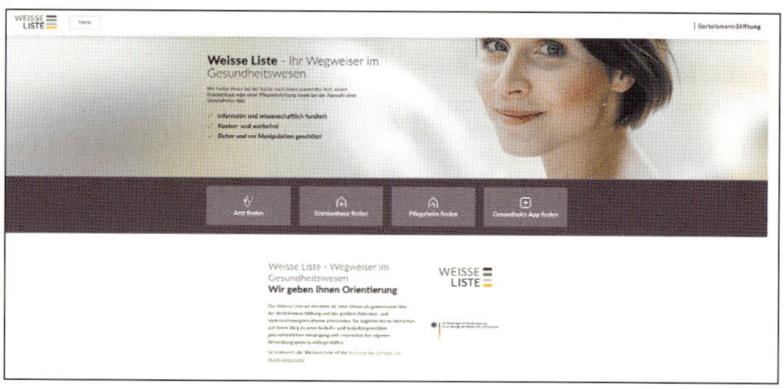

Quelle: https://www.weisse-liste.de/de/

7.4.2.4.4 Werbegrundsätze

Bei der Planung, Gestaltung und Durchführung von Werbemaßnahmen sollten folgende Grundsätze beachtet werden:

▶ Grundsatz der Klarheit

Die durch Werbung vermittelte Information muss von den Angesprochenen verstanden werden.

▶ Grundsatz der Originalität

Eine Werbebotschaft sollte in Bild, Text oder Ton so gestaltet sein, dass sie die Aufmerksamkeit der Kunden erweckt und sich von Aussagen der Konkurrenten deutlich abhebt.

▶ Grundsatz der Einheitlichkeit

Einzelne Werbemaßnahmen müssen aufeinander abgestimmt sein. Unterstützt z.B. der Hersteller einen Einzelhändler bei dessen Werbebemühungen, müssen sich die eingesetzten Werbemittel ergänzen und dürfen sich nicht überschneiden.

> Kündigt der Hersteller ein neues Produkt überregional im Fernsehen an, kann der Einzelhändler seinerseits diese Aktion durch Handzettel, Anzeigen in der Lokalpresse oder Verkaufsförderungsmaßnahmen unterstützen.

▶ Grundsatz der Wirtschaftlichkeit

Der angestrebte Werbeerfolg sollte mit einem für das Unternehmen vertretbaren Werbeetat erreicht werden können.

▶ Grundsatz der Wahrheit

Die Aussagen in einer Werbebotschaft müssen den tatsächlichen Gegebenheiten entsprechen. Irreführungen oder Unwahrheiten sind zu unterlassen und sogar gesetzlich verboten (vgl. S. 206 f.).

> Der Deutsche Werberat zieht Bilanz: Im Jahr 2018 gingen 1235 Beschwerden ein, die sich auf 702 Beschwerdefälle verteilten. Das waren elf Prozent weniger als im Vorjahr. Im Durchschnitt meldeten Verbraucher und Organisationen damit 14 Werbemaßnahmen pro Woche beim Werberat, weil die Werbung diskrimierend war, Gewalt verherrlichte oder Angst machte. 240 von den 702 Fällen fielen nicht in den Zuständigkeitsbereich, etwa weil es sich nicht um Wirtschaftswerbung, sondern um Werbung von Behörden oder Parteien handelte. Diese Beschwerden leitete der Werberat an eine andere Behörde oder an die Staatsanwaltschaft weiter. In 462 Fällen fällte der Werberat eine Entscheidung, wobei die meisten Vorwürfe (338) sich nach Ansicht des Rats als unbegründet herausstellten. Nur in 124 Fällen schloss sich der Werberat der Kritik an. 16 Firmen wurden öffentlich aufgrund ihrer Werbung gerügt. Grund: Sie haben trotz der Kritik des Werberats ihre Werbemaßnahme nicht geändert bzw. gestoppt.

7.4.2.4.5 Kosten der Werbung

Die Kosten einer Werbemaßnahme richten sich vor allem nach der Gestaltung der Werbebotschaft, den gewählten Werbemitteln und Werbeträgern, der Wiederholungshäufigkeit (z.B. bei Fernseh- und Rundfunkspots) und der **„Reichweite"** der Werbemaßnahme.

Die Reichweite wird in einem sogenannten **„Tausenderpreis"** ausgedrückt. Er besagt, wie teuer es ist, 1 000 Personen eine Werbebotschaft zu übermitteln.

Für zwei Zeitungen ließe sich dieser Tausenderpreis wie folgt berechnen:

$$\text{Tausenderpreis} = \frac{\text{Preis je Anzeigenseite x 1 000}}{\text{Gesamtleserschaft pro Auflage}}$$

	Zeitung 1	Zeitung 2
Preis je Anzeigenseite	2 000 EUR	4 000 EUR
Auflage	100 000	100 000
Leser pro Exemplar (jede Zeitung wird nicht nur vom Käufer, sondern auch von anderen Personen gelesen)	2	5
Gesamtleserschaft pro Auflage	200 000	500 000
Tausenderpreis	**10 EUR**	**8 EUR**

7.4.2.4.6 Werbeerfolgskontrolle

Für den Werbetreibenden ist es nicht leicht festzustellen, inwieweit durch eine bestimmte Werbemaßnahme das angestrebte Ziel tatsächlich erreicht worden ist. Der Werbeerfolg bezieht sich nicht nur auf wirtschaftliche Größen, sondern kann auch andere positive Auswirkungen für das Unternehmen haben.

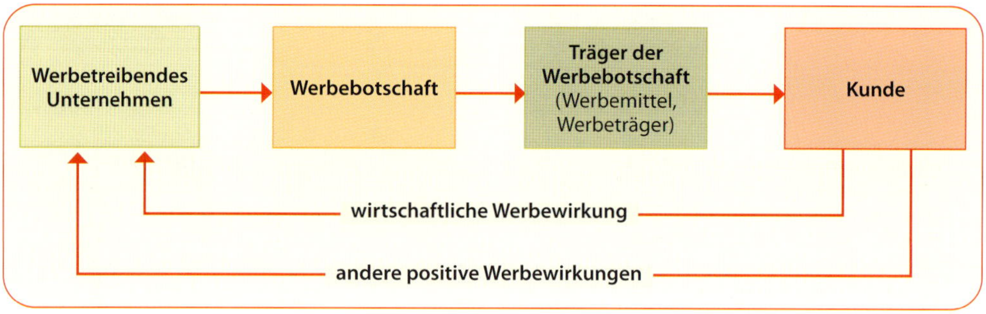

▶ Wirtschaftliche Werbewirkung

Wirtschaftliche Werbewirkungen beziehen sich auf:

- Veränderungen in den abgesetzten Gütermengen,
- Veränderungen in den erzielten Umsätzen oder Gewinnen.

▶ Andere positive Werbewirkungen

Durch eine Werbebotschaft sollte es gelingen:

- Aufmerksamkeit auf eine Ware, Dienstleistung oder ein Unternehmen zu lenken,
- Kenntnisse über Waren und Dienstleistungen zu vermitteln,
- den Kunden in die Lage zu versetzen, ein bestimmtes Gut aus den konkurrierenden Angeboten wiederzuerkennen, sich also daran zu erinnern,
- Einstellungen von Käufern zur Ware, Dienstleistung oder zum Anbieter positiv zu beeinflussen,
- die Kaufbereitschaft der Kunden für eine Ware oder Dienstleistung bei einem bestimmten Unternehmen zu schaffen.

▶ Zusammenfassung

Marketing

Marktuntersuchungen zur Gewinnung von Informationen als Grundlage für unternehmerische Entscheidungen

- **Markterkundung:** relativ willkürliche, zufällige und planlose Erfassung von Marktdaten
- **Marktforschung:** systematische, wissenschaftlich gesicherte und planvolle Erfassung von Marktdaten
  - **Sekundärforschung:** Rückgriff auf bereits vorhandenes Datenmaterial
  - **Primärforschung:** Gewinnung neuer, bisher noch nicht vorhandener (aktueller) Daten durch
    - **Marktbeobachtung:** Datenerhebung über einen längeren Zeitraum (Panel)
    - **Marktanalyse:** einmalige Datenerhebung zu einem bestimmten Stichtag (Befragung, Beobachtung, Experiment)

Marketing-Mix

die an den jeweiligen Marktgegebenheiten ausgerichtete unternehmerische Handlungsstrategie, die den Einsatz der aufeinander abgestimmten Marketinginstrumente festlegt

Marketinginstrumente

Produkt- und Sortimentspolitik

- **Produktgestaltung**
  die funktionsgerecht, qualitativ angemessen und ansprechend sein soll
- **Verpackungen**
  die die Ware schützen, eine leichte Handhabbarkeit ermöglichen und einer Vorbereitung zur Wiederverwendung oder dem Recycling zugeführt werden
- **Kennzeichnungen**
  die Informationen für Kunden bieten
- **Sortimentsgestaltung**
  die Zusammenstellung der angebotenen Produkte, die auf die Marktgegebenheiten abgestimmt werden muss durch:
  - Produktneuerungen
  - Produktveränderungen
  - Herausnahme von Produkten aus dem Angebot
  - Hereinnahme von Produkten in das Angebot

Preispolitik und Verkaufsbedingungen

- **Preisermittlungen**
  Festlegung der marktgerechten Preise für Waren und Dienstleistungen; Feinabstimmungen durch Preisstrategien
- **Preisstrategien**
  - psychologische Preisgestaltung
  - Rabattgewährung
  - Preisdifferenzierungen (räumlich, zeitlich, sachlich)
- **Lieferungs- und Zahlungsbedingungen**
  legen Beförderungs- und Verpackungskosten, Preisnachlässe und Kreditkosten fest
- **Kundendienst**
  zusätzliche Leistungen wie der Umtausch mangelfreier Ware, Reparatur- und Wartungsarbeiten oder Kreditgewährung

Vertriebspolitik

- **Absatzwege**
  - **direkter Absatz**
- **Absatzformen**
  - Vertrieb im Gesundheitswesen vor allem durch **betriebseigene Mitarbeiter**

Kommunikationspolitik, insbesondere Werbung

- **Werbung**
  Informationen über Produkte und Beeinflussung zum Kauf durch:
  - **Einzelwerbung:** das Unternehmen macht selbst seine Angebote bekannt
  - **Kollektivwerbung:** das Unternehmen wirbt gemeinsam mit anderen Anbietern, die namentlich bekannt gemacht werden (Sammelwerbung) bzw. deren Firma nicht genannt wird (Gemeinschaftswerbung)
- **Öffentlichkeitsarbeit**
  positive Selbstdarstellung des Unternehmens
- **Verkaufsförderung**
  zusätzliche Kaufanreize für Händler und Konsumenten
- **persönlicher Verkauf**
  der Verkäufer nimmt mit dem Kunden persönlich Kontakt auf

Aufgaben

16

(1) *Erläutern Sie die Begriffe „Marketing" und „Marketing-Mix"!*

(2) *Welche Instrumente umfasst die Marketingstrategie eines Unternehmens?*

(3) *Begründen Sie am Beispiel Ihres Ausbildungsbetriebes die Notwendigkeit von Marktuntersuchungen!*

(4) *Um die Gründe für den Griff zur Zigarette in Erfahrung zu bringen, soll das Pausenverhalten der deutschen Schüler bezüglich ihrer Rauchgewohnheiten analysiert werden. Beurteilen Sie die Formen der Marktuntersuchung hinsichtlich ihrer Eignung für dieses Projekt!*

(5) *Grenzen Sie die Marktforschung von der Markterkundung ab!*

(6) *Beschreiben Sie die Methoden der Primärforschung, mit deren Hilfe ein Unternehmen wesentliche Marktinformationen als Grundlage für seine Entscheidungen gewinnen kann!*

(7) *Entwerfen Sie einen Fragebogen mit bis zu 15 Fragen, der Aufschluss über Art und Umfang der Freizeitgestaltung von Auszubildenden geben soll!*

(8) *Inwieweit tragen die in Ihrem Ausbildungsbetrieb eingesetzten Marketinginstrumente ökologischen Belangen Rechnung bzw. wo sehen Sie Verbesserungsmöglichkeiten?*

(9) *Was ist bei der Produktgestaltung zu beachten und welche Aufgaben sollte eine Verpackung erfüllen?*

(10) *Welche Absichten werden mit der Kennzeichnung von Produkten verfolgt?*

(11) *Was ist unter einem Sortiment zu verstehen und welche Maßnahmen können zu einer Veränderung der Produktpalette führen?*

(12) *Beschreiben Sie Produktdiversifikationen, Produktvariationen und Produkteliminationen, die sich für Ihren Ausbildungsbetrieb ergeben könnten!*

(13) *Erstellen Sie mithilfe eines Tabellenkalkulationsprogrammes zu den nachfolgenden Daten eine Vorwärtskalkulation!*

- *Listeneinkaufspreis: 93,75 EUR*
- *Liefererrabattsatz: 15 %*
- *Liefererskontosatz: 3 %*
- *Bezugskosten je Stück: 3,50 EUR*
- *Handlungskostenzuschlagssatz: 40 %*
- *Gewinnzuschlagssatz: 15 %*
- *Kundenskontosatz: 3 %*
- *Kundenrabattsatz: 2 %*

(14) *Berechnen Sie den Listenverkaufspreis auf der Basis der zuvor genannten Daten unter der Annahme neu, dass die Bezugskosten nicht 3,50 EUR je Stück, sondern stattdessen 3,5 % des Warenwertes – also des Zieleinkaufspreises – betragen!*

(15) *Verdeutlichen Sie den Zusammenhang zwischen kalkuliertem Verkaufspreis und Marktpreis!*

(16) *Um welche Strategie der Preisgestaltung handelt es sich in den folgenden Fällen?*
   a) *Der Preis für ein Taschenbuch beträgt 9,99 EUR.*
   b) *Der Auszeichnungspreis einer Ware beträgt 78,80 EUR, der zu zahlende Betrag 76,60 EUR.*
   c) *Für das gleiche Arzneimittel sind in der Bundesrepublik Deutschland 40,65 EUR, in Italien 25,82 EUR zu entrichten.*

(17) *Welche Absatzwege benutzt Ihr Ausbildungsbetrieb, um die Kunden zu erreichen?*

(18) *Welche Aufgaben übernehmen Öffentlichkeitsarbeit, Verkaufsförderung und persönlicher Verkauf im Rahmen der Kommunikationspolitik eines Unternehmens?*

(19) *Grenzen Sie die Sammel- von der Gemeinschaftswerbung ab!*

(20) *Entwerfen Sie für Ihren Ausbildungsbetrieb einen Werbebrief, in dem ein typisches Gut besonders herausgestellt wird!*

(21) *Beschreiben Sie Ziele, die ein Unternehmen mit seiner Werbung verfolgen könnte!*

(22) *Welche Werbemittel und Werbeträger werden in Ihrem Ausbildungsbetrieb eingesetzt?*

(23) *Wie kann man die „Reichweite" einer Werbebotschaft ausdrücken?*

(24) *In einem Unternehmen aus der Pharmabranche konnte nach einer langen Entwicklungs- und Testphase ein neuartiges Produkt entwickelt werden, dem große Absatzchancen eingeräumt werden. Erstellen Sie eine Marketing-Konzeption zur Einführung dieser Produktneuheit am Markt!*

8 Rechtliche Rahmenbedingungen der Werbung

Allen im Gesundheits- und Sozialwesen tätigen Dienstleistern und Händlern setzen die Vorschriften des **Gesetzes gegen den unlauteren Wettbewerb** *(UWG)* Grenzen bei der Werbung. Diese Rechtsnorm garantiert, dass eine ausreichende Anzahl von Unternehmen eine Vielzahl von Dienstleistungen und Waren am Markt anbietet, ohne dass Mitbewerber versuchen, sich mit unerlaubten Mitteln auf Kosten ihrer Konkurrenten wirtschaftlich Vorteile zu erkämpfen.

8.1 Gesetz gegen den unlauteren Wettbewerb

Bei allen zur Förderung seines Verkaufserfolges eingesetzten Maßnahmen hat das Unternehmen darauf zu achten, dass es seine Konkurrenten nicht durch **wettbewerbswidrige Maßnahmen** bei deren eigenen Bemühungen um die Kunden einschränkt oder behindert. Das **UWG** will damit einen fairen Wettstreit zwischen allen Unternehmen am Markt sicherstellen und gleichzeitig die Konsumenten vor irreführenden geschäftlichen Handlungen schützen. Somit stellt das UWG eine Rechtsnorm dar, die **indirekt** über die Stärkung des unverfälschten Wettbewerbs den Schutz des Verbrauchers bewirkt.

Nimmt ein Unternehmen unzulässige geschäftliche Handlungen vor, kann es auf **Beseitigung oder Unterlassung in Anspruch genommen werden.** In diesem Fall wird das Unternehmen von einem Mitkonkurrenten, einem Verbraucherverband, einer Industrie- und Handelskammer, einer Handwerkskammer, einer Zentrale zur Bekämpfung des unlauteren Wettbewerbs oder einem Abmahnverein aufgefordert, diese Handlungen zu unterlassen *(§ 8 UWG)*. Ein einzelner Konsument ist allerdings nicht berechtigt, gegen wettbewerbswidriges Verhalten vorzugehen.

Wer dem Verbot der unzulässigen geschäftlichen Handlungen vorsätzlich oder fahrlässig zuwider handelt, kann zum Ersatz des daraus entstehenden Schadens verpflichtet werden *(§ 9 UWG)*.

Als wettbewerbswidrig werden u. a. grundsätzlich folgende Handlungsweisen eingestuft:

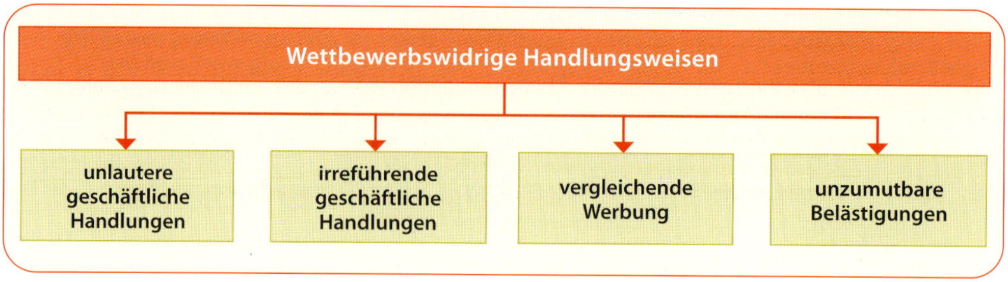

▶ Unlautere geschäftliche Handlungen *(§§ 3, 4 UWG)*

Unlautere geschäftliche Handlungen, die den Wettbewerb zum Nachteil der Mitbewerber, von Verbrauchern oder anderer Marktteilnehmer verfälschen, sind unzulässig *(§ 3 UWG)*.

Dazu zählen etwa Maßnahmen, die *(§§ 4, 4 a UWG)*:

- die Entscheidungsfreiheit des Verbrauchers durch Druck beeinflussen wollen.

  > **Belästigungen:** Passanten auf öffentlichen Straßen einzeln anzusprechen, um sie zu veranlassen, ein Geschäft aufzusuchen und dort Waren oder Dienstleistungen zu erwerben, ist unlauter. Die plötzliche Zwangslage, sich mit einem Angebot beschäftigen zu müssen, kann bei manchen Personen dazu führen, die Ware oder Dienstleistung nur deshalb zu erwerben, um der Belästigung zu entgehen.

- den Werbecharakter von geschäftlichen Handlungen verschleiern.
- die Bedingungen zur Inanspruchnahme von Preisnachlässen, Zugaben oder Geschenken nicht eindeutig angeben.
- die Teilnahmebedingungen bei Preisausschreiben oder Gewinnspielen nicht eindeutig angeben.
- das Unternehmen eines Mitbewerbers, dessen Waren, Dienstleistungen oder persönliche Verhältnisse herabsetzen.
- Mitbewerber gezielt behindern.

  > **Boykott:** Ein Informationsdienst für den Handel forderte Facheinzelhändler auf, solche Hersteller zu benennen, die ihre Waren auch an Verbrauchermärkte lieferten. Ziel der Aktion war die Vorbereitung von Maßnahmen, mit denen bei den Herstellern eine Liefersperre für Verbrauchermärkte erreicht werden konnte. Die Wettbewerbsfähigkeit der Facheinzelhändler sollte hier mit unlauteren Mitteln verbessert werden.

- Waren oder Dienstleistungen anbieten, die Nachahmungen derer von Mitbewerbern sind.

▶ Irreführende geschäftliche Handlungen *(§ 5 UWG)*

Irreführend ist eine geschäftliche Handlung dann, wenn:

- Angaben über die Verfügbarkeit, Art, Ausführung, Zusammensetzung, Menge, Verwendungsmöglichkeiten, Beschaffenheit, geografische oder betriebliche Herkunft nicht zutreffen.

  > - Mit dem Zusatz „de Paris" darf nicht für ein Parfüm aus Deutschland geworben werden.
  > - Eine Warenhauskette bot in der Bundesrepublik Deutschland Quarzuhren mit der Werbeaussage „eine Markenuhr, die sich jeder leisten kann" an. Die Uhren wurden in Asien hergestellt und über Versandhändler und Warenhausgruppen vertrieben. Die Werbung war deshalb irreführend, weil der angesprochene Personenkreis mit „Markenuhr" eine über den Fachhandel vertriebene Qualitätsuhr versteht.

- Angaben über den Preis oder die Art und Weise, wie er berechnet wird, oder die Lieferungsbedingungen nicht stimmen.

  - Eine Werbung mit dem Zusatz „empfohlener Preis" ist unzulässig.
  - Die Ankündigung, für gebrauchte Gegenstände „Höchstpreise" zu zahlen, ist irreführend. Ein Einzelhändler warb mit folgendem Text: „Alt gegen Neu. Wir zahlen für Ihr altes Fernseh-, Video- und Hi-Fi-Gerät Höchstpreise. Auch dann, wenn Sie kein Neugerät erwerben." Das Gericht hielt es hingegen durchaus für möglich, dass Konkurrenten bei der Inzahlungnahme von Altgeräten höhere Preise gewähren und untersagte die Werbeaussage.

- Angaben über den Werbenden, seine Identität, sein Vermögen, seine Befähigungen, Auszeichnungen oder Ehrungen nicht korrekt sind.

  - Ein Fahrlehrer erwarb 2014 eine bereits 1992 gegründete Fahrschule. 2017 inserierte er in einer Zeitung „25 Jahre Fahrschule Rainer S.". Diese Werbung ist irreführend, da er das Unternehmen nicht selbst 25 Jahre leitete.
  - Unzulässig ist die Werbung mit Fotos des Unternehmens dann, wenn der werbende Kaufmann selbst nur einen Teil der abgebildeten Gebäude nutzt.

- mit der Herabsetzung eines Preises geworben wird, obwohl er nur für eine unangemessen kurze Zeit gültig ist.

▶ Vergleichende Werbung *(§ 6 UWG)*

Vergleichende Werbung bezieht die von einem Mitbewerber angebotenen Waren oder Dienstleistungen ein.

Unlauter handelt, wer:

- diesen Vergleich nicht auf Waren und Dienstleistungen für den gleichen Bedarf bezieht.
- nicht objektiv nachprüfbare Eigenschaften oder den Preis der Ware oder Dienstleistung vergleicht.
- die Ware, Dienstleistung, Tätigkeit oder die persönlichen Verhältnisse des Mitbewerbers herabsetzt oder verunglimpft.

▶ Unzumutbare Belästigungen *(§ 7 UWG)*

Belästigen bedeutet:

- zu werben, obwohl der Kunde die Werbung nicht wünscht.
- per Telefon, Fax oder E-Mail zu werben, ohne dass die ausdrückliche Einwilligung des Umworbenen vorliegt.

  Unerwünschte Telefonwerbung kann für Verbraucher ein großes Ärgernis sein: Man wird belästigt und nicht selten mit unseriösen Methoden zu Vertragsabschlüssen überredet, die man eigentlich gar nicht wollte.

  Um den Verbraucher vor solchen unerwünschten Telefonanrufen besser zu schützen, wurde das **„Gesetz zur Bekämpfung unerlaubter Telefonwerbung und zur Verbesserung des Verbraucherschutzes bei besonderen Vertriebsformen"** erlassen, das entsprechende Änderungen in anderen Gesetzen zum Verbraucherschutz *(UWG,* Telekommunikationsgesetz *[TKG]* und *BGB)* vorsieht. Werbeanrufe sind nur dann zulässig, wenn der Angerufene vorher ausdrücklich erklärt hat, Werbeanrufe erhalten zu wollen *(§ 7 II UWG).*

Verstöße gegen dieses Verbot können mit Geldbußen bis zu 300 000 EUR geahndet werden *(§ 20 II UWG)*. Zudem dürfen bei Werbeanrufen die Rufnummern nicht mehr unterdrückt werden, um die Identität des Anrufers zu verschleiern *(§ 102 TKG)*. Bei Verstößen droht eine Geldstrafe bis zu 100 000 EUR *(§ 149 TKG)*.

Verbraucher, die weiterhin mit unerlaubter Telefonwerbung belästigt werden oder für die die Rufnummer des gewerblichen Anrufers nicht erkennbar ist, können dies einer Verbraucherzentrale oder der Bundesnetzagentur (www.bundesnetzagentur.de) melden. Die dann gegen den entsprechenden Anrufer eingeleiteten Maßnahmen reichen von der Abmahnung bis zum Bußgeldverfahren.

Darüber hinaus können Verbraucher den telefonischen Abschluss von Verträgen zur Lieferung von Zeitungen, Zeitschriften und Illustrierten sowie Wett- und Lotteriedienstleistungen widerrufen *(§ 312g BGB)*. Die Frist beginnt, wenn der Verbraucher eine schriftliche Belehrung (E-Mail, Telefax) über sein **Widerrufsrecht** erhalten hat. Bei unerlaubten Werbeanrufen beträgt diese Frist einen Monat, sonst – je nach Einzelfall – zwischen zwei Wochen und einem Monat.

8.2 Besondere Rechtsvorschriften im Gesundheits- und Sozialwesen

Für einige Leistungsanbieter im Gesundheits- und Sozialwesen gelten neben dem UWG weitere Rechtsvorschriften oder Standesrecht zur Begrenzung der Werbung.

▶ Krankenhäuser

Für Krankenhäuser bestimmt das **Heilmittelwerbegesetz** *(HWG)* weitere Ge- und Verbote für die Werbung. So ist es nach § 11 HWG untersagt, mit bildlichen Darstellungen von Personen in Berufskleidung oder bei der Ausübung der Tätigkeit von Angehörigen der Heilberufe zu werben. Dies gilt auch für eventuelle Internetseiten des Krankenhauses. Zudem ist die Werbung mit Dank-, Anerkennungs- oder Empfehlungsschreiben verboten. § 12 HWG bestimmt, dass in der Öffentlichkeit für Verfahren oder Behandlungen, die sich auf die Erkennung, Beseitigung oder Linderung bestimmter Krankheiten beziehen, nicht geworben werden darf. Allerdings ist es zulässig, dies etwa auf solchen Internetseiten zu tun, wenn diese speziellen Seiten nur für „Fachkreise" wie Ärzte zugänglich sind.

Des Weiteren setzt der Klinikwerbung das **ärztliche Standesrecht** durch Berufsordnungen Grenzen. So ist es einem Krankenhaus nicht erlaubt, mit seiner Werbung Konflikte der Krankenhausärzte mit deren ärztlichem Berufsrecht hervorzurufen (vgl. S. 210).

▶ Apotheken

Die Werbung in Apotheken unterscheidet sich von der Werbung anderer Handelsbetriebe in starkem Maße, da in der Apotheke hauptsächlich Arzneimittel verkauft werden. Aufgrund der Besonderheiten dieser Ware (Missbrauch, Fehlgebrauch und Mehrgebrauch von Arzneimitteln können zu schweren gesundheitlichen Schäden führen) dürfen **Arzneimittel werblich nicht wie Konsumgüter behandelt werden.** Ein verantwortungsbewusster Umgang mit Arzneimitteln kann nur dann gewährleistet werden, wenn auf Werbemaßnahmen, die zum Kauf anreizen oder von der rechtzeitigen Inanspruchnahme des Arztes abhalten, verzichtet wird.

Im Einzelnen gilt:

- Werbung für verschreibungspflichtige Arzneimittel ist nur bei Ärzten, Zahnärzten, Tierärzten oder Apotheken erlaubt, **nicht** also beim allgemeinen Publikum *(§ 10 HWG).*
- Werbung für frei verkäufliche Arzneimittel ist grundsätzlich erlaubt.
- Werbung für apothekenübliche Waren (Randsortiment) ist grundsätzlich erlaubt.

Mit den frei verkäuflichen Arzneimitteln und dem Randsortiment stehen die Apotheken in Konkurrenz zum Einzelhandel, der diese Waren zum Teil auch anbietet. Der Apotheke müssen also nach dem Gleichheitsgrundsatz die selben Werbemethoden offenstehen, wie sie etwa auch von Drogerien verwendet werden.

Trotzdem ist die Apothekenwerbung aufgrund der besonderen Verantwortung der Apotheken, die ihnen bei der Arzneimittelversorgung der Bevölkerung übertragen worden ist, bestimmten Verpflichtungen unterworfen. Neben dem UWG und HWG legen die Berufsordnungen/Richtlinien der Apothekenkammern die Grundsätze der Apothekenwerbung fest. In vielen Berufsordnungen ist die generelle Klausel enthalten: „Nicht erlaubt ist eine Werbung, die irreführend oder nach Form, Inhalt und Häufigkeit übertrieben oder marktschreierisch wirkt oder einen Mehrverbrauch oder Fehlgebrauch von Arzneimitteln begünstigt."

Beispiele für unzulässige Apothekenwerbung:

- Die Bezeichnung „Haus der Gesundheit" für eine Apotheke
- Werbung mit einem Lieferservice oder Botendienst
- Passanten auf der Straße ansprechen, um sie für die Apotheke oder einzelne Produkte zu gewinnen

Beispiel für zulässige Apothekenwerbung:

Apotheken dürfen kleine Geschenke machen

KARLSRUHE ▪ Apotheken dürfen mit Gutscheinen oder Geschenken von geringem Wert um Kunden werben. Werbegeschenke oder Rabattmarken im Wert von einem Euro bedeuten keinen unzulässigen Wettbewerbsverstoß, entschied der Bundesgerichtshof (BGH) gestern in Karlsruhe. Eine konkrete Obergrenze nannten die Richter nicht – Geschenke im Wert von fünf Euro seien jedenfalls unzulässig. In sechs Parallelverfahren war vor dem BGH über die Zulässigkeit von Apotheken-Bonussystemen gestritten worden. Die Apotheken hatten ihre Kunden beim Erwerb von rezeptpflichtigen Arzneimitteln mit Rabatten, Gutscheinen oder Prämien geködert. Der BGH prüfte allerdings nur, ob die Rabattsysteme nach dem Gesetz gegen den unlauteren Wettbewerb unzulässig sind. Allerdings erlauben die Preisbindungsvorschriften des Arzneimittelgesetzes für verschreibungspflichtige Medikamente grundsätzlich keine Rabatte. ▪

Aktenzeichen: I ZR 193/07 u.a.

Quelle: Westfälischer Anzeiger vom 10.11.2010

Auch für die immer häufiger genutzte Selbstdarstellung von Apotheken im Internet gelten diese rechtlichen Regelungen.

Inzwischen beinhalten die von Apotheken erstellten Internetseiten Notdienstkalender, Fotos und Adresse der werbenden Apotheke, Gesundheitstipps oder die Präsentation des eigenen Randsortiments wie etwa Kosmetika oder Blutdruckmessgeräte.

Mittlerweile können auch Medikamente direkt über das Internet bezogen werden.

Quelle: https://www.medikamente-per-klick.de

▶ Ärzte

Für Ärzte gilt nach den Berufsordnungen der Landesärztekammern ein **Werbeverbot.** Der Arzt darf daher weder für seine berufliche Tätigkeit noch für die berufliche Tätigkeit anderer Ärzte werben. Ferner darf er nicht dulden, dass Berichte oder Bildberichte in den Medien mit werbender Herausstellung seiner ärztlichen Tätigkeit unter Verwendung seines Namens oder Anschrift veröffentlicht werden. Veröffentlichungen medizinischen Inhalts oder die Mitwirkung des Arztes an aufklärenden Publikationen in den Medien sind zulässig, soweit sie auf sachliche Informationen begrenzt sind.

Allerdings dürfen Ärzte **andere Ärzte** über ihr Leistungsangebot informieren. Aber auch bei dieser Art der Information ist jede werbende Herausstellung der eigenen Tätigkeit untersagt.

Auch bei der Darstellung der Tätigkeit eines Arztes und seiner Praxis im Internet muss der Eindruck vermieden werden, der Arzt wolle eine Leistungsfähigkeit hervorheben, die die anderer Ärzte übersteigt.

Auf der Homepage können z. B. Informationen zu medizinischen Themen veröffentlicht werden wie etwa Erläuterungen der Behandlung bestimmter Zahn- und Kieferkrankheiten. Die bloße Empfehlung von Pflege- und sonstigen Produkten dürfte allerdings nicht zulässig sein. Unzulässig dürfte auch ein „Gästebuch" sein, in dem sich die Besucher der Homepage eintragen können, da der Arzt sich auf diesem Weg Adressen für mögliche Werbetätigkeiten verschaffen könnte. Ob eine direkte medizinische Beratung der Patienten über das Internet möglich sein wird, ist derzeit noch nicht abschließend geklärt.

▶ Zusammenfassung

Rechtliche Rahmenbedingungen der Werbung

Gesetz gegen den unlauteren Wettbewerb

- verbietet unlautere geschäftliche Handlungen, irreführende geschäftliche Handlungen, bestimmte Arten von vergleichender Werbung und unzumutbare Belästigungen
- gilt für alle im Gesundheits- und Sozialwesen tätigen Dienstleister

Heilmittelwerbegesetz

ergänzt verschärfend die Anforderungen des UWG an Werbemaßnahmen für

- Krankenhäuser
- Apotheken
- Ärzte

Berufsordnungen

gelten insbesondere zusätzlich für Apotheken und Ärzte

Aufgaben 17

(1) Welchen Zweck verfolgt das UWG?

(2) Verdeutlichen Sie, wann geschäftliche Handlungen als „irreführend" anzusehen sind!

(3) Welche zusätzlichen Beschränkungen der Werbung gelten für Krankenhäuser?

(4) Darf ein Apotheker in der regionalen Presse für ein neues verschreibungspflichtiges Medikament werben? Begründen Sie kurz Ihre Meinung!

(5) Begründen Sie, warum Ärzten Werbung grundsätzlich untersagt ist!

1 Rechtliche Rahmenbedingungen des Wirtschaftens

1.1 Aufbau der Rechtsordnung

1.1.1 Privates und öffentliches Recht

Jeder Mensch benötigt zur Entfaltung seiner Persönlichkeit und zur Gestaltung des Lebens ein hohes Maß individueller Freiheit. Missbraucht der Einzelne jedoch diese Freiheitsspielräume, kann es zu Benachteiligungen und Ungerechtigkeiten gegenüber anderen kommen. Zur Ermöglichung eines sozialen Miteinanders vieler Menschen ist es daher notwendig, die persönlichen Freiheiten durch **Rechtsnormen** (Gesetze, Vorschriften, Verordnungen) zu begrenzen. Damit wird es möglich, einen Interessenausgleich zwischen den Anliegen des Einzelnen und den Erfordernissen der Gemeinschaft zu schaffen. Diese Rechtsnormen aus dem **privaten** und dem **öffentlichen Recht** bilden in ihrer Gesamtheit die **Rechtsordnung.**

Staatlich festgelegte Rechtsnormen = Rechtsordnung

Privatrecht
regelt die Rechtsbeziehungen zwischen gleichberechtigten Personen

insbesondere:
- bürgerliches Recht
- Handelsrecht
- Gesellschaftsrecht
- Arbeitsvertragsrecht
- Scheckrecht

öffentliches Recht
ordnet die Interessen einzelner Personen den Erfordernissen der Gemeinschaft unter

insbesondere:
- Arbeitsschutzrecht
- Steuerrecht
- Verwaltungsrecht
- Staatsrecht
- Kirchenrecht
- Strafrecht
- Völkerrecht

▶ Privatrecht

Das Privatrecht regelt die Beziehungen der einzelnen Bürger untereinander. Nach dem **Grundsatz der Gleichberechtigung** können die Rechtsverhältnisse zwischen den Beteiligten weitgehend frei gestaltet werden.

> Beginn, Inhalt und Zeitdauer eines Vertrages können grundsätzlich individuell geregelt werden. Dies gilt für den Fall des Erwerbs von Waren ebenso wie für den Abschluss eines Arbeitsvertrages oder die Gründung eines Unternehmens.

In Fällen bürgerlicher Rechtsstreitigkeiten müssen die Parteien eine Entscheidung vor den **Zivilgerichten** anstreben.

Der Staat greift in diese privaten Angelegenheiten nur dann ein, wenn gleichzeitig öffentliche Interessen berührt, d.h., wenn von den Vertragspartnern bestehende Rechtsnormen verletzt werden.

▶ Öffentliches Recht

Das öffentliche Recht regelt Rechtsfragen, die von allgemeinem Interesse sind. Hier trifft der einzelne Bürger auf den Staat und dessen Organe als Vertreter der Gemeinschaft. Im öffentlichen Recht ist es **nicht** möglich, Rechtsverhältnisse wie zwischen gleichberechtigten Partnern frei zu regeln. Vielmehr muss sich der Bürger den Erfordernissen des Staates unterordnen.

> Ein Arbeitgeber kann sich nicht durch einen Vertrag mit dem Staat von den für alle Betriebe geltenden Arbeitsschutzbestimmungen befreien lassen. Gleichfalls ist es nicht möglich, über die Höhe oder den Zeitpunkt von Steuerzahlungen zu verhandeln.

Gegen rechtswidrige Maßnahmen des Staates kann sich der Einzelne mithilfe der **Verwaltungsgerichte** zur Wehr setzen.

Handelt der Staat allerdings wie „ein Bürger", schließt er also z. B. Kaufverträge ab oder gründet er selbst ein Unternehmen, **gelten auch für ihn die Bestimmungen des Privatrechts.**

1.1.2 Rechtsquellen

Das Grundgesetz der Bundesrepublik Deutschland bestimmt in Artikel 20, dass die Rechtsprechung an „Gesetz und Recht" gebunden ist. **Gesetzesrecht** und **Gewohnheitsrecht** bilden also gemeinsam den Rechtsrahmen. Ergänzt werden diese Rechtsquellen durch die **ständige Rechtsprechung** der Gerichte. Dabei kommt vor allem den Urteilen des Bundesverfassungsgerichtes große Bedeutung zu, dessen Entscheidungen die übrigen Gerichte sowie die Organe des Bundes und der Länder binden.

> Mindestens seit 1978 war der **Grundfreibetrag der Einkommensteuer** nach einem Beschluss des Bundesverfassungsgerichtes verfassungswidrig. Es wurde nicht gewährleistet, dass dem Bürger nach Zahlung seiner Einkommensteuerschuld von seinem Einkommen so viel verblieb, wie er zur Bestreitung seines Lebensunterhalts mindestens benötigte.
>
> Das Einkommen, so das Bundesverfassungsgericht, müsse in der Höhe steuerfrei gestellt werden, in der der Staat Bedürftigen zur Befriedigung ihres existenznotwendigen Bedarfs öffentliche Mittel (Sozialhilfeleistungen) zur Verfügung stellt. Da nach dem Urteilsspruch des Bundesverfassungsgerichts (25. September 1992) der durchschnittliche Sozialhilfebedarf den Grundfreibetrag deutlich überstieg, wurde der Gesetzgeber aufgefordert, spätestens 1996 Abhilfe zu schaffen.
>
> Demzufolge änderte sich der steuerliche Grundfreibetrag ab 1. Januar 1996 von 5 616 DM für Ledige auf 12 095 DM und für Verheiratete von 11 232 DM auf 24 191 DM. Dieser künftig jeweils an das Existenzminimum anzupassende Grundfreibetrag stieg 2004 auf 7 664 EUR bzw. 15 328 EUR. Insbesondere zur Entlastung kleiner Einkommen ist dieser seitdem gültige Grundfreibetrag ab 2019 auf 9 168 EUR bzw. 18 336 EUR angehoben worden. Ab 2021 steigt der Grundfreibetrag auf 9 744 EUR bzw. 19 488 EUR.

▶ Gesetzesrecht

Zum **Gesetzesrecht** zählen alle von staatlichen Organen erlassene Rechtsnormen.

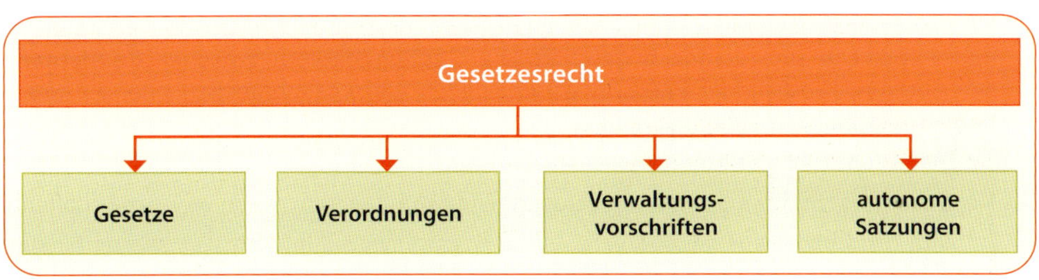

- **Gesetze** werden von den in der Verfassung bestimmten gesetzgebenden Organen (Legislative) erlassen, also durch Bundestag und Bundesrat oder die einzelnen Landtage bzw. Senate.

  > Zu den Rechtsnormen mit Gesetzesqualität zählen z. B. das Grundgesetz, das Bürgerliche Gesetzbuch, das Handelsgesetzbuch, das Strafgesetzbuch oder die Steuergesetze.

- **Verordnungen** werden von den gesetzesvollziehenden Organen (Exekutive) erlassen, also durch die Bundesregierung bzw. einen Bundesminister oder die Länderregierungen und ergänzen die von der Legislative verabschiedeten Gesetze. Voraussetzung zum Erlass einer Verordnung ist allerdings, dass vorab eine ausdrückliche Ermächtigung im betreffenden Gesetz vorgesehen wurde.

  > In § 26 UStG wird festgelegt, dass die Bundesregierung bzw. der Bundesminister der Finanzen einzelne Vorschriften dieses Gesetzes in der Umsatzsteuer-Durchführungsverordnung ändern oder ergänzen kann.

- **Verwaltungsvorschriften,** die den Handlungsrahmen für Verwaltungsbehörden beschreiben, werden von übergeordneten Behörden den untergeordneten Stellen vorgegeben.

  > Zur Ausführung des Umsatzsteuergesetzes und der Umsatzsteuer-Durchführungsverordnung durch die Finanzämter erlässt der Bundesfinanzminister als vorgesetzte Dienstbehörde „Allgemeine Verwaltungsvorschriften zur Ausführung des Umsatzsteuergesetzes (Umsatzsteuer-Richtlinien)".

- **Autonome Satzungen** werden von Körperschaften, Anstalten und Stiftungen des öffentlichen Rechts (vgl. S. 49 f., S. 216) zur Regelung ihrer Aufgaben und Angelegenheiten selbst erlassen.

  > - Gemeinden legen in Satzungen den Hebesatz der Gewerbe- und der Grundsteuer bzw. die Gebühren für Müllabfuhr und Straßenreinigung fest.
  > - Krankenkassen legen in den Satzungen z. B. fest, wer Mitglied werden kann und wie die Organe (Vertreterversammlung, Vorstand, Geschäftsführung) zusammengesetzt sind.

▶ Gewohnheitsrecht

Während Gesetzesrecht durch Staatsorgane erlassen und schriftlich niedergelegt wird, entsteht das ungeschriebene Gewohnheitsrecht durch **langjähriges praktisches Handeln in der Gesellschaft.** Diese allgemein anerkannten Regeln gelten häufig für solche Rechtsfelder, in denen es an einer niedergeschriebenen Rechtsnorm mangelt oder für neuere gesellschaftliche Entwicklungen, für die noch keine Gesetze oder Verordnungen erlassen worden sind. Gewohnheitsrecht hat heute allerdings nicht mehr die Bedeutung wie in früheren Zeiten.

> Ein Arbeitgeber zahlt auf freiwilliger Basis, d. h. ohne dass es im Arbeits- bzw. Tarifvertrag oder in einer Betriebsvereinbarung festgelegt ist, bereits seit zumindest drei Jahren **ohne Vorbehalte** ein Weihnachtsgeld in Höhe eines 13. Monatsgehaltes. In diesem Fall entsteht Gewohnheitsrecht, also ein Anspruch der Arbeitnehmer auf Weiterzahlung dieser Gratifikation.

▶ Handelsbrauch

Bei zweiseitigen Handelskäufen, bei denen also das Geschäft für beide Vertragspartner ein Handelsgeschäft ist (vgl. S. 235), gilt neben dem Gesetzesrecht auch der Handelsbrauch. Handelsbräuche sind demnach **geschäftliche Gepflogenheiten zwischen Kaufleuten,** die sich aufgrund langjähriger Praxis in verschiedenen Wirtschaftsbranchen oder an einzelnen Handelsplätzen herausgebildet haben.

> Wohnen bei einem Kaufvertragsabschluss Käufer und Verkäufer in verschiedenen Städten, soll nach dem Gesetz der Verkäufer einer Ware den Teil der Versandkosten bis zur Versandstation (z. B. Bahnhof, Flughafen) tragen, während der Käufer alle anderen Kosten übernimmt. Davon abweichend kann nach Handelsbrauch *(§ 346 HGB)* jede andere Kostenaufteilung möglich sein, falls sie für eine bestimmte Branche üblich ist.

1.1.3 Objektives und subjektives Recht

Der durch Gesetzes- und Gewohnheitsrecht bzw. Handelsbrauch gemeinsam gebildete Rechtsrahmen wird als **objektives Recht** bezeichnet. Innerhalb dieser Rechtsnormen kann nun der Einzelne seine Interessen und Ansprüche individuell ausgestalten **(subjektives Recht).** Damit stellt das subjektive Recht eine Rechtsposition dar, deren Verwirklichung dem Willen der einzelnen Person überlassen bleibt.

Im Rahmen bestehender Gesetze (objektives Recht) kann der Einzelne (subjektives Recht):

- sein Haus vermieten, verkaufen, verschenken oder beleihen;
- bei der Lieferung einer mit Mängeln behafteten Ware nach zwei erfolglosen Nachbesserungsversuchen zwischen den Rechten Rücktritt, Minderung, Schadensersatz oder Ersatz vergeblicher Aufwendungen wählen;
- ausstehende Geldforderungen durch eine Klage auf Zahlung oder ein gerichtliches Mahnverfahren einziehen.

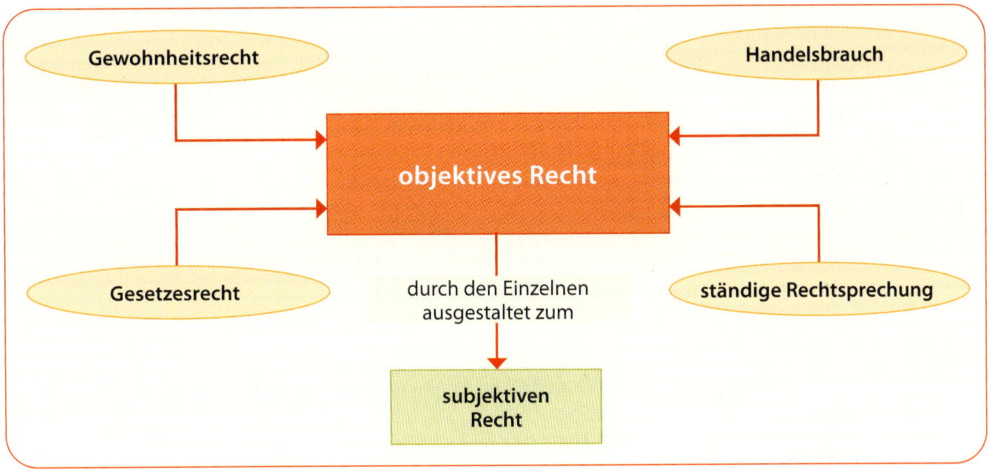

2 Rechtssubjekte

Die in der bestehenden Rechtsordnung verankerten Rechte und Pflichten setzen immer ein **Rechtssubjekt,** d.h. **eine Person als Träger dieser Rechte und Pflichten** voraus. Damit ist die Teilnahme am Rechts- und Geschäftsverkehr den rechts- und geschäftsfähigen natürlichen und juristischen Personen vorbehalten.

2.1 Natürliche und juristische Personen

- **Natürliche Personen** sind alle Menschen, unabhängig von Alter, geistiger oder körperlicher Leistungsfähigkeit.
- **Juristische Personen** stellen keine natürlichen Rechtssubjekte dar. Erst wenn bestimmte Auflagen, die die Rechtsordnung juristischen Personen auferlegt, erfüllt sind (z.B. Handelsregistereintragung – vgl. S. 17ff. – oder staatliche Verleihung), werden sie ähnlich wie natürliche Personen zu Trägern von Rechten und Pflichten und können am Geschäftsverkehr teilnehmen.

Rechtssubjekte

natürliche Personen
- alle Menschen

juristische Personen

des Privatrechts
- **Kapitalgesellschaften**
  - Allianz Versicherung AG
    Hamburg Mannheimer Versicherung AG
    Deutsche Bank AG
- **Versicherungsverein auf Gegenseitigkeit (VVaG)**
  - Docura Brandkasse Deutscher Lehrer VVaG
  - Gothaer Lebensversicherung a. G.
- **Genossenschaften**
  - Edeka eG
  - Volks- und Raiffeisenbanken
- **eingetragene Vereine**
  - Deutsches Rotes Kreuz e. V.
  - Arbeitsgemeinschaft der Verbraucher e. V.
- **Stiftungen**
  - Stiftung Volkswagenwerk
  - Stiftung Warentest

des öffentlichen Rechts
- **Körperschaften**
  - Bund, Länder, Gemeinden
  - Kirchen
  - Industrie- und Handelskammern, Handwerkskammern
  - Allgemeine Ortskrankenkassen und Ersatzkassen
  - Bundesagentur für Arbeit
  - Deutsche Rentenversicherung Bund
- **Anstalten**
  - Rundfunk- und Fernsehanstalten
  - Sparkassen
  - Universitäten
- **Stiftungen**
  - Stiftung Preußischer Kulturbesitz
  - Deutsche Studienstiftung

2.2 Rechtsfähigkeit *(§§ 1, 21 f. BGB)*

Rechtsfähigkeit ist das Vermögen von Personen, Rechte und Pflichten übernehmen zu können.

Rechtsfähigkeit

Rechte

u. a.
- Eigentumsrecht
- Zahlungsanspruch
- Kündigungsrecht

Pflichten

u. a.
- Zahlungspflicht
- Schadensersatzpflicht
- Pflicht zur Erbringung der Arbeitsleistung

Natürliche Personen erlangen Rechtsfähigkeit mit der Geburt *(§ 1 BGB)* und verlieren sie mit dem Tod.

Juristische Personen des Privatrechts erlangen Rechtsfähigkeit durch Gründung oder Eintragung in ein öffentliches Register (Vereins-, Handels- oder Genossenschaftsregister) und verlieren sie durch Auflösung oder Löschung aus diesem Register.

Juristische Personen des öffentlichen Rechts, die ihre Rechtsfähigkeit durch Gesetz oder Verwaltungsakt (staatliche Verleihung) erlangen und diese durch Beschluss der jeweils zuständigen Behörde verlieren, werden insbesondere in Form der Körperschaft oder Anstalt tätig (vgl. S. 49f., S. 216).

Juristische Personen werden – im Gegensatz zu natürlichen Personen – allein durch ihre Rechtsfähigkeit noch **nicht** in die Lage versetzt, selbst im Rechtsverkehr tätig zu werden. Erst mithilfe natürlicher Personen, die in Organen (z.B. Aufsichtsrat und Vorstand einer AG) bestimmte Funktionen erfüllen, können Rechtshandlungen vorgenommen werden.

2.3 Geschäftsfähigkeit *(§§ 104–113 BGB)*

Die Rechtsordnung gestattet nur solchen Personen den Abschluss von Rechtsgeschäften, bei denen ein bestimmtes Maß an Urteilsvermögen und Entscheidungsfähigkeit vorhanden ist. Daher kann nicht jede rechtsfähige Person ohne Weiteres z.B. einen Kauf-, Miet- oder Arbeitsvertrag abschließen. Dazu bedarf es der **Geschäftsfähigkeit.**

> Eine noch Minderjährige kann zwar rechtswirksam ein Wohnhaus erben (Rechtsfähigkeit), dieses jedoch nicht von sich aus verkaufen (Geschäftsfähigkeit).

Das Maß der Geschäftsfähigkeit hängt vom Alter sowie von der körperlichen und geistigen Leistungsfähigkeit ab. Daher sieht das Bürgerliche Gesetzbuch *(BGB)* **drei Abstufungen** in der Geschäftsfähigkeit vor.

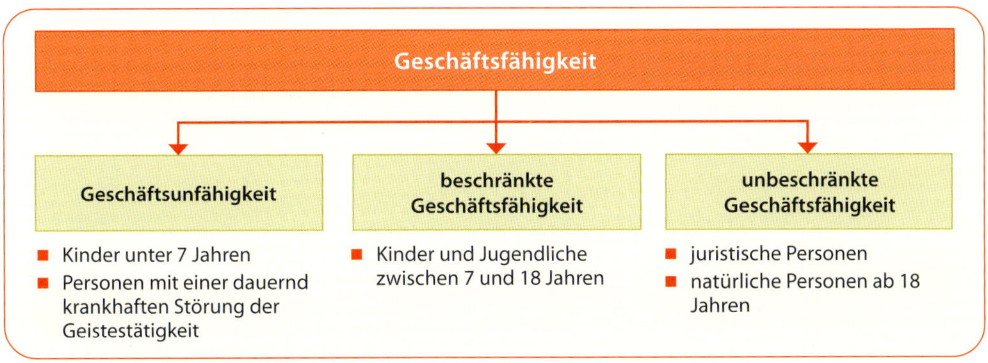

▶ Geschäftsunfähigkeit *(§ 104 BGB)*

Geschäftsunfähig sind Kinder unter 7 Jahren sowie Menschen, die sich in einem dauernden Zustand krankhafter Störung der Geistestätigkeit befinden. Diese Personen können keine rechtsgültigen Geschäfte abschließen, für sie handeln **Eltern, Vormund oder Betreuer.**

> Die sechsjährige Petra kauft für 19 EUR eine DVD. Ein Kaufvertrag kommt dabei nicht zustande, da Petra noch geschäftsunfähig ist. Ihre Eltern können die Ware an den Einzelhändler zurückgeben und die Erstattung des Kaufpreises verlangen.
>
> Wird ein Kind allerdings von einer unbeschränkt geschäftsfähigen Person (z.B. mit einem Einkaufszettel) zu einem Einzelhändler geschickt, so tritt es dort als **Bote** auf. In diesem Fall kommt ein gültiger Kaufvertrag zwischen dem Kaufmann und dem Auftraggeber des Kindes (z.B. den Eltern) zustande.

▶ Beschränkte Geschäftsfähigkeit *(§ 106 BGB)*

Kinder und Jugendliche vom 7. bis 18. Lebensjahr sind beschränkt geschäftsfähig. Rechtsgeschäfte, die von beschränkt Geschäftsfähigen abgeschlossen werden, bedürfen der **Zustimmung des gesetzlichen Vertreters** *(§§ 107, 108 BGB).*

> Der Kauf eines Mountainbikes durch eine Siebzehnjährige ist nur dann endgültig, wenn die Eltern vorher ihre **Einwilligung** erteilt haben oder nachträglich ihre **Genehmigung** geben.

In bestimmten Fällen ist die Zustimmung des gesetzlichen Vertreters zu Rechtsgeschäften beschränkt Geschäftsfähiger **nicht** erforderlich:

- **wenn nur ein rechtlicher Vorteil erlangt wird (Schenkung)** *(§ 107 BGB)*

  > Ein Onkel schenkt seinem zehnjährigen Patenkind eine wertvolle Briefmarkensammlung, die es auch ohne Zustimmung seiner Eltern behalten kann.

- **wenn Rechtsgeschäfte mit Mitteln des Taschengeldes beglichen werden** *(§ 110 BGB)*

  > Eine siebzehnjährige Auszubildende kauft sich neue Jeans. Dazu braucht sie die Zustimmung ihrer Eltern nicht, da sie die Anschaffung der Hose mit ihrem laufenden Taschengeld bar bezahlt.

- **für Tätigkeiten, die ein beschränkt Geschäftsfähiger in einem vorher genehmigten Arbeitsverhältnis ausübt** *(§ 113 I BGB)*

  > Eine siebzehnjährige Angestellte wird beauftragt, Büromaterial zu bestellen. Dieser Kaufvertrag ist rechtswirksam, da die Angestellte durch den unterschriebenen Arbeitsvertrag die generelle Zustimmung zum Abschluss von Rechtsgeschäften hat, die sich aus einem solchen Arbeitsverhältnis ergeben.

▶ Unbeschränkte Geschäftsfähigkeit

Unbeschränkte Geschäftsfähigkeit besitzen alle juristischen Personen sowie alle natürlichen Personen ab 18 Jahre *(Volljährigkeit gemäß § 2 BGB),* sofern Letztere nicht geschäftsunfähig sind. Diese Personen können **selbstständig alle Rechtsgeschäfte abschließen.**

3 Rechtsobjekte

Gegenstand von Rechtshandlungen sind **Rechtsobjekte.** Über diese **Sachen und Rechte** können natürliche und juristische Personen (Rechtssubjekte) im Rahmen der bestehenden Rechtsnormen frei verfügen.

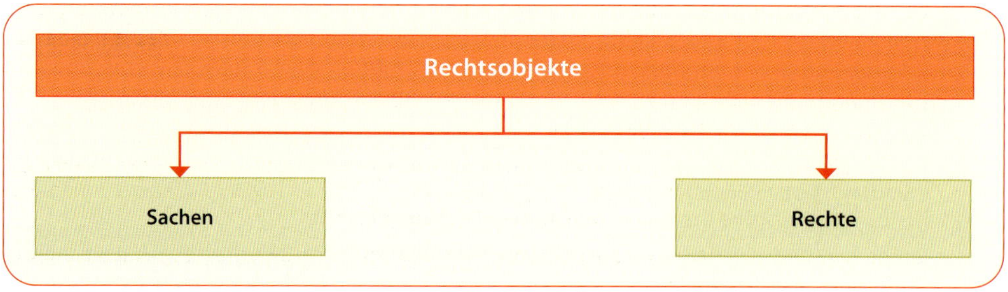

3.1 Sachen

Sachen sind körperliche Gegenstände *(§ 90 BGB).*

▶ Bewegliche und unbewegliche Sachen

Unbewegliche Sachen sind Grundstücke (sowie mit ihnen fest verbundene Bestandteile) und im weiteren Sinne auch Schiffe, die im Schiffsregister eingetragen sind. Alle anderen Gegenstände des Rechtsverkehrs zählen hingegen zu den beweglichen Sachen.

▶ Vertretbare und nicht vertretbare Sachen

Vertretbare Sachen sind bewegliche Sachen, die sich nach Zahl, Maß oder Gewicht bestimmen lassen *(§ 91 BGB).* Vertretbare Sachen werden häufig den **Gattungssachen** (vgl. S. 234) zugerechnet, da sie durch andere Sachen der gleichen Art ausgetauscht, d.h. ersetzt werden können (z.B. Geld, Kaffeemaschinen, Heizöl oder Kartoffeln).

Neben Grundstücken und eingetragenen Schiffen zählen alle Einzelstücke, d.h. solche Gegenstände, die aufgrund ihres einmaligen Charakters nicht oder nicht ohne Weiteres wiederbeschafft werden können, zu den nicht vertretbaren Sachen. Nicht vertretbare Sachen werden entsprechend häufig mit **Stücksachen** gleichgesetzt (vgl. S. 234).

> Bei dem Originalgemälde „Mona Lisa" von Leonardo da Vinci handelt es sich um eine nicht vertretbare Sache, während ein Poster dieses Gemäldes eine vertretbare Sache darstellt.

▶ Eigentum und Besitz an einer Sache

Im Sachenrecht ist die Unterscheidung bedeutsam, ob eine Person die **rechtliche** oder nur die **tatsächliche Herrschaft** über eine Sache ausübt.

- **Eigentum** *(rechtliche Herrschaft über eine Sache)*

  Wer Eigentümer einer Sache ist, hat die rechtliche Gewalt, d.h., er darf – soweit nicht das Gesetz oder Rechte Dritter entgegenstehen – mit dieser Sache nach Belieben verfahren und andere von jeder Einwirkung ausschließen *(§ 903 BGB).*

  > Der Eigentümer eines Grundstückes kann zwar andere Personen am Betreten seines Gartens hindern, er muss allerdings die nach Gesetz zulässigen – im Interesse der Allgemeinheit liegenden – Einschränkungen dulden *(Art. 14 GG).* So muss der Eigentümer Vermessungen auf seinem Grundstück erlauben oder Sachen herausgeben, die auf sein Grundstück gelangt sind (z.B. Ball, Modellflugzeug).

  Das **Eigentum an beweglichen Sachen** wird durch **Übertragung** verschafft, d.h. durch Einigung und Übergabe.

  Durch einen Kauf- oder Schenkungsvertrag verpflichtet sich der eine Vertragspartner, Eigentum zu übertragen **(Verpflichtungsgeschäft).** Aus diesem vertraglichen Verhältnis ergibt sich die Verpflichtung, dass der bisherige Eigentümer die Sache dem Erwerber übergibt **(Übergabe)** und sich beide darüber verständigt haben **(Einigung),** dass auf ihn das Eigentum übergehen soll **(Erfüllungsgeschäft).**

  > Der bisherige Eigentümer eines Kraftfahrzeuges schließt mit seinem Vertragspartner einen Kaufvertrag ab (Verpflichtungsgeschäft). Er übergibt dem Käufer den Pkw und übereignet die Sache durch Herausgabe des Kraftfahrzeugbriefes (Erfüllungsgeschäft).

  Befindet sich die Sache bei einem Dritten, erfolgt die Eigentumsübertragung durch Einigung und Abtretung *(§ 931 BGB).*

> Zur Sicherung eines gewährten Darlehens tritt der Darlehensnehmer seine Forderungen gegenüber Dritten (Kunden) an das Kreditinstitut als Darlehensgeber ab.

Eine Besonderheit der Eigentumsübertragung wird durch § 932 BGB geregelt. In bestimmten Fällen muss der Veräußerer einer Sache nicht Eigentümer sein und trotzdem kann der Erwerber das Eigentum an der Sache erhalten.

> Verkauft ein Juwelier, der von einem Kunden einen Ring zum Schätzen angenommen hat, dieses Schmuckstück an einen **gutgläubigen Dritten,** so wird dieser Eigentümer der Sache.

Der gute Glaube schützt allerdings einen Erwerber dann nicht, wenn die Sache dem eigentlichen Eigentümer gestohlen wurde oder sonstwie abhandengekommen ist.

Das **Eigentum an unbeweglichen Sachen** wird durch **Einigung** zwischen Veräußerer und Erwerber *(Auflassung, § 925 BGB)* und anschließender **Eintragung** (z. B. in das Grundbuch) übertragen *(§ 873 BGB)*. Zusätzlich ist die notarielle Beurkundung des zwischen beiden Parteien geschlossenen Vertrages notwendig *(§ 311 b I BGB)*.

- **Besitz** *(tatsächliche Herrschaft über eine Sache)*

  In den meisten Fällen ist der Eigentümer einer Sache auch der Besitzer. Damit hat dieser neben der rechtlichen auch die tatsächliche Gewalt über einen körperlichen Gegenstand. **Eigentümer ist, wem eine Sache gehört. Besitzer ist, wer eine Sache hat.**

  > Ein Eigentümer kann sein Haus vermieten, verpachten oder verleihen und damit den Benutzer zum Besitzer machen.

  Der Besitz an beweglichen und unbeweglichen Sachen wird durch die Erlangung der tatsächlichen Gewalt über die Sache erworben *(§ 854 BGB)*.

  > Selbst ein Dieb, der sich eine Sache widerrechtlich angeeignet hat, besitzt den körperlichen Gegenstand. Besitz bezeichnet ein „Haben" und nicht ein „Haben-dürfen", sagt somit nichts über die Berechtigung des Besitzes aus.

3.2 Rechte

Neben Sachen können auch Rechte wie z. B. Patente, Eigentums-, Bezugs- oder Stimmrechte zum Objekt des Rechtsverkehrs werden.

▶ Absolute und relative Rechte

- **Absolute Rechte** wirken gegen jedermann.

  > Der Eigentümer eines Grundstückes kann:
  > - andere Personen am Betreten des Grundstückes hindern;
  > - das Grundstück veräußern oder mit einer Grundschuld belasten.

  Zu den absoluten Rechten zählen auch die Persönlichkeitsrechte *(§ 823 I BGB)* wie z. B. das Recht auf körperliche Unversehrtheit oder der Schutz der Privatsphäre.

- **Relative Rechte** bestehen nur zwischen bestimmten Personen.

  > - Ein Käufer, dem eine mangelhafte Ware geliefert worden ist, kann z. B. das Recht auf Nacherfüllung nur gegenüber dem Verkäufer der Ware geltend machen.
  > - Eine Angestellte kann ihr Recht auf Kündigung nur gegenüber dem Arbeitgeber durchsetzen, bei dem sie beschäftigt ist.

▶ Zusammenfassung

Rechtliche Rahmenbedingungen des Wirtschaftens

Rechtsordnung

- **Privatrecht**
  regelt die Rechtsbeziehungen zwischen gleichberechtigten Partnern
- **öffentliches Recht**
  ordnet die Interessen Einzelner den Erfordernissen der Gemeinschaft unter

Rechtsquellen

- **Gesetzesrecht**
  durch Staatsorgane erlassen und schriftlich niedergelegt
  - Gesetze
  - Verordnungen
  - Verwaltungsvorschriften
  - autonome Satzungen
- **Gewohnheitsrecht**
  durch langjähriges praktisches Handeln in der Gesellschaft anerkannte Regeln
- **Handelsbrauch**
  „Gewohnheitsrecht" zwischen Kaufleuten

objektives Recht

Ausgestaltung durch ↓ den Einzelnen zum

subjektiven Recht

Rechtssubjekte

- als **Rechtssubjekte** besitzen natürliche und juristische Personen **Rechtsfähigkeit,** d.h., sie sind Träger von Rechten und Pflichten
- **Geschäftsfähigkeit** gestattet es ihnen, im Rechtsverkehr zu handeln, d.h. Rechtsgeschäfte abzuschließen

Rechtsobjekte

- **Sachen** sind körperliche Gegenstände
  - bewegliche Sachen
  - unbewegliche Sachen
  - vertretbare Sachen
  - nicht vertretbare Sachen
- **Eigentümer** einer Sache ist, wem sie gehört, wer die rechtliche Gewalt über sie hat
- **Besitzer** einer Sache ist, wer sie hat, wer die tatsächliche Gewalt über sie ausübt
- **Rechte**
  - absolute Rechte wirken gegen jedermann
  - relative Rechte wirken nur zwischen bestimmten Personen

Aufgaben 18

(1) *Bestimmen Sie in folgenden Fällen, ob Rechtsnormen des privaten oder öffentlichen Rechts berührt werden. Begründen Sie Ihre Meinung!*

- a) *Die 18-jährige Irmgard Mull schließt einen Ausbildungsvertrag zur Kauffrau im Gesundheitswesen ab.*
- b) *Das Finanzamt Dortmund fordert von Frau Werner die Kfz-Steuer ein.*
- c) *Herr Mohn wird vom Gericht aufgefordert, als Zeuge in einer Strafsache auszusagen.*
- d) *Der Hobbygärtner Peter Ahl leiht sich von seinem Nachbarn einen Sack Düngetorf.*
- e) *Herr Siek wird nach einer Radarkontrolle mit einer Geschwindigkeit von 65 km/h innerhalb einer geschlossenen Ortschaft von der Polizei gestoppt.*

(2) *Erläutern Sie den folgenden Satz: Das subjektive Recht kann innerhalb des objektiven Rechts ausgestaltet werden!*

(3) *Stellen Sie am Beispiel Ihres Ausbildungsbetriebes die Beziehungen zu den juristischen Personen des öffentlichen Rechts dar!*

(4) *Wie erlangen natürliche bzw. juristische Personen die Rechtsfähigkeit?*

(5) *Erläutern Sie die Abstufungen in der Geschäftsfähigkeit! Welche Gründe mögen den Gesetzgeber dazu veranlasst haben, das Maß der Geschäftsfähigkeit vom Alter und von der körperlichen und geistigen Leistungsfähigkeit abhängig zu machen?*

(6) *Nehmen Sie zu der These Stellung, dass nur natürliche Personen über Rechtsobjekte verfügen können!*

(7) *Was versteht man unter nicht vertretbaren Sachen?*

(8) *Bei einem Wohnungseinbruch wird Ihnen Ihre Digitalkamera entwendet. Wer ist Eigentümer bzw. Besitzer, wenn die Polizei das Diebesgut bei einem Hehler sicherstellt?*

(9) *Ordnen Sie den nachfolgenden fünf Begriffsbestimmungen den jeweils richtigen Rechtsbegriff zu!*

Begriffsbestimmungen:

- ① *Befähigung, Rechte und Pflichten übernehmen zu können*
- ② *tatsächliche Verfügungsgewalt über eine Sache*
- ③ *rechtliche Verfügungsgewalt über eine Sache*
- ④ *Personenvereinigung bzw. Vermögensmasse mit eigener Rechtspersönlichkeit*
- ⑤ *Befähigung, Rechtsgeschäfte abschließen zu können*

Rechtsbegriffe:

- a) *juristische Person*
- b) *Eigentum*
- c) *Besitz*
- d) *Geschäftsfähigkeit*
- e) *Rechtsfähigkeit*

(10) *Grenzen Sie absolute gegen relative Rechte ab!*

4 Rechtsgeschäfte

4.1 Zustandekommen von Rechtsgeschäften

Die Rechtsordnung der Bundesrepublik Deutschland ermöglicht es allen natürlichen und juristischen Personen, ihre Rechtsbeziehungen untereinander durch eigenen Willen frei zu gestalten **(Privatautonomie).** Im Sinne des BGB ist die Erklärung, mit der eine Person ihren Willen äußert, um eine **Rechtsfolge herbeizuführen,** eine **Willenserklärung.**

- Ein Kaufmann mietet in einem Geschäftshaus Büroräume (**Schaffung eines neuen Rechtsverhältnisses).**
- Nach einiger Zeit erfolgt auf Antrag des Vermieters eine Mietpreiserhöhung (**Änderung eines bestehenden Rechtsverhältnisses).**
- Zwei Jahre später kündigt der Kaufmann den Mietvertrag (**Auflösung eines Rechtsverhältnisses).**

Alle Rechtsgeschäfte kommen durch **entsprechende Willenserklärungen der Beteiligten** zustande.

Arten der Rechtsgeschäfte

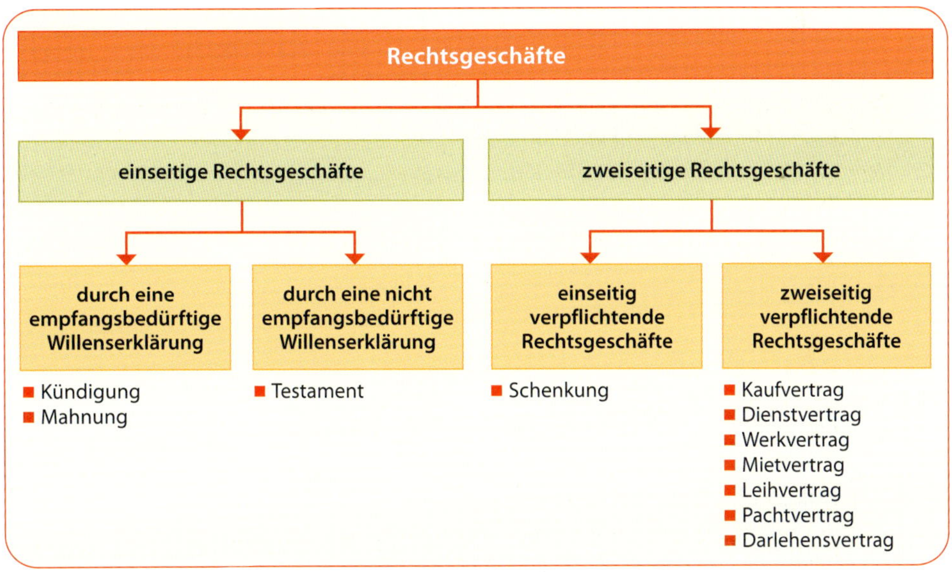

Einseitige und zweiseitige Rechtsgeschäfte

Rechtsgeschäfte, die bereits durch **eine Willenserklärung** zustande kommen, bezeichnet man als einseitige Rechtsgeschäfte. Die durch mindestens **zwei Willenserklärungen** zustande kommenden Rechtsgeschäfte nennt man zweiseitige (bzw. mehrseitige) Rechtsgeschäfte.

Empfangsbedürftige und nicht empfangsbedürftige Willenserklärungen

Zur Wirksamkeit eines Rechtsgeschäftes ist die Abgabe einer Willenserklärung allein nicht immer ausreichend. Nur bei **nicht empfangsbedürftigen Willenserklärungen** (z. B. Testament) reicht die einseitige Erklärung des Willens für das Zustandekommen des Rechtsgeschäftes bereits aus; es wird unmittelbar nach Eintritt des Erbfalles wirksam.

Empfangsbedürftige Willenserklärungen führen nur dann zu Rechtsgeschäften, wenn sie der entsprechenden Person zugegangen sind, d. h. wenn diese Person vom Inhalt der Erklärung hätte Kenntnis nehmen können *(§ 130 I BGB)*.

> Wird ein Brief, der eine empfangsbedürftige Willenserklärung enthält, vom Zusteller in den Briefkasten geworfen, so gilt sie als zugegangen. Allerdings sollte der Absender zur Beweisführung für den zugestellten Brief das Schreiben per Übergabe-Einschreiben „Eigenhändig" mit Rückschein versenden.

- **Einseitig und zweiseitig verpflichtende Rechtsgeschäfte**

Bei einseitig verpflichtenden Rechtsgeschäften werden nur einem Vertragspartner Leistungspflichten auferlegt, während bei zweiseitig verpflichtenden Rechtsgeschäften Leistungen und Gegenleistungen zwischen den Vertragspartnern ausgetauscht werden müssen.

> Eine Schenkung begründet in der Regel keine Leistungspflicht des Beschenkten, da die Zuwendung unentgeltlich erfolgt *(§ 516 BGB)*. Wird hingegen die Schenkung mit Auflagen verbunden *(§ 525 BGB)* – z. B. verpflichtet sich ein Kind, für das ihm von seinen Eltern übertragene Haus Ausgleichszahlungen an die Geschwister zu leisten –, so wird auch für den Beschenkten eine Leistungspflicht festgelegt.

Formen der Willenserklärungen

Nach dem **Grundsatz der Formfreiheit** sind Willenserklärungen zur Herbeiführung von Rechtsgeschäften im Allgemeinen an keine besondere Form gebunden. Willenserklärungen können daher:
- mündlich (einschließlich telefonisch),
- schriftlich (einschließlich per Fax, über Internet oder E-Mail),
- durch schlüssiges Verhalten (konkludentes Verhalten)

abgegeben werden.

Der Wille muss nicht unbedingt ausdrücklich durch Worte erklärt werden; es genügt, wenn dieser durch ein bestimmtes Verhalten **schlüssig,** d. h. erkennbar geäußert wird.

> - Abgabe eines Antrages bei einer Versteigerung durch Handzeichen
> - Entnahme von Waren aus Automaten
> - Ein Kunde entnimmt Waren aus einem Regal im Supermarkt, legt sie in den Einkaufswagen und geht zur Kasse. Dort erfasst eine Mitarbeiterin die Einzelbeträge und rechnet ab.

Allerdings sieht der Gesetzgeber für **einige Rechtsgeschäfte bestimmte Formen für die Abgabe von Willenserklärungen** vor:

- **Gesetzliche Schriftform** *(§ 126 BGB)*

> - Kündigung von Berufsausbildungs- *(§ 22 III BBiG)* oder Arbeitsverhältnissen, wobei die elektronische Form ausgeschlossen ist *(§ 623 BGB)*
> - Kündigung eines Mietvertrages *(§ 568 I BGB)*
> - Abschluss eines Verbraucherdarlehensvertrages *(§ 492 I BGB)* einschließlich des Rechts auf Widerruf *(§ 495 BGB)*

- **Öffentliche Beglaubigung** *(§ 129 BGB)*

Vor einem Notar oder Amtsgericht wird die eigenhändige Unterschrift des Erklärenden öffentlich beglaubigt.

- Ausschlagung einer Erbschaft *(§ 1945 BGB)*
- Antrag auf Eintragung in ein öffentliches Register (z. B. Handelsregister) *(§ 12 HGB)*

➤ **Notarielle Beurkundung** *(§ 128 BGB)*

Die Beurkundung einer Willenserklärung durch einen Notar ist beim Grundstückserwerb vorgeschrieben *(§ 311 b I BGB)*

Ein Verstoß gegen eine gesetzlich vorgeschriebene oder vereinbarte Form führt zur **Nichtigkeit** des Rechtsgeschäftes.

4.2 Nichtigkeit von Rechtsgeschäften

Werden bestimmte Voraussetzungen, die vom BGB an rechtswirksame Willenserklärungen gestellt werden, nicht erfüllt, ist das Rechtsgeschäft **nichtig,** d. h. **von Anfang an unwirksam.** Gründe für nichtige Rechtsgeschäfte sind:

- **Abgabe einer Willenserklärung durch einen Geschäftsunfähigen** *(§ 105 I BGB)*

- **Abgabe einer Willenserklärung im Zustande der Bewusstlosigkeit oder der vorübergehenden Störung der Geistestätigkeit** *(§ 105 II BGB)*

- **Die Zustimmung** (= Einwilligung im Voraus oder Genehmigung im Nachhinein) **durch den gesetzlichen Vertreter zum Rechtsgeschäft eines beschränkt Geschäftsfähigen erfolgt nicht** *(§ 107 BGB)*

- **Verstoß gegen eine gesetzlich vorgeschriebene oder vereinbarte Form** *(§ 125 BGB)*

- **Verstoß gegen ein gesetzliches Verbot** *(§ 134 BGB)*

  Ein Einzelhändler, der Tabakwaren an Kinder oder Jugendliche verkauft, verstößt gegen das Jugendschutzgesetz *(§ 10 I JuSchG).*

- **Sittenwidrigkeit eines Rechtsgeschäftes** *(§ 138 BGB)*

  Ein Kreditgeber nutzt die Zwangslage seines Vertragspartners zu Wucherzinsen aus.

- **Scheingeschäft** *(§ 117 BGB)*

  Zur Verminderung der Grunderwerbsteuer, die beim Kauf eines Grundstückes nach der Höhe des Kaufpreises zu berechnen ist, wird im Kaufvertrag ein Preis ausgewiesen, der erheblich unter dem tatsächlich vereinbarten liegt.

- **Scherzgeschäft** *(§ 118 BGB)*

  Anlässlich einer Karnevalsveranstaltung bestellt ein Gast zu vorgerückter Stunde 1 000 Flaschen Sekt für seine fünf Begleiter und sich.

4.3 Anfechtbarkeit von Rechtsgeschäften

Ist ein Rechtsgeschäft wirksam zustande gekommen, kann es unter bestimmten Voraussetzungen nachträglich angefochten werden. Bis zu dieser Anfechtung ist das Rechtsgeschäft wirksam, **danach verliert es seine Gültigkeit** und wird als von Anfang an **nichtig** angesehen *(§ 142 BGB).*

15 Merkur-Nr. 0054

Eine Anfechtung ist in folgenden Fällen möglich:

- **Anfechtung wegen Erklärungs- oder Inhaltsirrtums** *(§ 119 BGB)*
  - **Erklärungsirrtum:** In einem Kaufvertrag wird der tatsächliche Preis der Ware in Höhe von 5 000 EUR versehentlich mit 500 EUR ausgewiesen.

    (Typisch für einen Erklärungsirrtum ist es, sich zu verschreiben oder zu versprechen, ohne diesen Fehler zu bemerken.)
  - **Inhaltsirrtum:** Ein Galerist verkauft einer Kundin ein Gemälde als Reproduktion, das sich noch vor der Bezahlung des vereinbarten Preises als wertvolles Original herausstellt.

- **Anfechtung wegen falscher Übermittlung** *(§ 120 BGB)*

  Die Willenserklärung wird von einer dritten Person oder einer Einrichtung unrichtig weitergeleitet.

  Der einer Bank erteilte Dauerauftrag wird von einem Mitarbeiter mit falschen Daten elektronisch erfasst.

- **Anfechtung wegen arglistiger Täuschung oder widerrechtlicher Drohung** *(§ 123 BGB)*
  - Der Verkäufer eines Gebrauchtwagens verneint wider besseres Wissen die Frage, ob es sich um ein Unfallfahrzeug handelt.
  - Ein Hauseigentümer verbindet die Forderung nach höherer Miete mit der Drohung, Wasser und Heizung abzustellen, falls der neue Mietpreis nicht umgehend bezahlt würde.

Zur wirksamen Anfechtung ist eine **fristgemäße Anfechtungserklärung** notwendig. Erst damit wird die zuvor rechtswirksam abgegebene Willenserklärung nichtig. Fristgemäß heißt bei Anfechtungen:

- wegen Erklärungs- oder Inhaltsirrtums bzw. unrichtiger Übermittlung ohne schuldhaftes Zögern, d. h. **unverzüglich nach Feststellung des Irrtums** *(§ 121 BGB),*
- wegen arglistiger Täuschung oder widerrechtlicher Drohung **binnen eines Jahres nach Kenntnis der Täuschung bzw. Wegfall der Zwangslage** *(§ 124 BGB).*

Eine Anfechtung ist grundsätzlich ausgeschlossen, wenn seit dem Zustandekommen des Rechtsgeschäftes zehn Jahre verstrichen sind.

5 Vertragsarten

Verträge sind Rechtsgeschäfte, bei denen mindestens zwei Personen ihren Willen übereinstimmend äußern. Diese beiden Willenserklärungen werden als **Antrag** und **Annahme** abgegeben.

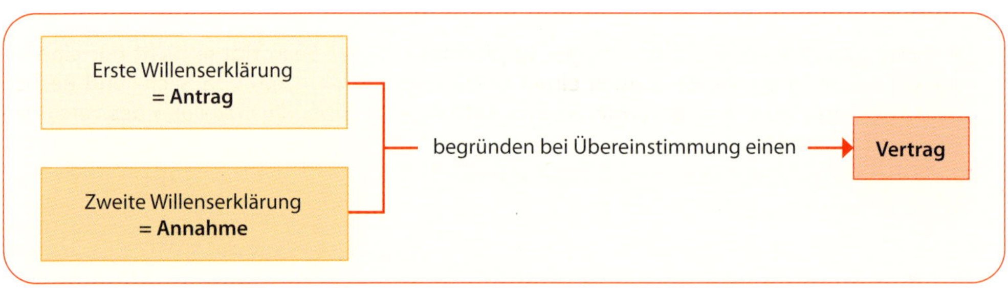

▶ Kaufvertrag *(§§ 433 ff. BGB)*

In einem Kaufvertrag vereinbaren die Vertragschließenden, folgende Leistungen auszutauschen (vgl. S. 231 f.):

- Der Verkäufer liefert die bestellte Ware rechtzeitig und frei von Sach- und Rechtsmängeln.
- Der Käufer nimmt diese Ware entgegen und zahlt den vereinbarten Kaufpreis.

> Ein Kunde bestellt in einem Möbelhaus eine Wohnzimmereinrichtung. Als diese zum vereinbarten Zeitpunkt mangelfrei geliefert wird, nimmt der Käufer sie entgegen und entrichtet den Kaufpreis.

Eine Ware liefern bedeutet, dass der Verkäufer sie übergeben und übereignen muss. Zu unterscheiden sind also die **Übergabe** einer Ware und deren **Eigentumsübertragung.**

Durch die Übergabe allein wird der Käufer nur **Besitzer** (vgl S. 220). Er hat damit lediglich vorübergehend die tatsächliche Herrschaft über die Ware erworben, die er bereits nutzen kann. Erst mit der Eigentumsübertragung wird der Käufer zum **Eigentümer** (vgl. S. 219 f.). Damit erlangt er die rechtliche Gewalt über die Ware.

> Wird ein Server einem Unternehmen mit einem Zahlungsziel von 30 Tagen geliefert, ist der Käufer, der die Anlage jedoch bereits einsetzen kann, zunächst nur Besitzer. Erst mit Zahlung des Kaufpreises erfolgt die Eigentumsübertragung durch den Lieferanten.

▶ Dienstvertrag *(§§ 611 ff. BGB)*

Durch den Abschluss eines Dienstvertrages verpflichtet sich ein Partner, bestimmte Tätigkeiten (Dienste) auszuführen, der andere, die vereinbarte Vergütung zu zahlen. Bei diesem Vertragsverhältnis steht nicht der Arbeitserfolg im Mittelpunkt, sondern **die Tätigkeit als solche,** d. h. das Bemühen um sorgfältige Ausführung des Dienstes.

> Der Patient, der einen Arzt aufsucht, schließt mit diesem in der Regel einen Dienstvertrag. Der Mediziner wird bemüht sein, durch seine Behandlung die Gesundheit des Patienten wiederherzustellen, ohne aber den Erfolg seiner Arbeit garantieren zu können.

Dienstverträge nach dem BGB werden mit Angehörigen freier Berufe abgeschlossen wie z. B. mit frei praktizierenden Ärzten und Zahnärzten sowie Rechtsanwälten, Steuerberatern oder Wirtschaftsprüfern.

Für Dienstverträge, die mit abhängig Beschäftigten (Arbeitnehmern) geschlossen werden, gelten hingegen insbesondere die Vorschriften des Arbeitsvertragsrechts. Solche Verträge bezeichnet man als **Arbeitsverträge.** Ihre Inhalte werden heute nur noch selten zwischen dem einzelnen Arbeitnehmer und Arbeitgeber ausgehandelt, sondern durch **Tarifverträge** für eine Vielzahl von Beschäftigten festgelegt. Tarifvertragsparteien sind dabei Gewerkschaften, einzelne Arbeitgeber oder Arbeitgeberverbände (Sozialpartner).

▶ Werkvertrag *(§§ 631 ff. BGB)*

Mit dem Abschluss eines Werkvertrages verpflichtet sich **der Beauftragte nicht nur eine Tätigkeit auszuführen, sondern auch einen bestimmten Erfolg („ein von Sach- und Rechtsmängeln freies Werk") zu garantieren.** Der Auftraggeber muss die Erstellung des vereinbarten Werkes bezahlen.

> Reparatur einer Uhr, Übersetzung eines Buches, Anlegen eines Patientenparkplatzes durch einen Bauunternehmer, Tapezieren der Praxisräume.

Mietvertrag *(§§ 535 ff. BGB)*

Durch einen Mietvertrag verpflichtet sich der Vermieter, **eine Sache einem anderen auf Zeit zum Gebrauch zu überlassen.** Der Mieter hat dafür den vereinbarten Mietpreis zu entrichten.

> Vermietet werden häufig Geschäftsräume, Lagerhallen, Wohnungen und möblierte Zimmer.
>
> Gegenstand von Mietverträgen sind allerdings auch Autos oder Boote. Die im täglichen Sprachgebrauch verwandten Begriffe wie Auto- oder Bootsverleih sind daher irreführend.

Leihvertrag *(§§ 598 ff. BGB)*

Die Leihe ist eine **unentgeltliche Überlassung einer Sache zum Gebrauch.** Der Entleiher ist verpflichtet, die Sache pfleglich zu behandeln, sie nicht weiterzuverleihen und nach Ablauf der vereinbarten Zeit zurückzugeben.

> Herr Maiweg verleiht seine Fotoausrüstung und Angelgeräte für die Dauer eines dreiwöchigen Urlaubs an seinen Freund.

Pachtvertrag *(§§ 581 ff. BGB)*

Die Pacht unterscheidet sich von der Miete dadurch, dass sie **nicht nur den Gebrauch eines Gegenstandes umfasst, sondern auch den in der Pachtzeit erwirtschafteten Ertrag.** Der Pächter hat den vereinbarten Pachtzins zu entrichten.

> Verpachtet werden Werkshallen mit Maschinen, Tankstellen, Gaststätten, land- und forstwirtschaftliche Flächen.
>
> Erträge resultieren aus der Herstellung bzw. dem Verkauf der mit den gepachteten Maschinen und Anlagen produzierten Güter oder aus der Verwertung von Früchten und Holz.

Darlehensvertrag *(§§ 488 ff. BGB bzw. §§ 607 ff. BGB)*

Beim Darlehensvertrag verpflichtet sich der Darlehensgeber, dem Darlehensnehmer entweder

- einen Geldbetrag in der vereinbarten Höhe (= **Gelddarlehensvertrag** – vgl. S. 439 f.) zur Verfügung zu stellen **oder**
- eine vereinbarte andere vertretbare Sache (= **Sachdarlehensvertrag**) zu überlassen.

  - **Gelddarlehen:** Eine Auszubildende nimmt bei ihrer Bank ein Darlehen in Höhe von 3 200 EUR auf, um so den Kauf eines gebrauchten Pkw zu finanzieren. Während der vertraglich vereinbarten Laufzeit entrichtet die Auszubildende Zinsen.
  - **Sachdarlehen:** Ein Hobbygärtner besorgt sich bei seinem Nachbarn einen Sack Torf. Der Empfänger verpflichtet sich dabei, Torf in gleicher Art, Güte und Menge zurückzugeben und gleichzeitig das eventuell vereinbarte Darlehensentgelt zu entrichten.

Darlehensvertrag

Gelddarlehensvertrag *(§§ 488 ff. BGB)*		Sachdarlehensvertrag *(§§ 607 ff. BGB)*
■ **Zahlung des geschuldeten Zinses** (sofern nichts anderes vertraglich vereinbart worden ist: nach Ablauf je eines Jahres und – wenn das Darlehen vor Ablauf eines Jahres zurückzuerstatten ist – bei der Rückerstattung) ■ **Rückerstattung des zur Verfügung gestellten Geldbetrages bei Fälligkeit**	*vertragstypische Pflichten des Darlehensnehmers*	■ **Zahlung eines Darlehensentgeltes** (spätestens bei Rückerstattung der überlassenen Sache) ■ **Rückerstattung von Sachen gleicher Art, Güte und Menge bei Fälligkeit**
von der Kündigung des Darlehensgebers oder des Darlehensnehmers **unter Einhaltung einer dreimonatigen Kündigungsfrist**	*Wovon hängt die Fälligkeit ab, wenn für die Rückerstattung vertraglich keine Zeit bestimmt worden ist?*	**von der Kündigung** des Darlehensgebers oder des Darlehensnehmers, wobei ein auf unbestimmte Zeit abgeschlossener Sachdarlehensvertrag **jederzeit** von jedem Vertragspartner ganz oder teilweise gekündigt werden kann

▶ Zusammenfassung

Rechtsgeschäfte und Vertragsarten

Rechtsgeschäfte

- **Zustandekommen** durch ein- oder zweiseitige (mehrseitige) Willenserklärungen
- **Willenserklärungen** in mündlicher oder schriftlicher Form bzw. durch konkludentes Verhalten
- **Nichtige Rechtsgeschäfte** sind von Anfang an unwirksam
- **Anfechtbare Rechtsgeschäfte** verlieren mit der Anfechtung ihre Gültigkeit

Vertragsarten

Verträge sind Rechtsgeschäfte, bei denen mindestens zwei Personen ihren Willen übereinstimmend äußern

- **Kaufvertrag**
  - Erwerb einer Sache
  - **Eine Sache wird übereignet, d. h., der Empfänger wird Eigentümer**
- **Dienstvertrag**
  - Verpflichtung zur sorgfältigen Ausführung einer bestimmten Tätigkeit
  - **Eine Tätigkeit wird geschuldet**
- **Werkvertrag**
  - Erstellung eines Werkes
  - **Ein bestimmer Erfolg** („ein von Sach- und Rechtsmängeln freies Werk") **wird garantiert**

- **Mietvertrag**
  - Überlassung einer Sache zum Gebrauch
- **Leihvertrag**
  - unentgeltliche Überlassung einer Sache zum Gebrauch
- **Pachtvertrag**
  - Überlassung von Sachen zum Gebrauch und zur Erwirtschaftung von Erträgen

Eine Sache wird überlassen, d.h., der Empfänger wird vorübergehend Besitzer

- **Darlehensvertrag**
  - Überlassung von Geld **(Gelddarlehensvertrag)**
  - Überlassung einer anderen vertretbaren Sache **(Sachdarlehensvertrag)**
  - **Eine Sache wird übereignet, d.h., der Empfänger wird Eigentümer**

Aufgaben

19

(1) Nennen Sie die drei grundsätzlichen Möglichkeiten, durch Willenserklärungen Rechtsgeschäfte herbeizuführen!

(2) Obwohl die Abgabe von Willenserklärungen zur Herbeiführung von Rechtsfolgen im Allgemeinen formfrei ist, hat der Gesetzgeber dennoch für einige Rechtsgeschäfte Formvorschriften erlassen. Welche Rechtsfolge tritt bei einem Verstoß gegen eine solche Formvorschrift ein?

(3) Grenzen Sie Nichtigkeit und Anfechtbarkeit von Rechtsgeschäften ab!

(4) Beurteilen Sie bei folgenden Fällen, ob die Rechtsgeschäfte gültig, nichtig oder anfechtbar sind. Begründen Sie Ihre Meinung!

a) Der 6-jährige Peter holt am Kiosk 2 Päckchen Kaugummi, indem er dem Verkäufer einen Zettel mit der schriftlichen Anweisung der Mutter zum Kauf übergibt.

b) Der Geschäftsführer eines abstiegsgefährdeten Bundesligaklubs vereinbart mit der gegnerischen Mannschaft für den Fall eines Sieges seines Teams die Zahlung einer Prämie von 250 000 EUR.

c) Der betrunkene Paul schenkt seinem Zechkumpan Erwin, ohne zu wissen, was er tut, seine wertvolle Armbanduhr.

d) Herr Wagner verkauft an Herrn Burg seine Eigentumswohnung. Um die Notariatsgebühren einzusparen, will man auf die Beurkundung des Kaufvertrages verzichten.

e) Frau Werner, die ohne jede Kaufabsicht erstmals eine Auktion besucht, winkt ihrer Freundin zu. Der Versteigerer, der dieses Handzeichen als Höhergebot deutet, erteilt Frau Werner den Zuschlag, als nach seiner dreimaligen Wiederholung des neuen Höchstgebotes kein Übergebot mehr abgegeben wird, sodass Frau Werner als Meistbietende eine wertvolle Antiquität gekauft hat.

f) Der Rentner Paul Otto erwirbt Aktien, von denen er sich einen Anstieg des Kurses verspricht. Als die Kurse jedoch sinken, will er den Kauf rückgängig machen.

g) Eine 16-Jährige kauft ohne Einwilligung ihrer Eltern im Internet ein Handy auf Raten. Als die Erziehungsberechtigten später vom Kauf erfahren, verweigern sie die Zustimmung zu diesem Geschäft.

h) Eine Mitarbeiterin ist aufgrund ihrer guten Zeugnisse eingestellt worden. Drei Wochen später stellt sich jedoch heraus, dass sie ihre Bewerbungsunterlagen gefälscht hat.

i) Eine 6-Jährige kauft von ihrem Taschengeld ein Malbuch.

(5) *Verdeutlichen Sie je an einem selbst gewählten Beispiel die Anfechtung wegen Inhaltsirrtums, Erklärungsirrtums und arglistiger Täuschung!*

(6) *Die Anfechtung ist eine einseitige, nicht empfangsbedürftige Willenserklärung. Nehmen Sie Stellung zu dieser Behauptung!*

(7) *Grenzen Sie Dienst-, Werk-, Miet-, Leih-, Pacht- und Darlehensvertrag voneinander ab!*

(8) *Um welche Vertragsart handelt es sich bei den nachfolgenden Vorgängen?*
   a) *Eine Kauffrau im Gesundheitswesen bestellt im Katalog eines Versandhauses per Nachnahme eine Schreibtischleuchte. Als diese durch den Postzusteller geliefert wird, nimmt die Kundin die Ware entgegen und entrichtet den vereinbarten Preis.*
   b) *Ein Krankenhaus stellt eine Mitarbeiterin für die Personalabteilung ein.*
   c) *Ein Unternehmen überlässt einer benachbarten Großhandlung unentgeltlich einen Gabelstabler für eine Woche.*
   d) *Eine Auszubildende überzieht das Girokonto bei ihrer Hausbank.*
   e) *Eine Schneiderin näht für eine Kundin ein Abendkleid.*
   f) *Bei einem Betriebsausflug unternimmt das Personal einer Facharztpraxis eine Kanufahrt auf der Ruhr. Der Preis beträgt 300 EUR.*
   g) *Der Vorstand einer AG lässt durch ein auf Klimatechnik spezialisiertes Unternehmen eine neue Klimaanlage liefern und in die Geschäftsräume einbauen.*
   h) *Eine Verkäuferin arbeitet in einem Supermarkt für ein Monatsgehalt in Höhe von 1 350 EUR.*
   i) *Ein Landwirt stellt seinem Nachbarn gegen Entgelt eine Ackerfläche zur Verfügung, die dieser zum Anbau von Getreide nutzt.*
   j) *Eine von starken Zahnschmerzen geplagte Angestellte sucht ihre Zahnärztin zwecks Behandlung auf.*
   k) *Eine Auszubildende stellt ihre Digitalkamera unentgeltlich ihrer Freundin für deren dreiwöchigen Urlaub zur Verfügung.*
   l) *Beim Backen eines Geburtstagskuchens für ihre Enkelin stellt eine Großmutter fest, dass sie vergessen hat, Zucker einzukaufen. Deshalb geht sie zur Nachbarin und borgt sich 1 kg Zucker.*

6 Kaufvertrag

6.1 Zustandekommen des Kaufvertrages

Ein Kaufvertrag kommt durch zwei übereinstimmende Willenserklärungen zustande, den **Antrag** und die **Annahme.**

Mit dem Antrag wendet sich derjenige, der einen Vertrag abschließen möchte, an seinen Partner. Die Annahme ist die Willenserklärung desjenigen, an den sich der Antrag richtet und in der er sich mit den vorgeschlagenen Vertragsbedingungen einverstanden erklärt, d.h. den Vertrag entstehen lässt.

Antrag und Annahme können vom Verkäufer oder vom Käufer ausgehen:

- Hat der Käufer noch keine konkreten Vorstellungen über die zu erwerbende Ware, wird er seinen Kaufwunsch vortragen **(Anfrage),** der **Antrag** aber wird vom Verkäufer formuliert werden.

- Hat sich der Kunde bereits vorab für eine bestimmte Ware entschieden, wird er selbst den **Antrag** an den Verkäufer richten.

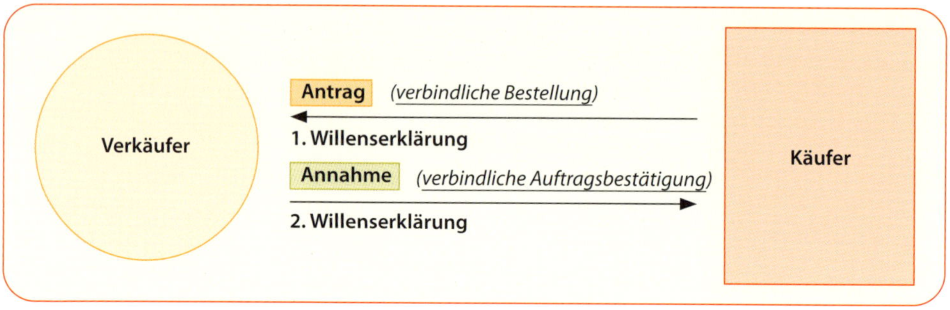

> Ein Kunde betritt eine Buchhandlung, nimmt einen Reiseführer aus dem Regal und legt diesen dem Verkäufer vor (Antrag). Der Verkäufer prüft das Exemplar und geht zur Kasse (Annahme).
>
> Wünscht der Kunde ein zurzeit nicht vorrätiges Buch (Antrag = Bestellung), kommt erst durch das Ausfüllen des Bestellscheines (Annahme = Auftragsbestätigung) ein Kaufvertrag zustande.

Der **Antrag** (Angebot) muss sich **an eine bestimmte Person** richten und so vollständig und unmissverständlich formuliert sein, dass ein Kaufvertrag durch bloße Bejahung des Kunden abgeschlossen werden kann. An diesen einmal abgegebenen Antrag ist der Verkäufer (Käufer) gebunden. In das Angebot sind aufzunehmen:

- Art, Güte und Beschaffenheit der zu liefernden Ware,
- Preis pro Einheit der Ware,
- Lieferungsbedingungen (Lieferzeit, Verpackungskosten, Beförderungskosten),
- Zahlungsbedingungen (Zahlungszeitpunkt, Preisnachlässe wie Skonto, Rabatt oder Bonus), (vgl. allgemeine Geschäftsbedingungen S. 236 ff.),
- Erfüllungsort,
- Gerichtsstand.

Mit der **Annahme** (Bestellung) lässt der Käufer (Verkäufer) den Kaufvertrag entstehen, d.h., er erkennt die vereinbarten Vertragsbedingungen an.

6.2 Besonderheiten beim Kaufvertragsabschluss

Neben diesen beiden Grundformen des Kaufvertragsabschlusses können folgende **Besonderheiten** auftreten:

▶ Der Inhalt eines Antrages wird in der Annahme verändert

> Ein Hersteller unterbreitet einem Großhändler ein Angebot (Antrag) über 100 Fitnessgeräte, auf die er 5 % Rabatt gewähren will. Der Großhändler nimmt das Angebot unter der Bedingung an, dass der Rabatt auf 10 % erhöht wird.

Die Annahme eines Antrages mit einer Veränderung gilt als **Ablehnung** *(§ 150 II BGB)*. Gleichzeitig wird jedoch mit der Veränderung ein **neuer Antrag** vom Großhändler an den Hersteller gerichtet. Ein Kaufvertrag käme nur zustande, falls der Hersteller seinerseits die neuen Bedingungen akzeptieren würde.

▶ Ein Antrag wird verspätet angenommen

Nimmt sich derjenige, an den ein Antrag gerichtet ist, für dessen Annahme länger Zeit als es der Lieferant unter normalen Umständen erwarten darf, handelt es sich um eine verspätete Annahme. Sie gilt als **neuer Antrag** *(§ 150 I BGB)*. Der Kaufvertrag kommt erst dann zustande, wenn der Lieferant seinerseits diesen neuen Antrag annimmt.

▶ Ein Antrag wird „freibleibend" unterbreitet

Werden **Freizeichnungsklauseln** in das Angebot aufgenommen, kommt ein Kaufvertrag erst zustande durch:

- die **Annahme** (Bestellung) des Käufers **und**
- die **Auftragsbestätigung** des Verkäufers (erfolgt diese Auftragsbestätigung nicht, gilt auch das „Schweigen" unter Kaufleuten als Zustimmung zur Bestellung).

▶ Ein Antrag erfolgt durch Zusendung unbestellter Ware

Unbestellt zugesandte Ware stellt ein verbindliches Angebot des Verkäufers dar. Der Käufer kann den Kaufvertrag entstehen lassen durch:

- Zustimmung zur Annahme der Ware,
- Bezahlung der Ware,
- Ver- oder Gebrauch der Ware.

Reagiert der Empfänger auf die Zusendung der Ware **nicht,** so gilt das **Schweigen:**

- unter Kaufleuten, zwischen denen bereits Geschäftsbeziehungen bestehen, **als Annahme;**
- unter Kaufleuten, die noch keine Geschäftsbeziehungen unterhalten bzw. zwischen Kaufmann und Privatperson, **als Ablehnung.** In diesem Fall muss die Ware aufbewahrt und zur Abholung bereitgehalten werden.

6.3 Erfüllung des Kaufvertrages

Ist ein Kaufvertrag durch zwei inhaltlich übereinstimmende Willenserklärungen zustande gekommen, ergeben sich für die Vertragsparteien bestimmte **Pflichten** *(§ 433 BGB)*. Dabei sind die Pflichten des einen Vertragspartners zugleich die Rechte des anderen:

Pflichten aus dem Kaufvertrag *(§ 433 BGB)*

Pflichten des Verkäufers = Rechte des Käufers	Pflichten des Käufers = Rechte des Verkäufers
■ ordnungsgemäße Übergabe (zur richtigen Zeit am richtigen Ort) der mangelfreien Ware ■ Eigentumsübertragung	■ Annahme der ordnungsgemäß gelieferten Ware ■ Zahlung des vereinbarten Kaufpreises

Bei Lieferung einer bestellten Warensendung wird der Käufer erst nach der erfolgten **Wareneingangsprüfung** die Ware endgültig annehmen und die **Rechnung** bezahlen.

6.4 Besondere Arten des Kaufvertrages

Arten des Kaufvertrages

nach der Art und Beschaffenheit der Ware	nach den Vertragspartnern	nach dem Zahlungszeitpunkt	nach der Lieferzeit der Ware
■ Stückkauf ■ Gattungskauf ■ Kauf auf Probe oder auf Besichtigung ■ Kauf zur Probe ■ Spezifikationskauf ■ Ramschkauf	Kaufvertrag ■ zwischen Privatpersonen (Verbrauchern) ■ zwischen Verbraucher und Unternehmer ■ zwischen Kaufleuten	■ Zahlung vor Lieferung ■ Zahlung bei Lieferung ■ Zahlung nach Lieferung	■ Tageskauf/Sofortkauf ■ Terminkauf ■ Kauf auf Abruf ■ Fixkauf

▶ Kaufvertragsarten nach der Art und Beschaffenheit der Ware

- Bei einem **Stückkauf** handelt es sich um den Erwerb einer genau **identifizierbaren Ware,** die bei Zerstörung oder Verlust nicht ersetzbar ist.

  Modellkleid; Gemälde; Gebrauchtwagen der Marke X, Baujahr 20 . ., Kilometerstand 12 000

- Bei einem **Gattungskauf** wird die Ware durch die Vertragspartner **nach Gattungsmerkmalen** wie Farbe, Material, Gewicht usw. festgelegt. Die Auswahl des einzelnen Stückes aus dieser Gattung wird dem Verkäufer überlassen.

  Kauf eines Neuwagens mit dreimonatiger Lieferzeit; Kauf von 3 000 l Heizöl

- Bei einem **Kauf auf Probe oder auf Besichtigung** *(§ 454 BGB)* überlässt der Verkäufer dem Käufer die Ware für eine bestimmte Zeit. Der Käufer erhält damit die Möglichkeit, die Ware auszuprobieren, zu prüfen und sich anschließend **zum Kauf oder zur Rückgabe zu entschließen.** Durch den Kauf auf Probe ist ein Kaufvertrag erst bedingt zustande gekommen, d.h., der Kaufvertrag entsteht erst, wenn der Käufer nach der Prüfung sein Einverständnis erklärt.

> Ein Pianist beabsichtigt, ein neues Klavier zu erwerben. Bevor er sich fest zum Kauf entschließt, möchte er das Instrument eine Woche testen.

- Beim **Kauf zur Probe** bezieht der Käufer zunächst **eine kleinere Menge Ware, um diese auszuprobieren.** Es liegt ein endgültiger (unbedingter) Kauf vor, bei dem der Käufer dem Verkäufer unverbindlich zu erkennen gibt, dass Nachbestellungen erfolgen werden, wenn die gelieferte Ware den Erwartungen entspricht. Diese Form des Kaufs ist bei der Einführung neuer Waren üblich.

  > Ein Weinhändler bestellt 10 Flaschen einer bestimmten Spätlese zur Probe mit dem Hinweis, dass bei Gefallen weitere 500 Flaschen derselben Qualität zum selben Preis geliefert werden müssten.

- Beim **Spezifikationskauf** (Bestimmungskauf) *(§ 375 HGB)* bestimmt der Käufer **zunächst nur die Warenart und die Gesamtmenge.** Innerhalb einer bestimmten Frist hat er das Recht, die Ware nach Form, Farbe, Maß usw. näher festzulegen. Versäumt der Käufer diese Frist, wird die Spezifizierung der Ware durch den Verkäufer vorgenommen.

  > Auf einer Modemesse im Frühjahr bestellt ein Einzelhändler 100 Herrenanzüge zur Lieferung im September. Bis Ende Juni wird er mitteilen, in welchen Farben und Größen er die Anzüge benötigt.

- Beim **Ramschkauf** wird Ware **„in Bausch und Bogen" bzw. „en bloc"** erworben. Die gesamte Warenmenge wird ohne Rücksicht auf den Zustand einzelner Stücke in der Regel zu einem Pauschalpreis gekauft.

  > Bei der Geschäftsauflösung eines Möbelhauses wird der gesamte Warenbestand von einem Händler zum Pauschalpreis von 100 000 EUR erworben.

▶ Kaufvertragsarten nach den Vertragspartnern

Zu unterscheiden sind:

- **Kaufverträge zwischen Privatpersonen (Verbrauchern)** *(§§ 433 ff. BGB)*

  Hier werden die Geschäfte nur zu privaten Zwecken durchgeführt **(bürgerlicher Kauf). Verbraucher** ist jede natürliche Person, die ein Rechtsgeschäft zu einem Zweck abschließt, der weder ihrer gewerblichen noch ihrer selbstständigen beruflichen Tätigkeit zugerechnet werden kann *(§ 13 BGB).*

  > Aufgrund einer privaten Kleinanzeige erwirbt ein Rentner einen gebrauchten Pkw.

- **Kaufverträge, bei denen ein Verbraucher (Privatperson) bewegliche Sachen von einem Unternehmer erwirbt** *(§§ 433 ff. BGB und die speziellen Vorschriften zum Verbrauchsgüterkauf gemäß §§ 474 ff. BGB)*

  Unternehmer sind natürliche oder juristische Personen, die beim Abschluss eines Rechtsgeschäfts in Ausübung ihrer gewerblichen oder selbstständigen beruflichen Tätigkeit handeln *(§ 14 BGB).*

  > Ein Rentner kauft einen Neuwagen in einem Autohaus.

- **Kaufverträge zwischen Kaufleuten** *(zweiseitiger Handelskauf gemäß §§ 343 ff. HGB)*

  > Ein Großhändler erwirbt bei einem Autohaus 25 Pkw, die zur Kundenbetreuung im Außendienst benötigt werden.

Kaufvertragsarten nach dem Zahlungszeitpunkt

- Bei der **Zahlung vor Lieferung** wird entweder der gesamte Kaufpreis oder es werden Teilbeträge vor Lieferung der Ware entrichtet.
- Die **Zahlung bei Lieferung** ist die gesetzlich vorgeschriebene Regelung, bei der die Warenlieferung und die Zahlung des Kaufpreises „Zug um Zug" erfüllt werden.
- Bei der **Zahlung nach Lieferung** wird dem Käufer ein Zahlungsaufschub gewährt. Er begleicht die Rechnung innerhalb einer bestimmten Frist (Zielkauf) oder kommt seiner Zahlungsverpflichtung in Teilbeträgen nach (Ratenkauf).

Kaufvertragsarten nach der Lieferzeit der Ware

- Beim **Tageskauf (Sofortkauf)** hat der Verkäufer unmittelbar nach Abschluss des Kaufvertrages zu liefern.
- Beim **Terminkauf** hat die Lieferung innerhalb einer vereinbarten Frist zu erfolgen.
- Beim **Kauf auf Abruf** kann der Käufer innerhalb einer angemessenen Frist den Zeitpunkt der Lieferung selbst bestimmen.
- Beim **Fixkauf** muss zu einem genau festgelegten Zeitpunkt geliefert werden. Die Einhaltung dieses Termins ist Hauptbestandteil dieses Vertrages.

6.5 Vertragsfreiheit und allgemeine Geschäftsbedingungen

Bei der Abgabe eines Angebotes wird ein Unternehmen nicht jedesmal alle Vertragsinhalte neu festlegen. Andernfalls würde der Ablauf des täglichen Geschäftsverkehrs umständlich und zeitraubend gestaltet. Einheitlich vorformulierte Vertragsbedingungen, die der Verkäufer allen seinen Kunden in gleicher Weise unterbreitet, bezeichnet man als **„Allgemeine Geschäftsbedingungen"**. Man findet sie in der Regel als **Kleingedrucktes** auf der Rückseite von Angeboten oder Kaufvertragsformularen.

Die Regelungen des BGB zu den allgemeinen Geschäftsbedingungen gelten zwar grundsätzlich auch für Verträge zwischen **Unternehmern** (vgl. S. 235), bezwecken jedoch in erster Linie den **Schutz des Verbrauchers.**

Die Regelungen des Rechts der allgemeinen Geschäftsbedingungen **verbieten** u. a. folgende Bestimmungen in allgemeinen Geschäftsbedingungen *(§ 309 BGB)*:

- die Verkürzung der zweijährigen gesetzlichen Gewährleistungsfrist,
- die Möglichkeit von kurzfristigen Preiserhöhungen bei Warenlieferungen, wenn zwischen vereinbartem Liefertermin und Kaufvertragsabschluss vier Monate liegen,
- die Verpflichtung, dem Verkäufer z. B. bei Nichtabnahme oder verspäteter Abnahme der Ware eine Vertragsstrafe zu zahlen,
- dass sich der Verkäufer für die Erbringung einer Leistung (z. B. Lieferung einer Ware) eine unangemessen lange oder nicht hinreichend bestimmte Frist vorbehält,
- die für den Käufer unzumutbare Änderung der im Kaufvertrag versprochenen Leistung durch den Verkäufer.

Allgemeine Geschäftsbedingungen enthalten Bestimmungen zu Lieferungs- und Zahlungsbedingungen, Garantiezeiten, Folgen aus Störungen bei der Abwicklung eines Kaufvertrages, Eigentumsvorbehalt sowie Erfüllungsort und Gerichtsstand.

Allgemeine Geschäftsbedingungen einer Apotheke für den Online-Handel mit apothekenüblichen Waren (Auszug)

Allgemeines

(1) Unsere Angebote sind bezüglich Preis, Menge, Lieferfristen und Liefermöglichkeiten stets freibleibend. Der Vertrag kommt erst durch unsere Auftragsbestätigung zustande.

(2) Für alle Lieferungen, Leistungen, Angebote gelten diese AGB, sofern mit dem Besteller bzw. Kunden nicht etwas anderes schriftlich vereinbart worden ist. Diese Geschäftsbedingungen gelten in der jeweils gültigen Form auch dann, wenn in der späteren Geschäftsbeziehung keine ausdrückliche Bezugnahme auf sie erfolgen sollte.

(3) Der Inhalt der Auftragsbestätigung ist für die Geschäftsabwicklung maßgebend. Als Auftragsbestätigung im Sinne dieser Allgemeinen Geschäftsbedingungen gilt das Re-Mail oder das Bestätigungsfax des Verwenders oder der Lieferschein. Schweigen des Bestellers bzw. Kunden auf unsere Allgemeinen Geschäftsbedingungen oder die Abnahme unserer Lieferung und Leistung gelten als Genehmigung unserer AGB. Nebenabreden sowie Zusagen unserer Mitarbeiter bedürfen zu ihrer Verbindlichkeit der schriftlichen Bestätigung durch uns.

(4) Bei offensichtlichen Irrtümern, Schreib- und Rechenfehlern in den von uns vorgelegten Rechnungen, Unterlagen etc. besteht für den Verkäufer keine Verbindlichkeit. Der Kunde bzw. Besteller ist verpflichtet, uns über derartige Fehler in Kenntnis zu setzen, sodass die erforderlichen Korrekturen erfolgen können. Dies gilt auch bei fehlenden Rechnungen, Unterlagen etc.

Eigentumsvorbehalt

(1) Der Verkäufer behält sich das Eigentum an den Liefergegenständen bis zum Eingang aller Zahlungen aus dem Liefervertrag vor. Das Eigentum an der Ware geht erst dann auf den Besteller bzw. Kunden über, wenn sämtliche Verbindlichkeiten erfüllt sind, welche wir – gleich aus welchem Rechtsgrund – gegenüber dem Kunden bzw. Besteller haben. Bei laufender Rechnung dient das vorbehaltene Eigentum zur Sicherung der uns zustehenden Saldoforderung.

(2) Bei vertragswidrigem Verhalten des Bestellers bzw. Kunden, insbesondere bei Zahlungsverzug, sind wir zur Rücknahme nach Mahnung berechtigt und der Besteller zur Herausgabe verpflichtet. Der Kunde bzw. Besteller verpflichtet sich, die Kosten der Zurücklieferung der in seinem Besitz befindlichen Vorbehaltsware vollumfänglich zu tragen. Gleichzeitig gestattet der Besteller bzw. Kunde uns zu diesem Zwecke, seine Räume, Grundstücke und Fahrzeuge zu betreten und verpflichtet sich, alles für den Abtransport Erforderliche zu veranlassen.

Gewährleistung

(1) Alle Angaben, Übereignungen und Anwendungen unserer Produkte, technische Beratung und sonstige Angaben erfolgen nach bestem Wissen, befreien den Besteller bzw. Kunden jedoch nicht von eigenen Prüfungen. Der Besteller bzw. Kunde hat die gelieferte Ware bei Eingang auf Mängel hin unverzüglich zu untersuchen, andernfalls gilt die Ware als genehmigt.

(2) Beanstandungen werden nur berücksichtigt, wenn sie innerhalb von acht Tagen nach Erhalt der Ware – bei verborgenen Mängeln nach ihrer Entdeckung – spätestens jedoch nach Ablauf der gesetzlichen Gewährleistungsfrist, schriftlich unter Beifügung von Belegen erhoben werden. Während der Gewährleistungsfrist hat der Besteller bzw. Kunde einen Anspruch auf Beseitigung von Fehlern (Nachbesserung).

(3) Können wir einen unserer Gewährleistungspflicht unterliegenden Fehler nicht beseitigen oder sind für den Besteller bzw. Kunden weitere Nachbesserungsversuche unzumutbar, so kann der Kunde bzw. Besteller anstelle der Nachbesserung Wandlung (Rückgängigmachung des Vertrages) oder Minderung (Herabsetzung der Vergütung) verlangen. Natürlicher Verschleiß ist in jedem Fall von der Gewährleistung ausgeschlossen. Beanstandete Ware darf nur nach ausdrücklichem Einverständnis an den Verkäufer zurückgesandt werden.

(4) Wegen weitergehender Ansprüche und Rechte haftet der Verkäufer nur in den Fällen des Vorsatzes und der groben Fahrlässigkeit. Im Übrigen ist die Haftung ausgeschlossen.

Schadensersatz

(1) Soweit gesetzlich zulässig, ist unsere Verpflichtung zur Leistung von Schadensersatz, gleich aus welchem Rechtsgrund, begrenzt auf den Rechnungswert der an dem schadensstiftenden Ereignis unmittelbar beteiligten Warenmangel. Dies gilt nicht, soweit wir nach zwingenden gesetzlichen Vorschriften wegen Vorsatzes oder grober Fahrlässigkeit unbeschränkt haften.

Preise

(1) Die Preise, die der jeweils aktuellen Preisliste zu entnehmen sind, verstehen sich mit Mehrwertsteuer.

Zahlungsbedingungen

(1) Unsere Rechnungen (Kaufpreis und die Entgelte für die Nebenleistungen) sind sofort nach Rechnungsstellung ohne Abzug fällig und werden bei erstmaliger Bestellung und Versendung per Nachnahme kassiert. Bei weiteren Bestellungen und Versendungen wird auf Rechnung geliefert, es sei denn, dass dieses durch den Verkäufer schriftlich ausgeschlossen worden ist.

(2) Der Besteller bzw. Kunde ist nicht berechtigt, Zahlungen wegen Mängelrügen zurückzuhalten, es sei denn, die zurückbehaltene Zahlung steht in einem angemessenen Verhältnis zu den geltend gemachten Mängeln.

(3) Zahlungen sind nur dann rechtzeitig erfolgt, wenn der Verkäufer über den Gegenwert mit Wertstellung an dem auf der Rechnung angegebenen oder daraus errechenbaren Fälligkeitstag auf seinem Konto verfügen kann. Bei nicht rechtzeitiger Zahlung sind wir berechtigt, Zinsen zu verlangen. Die Höhe der Fälligkeits- bzw. Verzugszinsen beträgt mindestens 5%-Punkte über dem jeweiligen Basiszinssatz gemäß § 288 I BGB. Sie sind höher oder niedriger anzusetzen, wenn wir eine Belastung mit einem höheren Zinssatz oder wenn der Besteller bzw. Kunde eine geringere Belastung nachweist.

(4) Ist der Verkäufer im Falle des Zahlungsverzuges berechtigt, Schadensersatz wegen Pflichtverletzung zu verlangen oder tritt der Besteller bzw. Kunde unberechtigt von einem erteilten Auftrag zurück, so kann der Verkäufer unbeschadet der Möglichkeit, einen höheren Schaden geltend zu machen, 20% vom Gesamtrechnungswert als Schadensersatz beanspruchen. Der Kunde bzw. Besteller bekommt die Möglichkeit eingeräumt, den Nachweis zu führen, dass ein solcher Schaden nicht entstanden oder wesentlich geringer als die Pauschale ist.

(5) Für Mahnungen wird eine Gebühr in Höhe von 5,00 EUR pro Mahnung vereinbart.

Zahlungsverzug

(1) Bei Zahlungsverzug des Bestellers bzw. Kunden oder wesentlicher Verschlechterung seiner Vermögensverhältnisse ist der Verkäufer nach Nachfristsetzung dazu berechtigt, von allen etwa bestehenden Verträgen, auch von solchen, bei denen ein Zahlungsverzug noch nicht vorliegt, zurückzutreten.

(2) Weitergehender Schadensersatz aus allen rechtlichen Gründen bleibt vorbehalten. Auch kann die sofortige Bezahlung aller sonstigen Forderungen gegenüber dem Besteller bzw. Kunden ohne Rücksicht auf entgegenstehende Zahlungsbedingungen oder Zahlungsvereinbarungen vom Verkäufer verlangt werden.

Lieferbedingungen

(1) Falls keine anderweitige schriftliche Vereinbarung getroffen wurde, erfolgt der Transport, einschließlich etwaiger Rücksendung, auf Kosten und Gefahr des Empfängers. Verpackungen werden Eigentum des Bestellers bzw. Kunden und von uns berechnet. Porto und Verpackungsspesen werden gesondert in Rechnung gestellt.

(2) Bei Bestellungen über einen Rechnungsbetrag in Höhe von 100,00 EUR erfolgt der Transport auf Kosten des Verkäufers. Ohne bestimmte Weisung für den Versand wird derselbe nach bestem Ermessen, aber ohne Verbindlichkeit für billigste Verfrachtung bewirkt.

(3) Verzögert sich der Versand durch Umstände, die der Besteller bzw. Kunde zu vertreten hat, so geht die Gefahr vom Tage der Versandbereitschaft auf den Besteller bzw. Kunden über. Im Übrigen geht die Gefahr – auch bei frachtfreier Lieferung, gleichgültig auf welchem Weg und mit welchem Transportmittel – mit Verlassen des Geschäftsbereiches des Verkäufers auf den Besteller bzw. Kunden über.

(4) Der Besteller bzw. Kunde ist verpflichtet, den Liefergegenstand anzunehmen. Wird die Einlagerung oder Aufbewahrung der Ware infolge Annahmeverzuges des Kunden erforderlich, so erfolgt die Einlagerung oder Aufbewahrung auf Gefahr und Kosten des Bestellers bzw. Kunden. In diesem Fall werden Rechnungen sofort fällig.

(5) Falls der Verkäufer eine vereinbarte Lieferfrist nicht einhalten kann, hat der Besteller bzw. Kunde eine angemessene Nachfrist – beginnend vom Tag der schriftlichen Inverzugsetzung durch den Besteller bzw. Kunden – zu gewähren und kann Rechte aus diesem Vertrag erst nach Ablauf der Nachfrist geltend machen. Dies gilt nicht, wenn auf Seiten des Verkäufers Vorsatz oder grobe Fahrlässigkeit vorliegt.

(6) Störungen im Geschäftsbetrieb, insbesondere Arbeitsumstände wie Aussperrung sowie andere Fälle höherer Gewalt sowohl beim Verkäufer als auch bei dessen Vorlieferanten verlängern die Lieferfrist entsprechend. Der Besteller kann hieraus keine Schadensersatzansprüche herleiten. Zum Rücktritt ist der Besteller nur berechtigt, wenn er in diesen Fällen nach Ablauf der vereinbarten Lieferfrist die Lieferung schriftlich anmahnt, diese dann innerhalb von drei Wochen nach Eingang des Mahnschreibens des Bestellers bzw. Kunden seitens des Verkäufers nicht an den Besteller bzw. Kunden erfolgt. Ein Schadensersatzanspruch des Bestellers entsteht in diesen Fällen nicht.

(7) Liefert der Verkäufer aus anderen Gründen nicht oder gerät er in Verzug, kann der Besteller bzw. Kunde den Rücktritt erklären und nur in Fällen von grober Fahrlässigkeit und Vorsatz Schadensersatz vom Verkäufer verlangen.

(8) Dem Verkäufer steht ein Rücktrittsrecht zu, wenn der Besteller bzw. Kunde über seine Kreditwürdigkeit unrichtige Angaben gemacht oder seine Zahlung eingestellt hat oder über sein Vermögen ein Insolvenzverfahren eröffnet worden ist. Der Verkäufer ist auch dann zum Rücktritt vom Vertrag berechtigt, wenn ihm Umstände bekannt werden, die die ordnungsgemäße Erfüllung des Vertrages durch den Besteller bzw. Kunden ausschließen oder verzögern.

Lieferfristen

(1) Lieferfristen gelten für den Verkäufer nur dann als verbindlich, wenn sie von ihm schriftlich bestätigt wurden. Alle Lieferfristen sind aufgrund der Gegebenheiten am Tage der Auftragsbestätigung ermittelt worden. Tritt eine spätere Änderung der Gegebenheit ein, so behält sich der Verkäufer eine Anpassung der Lieferfrist vor. Die Lieferfrist beginnt, wenn alle kaufmännischen und technischen Voraussetzungen zur Ausführung des Auftrages geklärt sind. Ist eine Anzahlung für den Auftrag vereinbart worden, so beginnt die Lieferfrist mit dem wertmäßigen Eingang auf einem unserer Konten.

(2) Im Falle eines Lieferverzuges von mehr als drei Wochen ist der Besteller bzw. Kunde berechtigt, nach fruchtlosem Fristablauf einer dem Verkäufer zu setzenden Nachfrist von vierzehn Tagen vom Vertrag zurückzutreten. Ein Verzugsschaden kann nur dann geltend gemacht werden, wenn der Verzug auf ein fahrlässiges oder vorsätzliches Verhalten des Verkäufers oder eines seiner Erfüllungsgehilfen zurückzuführen ist.

(3) Kann eine Lieferzeit infolge höherer Gewalt wie z. B. Aufruhr, Streik, Aussperrung, inneren Unruhen, Beschlagnahme, Verzögerung bei der Beförderung, Importbeschränkung oder dem Eintritt unvorhergesehener Hindernisse, die außerhalb des Gefahrenbereiches unserer Apotheke liegen und von uns nach allgemeinen Rechtsgrundsätzen nicht zu vertreten sind, nicht eingehalten werden, so können hieraus keine Rechte abgeleitet werden. Hierbei verlängert sich die Lieferfrist angemessen.

(4) Teillieferungen sind zulässig. Bei Teillieferungen wird der jeweilige Teilrechnungswert sofort fällig.

Haftung

(1) Für ein Verschulden derjenigen Personen, derer sich der Verkäufer zur Erfüllung seiner Verbindlichkeiten bedient, haftet der Verkäufer nicht, es sei denn, es trifft ihn ein grob fahrlässiges Verschulden bei seiner Auswahl oder Beaufsichtigung.

Nebenabreden

(1) Mündliche Nebenabreden bedürfen zu ihrer Wirksamkeit unserer Bestätigung.

Aufrechnung

(1) Eine Aufrechnung gegenüber Ansprüchen des Verkäufers ist nur mit unbestrittenen oder rechtskräftig festgestellten Gegenforderungen zulässig. Ein Zurückbehaltungsrecht aus früheren oder anderen Geschäften der laufenden Geschäftsverbindung kann nicht geltend gemacht werden.

Wirksamkeit bei Teilnichtigkeit

(1) Falls einzelne Bestimmungen dieser Allgemeinen Geschäftsbedingungen unwirksam sind oder werden sollten, wird die Wirksamkeit der übrigen Bestimmungen dadurch nicht berührt. Die unwirksame Bestimmung ist durch eine gültige zu ersetzen, die dem angestrebten Ziel möglichst nahe kommt. Insoweit verpflichten sich die Parteien an einer Regelung mitzuwirken, die in zulässiger Weise zu dem gewollten Vertragszweck führt.

▶ Regelung des Rechts der allgemeinen Geschäftsbedingungen *(§§ 305 ff. BGB)*

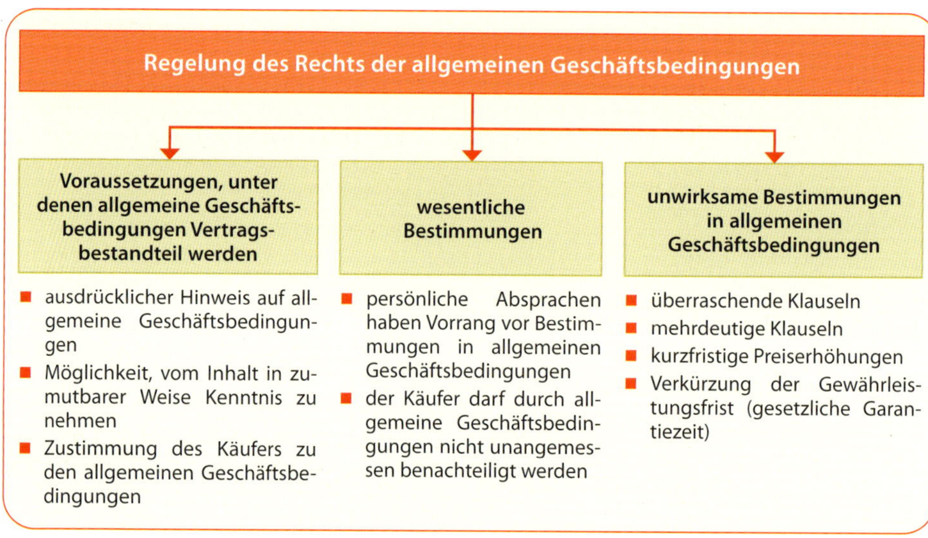

■ Voraussetzungen, unter denen allgemeine Geschäftsbedingungen Vertragsbestandteil werden *(§ 305 BGB)*

Allgemeine Geschäftsbedingungen werden nur unter folgenden Voraussetzungen Bestandteil eines Vertrages **zwischen Unternehmer und Verbraucher:**

- Der Verkäufer muss den Käufer ausdrücklich oder durch deutlich sichtbaren Aushang am Ort des Vertragsabschlusses auf die allgemeinen Geschäftsbedingungen hinweisen.
- Dem Käufer ist die Möglichkeit zu geben, in zumutbarer Weise vom Inhalt der Geschäftsbedingungen Kenntnis zu nehmen.

- Der Käufer muss sein Einverständnis zu den vorformulierten Vertragsbedingungen abgeben.

  Bei schriftlichen Verträgen befinden sich die „Allgemeinen Geschäftsbedingungen" entweder auf der Rückseite des Vertrages oder auf einem beigefügten Blatt. Bei täglichen Geschäften, die durch „schlüssiges Verhalten" zustande kommen, muss durch einen Aushang mitgeteilt werden, wo die allgemeinen Geschäftsbedingungen eingesehen werden können. Dies gilt für Kaufhäuser, Parkhäuser, Reinigungen usw.

Wesentliche Bestimmungen

Folgende Regelungen gelten sowohl für Geschäfte **zwischen Unternehmern als auch für solche zwischen Unternehmern und Verbrauchern.**

- **Persönliche Absprachen,** die zwischen Verkäufer und Käufer getroffen werden, haben **Vorrang** vor allgemeinen Geschäftsbedingungen *(§ 305 b BGB).*

  In den allgemeinen Geschäftsbedingungen eines Unternehmens steht: „Liefertermine sind unverbindlich." Haben sich jedoch Verkäufer und Käufer auf den Liefertermin 1. Juni 20 .. geeinigt, so gilt diese individuelle Absprache.

- **Unangemessene Benachteiligungen** des Käufers dürfen durch allgemeine Geschäftsbedingungen nicht hervorgerufen werden. Alle Klauseln, die wesentliche Rechte des Käufers einschränken oder ausschließen, sind **unzulässig** *(Inhaltskontrolle gemäß § 307 BGB).*

Unwirksame Bestimmungen in allgemeinen Geschäftsbedingungen

- **Überraschende Klauseln,** die in allgemeinen Geschäftsbedingungen stehen und mit denen der Käufer nicht zu rechnen braucht, sind **unwirksam** *(§ 305 c BGB).*

  In den allgemeinen Geschäftsbedingungen eines Herstellers von Fotokopiergeräten ist die Bestimmung enthalten, dass der Käufer im ersten Jahr verpflichtet ist, monatlich 20 000 Blatt Papier beim Hersteller zu erwerben. Diese Klausel ist so ungewöhnlich, dass sie nicht Vertragsbestandteil wird.

- **Mehrdeutige Klauseln:** Zweifel bei der Auslegung allgemeiner Geschäftsbedingungen gehen zulasten des Verwenders *(§ 305 c BGB).*

- Bestimmungen in allgemeinen Geschäftsbedingungen, die die **Möglichkeit von kurzfristigen Preiserhöhungen** bei einer Warenlieferung innerhalb von vier Monaten nach Abschluss des Kaufvertrages einräumen, sind für **Konsumenten unwirksam** *(§ 309 I BGB).*

  In einem am 1. Februar abgeschlossenen Kaufvertrag über die Lieferung einer Einbauküche ist als Liefertermin der 15. Mai festgelegt. Eine in der Zwischenzeit erfolgte Preiserhöhung bleibt für den Käufer ohne Bedeutung.

- Eine **Kürzung der gesetzlichen Garantiefrist** (Gewährleistungsfrist) durch allgemeine Geschäftsbedingungen ist für **Konsumenten unwirksam** *(§ 309 Nr. 8 b BGB).*

  Die allgemeinen Geschäftsbedingungen eines Einzelhändlers enthalten die Bestimmung, dass die Garantiezeit für einen Kühlschrank 18 Monate betrage. Diese Regelung ist unwirksam, da die gesetzliche Mindestgarantiezeit gemäß § 438 I Satz 3 BGB zwei Jahre beträgt.

16 Merkur-Nr. 0054

▶ Zusammenfassung

Kaufvertrag

Zustandekommen des Kaufvertrages

durch zwei übereinstimmende Willenserklärungen

- **Antrag** (Angebot oder Bestellung)
- **Annahme** (Bestellung oder Auftragsbestätigung bzw. sofortige Lieferung)

Pflichten aus dem Kaufvertrag

Pflichten des Verkäufers

- Übergabe der mangelfreien Ware (der Käufer wird Besitzer)
- Eigentumsübertragung an der Ware (der Käufer wird Eigentümer)

Pflichten des Käufers

- Annahme der Ware
- Zahlung des Kaufpreises

Arten des Kaufvertrages

nach der Art und Beschaffenheit der Ware

- Stückkauf
- Gattungskauf
- Kauf auf Probe oder auf Besichtigung
- Kauf zur Probe
- Spezifikationskauf
- Ramschkauf

nach den Vertragspartnern

Kaufverträge

- zwischen Verbrauchern
- zwischen Verbraucher und Unternehmer
- zwischen Kaufleuten

nach dem Zeitpunkt der Zahlung

- Zahlung vor Lieferung
- Zahlung bei Lieferung
- Zahlung nach Lieferung

nach der Lieferzeit der Ware

- Tageskauf/Sofortkauf
- Terminkauf
- Kauf auf Abruf
- Fixkauf

Allgemeine Geschäftsbedingungen

Allgemeine Geschäftsbedingungen legen als **vorformulierte Vertragsbestandteile** insbesondere fest:

- Lieferungs- und Zahlungsbedingungen
- Garantiezeiten
- Folgen aus Kaufvertragsstörungen
- Eigentumsvorbehalt
- Erfüllungsort und Gerichtsstand

Aufgaben

20

(1) *Ein Optiker bestellt aufgrund der Anzeige eines Herstellers in einer Fachzeitschrift Waren. Erläutern Sie die einzelnen Schritte, die zum Abschluss des Kaufvertrages notwendig sind!*

(2) *Ein Zahnarzt fordert schriftlich bei der Krause KG einen Schreibtischsessel der Marke „Soft" mit braunem Stoffbezug zum Preis von 950 EUR. Die Krause KG bestätigt diesen Auftrag, kann allerdings den gewünschten Sessel nur noch mit schwarzem Bezug liefern. Ist ein Kaufvertrag zustande gekommen?*

(3) *Ein Lieferant unterbreitet ein Angebot mit der Freizeichnungsklausel „Preisänderungen vorbehalten". Was ist erforderlich, um in diesem Fall einen Kaufvertrag entstehen zu lassen?*

(4) *Ein Großhändler sendet einem Einzelhandelsunternehmen, zu dem er seit Langem gute Geschäftsbeziehungen unterhält, unaufgefordert einen günstigen Warenposten zu. Das Einzelhandelsunternehmen reagiert auf diese Warensendung nicht. Beurteilen Sie, ob ein Kaufvertrag zustande gekommen ist!*

(5) *Ein Kunde erwirbt in einem Elektrowarengeschäft einen Blu-Ray-Player. Welche Pflichten und Rechte ergeben sich für Verkäufer und Käufer?*

(6) *Geben Sie jeweils ein Beispiel für einen zweiseitigen Handelskauf und einen Verbrauchsgüterkauf!*

(7) *Um welche Kaufvertragsarten handelt es sich in den folgenden Fällen?*

a) *Die Geschäftsführerin einer GmbH kauft für ihren Sohn aufgrund einer privaten Kleinanzeige einen gebrauchten Computer.*

b) *Zur optimalen Nutzung seiner CAD-Anlage will ein Hersteller von Aluminiumfenstern einen 24-Zoll-Farbbildschirm mit der dazugehörigen Grafikkarte für einen Zeitraum von 14 Tagen testen.*

c) *Ein Vorstandsmitglied einer AG erhält einen neuen Dienstwagen.*

d) *Ein Spediteur bestellt in einem Sportfachgeschäft eine Taucherausrüstung. Wunschgemäß zahlt der Kunde einen Betrag von 500 EUR an.*

e) *Auf der CeBIT in Hannover bestellt ein Einzelhändler bei einem taiwanischen Aussteller 1 000 Festplatten, die exakt am 12. August geliefert werden sollen. Zugriffszeiten, Speicherkapazitäten und Bauhöhe will er jedoch erst im Mai festlegen.*

f) *In einem Räumungsverkauf eines Werkzeug- und Eisenwarengeschäftes wegen Aufgabe des Geschäftsbetriebes gelingt es Herrn Müller, einem begeisterten Heimwerker, am letzten Tag des Verkaufs den gesamten Vorrat an Werkzeugen zu einem äußerst günstigen Preis zu erstehen.*

g) *Aufgrund der großen Nachfrage ordert der Inhaber eines Sportfachgeschäftes im Februar noch 100 Paar Schlittschuhe mit dem Hinweis, dass die Lieferung der Sportgeräte bis spätestens 5. März erfolgen müsse.*

h) *Für den bevorstehenden 75. Geburtstag der Oma bestellt die Enkelin in einer Konditorei genau zum 18. Februar eine Torte.*

(8) *Was ist ein Fixkauf?*

a) *Lieferung erfolgt umgehend*

b) *Kaufvertrag mit Lieferfrist*

c) *Lieferungstermin genau festgelegt*

d) *Lieferung erfolgt per Expressgut.*

Welche Antwort ist richtig? Begründen Sie Ihre Meinung!

(9) *Wann werden allgemeine Geschäftsbedingungen Bestandteil des Kaufvertrages und welche wichtigen Einzelheiten sind in ihnen in der Regel enthalten?*

(10) *Nennen Sie Bestimmungen, die nach dem BGB unwirksam sind, sofern sie in die allgemeinen Geschäftsbedingungen aufgenommen wurden!*

(11) *Informieren Sie sich über die wesentlichen Bestimmungen der AGB Ihres Ausbildungsbetriebes und präsentieren Sie diese Ergebnisse in einem Kurzvortrag!*

7 Warenbeschaffung

7.1 Beschaffungsplan

Grundlage für die erfolgreiche Verkaufs- bzw. Produktionstätigkeit eines Unternehmens ist die Warenbeschaffung. Sie muss sicherstellen, dass die zur Durchführung der unternehmerischen Aufgaben **benötigten Gütermengen in der erforderlichen Art und Qualität termingerecht zur Verfügung stehen.**

Ein sorgfältig erarbeiteter Beschaffungsplan ist daher Voraussetzung, dass der vorgesehene **Leistungserstellungsprozess in Sach-** (z.B. Fertigungsbetrieb) **und Dienstleistungsbetrieben** (z.B. Krankenhaus, Pflegeheim, Arztpraxis oder Apotheke) störungsfrei und erfolgreich ablaufen kann.

Zur Erstellung des Beschaffungsplanes sammelt die Abteilung Einkauf die Bedarfsmeldungen aus allen Unternehmensbereichen, um diese Anforderungen aufeinander abstimmen zu können. Dabei sind folgende Fragen zu beantworten:

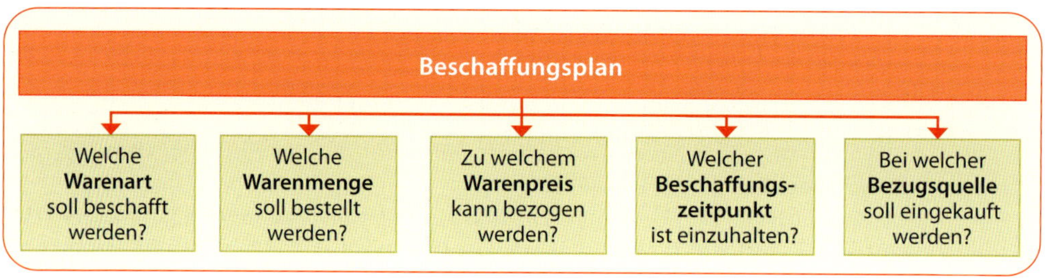

▶ Welche Warenart soll beschafft werden?

Bei der Entscheidung über die zu beschaffende **Warenart** ist abzuwägen, mit welchen Qualitäten, Güteklassen, Eigenschaften (wie etwa Umweltverträglichkeit, Abfallquantität und -qualität sowie Recycling- und Entsorgungseignung), Normen, Abmessungen, Gestaltungen usw. die Güter erworben werden sollen. Warenarten sind z.B.:

- **Roh-, Hilfs- und Betriebsstoffe** (bei der Herstellung eines Büroschrankes ist der Rohstoff Holz, Hilfsstoffe sind Farben und Leim, Betriebsstoffe sind die zum Antrieb der eingesetzten Maschinen benötigte Energie oder die zur Wartung erforderlichen Schmierstoffe);
- **Halbfabrikate** wie Bleche und **Zulieferteile** wie Scheinwerfer, Reifen oder Batterien bei der Herstellung eines Pkw;
- **Betriebsmittel** (zur Herstellung bzw. zum Vertrieb von langfristig nutzbaren Waren wie Maschinen, Kühltheken, Verkaufsregale, Lastkraftwagen);
- **Büromaterial;**
- **Waren, die vom Handelsbetrieb zur Weiterveräußerung erworben werden.**

Im **Fertigungsbetrieb** bestimmt das jeweilige Produktions- und Absatzprogramm die Art und Qualität der einzusetzenden Güter.

Bei **Dienstleistern** ist vorrangig die Art der angebotenen Leistung maßgeblich.

Im **Handelsbetrieb** legt die Sortimentsplanung, d.h. die Bestimmung der Gesamtheit aller Waren, die zum Verkauf gelangen sollen, die zu beschaffenden Warenarten fest. Das **Sortiment** eines Handelsbetriebes wird dabei durch folgende Einflussgrößen bestimmt:

- **Geschäftszweig:** z.B. Lebensmittel, Textilien, Möbel, Lederwaren;
- **Betriebsform:** wie Fachgeschäft, Spezialgeschäft, Warenhaus, Kaufhaus, Großhandlung;
- **Konkurrenz:** Zusammenstellung des eigenen Sortiments unter Berücksichtigung der Konkurrenzangebote;
- **Standort:** Ausrichtung des Warensortiments in Qualität und Preis je nach Lage des Geschäftes;
- **Kaufkraft:** Sortimentszusammenstellung gemäß den Einkommensverhältnissen der im Einzugsbereich des Geschäftes wohnenden Kunden;
- **Verbrauchsgewohnheiten:** Gestaltung des Angebotes nach Kaufgewohnheiten, Anfragen und Wünschen der Verbraucher;
- **Marktneuheiten:** Auf Messen und Ausstellungen neu vorgestellte Waren (Produktinnovationen, vgl. S. 189) können das Sortiment erweitern.

▶ Welche Warenmenge soll beschafft werden?

Die zu beschaffende **Warenmenge** ergibt sich im Wesentlichen aus den entsprechenden Produktions-, Verkaufs- und Lagerhaltungsplanungen.

- **Wird zu viel eingekauft,**
  - erhöht sich der Lagerbestand und die Kosten der Lagerhaltung steigen;
  - besteht die Gefahr, dass Waren verderben oder überaltern.
- **Wird zu wenig eingekauft,**
  - kann es zu Störungen im Produktionsablauf kommen, d.h., Maschinen bleiben unausgelastet, Mitarbeiter unbeschäftigt, Termine können nicht eingehalten werden;
  - können Patienten nicht ausreichend versorgt werden;
  - ist das Unternehmen nicht lieferbereit, d.h., es verliert Kunden. Kommt es häufiger zu derartigen Engpässen, werden die Abnehmer auf Dauer zur Konkurrenz abwandern.

Grundlage der Mengenfestlegung sind stets die Beschaffungszahlen der zurückliegenden Zeiträume. Allerdings kann eine Reihe von Umständen dazu beitragen, dass sich die Bestellmenge für die Zukunft verändert:

- **Auftragseingänge** (Produktions- oder Dienstleistungsaufträge) entwickeln sich positiver oder negativer als erwartet;
- **Einkommensveränderungen bzw. veränderte Ertragssituationen** der Käufer durch hohe Lohnabschlüsse, Kurzarbeit oder Arbeitslosigkeit der Kunden bzw. durch eine verbesserte oder nachlassende Gewinnentwicklung der Unternehmen;
- **staatliche Maßnahmen** wie Steuererhöhungen z.B. bei Benzin oder Zigaretten;
- **politische Ereignisse** wie die Sozialreformen (Gesundheits- und Arbeitsmarktreformen) oder durch Streiks in der Automobilindustrie ausgelöste Lieferengpässe;
- **verbesserte Verkehrsanbindung** durch neue Nahverkehrslinien, Straßenausbau, Parkhäuser und Parkplätze;

- **Konkurrenzbetriebe,** die sich in der Nähe niederlassen oder ähnliche Waren bzw. Dienstleistungen bereitstellen;
- **Wandlung im Kaufverhalten** infolge bestimmter Modetrends, neu auf dem Markt erschienener Produkte oder Veränderungen in den Konsumgewohnheiten;
- **besondere Veranstaltungen,** die das Unternehmen selbst durchführt (Werbeaktionen, Geschäftsjubiläen) oder die an seinem Geschäftssitz stattfinden (Jahrmärkte, Ausstellungen, Tagungen, Festwochen);
- **starke Abweichungen von normalen jahreszeitlichen Witterungsverhältnissen** bei besonders warmem Sommer (Getränke) oder sehr kaltem Winter (Kleidung).

Wie die Bestellmenge für das nächste Quartal bestimmt werden kann, zeigt folgende Kalkulation:

	abgesetzte Menge einer bestimmten Ware im letzten Quartal	500
–	erwarteter Umsatzrückgang aufgrund Eröffnung eines Konkurrenzbetriebes 15 %	75
+	erwartete Umsatzsteigerung aufgrund gestiegener Kundeneinkommen 10 %	50
–	Lagerbestand	70
+	Mindestbestand (Sicherheitsbestand) am Lager zur Aufrechterhaltung ständiger Verkaufsbereitschaft	50
=	Bestellmenge für das nächste Quartal	455

Zu welchem Warenpreis kann bezogen werden?

Sach- und Dienstleistungsbetriebe müssen sich häufig infolge der Konkurrenzsituation am Markt an einem bestimmten Verkaufspreis ausrichten. Aus diesem Grund ist es erforderlich, vorab Höchstpreise für den Einkauf von Materialien und weiterzuveräußernden Waren festzulegen, die nicht überschritten werden dürfen.

Ausgangspunkt für diese Einkaufspreiskalkulation im Handel ist der Nettoverkaufspreis einer Ware. Im Wege der **Rückwärtskalkulation** wird unter Anrechnung von z. B. Rabatten, Skonti, Löhnen, Verwaltungskosten, Zinsen, Abschreibungen und unter Berücksichtigung eines angemessenen Gewinns jener Listeneinkaufspreis bestimmt, der beim Einkauf nicht überschritten werden darf.

Ein Großhändler kann einen Heimtrainer nur zum Nettoverkaufspreis von 1 100 EUR an seine Kunden veräußern. Mithilfe der Rückwärtskalkulation ermittelt er den Listeneinkaufspreis, den er höchstens an den Hersteller zahlen kann.

	Listeneinkaufspreis	**673,16 EUR**
–	10 % Liefererrabatt ([i. H.] → Listeneinkaufspreis = 100 %)	67,32 EUR
=	**Zieleinkaufspreis** (Warenwert)	**605,84 EUR**
–	3 % Liefererskonto ([i. H.] → Zieleinkaufspreis = 100 %)	18,18 EUR
=	**Bareinkaufspreis**	**587,66 EUR**
+	Bezugskosten (je Stück)	12,13 EUR
=	**Bezugspreis/Einstandspreis**	**599,79 EUR**
+	30 % Handlungskosten ([a. H.] → Bezugspreis = 100 %) (Zinsen, Abschreibungen, Miete, Steuern, Werbung, Personal usw.)	179,94 EUR
=	**Selbstkostenpreis**	**779,73 EUR**
+	30 % Gewinnzuschlag ([a. H.] → Selbstkostenpreis = 100 %)	233,92 EUR
=	**Barverkaufspreis**	**1 013,65 EUR**
+	3 % Kundenskonto ([v. H.] → Zielverkaufspreis = 100 %)	31,35 EUR
=	**Zielverkaufspreis**	**1 045,00 EUR**
+	5 % Kundenrabatt ([v. H.] → Nettoverkaufspreis = 100 %)	55,00 EUR
=	**Nettoverkaufspreis/Listenverkaufspreis**	**1 100,00 EUR**

Welcher Beschaffungszeitpunkt ist einzuhalten?

Zur Vermeidung von Störungen in der Güterproduktion sowie zur ständigen Liefer- und Verkaufsbereitschaft bei Handelswaren sind die benötigten Artikel so rechtzeitig zu bestellen, dass sie stets dann verfügbar sind, wenn ihr Einsatz im Herstellungsprozess bzw. ihre Weiterveräußerung erforderlich wird.

Folgende Größen beeinflussen den Beschaffungszeitpunkt:

- **Lieferzeit,** also der Zeitraum zwischen Bestellung und Lieferung;
- **Umsatzgeschwindigkeit,** die ausdrückt, wie häufig ein bestimmter Artikel in einem festgelegten Zeitraum (z. B. einem Monat bzw. einem Jahr) verkauft bzw. verarbeitet wird;
- **Lagerfähigkeit,** die abhängig ist von der Haltbarkeit der entsprechenden Warenart;
- **Lagergröße und Lagerausstattung,** wodurch eine sachgerechte Lagerung der Waren ermöglicht wird;
- **Angebotstermine der Lieferanten:** Einige Waren müssen in bestimmten Zeiträumen bestellt werden (Saison- und Modeartikel), andere sind nicht immer erhältlich (Frischfisch nur in der entsprechenden Fangzeit);
- **voraussichtliche Preisentwicklung:** Werden in absehbarer Zeit Preiserhöhungen erwartet, wird eine Bestellung nach Möglichkeit vorzeitig abgegeben. Stehen Preissenkungen bevor, wird versucht, den Auftrag noch aufzuschieben.

Bei welcher Bezugsquelle soll eingekauft werden?

Nach der Bestimmung der zu beschaffenden Waren hinsichtlich Art, Menge und Preis bleibt festzulegen, an welchen Anbieter der Auftrag vergeben werden soll. Dabei ist zu beachten, ob der infrage kommende Verkäufer die günstigsten Lieferungs- und Zahlungsbedingungen einräumt und die Waren in der geplanten Lieferzeit auch zur Verfügung stellen kann.

Sollen Waren beschafft werden, die bereits früher eingekauft wurden, ist die Bezugsquelle bekannt. **Neue Lieferanten** müssen dann ermittelt werden, wenn:

- der bisherige Anbieter gewechselt werden soll (der Kunde ist mit seinem Lieferanten unzufrieden oder dieser ist augenblicklich nicht lieferbereit);
- das Sortiment um neue Produkte erweitert werden soll;
- geänderte Produktionsabläufe den Einsatz neuer Roh-, Hilfs- und Betriebsstoffe erforderlich machen.

Informationen über mögliche Anbieter liefern dabei insbesondere:

- **Branchenadressbücher** (ABC der deutschen Wirtschaft);
- **Branchenverzeichnis der Deutschen Telekom Medien GmbH** („Gelbe Seiten");
- **Internet;**
- **Anzeigen in Tageszeitungen und Fachzeitschriften;**
- **Besuche von Messen, Ausstellungen, Tagungen;**
- **Berufsverbände, Industrie- und Handelskammern sowie Handwerkskammern;**
- **Hinweise von Geschäftsfreunden;**
- **Angebote, Prospekte, Kataloge und Preislisten von Lieferanten, zu denen bisher keine Geschäftsbeziehungen bestanden.**

Um stets über mögliche Bezugsquellen unterrichtet zu sein und die wichtigsten Angaben über Anbieter und Waren jederzeit einsehen zu können, werden alte und neue Lieferanten in der **Bezugsquellenkartei** erfasst. Diese Kartei kann sowohl nach Lieferanten **(Lieferantenkartei)** als auch nach Artikeln **(Warenkartei)** geordnet sein. Dieses manuelle Hilfsmittel ist zunehmend von computergestützten Organisationsverfahren abgelöst worden. Mittels entsprechender Software angelegte und gepflegte **Waren- und Lieferantendateien** enthalten alle erforderlichen Informationen.

- **Auszug aus einer Bezugsquellendatei nach Lieferanten (Lieferantendatei)**

Lieferant: Werkmeister GmbH Steelerstr. 119 45139 Essen Tel. 0201 317015				**Lieferungsbedingungen:** ab Werk, Preis einschließlich Verpackung, Lieferzeit 2 Wochen **Zahlungsbedingungen:** 3 % Skonto bei Zahlung innerhalb 10 Tagen, Mengenrabatt bis 25 %		
Warenart	**Bestell-Nr.**	**Artikel-Nr.**	**Angebot vom**	**Bestellung vom**	**Preis je Einheit**	**Bemerkungen**
Zweiseitiges Standregal	6025	126	28.07.20..	30.07.20..	636,70 EUR	gute Standfestigkeit
Geräte-transporttisch	9060	134	06.09.20..	09.10.20..	282,00 EUR	–
Informations-vitrine	9002	161	12.10.20..	20.10.20..	811,00 EUR	auch mit Beleuchtung lieferbar
Ablagewagen mit 8 Schüben	1093	174	28.10.20..	03.12.20..	297,00 EUR	auch lieferbar mit 4 und 6 Schüben

- **Auszug aus einer Bezugsquellendatei nach Artikeln (Warendatei)**

Artikel: Zweiseitiges Standregal 2 000 x 1 000 x 600 mm					**Artikel-Nr.** 126	
Lieferant	**Bestell-Nr.**	**Angebot vom**	**Bestellung vom**	**Preis je Einheit**	**Lieferungs- und Zahlungsbedingungen**	**Bemerkungen**
Werkmeister GmbH Steelerstr. 119 45139 Essen Tel. 0201 317015	6025	28.07.20..	30.07.20..	636,70 EUR	ab Werk, Preis einschl. Verpackung, Lieferzeit 2 Wochen, 3 % Skonto bei 10 Tagen, Mengenrabatt bis 25 %	gute Standfestigkeit
Lagerausstatter Heinrich Fink e.K. Steingasse 16 48143 Münster Tel. 0251 16154	3016 A	23.08.20..		698,00 EUR	frei Haus, Lieferzeit 4 Wochen, 3 % Skonto innerhalb 14 Tagen	Testurteil gut
Hoffmann KG Randersackerer Str. 90 97074 Würzburg Tel. 0931 286019	111730	29.10.20..	04.11.20..	674,00 EUR	unfrei, Preis zuzüglich Verpackung, Lieferzeit 3 Wochen, 3 % Skonto innerhalb 10 Tagen	schwieriger Zusammenbau der Einzelteile

7.2 Anfrage

Hat sich der Kaufinteressent zur Beschaffung bestimmter Waren entschlossen und mögliche Bezugsquellen festgestellt, versucht er durch **Anfragen** bei verschiedenen Anbietern genauere Informationen über Lieferungsmöglichkeiten und Lieferungsbedingungen einzuholen. Ziel ist die Ermittlung der **günstigsten Bezugsquelle.** Die Anfrage ist an keine Form gebunden und kann demnach schriftlich (auch als Telefax oder E-Mail) oder mündlich (auch telefonisch) erfolgen.

RICHARD MEYER

Gesellschaft für Büro-, Daten- und Kommunikationstechnik mbH

Richard Meyer GmbH • Westfalendamm 72 • 44141 Dortmund

Büromöbelfabrik
Bernd Rupert KG
Landgraben 113
52072 Aachen

Ihr Zeichen:
Ihre Nachricht vom:
Unser Zeichen: me-sch
Unsere Nachricht vom:

Name: Herr Meyer
Telefon: 0231 7301-10
Telefax: 0231 7301-21
E-Mail: richard.meyer@meyer-technik.de

Datum: 29.05.20..

Anfrage Nr. 4239
Lieferung von Stahlschränken

Sehr geehrte Damen und Herren,

für die Ausstattung unserer Büroräume benötigen wir drei Stahlschränke. Die Abmessungen dürfen maximal betragen:

Höhe:	2 000 mm
Breite:	1 000 mm
Tiefe:	500 mm

Die Lieferung sollte innerhalb von 4 Wochen erfolgen können.

Wir bitten um Ihr Angebot bis zum 15. Juni 20..

Mit freundlichen Grüßen

Richard Meyer GmbH

Richard Meyer

Meyer

Geschäftsräume	Servicezeiten	Kommunikation	Bankverbindung
Westfalendamm 72 44141 Dortmund	Mo – Fr 09:30 – 18:00 Uhr	Fon: +49 231 7301-0 Fax: +49 231 7301-20 E-Mail: info@meyer-technik.de Internet: www.meyer-technik.de	Sparkasse Dortmund BLZ 440 501 99 Konto 912345670 IBAN DE53 4405 0199 0912 3456 70 BIC DORTDE33XXX

• Rechtsform der Gesellschaft: Gesellschaft mit beschränkter Haftung • Sitz der Gesellschaft: Dortmund
• Amtsgericht Dortmund HRB 1240 • Geschäftsführer: Richard Meyer • Steuer-Nr. 315/1123/0133 • USt-IDNr. DE632281981

▶ Rechtliche Wirkung der Anfrage

Die Anfrage, die für den Kaufinteressenten **keine rechtliche Wirkung** hat, ist unverbindlich und verpflichtet nicht zum Kauf. Neben der Beschaffung von Informationen dient die Anfrage auch dazu, bestehende Geschäftsverbindungen fortzusetzen bzw. neue anzuknüpfen.

▶ Inhalt der Anfrage

- **Allgemeine Anfrage**

  Der Interessent möchte sich einen allgemeinen Überblick über das Lieferprogramm eines Anbieters verschaffen.

  > Eine allgemeine Anfrage enthält etwa die Bitte um Übersendung eines Kataloges, einer Preisliste sowie der Lieferungsbedingungen. Es kann aber auch der Wunsch nach dem Besuch eines Außendienstmitarbeiters geäußert werden.

- **Bestimmte Anfrage**

  In diesem Fall wünscht der Kaufinteressent genaue Angaben über Waren wie z. B. Qualitäten, Preise, Lieferzeiten oder Zahlungsbedingungen eines Artikels.

7.3 Angebot

Als Antwort auf eine Anfrage erhält der Kaufinteressent vom Anbieter ein **Angebot.** Auch in diesem Fall gibt es keine Formvorschrift. In der Regel wird ein Angebot schriftlich (einschließlich Telefax oder E-Mail) unterbreitet, es kann jedoch auch mündlich (einschließlich telefonisch) abgegeben werden.

Von einem „stillschweigenden" Angebot spricht man z. B. dann, wenn ein Kunde in den Geschäftsräumen des Anbieters Waren zur Mitnahme vorfindet.

7.3.1 Arten des Angebotes

Arten des Angebotes

verlangtes Angebot	unverlangtes Angebot
■ Antwort auf die Anfrage eines Kaufinteressenten	Hersteller oder Händler beabsichtigen, den Kunden: ■ mit Sonderangeboten bekannt zu machen ■ auf neue Waren hinzuweisen ■ von Zeit zu Zeit an ihr Warenangebot zu erinnern

7.3.2 Rechtliche Wirkungen des Angebotes

Das Angebot ist eine verbindliche Erklärung des Anbieters (Willenserklärung) an den Kaufinteressenten, Waren unter bestimmten Bedingungen zu liefern. Dies bedeutet, dass der Anbieter nachträglich keine Veränderungen an dieser Erklärung mehr vornehmen kann *(§ 145 BGB)*. Das Angebot wird mit dem Ziel abgegeben, dass zu einem späteren Zeitpunkt ein Kaufabschluss

(Kaufvertrag) zwischen Anbieter und Anfragendem zustande kommt. Aus diesem Grund muss das Angebot so vollständig und unmissverständlich formuliert sein, dass ein **Vertrag durch bloße Bejahung** des Kaufinteressenten abgeschlossen werden kann.

Von der dargestellten Verbindlichkeit eines Angebotes gibt es allerdings folgende **Ausnahmen:**

▶ „Angebot" an die Allgemeinheit

Spricht ein „Angebot" **nicht** eine bestimmte Person an, sondern richtet es sich an eine Vielzahl von Personen (Allgemeinheit), ist es für den „Anbietenden" nicht bindend. Es ist vielmehr als „Aufforderung zur Abgabe eines Antrages" anzusehen, d.h. als Aufforderung zum Eintritt in Kaufvertragsverhandlungen. Solche „Angebote" an die Allgemeinheit sind z.B. Schaufensterauslagen, unaufgefordert zugesandte Warenkataloge sowie Prospekte, Anzeigen und Plakate.

> Ein Möbelhändler besucht die Verkaufsausstellung eines Herstellers. Hier findet er einen Rollschrank zum Preis von 4000 EUR. Als er das Möbelstück erwerben will, wird ihm mitgeteilt, der Schrank sei versehentlich falsch ausgezeichnet worden, er koste nämlich 5000 EUR.
>
> Der „Anbieter" ist an den ersten Preis **nicht** gebunden, da es sich nicht um ein Angebot an eine bestimmte Person, sondern um ein „Angebot" an die Allgemeinheit handelt.

▶ Freibleibendes Angebot

Angebote sind in allen Bestandteilen grundsätzlich bindend. Will der Anbieter es sich jedoch vorbehalten, bestimmte Einzelheiten noch bis zur Annahme zu ändern, können **Freizeichnungsklauseln** in das Angebot aufgenommen werden.

> Freizeichnungsklauseln können sein:
> - Lieferzeit freibleibend, Lieferzeit unverbindlich
> - Preise freibleibend, Preise unverbindlich, Preisänderungen vorbehalten
> - Solange der Vorrat reicht

▶ Angebot mit Fristsetzung

Der Lieferant kann für die Gültigkeit seines Angebotes eine Frist setzen. Nach Ablauf dieses Datums ist er an das Angebot nicht mehr gebunden *(§ 148 BGB).*

> Ein Einzelhändler erhält am 01.10.20.. das Angebot eines Großhändlers über einen Posten besonders günstiger Fernsehgeräte. Allerdings ist der Hinweis enthalten, dass dieses Angebot nur bis zum 31.10.20.. Gültigkeit habe.

▶ Angebot unter Anwesenden

Wird einem Kaufinteressenten in dessen Anwesenheit ein Angebot unterbreitet, ist es nur **für die Dauer des Gesprächs bindend** *(§ 147 I BGB).* Anwesenheit bedeutet, dass sich Kunde und Verkäufer persönlich treffen oder miteinander telefonieren.

> Der Außendienstmitarbeiter einer Büroausstattungs-GmbH bietet einem Unternehmer mehrere Schreibtische im Gesamtwert von 10000 EUR an. Der Kunde kann sich nicht sofort entscheiden, ruft allerdings am nächsten Tag den Verkäufer an und bittet um Lieferung. Der Vertreter erklärt jetzt jedoch, die Schreibtische hätten sich zu seinem Bedauern um 500 EUR verteuert.
>
> Da das Angebot **nicht** sofort während des Gesprächs angenommen wurde, hat der Kunde keinen Anspruch darauf, die Schreibtische zu dem am Vortag genannten Preis zu beziehen.

Angebot unter Abwesenden

Wird einem Kaufinteressenten in dessen Abwesenheit ein Angebot unterbreitet, gilt es nur so lange, wie der Anbietende **unter normalen Umständen eine Antwort erwarten darf** *(§ 147 II BGB).*

> Wer ein Angebot durch Brief, Telefax oder E-Mail abgibt, darf erwarten, dass die Annahme des Angebotes mindestens auf gleich schnellem Wege erfolgt.

7.3.3 Widerruf des Angebotes

Ein Angebot wird in dem Augenblick verbindlich, in dem es den Empfänger erreicht. Stellt der Anbieter jedoch fest, dass ihm bei der Formulierung ein Fehler unterlaufen ist, kann er das Angebot widerrufen. Gleiches gilt, wenn der Anbieter sein Angebot nicht aufrechterhalten will. Ein solcher Widerruf ist allerdings nur dann wirksam, **wenn er vor oder gleichzeitig mit dem Angebot eingeht** *(§ 130 I BGB).*

> Wer ein schriftliches Angebot per Postzusteller unterbreitet hat, müsste den Widerruf durch Telefax oder E-Mail übermitteln.

7.3.4 Inhalte des Angebotes

Ein **aussagefähiges** Angebot sollte Informationen zu folgenden Einzelheiten beinhalten:

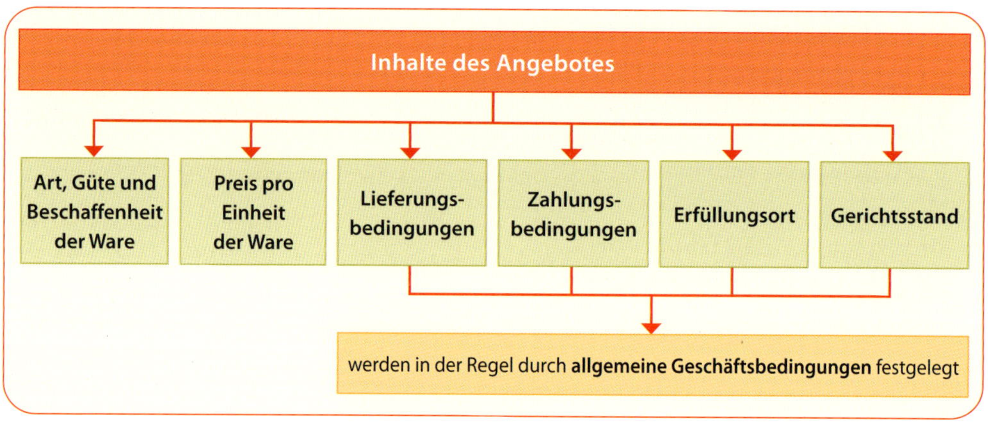

7.3.4.1 Art, Güte und Beschaffenheit der Ware

Die Art der Ware wird durch einen **handelsüblichen Namen** gekennzeichnet wie z.B. Polstermöbel, Eisenwaren, Lebensmittel oder Textilien.

Güte und Beschaffenheit der Ware können verdeutlicht werden durch:

- **Abbildungen und Beschreibungen** bei Elektrogeräten, Möbeln, Werkzeugen,
- **Muster und Proben** bei Stoffen, Papier, Tapeten, Leder,
- **Güteklassen** zur Angabe von Warenqualitäten,
  - **Handelsklassen** bei Eiern, Obst, Kartoffeln,
  - **Typen** bei Mehl, Kraftfahrzeugen,

Marken und Gütezeichen

- **Marken** sind Zeichen (insbesondere Wörter, Abbildungen, Zahlen oder dreidimensionale Gestaltungen), die der Hersteller verwendet, um seine Produkte von denen anderer abzugrenzen,

- **Gütezeichen,** die bestimmte Qualitätszusicherungen in einem Wort- oder Bildzeichen zertifizieren, werden von Verbänden oder Organisationen vergeben;

Neues Qualitätsprädikat für Energieprodukte

RAL-Gütezeichen bestätigt CO_2-Neutralität

Der Klimaschutz stellt unseren Umgang mit Energie vor neue Herausforderungen. Insbesondere bei der Wärmeerzeugung kommt es darauf an, den Ausstoß klimaschädlicher Treibhausgase wie CO_2 möglichst global zu verringern. Ein neues Qualitätsprädikat zur Kennzeichnung von Brennstoffen bietet deutschen Heizungsbesitzern dafür jetzt einen wesentlich größeren Spielraum. Selbst wer bisher schon konsequent auf einen sparsamen Einsatz von Energie geachtet hat, kann sich dank des „RAL-Gütezeichens CO_2-kompensierte Energieprodukte" noch effizienter an der notwendigen Emissionsminderung beteiligen. Wärmebrennstoffe mit diesem Gütezeichen sind nämlich CO_2-neutral, weil die von ihnen verursachten CO_2-Emissionen vollständig durch Klimaschutzprojekte wieder ausgeglichen werden.

Die Zuverlässigkeit dieser Kompensationen basiert auf weltweit anerkannten Zertifizierungssystemen. So genannte Minderungszertifikate für CO_2-Ausgleichsmaßnahmen werden von Klimaschutz-Investoren verkauft und finanzieren auf diese Weise z. B. Waldaufforstungen oder den Bau von Wasserkraftwerken und Solaranlagen. Voraussetzung ist, dass die Projekte nicht ohnehin erfolgt wären, sondern erst durch den Zertifikathandel möglich wurden. Wenn ein Energiehändler für jede Tonne CO_2, die bei der Verbrennung der von ihm verkauften Produkte entsteht, ein solches Zertifikat erwirbt, gilt beispielsweise die entsprechende Menge Heizöl als kompensiert und damit als CO_2-neutral.

Das „RAL-Gütezeichen CO_2-kompensierte Energieprodukte" bescheinigt aber nicht nur die grundsätzliche CO_2-Neutralität der jeweiligen Energie, sondern auch eine umfassende und dauerhafte Überwachung dieser wichtigen Eigenschaft. Die zertifizierten Klimaschutzprojekte werden nämlich zum Teil in weit entfernten Ländern der Welt durchgeführt. Das ist uneingeschränkt möglich, weil Schadstoffemissionen ebenso wie deren Vermeidung unabhängig von Landesgrenzen sind und sich deshalb stets global auswirken. Die Distanz erfordert aber auch wirksame Kontrollmechanismen. Denn ein deutscher Heizölverbraucher hat natürlich keine Möglichkeit, die Ausgleichsverrechnungen für seine privaten Heizungsabgase z. B. mit einem Biomasse-Projekt in Asien auf Richtigkeit zu prüfen. Dies übernehmen deshalb die Sachverständigen bzw. Prüfstellen, die die Vergabekriterien für das RAL-Gütezeichen überwachen. Sie achten unter anderem streng darauf, dass Minderungszertifikate für eine Tonne CO_2-Vermeidung nicht mehrfach verkauft werden. Um für ihre Produkte das Gütezeichen zu erhalten, müssen die Energiehändler den Kontrolleuren sämtliche Unterlagen wie Kaufverträge mit Zertifikatsanbietern, Verrechnungsabläufe oder Stilllegungs-Nachweise genutzter Zertifikate zur Einsicht überlassen.

Quelle: https:/www.guetezeichen-energiehandel.de/das-gutezeichen/#CO2neutralitaet, Abruf am 04.01.2020

- **Herkunft der Ware,** die durch das Anbaugebiet bezeichnet wird wie bei Wein, Südfrüchten, Kaffee, Tabak;
- **Jahrgang der Ware** bei Antiquitäten, Spirituosen;
- **Zusammensetzung der Ware** wie Prozent Alkohol in Spirituosen, Prozent Fett in Käse und Wurst, Goldgehalt in Schmuckstücken.

Fehlen im Angebot Angaben über Art und Güte der Ware, so ist davon auszugehen, dass bei späterer Lieferung der Artikel in **mittlerer Art und Güte** geliefert werden muss *(§ 243 BGB bzw. § 360 HGB).*

7.3.4.2 Preis pro Einheit der Ware

Der Preis, der den in Geld ausgedrückten Wert einer Ware darstellt, bezieht sich auf eine bestimmte Mengeneinheit zuzüglich der Umsatzsteuer.

Warenpreise können auf folgende Einheiten bezogen sein:

- **gesetzliche Maßeinheiten** (m, m^2, l, kg);
- **Stückzahlen** (Stück, Dutzend, Stiege);
- **handelsübliche Bezeichnungen** (Sack, Kiste, Fass, Ballen, Waggon).

7.3.4.3 Lieferungsbedingungen

Neben Mitteilungen zur Qualität und zum Preis einer Ware enthält ein Angebot auch Angaben über Beförderungs- und Verpackungskosten sowie zur Lieferzeit **(Lieferungsbedingungen).**

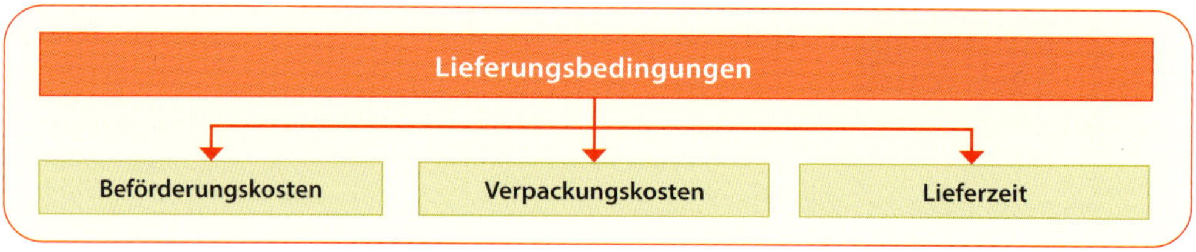

▶ Beförderungskosten

Grundsätzlich hat der Käufer die Ware beim Verkäufer abzuholen, d.h., **Warenschulden sind Holschulden.** Versendet der Lieferant die Ware an einen Kunden am gleichen Ort **(Platzkauf),** hat der Käufer alle Beförderungskosten zu tragen. Befindet sich das Unternehmen des Käufers an einem anderen Ort **(Versendungskauf),** trägt der Verkäufer die Kosten bis zur Versandstation (z.B. Bahnhof oder Flughafen) und der Käufer alle weiteren Kosten *(§ 448 I BGB).*

Diese **gesetzliche Regelung kann durch vertragliche Bestimmungen zwischen den Vertragspartnern verändert werden** bzw. diese Vereinbarungen richten sich nach dem Handelsbrauch *(§ 346 HGB):*

Beförderungsbedingungen	Bedeutung	
	Verkäufer in Erfurt übernimmt:	**Käufer in München übernimmt:**
„ab Lager", „ab Werk"	–	alle Beförderungskosten
„ab Erfurt", „ab hier" „unfrei" (gesetzl. Regelung beim Versendungskauf)	Anfuhrkosten (Beförderungskosten vom Werk oder Lager bis zur Versandstation)	Verladekosten, Frachtkosten, Entladekosten und Zustellkosten bis zu seinem Unternehmen

„frei Waggon"	Anfuhrkosten und Verladekosten	Frachtkosten, Entladekosten und Zustellkosten
„frei Bahnhof dort" „frei dort", „frachtfrei"	Anfuhrkosten, Verladekosten und Fracht	Entladekosten und Zustellkosten
„frei Haus", „frei Lager", „frei Werk"	alle Beförderungskosten	–

Verpackungskosten

Die Kosten der Versandverpackung trägt grundsätzlich der Käufer *(§ 448 I BGB)*. Die Vertragspartner können von dieser gesetzlichen Regelung wiederum abweichende Vereinbarungen treffen:

- **Verpackungskosten werden nicht gesondert berechnet**

  („Preis einschließlich Transportverpackung")

- **Verpackungskosten werden zusätzlich berechnet**

  Zum Warenpreis wird ein gesonderter Verpackungspreis ausgewiesen („Preis zuzüglich 30 EUR Transportverpackung"). Sofern der Käufer die Verpackung zurückgeben kann, werden ihm die Verpackungskosten ganz oder teilweise gutgeschrieben („Transportverpackung 30 EUR, bei Rücksendung volle Gutschrift").

  In der Regel wird die Verpackung zum Selbstkostenpreis berechnet. In Ausnahmefällen wird zur Berechnung der Verpackungskosten der Preis der Ware zugrunde gelegt („brutto für netto").

  > Beim Kauf einer Kiste Äpfel im Gesamtgewicht von 10 kg wird für den Verpackungsanteil der Kiste in Höhe von 500 g der gleiche Preis wie für die Äpfel berechnet.

- **Verpackungskosten fallen nicht an,** da der Käufer die Transportverpackung selbst stellt.

Lieferzeit

Das Gesetz verpflichtet den Verkäufer, Waren sofort zu liefern *(§ 271 I BGB)*. In den Lieferungsbedingungen können allerdings andere Vereinbarungen getroffen werden:

Lieferzeit

Tageskauf/Sofortkauf (gesetzliche Regelung)	Terminkauf	Fixgeschäft bzw. Fixhandelskauf	Kauf auf Abruf
■ sofortige Lieferung – Lieferung unmittelbar nach Vertragsabschluss	■ Lieferung innerhalb einer vereinbarten Frist – Lieferung innerhalb vier Wochen – Lieferung in der 20. Woche	■ Lieferung zu einem genau festgelegten Zeitpunkt – Lieferung zum 23. August fix – Lieferung fest am dritten Tag vor Silvester	■ Lieferung kann vom Käufer innerhalb einer bestimmten Frist angefordert werden – Lieferung kann in Teilmengen innerhalb von sechs Monaten abgerufen werden

7.3.4.4 Zahlungsbedingungen

Zahlungsbedingungen enthalten Angaben über den Zahlungszeitpunkt und über eventuelle Preisnachlässe.

▶ Zahlungszeitpunkt

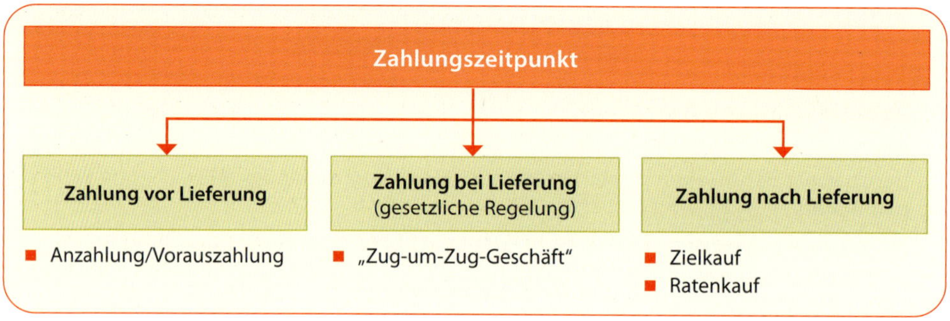

- **Zahlung vor Lieferung**

  Vor der Warenlieferung wird ein Teil des Kaufpreises (in seltenen Fällen der gesamte Kaufpreis) vom Kunden gefordert. Dieser Zahlungszeitpunkt bietet sich bei großen Aufträgen, bei Spezialanfertigungen oder bei Kaufverträgen mit neuen oder in der Vergangenheit „zahlungsschwachen" Kunden an.

- **Zahlung bei Lieferung**

  Die **gesetzliche Regelung** sieht eine sofortige Bezahlung der Ware bei Lieferung vor *(§§ 271, 433 II BGB),* d. h., der Verkäufer händigt die Ware aus, der Käufer entrichtet den Kaufpreis. Die Abwicklung des Geschäftes geschieht „Zug um Zug". Gezahlt werden kann bar (einschließlich Nachnahme) oder durch Scheck.

- **Zahlung nach Lieferung**

  ➤ **Zielkauf** *(Warenkredit des Lieferanten)*

  Mit der Zahlung nach Lieferung wird ein Zahlungsaufschub (Zielkauf) gewährt, z. B. „Zahlung innerhalb 30 Tagen ohne Abzug". Zahlt der Kunde vorzeitig, kann er vom Rechnungsbetrag einen bestimmten Prozentsatz **(Skonto)** einbehalten, z. B. „Zahlung innerhalb 30 Tagen netto Kasse, innerhalb 10 Tagen 3 % Skonto". Diese Zahlungen erfolgen in der Regel bargeldlos (z. B. durch Überweisung).

> Dieser Skontoabschlag sollte stets genutzt werden. Bei einem Rechnungsbetrag von 4 000 EUR ergäbe sich für die genannte Zahlungsbedingung eine Einsparung von:
>
> | | | |
> |---|---|---|
> | | Rechnungsbetrag | 4 000 EUR |
> | – | 3 % Skonto | 120 EUR |
> | = | Überweisungsbetrag | 3 880 EUR |
>
> 3 % Skonto für 20 Tage (Lieferantenkreditzeitraum) entsprechen (bei Anwendung der kaufmännischen Überschlagsrechnung) einem Jahreszins von 54 %.

- **Ratenkauf** *(Teilzahlungsgeschäft)*

  Bei Ratenkäufen verpflichtet sich der Kunde, beim Erhalt der Ware eine Anzahlung zu leisten und den Restbetrag in Raten (meist monatlich) zu begleichen. Teilzahlungsgeschäfte werden häufig mit Privatpersonen (Konsumenten) beim Kauf höherwertiger Gebrauchsgüter (Möbel, Pkw, Fernsehgeräte) abgeschlossen. Jeder Ratenkauf ist ein **Kreditgeschäft,** bei dem der Verkäufer eine Vorleistung erbringt, indem er die Sache liefert, ohne sofort den vollen Kaufpreis zu erhalten.

Sowohl beim Zielkauf als auch beim Ratenkauf behält sich der Verkäufer so lange das Eigentum an der Ware vor, bis der volle Kaufpreis entrichtet ist. Er liefert unter **Eigentumsvorbehalt.** Als entsprechende Vereinbarung zwischen den Vertragspartnern wird in den Kaufvertrag die Klausel „**Die Ware bleibt bis zur vollständigen Zahlung unser Eigentum.**" aufgenommen.

Preisnachlässe

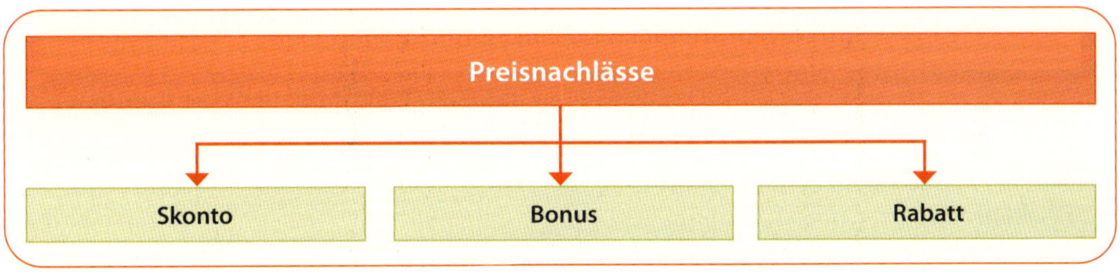

- **Skonto** ist der nachträglich gewährte Nachlass für vorzeitige Zahlung, d.h., ein eingeräumtes Zahlungsziel wird nicht voll in Anspruch genommen.
- **Bonus** ist eine nachträglich (z.B. am Jahresende) gewährte Vergütung auf den erzielten Umsatz.

  > Ein Hersteller gewährt seinen Kunden folgende gestaffelte Boni auf die bei ihm pro Jahr erworbenen Waren:
  > - bis zu 150 000 EUR: 3 % Bonus
  > - über 150 000 EUR: 5 % Bonus

- **Rabatt** ist ein sofortiger Preisnachlass, der aus verschiedenen Anlässen gewährt wird.

Rabattarten	Erläuterungen
Barzahlungsrabatt	bei sofortiger Bezahlung reduziert sich der Kaufpreis
Mengenrabatt	richtet sich nach der Menge (Stück, m, m^2, l, kg) **einer** Bestellung
Naturalrabatt	besondere Form des Mengenrabattes, bei der sich die Anzahl der erhaltenen Waren, aber nicht der Einzelpreis pro Wareneinheit verändert (z.B. beim Kauf von 10 Flaschen Wein wird eine weitere Flasche kostenlos mitgeliefert)
Sonderrabatt	bei besonderen Anlässen wie Geschäftsjubiläum, Filialeröffnung oder bei neu einzuführenden Artikeln
Treuerabatt	für langjährige gute Kunden

17 Merkur-Nr. 0054

7.3.4.5 Erfüllungsort

Beim Abschluss eines Kaufvertrages verpflichten sich die Vertragspartner, bestimmte Leistungen zu erbringen: Der Verkäufer muss die Ware mangelfrei und rechtzeitig liefern, der Käufer hat die Ware anzunehmen und den Kaufpreis fristgemäß zu zahlen.

Der Ort, an dem diese Leistungen erbracht werden müssen, ist der **Erfüllungsort.**

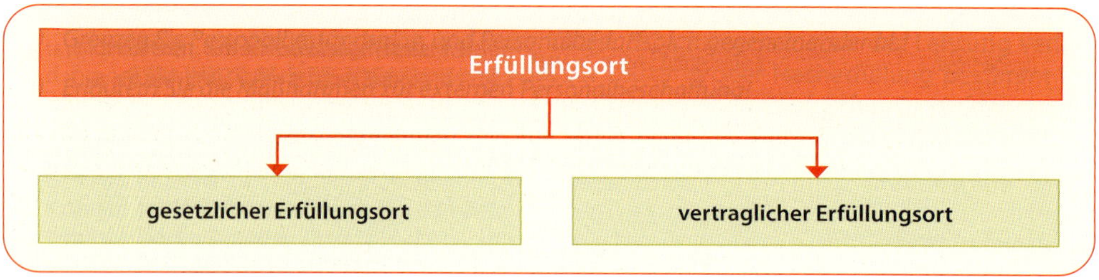

▶ Gesetzlicher Erfüllungsort

Nach dem Bürgerlichen Gesetzbuch ist der Erfüllungsort dort, wo der **Schuldner seinen Wohnsitz oder gewerblichen Sitz hat** *(§ 269 BGB)*. Dies bedeutet:

- Der **Erfüllungsort für die Lieferung** der Ware ist der **Wohn- bzw. Geschäftssitz des Verkäufers.**
- Der **Erfüllungsort für die Zahlung** des Kaufpreises ist der **Wohn- bzw. Geschäftssitz des Käufers.**

Beim gesetzlichen Erfüllungsort gibt es also

- **zwei Vertragsparteien** und
- **zwei Erfüllungsorte.**

> Ein Großhändler aus Essen kauft Waren beim Hersteller in Dresden. Der Erfüllungsort für die Lieferung ist Dresden, für die Kaufpreiszahlung Essen.

▶ Vertraglicher Erfüllungsort

Die Kaufvertragspartner vereinbaren in der Regel untereinander einen bestimmten Ort als Erfüllungsort. Nur wenn eine derartige Vereinbarung **nicht** getroffen wird, gilt die gesetzliche Regelung. Beim vertraglichen Erfüllungsort gibt es also

- **zwei Vertragsparteien** und
- **einen Erfüllungsort.**

Im täglichen Geschäftsverkehr wird in der Regel der Wohn- bzw. Geschäftssitz des Verkäufers zum vertraglichen Erfüllungsort erklärt.

> Das Möbelhaus Ferdinand Eiche OHG in Jena kauft beim Hersteller in München Wohnzimmerschränke. In den allgemeinen Geschäftsbedingungen des Produzenten steht: „Erfüllungsort für beide Teile ist München."

Gefahrenübergang

Aus dem Kaufvertrag ergibt sich für den Verkäufer die Verpflichtung, die Ware an den Käufer zu übergeben. Mit der Übergabe der Ware am Erfüllungsort geht auch die Gefahr des Verlustes, der Beschädigung oder des Verderbs vom Verkäufer auf den Käufer über.

Der Gefahrenübergang ist abhängig von der „Art der Schuld", d. h. der Unterscheidung in **Holschuld, Schickschuld** und **Bringschuld.**

Warenschulden sind Holschulden

Bei Holschulden hat der Käufer die Ware am Wohn- oder Geschäftssitz des Verkäufers abzuholen. In der Regel wird jedoch dem Käufer die Ware vom Lieferanten zugestellt oder ein Spediteur mit der Anlieferung beauftragt. Der Käufer trägt aber in jedem Fall das Transportrisiko, da der Verkäufer mit der Bereitstellung der Ware an seinem Wohn- bzw. Geschäftssitz seine Leistungspflicht bereits erfüllt hat. Wird die Ware ohne Verschulden des Verkäufers auf dem Transport vernichtet oder beschädigt (z. B. durch einen Verkehrsunfall), so hat der Käufer keinen Anspruch auf eine Ersatzlieferung und muss außerdem den vollen Kaufpreis zahlen. Trifft den Verkäufer allerdings ein Verschulden (etwa dadurch, dass er die Ware mit einem eigenen Lkw anliefert und einen Unfall selbst verschuldet), haftet er für den entstandenen Schaden.

Geldschulden sind Schickschulden

Für Geldschulden ist eine Besonderheit zu beachten: In der Regel schuldet der Käufer die Zahlung des Kaufpreises zwar an seinem Wohn- bzw. Geschäftsort. Da Geldschulden jedoch Schickschulden sind, trägt er trotzdem bei einer Zahlungsüberweisung das Risiko, dass das Geld nicht beim Empfänger ankommt *(§ 270 BGB)*.

> Ein Labor bezahlt die Rechnung seines Lieferanten durch SEPA-Überweisung. Sofern der Lieferant keinen Zahlungseingang feststellen könnte, müsste das Labor nochmals zahlen. (Allerdings wäre es in diesem Fall möglich, die Bank haftbar zu machen.)

Bringschuld

Bei einigen Waren ist es unerlässlich, dass die Übergabe durch den Verkäufer erst am Wohn- bzw. Geschäftsort des Käufers erfolgen kann. In diesem Fall ist auch dort der Erfüllungsort. Hieraus folgt, dass die Gefahr des Verlustes, der Beschädigung oder des Verderbs solange beim Verkäufer liegt.

> Eine Gemeinde bestellt für ihr Verwaltungsgebäude 200 000 l Heizöl. Diese Ware kann erst an ihrem „Geschäftssitz" übergeben werden. Bis dahin trägt der Heizöllieferant das Risiko.

7.3.4.6 Gerichtsstand

Der **Gerichtsstand** ist der Ort, an dem Streitigkeiten, die sich aus unzureichender Erfüllung der Kaufvertragsvereinbarungen zwischen den Vertragspartnern ergeben können, ausgetragen werden.

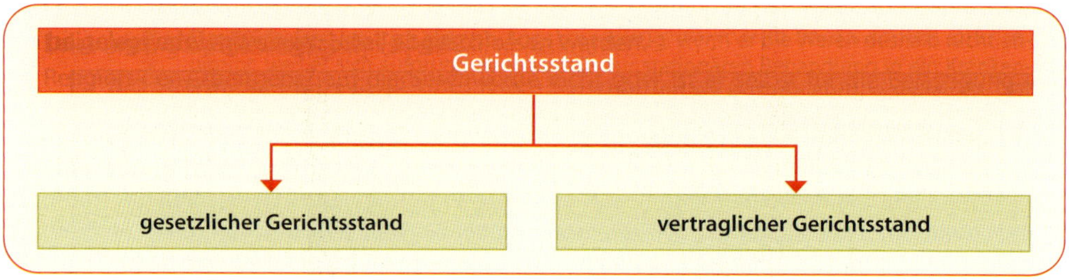

▶ Gesetzlicher Gerichtsstand

Der gesetzliche Gerichtsstand ist der Wohn- bzw. Geschäftssitz des Schuldners, für **Warenschulden also der des Verkäufers,** für **Geldschulden der des Käufers.**

> Zwischen einem Hersteller in Stuttgart und einem Großhandelsunternehmen in Hamburg ist ein Kaufvertrag abgeschlossen worden. Bei einer gerichtlichen Auseinandersetzung über verspätete oder mangelhafte Warenlieferung wäre der Gerichtsstand in Stuttgart. Ein Streit über die Kaufpreiszahlung würde in Hamburg ausgetragen.

▶ Vertraglicher Gerichtsstand

Zwischen Kaufleuten kann beim zweiseitigen Handelskauf ein von der gesetzlichen Regelung abweichender Gerichtsstand vereinbart werden. Dies wird in der Regel der Wohn- bzw. Geschäftssitz des Verkäufers sein.

> Die Textilfabrik Schlöndorf GmbH in Köln schließt mit einem Warenhaus in Leipzig einen Kaufvertrag ab. In den allgemeinen Geschäftsbedingungen der Textilfabrik heißt es: „Erfüllungsort und Gerichtsstand ist für beide Teile Köln."

Die Vereinbarung eines vertraglichen Gerichtsstandes zwischen einem Kaufmann und einer Privatperson ist **nicht** zulässig, um den Verbraucher als wirtschaftlich Schwächeren zu schützen. Dadurch soll z. B. vermieden werden, dass Privatpersonen bei Streitigkeiten grundsätzlich zum Gericht am Wohnsitz des Verkäufers reisen müssten.

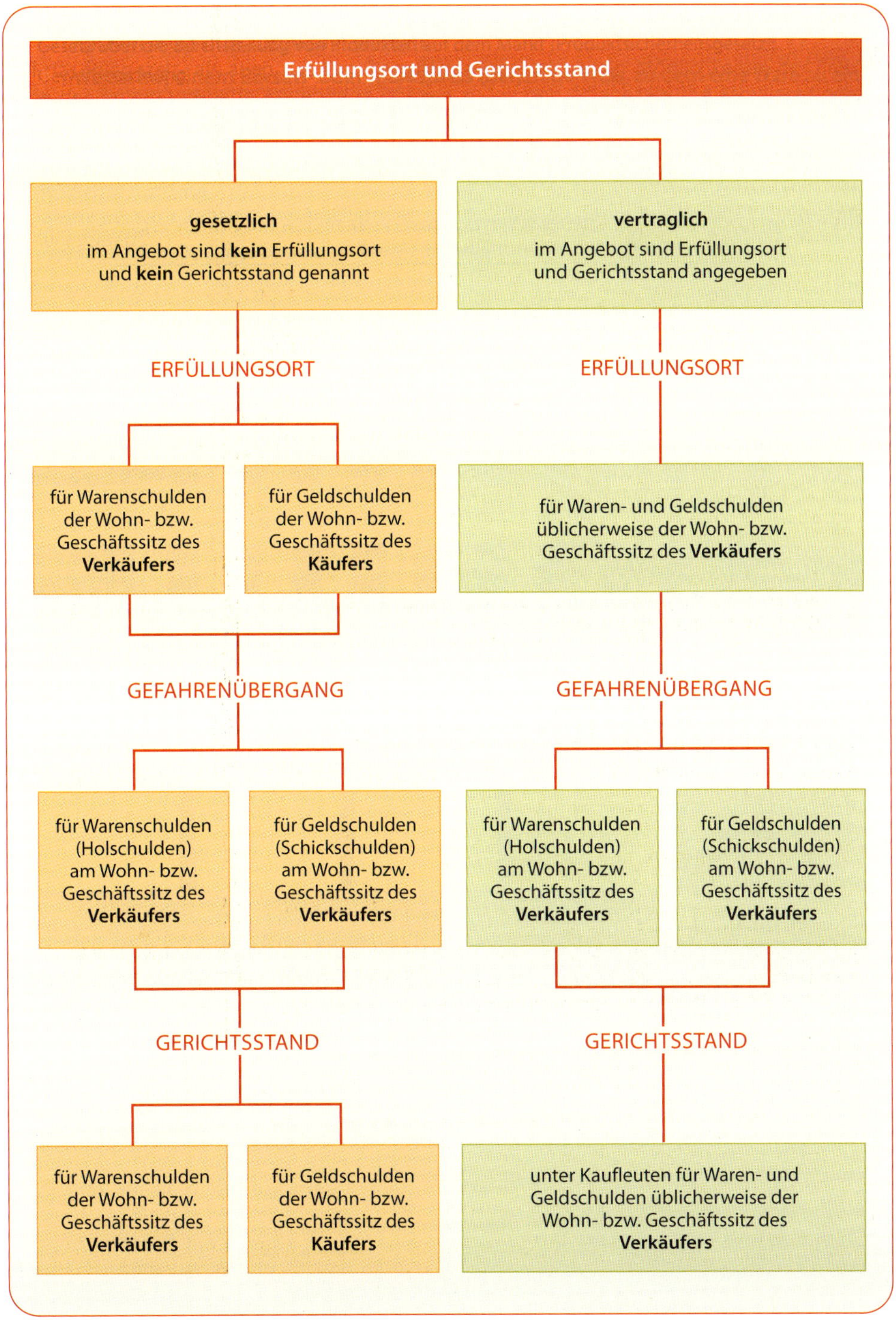
Erfüllungsort und Gerichtsstand
gesetzlich
im Angebot sind kein Erfüllungsort und kein Gerichtsstand genannt
vertraglich
im Angebot sind Erfüllungsort und Gerichtsstand angegeben
ERFÜLLUNGSORT
für Warenschulden der Wohn- bzw. Geschäftssitz des Verkäufers
für Geldschulden der Wohn- bzw. Geschäftssitz des Käufers
ERFÜLLUNGSORT
für Waren- und Geldschulden üblicherweise der Wohn- bzw. Geschäftssitz des Verkäufers
GEFAHRENÜBERGANG
für Warenschulden (Holschulden) am Wohn- bzw. Geschäftssitz des Verkäufers
für Geldschulden (Schickschulden) am Wohn- bzw. Geschäftssitz des Verkäufers
GEFAHRENÜBERGANG
für Warenschulden (Holschulden) am Wohn- bzw. Geschäftssitz des Verkäufers
für Geldschulden (Schickschulden) am Wohn- bzw. Geschäftssitz des Verkäufers
GERICHTSSTAND
für Warenschulden der Wohn- bzw. Geschäftssitz des Verkäufers
für Geldschulden der Wohn- bzw. Geschäftssitz des Käufers
GERICHTSSTAND
unter Kaufleuten für Waren- und Geldschulden üblicherweise der Wohn- bzw. Geschäftssitz des Verkäufers

Angebot

BERND RUPERT KG | Büromöbelfabrik

Bernd Rupert KG ▪ Landgraben 113 ▪ 52072 Aachen
Richard Meyer GmbH
Herrn Meyer
Westfalendamm 72
44141 Dortmund

Ihr Zeichen: me-sch
Ihre Nachricht vom: 20..-05-29
Unser Zeichen: ku-fe
Unsere Nachricht vom:

Name: Tanja Kupert
Telefon: 0241 8149-22
Telefax: 0241 8149-122
E-Mail: tanja.kupert@bueromoebel-rupert.de

Datum: 20..-06-01

Angebot Nr. 17-341

Sehr geehrter Herr Meyer,

wir danken für Ihre Anfrage Nr. 4239 und bieten Ihnen unter Beachtung unserer umseitig stehenden Allgemeinen Geschäftsbedingungen an:

BÖHMER-Stahlschrank Modell 2710-2

1 950 mm hoch, 950 mm breit und 450 mm tief,
einschwenkbare Stahltüren, 4 Fachböden – 5 Ordnerhöhen,
Schwenkgriff mit Zylinderschloss

Preis je Stahlschrank: 1.580,65 EUR zuzüglich USt

Bei einer Bestellung von 3 Stahlschränken gewähren wir 15 % Rabatt.

Die Lieferung erfolgt innerhalb von 4 Wochen nach Auftragseingang frei Haus.

Die Rechnung ist zahlbar innerhalb von 10 Tagen nach Rechnungsdatum unter Abzug von 3 % Skonto oder innerhalb von 30 Tagen netto Kasse.

Gern erwarten wir Ihre Bestellung, die wir sorgfältig ausführen werden.

Freundliche Grüße

Büromöbelfabrik
Bernd Kupert KG

i. A. Tanja Kupert

Kupert

Geschäftsräume	Bestellannahmezeiten		Internet	Telefon	Commerzbank Aachen	
Landgraben 113	Mo – Do	08:00 – 17:00	www.bueromoebel-rupert.de	+49 8149-10	BLZ	390 400 13
52072 Aachen	Fr	08:00 – 15:30	**E-Mail**	**Telefax**	BIC	COBADEFF390
			info@bueromoebel-rupert.de	+49 8149-100	Konto	232371 2011
					IBAN	DE92 3904 0013 2323 7120 11

Persönlich haftende Gesellschafterin: Eva Rupert
Amtsgericht Aachen HRA 2445 **Steuer-Nr. 316/5061/1232** **USt-ID-Nr. DE 899440971**

Inhalte eines aussagefähigen (= vollständigen) Angebotes im Überblick

	Art, Güte und Beschaffenheit der Ware	**Menge** *(z. B. Stück, Liter, kg, 1 000 Blatt)*	**Nettopreis je Mengeneinheit**	**Lieferungsbedingungen**	**Zahlungsbedingungen**	**Erfüllungsort** *(EO)*	**Gerichtsstand** *(GS)*	**Eigentumsvorbehalt**
		ggf. Angabe von Mindest- oder Höchstbestellmengen	Preisnachlässe in Form von ■ Rabatten *(z. B. Barzahlungs-, Mengen-, Natural-, Sonder- oder Treuerabatt)* ■ Boni	① Versandkosten (Warenschulden sind Holschulden!) ② Verpackungskosten ③ Lieferzeit	Preisnachlass in Form von ■ Skonti	(= Ort, an dem die Vertragsparteien ihre Pflichten erfüllen müssen)	(= Ort, an dem Rechtsstreitigkeiten aus dem Kaufvertrag vor Gericht ausgetragen werden müssen)	(zur Absicherung der Forderung wird der Käufer zunächst „nur“ Besitzer, die Eigentumsübertragung erfolgt erst nach der Bezahlung)
gesetzliche Regelung*	mittlere Art und Güte	–	–	zu ① und ②: sind vom **Käufer** zu tragen zu ③: sofortige Lieferung (= „Zug-um-Zug-Geschäft“)	■ sofortige Bezahlung (= „Zug-um-Zug-Geschäft“) ■ **Käufer** trägt die Kosten der Zahlung	■ EO + GS für **Warenschuldner** (= Lieferung): Wohn- bzw. Geschäftssitz des **Verkäufers** ■ EO + GS für **Geldschuldner** (= Zahlung): Wohn- bzw. Geschäftssitz des **Käufers**		–
Beispiele für vertragliche Regelungen	■ Abbildungen und Beschreibungen ■ Muster und Proben ■ Güteklassen ■ Marken und Gütezeichen	–	–	■ frei Haus ■ frei Waggon ■ Preis einschließlich Verpackung ■ brutto für netto (= für die Verpackung gilt der Preis der Ware) ■ Terminkauf ■ Fixgeschäft ■ Kauf auf Abruf	■ Anzahlung ■ Vorauszahlung ■ Nachnahme ■ Zielkauf ■ Ratenkauf	abweichende vertragliche Regelung möglich ■ EO für Waren- und Geldschulden: üblicherweise Wohn- bzw. Geschäftssitz des **Verkäufers** ■ GS (nur möglich zwischen Kaufleuten beim zweiseitigen Handelskauf): für Waren- und Geldschulden üblicherweise Wohn- bzw. Geschäftssitz des **Verkäufers (Ausnahme:** bei Abzahlungsgeschäften: GS jedoch **immer** am Wohnsitz des **Käufers)**		–

häufig vorformuliert durch **AGB** (= **Allgemeine Geschäftsbedingungen**), die der eine Vertragspartner (= **Verkäufer**) dem anderen Vertragspartner (= **Käufer**) **einseitig** stellt, ohne dass diese Klauseln im Einzelnen zuvor ausgehandelt worden sind

1. AGB vereinfachen den Abschluss von „Massenverträgen“ (→ „Rationalisierungsgedanke“ bei Kaufvertragsverhandlungen).
2. AGB begrenzen das Risiko des Verkäufers durch Einschränkung seiner Vertragspflichten: Um jedoch Benachteiligungen des wirtschaftlich schwächeren **Verbrauchers** zu verhindern: → **Schutz des Verbrauchers durch entsprechende Bestimmungen des „Bürgerlichen Gesetzbuches“** *(§§ 305 ff. BGB)*.

* gesetzliche Regelung gilt nur dann, sofern **keine** (!) besondere vertragliche Regelung getroffen worden ist

7.3.5 Angebotsvergleich als Voraussetzung für die Kaufentscheidung

Die auf die Anfrage des Kaufinteressenten eingegangenen Angebote werden im Rahmen der **Bezugskalkulation** miteinander verglichen, **um die günstigste Einkaufsmöglichkeit zu ermitteln.** Bei gleicher Qualität der Waren entscheiden Lieferzeit und Preis (einschließlich Beförderungs- und Verpackungskosten abzüglich möglicher Rabatte und Skonti) über die Bestellung (Auftragserteilung).

Die Richard Meyer GmbH erhält auf ihre Anfragen nach Stahlschränken Angebote von drei Lieferanten. Die wichtigsten Inhalte werden im folgenden **Angebotsvergleich** für jeweils einen Stahlschrank gegenübergestellt.

Inhalte des Angebotes	Büromöbelfabrik Bernd Rupert KG	Bürohaus Stein KG	Büroausstatter Werner Kötter e. Kfm.
Angebotspreis pro Stück	1380,00 EUR	1450,00 EUR	1250,00 EUR
Rabatt	15 %	10 %	12 %
Beförderungskosten für die Gesamtlieferung	frei Haus	ab Werk, Beförderungskosten 120,00 EUR	frachtfrei, Entlade- und Zustellkosten 32,00 EUR
Verpackungskosten für die Gesamtlieferung	–	38,50 EUR	48,00 EUR
Zahlungsbedingungen	bei Zahlung innerhalb von 10 Tagen 3 % Skonto	bei Zahlung innerhalb von 2 Wochen 2 % Skonto	zahlbar innerhalb 30 Tagen ohne Abzug

Die rechnerische Auswertung der vorstehenden Angebote ergibt folgende Bezugspreise:

	Büromöbelfabrik Bernd Rupert KG	Bürohaus Stein KG	Büroausstatter Werner Kötter e. Kfm.
Angebotspreis für 3 Stück – Rabatt	4 140,00 EUR 621,00 EUR	4 350,00 EUR 435,00 EUR	3 750,00 EUR 450,00 EUR
= Zieleinkaufspreis – Skonto	3 519,00 EUR 105,57 EUR	3 915,00 EUR 78,30 EUR	3 300,00 EUR –
= Bareinkaufspreis + Beförderungskosten + Verpackungskosten	3 413,43 EUR – –	3 836,70 EUR 120,00 EUR 38,50 EUR	3 300,00 EUR 32,00 EUR 48,00 EUR
= Bezugspreis (Einstandspreis)	**3 413,43 EUR**	**3 995,20 EUR**	**3 380,00 EUR**

Die Bezugskalkulation ergibt als preisgünstigstes Angebot das des Büroausstatters Werner Kötter e. Kfm. Da dieses Unternehmen allerdings laut Angebot erst nach zwölf Wochen liefern kann, entscheidet sich die Richard Meyer GmbH zur Bestellung beim zweitgünstigsten Lieferanten, der Büromöbelfabrik Bernd Rupert KG, die eine Lieferung innerhalb von vier Wochen zugesagt hat.

7.4 Bestellung (Auftrag)

Durch den Angebotsvergleich hat der Kaufwillige das für sich günstigste Angebot ermittelt. Diesem Lieferanten erteilt er den Auftrag. Die Bestellung (= **Auftrag**) ist an keine Form gebunden, sie kann zwar mündlich (auch telefonisch) abgegeben werden, wird jedoch in der Regel schriftlich (auch per Telefax bzw. E-Mail) unterbreitet. In der Praxis werden mündlich aufgegebene Bestellungen zur Vermeidung von Irrtümern und zum Beweis schriftlich wiederholt.

▶ Rechtliche Wirkung der Bestellung

Die Bestellung ist eine **verbindliche Erklärung** des Käufers (Willenserklärung) gegenüber dem Verkäufer, Waren zu festgelegten Bedingungen zu erwerben.

▶ Widerruf der Bestellung

Eine Bestellung wird in dem Augenblick verbindlich, zu dem sie den Empfänger erreicht. Stellt der Käufer jedoch fest, dass ihm bei der Formulierung des Auftrages ein Fehler unterlaufen ist oder will er den Auftrag nicht aufrechterhalten, kann er die Bestellung widerrufen. Ein solcher Widerruf ist allerdings nur dann wirksam, **wenn er vor oder gleichzeitig mit dem Auftrag eingeht** *(§ 130 I BGB)* **oder vorbehalten wurde** („freibleibend").

▶ Inhalt der Bestellung

■ Bestellung auf ein Angebot

Liegt der Bestellung ein Angebot zugrunde, bezieht sich der Kunde auf die dort mitgeteilten Einzelheiten, insbesondere:

- **Art der Ware und Artikelnummer;**
- **Menge der Ware;**
- **Preis der Ware.**

■ Bestellung ohne Angebot

Ging dem Auftrag kein spezielles Angebot voraus, muss die Bestellung jene Punkte enthalten, die üblicherweise in einem Angebot beinhaltet sind.

7.5 Bestellungsannahme (Auftragsbestätigung)

Nach Eingang einer Bestellung **kann** der Lieferant den Auftrag schriftlich bestätigen. Die im Angebot und im Auftrag bereits vereinbarten Bedingungen werden im Bestätigungsschreiben (= **Auftragsbestätigung**) nochmals wiederholt. Diese Angaben sollte der Käufer unbedingt mit seiner Bestellung vergleichen.

▶ Rechtliche Wirkung der Bestellungsannahme

Die rechtliche Wirkung der Auftragsbestätigung ist unterschiedlich:

■ Bestellung erfolgt aufgrund eines Angebotes

Die Bestellungsannahme dient in diesem Falle zur nochmaligen Bestätigung bzw. Kontrolle der bereits getroffenen Vereinbarungen.

Bestellung aufgrund eines Angebotes

RICHARD MEYER

Gesellschaft für Büro-, Daten- und Kommunikationstechnik mbH

Ihr Zeichen: ku-fe
Ihre Nachricht vom: 01.06.20..
Unser Zeichen: bu-sch
Unsere Nachricht vom:

Richard Meyer GmbH • Westfalendamm 72 • 44141 Dortmund

Büromöbelfabrik
Bernd Rupert KG
Frau Kupert
Landgraben 113
52072 Aachen

Name: Frau Burg
Telefon: 0231 7301-17
Telefax: 0231 7301-20
E-Mail: julia.burg@meyer-technik.de

Datum: 10.06.20..

Bestellung Nr. 4239

Sehr geehrte Frau Kupert,

wir bedanken uns für Ihr oben genanntes Angebot und bestellen hiermit

3 BÖHMER-Stahlschränke Modell 2710-2
Stückpreis (netto) 1.580,65 EUR
abzüglich 15 % Rabatt.

Wir bitten, den zugesagten Liefertermin einzuhalten.

Mit freundlichen Grüßen

Richard Meyer GmbH

i. V. Burg

Burg

Geschäftsräume	**Servicezeiten**	**Kommunikation**	**Bankverbindung**
Westfalendamm 72 44141 Dortmund	Mo – Fr 09:30 – 18:00 Uhr	Fon: +49 231 7301-0 Fax: +49 231 7301-20 E-Mail: info@meyer-technik.de Internet: www.meyer-technik.de	Sparkasse Dortmund BLZ 440 501 99 Konto 912345670 IBAN DE 53 4405 0199 0912 3456 70 BIC DORTDE33XXX

• Rechtsform der Gesellschaft: Gesellschaft mit beschränkter Haftung • Sitz der Gesellschaft: Dortmund
• Amtsgericht Dortmund HRB 1240 • Geschäftsführer: Richard Meyer • Steuer-Nr. 315/1123/0133 • USt-IDNr. DE632281981

Auftragsbestätigung

BERND RUPERT KG | Büromöbelfabrik

Ihr Zeichen: bu-sch
Ihre Nachricht vom: 20..-06-18
Unser Zeichen: ku-fe
Unsere Nachricht vom: 20..-06.-01

Bernd Rupert KG ▪ Landgraben 113 ▪ 52072 Aachen
Richard Meyer GmbH
Frau Burg
Westfalendamm 72
44141 Dortmund

Name: Tanja Kupert
Telefon: 0241 8149-22
Telefax: 0241 8149-122
E-Mail: tanja.kupert@bueromoebel-rupert.de

Datum: 20..-06-13

Auftragsbestätigung Nr. 17-341

Sehr geehrte Frau Burg,

wir danken für Ihren Auftrag Nr. 4239 und liefern vereinbarungsgemäß innerhalb von 4 Wochen frei Haus

3 BÖHMER-Stahlschränke Modell 2710-2

Nettostückpreis: 1 580,65 EUR abzüglich 15 % Rabatt.

Unsere Zahlungsbedingungen lauten:

Innerhalb von 10 Tagen nach Rechnungsdatum unter Abzug von 3 % Skonto oder innerhalb von 30 Tagen netto Kasse.

Freundliche Grüße

Büromöbelfabrik
Bernd Rupert KG

i. A. Tanja Kupert

Kupert

Geschäftsräume	Bestellannahmezeiten		Internet	Telefon	Commerzbank Aachen	
Landgraben 113	Mo – Do	08:00 – 17:00	www.bueromoebel-rupert.de	+49 8149-10	BLZ	390 400 13
52072 Aachen	Fr	08:00 – 15:30	**E-Mail**	**Telefax**	BIC	COBADEFF390
			info@bueromoebel-rupert.de	+49 8149-100	Konto	232 371 2011
					IBAN	DE92 3904 0013 2323 7120 11

Persönlich haftende Gesellschafterin: Eva Rupert
Amtsgericht Aachen HRA 2445 **Steuer-Nr. 316/5061/1232** **USt-ID-Nr. DE 899440971**

Bestellung erfolgt ohne Angebot

Bei häufig wiederkehrenden Bestellungen bei einem Lieferanten wird der Kunde nicht in jedem Fall erneut ein Angebot einholen. Der Auftrag erfolgt vielmehr unter den ohnehin bekannten Bedingungen. Bei einer Bestellung ohne Angebot **muss** der Lieferant sein Einverständnis zur Ausführung des Auftrages abgeben. Dies erfolgt durch die Auftragsbestätigung.

▶ Zusammenfassung

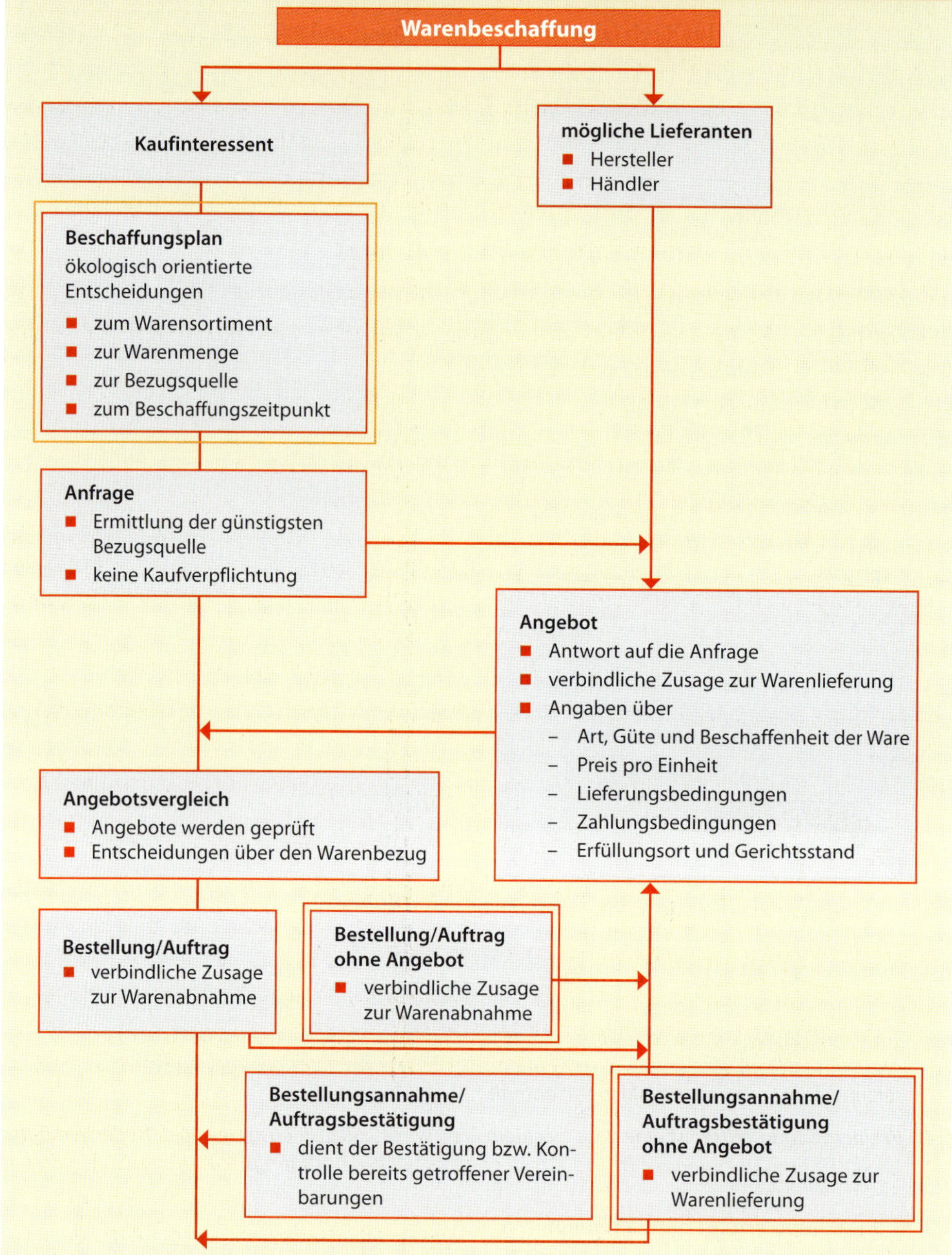

Warenbeschaffung **mit** Anfrage und Angebot
Warenbeschaffung **ohne** Anfrage und Angebot

Aufgaben

(1) *Welchen Zweck erfüllt ein Beschaffungsplan?*

(2) *Erläutern Sie am Beispiel Ihres Ausbildungsbetriebes, inwieweit sich Beschaffungsentscheidungen an ökologischen Belangen orientieren! Wo sehen Sie gegebenenfalls Verbesserungsmöglichkeiten?*

(3) *Welche Einflussgrößen können die Sortimentsgestaltung eines Handelsbetriebes bestimmen?*

(4) *Nennen Sie Auswirkungen einer falsch bestellten Warenmenge!*

(5) *Welche Faktoren können zur Änderung der bisher üblichen Bestellmengen führen?*

(6) *Erstellen Sie mithilfe eines Tabellenkalkulationsprogrammes zu den nachfolgenden Daten eine Rückwärtskalkulation!*

- *Listenverkaufspreis: 48,99 EUR*
- *Kundenrabattsatz: 2,5 %*
- *Kundenskontosatz: 3 %*
- *Gewinnzuschlagssatz: 5 %*
- *Handlungskostenzuschlagssatz: 35 %*
- *Bezugskosten je Stück: 0,29 EUR*
- *Liefererskontosatz: 2 %*
- *Liefererrabattsatz: 10 %*

(7) *Kalkulieren Sie den Listeneinkaufspreis auf der Basis der zuvor genannten Daten unter der Annahme neu, dass es sich bei dem Listenverkaufspreis in Höhe von 48,99 EUR nicht um den Netto-, sondern um den Bruttoverkaufspreis – also um den Rechnungsbetrag einschließlich der gesetzlichen Umsatzsteuer in Höhe von 19 % – handelt!*

(8) *Erläutern Sie die Bestimmungsgrößen, die Einfluss auf den Beschaffungszeitpunkt haben!*

(9) *Welche Informationsquellen stehen einem Unternehmen bei der Suche nach neuen Bezugsquellen zur Verfügung?*

(10) *Die Geschäftsleitung der Stroiber KG, die eine veraltete Computeranlage durch moderne Hardware ersetzen will, beauftragt Frau März mit der Beschaffung.*

   a) *Anhand welcher Informationsquellen könnte die Angestellte mögliche Bezugsquellen ermitteln?*

   b) *Entwerfen Sie unter Berücksichtigung aller zur Abwicklung des Geschäftsvorfalles notwendigen Angaben eine entsprechende schriftliche Anfrage!*

(11) *In welchen Fällen ist ein Angebot nicht verbindlich?*

(12) *Wann muss ein Angebot, das telefonisch abgegeben wird, spätestens angenommen werden?*

(13) *Ein Großhändler unterbreitet einem Einzelhändler ein schriftliches Angebot über einen Posten Waschmaschinen. Wie lange ist der Großhändler an sein Angebot gebunden, wenn es keine Fristsetzung oder Freizeichnungsklauseln enthält?*

(14) *In einem Schaufenster ist eine Vase zu einem Preis von 49,50 EUR ausgezeichnet. Ist der Verkäufer an diesen Preis gebunden, wenn es sich nicht um einen Auszeichnungsfehler handelt? Begründen Sie Ihre Ansicht!*

(15) *Nachdem ein Angebot verschickt ist, stellt der Kaufmann fest, dass ihm bei der Ausstellung ein Fehler unterlaufen ist. Kann er das Angebot widerrufen und wie müsste dies ggf. geschehen?*

(16) *Stellen Sie in einem Kurzvortrag Marken und Gütezeichen aus dem Geschäftszweig Ihres Ausbildungsbetriebes vor!*

(17) Welche Beförderungskosten haben Käufer und Verkäufer zu tragen, wenn im Kaufvertrag „ab hier", „frei Waggon" oder „frei Werk" als Beförderungsbedingungen vereinbart wurden?

(18) Ermitteln Sie unter Berücksichtigung der nachfolgenden Informationen die vom Käufer zu tragenden Beförderungskosten, wenn sich die Vertragsparteien auf die nachfolgenden Bedingungen festgelegt haben:

a) ab Werk

b) frei Haus

c) frei Waggon

d) unfrei

Zu berücksichtigende Beförderungskosten:

- Preis für Straßentransport je km: 2,10 EUR
- Verladekosten auf die Eisenbahn: 75,00 EUR
- Preis für Schienentransport je km: 0,80 EUR
- Entladekosten von der Eisenbahn: 75,00 EUR

Zu berücksichtigende Entfernungen:

Verkäufer	Lkw	Versand-bahnhof	Zug	Empfangs-bahnhof	Lkw	Käufer
	Straße		Schiene		Straße	
	← 35 km →		← 250 km →		← 15 km →	

(19) Was bedeuten die Klauseln „Preis einschließlich Transportverpackung" bzw. „brutto für netto"?

(20) Erläutern Sie den Unterschied zwischen „Termin- und Fixkauf"!

(21) Nennen Sie Fälle, in denen sich ein Unternehmen für einen Fixhandelskauf entscheiden wird!

(22) Worin liegt der Vorteil eines Kaufes auf Abruf?

(23) Ein Kunde hat unsere Ausgangsrechnung fristgerecht unter Abzug von 3 % Skonto innerhalb der eingeräumten Frist beglichen, indem er einen Betrag in Höhe von 2 580,78 EUR auf unser Bankkonto überwiesen hat. Berechnen Sie den Bruttorechnungsbetrag des Zielverkaufs!

(24) Ein Rechnungsbetrag über 10 000 EUR kann „innerhalb 30 Tagen netto Kasse" oder „innerhalb 10 Tagen mit 2 % Skonto" beglichen werden. Um die Rechnung bis zum zehnten Tag begleichen zu können, müsste jedoch ein kurzfristiger Bankkredit aufgenommen werden, der durch den Eingang erwarteter Einnahmen nach 20 Tagen ausgeglichen werden könnte. Jahreszins 10 %. Würden Sie den Skonto ausnutzen? Begründen Sie Ihre Meinung!

(25) Grenzen Sie Bonus und Skonto voneinander ab!

(26) Erläutern Sie den Unterschied zwischen Mengenrabatt und Naturalrabatt!

(27) Mathias Zweig aus Köln hat das von der Zwiehoff GmbH in Düsseldorf vor zwei Monaten gelieferte Fernsehgerät trotz Mahnungen nicht bezahlt. Wo kann der Lieferant seine Forderungen gerichtlich einklagen?

(28) Ein Einzelhändler hat die Rechnung seines Großhändlers durch SEPA-Überweisung beglichen. Beim Lieferanten ist die Zahlung allerdings nicht eingegangen. Der Einzelhändler, der den Zahlungsbeleg vorweisen kann, ist der Meinung, seine Leistungspflicht erfüllt zu haben. Nehmen Sie hierzu Stellung!

(29) *Auf die Anfrage eines Großhändlers gehen Angebote von drei Herstellern ein. Ermitteln Sie das preisgünstigste Angebot!*

Inhalte der Angebote	*Hersteller*		
	A	*B*	*C*
Angebotspreis pro Stück	*102,00 EUR*	*95,00 EUR*	*77,00 EUR*
Rabatt	*20 %*	*15 %*	*10 %*
Beförderungskosten für die Gesamtlieferung	*frachtfrei, Zustellung 5,00 EUR*	*frei Haus*	*ab Werk, Anfuhr 5,00 EUR Fracht 10,00 EUR Zustellung 5,00 EUR*
Verpackungskosten für die Gesamtlieferung	*15,00 EUR*	*8,50 EUR*	*Preis einschließlich Transportverpackung*
Zahlungsbedingungen	*bei Zahlung innerhalb 14 Tagen 2 % Skonto*	*bei Zahlung innerhalb 14 Tagen 3 % Skonto*	*zahlbar innerhalb 30 Tagen ohne Abzug*

(30) *Welche Kriterien können bei gleichen Einzelpreisen verschiedener Lieferanten für die Auftragserteilung ausschlaggebend sein?*

(31) *Erläutern Sie die rechtlichen Auswirkungen einer Auftragsbestätigung auf*

a) eine Bestellung ohne vorheriges Angebot

b) eine Bestellung mit vorherigem Angebot!

8 Störungen von Rechtsgeschäften am Beispiel des Kaufvertrages

Mit dem Abschluss eines Kaufvertrages haben sich die Vertragsparteien – wie bei jedem anderen Vertrag – zur Ausführung bestimmter Leistungen verpflichtet. Bei der Nichterfüllung dieser Pflichten kann es zu Störungen kommen, die erhebliche Folgen für denjenigen haben, dem ein derartiges Versäumnis nachzuweisen ist.

Pflichten aus dem Kaufvertrag und mögliche Störungen

Verkäufer (Warenschuldner)		**Käufer (Geldschuldner)**	
Pflichten	**Störungen**	**Pflichten**	**Störungen**
Übergabe der Ware und Eigentumsübertragung, d. h. ■ rechtzeitige Lieferung ■ mangelfreie Lieferung	■ Lieferungsverzug ■ Lieferung mangelhafter Ware	■ Annahme der Ware ■ Zahlung des Kaufpreises	■ Annahmeverzug ■ Zahlungsverzug

8.1 Lieferungsverzug

▶ Wesen des Lieferungsverzuges

Eine der sich aus dem Abschluss eines Kaufvertrages ergebenden Pflichten für den Verkäufer ist die rechtzeitige (termingerechte) Lieferung der vereinbarten Ware an den Käufer. Leistet der Verkäufer nicht oder nicht rechtzeitig, gerät er in Lieferungsverzug.

▶ Voraussetzungen des Lieferungsverzuges

■ Fälligkeit der Lieferung

➤ Bei unbestimmter Lieferzeit

Ist im Kaufvertrag keine bestimmte Lieferzeit vereinbart, hat die Leistung sofort zu erfolgen *(§ 271 BGB)*. Geschieht dies nicht, muss der Käufer den Verkäufer formlos zur dringenden Lieferung auffordern. Erst mit dem Zugang dieser Mahnung kommt der Lieferer in Verzug *(§ 286 I BGB)*. Diese Mahnung muss bestimmt und eindeutig formuliert sein und nach Eintritt der Fälligkeit erfolgen. Der Verkäufer soll informiert werden, dass der Käufer die Leistung gerade zu diesem Zeitpunkt erwartet.

➤ Bei kalendermäßig bestimmter Lieferzeit

Bereits ohne Mahnung kommt der Verkäufer in Verzug, wenn die im Kaufvertrag festgelegte Lieferung kalendermäßig bestimmt ist *(§ 286 II BGB)*.

> Lieferung am 22. Mai 20 ..
>
> Lieferung in der neunten Woche des Jahres

Darüber hinaus kommt es vor, dass nach dem Willen der vertragsschließenden Parteien der Zeitpunkt, an dem der Verkäufer die Leistung erbringen muss, so wesentlich ist, dass mit der Einhaltung das gesamte Geschäft stehen oder fallen soll. Handelt es sich um einen **Fixhandelskauf** zwischen Kaufleuten, kann der Käufer – bei Nichteinhaltung des Liefertermins seitens des Verkäufers – ohne Mahnung und Nachfristsetzung sofort vom Vertrag zurücktreten *(§ 376 HGB),* da das Handelsgeschäft für ihn sinnlos geworden ist.

> Anlässlich seines 25-jährigen Geschäftsjubiläums am 1. Oktober 20.. bestellt der Inhaber einer Apotheke bei einem Party-Service ein Büfett, um seine Mitareiter, Kollegen und Geschäftsfreunde bewirten zu können. Werden die Speisen zu diesem genau fixierten Zeitpunkt nicht geliefert, ist eine Nachholbarkeit der Leistung für ihn ohne Interesse.

■ Verschulden des Lieferers

Eine grundsätzliche Voraussetzung für den Lieferungsverzug ist das **Verschulden des Verkäufers** *(§ 286 IV BGB)*. Ein Verschulden liegt vor bei:

- ➤ **Fahrlässigkeit,** d. h., der Verkäufer handelt nicht so sorgfältig, wie es erforderlich ist.
- ➤ **Vorsatz,** d. h., der Verkäufer liefert mit Absicht nicht rechtzeitig.

Den Verkäufer trifft kein Verschulden, wenn die Lieferungsverzögerung durch höhere Gewalt (Hochwasser, Erdbeben, Streik usw.) entstanden ist.

■ **Nachholbarkeit der Lieferung**

Der Lieferungsverzug ist lediglich eine vorübergehende Leistungsstörung, d.h., der Verkäufer liefert zwar nicht rechtzeitig, er kann die Ware aber später liefern. Kann die Lieferung allerdings **auf Dauer** nicht mehr erbracht werden, so wird die Durchführung des gesamten Kaufvertrages unmöglich *(§ 275 I BGB)* und somit liegt auch kein Lieferungsverzug vor.

> Der Inhaber einer Galerie verkauft ein Originalgemälde an einen Kunden. Bevor das Bild ausgeliefert werden kann, wird es zerstört. In diesem Fall ist die Leistung nicht nachholbar.

▶ Rechte des Käufers aus dem Lieferungsverzug

Ist ein Verkäufer in Lieferungsverzug, so kann der Käufer unter verschiedenen Rechten wählen:

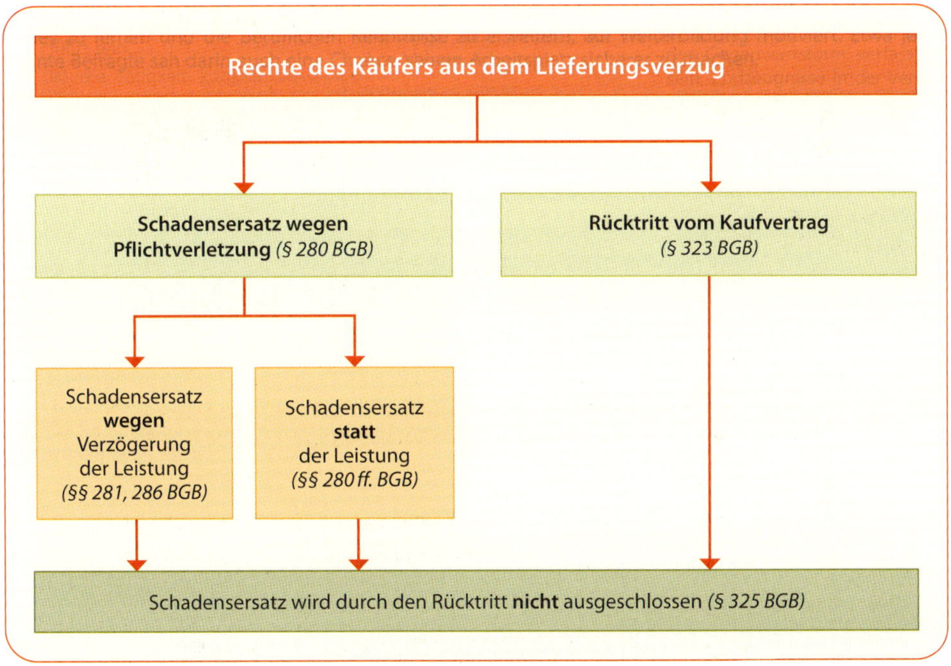

■ **Schadensersatz wegen Pflichtverletzung**

Verletzt der Verkäufer die Lieferpflicht, kann der Käufer Ersatz des entstandenen Schadens verlangen, wenn der Schuldner vorsätzlich oder fahrlässig gehandelt hat. Der zu ersetzende Schaden umfasst neben den entstandenen Kosten auch einen entgangenen Gewinn *(§ 252 BGB)*.

➤ **Schadensersatz wegen Verzögerung der Leistung**

Liefert der Verkäufer nicht rechtzeitig und leistet er auch auf eine Mahnung des Käufers nicht, so gerät er durch die Mahnung in Lieferungsverzug *(§ 286 I BGB)*, es sei denn, die Lieferung ist kalendermäßig fest bestimmt.

Ein Sanitätsgeschäft hat für den 1. April 20.. die Wiedereröffnung vorgesehen. Die Lieferung der benötigten Ladeneinrichtung ist für den 15. März 20.. fest zugesagt. Der Lieferant kommt in Lieferungsverzug, sodass die Eröffnung auf den 2. Mai 20.. verschoben werden muss. Der für diesen Zeitraum entgangene Gewinn von 10000 EUR wird beim Lieferanten als Schaden geltend gemacht.

Schadensersatz statt der Leistung

Liefert der Verkäufer nicht, kann der Käufer Schadensersatz statt der Leistung verlangen, wenn er eine angemessene Frist zur Leistung oder Nacherfüllung bestimmt hat *(§§ 280 III, 281 BGB)*. Dies ist nicht erforderlich, wenn der Verkäufer die Lieferung endgültig verweigert hat.

Zur Eröffnung einer Facharztpraxis kann das unbedingt benötigte EKG-Gerät von diesem Lieferanten endgültig nicht mehr geliefert werden. Eine Reihe von bereits fest terminierten Untersuchungen kann daher nicht durchgeführt werden. Der entgangene Gewinn von 1000 EUR wird beim Lieferanten als Schaden geltend gemacht.

Rücktritt vom Kaufvertrag

Der Käufer kann auch vom Vertrag zurücktreten. In diesem Fall muss er dem Verkäufer eine angemessene Nachfrist zur Warenlieferung einräumen *(§ 323 I BGB)*.

Diese Möglichkeit wird der Käufer dann wählen, wenn er die Ware sofort von einem anderen Lieferanten beziehen kann, möglicherweise sogar zu einem günstigeren Preis.

Besonderheit

Zur Wahrnehmung der Rechte „Schadensersatz" oder „Rücktritt vom Kaufvertrag" muss der Käufer **grundsätzlich eine Nachfrist für die Lieferung gesetzt haben.**

Die Nachfristsetzung beim Recht auf „Schadensersatz" ist jedoch dann entbehrlich, wenn der Verkäufer die Leistung endgültig verweigert *(§ 281 II BGB)*.

Die Nachfristsetzung beim „Rücktritt vom Kaufvertrag" entfällt, wenn

- der Verkäufer die Leistung endgültig verweigert *(§ 323 II BGB)* oder
- der Verkäufer die Leistung zu einem im Vertrag bestimmten Termin nicht bewirkt und der Käufer im Vertrag sein Interesse an der Leistung an die Rechtzeitigkeit gebunden hat *(§ 323 II BGB)*.

8.2 Annahmeverzug

▶ Wesen des Annahmeverzuges

Während es sich beim Lieferungsverzug um eine Pflichtverletzung des Verkäufers handelt, liegt beim Annahmeverzug eine Pflichtverletzung durch den Käufer vor. Der Käufer gerät in Annahmeverzug, wenn er:

- die angebotene Leistung nicht annimmt *(§ 293 BGB)* oder
- Mitwirkungshandlungen unterlässt, wodurch die Ausführung der Warenlieferung verhindert wird.

> Eine Facharztpraxis hat beim Einrichtungshaus Groll GmbH 120 m^2 Laminatboden bestellt. Bei Abschluss des Kaufvertrages behielt sich die Facharztpraxis vor, den Laminatboden erst dann abzurufen, wenn die Renovierung der Praxisräume abgeschlossen ist, spätestens jedoch nach 6 Monaten (Kauf auf Abruf). Fordert der Käufer den Laminatboden nicht innerhalb dieser Frist ab, gerät er in Annahmeverzug.

▶ Voraussetzung des Annahmeverzuges

- **Fälligkeit der Leistung**
  - In der Regel wird eine Leistung zu einem festgelegten Termin fällig.
  - Ist kein Zeitpunkt für die Lieferung bestimmt, muss die beabsichtigte Warenzustellung eine angemessene Zeit vorher angekündigt werden. Erfolgt diese Ankündigung nicht und wird die Ware überraschend geliefert, kommt der Käufer **nicht** in Annahmeverzug, wenn er die Lieferung nicht entgegennimmt *(§§ 271, 299 BGB)*.
- **Angebot der Leistung**

  Der Verkäufer hat dem Käufer die Leistung in der Form anzubieten, wie sie im Kaufvertrag vereinbart wurde *(§ 294 BGB)*. Daraus folgt, dass die Ware:
  - zur richtigen Zeit,
  - an den richtigen Ort,
  - in der richtigen Art und Weise (mangelfrei)

  geliefert wird.
- **Nichtannahme der Leistung**

  Der Annahmeverzug tritt ein, wenn der Käufer die ihm ordnungsgemäß angebotene Ware nicht annimmt *(§ 293 BGB)*.

Besonderheiten

- Der Annahmeverzug verbessert die Rechtsposition des Verkäufers, der einen am Verhalten des Käufers gescheiterten Leistungsversuch unternommen hat **(Haftungsminderung):** Für die Zeit des Annahmeverzuges hat der Verkäufer nicht mehr jede Fahrlässigkeit, sondern nur noch **grobe Fahrlässigkeit und Vorsatz** zu vertreten *(§ 300 I BGB)*.

  Damit trägt der Käufer das Risiko der Verschlechterung des zu liefernden Gegenstandes, wenn die sich während des Annahmeverzuges ereignenden Umstände dem Verkäufer nur als normale Fahrlässigkeit anzurechnen sind. Dasselbe gilt für den Untergang des Leistungsgegenstandes *(§ 275 I BGB)*.

  > Ein Kaufvertrag über einen Neuwagen enthält die Vereinbarung, das Fahrzeug am 15. November auszuliefern. Krankheitsbedingt kann der Käufer diesen Termin nicht einhalten. Durch ein am darauffolgenden Tag plötzlich einsetzendes Unwetter wird der

> Pkw, den der Verkäufer aus Platzmangel im Freien auf dem Betriebsgelände abgestellt hat, erheblich beschädigt. Ein Schadensersatzanspruch des Käufers besteht nicht, da der Verkäufer nicht vorsätzlich oder grob fahrlässig gehandelt hat.

- Im Gegensatz zum Lieferungsverzug ist es beim Annahmeverzug keine Voraussetzung, dass den Gläubiger ein Verschulden trifft.

> Der Käufer kommt auch dann in Annahmeverzug, wenn er die Waren deshalb nicht annimmt, weil er sich aufgrund eines Unfalls zur stationären Behandlung in ein Krankenhaus begeben musste.

Rechte des Verkäufers aus dem Annahmeverzug

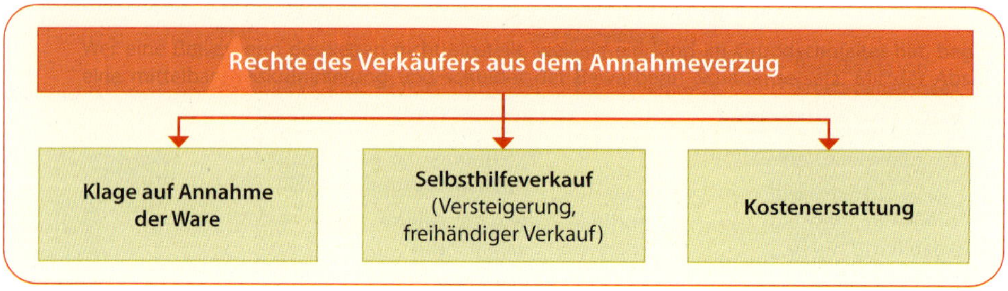

- **Klage auf Annahme der Ware**

  Hat der Käufer die Ware nicht angenommen, ist der Verkäufer trotzdem nicht von seiner Leistungspflicht befreit, d. h., er muss weiterhin in der Lage bleiben, die Ware zu liefern. Der Verkäufer wird jedoch gegebenenfalls:

  - **den Käufer** auf Annahme der Ware **verklagen** und
  - **die Ware** in der Zwischenzeit auf Kosten und Gefahr des Käufers in einem „öffentlichen Lagerhaus" oder in „sonst sicherer Weise" (z. B. beim Amtsgericht) **hinterlegen.**

  Beim **Handelskauf** ist jede Art von Waren hinterlegungsfähig *(§ 373 I HGB);* beim **bürgerlichen Kauf** nur Geld, Wertpapiere, Urkunden und andere Wertgegenstände *(§ 372 BGB).*

- **Selbsthilfeverkauf** (Versteigerung, freihändiger Verkauf)

  Eine Klage auf Annahme der Ware nimmt in der Regel längere Zeit in Anspruch. Der Verkäufer kann somit bis zu einer Gerichtsentscheidung nicht über den ihm aus dem Kaufvertrag zustehenden Geldbetrag verfügen. Aus diesem Grunde wird er versuchen, einen **Selbsthilfeverkauf** durchzuführen.

  Beim **Handelskauf** kann jede Ware zum Selbsthilfeverkauf gebracht werden *(§ 373 HGB),* beim **bürgerlichen Kauf** sind Waren, die sich nicht zur Hinterlegung eignen, zu versteigern oder freihändig zu verkaufen *(§§ 383 I, 385 BGB).*

  Macht der Verkäufer von einem dieser Rechte Gebrauch, muss er Folgendes beachten *(§§ 383, 385 BGB und 373 HGB):*

  - Der Selbsthilfeverkauf muss dem Käufer **angedroht** werden, es sei denn, es handelt sich um leicht verderbliche Waren wie Fisch, Obst, Gemüse usw. **(Notverkauf).**
  - Nimmt der Käufer trotz Androhung des Selbsthilfeverkaufs die Ware nicht an, kann sie **öffentlich versteigert** werden. Ort und Zeitpunkt der Versteigerung, die durch einen Gerichtsvollzieher oder einen Notar vorgenommen wird, sind dem Käufer mitzuteilen, damit er selbst mitbieten kann. Den Mindererlös zwischen Rechnungsbetrag und

Versteigerungspreis hat der Käufer zu ersetzen, ein eventueller Mehrerlös (abzüglich der Kosten) muss ihm ausgezahlt werden.

- Waren mit einem **Börsen- oder Marktpreis** (derjenige Preis, zu dem eine Ware zu einem bestimmten Zeitpunkt allgemein erhältlich ist) müssen nicht öffentlich versteigert, sondern können z. B. durch einen öffentlich bestellten Handelsmakler **„freihändig verkauft"** werden.

- **Kostenerstattung**
  Der Verkäufer kann vom Käufer den Ersatz seiner Mehrkosten verlangen, die ihm durch Ausgaben für die Lagerung oder die Pflege der Ware entstanden sind *(§ 304 BGB)*.

8.3 Lieferung mangelhafter Ware

▶ Wesen der Lieferung mangelhafter Ware

Der Verkäufer ist verpflichtet, dem Käufer die Ware **frei von Sach- und Rechtsmängeln** zu liefern.

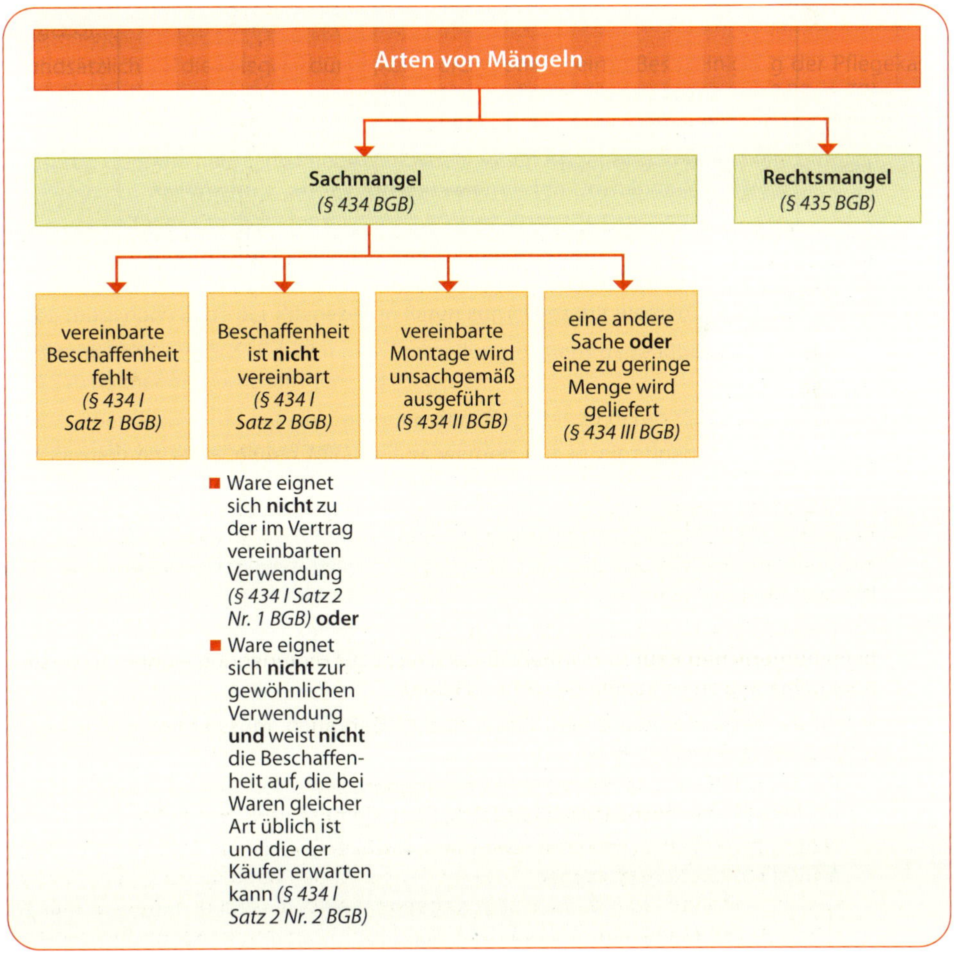

- **Sachmangel**

  Eine Sache ist frei von Sachmängeln, wenn sie die **vereinbarte Beschaffenheit hat.** Fehlt diese Beschaffenheit, ist die Ware mängelbehaftet.

  - Kratzer auf einem fabrikneuen Pkw
  - defekte Fernbedienung bei einem DVD-Recorder
  - Schraube mit Gewindefehler
  - Verkauf eines gebrauchten Pkw unter Angabe einer falschen Kilometerlaufleistung

  Ist die **Beschaffenheit der Sache nicht vereinbart,** liegen in folgenden Fällen Sachmängel vor:

  - Die Ware eignet sich nicht zu der im Vertrag vereinbarten Verwendung.
  - Die Ware eignet sich nicht zur gewöhnlichen Verwendung und weist nicht die Beschaffenheit auf, die bei Waren der gleichen Art üblich ist und die der Käufer erwarten kann.
    - frostsichere Fliesen
    - wasserundurchlässiges Zelt
  - Auch wenn in der Werbung des Händlers oder Herstellers Eigenschaften hervorgehoben werden (z. B. besonders energiesparender Kühlschrank), die die Ware anschließend nicht besitzt, liegt ein Sachmangel vor. Dies ist allerdings dann nicht der Fall, wenn die Werbeaussage für jedermann als offensichtlich übertrieben erkannt werden muss (z. B. „Mit unseren Vitamindragees lernen Sie fliegen!").

  Auch dann, wenn die vereinbarte Montage vom Verkäufer unsachgemäß ausgeführt wird, liegt ein Sachmangel vor.

  - Bei der Montage eines medizinischen Labors werden die einzubauenden Elektrogeräte beschädigt.
  - Auch wenn der Käufer die Montage – wie etwa eines erworbenen Schrankes – selbst übernimmt, die Bauanleitung aber so schlecht ist, dass ihm dies unmöglich ist, liegt ein Sachmangel vor.

  Ein Sachmangel ist ebenfalls gegeben, wenn eine andere Sache oder eine zu geringe Menge geliefert wird.

  - Lieferung von A4-Papier anstelle von Papier im Format A3
  - Statt der bestellten 50 werden nur 20 Blutdruckmessgeräte geliefert

- **Rechtsmangel**

  Ein Rechtsmangel liegt vor, wenn Dritte gegen den Käufer mehr Rechte in Anspruch nehmen können, als dies im Kaufvertrag vereinbart wurde. (Aus dem Kaufvertrag ist nicht ersichtlich, dass Dritte Rechte an der Sache haben.)

  - Ein Auszubildender veräußert einen Laptop, obwohl er diesen noch nicht abgezahlt hat.
  - Der Verkauf von DVD-Raubkopien stellt ebenfalls einen Rechtsmangel dar, da dem Käufer verschwiegen wird, dass die Rechte Dritter (hier Urheberrechte) verletzt werden.

Liegt ein Sach- oder Rechtsmangel vor, kann der Käufer gemäß § 437 BGB

- Nacherfüllung verlangen,
- vom Vertrag zurücktreten oder den Kaufpreis mindern,
- Schadensersatz oder Ersatz vergeblicher Aufwendungen verlangen.

Voraussetzung dafür ist jedoch, dass **kein Mangelausschluss** vorliegt und dass die vorgeschriebenen **Rügefristen** eingehalten worden sind.

▶ Mangelausschluss

Der Käufer wird eine erworbene Ware stets auf eventuelle Mängel prüfen. Bleibt ihm ein Mangel jedoch infolge grober Fahrlässigkeit unbekannt, kann der Käufer seine Rechte nur noch dann geltend machen, wenn der Verkäufer:

- **entweder den Mangel arglistig verschwiegen hat**

  > Verschweigt ein Gebrauchtwagenhändler, dass der vom Käufer zu erwerbende Pkw einen Unfallschaden hatte, stehen dem Käufer die Gewährleistungsrechte auch dann zu, wenn er das Fahrzeug in keiner Weise auf Mängelfreiheit geprüft hat.

- **oder eine Garantie für die Beschaffenheit der Sache übernommen hat** *(§§ 442, 444 BGB)*

  > Der Gebrauchtwagenhändler gibt eine dreijährige Garantie auf „alle laufenden Teile" und der Käufer überprüft die Mangelfreiheit nicht. Dennoch behält er seine Gewährleistungsansprüche, da der Verkäufer die Mangelfreiheit garantiert hat.

▶ Rügefristen bei der Verjährung von Mängelansprüchen *(§ 438 BGB)*

Gewährleistungsansprüche verjähren nach unterschiedlichen Zeiträumen. Danach kann der Käufer die ihm zustehenden Rechte nicht mehr durchsetzen.

Wichtige Verjährungsfristen von Mängelansprüchen

5 Jahre	3 Jahre	2 Jahre
bei **Bauwerken und bei Sachen, die für ein Bauwerk verwendet worden sind** Beispiel: ■ Montage einer Photovoltaikanlage auf dem Dach einer Reha-Klinik	bei **Mängeln, die der Verkäufer arglistig verschwiegen hat** Beispiel: ■ ein als unfallfrei verkaufter Pkw hatte einen Unfallschaden	bei **Verbrauchsgüterkäufen** (alle Käufe, bei denen ein Verbraucher eine bewegliche Sache bei einem Unternehmer erwirbt *[§ 474 BGB]*)

Der Zeitraum, innerhalb dessen der Käufer seine Gewährleistungsansprüche geltend machen kann, wird als **Rügefrist** bezeichnet. Bei Nichtbeachtung dieser vorgeschriebenen Rügefristen verliert der Käufer seine Rechte, die sich aus der mangelhaften Lieferung einer Ware ergeben. Daher wird der Käufer festgestellte Mängel in einer **Mängelrüge,** die zwar formfrei ist, in der Regel aber aus Beweisgründen schriftlich abgefasst wird, genau bezeichnen.

▶ Rügefristen nach den Vertragspartnern

- **Verbrauchsgüterkauf** *(§§ 474 ff. BGB)*

  Beim Kaufvertrag zwischen einer Privatperson und einem Unternehmen beträgt die **gesetzliche Gewährleistungsfrist zwei Jahre.** Besonders vorteilhaft für den Verbraucher ist dabei die **Beweislastumkehr:** Der Unternehmer muss nachweisen, dass die Ware zum Zeitpunkt der Übergabe mangelfrei gewesen ist. Diese Beweislastumkehr gilt jedoch nur während **der ersten 6 Monate nach dem Kauf** *(§ 476 BGB)*.

  Beim Kaufvertrag über gebrauchte Waren beträgt die Gewährleistungsfrist **ein Jahr.**

- **Bürgerliche Käufe**

  Bei Kaufverträgen zwischen Privatpersonen können Gewährleistungsansprüche ausgeschlossen werden.

- **Handelskäufe** *(§ 377 HGB)*

  Bei Käufen zwischen Unternehmern hat der Käufer die Ware nach der Lieferung **unverzüglich zu prüfen.** Verstößt er gegen diese Pflicht, gilt die Ware als genehmigt, es sei denn, dass der Mangel nicht erkennbar gewesen ist. Wird ein **offener Mangel** festgestellt, muss der Käufer prüfen, ob es sich um einen Platzkauf oder einen Distanzkauf handelt:

  - Beim **Platzkauf** (Käufer und Verkäufer wohnen im selben Ort) kann der Käufer die Annahme der mangelhaften Lieferung verweigern und die Ware sofort zurückschicken.
  - Beim **Distanzkauf** (Käufer und Verkäufer wohnen in unterschiedlichen Orten) muss der Käufer bei Beanstandung der Ware zunächst für deren ordnungsgemäße Lagerung sorgen *(§ 379 HGB).*

  Hat ein **nicht erkennbarer Mangel** vorgelegen, muss die Mängelrüge unverzüglich nach Entdeckung des Mangels erfolgen, spätestens allerdings innerhalb von **2 Jahren.**

  Im Falle **arglistig verschwiegener Mängel** verjähren die Ansprüche nach **3 Jahren** *(§ 197 BGB).*

Gewährleistungsrechte des Käufers aus der Lieferung mangelhafter Ware

Gewährleistungsrechte des Käufers aus der Lieferung mangelhafter Ware

↓

Nacherfüllung *(§ 439 BGB)*

- **Mangelbeseitigung** (Nachbesserung = Reparatur)
  oder
- **Lieferung mangelfreier Ware** (Ersatzlieferung)

↓

die Nacherfüllung ist nach zwei Versuchen fehlgeschlagen

↓ ↓

Rücktritt vom Kaufvertrag *(§ 323 BGB)* **oder** **Minderung des Kaufpreises** *(§ 441 BGB)*	**Schadensersatz** *(§§ 280, 281, 283 BGB)* **oder** **Ersatz vergeblicher Aufwendungen** *(§ 284 BGB)*

- **Nacherfüllung**

  Dem Kunden steht es frei, sich für die **Mangelbeseitigung** (Nachbesserung = Reparatur) zu entscheiden oder die **Lieferung mangelfreier Ware** zu beanspruchen (Ersatzlieferung). Allerdings kann der Verkäufer dann auf einer dieser beiden Möglichkeiten bestehen, falls die Alternative für ihn mit unverhältnismäßig hohen Kosten verbunden ist.

Gelingt die Nacherfüllung nicht, d.h., ist der Käufer anschließend nicht im Besitz einer mangelfreien Ware (nach § 440 BGB hat der Käufer **zwei Nachbesserungsversuche** zuzulassen), hat der Käufer **nun** wahlweise folgende Rechte:

- **Rücktritt vom Kaufvertrag oder Minderung des Kaufpreises**

  Rücktritt vom Kaufvertrag bedeutet, dass der Käufer die Ware gegen Erstattung des Kaufpreises zurückgibt. Bei der Minderung erhält der Käufer demgegenüber einen Preisnachlass auf die erstandene Ware.

  > Vom Kaufvertrag zurücktreten wird der Käufer dann, wenn er die gewünschte Ware sofort anderweitig und eventuell sogar günstiger erwerben kann. Von der Minderung wird der Käufer dann Gebrauch machen, wenn der Mangel relativ unerheblich und die Preisherabsetzung angemessen ist.

- **Schadensersatz oder Ersatz vergeblicher Aufwendungen**

  Ist dem Käufer durch die mangelhafte Ware ein erkennbarer Schaden entstanden, so kann er entsprechend Schadensersatz verlangen.

  > Eine vom Verkäufer ausdrücklich als nicht ausfärbend bezeichnete Bluse verliert bei der ersten Wäsche die Farbe und verdirbt sämtliche andere in der Maschine befindlichen Textilien.

  Sind dem Käufer im Vertrauen auf den Erhalt der mangelfreien Leistung zusätzliche Aufwendungen entstanden, kann er diese einfordern.

  > Eine genau auf die baulichen Gegebenheiten abgestimmte Einbauküche wird nicht geliefert und der Verkäufer hat die Lieferung endgültig abgelehnt. Alle im Vorfeld bauseits notwendigen Vorbereitungsmaßnahmen wie die Verlegung von Strom- und Wasseranschlüssen bzw. die Fliesenarbeiten sind damit hinfällig. Alle ihm dafür entstandenen Kosten wird der Käufer nun vom Verkäufer zurückverlangen.

8.4 Zahlungsverzug

▶ Wesen des Zahlungsverzuges

Aufgrund eines Kaufvertrages ist der Verkäufer verpflichtet, die Ware mangelfrei und rechtzeitig zu liefern. Der Käufer muss die Lieferung annehmen und den vereinbarten Kaufpreis zahlen. Erfüllt der Käufer die Zahlungspflicht nicht oder nicht rechtzeitig, kommt er in Zahlungsverzug *(§ 433 II BGB)*.

▶ Voraussetzung des Zahlungsverzuges

- **Fälligkeit der Zahlung**

  - **Bei unbestimmtem Zahlungstermin**

    Ist kein genauer Zahlungszeitpunkt festgelegt worden, kommt der Käufer spätestens 30 Tage nach Fälligkeit und Zugang einer Rechnung oder einer gleichwertigen Zahlungsaufstellung (z.B. Mahnung) in Verzug. Für einen **Verbraucher** als Schuldner gilt dies jedoch nur, wenn der Verkäufer auf diese Folgen zuvor in der Rechnung oder Zahlungsaufstellung besonders hingewiesen hat *(§ 286 III BGB)*.

    > Einem Zahnarzt wird eine Rechnung am 30. April zugestellt. Damit wäre der Zahnarzt automatisch am 31. Mai in Verzug.

- **Bei kalendermäßig bestimmtem Zahlungstermin**
  Ist ein fester Termin zur Zahlung des Kaufpreises vereinbart, kommt der Käufer sofort in Verzug, wenn er nicht bis zum festgelegten Zeitpunkt gezahlt hat *(§ 286 II BGB)*.

  > Zahlung bis zum 15. März 20..

Rechte des Verkäufers aus dem Zahlungsverzug

Ist ein Käufer in Zahlungsverzug, so kann der Verkäufer unter verschiedenen Rechten wählen:

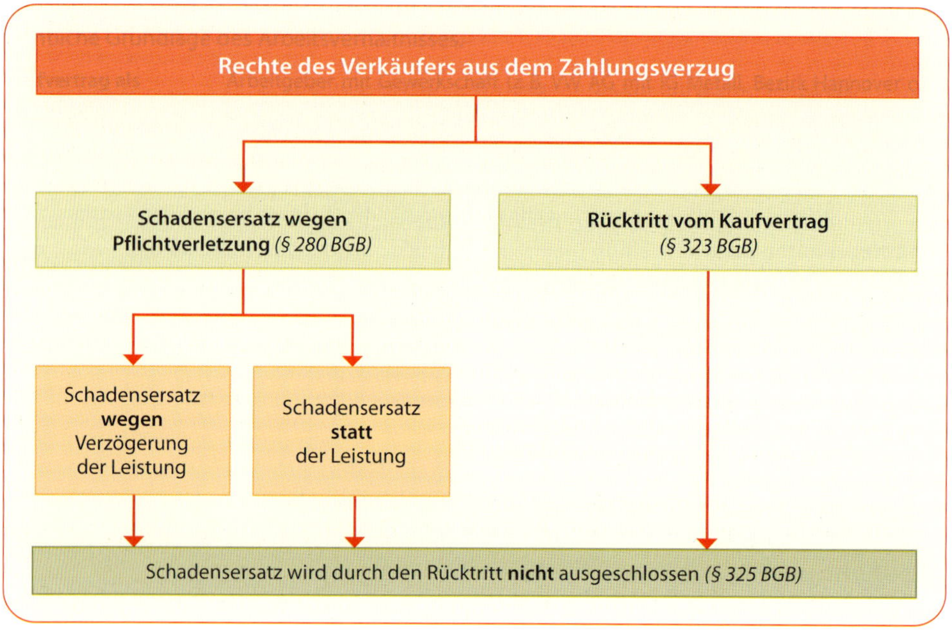

Schadensersatz wegen Pflichtverletzung

Neben der Forderung auf Zahlung des Kaufpreises kann der Verkäufer zusätzlich Ersatz des ihm entstandenen Schadens verlangen *(§ 280 I BGB)*.

Schadensersatz wegen Verzögerung der Leistung

Zahlt der Käufer nicht rechtzeitig, kann der Verkäufer Verzugsschäden geltend machen.

Verzugszinsen

Ab Verzug ist der Verkäufer berechtigt, ohne Weiteres Verzugszinsen zu verlangen. Der Verzugszinssatz beträgt für das Jahr 5%-Punkte über dem **Basiszinssatz** *(§ 288 I BGB)*. Dieser Basiszinssatz, der jeweils zum 1. Januar und 1. Juli eines jeden Jahres angepasst wird, beträgt zurzeit (Januar 2021) – 0,88% *(§ 247 I BGB)*. Bei Rechtsgeschäften, an denen ein **Verbraucher nicht** beteiligt ist, beträgt der Zinssatz 9%-Punkte[1] über dem Basiszinssatz *(§ 288 II BGB)*.

---

1 8%-Punkte bei Verzugsbeginn vor dem 29. Juli 2014.

Zinssätze (jeweils am 1. Januar des Jahres)			
Jahr	**Basiszinssatz** *(§ 247 I BGB)*	**Verzugszinssatz bei**	
		Verbrauchergeschäften *(§ 288 I BGB)*	**Handelsgeschäften** *(§ 288 II BGB)*
2012	0,12 %	5,12 %	8,12 %
2013	– 0,13 %	4,87 %	7,87 %
2014	– 0,63 %	4,37 %	7,37 %
2015	– 0,83 %	4,17 %	8,17 %
2016	– 0,83 %	4,17 %	8,17 %
2017	– 0,88 %	4,12 %	8,12 %
2018	– 0,88 %	4,12 %	8,12 %
2019	– 0,88 %	4,12 %	8,12 %
2020	– 0,88 %	4,12 %	8,12 %

- **Verzugsschaden**

  Entsteht dem Verkäufer ein höherer Verzugsschaden, etwa durch die Notwendigkeit einer Kreditaufnahme infolge des ausstehenden Zahlungseinganges, so kann er diese Aufwendungen ebenfalls geltend machen *(§ 288 IV BGB)*. Für diese Mehraufwendungen besteht allerdings **Nachweispflicht.**

➤ **Schadensersatz statt der Leistung**

Zahlt der Käufer nicht, kann der Verkäufer Schadensersatzansprüche geltend machen, wenn der Verkäufer eine angemessene Frist zur Zahlung bestimmt hat *(§ 281 BGB)*. Dies ist nicht erforderlich, wenn der Käufer die Zahlung endgültig verweigert hat.

> Auf dieses Recht wird der Verkäufer dann zurückgreifen, wenn er die nicht bezahlte Ware an einen anderen Kunden verkaufen kann, allerdings zu einem niedrigeren Preis. Die Differenz zwischen diesem Verkaufserlös und dem im Kaufvertrag zuvor vereinbarten höheren Preis wird er als Schaden geltend machen.

- **Rücktritt vom Kaufvertrag**

  Der Verkäufer kann auch vom Kauf zurücktreten. In diesem Fall muss er dem Käufer eine angemessene Nachfrist zur Zahlung einräumen *(§ 323 I BGB)*.

> Von dieser Möglichkeit wird der Verkäufer z. B. dann Gebrauch machen, wenn er in Erfahrung gebracht hat, dass der Käufer nicht zahlen kann. Durch Rücktritt vom Kaufvertrag würde der Verkäufer wenigstens seine Ware zurückerhalten.

Besonderheit

Eine Nachfristsetzung für die Wahrnehmung der Rechte „Schadensersatz" bzw. „Rücktritt vom Kaufvertrag" ist in folgenden Fällen **nicht** notwendig:

- der Käufer verweigert die Zahlung endgültig;
- es handelt sich um einen Fixhandelskauf *(§ 376 HGB)*.

▶ Zusammenfassung

Störungen von Rechtsgeschäften am Beispiel des Kaufvertrages

Lieferungsverzug	Annahmeverzug	Lieferung mangelhafter Ware	Zahlungsverzug
Die vertraglich vereinbarte Lieferung erfolgt nicht oder nicht termingerecht	Die Annahme der Ware erfolgt nicht oder nicht termingerecht	Die gelieferte Ware hat einen Sach- oder Rechtsmangel	Die Zahlung des Kaufpreises erfolgt nicht oder nicht termingerecht
↓	↓	↓	↓
Wahlweise Rechte des **Käufers:** ■ Schadensersatz wegen Pflichtverletzung – wegen Verzögerung der Leistung – statt der Leistung ■ Rücktritt vom Kaufvertrag	Wahlweise Rechte des **Verkäufers:** ■ Klage auf Annahme der Ware ■ Selbsthilfeverkauf ■ Kostenerstattung	Rechte des **Käufers:** ■ Nacherfüllung – Mangelbeseitigung oder – Lieferung mangelfreier Ware **nach zwei erfolglosen Versuchen:** ■ Rücktritt vom Kaufvertrag oder Minderung des Kaufpreises ■ Schadensersatz oder Ersatz vergeblicher Aufwendungen	Wahlweise Rechte des **Verkäufers:** ■ Schadensersatz wegen Pflichtverletzung – wegen Verzögerung der Leistung – statt der Leistung ■ Rücktritt vom Kaufvertrag

Aufgaben

22

(1) Welche Voraussetzungen müssen erfüllt sein, damit ein Verkäufer in Lieferungsverzug kommt?

(2) Wann kann bei nicht rechtzeitiger Lieferung auf eine Mahnung verzichtet werden?

(3) Vereinbarungsgemäß sollte die Lieferung einer neuen Fakturierungssoftware umgehend erfolgen. Bis heute ist die Lieferung allerdings noch nicht eingetroffen. Der Besteller ist der Meinung, man könne sofort vom Vertrag zurücktreten. Nehmen Sie zu diesem Sachverhalt kritisch Stellung!

(4) Welches dem Käufer beim Lieferungsverzug zustehende Recht würden Sie in den folgenden Fällen in Anspruch nehmen?

a) Nach der Auftragserteilung sind die Preise um 6 % gefallen und ein anderer Lieferant kann kurzfristig liefern.

b) Die Ware ist bei einem anderen Lieferanten zu einem allerdings 8 % höheren Preis sofort erhältlich.

c) Die bestellte Ware ist bei keinem anderen Lieferanten erhältlich.

(5) Warum bezeichnet man den Annahmeverzug auch als Gläubigerverzug?

(6) Erläutern Sie die beim Annahmeverzug eintretende Haftungsminderung des Verkäufers!

(7) Beschreiben Sie die Rechte des Verkäufers beim Annahmeverzug!

(8) *Nennen Sie am Beispiel Ihres Ausbildungsbetriebes mindestens je zwei Beispiele für Sachmängel, bei denen die vereinbarte Beschaffenheit der Ware fehlt und bei denen die Ware sich nicht zu der im Vertrag vereinbarten Verwendung eignet!*

(9) *Um welchen Mangel handelt es sich in den nachfolgenden Fällen? Benennen Sie dabei auch den nach Ihrer Meinung zutreffenden Paragrafen des BGB!*

a) *Statt eines digitalen ISDN-Telefons wird ein analoges Telefon geliefert.*

b) *Ein 24-Zoll-TFT-Bildschirm weist an 4 Stellen einen großflächigen Ausfall an Pixeln auf. Insgesamt sind ca. 20 % der gesamten Bildschirmfläche davon betroffen.*

c) *Auf einem Laptop, der laut Kaufvertrag mit dem Betriebssystem „Windows 10" ausgeliefert werden sollte, ist „Windows 8" installiert worden.*

d) *Ein Hersteller wirbt für seinen Energiedrink: „Red Bull verleiht Flügel!"*

e) *Ein Händler verkauft Software, ohne die dazu erforderliche Lizenz des Software-Herstellers als geistiger Urheber zu besitzen.*

f) *Ein Neuwagen verbraucht durchschnittlich 7,9 l Kraftstoff auf 100 km, obwohl der Hersteller in seiner Werbung einen wesentlichen geringeren Durchschnittsverbrauch von 4,0 l/100 km hervorgehoben hat.*

g) *Kauf einer Musik-CD, die sich auf dem heimischen CD-Player nicht abspielen lässt.*

h) *Bedingt durch eine fehlerhafte Montageanleitung eines Herstellers aus Übersee kann der Aufbau eines neuen Fitnessgerätes*

1. *nicht erfolgen*
2. *dennoch erfolgreich abgeschlossen werden.*

i) *Kauf einer Musik-CD, die sich nicht auf einem PC abspielen lässt. Auf der Verpackung der CD ist diese Möglichkeit mit einem deutlich sichtbaren Hinweis des Herstellers vermerkt.*

j) *Von den bestellten 1 000 Paketen A4-Kopierpapier, weiß, 80 g/m^2 erhält der Kunde nur 990 Pakete.*

(10) *Welche Rügefristen gibt es bei der Verjährung von Mängelanspüchen?*

(11) *Was versteht man unter einem Verbrauchsgüterkauf?*

(12) *Erläutern Sie an einem selbst gewählten Fall die Gewährleistungsfristen beim Verbrauchsgüterkauf und definieren Sie den Begriff „Beweislastumkehr"!*

(13) *Was versteht man unter Nacherfüllung?*

(14) *Erläutern Sie, wann ein Käufer, dem mangelhafte Ware geliefert worden ist, vom Recht auf Nacherfüllung, Rücktritt, Minderung, Schadensersatz oder Ersatz vergeblicher Aufwendungen Gebrauch machen wird!*

(15) *Auch bei der Erfüllung von den mit Lieferanten abgeschlossenen Kaufverträgen können sich gelegentlich Kaufvertragsstörungen ergeben. Entscheiden Sie, welche der folgenden drei Aussagen nach den gesetzlichen Vorschriften auf die nachfolgend genannten Situationen zutrifft.*

Aussagen:

① *Der Käufer muss eine angemessene Nachfrist setzen.*

② *Der Käufer kann eine Ersatzlieferung verlangen.*

③ *Der Käufer kann sofort vom Kaufvertrag zurücktreten.*

Ordnen Sie zu diesem Zweck der entsprechenden Situation die Ziffer vor der jeweils zutreffenden Aussage zu!

Situationen:

a) *Der Verkäufer hat statt der bestellten gelben DIN-A5-Karteikarten weiße Karteikarten geliefert.*

b) *Vereinbarungsgemäß sollte der Verkäufer die Ware fix zum 28.07.20.. liefern. Auch am nächsten Tag ist die bestellte Ware noch nicht eingetroffen.*

(16) Welche Voraussetzung muss erfüllt sein, damit ein Zahlungsverzug vorliegt?

(17) Unter welchen Umständen gerät ein Sanitätshaus, dem Waren auf Rechnung geliefert worden sind, in Zahlungsverzug?

(18) Welche gesetzlichen Verzugszinsen können zurzeit beim Zahlungsverzug eingefordert werden?

(19) Unter welcher Voraussetzung ist es möglich, dass ein Verkäufer von einem säumigen Kunden einen höheren Zinssatz als den aktuellen Mahnzins fordern kann?

(20) Entscheiden Sie bei den nachfolgenden sieben Auszügen aus Geschäftsbriefen, um welche Kaufvertragsstörung es sich jeweils handelt!

a) „... sehen wir uns gezwungen, Ihnen Verzugszinsen in Rechnung zu stellen."

b) „Die Abrechnung über den durchgeführten Selbsthilfeverkauf fügen wir diesem Schreiben bei."

c) „..., sehen wir uns gezwungen, die Ware bei einem anderen Lieferanten zu beziehen. Die dadurch ggf. entstehenden Mehrkosten werden wir Ihnen in Rechnung stellen."

d) „Leider können wir Ihren Ansprüchen nicht mehr nachkommen, da die gesetzliche Gewährleistungsfrist von 2 Jahren seit mehr als 12 Wochen abgelaufen ist."

e) „... teilen wir Ihnen mit, dass wir mit der von Ihnen vorgeschlagenen Kaufpreisminderung einverstanden sind."

f) „... treten wir hiermit vom Kaufvertrag zurück."

g) „Die für die Lagerung der Ware entstehenden Kosten werden wir Ihnen in Rechnung stellen."

8.5 Mahnverfahren

Erfüllt ein Schuldner **(Geld- oder Warenschuldner)** seine Verpflichtungen aus dem Kaufvertrag nicht, wird er in der Regel durch eine Mahnung aufgefordert, die entsprechende Schuld zu begleichen. Prinzipiell nimmt der Gläubiger bei Verzug nicht sofort die Hilfe von Gerichten in Anspruch (gerichtliches Mahnverfahren), sondern mahnt den Schuldner zunächst mehrfach selbst an (außergerichtliches oder kaufmännisches Mahnverfahren).

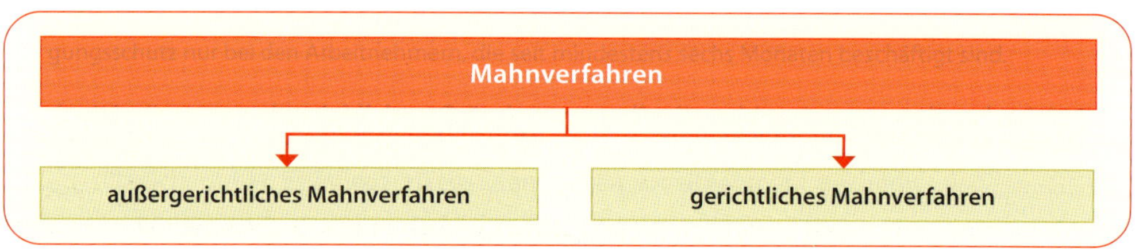

8.5.1 Außergerichtliches Mahnverfahren

▶ Wesen des außergerichtlichen Mahnverfahrens

Die im außergerichtlichen Mahnverfahren durchgeführte Mahnung ist eine dringende Aufforderung des Gläubigers an den Schuldner, die im Kaufvertrag vereinbarte Leistung **(Geldzahlung bzw. Warenlieferung)** jetzt durchzuführen. Diese Mahnung ist zwar formfrei, aus Gründen der Beweissicherheit wird allerdings in der Regel die schriftliche Form gewählt. Die inhaltliche Gestaltung der Mahnung ist keinen festen Regeln unterworfen. Ein Hinweis auf Verzugsfolgen, Rechtsnachteile und Zahlungsfristen ist im allgemeinen Geschäftsverkehr üblich bzw. gegenüber Verbrauchern sogar vorgeschrieben.

▶ Durchführung des außergerichtlichen Mahnverfahrens

In der Praxis wird der Gläubiger beim Mahnen die jeweiligen Geschäftsverbindungen mit dem Schuldner insgesamt würdigen. So ist es z.B. möglich, dass ein sonst guter Kunde lediglich eine Zahlungsverpflichtung übersehen oder vergessen hat. Eine abgestufte Mahnfolge ist daher in den meisten Fällen sinnvoll, aber nicht Bedingung.

Bezogen auf einen Zahlungsverzug ergäbe sich beispielsweise folgende Reihenfolge:

- **Persönliches Erinnerungsschreiben**

  Die 1. Mahnung gilt als höfliche **Zahlungserinnerung.** Eine Kopie der Rechnung wird mit der Bitte beigefügt, das Konto auszugleichen.

- **Ausdrückliche Mahnung**

  Mit der 2. Mahnung wird ausdrücklich auf die Fälligkeit der Zahlung hingewiesen, eine Frist gesetzt und ein kombinierter SEPA-Überweisungsauftrag/Zahlschein (vgl. S. 313) beigefügt.

- **Androhung des Einzuges durch ein Inkassoinstitut (3. Mahnung)**

  Der Schuldner wird aufgefordert – unter Hinweis auf die zusätzlich entstehenden Kosten und unter erneuter Fristsetzung – die Leistung umgehend zu bewirken. Bei überfälligen Zahlungsverpflichtungen wird der Einzug durch ein Inkassoinstitut angedroht. **Inkassoinstitute** sind Unternehmen, die gewerbsmäßig Forderungen bei Geldschuldnern einziehen. Für den Gläubiger liegt der Vorteil der Inanspruchnahme eines Inkassoinstituts darin, dass er Kosten bei der Überwachung der Zahlungseingänge sparen kann. Anfallende Gebühren und Verzugszinsen werden dem säumigen Schuldner in Rechnung gestellt.

- **Klageandrohung (4. Mahnung)**

  Ist die Leistung aufgrund der 3. Mahnung noch nicht erfolgt, d.h., hat der Schuldner bei Zahlungsforderungen die Zahlung an das Inkassoinstitut verweigert, so erfolgt eine scharfe vierte Mahnung mit der Bestimmung einer endgültig letzten Frist. Die Klage auf Zahlung oder die Einleitung eines gerichtlichen Mahnverfahrens wird angedroht.

8.5.2 Gerichtliches Mahnverfahren *(§§ 688–703 d ZPO)*

▶ Wesen und Zulässigkeit des gerichtlichen Mahnverfahrens

Hat der Gläubiger mit der letzten Mahnung im außergerichtlichen Mahnverfahren keinen Erfolg, kann er entweder sofort **Klage auf Zahlung** erheben (vgl. S. 291) oder aber – sofern nicht mit Einwendungen des Schuldners zu rechnen ist – ein gerichtliches Mahnverfahren einleiten. Gegenüber dem normalen Zivilprozess eröffnet das gerichtliche Mahnverfahren dem Gläubiger die Möglichkeit, seine Forderungen schnell und kostensparend einzutreiben, ohne dass es einer langwierigen Prozessführung bedarf.

Allerdings können durch dieses Verfahren nur Geldschulden eingefordert werden. Damit der Mahnbescheid dem Antragsgegner auch tatsächlich zugestellt werden kann, muss der Aufenthaltsort des Schuldners, also dessen Wohn- (bei natürlichen Personen) bzw. Geschäftssitz (bei juristischen Personen), bekannt sein. Darüber hinaus darf der im gerichtlichen Mahnverfahren geltend gemachte Anspruch **nicht** von einer noch nicht erbrachten Gegenleistung abhängig sein.

Um seinen Anspruch auf Zahlung des Kaufpreises gegenüber dem Käufer auf dem Wege des gerichtlichen Mahnverfahrens geltend machen zu können, müsste entweder der Verkäufer die Ware bereits geliefert haben oder es müsste zwischen den Vertragsparteien vereinbart worden sein, den gesamten Kaufpreis bzw. einen bestimmten Teilbetrag vor der Lieferung der Ware zu entrichten.

129 615

▶ Zuständigkeit und Durchführung des gerichtlichen Mahnverfahrens

Sachlich wird das Mahnverfahren von den Amtsgerichten durchgeführt, wobei eine maschinelle Bearbeitung zulässig ist. Die entsprechenden bundeseinheitlichen Vordrucke bzw. Vordrucksätze können z. B. über den Schreibwareneinzelhandel bezogen werden.

■ Mahnverfahren bei Gerichten, die die Verfahren maschinell bearbeiten

Bei maschineller Bearbeitung des Mahnverfahrens ist der Antrag auf Erlass eines Mahnbescheides unter Benutzung des dafür gesetzlich vorgeschriebenen Vordruckes **ausschließlich** bei dem im jeweiligen Bezirk dafür zuständigen Amtsgericht, dem **zentralen Mahngericht,** zu stellen. Die Verwendung einheitlicher Formulare, der Einsatz elektronischer Datenverarbeitung sowie die Konzentration aller Mahnverfahren auf zentrale Mahngerichte sollen eine schnellere und rationellere Bearbeitung gerichtlicher Mahnverfahren gewährleisten.

So müssen z. B. Gläubiger mit Wohn- bzw. Geschäftssitz in Baden-Württemberg ihre Anträge auf Erlass eines Mahnbescheides beim Amtsgericht Stuttgart einreichen. Dieses zentrale Mahngericht weist alle Mahnverfahren zurück, die nicht auf maschinell zu bearbeitenden Vordrucken beantragt werden.

In Nordrhein-Westfalen sind die Amtsgerichte Hagen (OLG-Bezirk Hamm, Düsseldorf) oder Euskirchen (OLG-Bezirk Köln) die zuständigen zentralen Mahngerichte.

Der in gut lesbarer Blockschrift oder mit einer Schreibmaschine ausgefüllte Vordruck mit seinen 53 fortlaufend nummerierten Zeilen ist in einfacher Ausfertigung einzureichen. Hinweise zum sachgerechten Ausfüllen des entsprechenden Formulares sind bei den Amtsgerichten erhältlich. Wesentlich ist, dass die Hauptforderung (Zeilen 32 – 34 des Antragsformulares) durch eine entsprechende **Anspruchskatalognummer** beschrieben werden muss.

Hauptforderungs-Katalog *(Auszug)*
Die Hinweise in Klammern bitte unbedingt beachten.

Bezeichnung	Katalog-Nr.	Bezeichnung	Katalog-Nr.
Anzeigen in Zeitungen u. a.	1	⋮	
Ärztliche oder zahnärztliche Leistung	2	**V**ergleich, außergerichtlicher	39
Bürgschaft	3	Vermittlungs-/Maklerprovision (nicht aus Ehemaklervertrag)	40
Darlehensrückzahlung	4	Versicherungsprämie/-beitrag	41
Dienstleistungsvertrag (keine Ansprüche aus Arbeitsvertrag – Zuständigkeit des Arbeitsgerichtes)	5	Versorgungsleistung – Strom, Wasser, Gas – (Abn./Zähler-Nr. in Zeile 32 – 34 in der 3. Spalte eintragen)	42
Frachtkosten	6	**W**arenlieferungen	43
Geschäftsbesorgung durch Selbstständige (z.B. Rechtsanwälte, Steuerberater)	7	Werkvertrag/Werklieferungsvertrag	44
Handwerkerleistung	8	**Z**eitungs-/Zeitschriftenbezug	45
Heimunterbringung	9	Zinsrückstände/Verzugszinsen (gilt nur für Zinsen, bei denen die zugrunde liegende Forderung nicht gleichzeitig geltend gemacht wird. Zinsen in diesen Fällen nicht in Zeile 40 – 43 bezeichnen)	46
Hotelkosten (z. B. Übernachtung, Verzehr, Getränke)	10		
Kaufvertrag	11		
⋮			

Im Fall der Geldforderung aus einem Kaufvertrag ist die Katalognummer 11 zu notieren.

Das zentrale Mahngericht speichert die im eingehenden Antragsformular enthaltenen Angaben in einem Datensatz, der für das jeweilige Verfahren angelegt wird. Ist der Antrag vollständig und zulässig ausgefüllt, erstellt das Amtsgericht maschinell den Mahnbescheid.

- **Mahnverfahren bei Gerichten, die die Verfahren nicht maschinell bearbeiten**

Zur Einleitung des gerichtlichen Mahnverfahrens füllt der Gläubiger (Antragsteller) einen amtlichen Vordrucksatz aus. Der vollständig ausgefüllte Vordrucksatz ist bei dem am Wohn- bzw. Geschäftssitz des Gläubigers örtlich zuständigen Amtsgericht zur Bearbeitung einzureichen.

Der **Mahnbescheid** wird dem Schuldner von Amts wegen zugestellt *(§ 693 I ZPO)*. Das Gericht prüft **nicht,** ob dem Antragsteller der geltend gemachte Anspruch zusteht. Der Bescheid enthält die Aufforderung, innerhalb von zwei Wochen nach Zustellung des Mahnbescheides zu zahlen oder **Widerspruch** einzulegen. Unternimmt der Antragsgegner innerhalb dieser Frist nichts, kann der Gläubiger einen **Vollstreckungsbebescheid** erwirken.

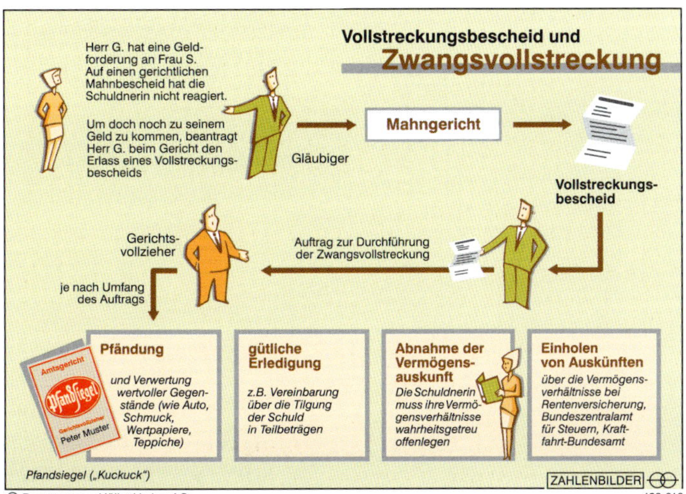

129 616

19 Merkur-Nr. 0054

Bestreitet der Schuldner jedoch die gegen ihn geltend gemachte Forderung entweder durch Erhebung des **Widerspruchs gegen den Mahnbescheid** oder durch Einlegung des **Einspruchs gegen den Vollstreckungsbescheid,** wird das Mahnverfahren in ein normales Zivilgerichtsverfahren übergeleitet. Das entsprechende Verfahren wird dann vor dem dafür jeweils sachlich zuständigen Gericht durchgeführt. Sofern nicht vertraglich ein anderer Gerichtsstand vereinbart worden ist, ist das Gericht zuständig, in dessen Bezirk der Antragsgegner wohnt bzw. seinen Geschäftssitz hat.

▶ Wirkungen des gerichtlichen Mahnverfahrens

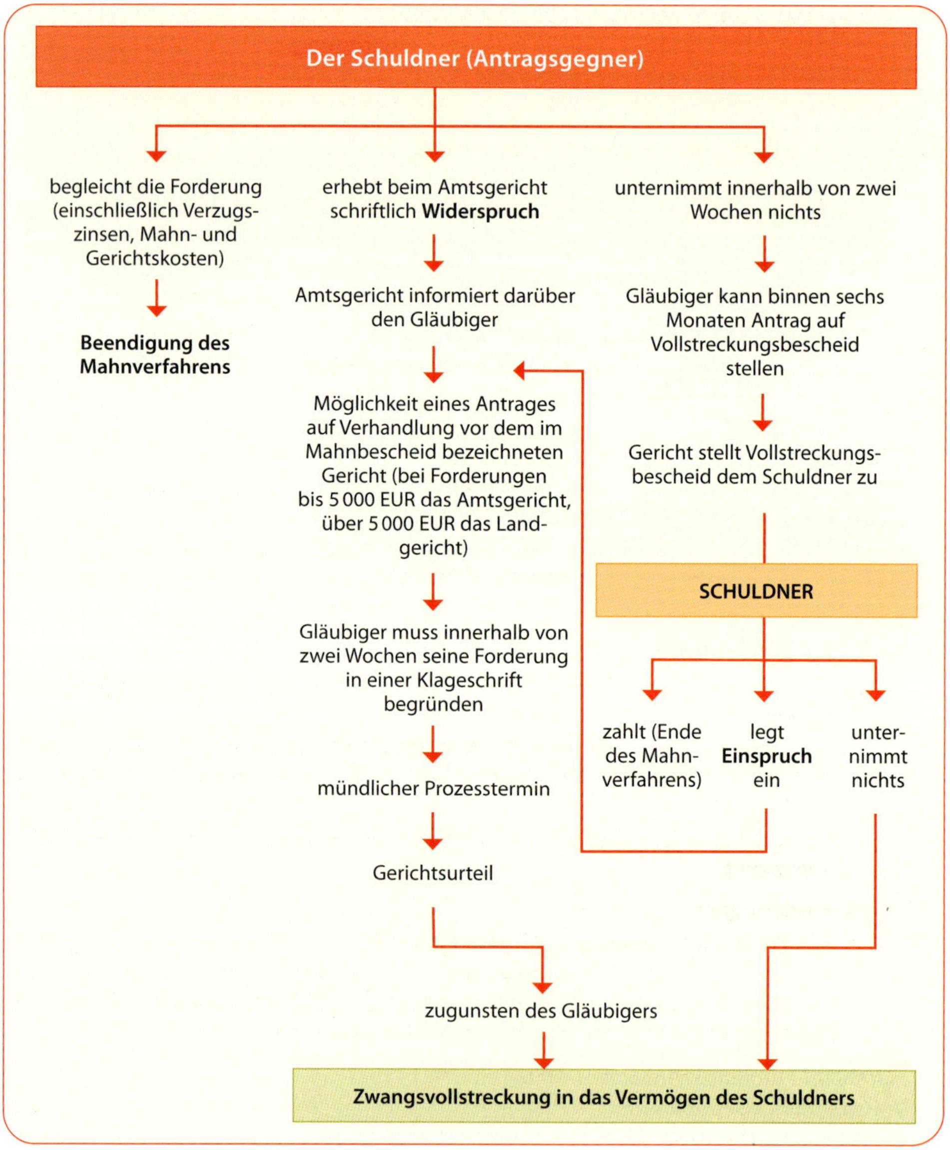

8.6 Klage auf Zahlung

Ist der Gläubiger allerdings der Ansicht, dass der Schuldner der Forderung im gerichtlichen Mahnverfahren widersprechen wird, ist es zweckmäßig, sofort **Klage auf Zahlung** zu erheben **(Klageverfahren).** Zuständig für dieses Verfahren sind ebenfalls die Instanzen der Zivilgerichtsbarkeit.

8.7 Zwangsvollstreckung *(§§ 704–945 ZPO)*

▶ Wesen der Zwangsvollstreckung

Können die Forderungen des Gläubigers auch durch das gerichtliche Mahnverfahren nicht durchgesetzt werden, kommt es zur Zwangsvollstreckung in das Vermögen des Schuldners. Zuständig für die Vollstreckung ist das Mahngericht bzw. der gerichtlich bestellte Gerichtsvollzieher. Die hierdurch erzielten Geldbeträge dienen zum Ausgleich der Forderungen des Gläubigers.

▶ Zwangsvollstreckung wegen Geldforderungen

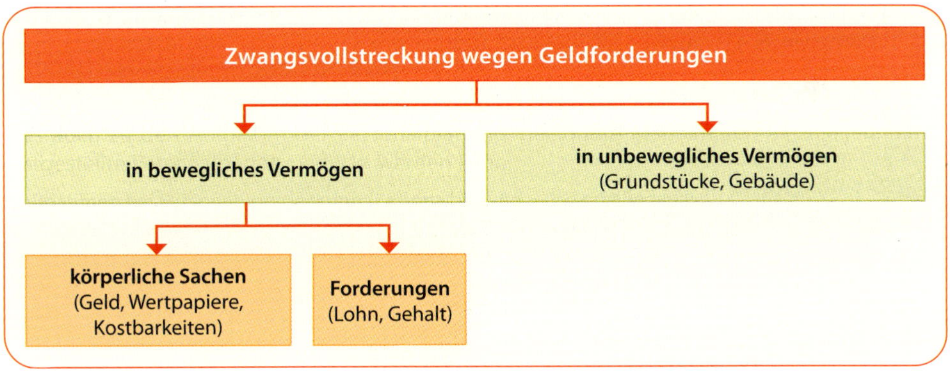

- **Zwangsvollstreckung in bewegliches Vermögen**

  - **Körperliche Sachen**

    Körperliche Sachen werden dadurch gepfändet, dass sie der Gerichtsvollzieher in Besitz nimmt oder sie im Gewahrsam des Schuldners belässt und ein **Pfandsiegel** anbringt.

    Nicht pfändbar sind die für den Lebensunterhalt und die Berufsausübung notwendigen Gegenstände wie Kleidung, Haushaltsgeräte, Werkzeuge eines Handwerkers oder Fachbücher.

    Nach der Pfändung werden die Gegenstände durch den Gerichtsvollzieher öffentlich versteigert.

  - **Forderungen**

    Die Zwangsvollstreckung in Forderungen erfolgt ebenfalls durch Pfändung, allerdings in diesem Fall durch das Amtsgericht. Lohn- und Gehaltsforderungen sind nur ab einem bestimmten Betrag (für Alleinstehende 930 EUR im Monat), der für die Lebensführung als unbedingt notwendig angesehen wird, pfändbar *(§ 850 c ZPO).*

- **Zwangsvollstreckung in unbewegliches Vermögen**

  Eine Zwangsvollstreckung in unbewegliches Vermögen kann durch Versteigerung von Grundstücken oder Gebäuden erfolgen. Darüber hinaus können die Erträge aus unbeweglichem Vermögen (Miete oder Pacht) dem Gläubiger zur Verfügung gestellt werden (Zwangsverwaltung).

▶ Eidesstattliche Versicherung des Schuldners

Bleibt eine Pfändung erfolglos, kann sich der Gläubiger eine genaue Übersicht über die Vermögenslage des Schuldners verschaffen. Der Schuldner hat auf Antrag des Gläubigers ein **Vermögensverzeichnis** anzufertigen und diese Angaben an **Eides statt** zu versichern. Über Schuldner, die eine eidesstattliche Versicherung abgeben mussten, wird beim Amtsgericht ein **Schuldnerverzeichnis** geführt. Verweigert der Schuldner diese eidesstattliche Versicherung, wird auf Antrag des Gläubigers vom Gericht die Haft angeordnet.

Trotz aller Möglichkeiten, die das gerichtliche Mahn- und Vollstreckungsverfahren bietet, werden die Bemühungen zur Durchsetzung von Forderungen dann erfolglos verlaufen, wenn der Schuldner mittellos ist. In diesem Fall muss der Gläubiger die Forderungen zunächst abschreiben, wenngleich er bis zur Verjährung noch 30 Jahre lang Anspruch auf diese besitzt.

8.8 Verjährung

▶ Wesen der Verjährung

Ansprüche (z. B. Forderungen aus Kaufverträgen wie etwa Gewährleistung oder Zahlung des Kaufpreises) müssen innerhalb eines bestimmten Zeitraumes – **der Verjährungsfrist** – geltend gemacht werden.

Wichtige Verjährungsfristen *(bis zu 1 Jahr)*	
Frist und Fristbeginn	**Anspruch**
sofort nach Lieferung	Untersuchungs- und Rügepflicht bei zweiseitigem Handelskauf *(§ 377 I HGB)*
unverzüglich nach Feststellung des Irrtums	Anfechtungsfrist für die Anfechtung einer Willenserklärung wegen Erklärungs- oder Inhaltsirrtums *(§ 121 I BGB)*
2 Wochen ab Zustellung des Mahnbescheides	Widerspruch des Antragsgegners gegen einen gerichtlichen Mahnbescheid *(§ 694 I ZPO)*
3 Wochen ab Zugang der Kündigung eines Arbeitsverhältnisses	Anrufung des Arbeitsgerichtes zwecks Feststellung, ob eine Kündigung sozial ungerechtfertigt ist *(§ 4 I KSchG)*
30 Tage nach Fälligkeit und Zugang einer Rechnung oder einer gleichwertigen Zahlungsaufforderung	Zahlungsverzug eines Geldschuldners *(§ 286 III BGB)*
6 Monate ab Zugang der deutlich gestalteten Widerrufsbelehrung beim Verbraucher	Widerrufsrecht bei Verbraucherverträgen *(§ 355 I BGB)*
1 Jahr nach Kenntnis der Täuschung bzw. Wegfall der Zwangslage	Anfechtungsfrist für die Anfechtung einer Willenserklärung wegen arglistiger Täuschung oder widerrechtlicher Drohung *(§ 124 I BGB)*

Ohne Verjährung würde ein Schuldner oft in Beweisschwierigkeiten kommen, da ihm nicht zugemutet werden kann, seine Beweismittel (Rechnungen, Quittungen, Bankbelege) über unbegrenzte Zeit aufzubewahren. Nach längerer Zeit können die wirklichen Rechtsverhältnisse häufig nicht mehr eindeutig festgestellt werden.

Ist eine Forderung verjährt, kann der Schuldner die Leistung verweigern *(§ 214 I BGB)*; sie kann dann auch nicht mehr eingeklagt werden.

▶ Verjährungsfristen

Verjährungs-fristen	Betroffene Ansprüche	Beispiele
2 Jahre	Verbrauchsgüterkäufe *(§ 475 BGB)*	Gewährleistungsansprüche wegen einer mit Sach- oder Rechtsmängeln behafteten beweglichen Sache bei Kaufverträgen, die zwischen einem Verbraucher und einem Unternehmer geschlossen worden sind
	Reiseverträge *(§ 651 g II BGB)*	Ansprüche auf Minderung des Reisepreises bei Mängeln einer Urlaubsreise gegenüber dem Reiseveranstalter
3 Jahre	**Regelverjährungsfrist** *(§ 195 BGB)*	■ Vergütungsforderungen aus Kaufverträgen über bewegliche Sachen gegenüber dem Käufer einer Ware ■ Gewährleistungsansprüche wegen arglistig verschwiegener Mängel gegenüber dem Verkäufer einer Ware ■ Ansprüche aus Arzthaftung
5 Jahre	Bauwerke und Sachen, die für ein Bauwerk verwendet worden sind *(§ 438 BGB)*	Gewährleistungsansprüche aus Baumängeln an Gebäuden
10 Jahre	Rechte an Grundstücken *(§ 196 BGB)*	Vergütungsforderungen aus Grundstückskaufverträgen
30 Jahre	Ansprüche aus rechtskräftigen Urteilen und vollstreckbaren Urkunden *(§ 197 BGB)*	■ Gerichtsurteile ■ Vollstreckungsbescheide ■ notariell beurkundete Forderungen

128 045

Beginn der Verjährungsfristen

Beginn der Verjährungsfristen

Verjährungsfrist von 3 Jahren	**Verjährungsfristen von 2, 5, 10 oder 30 Jahren**
Beginn mit dem **Ablauf des Jahres, in dem der Anspruch entstanden ist,** d.h. zum 31. Dezember 20..	Beginn mit dem **Entstehen des Anspruchs,** z.B. 17. Juli 20..

Hemmung und Neubeginn der Verjährung

Hemmung der Verjährung

Bei der Hemmung wird die Verjährungsfrist **um den Zeitraum der Hemmung verlängert.** Die Verjährung wird u.a. gehemmt:

- für den Zeitraum von Verhandlungen zwischen Schuldner und Gläubiger, ob ein Anspruch gerechtfertigt ist, bis eine der Vertragsparteien die Fortsetzung der Verhandlungen verweigert: Die Verjährung tritt frühestens **3 Monate** nach dem Ende der Hemmung ein *(§ 203 BGB).*
- durch Klageerhebung, die Zustellung eines Mahnbescheides, den Beginn eines Schiedsverfahrens oder die Anmeldung von Ansprüchen im Insolvenzverfahren: Die Hemmung endet **6 Monate** nach einer rechtskräftigen Entscheidung oder anderweitigen Erledigung des Rechtsstreites *(§ 204 BGB).*

Neubeginn der Verjährung

Mit dem Neubeginn der Verjährungsfrist wird die bereits verstrichene Zeit hinfällig. Damit beginnt die **volle Verjährungsfrist von Neuem.** Gründe für den Neubeginn können sein *(§ 212 BGB):*

- Der Schuldner erkennt den Anspruch des Gläubigers z.B. durch Abschlags- oder Zinszahlungen an bzw. er bittet um Stundung der Schuld.
- Es wird eine gerichtliche oder behördliche Vollstreckungshandlung vorgenommen oder beantragt.

Hemmung und Neubeginn der Verjährung – dargestellt am Beispiel einer Kaufpreisforderung

① Normaler Verjährungsverlauf

Entstehung der Kaufpreisforderung **13.07.2021**

Beginn der 3-jährigen Regelverjährungsfrist **31.12.2021**

Ende der 3-jährigen Regelverjährungsfrist **31.12.2024**

② Hemmung der Verjährung

Hemmung: 01.04.2022 Zustellung des Mahnbescheids
01.06.2022 Käufer begleicht die Kaufpreisforderung

→ Für die Dauer des Hemmungszeitraums wird der normale Verjährungsverlauf angehalten. Danach läuft die Regelverjährungsfrist, die nun um den Zeitraum der Hemmung verlängert wird, weiter.

Entstehung der Kaufpreisforderung **13.07.2021**

Beginn der 3-jährigen Regelverjährungsfrist **31.12.2021**

Ende der gehemmten Regelverjährungsfrist **31.08.2025**

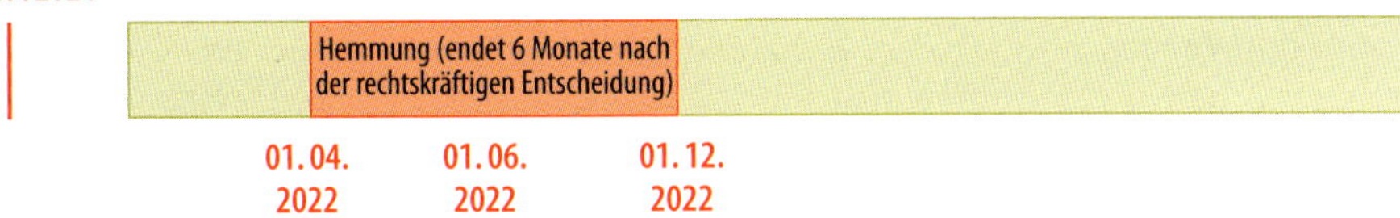

③ Neubeginn der Verjährung

Neubeginn: 01.04.2022 Käufer leistet Abschlagszahlung

→ Die 3-jährige Regelverjährungsfrist beginnt erneut.

Entstehung der Kaufpreisforderung **13.07.2021**

Beginn der 3-jährigen Regelverjährungsfrist **31.12.2021**

Ende der am 01.04.2022 neu begonnenen Regelverjährungsfrist **01.04.2025**

Wird ein bereits verjährter Anspruch irrtümlich erfüllt, so kann der Schuldner das Geleistete nicht zurückfordern *(§ 214 II BGB)*.

▶ Zusammenfassung

Überwachung und Einzug von Außenständen (Geldforderungen)

Mahnverfahren

außergerichtliches Mahnverfahren

- dringende Aufforderung an den Schuldner, seinen Verpflichtungen nachzukommen
- formfrei, aus Beweisgründen in der Regel allerdings schriftlich
- abgestufte Mahnfolge
  1. Mahnung: höfliche Zahlungserinnerung
  2. Mahnung: ausdrückliche Mahnung mit Zahlungsfristsetzung
  3. Mahnung: Androhung des Einzuges durch ein Inkassoinstitut
  4. Mahnung: Setzen einer endgültig letzten Frist und Androhung der Klage auf Zahlung oder der Einleitung eines gerichtlichen Mahnverfahrens

gerichtliches Mahnverfahren

- Mahnbescheid
- Vollstreckungsbescheid
- Zwangsvollstreckung

Verjährung von Forderungen

- **Wirkung der Verjährung:** nach Ablauf der Frist können die Forderungen nicht mehr eingeklagt werden
- **Fristen**
  - **3 Jahre (Regelverjährungsfrist):** Beginn der Frist mit Ablauf des Jahres, in dem der Anspruch entstanden ist
  - **2, 5, 10 oder 30 Jahre:** Beginn der Frist mit Entstehung des Anspruches
- **Hemmung und Neubeginn der Verjährung**
  - **Hemmung:** Verjährung läuft nach Wegfall des Hemmungsgrundes weiter, wobei die Verjährungsfrist um den entsprechenden Zeitraum verlängert wird
  - **Neubeginn:** die bereits verstrichene Zeit wird hinfällig, die volle Verjährungsfrist beginnt erneut

Aufgaben 23

(1) *Aus welchem Grund ist es für ein Unternehmen bedeutsam, ausstehende Forderungen innerhalb bestimmter Fristen anzumahnen?*

(2) *Erläutern Sie den zentralen Unterschied zwischen außergerichtlichem und gerichtlichem Mahnverfahren!*

(3) *Warum ist im allgemeinen Geschäftsverkehr eine abgestufte Mahnfolge innerhalb des außergerichtlichen Mahnverfahrens sinnvoll?*

(4) *Muss ein außergerichtliches Mahnverfahren durchgeführt worden sein, um ein gerichtliches Mahnverfahren einleiten zu können?*

(5) *Welche Gründe sprechen für die Einleitung eines gerichtlichen Mahnverfahrens gegenüber der sofortigen Klageerhebung?*

(6) *Unter welchen Voraussetzungen ist die Einleitung eines gerichtlichen Mahnverfahrens zulässig?*

(7) *Aus welchem Grund überprüft das zuständige Amtsgericht nicht die Rechtmäßigkeit einer Forderung beim Erlass eines Mahnbescheides?*

(8) *Welches Amtsgericht wäre für die Bearbeitung eines von Ihrem Ausbildungsbetrieb eingeleiteten gerichtlichen Mahnverfahrens zuständig?*

(9) *Welche Konsequenzen ergeben sich für einen Schuldner, der auf einen Mahnbescheid*
   a) *nicht reagiert*
   b) *Widerspruch erhebt?*

(10) *Welche Folgen ergeben sich für einen Schuldner, der auf einen zugestellten Vollstreckungsbescheid*
   a) *nicht reagiert*
   b) *Einspruch einlegt?*

(11) *Beschreiben Sie die Durchführung einer Zwangsvollstreckung in „körperliche Sachen"!*

(12) *Gerichtsvollzieher Schnell soll beim Malermeister Enders e. Kfm. eine Pfändung durchführen. Welche der folgenden Gegenstände dürfte Herr Schnell nicht in die Pfändung einbeziehen: hochwertige Hi-Fi-Anlage, Vorrat an Farben, Wertpapiere, Waschmaschine, antike Eichentruhe, wertvolle Wandteppiche, Bücher über Speziallackierungen, größere Summe Bargeld?*

(13) *Beschreiben Sie an einem selbst gewählten Beispiel den Unterschied zwischen Hemmung und Neubeginn der Verjährung!*

(14) *Für welche Ansprüche gelten die Verjährungsfristen von zwei bzw. drei Jahren und wann setzen diese ein?*

(15) *Nach längerer Zeit überweist ein Schuldner einen Teilbetrag der Rechnungsforderung an den Gläubiger. Welche Auswirkung hat diese Zahlung auf die Verjährung des Anspruches?*

(16) *Wodurch kann die Verjährungsfrist neu beginnen oder gehemmt werden?*

(17) *In einem Großhandelsunternehmen müssen ausstehende Forderungen hinsichtlich ihrer Verjährung überprüft werden.*
   a) *Welche Verjährungsfrist gilt, wenn die Waren einem Einzelhändler gemäß Lieferschein nachweislich ordnungsgemäß und mangelfrei geliefert worden sind und kein Erklärungs- oder Inhaltsirrtum vorliegt?*
   b) *Geben Sie in den folgenden beiden Fällen jeweils den letzten Tag (Datum im Format: TT.MM. GJ) der Verjährungsfrist an. Die ursprüngliche Kaufpreisforderung ist bereits am 13. August des Geschäftsjahres (GJ) 01 entstanden, und zwar aufgrund …*
      b1) *… einer ordnungsgemäßen und mangelfreien Lieferung der Waren an einen Einzelhändler.*
      b2) *… einer ordnungsgemäßen und mangelfreien Lieferung der Waren an einen Einzelhändler, wobei der Kunde am 4. März des Geschäftsjahres 02 um Stundung der Schuld gebeten hat.*

(18) *Die Offene-Posten-Liste eines Großhandelsunternehmens enthält unter anderem auch eine am 28. 11. des Geschäftsjahres (GJ) 04 fällige Ausgangsrechnung, die mehrfach – zuletzt am 04. 04. des Geschäftsjahres 05 – gemahnt worden ist. An welchem Tag endet die Verjährungsfrist (Datum im Format: TT. MM. GJ)?*

9 Zahlungsverkehr

Jeder Leistungserstellungs- oder -verwertungsprozess löst Zahlungsströme aus. So führen der Einkauf weiterzuveräußernder Waren oder die Beschaffung von Gegenständen der Betriebs- und Geschäftsausstattung zu Auszahlungen. Auch Steuerzahlungen, die Entlohnung der Mitarbeiter, Werbeaktionen und Kredittilgungen bedingen Geldabflüsse.

Zahlungen gehen dann für das Unternehmen ein, wenn Kunden gelieferte Waren oder geleistete Dienste begleichen.

9.1 Funktionen und Begriff des Geldes

Wesentlich für die Verwendung von Geld ist nicht so sehr seine Erscheinungsform (z. B. als Warengeld, Metallgeld oder Bargeld), sondern in welchem Umfang es die folgenden Aufgaben im Wirtschaftsprozess erfüllen kann.

▶ Tauschmittel

Geld ermöglicht bzw. erleichtert den Güteraustausch. Es wird deshalb allgemein als Tauschmittel akzeptiert, weil mit ihm jederzeit andere Güter eingetauscht werden können.

> Erwirbt eine Auszubildende in einem Bürofachgeschäft Selbstklebeetiketten, so tauscht sie Geld gegen die benötigte Ware.

▶ Gesetzliches Zahlungsmittel

Jeder Gläubiger ist verpflichtet, Banknoten zur Schuldentilgung anzunehmen. Für Münzen besteht allerdings ein eingeschränkter Annahmezwang.

> Der Verkäufer im Bürofachgeschäft ist verpflichtet, die ihm vorgelegte Banknote als Zahlungsmittel zu akzeptieren.

▶ Wertmesser und Recheneinheit

Durch Geld werden verschiedenartige Güter vergleichbar und addierbar, da sie in Geldeinheiten ausgedrückt werden können. Erst Geld in unserer heutigen Form ermöglicht es:

- Waren und Dienstleistungen zu bewerten,
- Vermögenswerte auszudrücken,
- Umsätze von Wirtschaftszweigen zu vergleichen,
- Kennzahlen zur wirtschaftlichen Lage eines Landes zu erstellen.

> Ein Unternehmen, das mehrere Angebote von Lieferanten für Büroeinrichtungen eingeholt hat, kann erst aufgrund der angegebenen Geldbeträge die einzelnen Angebote im Rahmen seiner Bezugskalkulation miteinander vergleichen.

▶ Wertaufbewahrungsmittel

Zeitlich auseinanderfallende Kauf- und Verkaufshandlungen werden erst mit Geld durchführbar. Die Wertaufbewahrungsfunktion von Geld wird allerdings dann problematisch, wenn durch Erhöhungen des Preisniveaus der Gegenwert für die angesparten Mittel deutlich sinkt. In diesem Fall erfolgt eine „Flucht in die Sachwerte", und zwar durch den Kauf von Gold, Grundstücken oder Gebäuden.

▶ Kreditmittel

Gespartes Geld kann gegen entsprechende Verzinsung über das Bankensystem für Kredite zur Verfügung gestellt werden. Der Staat, Unternehmen und Privatpersonen können dann diese Mittel zur Finanzierung von Investitionen und Verbindlichkeiten entleihen.

Funktionen des Geldes

Begriff des Geldes:

Geld ist ein im Wirtschaftsprozess allgemein anerkanntes Zahlungsmittel, das die Aufgaben als Wertmesser und Recheneinheit, gesetzliches Zahlungsmittel, Tausch-, Wertaufbewahrungs- und Kreditmittel möglichst umfassend erfüllt.

9.2 Geldarten und Geldersatzmittel

▶ Geldarten

Bargeld (Münzen und Banknoten) und **Buchgeld** (Giralgeld oder Sichtguthaben), die die gebräuchlichsten Geldarten in der Bundesrepublik Deutschland darstellen, ermöglichen den Güteraustausch in heutiger Form.

Buchgeld entsteht durch Einzahlung auf ein Konto oder durch das Einräumen eines Kredites. Der Inhaber des Kontos kann jederzeit auf „Sicht" über sein Guthaben verfügen, d. h., er kann es in gesetzliche Zahlungsmittel umtauschen, sich also in Banknoten oder Münzen auszahlen lassen bzw. bargeldlos Zahlungen auf andere Konten leisten.

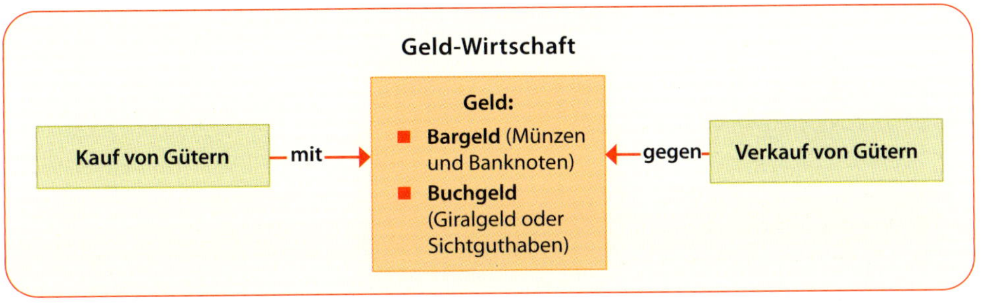

▶ Geldersatzmittel

Neben Münzen, Banknoten und Buchgeld finden heute folgende **Geldersatzmittel** als Zahlungsmittel Verwendung.

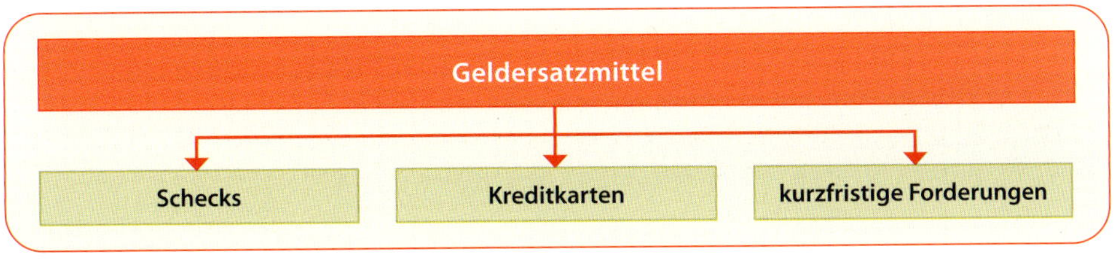

- **Schecks**

  Der Scheck ist eine Anweisung des Kontoinhabers an seine kontoführende Bank, gegen Vorlage einen bestimmten Geldbetrag zulasten seines Kontos
  - auszuzahlen (Barscheck) oder
  - einem anderen Konto gutzuschreiben (Verrechnungsscheck).

  Die Funktion als Geldersatzmittel erfüllt der Scheck allerdings nur dann, wenn das Konto des Ausstellers auch eine genügende Deckung aufweist, da sonst die Bank eine Einlösung verweigern wird.

- **Kreditkarten**

  Mit Kreditkarten räumen bestimmte Anbieter (wie z. B. American Express International, größere Einzelhandelsunternehmen) in Zusammenarbeit mit Geldinstituten ihren Kunden Kreditspielräume ein. Bis zu einer vorab festgelegten Höchstgrenze können dann Rechnungen durch das Vorlegen einer Kreditkarte beglichen werden.

- **Kurzfristige Forderungen**

  Forderungen, die kurzfristig in Geld umgewandelt werden können, dienen als Geldersatzmittel. Dazu zählen insbesondere:
  - **Sparguthaben,** über das unter Einhaltung der vereinbarten Kündigungsfrist (mindestens drei Monate) frei verfügt werden kann, soweit innerhalb eines Kalendermonats bestimmte Beträge (in der Regel: 2 000 EUR) nicht überschritten werden;
  - **Termingeld,** bei dem ein bestimmter Geldbetrag z. B. auf 30 Tage festgelegt wurde;
  - **Wechsel,** die in der Regel nach 90 Tagen fällig werden, d. h., bei denen der Wechselaussteller sein Geld nach Ablauf dieser Frist vom Schuldner erhält.

9.3 Zahlungsarten

Zur Begleichung von Zahlungsverpflichtungen stehen dem Schuldner verschiedene **Zahlungsarten** zur Verfügung.

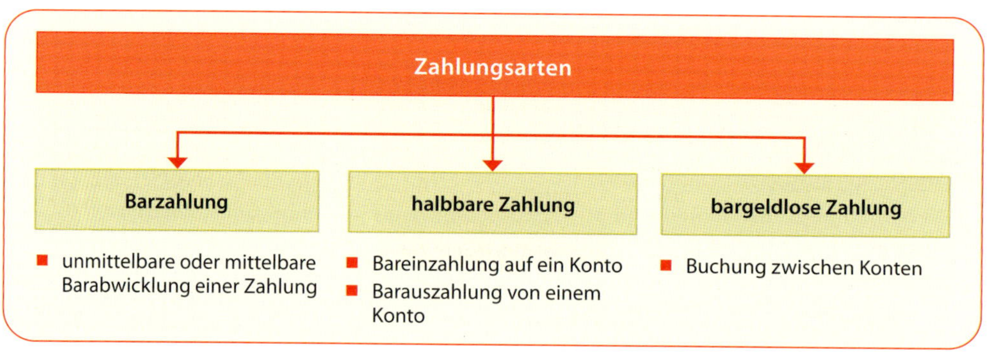

9.3.1 Barzahlung

Kennzeichen dieser Zahlungsart ist, dass weder der Schuldner noch der Gläubiger ein Konto bei einer Bank oder Sparkasse benötigt, um die Zahlungsverpflichtung erfüllen zu können. Die Zahlung wird **bar** abgewickelt.

+ Pro & Kontra +++ Pro & Kontra +++ Pro & Kontra +++ Pro & Kontra +++ Pro & Kontra +

Bargeld – ein Auslaufmodell? Die Argumente in der Übersicht

Was spricht für Bargeld?

+ **Schnelligkeit:** Empfänger erhalten ihr Geld ohne Verzögerung. Bei kleinen Beträgen erleichtert dies Geschäftsabschlüsse.
+ **Ausfallsicherheit:** Das Bezahlen funktioniert ohne elektronische Verbindung und technische Infrastruktur.
+ **Anonymität:** Weil die Zahlungen nicht übers Konto laufen, bleiben Konsumgewohnheiten Privatsache.
+ **Ausgabenkontrolle:** Was ein Einkauf kostet, machen sich viele Menschen stärker bewusst, wenn sie Scheine und Münzen ausgeben, statt eine Unterschrift zu leisten oder Geheimnummer einzutippen.
+ **Krisenwährung:** Wer in einer Finanzkrise Banken misstraut, kann sich sein Guthaben bar auszahlen lassen. Er hat dann keine Forderung mehr an die Bank, sondern hält Zentralbankgeld in den Händen.
+ **(Eingeschränkte) Wahlfreiheit:** Derzeit kann man viele Einkäufe elektronisch bezahlen, muss es aber nicht. Karten werden in Deutschland nicht überall akzeptiert, vor allem nicht in kleineren Geschäften, zum Beispiel beim Bäcker oder am Kiosk. Allerdings akzeptieren viele Geschäfte auch keine größeren Bargeldbeträge. Die Miete kann ebenfalls in aller Regel nicht bar an den Vermieter gezahlt werden.

Was spricht gegen Bargeld?

– **Verfügbarkeit:** Mancher Einkauf scheitert daran, dass nicht genug Bargeld im Portemonnaie ist oder einfach nicht das passende Kleingeld, zum Beispiel für den Fahrkartenautomaten.

– **Kosten:** Der logistische Aufwand für die Bargeldversorgung ist groß und verursacht den Geschäftsbanken hohe Kosten.

– **Kriminalität:** Viele illegale Geschäfte werden bar abgewickelt. Auch wer Schwarzarbeiter beschäftigt, zahlt in der Regel bar und wer Einkünfte vorm Finanzamt verstecken will, etwa indem er diese ins Ausland schafft, tut dies oft im berüchtigten Geldkoffer. Bargeld ist zudem eine leichte Beute für Diebe und Einbrecher – Bankguthaben dagegen sind bis zu 100.000 Euro pro Person über die gesetzliche Einlagensicherung geschützt.

– **Fälschungen:** All jene, die an Falschgeld geraten sind, haben Pech gehabt. Denn anders als für beschädigte Scheine gibt es dafür keinen Ersatz.

Quelle: Institut der deutschen Wirtschaft Köln: Wirtschaft und Unterricht, Ausgabe 5 2016, S. 3

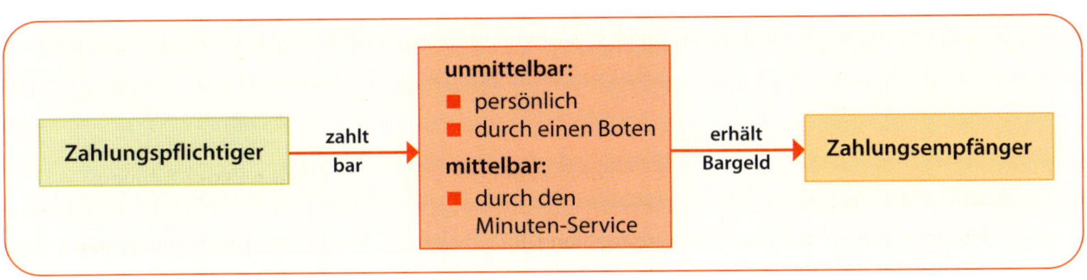

▶ Unmittelbare Barzahlung

Der Zahlungspflichtige oder ein von ihm beauftragter Bote übergibt dem Zahlungsempfänger den Betrag direkt bar. Als Bestätigung wird eine **Quittung** ausgestellt.

Ein Auszubildender wird kurzfristig mit der Beschaffung von Büromaterial beauftragt. Er lässt sich über den zu zahlenden Betrag eine Quittung ausstellen.

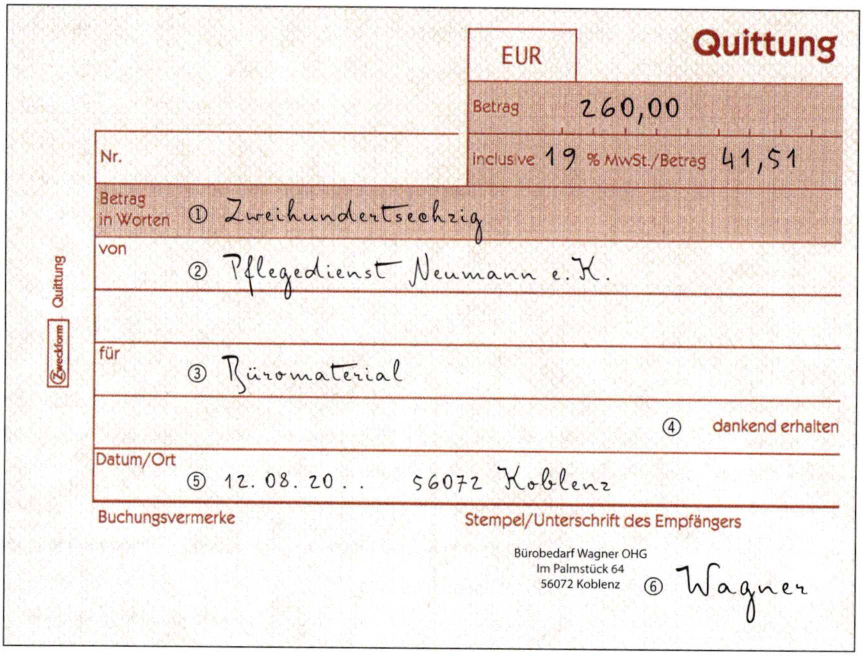

EUR **Quittung**

Betrag 260,00

Nr.

inclusive 19 % MwSt./Betrag 41,51

Betrag in Worten ① Zweihundertsechzig

von ② Pflegedienst Neumann e.K.

für ③ Büromaterial

④ dankend erhalten

Datum/Ort ⑤ 12.08.20.. 56072 Koblenz

Buchungsvermerke

Stempel/Unterschrift des Empfängers

Bürobedarf Wagner OHG
Im Palmstück 64
56072 Koblenz ⑥ Wagner

Zweckform Quittung

Eine Quittung sollte aus Beweisgründen folgende Angaben enthalten:

① Betrag
② Name des Zahlers
③ Grund der Zahlung
④ Empfangsbestätigung
⑤ Ort und Tag der Ausstellung
⑥ Unterschrift des Ausstellers
(Firmenstempel allein reicht nicht)

Einer Warenlieferung, die durch einen Boten zugestellt wird, ist in der Regel eine **Rechnung** beigefügt. Soll die Sendung bar bezahlt werden, muss sich der Zahlende den Empfang des Geldes auf der Rechnung quittieren lassen.

Bestehen Zweifel daran, ob der Bote zum Einzug der Forderung berechtigt ist, ist eine telefonische Rückfrage beim Lieferanten angebracht.

▶ Mittelbare Barzahlung

Der Zahlungspflichtige kann zudem die Deutsche Postbank AG mit der Abwicklung des Barzahlungsvorganges beauftragen.

Minuten-Service

Der Minuten-Service gestattet nicht nur den Geldtransfer innerhalb der Bundesrepublik Deutschland, sondern auch rund um den Globus. Inzwischen stehen in über 200 Ländern ca. 500 000 Agenturen des Vertragspartners der Deutschen Postbank AG, und zwar die Western Union Financial Services GmbH, für den Geldtransfer in das In- und Ausland zur Verfügung.

WESTERN UNION | MONEY TRANSFER

Postbank
Minuten-Service
Auszahlung-Online

Postbank

Bitte füllen Sie den Auftrag in Druckbuchstaben aus. Please complete the form in block letters.

To receive money
Geldempfang mit Fa. Western Union Financial Services GmbH, Frankfurt am Main

Geldtransferkontrollnummer

Hinweis
Die Auszahlung kann auch ohne Kenntnis der Geldtransferkontrollnummer erfolgen

Empfänger Receiver
- **Name** Last name
- **Vorname** First name
- **Straße, Hausnummer** Street, number
- **Postleitzahl** Postal Code | **Ort** City, town
- **Geburtsdatum** Date of birth | **Geburtsort** Place of birth
- **Staatsangehörigkeit** Nationality
- **Codewort** codeword

Absender Sender
- **Name** Last name
- **Vorname** First name
- **Land** Country

Erwarteter Betrag: Expected amount: | **Betrag in EUR** Amount in EUR

Bitte die nachfolgenden Felder nicht ausfüllen.
Do not write in this area.

☐ Rückzahlung an Absender
☐ Storno

Legitimation durch Mitarbeiter
- Art und Nummer des Ausweises
- Ausstellende Behörde
- Ausstellungsort
- Ausstellungsdatum

Bitte die nachfolgenden Felder nicht ausfüllen.
Do not write in this area.

- Deutsche Postbank AG
- Kassenkennzahl
- Journalsatznummer
- Betrag in EUR

Auszahlungs vermerk Datum

Hinweis
Formular nicht als Faxanfrage im Offline-Fall verwenden.

Ausgezahlt: Unterschrift der Mitarbeiterin/des Mitarbeiters

Hinweis

Bei Beträgen über 12.500 Euro besteht Meldepflicht gemäß Außenwirtschaftsverordnung.

Der Vertrag über den Geldversand wird geschlossen mit der Firma Western Union Financial Services GmbH, Friedrich-Ebert-Anlage 2-14, D-60325 Frankfurt am Main. Geschäftsführer: Dr. Doris Wohlschlaegl-Aschberger, Dipl. oec. Siegfried Bergles Handelsregistereintragung: Amtsgericht Frankfurt am Main, HRB 46600.

Empfangs-bestätigung EUR ______ **erhalten:** EUR ______ received:

Unterschrift Signature | **Kundin/Kunde: Unterschrift** Customer's signature

Auftrag für die Postbank Postbank copy

924 502 000 07 05

Der Absender füllt das Auftragsformular aus und zahlt den jeweiligen Betrag bar bei einer beliebigen Postfiliale ein. Mit Auftragserteilung und Einzahlung des Geldes wird dem Transferauftrag eine Geldtransferkontrollnummer, die „Money Transfer Control Number", zugeordnet, über die der Geldbetrag im angegebenen Zielland auf Anfrage des Empfängers bar ausgezahlt werden kann. Dabei ist es Aufgabe des Absenders, den Empfänger über die Möglichkeit der Auszahlung zu informieren. In Ausnahmefällen kann die Auszahlung auch durch Aushändigung eines Schecks seitens des Agenten erfolgen. Beim Minuten-Service Inland gibt es keine Betragsbegrenzung.

Kunden der Deutschen Postbank AG, die am Onlinebanking teilnehmen, können den gewünschten Betrag auch vom Girokonto abbuchen lassen.

9.3.2 Halbbare Zahlung

Bei dieser Zahlungsart wird der Zahlungsvorgang über ein Konto des Zahlungspflichtigen **oder** des Zahlungsempfängers bei einem Geldinstitut bzw. der Deutschen Postbank AG abgewickelt.

9.3.2.1 Eröffnung eines Kontos

Voraussetzung für die Teilnahme am halbbaren Zahlungsverkehr ist also, dass **einer der Beteiligten** ein Girokonto bei einem Geldinstitut oder der Deutschen Postbank AG eröffnet hat. Da ohne Girokonto die Teilnahme am Wirtschaftsleben kaum möglich ist, sind alle Kreditinstitute verpflichtet, jedem volljährigen Bürger der Europäischen Union ein **Basiskonto** anzubieten, und zwar unabhängig vom Einkommen oder von der Kreditwürdigkeit.

Allerdings ist das Basiskonto ein reines Guthabenkonto, es gibt keine Kredite und keine Möglichkeit der Kontoüberziehung.

Nur wenn das Konto ein Guthaben aufweist, können damit Bankgeschäfte (etwa SEPA-Überweisungen, SEPA-Basislastschrift) abgewickelt werden.

Für die Führung eines Basiskontos kann eine monatliche Gebühr verlangt werden.

▶ Eröffnung eines Girokontos bei einem Geldinstitut

Zur Eröffnung eines Girokontos halten die Geldinstitute vorgedruckte Antragsformulare bereit, die vom Antragsteller (Vorlage des Personalausweises erforderlich) mit seinen Angaben wie Familienname, Vorname, Wohnort, Beruf, Geburtsdatum usw. ausgefüllt werden müssen. Anhand des Geburtsdatums kann überprüft werden, ob der Antragsteller das 18. Lebensjahr vollendet hat und damit unbeschränkt geschäftsfähig ist. Bei Minderjährigen bedarf die Kontoeröffnung der Zustimmung des gesetzlichen Vertreters.

Sollen mehrere Personen über das Konto verfügen können, müssen die Unterschriften der einzelnen Verfügungsberechtigten auf dem Antrag vorliegen. Anhand der hinterlegten Unterschriften kann das Geldinstitut später überprüfen, ob über das Girokonto rechtmäßig verfügt wird.

Banken und Sparkassen räumen ihren Kunden in der Regel einen Überziehungsspielraum von ein bis drei Monatsgehältern ein.

▶ Eröffnung eines Girokontos bei der Deutschen Postbank AG

Zur Eröffnung eines Girokontos bei der Deutschen Postbank AG ist ebenfalls ein Antrag auszufüllen. Der Antragsteller kann sich an eine der Center-Filialen oder an eine der Postbankfilialen wenden.

Ein Vorteil der Kontoführung bei der Deutschen Postbank AG liegt in der entgeltfreien Beförderung von Aufträgen an die Niederlassung der Postbank mittels der Girobriefumschläge.

Zudem erhält der Kontoinhaber kostenfrei einen monatlichen Kontoauszug zum 3. oder 18. des Monats zugeschickt.

Bei einem Girokonto der Deutschen Postbank AG kann ebenfalls ein Überziehungskredit eingeräumt werden.

9.3.2.2 Arten der halbbaren Zahlung

Will der Zahlende den Betrag bar einzahlen und soll das Geld dem Konto des Zahlungsempfängers gutgeschrieben werden **(aus Bargeld wird Buchgeld)**, stehen folgende Zahlungsarten zur Verfügung:

- **Zahlschein der Deutschen Postbank AG**
- **Zahlschein der Geldinstitute**

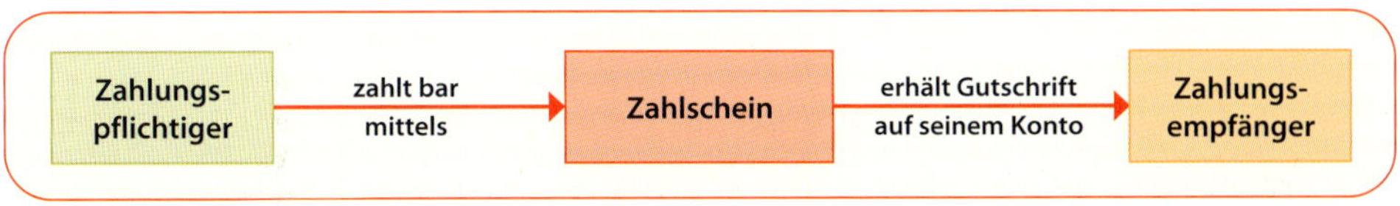

Will der Zahlende den Geldbetrag von seinem Girokonto abbuchen und bar an den Empfänger auszahlen lassen **(aus Buchgeld wird Bargeld)**, stehen ihm folgende Zahlungsarten zur Verfügung:

- **Zahlungsanweisung der Deutschen Postbank AG**
- **Barscheck**

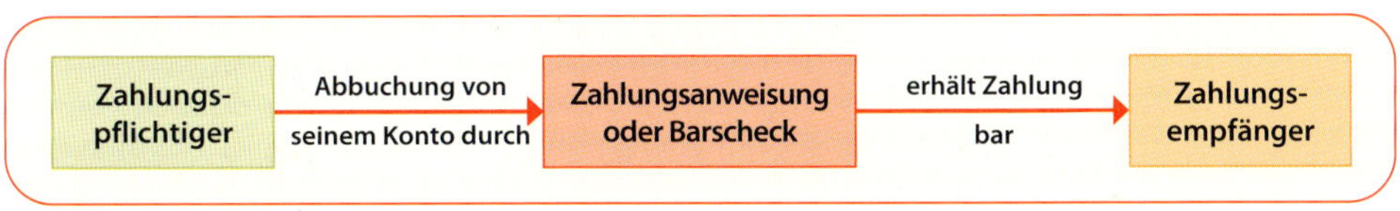

▶ Zahlschein der Deutschen Postbank AG

Der Absender zahlt bei der Postfiliale Bargeld mit dem Auftrag ein, diesen Geldbetrag dem Zahlungsempfänger auf dessen **Girokonto bei der Deutschen Postbank AG oder einem anderen Geldinstitut** gutzuschreiben. Dazu benutzt er einen **Zahlschein,** der aus einem zweiteiligen Durchschreibesatz besteht. Während das Original des Formularsatzes als Buchungsbeleg dient, erhält der Zahlungspflichtige die quittierte Durchschrift des Beleges als Nachweis über die getätigte Bareinzahlung.

Monatlich sind für Geschäftskunden fünf Bareinzahlungen auf das eigene Girokonto bei der Deutschen Postbank AG durch den Inhaber entgeltfrei.

Dieser Zahlschein findet auch bei Nachnahmen Verwendung. Bei Post-Paketen ist allerdings die Höhe des Betrages auf 3 500 EUR begrenzt.

▶ Zahlschein der Geldinstitute

Soll bar eingezahltes Geld dem Zahlungsempfänger auf dessen Girokonto bei einem Geldinstitut oder der Deutschen Postbank AG gutgeschrieben werden, füllt der Zahlende einen Zahlschein aus. Das Formular umfasst neben dem **Original,** das für das Geldinstitut als Beleg gilt, eine **Durchschrift,** die dem Zahlungspflichtigen als Einzahlungsbeleg dient.

Zu dem einzuzahlenden Betrag ist vom Absender ein Entgelt zu entrichten.

20 Merkur-Nr. 0054

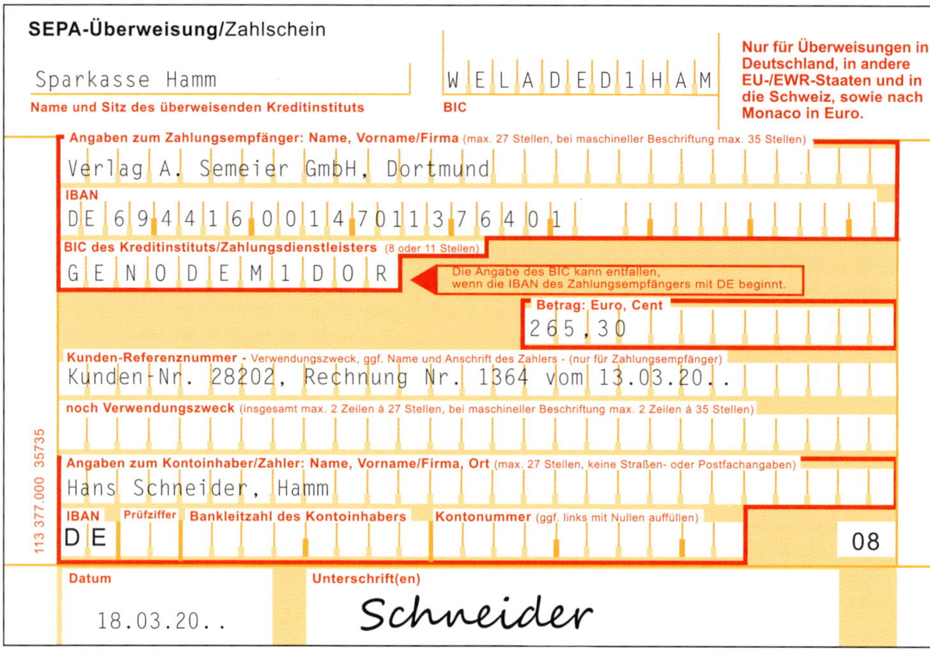

SEPA-Überweisung/Zahlschein

Sparkasse Hamm

Name und Sitz des überweisenden Kreditinstituts

WELADED1HAM

BIC

Nur für Überweisungen in Deutschland, in andere EU-/EWR-Staaten und in die Schweiz, sowie nach Monaco in Euro.

Angaben zum Zahlungsempfänger: Name, Vorname/Firma (max. 27 Stellen, bei maschineller Beschriftung max. 35 Stellen)

Verlag A. Semeier GmbH, Dortmund

IBAN

DE69441600147011376401

BIC des Kreditinstituts/Zahlungsdienstleisters (8 oder 11 Stellen)

GENODEM1DOR

Die Angabe des BIC kann entfallen, wenn die IBAN des Zahlungsempfängers mit DE beginnt.

Betrag: Euro, Cent

265,30

Kunden-Referenznummer - Verwendungszweck, ggf. Name und Anschrift des Zahlers - (nur für Zahlungsempfänger)

Kunden-Nr. 28202, Rechnung Nr. 1364 vom 13.03.20..

noch Verwendungszweck (insgesamt max. 2 Zeilen à 27 Stellen, bei maschineller Beschriftung max. 2 Zeilen à 35 Stellen)

Angaben zum Kontoinhaber/Zahler: Name, Vorname/Firma, Ort (max. 27 Stellen, keine Straßen- oder Postfachangaben)

Hans Schneider, Hamm

IBAN | Prüfziffer | Bankleitzahl des Kontoinhabers | Kontonummer (ggf. links mit Nullen auffüllen)

DE

08

113 377.000 35735

Datum

18.03.20..

Unterschrift(en)

Schneider

▶ Zahlungsanweisung der Deutschen Postbank AG

Verfügt der Zahlende über ein Girokonto bei der Deutschen Postbank AG, kann er die kontoführende Stelle durch eine Zahlungsanweisung beauftragen, einen Geldbetrag von diesem Konto abzubuchen und dem Zahlungsempfänger durch den Postzusteller bar auszahlen zu lassen. Die Höhe des Betrages ist unbegrenzt. Die Entgelte richten sich nach der Höhe des zu zahlenden Betrages. Der Zahlungsempfänger quittiert den Erhalt des Geldbetrages rückseitig auf der Zahlungsanweisung.

▶ Barscheck

Der vom Zahlungspflichtigen ausgestellte Barscheck ist eine Anweisung an sein kontoführendes Institut, dem Zahlungsempfänger gegen Vorlage des Schecks den entsprechenden Betrag bar auszuzahlen. Der Grund dafür, dass zur Begleichung von Verbindlichkeiten im Zahlungsverkehr nur selten Barschecks verwandt werden, liegt darin, dass selbst auf einen Barscheck nur dann Bargeld ausgezahlt wird, wenn der Einreicher ihn **beim kontoführenden Institut des Ausstellers** vorlegt. Würde ein Barscheck bei einem anderen Institut vorgelegt, könnte er nur wie ein Verrechnungsscheck behandelt, d.h. dem Konto des Einreichers gutgeschrieben werden.

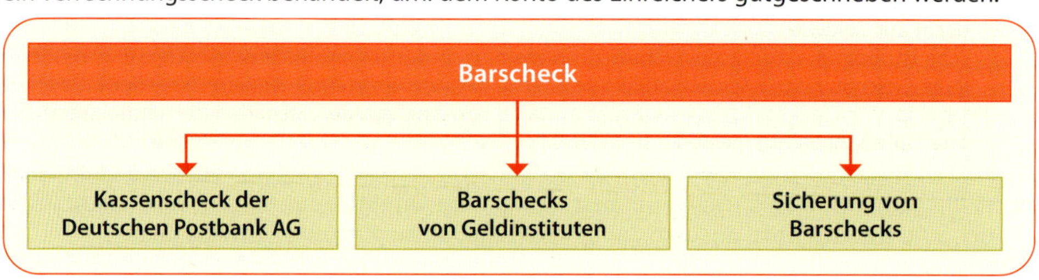

- **Kassenscheck der Deutschen Postbank AG**

  Inhaber von Girokonten bei der Deutschen Postbank AG verwenden als Barscheck zur Begleichung von Verbindlichkeiten den Kassenscheck. Der Zahlungsempfänger kann dann in der Zahlstelle der für den Aussteller kontoführenden Filiale unentgeltlich Bargeld vom Konto des Zahlungspflichtigen abheben.

- **Barschecks von Geldinstituten**

  Barschecks der verschiedenen Kreditinstitute werden nur dann an den Zahlungsempfänger bar ausgezahlt, wenn dieser sie dem **kontoführenden Institut des Zahlungspflichtigen** vorlegt. So kann etwa ein Barscheck der Sparkasse Bochum auch nur dort bar eingelöst werden.

- **Sicherung von Barschecks**

  Bei Verlust eines Barschecks sollte der Aussteller sofort den Scheck bei seiner Bank sperren lassen. Aus Sicherheitsgründen sollten Barschecks über größere Beträge **nach Entgegennahme sofort in Verrechnungsschecks umgewandelt werden** (durch Aufschrift „Nur zur Verrechnung").

EXKURS: Geldwäschegesetz *(GwG)*

Bei der **Annahme** (z. B. Bareinzahlung auf ein Konto mittels Zahlschein) **oder Abgabe** (z. B. Barauszahlung bei Vorlage eines Barschecks) **von Bargeld** sind Kreditinstitute verpflichtet, die Identität des jeweiligen Kunden festzustellen. Außerhalb der normalen Geschäftsbeziehungen sind Bareinzahlungen auf fremde Konten nur bis 1 000 EUR ohne Feststellung der Kundenidentität möglich.

Die Identität des Kunden ist durch Vorlage eines Personalausweises oder Reisepasses zu dokumentieren (bei natürlichen Personen sind Name, Geburtsort, Geburtsdatum, Staatsangehörigkeit und Anschrift zu erheben). Juristische Personen müssen einen Auszug aus dem Handels- oder Genossenschaftsregister vorlegen.

© Erich Schmidt Verlag

Ein möglicher Verdacht auf Geldwäsche ist nicht nur von Kreditinstituten, sondern auch durch andere Verpflichtete, die in Ausübung ihres Geschäfts oder Berufs handeln (wie etwa Versicherungsunternehmen, Versicherungsvermittler, Kapitalanlagegesellschaften, Rechtsanwälte, Wirtschaftsprüfer, Steuerberater, Immobilienmakler oder Spielbanken), zu melden.

Das Geldwäschegesetz soll verhindern, dass nicht rechtmäßig erworbene Geldbeträge über das Bankensystem oder andere Kanäle „saubergewaschen" werden. Bei jedem Geldwäscheverdacht sind daher das betroffene Kreditinstitut oder andere Verpflichtete gehalten, Anzeige zu erstatten.

9.3.3 Bargeldlose Zahlung

Beim bargeldlosen Zahlungsverkehr wird der Zahlungsvorgang über die Konten des Schuldners und des Gläubigers mittels Buchgeld abgewickelt. Der Zahlungspflichtige lässt von seinem Konto den entsprechenden Geldbetrag abbuchen und dem Konto des Zahlungsempfängers gutschreiben. Bargeld wird weder ein- noch ausgezahlt. Die Zahlung erfolgt nur buchtechnisch, d.h., sie wird durch veränderte Kontostände der Beteiligten erkennbar.

Bargeldlose Zahlung

SEPA-Zahlungen
- SEPA-Überweisung
  - SEPA-Sammelüberweisung
  - SEPA-Dauerauftrag
- SEPA-Lastschriftverfahren

Verrechnungsschecks
- Schecks von Geldinstituten
- Postbank Scheck
- Zahlungsanweisung zur Verrechnung der Deutschen Postbank AG

Sonderformen der bargeldlosen Zahlung
- BankKarten
- Kundenkreditkarten
- Internationale Kreditkarten
- Point-of-Sale-Banking (POS-Banking)

Bei der Abwicklung des bargeldlosen Zahlungsverkehrs werden **neue Informations- und Kommunikationstechnologien** eingesetzt.

Stellvertretend für alle Neuerungen seien hier genannt:

- **Onlinebanking:** Der Kontoinhaber führt im Dialogbetrieb am Computer einen SEPA-Überweisungsauftrag aus, indem er als Zugangsberechtigung seine Kontonummer, ein vier- bis achtstelliges Kennwort sowie eine Identifikationsnummer (PIN) und – für jeden einzelnen Vorgang – eine Transaktionsnummer (TAN) eingibt, durch die der Auftrag freigegeben wird. Neben der Durchführung von Überweisungen kann der Kontoinhaber jederzeit den aktuellen Kontostand abfragen, aber auch Daueraufträge einrichten, ändern oder löschen.

Sieben von zehn Bundesbürgern erledigen ihre Bankgeschäfte inzwischen online. 2014 waren es nur 53 Prozent. Rund jeder dritte Online-Banking-Nutzer gibt sogar an, alles online zu erledigen und überhaupt nicht mehr in eine Filiale zu gehen. Das ist das Ergebnis einer repräsentativen Umfrage durch den Branchenverband Bitkom im Jahr 2019. Erstmals setzt mehr als die Hälfte der Online-Banking-Nutzer (52 Prozent) ihr Smartphone für

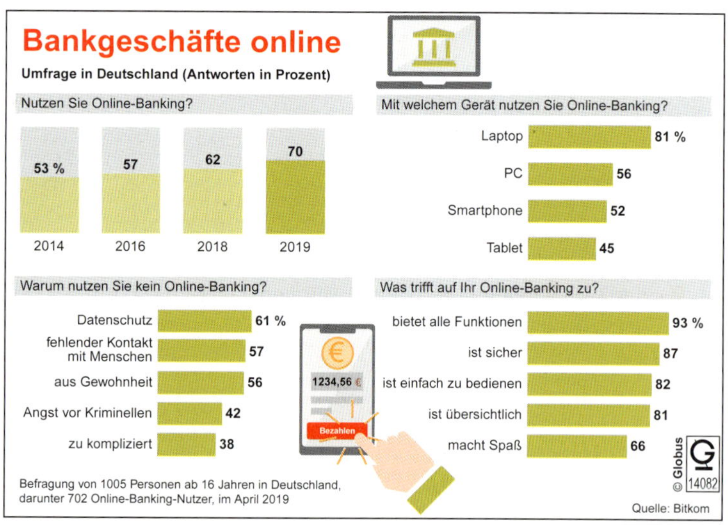

Bankgeschäfte ein. 2015 lag der Anteil erst bei 34 Prozent. Online-Banking ist vor allem unter den 30- bis 49-Jährigen verbreitet: 93 Prozent in dieser Altersgruppe erledigen Bankgeschäfte im Internet. Unter den Älteren (65 Jahre und älter) ist es nur etwa jeder fünfte (21 Prozent). Diejenigen, die bisher kein Online-Banking genutzt haben, hatten vor allem Sorgen um die Sicherheit ihrer Daten (61 Prozent).

- **Ausführung beleglos eingereichter Überweisungs- oder Lastschriftaufträge,** wobei der Zahlungspflichtige seinem Geldinstitut – meist unterstützt durch spezielle Bankensoftware – die zur Abwicklung des Zahlungsvorganges benötigten Daten (insbesondere Name und Bankverbindung des Zahlungsempfängers sowie Verwendungszweck) auf Datenträgern vorlegt. Satz- und Dateiaufbau des Datenträgers müssen den „Richtlinien für den beleglosen Datenträgeraustausch" entsprechen.
- **Erledigung beleghaft eingereichter Überweisungsaufträge,** die nach dem „Abkommen über die Umwandlung beleghaft erteilter Überweisungsaufträge in Datensätze und deren Bearbeitung" (EZÜ-Abkommen) auf dem schnellsten elektronischen Wege beleglos ausgeführt werden.
- **Erledigung beleghaft eingereichter Lastschriften,** die nach dem „Abkommen über die Umwandlung beleghaft erteilter Lastschriftaufträge in Datensätze und deren Bearbeitung" (EZL-Abkommen) auf dem schnellsten elektronischen Wege beleglos ausgeführt werden.
- **Point-of-Sale-Banking** (POS-Banking, vgl. S. 321 f.).

9.3.3.1 SEPA-Zahlungen

9.3.3.1.1 SEPA als einheitlicher Euro-Zahlungsverkehrsraum

Mit der in der Europäischen Union in vielen kleinen Schritten vollzogenen Harmonisierung des bargeldlosen Zahlungsverkehrs ist inzwischen der einheitliche Euro-Zahlungsverkehrsraum **SEPA** (**S**ingle **E**uro **P**ayments **A**rea) entstanden. Ziel von SEPA ist es, dass bargeldlose Zahlungen in Euro innerhalb Europas **(grenzüberschreitende Zahlungen)** ebenso effizient und einfach verlaufen wie die innerhalb eines Landes **(nationale Zahlungen).** Zu diesem Zweck sind zunächst für die wichtigsten Zahlungsinstrumente, und zwar die SEPA-Überweisung, die SEPA-Lastschrift und die SEPA-Kartenzahlung, einheitliche Verfahren und technische Standards ausgearbeitet worden. Die umfangreichen Anpassungen des nationalen und grenzüberschreitenden Zahlungsverkehrs an diese SEPA-Standards sollen vor allem zu Kosteneinsparungen und schnellen Geldstransfers führen.

Im einheitlichen Euro-Zahlungsverkehrsraum (SEPA) gibt es im grenzüberschreitenden bargeldlosen Zahlungsverkehr

- der 27 EU-Staaten (also der 19 Mitgliedstaaten der Eurozone [EWWU] sowie der übrigen 8 Mitgliedsländer der Europäischen Union [EU], in denen der Euro nicht die gesetzliche Währung ist),
- der 3 Länder des Europäischen Wirtschaftsraumes (EWR) [Island, Liechtenstein, Norwegen] und
- der Schweiz, San Marino und Monaco

keine landesspezifischen Unterschiede mehr zwischen den nationalen und den grenzüberschreitenden Euro-Zahlungen.

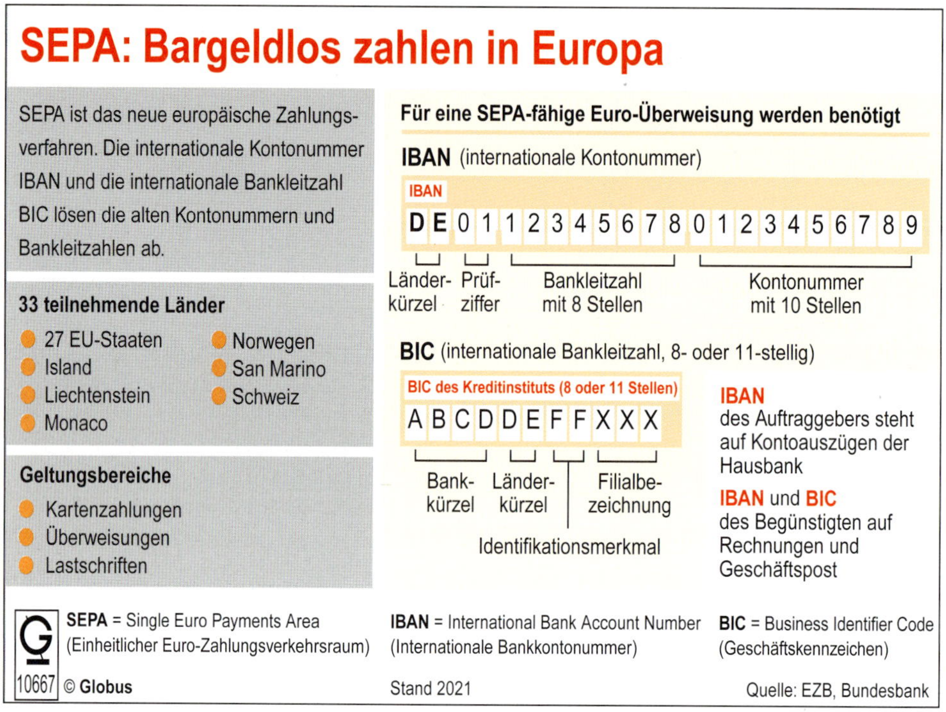

Seit dem 1. August 2014 hat das SEPA-System im Geschäftsverkehr die nationalen Überweisungs- und Lastschriftverfahren vollständig abgelöst. Für Privatkunden endete die Frist am 1. Februar 2016. Bis dahin durften sie noch die alten Kontonummern und Bankleitzahlen für Zahlungen im Inland nutzen. Hintergrund der Umstellung ist die Vereinheitlichung nationaler Überweisungen und Lastschriften im europäischen Zahlungsraum (SEPA). Die neue Zahlenkolonne heißt IBAN (International Bank Account Number). Sie enthält nicht nur Bankleitzahl und Kontonummer, sondern auch ein Länderkennzeichen (für Deutschland: DE) sowie eine zweistellige Prüfziffer. Daneben findet sich noch der BIC (Bank Identifier Code), mit dem Banken weltweit eindeutig identifiziert werden können. Er besteht aus der vierstelligen Bankbezeichnung (z.B. MARK für die Deutsche Bundesbank), dem Länderkennzeichen, der Orts- bzw. Regionalangabe (z.B. FF für Frankfurt/M.) und gegebenenfalls einer dreistelligen Filialbezeichnung. Ziel der Neuregelung ist es, grenzüberschreitend bargeldlose Zahlungen zwischen den Teilnehmerländern genau so schnell, einfach, sicher und kostengünstig zu machen wie Inlandsüberweisungen.

Um im grenzüberschreitenden bargeldlosen Zahlungsverkehr sowohl den jeweiligen Zahlungsempfänger als auch dessen kontoführendes Geldinstitut eindeutig identifizieren zu können, sind die bisher gebräuchlichen Kontonummern und Bankleitzahlen dabei sowohl durch die internationale Kontonummer **IBAN** als auch durch den **BIC** abgelöst worden. Seit Februar 2016 entfällt für Euro-Zahlungen innerhalb von SEPA die bis zu diesem Zeitpunkt verpflichtende Angabe der BIC, wenn die IBAN des Zahlungsempfängers mit DE beginnt.

IBAN (**I**nternational **B**ank **A**ccount **N**umber)	**BIC** (**B**ank **I**dentifier **C**ode)
maximal 34-stelliger alphanumerischer Code (je nach Land) **Struktur der deutschen IBAN** (genau 22-stelliger Code): ¬ 2-stelliger Ländercode* (nur Alphazeichen) ¬ 2-stellige Prüfziffer (numerische Zeichen für die Plausibilitätsprüfung bei der Auftraggeberbank) ¬ 18-stellige Kontoidentifikation – bestehend aus der 8-stelligen Bankleitzahl und der 10-stelligen Kontonummer (numerische Zeichen)	8- oder 11-stelliger Code **Struktur des BIC** ¬ 4-stelliger Bankcode, der vom jeweiligen Geldinstitut frei gewählt werden kann (nur Alphazeichen) ¬ 2-stelliger Ländercode* (nur Alphazeichen) ¬ 2-stellige Codierung des Ortes (alphanumerische Zeichen) ¬ 3-stellige Codierung der Filiale (alphanumerische Zeichen)

* z. B. DE (für Deutschland)

Am Beispiel der nachfolgenden Bankverbindung sollen sowohl Aufbau und Struktur der **deutschen IBAN** als auch der **BIC** verdeutlicht werden:

Konto-Nr.: 1420169789
BLZ: 430 500 01 (Sparkasse Bochum)

- **IBAN:** DE07 4305 0001 1420 1697 89 (Zwecks besserer Lesbarkeit wird die deutsche IBAN im Schriftverkehr [z. B. in Rechnungen] von links nach rechts in 5 Vierergruppen und eine Zweiergruppe gegliedert. Demgegenüber kennt das elektronische IBAN-Format [z. B. in SEPA-Überweisungen] jedoch keine Gliederung.)
- **BIC:** WELADED1BOC (Der BIC wird nicht gegliedert.)

IBAN und BIC können auch unter der Internet-Adresse www.iban-rechner.de berechnet bzw. überprüft werden.

9.3.3.1.2 SEPA-Überweisung

Bei der SEPA-Überweisung handelt es sich um eine einmalige Erteilung eines Überweisungsauftrages durch den Zahlungspflichtigen an sein Geldinstitut oder an die Deutsche Postbank AG. Mit seiner Unterschrift auf dem SEPA-Überweisungsformular erteilt der Zahlungspflichtige dem kontoführenden Geldinstitut den Auftrag, die entsprechende Summe an das Konto des Zahlungsempfängers weiterzuleiten.

Haben Zahlungspflichtiger und Zahlungsempfänger ihre Konten beim **gleichen Geldinstitut,** erfolgt die SEPA-Überweisung ausschließlich durch Umbuchung auf beiden von diesem Geldinstitut geführten Konten.

Herr König möchte die ihm vorliegende Rechnung der Elektrotechnik Jörgensen e. Kfm. bargeldlos, und zwar per SEPA-Überweisung, bezahlen.

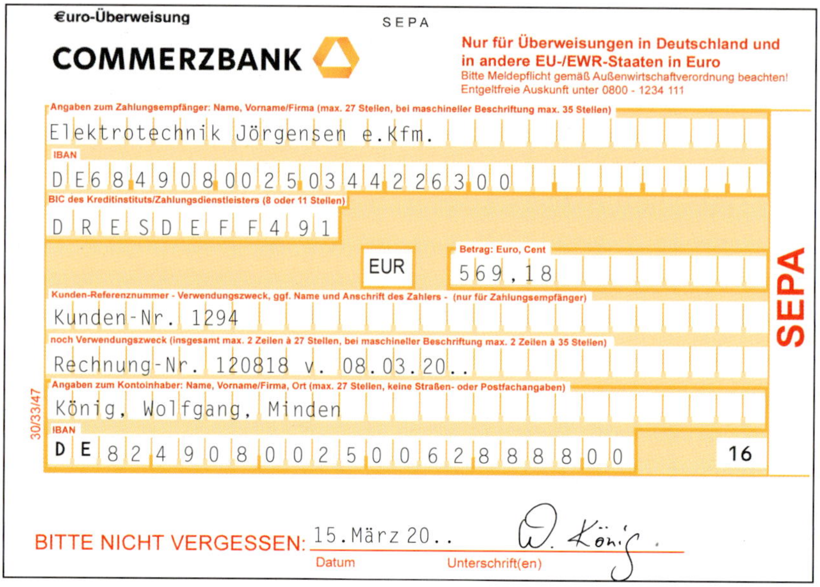
€uro-Überweisung
SEPA
COMMERZBANK
Nur für Überweisungen in Deutschland und in andere EU-/EWR-Staaten in Euro
Bitte Meldepflicht gemäß Außenwirtschaftverordnung beachten!
Entgeltfreie Auskunft unter 0800 - 1234 111
Angaben zum Zahlungsempfänger: Name, Vorname/Firma (max. 27 Stellen, bei maschineller Beschriftung max. 35 Stellen)
Elektrotechnik Jörgensen e.Kfm.
IBAN
DE68490800250344226300
BIC des Kreditinstituts/Zahlungsdienstleisters (8 oder 11 Stellen)
DRESDEFF491
EUR
Betrag: Euro, Cent
569,18
Kunden-Referenznummer - Verwendungszweck, ggf. Name und Anschrift des Zahlers - (nur für Zahlungsempfänger)
Kunden-Nr. 1294
noch Verwendungszweck (insgesamt max. 2 Zeilen à 27 Stellen, bei maschineller Beschriftung max. 2 Zeilen à 35 Stellen)
Rechnung-Nr. 120818 v. 08.03.20..
Angaben zum Kontoinhaber: Name, Vorname/Firma, Ort (max. 27 Stellen, keine Straßen- oder Postfachangaben)
König, Wolfgang, Minden
IBAN
DE82490800250062888800
16
SEPA
30/33/47
BITTE NICHT VERGESSEN: 15. März 20..
Datum
Unterschrift(en)

Unterhalten Zahlungspflichtiger und Zahlungsempfänger ihre Konten jedoch bei **verschiedenen Geldinstituten** (z. B. Sparkassen, Volks- und Raiffeisenbanken, Deutsche Bank, Commerzbank, Deutsche Postbank AG), erfolgt die SEPA-Überweisung unter Einschaltung eines oder mehrerer **Gironetze.** Hierbei handelt es sich um Überweisungskreise gleichartiger Geldinstitute wie z. B. das Gironetz der Sparkassen oder die Gironetze der Großbanken, die untereinander über Zentralstellen (z. B. Girozentrale) in Verbindung stehen.

Eine kaufmännische Angestellte lässt von ihrem Konto bei der Stadtsparkasse Düsseldorf 100 EUR als Spende an ein Hilfswerk überweisen.

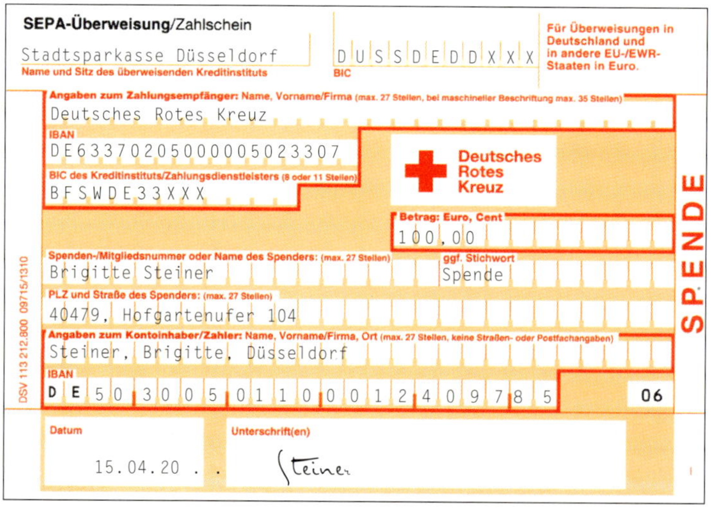
SEPA-Überweisung/Zahlschein
Stadtsparkasse Düsseldorf
Name und Sitz des überweisenden Kreditinstituts
DUSSDEDDXXX
BIC
Für Überweisungen in Deutschland und in andere EU-/EWR-Staaten in Euro.
Angaben zum Zahlungsempfänger: Name, Vorname/Firma (max. 27 Stellen, bei maschineller Beschriftung max. 35 Stellen)
Deutsches Rotes Kreuz
IBAN
DE63370205000005023307
BIC des Kreditinstituts/Zahlungsdienstleisters (8 oder 11 Stellen)
BFSWDE33XXX
Deutsches Rotes Kreuz
Betrag: Euro, Cent
100,00
Spenden-/Mitgliedsnummer oder Name des Spenders: (max. 27 Stellen)
Brigitte Steiner
ggf. Stichwort
Spende
PLZ und Straße des Spenders: (max. 27 Stellen)
40479, Hofgartenufer 104
Angaben zum Kontoinhaber/Zahler: Name, Vorname/Firma, Ort (max. 27 Stellen, keine Straßen- oder Postfachangaben)
Steiner, Brigitte, Düsseldorf
IBAN
DE50300501100012409785
06
SPENDE
DSV 113 212.800 09715/1310
Datum
15.04.20..
Unterschrift(en)

SEPA-Überweisungen, die – als Papierüberweisung (beleghaft) oder als Online-Überweisung (beleglos) – von den Geldinstituten oder von der Deutschen Postbank AG in aller Regel meist zeitverzögert innerhalb eines Geschäftstages ausgeführt werden, sind auch als **Echtzeitüberweisungen** (instant payment – Echtzeitzahlung) möglich. In diesem Fall kann der Empfänger über den entsprechenden Geldbetrag (maximal bis zu 15 000,00 EUR pro Transaktion) bereits innerhalb von wenigen Sekunden nach dem Eintreffen einer solchen Echtzeitüberweisung verfügen.

Einer Rechnung wird häufig auch ein bereits mit den Angaben des Zahlungsempfängers (Name, Vorname/Firma, IBAN und BIC) versehener **SEPA-Überweisungsauftrag/Zahlschein** beigefügt. Mit diesem Formular kann dann der Schuldner seine Zahlungsverpflichtung entweder bargeldlos **oder** halbbar begleichen.

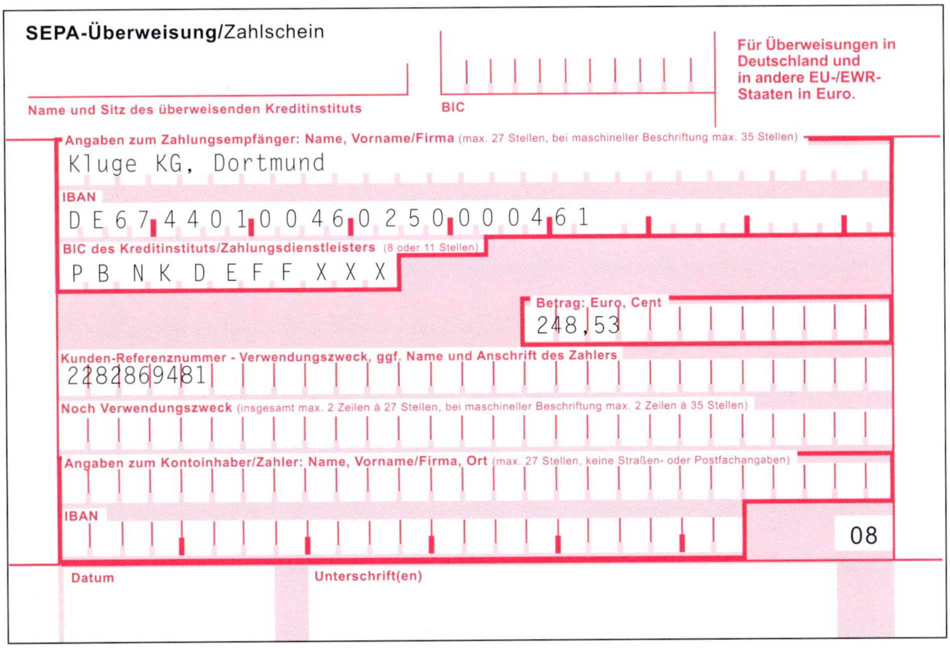
SEPA-Überweisung/Zahlschein

Name und Sitz des überweisenden Kreditinstituts

BIC

Für Überweisungen in Deutschland und in andere EU-/EWR-Staaten in Euro.

Angaben zum Zahlungsempfänger: Name, Vorname/Firma (max. 27 Stellen, bei maschineller Beschriftung max. 35 Stellen)

Kluge KG, Dortmund

IBAN

DE67 4401 0046 0250 0004 61

BIC des Kreditinstituts/Zahlungsdienstleisters (8 oder 11 Stellen)

PBNKDEFFXXX

Betrag: Euro, Cent

248,53

Kunden-Referenznummer - Verwendungszweck, ggf. Name und Anschrift des Zahlers

2282869481

Noch Verwendungszweck (insgesamt max. 2 Zeilen à 27 Stellen, bei maschineller Beschriftung max. 2 Zeilen à 35 Stellen)

Angaben zum Kontoinhaber/Zahler: Name, Vorname/Firma, Ort (max. 27 Stellen, keine Straßen- oder Postfachangaben)

IBAN

08

Datum

Unterschrift(en)

▶ SEPA-Sammelüberweisung

Um Buchungsgebühren zu sparen, können zur Vereinfachung der Auftragserteilung auch mehrere einzelne SEPA-Überweisungen in unterschiedlicher Höhe an verschiedene Zahlungsempfänger zu einer **SEPA-Sammelüberweisung** zusammengefasst werden.

▶ SEPA-Dauerauftrag

Ein Zahlungspflichtiger wird bei Verbindlichkeiten, die zu ständig wiederkehrenden Terminen immer in gleicher Höhe an denselben Zahlungsempfänger fällig werden, einen **SEPA-Dauerauftrag** erteilen. Dadurch wird das kontoführende Institut angewiesen, diese SEPA-Überweisungen bei Fälligkeit selbstständig durchzuführen.

- Mietzahlungen
- Ratenbeträge zur Tilgung eines Kredites für den Kauf eines Kraftfahrzeuges

9.3.3.1.3 SEPA-Lastschriftverfahren

Das SEPA-Lastschriftverfahren eignet sich für bargeldlose Zahlungsverpflichtungen, die – oft auch zu unregelmäßigen Zeitpunkten – in unterschiedlicher Höhe fällig werden. Auftraggeber und Einreicher der SEPA-Lastschrift ist der Zahlungsempfänger. Dabei ist das **SEPA-Lastschriftmandat** der Schlüssel des SEPA-Lastschriftverfahrens.

SEPA-Lastschriftmandat (dargestellt am Beispiel einer Einmallastschrift)

MUSTER GMBH, ROSENWEG 2, 00000 IRGENDWO

Gläubiger-Identifikationsnummer DE99ZZZ05678901234

Mandatsreferenz 66 443

SEPA-Lastschriftmandat

Ich ermächtige die Muster GmbH, EINMALIG EINE ZAHLUNG von meinem Konto mittels Lastschrift einzuziehen. Zugleich weise ich mein Kreditinstitut an, DIE von der Muster GmbH auf mein Konto GEZOGENE LASTSCHRIFT einzulösen.

Hinweis: Ich kann innerhalb von acht Wochen, beginnend mit dem Belastungsdatum, die Erstattung des belasteten Betrages verlangen. Es gelten dabei die mit meinem Kreditinstitut vereinbarten Bedingungen.

____
Vorname und Name (Kontoinhaber)

____
Straße und Hausnummer

____
Postleitzahl und Ort

____________________ _ _ _ _ _ _ _ _ | _ _ _
Kreditinstitut (Name und BIC)

DE _ _ | _ _ _ _ | _ _ _ _ | _ _ _ _ | _ _ _ _ | _ _
IBAN

____
Datum, Ort und Unterschrift

Anmerkungen:

- Der Inhalt des SEPA-Lastschriftmandats ist genau festgelegt, nicht jedoch dessen Gestaltung.
- Die Gläubiger-Identifikationsnummer wird von der Deutschen Bundesbank vergeben.
- Die bis zu 35 alphanumerischen Stellen lange Mandatsreferenz wird vom Zahlungsempfänger individuell vergeben. In Verbindung mit der Gläubiger-Identifikationsnummer bezeichnet sie das jeweilige Mandat eindeutig. Die Mandatsreferenz kann im Mandat enthalten sein oder dem Zahlungspflichtigen nachträglich bekannt gegeben werden.

Quelle: Zentraler Kreditausschuss (ZKA) als Zusammenschluss der 5 Spitzenverbände der deutschen Kreditwirtschaft: Beispiel-Formulare für das SEPA-Lastschriftmandat und das Kombimandat sowie Beispiel-Kundenschreiben zur Änderung der Einzugsermächtigung vom 30. Oktober 2009, Seite 4

Dieses SEPA-Lastschriftmandat besteht aus einem **einheitlichen Autorisierungstext** und **bestimmten Angaben.**

- Es ermächtigt den Zahlungsempfänger einmalig oder wiederkehrend, national und grenzüberschreitend Euro-Beträge vom Konto des Zahlungspflichtigen mittels SEPA-Lastschrift einzuziehen **und**
- weist gleichzeitig das kontoführende Institut an, die vom Zahlungsempfänger auf das Konto des Zahlungspflichtigen gezogenen SEPA-Lastschriften einzulösen.

Das SEPA-Lastschriftverfahren innerhalb des einheitlichen Euro-Zahlungsverkehrs (SEPA) ist auch als **Echtzeitzahlung** (instant payment) sekundenschnell möglich.

Der Zahlungspflichtige kann einer Kontobelastung, die aufgrund einer SEPA-Lastschrift im Auftrag des Zahlungsempfängers erfolgt ist, innerhalb von bis zu 8 Wochen nach dem Belastungsdatum ohne Angabe von Gründen widersprechen. Dieser Zeitraum verlängert sich auf 13 Monate, wenn die Belastungsbuchung **ohne** ein SEPA-Lastschriftmandat, also unberechtigt, durchgeführt worden ist.

Beim SEPA-Lastschriftverfahren ist zwischen der **SEPA-Basislastschrift** und der **SEPA-Firmenlastschrift** zu unterscheiden. Während der Zahlungspflichtige bei der SEPA-Basislastschrift auch ein Nicht-Verbraucher sein darf, ist die SEPA-Firmenlastschrift ausschließlich den Geschäftskunden vorbehalten.

- **SEPA-Basislastschrift:**
  - Berufsschülerin Helga Stein beauftragt ihr Geldinstitut, jeweils am Monatsende von ihrem Girokonto einen Betrag von 50 EUR auf ihr Sparkonto umzubuchen.
  - Darüber hinaus lässt die Auszubildende fällige Abschlagszahlungen für Strom und Gas, Versicherungsprämien und Telekommunikationskosten von ihrem Girokonto abbuchen.
  - Die Richard Meyer GmbH lässt fällige Abschlagszahlungen für Strom und Gas, Versicherungsprämien und Telekommunikationskosten von ihrem Geschäftskonto abbuchen.
- **SEPA-Firmenlastschrift:** Aufgrund einer entsprechenden vertraglichen Vereinbarung mit ihrem Lieferanten erfüllt die Richard Meyer GmbH ihre Zahlungsverpflichtungen gegenüber diesem Kreditor, indem Rechnungsbeträge zu festen Fälligkeitsterminen vom Geschäftskonto abgebucht werden.

Im Gegensatz zur SEPA-Basislastschrift kann einer ausgeführten SEPA-Firmenlastschrift jedoch **nicht** widersprochen werden.

9.3.3.2 Verrechnungsschecks

Legt der Zahlungsempfänger einen Verrechnungsscheck bei einem Geldinstitut oder der Deutschen Postbank AG vor, wird der entsprechende Betrag seinem Konto gutgeschrieben und das Konto des Zahlungspflichtigen in gleicher Höhe belastet. Jeder Scheck, der auf der Vorderseite handschriftlich, aufgestempelt oder aufgedruckt den Vermerk **„Nur zur Verrechnung"** trägt, wird auf diese Weise buchtechnisch erfasst, der Geldbetrag dem Scheckeinreicher also nicht direkt bar ausgezahlt.

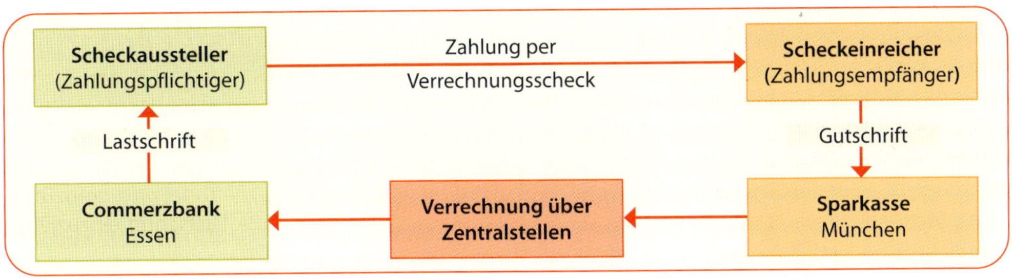

▶ Schecks von Geldinstituten

Banken und Sparkassen halten für ihre Kunden vorgedruckte Scheckformulare bereit, in denen der Aussteller nur noch Datum und Ort der Ausstellung sowie den Währungscode und den Scheckbetrag eintragen und seine Unterschrift leisten muss, um die **gesetzlichen Anfor-**

derungen, die an einen Scheck gestellt werden, zu erfüllen. Neben diesen im Scheckgesetz zwingend vorgesehenen Angaben sind einige weitere Zusätze erlaubt, die als **kaufmännische Bestandteile** des Schecks bezeichnet werden. Diese dienen ausschließlich der Erleichterung des Scheckverkehrs.

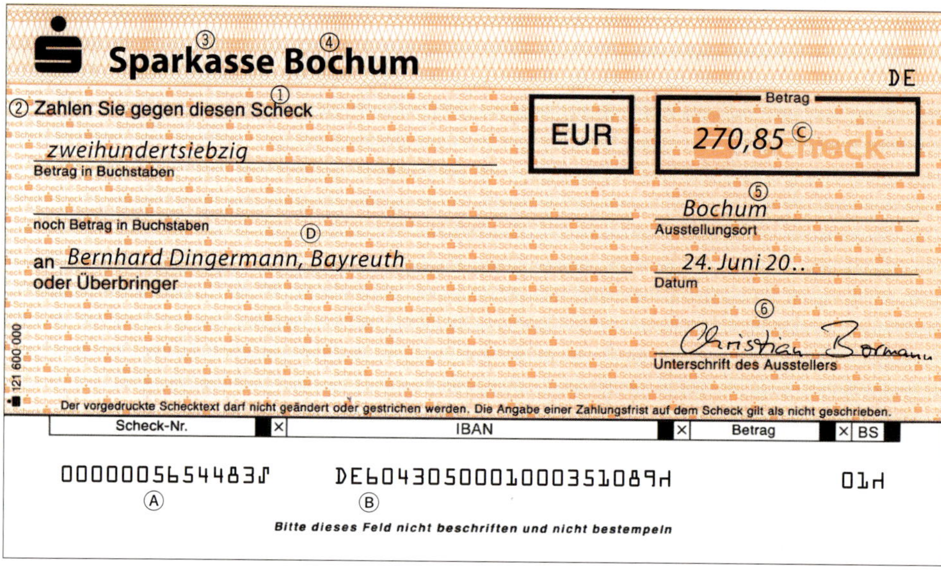
③ ④
Sparkasse Bochum
DE
①
② Zahlen Sie gegen diesen Scheck
EUR
Betrag
270,85 ©
zweihundertsiebzig
Betrag in Buchstaben
⑤
Bochum
noch Betrag in Buchstaben
Ausstellungsort
Ⓓ
an Bernhard Dingermann, Bayreuth
24. Juni 20..
oder Überbringer
Datum
⑥
Christian Bormann
Unterschrift des Ausstellers
121 600 000
Der vorgedruckte Schecktext darf nicht geändert oder gestrichen werden. Die Angabe einer Zahlungsfrist auf dem Scheck gilt als nicht geschrieben.
Scheck-Nr. | IBAN | Betrag | BS
0000005654483 DE60430500010003510894 01
Ⓐ Ⓑ
Bitte dieses Feld nicht beschriften und nicht bestempeln

Bestandteile des Schecks	
gesetzliche Bestandteile gemäß Art. 1 ScheckG	**kaufmännische Bestandteile**
① Bezeichnung als Scheck im Text der Urkunde	Ⓐ Schecknummer
② unbedingte Anweisung, eine bestimmte Geldsumme zu zahlen	Ⓑ IBAN des Ausstellers
③ Name des bezogenen Geldinstitutes	© Schecksumme in Ziffern (im Zweifel gilt der in Buchstaben geschriebene Betrag)
④ Angabe des Zahlungsortes	Ⓓ Angabe des Zahlungsempfängers
⑤ Angabe des Tages und des Ortes der Ausstellung	
⑥ Unterschrift des Ausstellers	

Ein Scheck sollte natürlich nur dann ausgestellt werden, wenn das Konto ein ausreichendes Guthaben aufweist bzw. wenn durch den Scheck der vom Geldinstitut dem Kunden eingeräumte **Dispositions-** (im Privatkundenbereich) bzw. **Kontokorrentkredit** (im Geschäftskundenbereich) nicht überschritten wird.

▶ Postbank Scheck

Genau wie Schecks der Geldinstitute lassen sich auch Schecks der Deutschen Postbank AG als Verrechnungsschecks ausstellen.

Nur zur Verrechnung

Postbank

Konto-Nr. 1394 87 - 649

Bankleitzahl

Zahlen Sie gegen diesen Scheck eintausendneunhundertdreißig -------

EUR

Betrag 1930,00

an Leimer GmbH, 40215 Düsseldorf oder Überbringer

1394 87 - 649

Dr. Mantel, Helmut
45128 Essen

Essen, 16.11.20..

(Ausstellungsort, Datum)

Dr. H. Mantel

(Unterschrift des Ausstellers)

Verwendungszweck Rechnung Nr. 2706 vom 10.11.20..

(Mitteilung für den Begünstigten)

Der vorgedruckte Schecktext darf nicht geändert oder gestrichen werden. Die Angabe einer Zahlungsfrist auf dem Scheck gilt als nicht geschrieben.

Scheck-Nr.	IBAN	Betrag	Text
2087007600065	DE83360100430139487649		

Bitte dieses Feld nicht beschriften und nicht bestempeln

▶ Zahlungsanweisung zur Verrechnung der Deutschen Postbank AG

Zahlungsanweisungen zur Verrechnung sind für Zahlungen an solche Empfänger bestimmt, deren Kontoverbindung nicht bekannt ist. Der Empfänger kann den Betrag seinem Postbank Girokonto oder Girokonto bei einem Kreditinstitut gutschreiben lassen. Darüber hinaus kann er sich den Betrag der Zahlungsanweisung am Schalter der Postfiliale gegen Entgelt auszahlen lassen.

▶ Vorlagefristen für Schecks

Schecks sollen nur als Zahlungsmittel und nicht als Kreditmittel verwendet werden. Deshalb sind zu ihrer Vorlage bestimmte Fristen einzuhalten, die für in Deutschland zahlbare Schecks bestimmt sind *(Art. 29 ScheckG)*, und zwar auf:

- 8 Tage, wenn der Scheck im Inland ausgestellt ist;
- 20 Tage für im europäischen Ausland ausgestellte Schecks;
- 70 Tage bei Ausstellung in einem anderen Erdteil.

▶ Scheckeinlieferung

Will ein Unternehmen die ihm von Kunden ausgestellten Schecks seinem Geldinstitut oder der Niederlassung der Deutschen Postbank AG zur Einlösung einreichen, wird es neben den Einzelschecks ein **Scheckeinlieferungsformular** ausgefüllt vorlegen. Darin werden die bezogenen Geldinstitute, die Scheckaussteller, die Schecknummern, die einzelnen Scheckbeträge und der Gesamtbetrag aller eingereichten Schecks aufgeführt.

Die Brenner OHG reicht ihrer kontoführenden Sparkasse die erhaltenen Kundenschecks ein, damit der Gesamtbetrag dem Geschäftskonto gutgeschrieben werden kann.

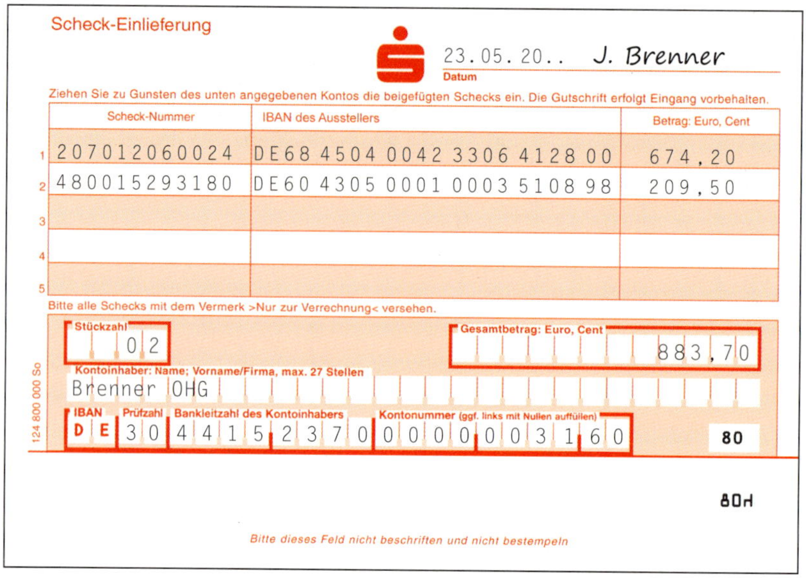

Scheck-Einlieferung

23.05.20.. J. Brenner
Datum

Ziehen Sie zu Gunsten des unten angegebenen Kontos die beigefügten Schecks ein. Die Gutschrift erfolgt Eingang vorbehalten.

	Scheck-Nummer	IBAN des Ausstellers	Betrag: Euro, Cent
1	207012060024	DE68 4504 0042 3306 4128 00	674,20
2	480015293180	DE60 4305 0001 0003 5108 98	209,50
3			
4			
5			

Bitte alle Schecks mit dem Vermerk >Nur zur Verrechnung< versehen.

Stückzahl: 02

Gesamtbetrag: Euro, Cent: 883,70

Kontoinhaber: Name; Vorname/Firma, max. 27 Stellen: Brenner OHG

IBAN: DE | Prüfzahl: 30 | Bankleitzahl des Kontoinhabers: 4415 2370 | Kontonummer (ggf. links mit Nullen auffüllen): 0000 0003 160

80

124 800 000 So

80H

Bitte dieses Feld nicht beschriften und nicht bestempeln

9.3.3.3 Sonderformen der bargeldlosen Zahlung

Im elektronischen Zahlungsverkehr der Bundesrepublik Deutschland hat das „**Plastikgeld**" zunehmend an Bedeutung gewonnen.

Der Inhaber einer entsprechenden Plastikkarte, etwa die

- eines **Geldinstitutes** (z. B. SparkassenCard der Sparkasse Hamburg),
- eines bestimmten **Unternehmens** (z. B. Karstadt, IKEA, Europcar) oder
- einer **Kreditkartenorganisation** (z. B. American Express, MasterCard oder Visa),

kann **bargeldlos** Waren und Dienstleistungen bezahlen.

© Erich Schmidt Verlag 463 760

Ein Verkäufer, der die Plastikkarte seines Kunden akzeptiert, geht bei einer solchen bargeldlosen Zahlung des vereinbarten Kaufpreises durch den Kunden in der Regel **kein Risiko** ein, da die vorgelegte Plastikkarte glaubwürdig dessen Kreditwürdigkeit belegt. Abrechnung und Bezahlung der Waren oder Dienstleistungen erfolgen erst nachträglich durch ein Geldinstitut bzw. eine Kreditkartenorganisation, wobei unter Einschaltung eines oder mehrerer Gironetze schließlich das Konto des Kunden mit dem kreditierten Kaufpreis belastet wird.

BankKarten

Bei den BankKarten handelt es sich um „Plastikgeld", das von den Kreditinstituten (Banken und Sparkassen) herausgegebenen wird.

Je nachdem, welches Kreditinstitut die BankKarte herausgibt, unterscheiden sich die Namen: So händigen die Sparkassen ihren Kunden die „SparkassenCard" aus, die Deutsche Postbank AG die „PostbankCard" und die Volks- und Raiffeisenbanken die „VR-BankCard".

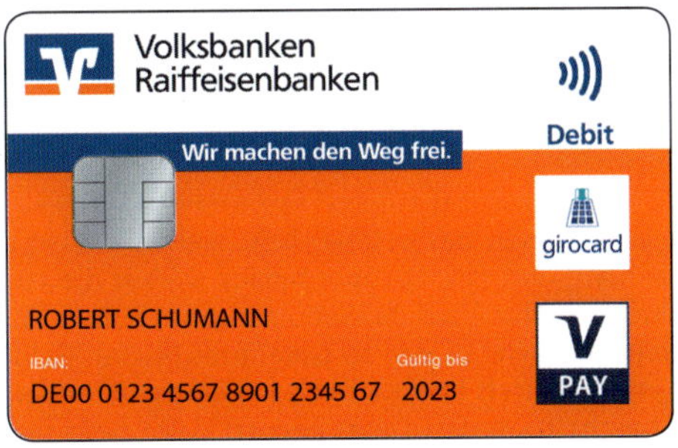

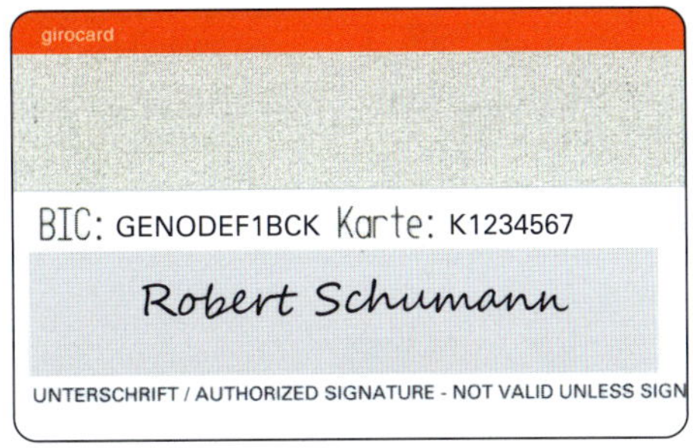

Die auf der Vorder- bzw. Rückseite der BankKarte abgebildeten **Akzeptanzsymbole** verdeutlichen, inwieweit die Plastikkarte im In- und Ausland zur bargeldlosen Bezahlung und zur Bargeldbeschaffung eingesetzt werden kann.

Wichtige Akzeptanzsymbole auf der BankKarte und deren Bedeutung	
	Akzeptanzsymbol für das **kontaktlose Bezahlen** mit Near Field Communication (NFC), einer Technik, bei der das Zahlmittel (z. B. BankKarte oder Smartphone) und das Zahlterminal bei maximal 4 cm Abstand kontaktlos miteinander kommunizieren, um den Bezahlvorgang durchzuführen.
girocard	Dieses Akzeptanzsymbol vereint zwei Zahlungssysteme im Inland, und zwar ▪ die Bargeldbeschaffung im deutschen Geldautomatensystem und ▪ das Electronic Cash, also das bargeldlose Bezahlen mittels BankKarte und persönlicher Identifikationsnummer (PIN oder Geheimnummer).
Cirrus	Akzeptanzsymbol für die Benutzung des weltweiten Geldautomatennetzes. An den so gekennzeichneten Geldautomaten kann dann im Ausland mittels BankKarte und PIN Bargeld in der jeweiligen Landeswährung beschafft werden.
GeldKarte	Akzeptanzsymbol für die „elektronische Geldbörse": Nach Eingabe der Geheimnummer (PIN) kann die BankKarte immer wieder bis zu einem Höchstbetrag von 200 EUR am Geldautomaten aufgeladen werden. Ohne PIN-Eingabe und ohne Unterschrift werden dann bargeldlos getätigte Einkäufe mit dem im Chip gespeicherten Guthaben verrechnet.

Wichtige Akzeptanzsymbole auf der BankKarte und deren Bedeutung	
girogo	Akzeptanzsymbol für das bargeldlose Bezahlen durch Verrechnung mit dem im Chip gespeicherten Guthaben von bis zu 200 EUR. Wie bei der „elektronischen Geldbörse" erfolgt das Bezahlen ohne PIN-Eingabe und ohne Unterschrift, jedoch **kontaktlos.** Der Käufer bezahlt, indem er die BankKarte vor das entsprechende Lesegerät des Verkäufers hält. Der mit einer Funkantenne ausgerüstete Chip sendet dann das entsprechende Signal an das Kassenterminal. Allerdings können nur kleinere Einkäufe bis zu 25 EUR kontaktlos bezahlt werden. Einkäufe mit Beträgen über 25 EUR müssen mit PIN-Eingabe oder Unterschrift legitimiert werden. Dies geschieht jedoch nicht kontaktlos, sondern unter Einsatz des Lesegerätes.
V PAY, maestro	Diese Akzeptanzsymbole signalisieren das europa- bzw. weltweite bargeldlose Bezahlen mittels BankKarte und PIN. Darüber hinaus weisen die Logos – je nach ausgebendem Kreditinstitut – auf die Benutzung des europa- bzw. weltweiten Geldautomatennetzes hin. An den so gekennzeichneten Geldautomaten kann dann im Ausland mittels BankKarte und PIN Bargeld in der jeweiligen Landeswährung beschafft werden. Dabei benutzt V PAY nicht die im Magnetstreifen der BankKarte unverschlüsselt gespeicherten Daten, sondern greift auf die im Chip verschlüsselt abgelegten Kundendaten zurück.

Kartenzahlungen innerhalb des einheitlichen Euro-Zahlungsverkehrsraums (SEPA) sind auch als **Echtzeitzahlung** (instant payment) sekundenschnell möglich.

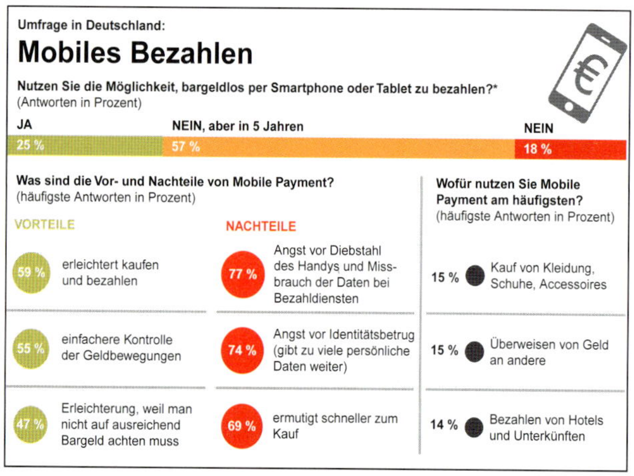

Mobiles Bezahlen wird in Deutschland immer häufiger genutzt – vor allem von jüngeren Menschen. 46 Prozent der unter 30-Jährigen nutzen Mobile Payment. Im Durchschnitt aller Altersgruppen liegt der Anteil bei 25 Prozent. In fünf Jahren wollen bereits 57 Prozent der Befragten Zahlungen mobil abwickeln. Zu diesem Ergebnis kommt eine repräsentative Umfrage von 1000 Bundesbürgerinnen und -bürgern im Auftrag der Wirtschaftsprüfungs- und Beratungsgesellschaft PwC. Am häufigsten nutzen die Verbraucher das bargeldlose Verfahren um Kleidung, Schuhe und Accessoires zu kaufen. Mehr als die Hälfte schätzt beim mobilen Bezahlen die Möglichkeit, Geldbewegungen direkt am Handy prüfen zu können. Die meisten Verbraucher machen aber bisher einen großen Bogen um das mobile Bezahlen. Vor allem die Angst vor Datenmissbrauch und vor Hackern schreckt die Nutzer bisher ab. In der Umfrage umfasst das Mobile Payment: das Einkaufen per Handy über mobile Bezahldienste und das kontaktlose Bezahlen per Smartphone an den Kassen von Geschäften. Kontaktlos bedeutet, dass der Kunde sein Smartphone zum Bezahlen lediglich an ein spezielles Lesegerät hält.

Kundenkreditkarten

Bei den Kundenkreditkarten gewährt ein bestimmtes Unternehmen in Zusammenarbeit mit einem Geldinstitut seinen Kunden einen Kredit bis zu einer vorher vereinbarten Höchstgrenze. Da eine Kundenkreditkarte jedoch nur im Bereich des ausgebenden Unternehmens zum bargeldlosen Einkauf berechtigt, stellt diese Karte eher ein Instrument zur Förderung des Absatzes dar, das gleichzeitig eine ideale Basis für kreativ gestaltete Bonus- und Rabattsysteme bildet.

> Kundenkreditkarten werden z.B. von folgenden Unternehmen ausgegeben:
> - **Goldene Kundenkarte:** Alsterhaus, KaDeWe
> - **IKEA Contract:** IKEA
> - **Cash Card:** Europcar

Internationale Kreditkarten

Der Inhaber einer internationalen Kreditkarte kann nicht nur in der Bundesrepublik Deutschland und in Europa, sondern auch im außereuropäischen Ausland in den angeschlossenen Unternehmen (Vertragspartnern der Kreditkartenorganisation) bargeldlos einkaufen bzw. Hotel- und Gastronomierechnungen bezahlen, Autos mieten oder Reisen buchen. Darüber hinaus bieten die auf dem deutschen Markt gebräuchlichsten Kreditkarten

- **MasterCard,**
- **American Express,**
- **Diners Club**
- **Visa**

ihrem Inhaber häufig auch weitere Dienstleistungen an (z.B. Beschaffung von Bargeld im In- und Ausland, zusätzliche Unfallversicherung bei Reisen, die per Kreditkarte bezahlt worden sind). Kartenorganisationen geben auf Antrag nur an solche Bewerber Kreditkarten aus, deren Bonität und Seriosität einwandfrei sind.

Wichtige Akzeptanzsymbole auf internationalen Kreditkarten und deren Bedeutung	
maestro paypass Visa payWave	Akzeptanzsymbol für das **kontaktlose** Bezahlen bei Einkäufen bis zu 25 EUR, indem die Kreditkarte vor das Lesegerät des Verkäufers gehalten wird. Die Abrechnung erfolgt über die Kreditkartenabrechnung. Einkäufe über höhere Beträge müssen mit PIN-Eingabe oder Unterschrift legitimiert werden. Dies geschieht kontaktlos, sodass die Kreditkarte des Kunden nicht in das Lesegerät des Verkäufers gesteckt werden muss.

Point-of-Sale-Banking (POS-Banking) – Electronic Cash

Unter **POS-Banking** versteht man ein Verfahren der bargeldlosen Zahlung von Waren und Dienstleistungen im Einzelhandel, bei dem ein Kunde – etwa mittels seiner BankKarte **(Electronic Cash)** – „elektronisch" am Ort des Verkaufs (Point of Sale) bezahlt. Das Wort „Banking" weist darauf hin, dass mit diesen Kassenterminals eine Zahlung mit direkter Buchung bei Kreditinstituten möglich ist. Der Umgang mit Bargeld entfällt, ebenso das Ausstellen von Schecks.

Nach der maschinellen Erfassung der Kassierdaten z.B. durch einen Abtaster (Scanner[1]) ermittelt die elektronische Datenkasse den Rechnungsbetrag. Mithilfe eines an dieses Kassenterminal angeschlossenen Zusatzgerätes werden die auf dem Magnetstreifen der Plastikkarte enthaltenen Daten des Kunden (Kontonummer und Bankleitzahl) in das System eingelesen.

1 Scanner erfassen über einen Lichtstrahl die auf dem Warenetikett in Form eines Strich- oder Balkencodes aufgedruckten verschlüsselten elektronisch lesbaren Daten. Ein akustisches Signal zeigt die Registrierung des Artikels an.

Der Kunde tippt dann über die Tastatur des Zusatzgerätes seine persönliche Geheimnummer (PIN) ein, die ihn als berechtigten Benutzer der Plastikkarte ausweist. Nachdem sowohl die Geheimnummer elektronisch geprüft als auch die Sperrdatei abgefragt worden sind und das Konto des Kunden eine entsprechende Deckung aufweist – die Rechnerzentrale zeigt „grünes Licht" –, wird der Rechnungsbetrag automatisch vom Bankkonto des Kunden auf das Händlerkonto umgebucht. Der Kunde erhält dann die von ihm gekaufte Ware zusammen mit einem Bon über den getätigten Einkauf.

Electronic-Cash-Beleg

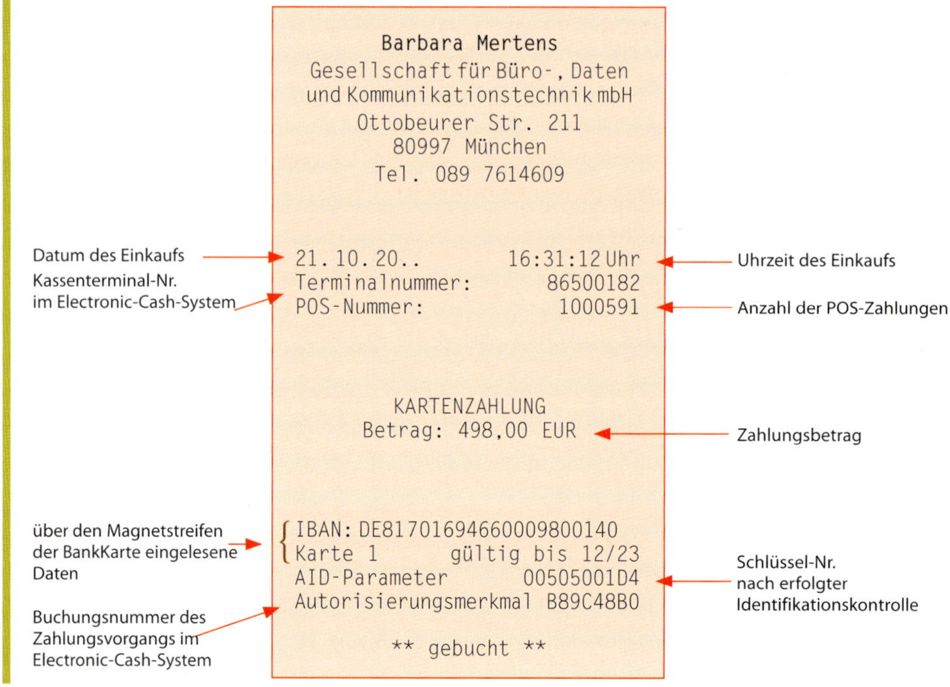
Barbara Mertens
Gesellschaft für Büro-, Daten
und Kommunikationstechnik mbH
Ottobeurer Str. 211
80997 München
Tel. 089 7614609

21.10.20.. 16:31:12 Uhr
Terminalnummer: 86500182
POS-Nummer: 1000591

KARTENZAHLUNG
Betrag: 498,00 EUR

IBAN: DE81701694660009800140
Karte 1 gültig bis 12/23
AID-Parameter 00505001D4
Autorisierungsmerkmal B89C48B0

** gebucht **

9.3.3.4 Vorteile des bargeldlosen Zahlungsverkehrs

Durch die Teilnahme am bargeldlosen Zahlungsverkehr werden die **Sicherheit** und die **Bequemlichkeit** von Zahlungsvorgängen erhöht.

Durch die Zahlung mit Überweisung oder Verrechnungsscheck entfällt die Gefahr des Verlierens von Bargeld bzw. des Diebstahls.

Geldschulden sind Bringschulden, d.h., der Schuldner ist verpflichtet, dem Gläubiger das Geld zu übergeben. Beauftragt der Zahlungspflichtige hierzu die Deutsche Postbank AG bzw. ein Kreditinstitut, so haftet er zwar weiterhin für den Zugang des Geldes, kann aber von der entsprechenden Bank oder Sparkasse Ersatz seines Schadens verlangen, falls der Geldbetrag dem Konto des Empfängers nicht gutgeschrieben wurde.

Durch die Einrichtung von **SEPA-Daueraufträgen und SEPA-Lastschriftverfahren** entfällt für den Zahlungspflichtigen die Notwendigkeit, jeden einzelnen Zahlungsvorgang gesondert zu veranlassen. Verrechnungsschecks und SEPA-Überweisungen können zur Bearbeitung versandt werden.

Aus banktechnischen Abrechnungsgründen ist die bargeldlose Zahlung – insbesondere als Echtzeitzahlung (instant payment) – gegenüber der halbbaren Zahlung **schneller.** Zudem ist die Buchung zwischen Konten im Rahmen der bargeldlosen Zahlung **kostengünstiger** als etwa die Bareinzahlung auf ein Konto, um eine Zahlungsverpflichtung im Rahmen des halbbaren Zahlungsverkehrs zu erfüllen.

Im Einzelfall gibt die jeweilige Entgeltübersicht, die im Geschäftsraum des Geldinstitutes zur Einsicht aushängt, Auskunft über die Kosten des halbbaren und bargeldlosen Zahlungsverkehrs.

▶ Zusammenfassung

Zahlungsverkehr

↓

Funktionen des Geldes

- Tauschmittel
- gesetzliches Zahlungsmittel
- Wertmesser und Recheneinheit
- Wertaufbewahrungsmittel
- Kreditmittel

↓

Geldarten und Geldersatzmittel

Geldarten
- Münzen
- Banknoten
- Buchgeld

Geldersatzmittel
- Schecks
- Kreditkarten
- kurzfristige Forderungen

↓

Zahlungsarten

Barzahlung
=
Barein- oder Barauszahlung

- unmittelbar durch den Zahlungspflichtigen oder einen Boten
- mittelbar durch den Minuten-Service

halbbare Zahlung
=
Bareinzahlung auf ein Konto **oder** Barauszahlung von einem Konto

- Zahlschein der Deutschen Postbank AG
- Zahlschein der Geldinstitute
- Zahlungsanweisung der Deutschen Postbank AG
- Barscheck der Deutschen Postbank AG oder der Geldinstitute

bargeldlose Zahlung
=
Buchung zwischen Konten

- durch SEPA-Zahlungen im einheitlichen Euro-Zahlungsverkehrsraum
  - SEPA-Überweisung
  - SEPA-Lastschriftverfahren
- durch Verrechnungsschecks wie Schecks von Geldinstituten, dem Postbank Scheck oder der Zahlungsanweisung zur Verrechnung der Deutschen Postbank AG
- Sonderformen
  - BankKarten
  - Kundenkreditkarten
  - Internationale Kreditkarten
  - Point-of-Sale-Banking (POS-Banking) bzw. Electronic Cash

Aufgaben

24

(1) *Erläutern Sie die Funktionen des Geldes!*

(2) *Überprüfen Sie, welche der Funktionen des Geldes Schecks, Banknoten oder Edelmetallstücke erfüllen!*

(3) *Was versteht man unter Buch- oder Giralgeld?*

(4) *Beschreiben Sie Geldersatzmittel!*

(5) *Welche Angaben sollten auf einer Quittung enthalten sein bzw. welche Belege gelten als Zahlungsbestätigung?*

(6) *An welche Voraussetzung ist die Teilnahme am halbbaren bzw. bargeldlosen Zahlungsverkehr gebunden?*

(7) *Füllen Sie für einen typischen Zahlungsvorgang Ihres Ausbildungsbetriebes einen Zahlschein der Deutschen Postbank AG aus!*

(8) *Erläutern Sie den Stellenwert des Barschecks für den Zahlungsverkehr!*

(9) *Welche Sicherungsmöglichkeiten für Barschecks sollte man stets beachten?*

(10) *Unterscheiden Sie halbbare und bargeldlose Zahlung!*

(11) *Welche Vorteile bietet der bargeldlose Zahlungsverkehr?*

(12) *In welchen Fällen würden Sie Überweisungen durch SEPA-Dauerauftrag oder durch SEPA-Lastschriftverfahren vornehmen?*

(13) *Grenzen Sie die gesetzlichen von den kaufmännischen Scheckbestandteilen ab!*

(14) *Ein Verkäufer erhält von einem seiner Kunden einen Verrechnungsscheck, bei dem der EUR-Betrag in Buchstaben von dem in Ziffern abweicht. Welcher EUR-Betrag wird dem Konto des Verkäufers bei Einreichung dieses Schecks gutgeschrieben?*

(15) *Wie wird ein Barscheck zum Verrechnungsscheck?*

(16) *Welche Zahlungsart würden Sie in folgenden Geschäftsvorfällen wählen?*
- *a) vier zum 15. April 20.. fällige Rechnungen gegenüber verschiedenen Lieferanten*
- *b) Leasingraten für das Fotokopiergerät*
- *c) Zahlung der Versicherungsprämie für Feuer und Diebstahl*
- *d) Lohnsteuer und Sozialversicherungsbeiträge für die Beschäftigten*
- *e) monatliche Rechnung der Vertragstankstelle*
- *f) monatliche Rechnung der Deutschen Telekom AG über in Anspruch genommene Kommunikationsdienste*
- *g) Reisekostenvergütung für die Geschäftsreise des Prokuristen*
- *h) Eingangsrechnung unseres spanischen Lieferanten in Höhe von 19600 EUR*
- *i) monatliche Miete für einen angemieteten Lagerraum*

(17) *Wodurch unterscheidet sich der zur Verrechnung ausgestellte Postbank Scheck von der Zahlungsanweisung zur Verrechnung?*

(18) *Beschreiben Sie die gebräuchlichen Sonderformen der bargeldlosen Zahlung!*

(19) Bei welchen der nachfolgenden Zahlungsvorgängen wird

- *bar,*
- *halbbar (aus Buchgeld wird Bargeld),*
- *halbbar (aus Bargeld wird Buchgeld) oder*
- *bargeldlos*

gezahlt?

a) Ausstellen einer Quittung

b) Barscheck, der beim kontoführenden Institut des Zahlungspflichtigen vorgelegt wird

c) Onlinebanking

d) Zahlung per Nachnahme, wenn die Deutsche Post AG ein Paket dem Empfänger an der Haustür zugestellt hat

e) Minuten-Service der Deutschen Postbank AG

f) Electronic Cash

g) Zahlschein der Sparkasse Köln

h) Verrechnungsscheck der Postbank München

i) Barscheck, der nicht beim kontoführenden Institut des Zahlungspflichtigen, sondern bei der Hausbank des Zahlungsempfängers vorgelegt wird

j) Kontaktloses Bezahlen eines Einkaufs in Höhe von 15,00 EUR mittels girogo

10 Lager

10.1 Bedeutung der Lagerhaltung

▶ Ziele der Lagerhaltung

Um stets verkaufsbereit zu sein, ist es für ein Handelsunternehmen unerlässlich, Waren kurz-, mittel- oder auch langfristig aufbewahren zu können. Die Beschaffung benötigter Artikel wird zeitlich und mengenmäßig in der Regel jedoch nicht so durchführbar sein, dass der Weiterverkauf augenblicklich nach Anlieferung erfolgen kann.

Das Lager übernimmt diese **Ausgleichsfunktion** zwischen Beschaffung und Absatz. Ähnlich wie eine Talsperre sorgt das Lager dafür, dass Nachfrageschwankungen überbrückt werden können.

Eine sinnvolle Lagerhaltung bietet demnach wesentliche **Vorteile:**

- den Kunden kann ein vollständiges Warensortiment vorgestellt werden,
- die Liefer- und Verkaufsbereitschaft bleibt gewährleistet,
- der Ausgleich zwischen Warenbeschaffung und Warenabsatz wird sichergestellt.

Darüber hinaus können:

- Preisvorteile beim Bezug von Waren genutzt werden (Mengenrabatte, Senkung der Versandkosten),
- besonders günstige Angebote der Lieferanten in Anspruch genommen werden (Gelegenheitseinkäufe).

▶ Arten des Lagers

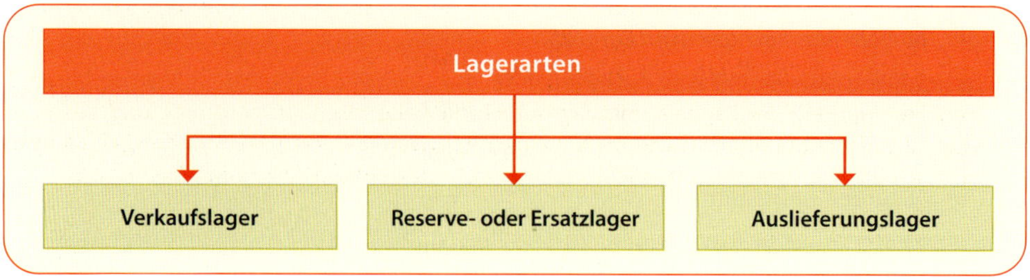

- **Verkaufslager**

  In den Verkaufsräumen kleinerer Einzelhandelsgeschäfte kann das gesamte Warensortiment verkaufsbereit zur Verfügung stehen. Eine zusätzliche Lagerhaltung entfällt aus Platzgründen oder weil die Nachfrage relativ einheitlich und überschaubar ist.

- **Reserve- oder Ersatzlager**

  Größere Unternehmen benötigen in jedem Fall ein zusätzliches Reserve- oder Ersatzlager. Waren, die im Verkaufsraum noch in ausreichender Menge ausliegen bzw. solche, die noch zum Verkauf vorbereitet werden müssen (auspacken, prüfen, auszeichnen), werden hier bereitgehalten. Das Reservelager sollte sich möglichst nahe an den Verkaufsräumen befinden, damit ein rasches Auffüllen benötigter Artikel möglich ist.

- **Auslieferungslager**

  Darüber hinaus werden in einigen Branchen Auslieferungslager an verschiedenen Orten eingerichtet, um eine rasche Belieferung der Abnehmer zu gewährleisten (z. B. im Möbelhandel).

10.2 Lagereinrichtung

▶ Lagergröße

Die Größe des Lagers richtet sich danach:

- **welche Warenart** bereitgehalten werden soll (z. B. Arzneimittel, Kosmetika oder Brillen);
- **wie viel Artikel** im Durchschnitt umgesetzt werden (z. B. 5 oder 20 Blutdruckmessgeräte pro Tag);
- **wie viel Zeit** benötigt wird, um die Waren zu beschaffen (Lieferzeit z. B. 2 Tage oder 4 Wochen).

▶ Erreichbarkeit der Waren

Die übersichtliche Anordnung der Waren im Lager ermöglicht ein reibungsloses und gefahrloses Arbeiten. Bei der Einrichtung und Kontrolle des Lagerraumes sollte daher darauf geachtet werden, dass Durchgänge ausreichend breit und nicht zugestellt sind. Jeder Warenart ist eine bestimmte Lagerstelle zuzuordnen, die für das Personal aus einem **Lagerplan** ersichtlich sein muss.

Lagerausstattung

Regale, Schränke und Ständer ermöglichen je nach Warenart ein ordnungsgemäßes Lagern der Güter. Lichtschutzeinrichtungen, Kühl- und Klimaanlagen schützen vor Qualitätsverlusten.

Gabelstapler, Aufzüge, Paletten, Transportbänder und Kräne dienen der sachgemäßen Beförderung innerhalb der Lagerräume. Alarmanlagen, Feuerlöscheinrichtungen und besonders zu verschließende Behältnisse sichern die lagernden Waren. Packtische, Waagen, Zählautomaten und Messlatten ermöglichen eine Kontrolle und sachgemäße Verkaufsvorbereitung.

10.3 Arbeiten im Lager

Da der Lagerbestand einen erheblichen Wert für das Unternehmen darstellt, ist der Überwachung und Pflege der Ware besondere Aufmerksamkeit zu widmen.

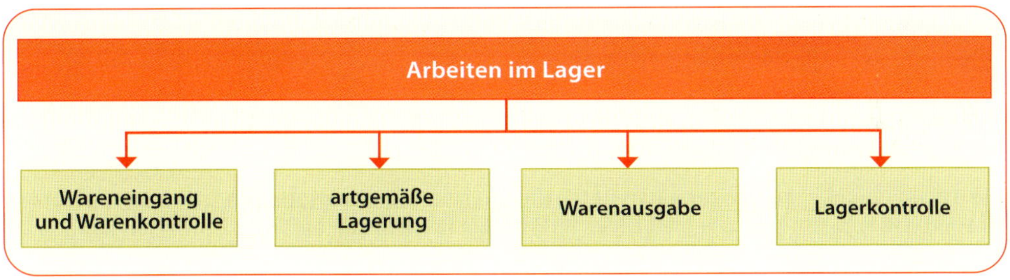

10.3.1 Wareneingang und Warenkontrolle

Bei Lieferung einer bestellten Warensendung wird der Käufer zunächst deren Ordnungsmäßigkeit (Adresse, Stückzahl und Transportverpackung sowie die Mangelfreiheit der Ware) überprüfen **(Wareneingangsprüfung).**

Adresse, Stückzahl und Transportverpackung

Beim **Wareneingang** sind die Adresse und die Anzahl der gelieferten Versandstücke zu kontrollieren und mit den Begleitpapieren (z.B. Lieferschein oder Frachtbrief) zu vergleichen. Werden Unstimmigkeiten in der gelieferten Stückzahl festgestellt oder ist die Transportverpackung beschädigt, wird ein entsprechender Vermerk in den Begleitpapieren angebracht und vom Transporteur (Fahrer des Lieferanten, Beauftragten der Deutschen Post AG, der Deutschen Bahn AG oder privater Fuhrunternehmen und Paketdienste, Spediteur) bestätigt. Damit wird sichergestellt, dass:

- die fehlenden Stücke nachgeliefert werden müssen,
- bei einer später festgestellten (aufgrund der Verpackungsbeschädigung eingetretenen) Warenbeeinträchtigung eine Reklamation erfolgreich durchgesetzt werden kann.

Ist die Warenlieferung nicht für den Käufer bestimmt oder weist die Transportverpackung erhebliche Beschädigungen auf bzw. lehnt der Transporteur die Bestätigung des Mangels ab, sollte die Annahme der Sendung verweigert werden.

Erst wenn sichergestellt ist, dass die Lieferung äußerlich nicht zu beanstanden ist, wird der Käufer die Sendung quittieren.

▶ Mangelfreiheit der Waren

Die **Warenlieferung** durch den Hersteller oder Großhändler stellt für das bestellende Unternehmen einen zweiseitigen Handelskauf dar (Kaufvertrag zwischen Kaufleuten, vgl. S. 235).

Damit ist es verpflichtet, die Waren **unverzüglich** auf Mängel zu untersuchen. Wird im Rahmen der Wareneingangsprüfung ein Sach- oder Rechtsmangel festgestellt, ist umgehend eine schriftliche Mitteilung an den entsprechenden Lieferanten zu veranlassen *(§ 377 HGB)*.

Ist die Ware hingegen mangelfrei, wird sie in das Lager aufgenommen und dort eingeordnet. Der Neuzugang wird bei computergestützten Warenwirtschaftssystemen im Lagerbestand automatisch fortgeschrieben, und zwar artikelgenau, lückenlos und zeitgleich mit dem Wareneingang.

Erst nach der erfolgten Wareneingangsprüfung kann die Ware endgültig angenommen werden.

Vor Bezahlung des auf der **Rechnung** ausgewiesenen Kaufpreises ist es allerdings unbedingt erforderlich, die angegebenen Beträge und die Zahlungsbedingungen mit dem Angebot bzw. der Bestellung zu vergleichen **(Rechnungsprüfung).** Ergeben sich Beanstandungen, ist die Rechnung umgehend beim Lieferanten zu reklamieren.

10.3.2 Artgemäße Lagerung

Die artgemäße, d.h. auf die jeweilige Beschaffenheit der Ware abgestimmte Lagerung ist Voraussetzung dafür, dass Artikel ohne Qualitätsverlust über längere Zeit aufbewahrt werden können.

Je nach Warenart sind folgende Einflüsse auszuschließen:

- **Wärme** (z.B. bei Medikamenten, Lebensmitteln, Süßigkeiten, Wein);
- **Feuchtigkeit** (z.B. bei Möbeln, Bekleidung, Papierwaren);
- **Trockenheit** (z.B. bei Wolle, Tabakwaren);
- **Licht** (z.B. bei Stoffen, Büchern, Farben);
- **Geruchsübertragung auf andere Waren** (z.B. durch Fisch, Käse, Parfümerieartikel).

Voraussetzung für eine der Warenart entsprechende Lagerung ist, dass das Lager und seine Einrichtungen ständig gepflegt und auf Funktionstauglichkeit überprüft werden.

10.3.3 Warenausgabe

Zu den Aufgaben der Lagerhaltung gehört es ferner, dafür Sorge zu tragen, dass die Waren bei Anforderung unverzüglich und reibungslos in den Verkaufsraum übernommen werden können.

▶ Sicherstellung der Verkaufsbereitschaft

Häufig ist es sinnvoll, die Preisauszeichnung bereits im Lager durchzuführen. Zudem müssen die Waren ausgepackt und eventuell gesäubert bzw. zusammengesetzt werden (Fitnessgeräte, Möbel, Haushaltsgeräte).

▶ Ausgabebuchung

Die Ausgabe der Waren ist schriftlich festzuhalten. Wie der Eingang von Waren wird auch der Abgang in der Lagerdatei vermerkt. Damit wird eine fortlaufende Kontrolle des Lagerbestandes ermöglicht.

10.3.4 Lagerkontrolle

Die Lagerkontrolle umfasst Maßnahmen der qualitäts-, mengen- und wertmäßigen Überprüfung. Es muss stets bekannt sein, in welchem Umfang sich der Lagerbestand durch Verkäufe, Verderb, Schwund oder Diebstahl verringert hat.

Um sicherzustellen, dass die Waren auch durch längere Lagerung nicht an Qualität verlieren, sind ständige Stichproben erforderlich.

- Verfalldatum bei Arzneimitteln
- Farbverluste bei Textilien
- Korrosion bei Eisen- und Stahlwaren

Um Angaben über die Mengenbestände und deren Wert zu erhalten, ist der Anfangsbestand des Lagers mit den Zu- und Abgängen zu verrechnen. Dabei wird gleichzeitig deutlich, welche Artikel des Sortiments in ungenügendem Umfang nachgefragt und daher aus dem Angebot herausgenommen werden sollten **(Ladenhüter)**.

Zur Mengen- und Wertkontrolle der Lagerbestände stehen verschiedene Ermittlungsverfahren zur Verfügung:

Verfahren zur Mengen- und Wertkontrolle der Lagerbestände

- **laufende Lagerkontrolle**
- **Inventur und Inventar**
- **Lagerkennzahlen als Maßstab für eine wirtschaftliche Lagerhaltung**

Laufende Lagerkontrolle

Aus der **Lagerkontrollkarte** geht der jeweils aktuelle Bestand eines Artikels hervor. Zugänge und Abgänge werden kontinuierlich vermerkt.

Artikel: Blutdruckmessgerät E 128-3
Art.-Nr. 387431

Meldebestand: 25
Mindestbestand: 5

Karte Nr.

Dat.	Zugang	Abgang	Bestand	Beleg	Dat.	Zugang	Abgang	Bestand	Beleg	Dat.	Zugang	Abgang	Bestand	Beleg
2. Jan.			39											
8. Jan.		14	25											
12. Jan.	35	20	40											
20. Jan.		4	36											
26. Jan.		12	24											
5. Febr.	36	20	40											

▶ Inventur und Inventar

Die **Inventur** ist eine mengen- und wertmäßige Bestandsaufnahme, die der Kaufmann für jedes Geschäftsjahr durchzuführen hat *(§ 240 HGB)*. Durch Zählen, Messen, Wiegen und Schätzen wird der tatsächliche Bestand **(Ist-Menge)** eines jeden Artikels erfasst und auf einem Inventurzählzettel oder in der EDV festgehalten. Häufig ergeben sich durch Schwund, Diebstahl, Verderb, fehlerhafte Eintragungen in der Lagerkartei oder unkorrekte Inventuraufnahme Abweichungen zu dem Warenbestand, der laut Lagerkartei vorhanden sein müsste **(Soll-Menge)**.

Auszug aus einer Inventurliste eines Sanitätshauses

Inventur Bestandsaufnahme am 2. Januar 20.. Blatt-Nr. 13

Lagerstelle / Abteilung Kostenstelle

Artikelgruppe Verbandstoffe

Gegenstand	Lager-Nr Bestell-Nr	Menge	Einheit kg Stück usw.			Inventurwert einzeln	gesamt	Bemerkungen
1 Tamponaden	642323	1000	St.					
2 Tupfer	673485	2000	St.					
3 Verbandmull	724217	800	R.					
4 Mullbinden	382415	500	St.					
5 Universalbinden	427710	50	St.					
6 Zinkleimverbände	583224	100	St.					
7 Langzugbinden	653213	400	St.					
8 Tapeverbände	387554	100	St.					
9 Pütterverbände	323810	50	St.					
10								

Die einzelnen Artikel werden mit den entsprechenden Preisen zu einer Vermögensübersicht aufaddiert.

Durch die Inventur werden jedoch nicht nur die mit Einstandspreisen versehenen Vermögenswerte des Kaufmanns (z. B. Warenbestände, Lager- und Ladeneinrichtung, Fahrzeuge) ermittelt, sondern auch alle Schulden wie z. B. Warenverbindlichkeiten und Darlehen.

Die durch die Inventur festgestellten Vermögensteile und Schulden werden abschließend in einem besonderen Bestandsverzeichnis, dem **Inventar,** in folgender Gliederung ausgewiesen:

A. Vermögensteile

I. Anlagevermögen (z. B. Gebäude, Betriebs- und Geschäftsausstattung)

II. Umlaufvermögen (z. B. Waren, Kasse)

B. Schulden

I. Langfristige Verbindlichkeiten (z. B. Hypotheken)

II. Kurzfristige Verbindlichkeiten (z. B. Schulden bei Lieferanten)

C. Reinvermögen (Eigenkapital)

A – B = C

Das Inventar muss mit Ort und Datum versehen und vom Geschäftsinhaber **eigenhändig** unterschrieben werden *(§ 245 HGB)*. Die Inventarverzeichnisse sind zehn Jahre lang aufzubewahren *(§ 257 HGB)*.

▶ Lagerkennzahlen als Maßstab für eine wirtschaftliche Lagerhaltung

Für ein Handelsunternehmen ist es notwendig, so viel Waren am Lager zu halten, dass es stets liefer- und verkaufsbereit ist. Aus Kostengründen gilt es dabei jedoch, zwischen zu großen und zu kleinen Lagerbeständen abzuwägen, indem jener **optimale Lagerbestand** ermittelt wird, der eine möglichst **hohe Liefer- und Verkaufsbereitschaft** gewährleistet und dabei gleichzeitig **möglichst geringe Kosten der Lagerhaltung** verursacht **(Zielkonflikt der Lagerhaltung).**

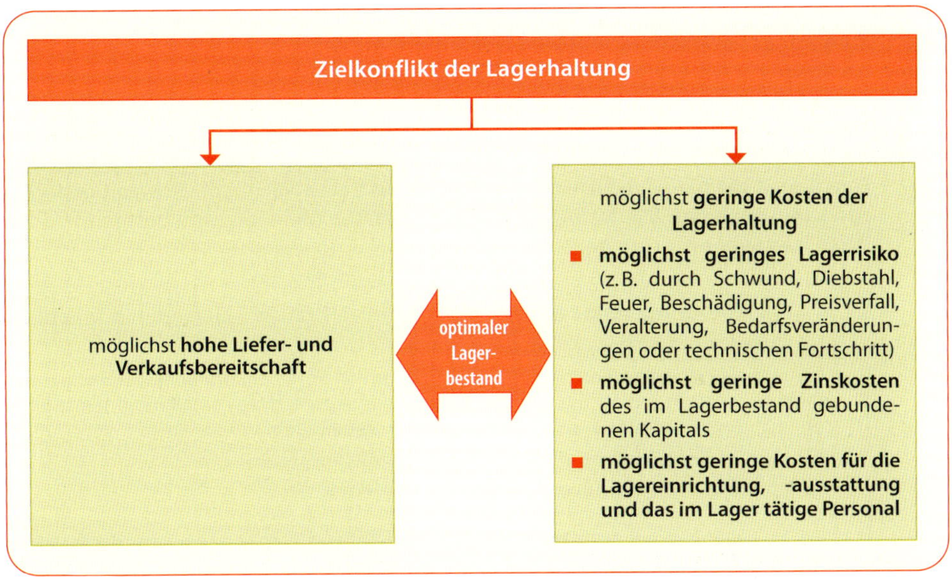

Eine sinnvolle Lagerhaltung gewährleistet darüber hinaus auch, dass Preisvorteile bei der Beschaffung der Waren (Mengenrabatte, Sonderangebote oder geringere Bezugskosten) genutzt werden können. Ebenso kann durch eine entsprechend angepasste Lagerhaltung – zumindest zeitweise – vorhersehbaren Preiserhöhungen wirksam begegnet werden.

- Zu **große Lagerbestände** bergen vielfältige Risiken: Sie erhöhen die Lagerhaltungskosten, entziehen dem Unternehmen finanzielle Mittel, die anderweitig besser einzusetzen wären, und erhöhen die Gefahr des Diebstahls oder der Beschädigung, bewirken Verluste durch Veralterung bzw. notwendige Preissenkungen der gelagerten Ware.
- Zu **geringe Lagerbestände** können demgegenüber überhastete und teure Bestellungen erforderlich machen.

Daher müssen die Lagerbestände und der Lagerumschlag ständig wert- und mengenmäßig erfasst und als aussagefähige **Kennzahlen** dargestellt werden, um so die Entscheidungsgrundlage für eine optimale Lagerhaltung liefern zu können.

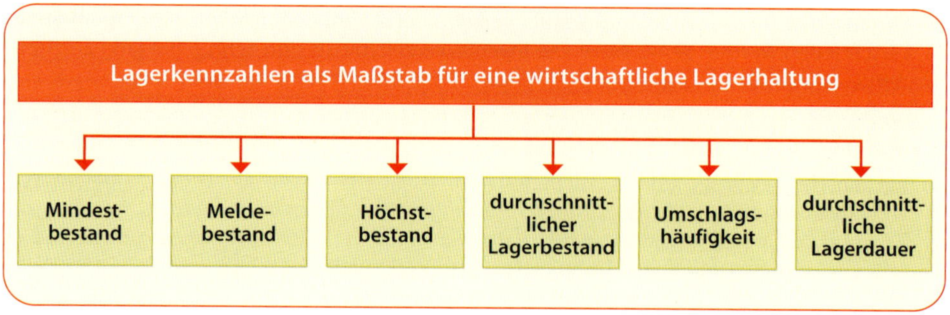

Mindestbestand

Zum Schutz vor unvorhersehbaren Ereignissen (Ausfall eines Lieferanten, plötzliche Mehrnachfrage nach bestimmten Artikeln) ist ein **Mindestbestand** notwendig, der dauernd am Lager gehalten werden muss.

Meldebestand

Eine Bestellung hat so rechtzeitig zu erfolgen, dass eine Nachfrage jederzeit gedeckt werden kann, ohne den Mindestbestand anzugreifen. Der Meldebestand bestimmt daher den **Bestellzeitpunkt für eine neue Warenlieferung.**

Meldebestand = Mindestbestand + (Tagesverbrauch x Lieferzeit in Tagen)

Ein Apotheker muss zur Beschaffung einer bestimmten Sorte elektronischer Fieberthermometer mit einer Lieferzeit von 10 Tagen rechnen. Als Mindestbestand legt er aufgrund seiner langjährigen Erfahrung 5 Stück fest, als Höchstbestand 40. Zudem geht er von einem durchschnittlichen täglichen Absatz von 2 Stück aus.

Meldebestand = 5 + (2 x 10) = <u>25 Stück</u>

Sind am Lager also nur noch 25 Fieberthermometer dieses Typs vorrätig, muss der Apotheker so viel Stück ordern, dass der vorab festgelegte Höchstbestand bei Lieferung wieder erreicht wird.

Berechnung der Bestellmenge (Bestellmengendisposition)

	Höchstbestand
–	Mindestbestand
+	Menge, die zum Bestellzeitpunkt den Meldebestand unterschritten hat
=	**Bestellmenge**

Bestellmenge = 40 – 5 + 0 = <u>35 Stück</u>

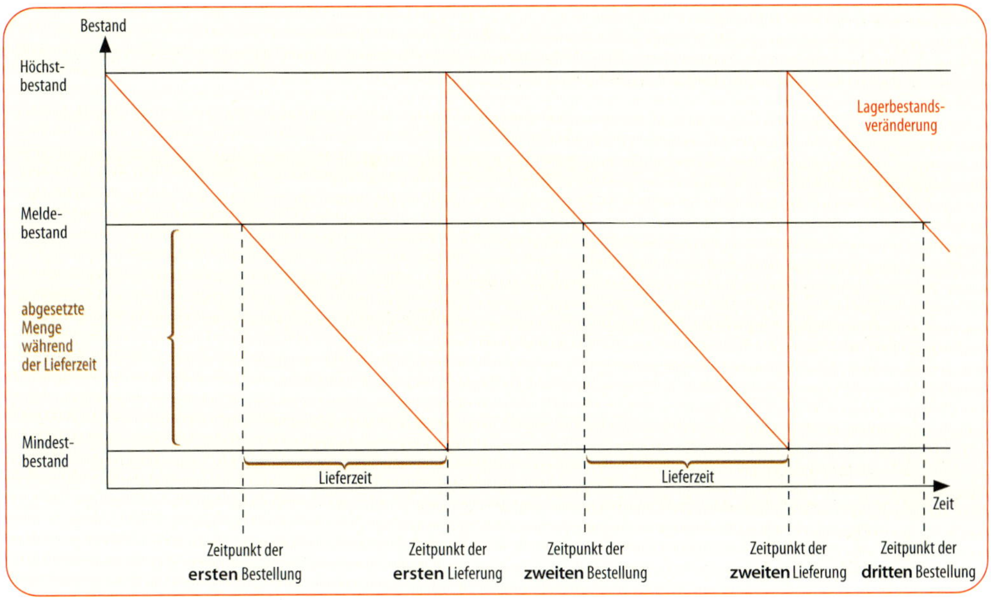

Höchstbestand

Der **Höchstbestand** legt die maximale Menge an Waren fest, die am Lager vorrätig sein soll. Er wird jeweils nach Eintreffen der neuen Lieferung erreicht und hängt ab:

- vom Mindestbestand und der täglich abgesetzten Menge,
- von der Größe der Lagerfläche,
- von den finanziellen Möglichkeiten des Unternehmens,
- von der Art (Lagerfähigkeit) der Waren.

Durchschnittlicher Lagerbestand

Diese Kennzahl gibt an, welche Warenmenge (z. B. Stück) oder – unter Rückgriff auf den Einstands- bzw. Bezugspreis – welcher Warenwert (in Euro) durchschnittlich während eines bestimmten Zeitabschnittes am Lager vorhanden ist. Der **durchschnittliche Lagerbestand** kann sowohl aufgrund von Jahres- als auch von Monatsinventuren berechnet werden.

- Berechnung des durchschnittlichen Lagerbestandes bei **Jahresinventur**

$$\textbf{Durchschnittlicher Lagerbestand} = \frac{\textbf{Jahresanfangsbestand + Jahresendbestand}}{\textbf{2}}$$

Jahresanfangsbestand:		100 Stück
Jahresendbestand:		200 Stück
durchschnittlicher Lagerbestand =	$\frac{100 + 200}{2}$ =	150 Stück

- Berechnung des durchschnittlichen Lagerbestandes bei **Monatsinventur**

$$\textbf{Durchschnittlicher Lagerbestand} = \frac{\textbf{Jahresanfangsbestand + 12 Monatsendbestände}}{\textbf{13}}$$

Jahresanfangsbestand:		100 Stück
Jahresendbestand (Dez.):		200 Stück
11 Monatsendbestände (Jan. – Nov.):		2 300 Stück
durchschnittlicher Lagerbestand =	$\frac{100 + 2\,500}{13}$ =	200 Stück

- **Umschlagshäufigkeit**
  Mit dieser Kennzahl wird ausgedrückt, wie **oft der durchschnittliche Lagerbestand das Lager pro Jahr verlässt,** also **umgeschlagen** wird.

$$\textbf{Umschlagshäufigkeit} = \frac{\textbf{Wareneinsatz pro Jahr in Euro}}{\textbf{durchschnittlicher Lagerbestand in Euro}}$$

Der Wareneinsatz ist der Wert der Waren zum Bezugspreis (Anschaffungspreis).

Will man die Umschlagshäufigkeit nur **mengenmäßig** ermitteln, gilt:

$$\textbf{Umschlagshäufigkeit} = \frac{\textbf{Menge der abgesetzten Waren pro Jahr}}{\textbf{durchschnittlicher Lagerbestand}}$$

- Wareneinsatz 400 000 EUR;
  durchschnittlicher Lagerbestand 50 000 EUR
  $\textbf{Umschlagshäufigkeit} = \frac{400\,000 \text{ EUR}}{50\,000 \text{ EUR}} = \underline{\underline{8}}$
- Menge der abgesetzten Ware 100 000 Stück;
  durchschnittlicher Lagerbestand 10 000 Stück
  $\textbf{Umschlagshäufigkeit} = \frac{100\,000}{10\,000} = \underline{\underline{10}}$

- **Durchschnittliche Lagerdauer**
  Die **Lagerdauer** ist der Zeitraum zwischen Wareneingang und Warenausgang. Die durchschnittliche Lagerdauer kann errechnet werden aus:

$$\textbf{Durchschnittliche Lagerdauer} = \frac{\textbf{360 Tage}}{\textbf{Umschlagshäufigkeit}}$$

Wareneinsatz 200 000 EUR; durchschnittlicher Lagerbestand 40 000 EUR

$\text{Umschlagshäufigkeit} = \frac{200\,000 \text{ EUR}}{40\,000 \text{ EUR}} = \underline{\underline{5}}$

$\textbf{Durchschnittliche Lagerdauer} = \frac{360 \text{ Tage}}{5} = \underline{\underline{72 \text{ Tage}}}$

10.3.5 Wirtschaftlichkeit der Lagerhaltung

Hauptziel der Lagerhaltung ist es, die Liefer- und Verkaufsbereitschaft immer gewährleisten zu können. Würden dazu möglichst große Mengen der einzelnen Artikel in Reserve gehalten, wäre zwar die Lieferbereitschaft jederzeit gesichert, die **Kosten der Lagerhaltung** und damit auch der Preis pro Artikel würden allerdings unverhältnismäßig erhöht.

Zu den **Lagerhaltungskosten** zählen:

- **Kosten der Einrichtung und des Betriebes**
  Wartung der Lagerausstattung, Abschreibung, Strom- und Heizungskosten, Zinsen für das in die Einrichtung investierte Kapital.
- **Kosten der Verwaltung**
  Löhne und Gehälter für die Mitarbeiter im Lager und Aufwendungen für Büromaterial.
- **Risikokosten**
  Mengenverluste durch Beschädigung, Diebstahl oder Verderb; Wertverluste durch Geschmacks- und Modewandel, durch nach dem Einkauf der Waren notwendige Preissenkungen; Versicherungsprämien.

- **Zinskosten**

  Mit dem im Lagerbestand gebundenen Kapital kann der Kaufmann keine Zinserträge bei seiner Bank erwirtschaften. Je nach Lagerdauer und dem beim Geldinstitut zu erreichenden Zinssatz ergibt sich die Höhe des Lagerzinses. Je kürzer die Lagerdauer (je höher also die Umschlagshäufigkeit), desto geringer fällt dieser Kostenanteil aus.

Wareneinsatz pro Jahr	Durchschnittlicher Lagerbestand	Umschlagshäufigkeit	Durchschnittliche Lagerdauer	Zinskosten pro durchschnittlicher Lagerdauer (Jahreszins 6 %)
400 000 EUR	50 000 EUR	$\frac{400\,000\text{ EUR}}{50\,000\text{ EUR}} = 8$	$\frac{360\text{ Tage}}{8} = 45\text{ Tage}$	0,75 % von 50 000 EUR = 375 EUR (für 45 Tage)
400 000 EUR	40 000 EUR	$\frac{400\,000\text{ EUR}}{40\,000\text{ EUR}} = 10$	$\frac{360\text{ Tage}}{10} = 36\text{ Tage}$	0,6 % von 40 000 EUR = 240 EUR (für 36 Tage)

Durch einen zu hohen Lagerbestand wird zudem die allgemeine finanzielle Situation des Unternehmens negativ beeinflusst. Die im Lager gebundenen Geldbeträge können nicht für andere notwendige Investitionen (Umbau der Geschäftsräume, Erneuerung der Ladeneinrichtung, Kauf von Fahrzeugen usw.) ausgegeben werden oder es wird sogar erforderlich, diese Anschaffungen durch Kredite zu finanzieren.

Das Unternehmen sollte daher bemüht sein, mit einem gut kalkulierten Lagerbestand sowohl die Verkaufsbereitschaft zu gewährleisten als auch die Kosten der Lagerhaltung möglichst gering zu halten.

10.4 Entsorgungs- und Hygienevorschriften

Hygienevorschriften, die Patienten und Mitarbeiter gleichermaßen schützen, sind oberstes Gebot in den Einrichtungen des Gesundheitswesens. Dabei spielt vor allem die **Entsorgung medizinischer Sonderabfälle** eine wesentliche Rolle.

Je nach Schadstoffgehalt gibt es unterschiedliche Vorschriften über die Verwertung und Beseitigung von Abfällen.

- Nicht überwachungsbedürftig ist normaler Haushaltsabfall, für dessen ordnungsgemäße Entsorgung die Kommunen die Verantwortung tragen.
- Überwachungsbedürftige und besonders überwachungsbedürftige Abfälle (Sonderabfälle) müssen vom Abfallerzeuger selbst ordnungsgemäß entsorgt werden oder ein privates Entsorgungsunternehmen muss den Auftrag dazu erhalten.

Bei der Entsorgung von Sonderabfällen sind nach dem Kreislaufwirtschaftsgesetz *(KrWG)* z. B. besondere Transportgenehmigungen einzuholen sowie Nachweise über die Entsorgung zu führen. Zuständig für die Überwachung sind häufig Landesabfallgesellschaften.

Vor allem an die Überwachung und Beseitigung von Sonderabfällen, die gesundheitsgefährdend sind oder Erreger übertragbarer Krankheiten enthalten oder hervorbringen können, sind besondere Anforderungen zu stellen. Sonderabfälle gehören nicht in den normalen „Hausmüll", sondern müssen getrennt einer fachgerechten Entsorgung zugeführt werden.

Für Einrichtungen des Gesundheitswesens können speziell folgende Sonderabfälle anfallen, die den strengen Entsorgungsregeln unterliegen: Batterien, Leuchtstoffröhren, Fieberthermometer, Arzneimittel, Wischtücher, Filtermaterialien, Schutzkleidung, Spritzen oder gebrauchte Chemikalien.

Grundsätzlich unterliegen alle Abfälle aus der ärztlichen, tierärztlichen und zahnärztlichen Diagnose, Behandlung und Vorsorge den strengen Entsorgungsvorschriften.

Sonderabfälle dürfen nur auf dafür vorgesehenen Deponien gelagert, in besonderen Verbrennungsanlagen entsorgt und mit speziellen Genehmigungen exportiert werden.

▶ Zusammenfassung

Lager

Ziele der Lagerhaltung

- Aufrechterhaltung der Verkaufsbereitschaft durch den Ausgleich zwischen Beschaffung und Absatz
- Möglichkeit der Wahrnehmung von besonders günstigen Angeboten bzw. der Ausnutzung von Mengenrabatten
- niedrige Lagerkosten

→ **Zielkonflikt** ←

Arten des Lagers

- Verkaufslager
- Reserve- oder Ersatzlager
- Auslieferungslager

Arbeiten im Lager

- Wareneingang und Warenkontrolle
- artgemäße Lagerung
- Warenausgabe
- Lagerkontrolle

Lagerkontrolle

- laufende Lagerkontrolle durch Lagerkontrollkarten
- mengen- und wertmäßige Erfassung der Lagerbestände zu einem bestimmten Stichtag durch Inventur und Inventar
- **Lagerkennzahlen:**
  - Mindestbestand
  - Meldebestand
  - Höchstbestand
  - durchschnittlicher Lagerbestand
  - Umschlagshäufigkeit
  - durchschnittliche Lagerdauer

Wirtschaftlichkeit der Lagerhaltung

- **anfallende Kosten:**
  - für Einrichtung und Betrieb
  - für die Verwaltung
  - für die Absicherung gegen Risiken
  - für die entgangene Verzinsung
- **Zielkonflikt:**
  - Folgen zu **hoher Lagerbestände:** zu hohe Kosten, aber jederzeitige Lieferbereitschaft
  - Folgen zu **niedriger Lagerbestände:** geringere Kosten, aber Gefahr der Lieferungsunfähigkeit

Entsorgungs- und Hygienevorschriften

in den Einrichtungen des Gesundheitswesens spielt neben Hygienevorschriften vor allem die Entsorgung medizinischer Sonderabfälle eine wesentliche Rolle

Aufgaben

25

(1) *Nennen Sie Gründe, die ein Handelsunternehmen zur Einrichtung eines Lagers veranlassen werden!*

(2) *Erläutern Sie den Unterschied zwischen einem Verkaufslager und einem Reserve- oder Ersatzlager!*

(3) *Von welchen Faktoren hängt die Größe des Lagers ab?*

(4) *Welche Kontrollen sollten beim Wareneingang durchgeführt werden?*

(5) *Warum ist es im Rahmen eines zweiseitigen Handelskaufs von besonderer Bedeutung, die Wareneingangskontrolle sorgfältig durchzuführen?*

(6) *Beschreiben Sie Ursachen, die dazu führen können, dass die aus der Lagerkontrollkarte zu entnehmenden Zahlenangaben über den Warenbestand von dem tatsächlichen Bestand abweichen, der durch die Inventur ermittelt worden ist!*

(7) *Erläutern Sie die Begriffe Inventur und Inventar!*

(8) *Die Lieferzeit eines Artikels, für den ein Mindestbestand von 15 Stück festgelegt worden ist, beträgt 8 Tage. Berechnen Sie:*

- a) *den Meldebestand, wenn täglich ein Warenabsatz von 5 Stück unterstellt wird,*
- b) *die Bestellmenge, wenn sich der Höchstbestand auf 100 Stück belaufen soll, und der Meldebestand zum Zeitpunkt der Bestellung bereits um 10 Stück unterschritten worden ist!*

(9) *Folgende Bestände wurden in einem Einzelhandelsunternehmen ermittelt:*

2. Jan.	18 500 EUR	30. April	19 000 EUR	31. Aug.	19 000 EUR
31. Jan.	15 500 EUR	31. Mai	19 500 EUR	30. Sept.	18 500 EUR
28. Febr.	16 500 EUR	30. Juni	22 000 EUR	31. Okt.	17 000 EUR
31. März	14 000 EUR	31. Juli	23 000 EUR	30. Nov.	22 000 EUR
				31. Dez.	25 500 EUR

Berechnen Sie:

- a) *den durchschnittlichen Lagerbestand bei Monatsinventur,*
- b) *den durchschnittlichen Lagerbestand bei Jahresinventur,*
- c) *die Umschlagshäufigkeit, wenn ein jährlicher Wareneinsatz von 880 000 EUR angenommen wird,*
- d) *die durchschnittliche Lagerdauer!*

Wie ändern sich die Lagerumschlagshäufigkeit und die durchschnittliche Lagerdauer, wenn sich der Wareneinsatz auf 440 000 EUR verringert, und welchen Einfluss hat diese Änderung auf die Kosten der Lagerhaltung?

(10) *Für das Geschäftsjahr 20.. sind der Lagerbuchhaltung eines Unternehmens unter anderem auch die nachstehenden Angaben in Euro zu entnehmen:*

Anfangsbestand der Waren:	7 775 EUR
Endbestand der Waren:	6 275 EUR

Ermitteln Sie

a) den durchschnittlichen Lagerbestand in Euro,

b) die Umschlagshäufigkeit bei einem Wareneinsatz pro Jahr in Höhe von 63 225 EUR,

c) die durchschnittliche Lagerdauer in Tagen.

(11) Berechnen Sie zu den Daten des nachfolgenden Auszuges aus einer Lagerdatei

a) den durchschnittlichen Lagerbestand in Stück bei jährlicher Inventur,

b) den durchschnittlichen Lagerbestand in Stück bei monatlicher Inventur,

c) den Wareneinsatz in Stück,

d) die mengenmäßige Umschlagshäufigkeit unter Berücksichtigung Ihres Ergebnisses zu Nr. 11 b),

e) die durchschnittliche Lagerdauer in Tagen.

Auszug aus einer Lagerdatei				
Art.-Nr.:	110-832	Höchstbestand:		30
		Mindestbestand:		8
Datum	**Text**	**Zugang Lager**	**Abgang Lager**	**Bestand**
02.01	AB (= Inventurbestand)			22
20.01.	ELS 105	203		225
01.02.	ALS 100		195	30
02.02.	ALS 101		20	10
25.05.	ELS 323	300		310
26.05.	ALS 377		255	55
28.07.	ALS 504		25	30
08.08.	ELS 344	250		280
10.08.	ALS 522		100	180
11.08.	ALS 524		150	30
21.11.	ELS 657	238		268
24.11.	ALS 793		138	130
26.11.	ALS 798		58	72
31.12.	EB (lt. Inventur)			72

(12) Welche Haupteinflussgrößen schlagen sich in den Lagerhaltungskosten nieder? Nennen Sie Beispiele!

(13) Ein Handelsunternehmen setzt jährlich Waren im Wert von 600 000 EUR ein. Der durchschnittliche Lagerbestand beträgt 50 000 EUR. Errechnen Sie die Zinskosten pro durchschnittlicher Lagerdauer, wenn ein jährlicher Zinssatz von 8 % unterstellt wird!

(14) Erläutern Sie den Zielkonflikt der Lagerhaltung!

Lernfeld: Personalwirtschaft

1 Messzahlen der gesamtwirtschaftlichen Leistung

Aufgabe der **volkswirtschaftlichen Gesamtrechnung** ist es, ein möglichst vollständiges Bild über das wirtschaftliche Geschehen einer Volkswirtschaft – und damit gleichzeitig auch über deren ökonomischen Erfolg und Wohlstand – zu gewinnen. Zu diesem Zweck berechnet die amtliche Statistik eine Reihe von **Messzahlen,** die als Gradmesser für die Leistungsfähigkeit einer Volkswirtschaft eine wichtige Datenbasis sowohl für Vergleiche als auch für die Beurteilung und Gestaltung der Wirtschaftspolitik darstellen.

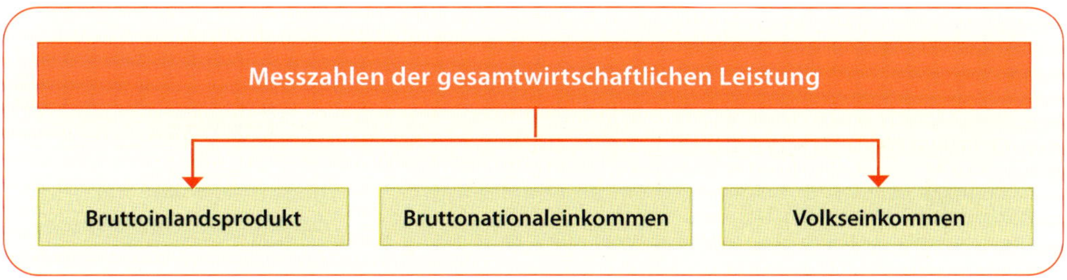

Jahr	Bruttoinlandsprodukt		Bruttonationaleinkommen	Volkseinkommen
	in jeweiligen Preisen (nominal) *(in Mrd. EUR)*	preisbereinigt (real), Kettenindex *(2015 = 100)*	in jeweiligen Preisen *(in Mrd. EUR)*	in jeweiligen Preisen *(in Mrd. EUR)*
1991	1 585,8	73,1	1 601,4	1 231,9
1995	1 894,6	76,7	1 892,0	1 423,7
2000	2 109,1	84,2	2 097,2	1 547,2
2005	2 288,3	86,5	2 307,2	1 701,8
2010	2 564,4	91,7	2 615,8	1 905,1
2015	3 030,1	100,0	3 099,0	2 259,4
2016	3 134,1	102,2	3 211,3	2 346,1
2017	3 245,0	104,8	3 328,0	2 430,5
2018	3 344,4	106,4	3 437,9	2 503,1
2019	3 435,8	107,0	3 535,4	2 561,5

Quelle: Institut der deutschen Wirtschaft Köln: Deutschland in Zahlen, Ausgabe 2020, Köln 2020, S. 21

Für die Ermittlung der Messzahlen unterscheidet die volkswirtschaftliche Gesamtrechnung zwischen der nominalen und der realen Bewertung:

- Bei der **nominalen Bewertung** erfolgt die Berechnung mit den **jeweiligen Preisen,** die im maßgeblichen Jahr vorgeherrscht haben. Dabei ist jedoch zu beachten, dass eine – im Vergleich zum Vorjahr – rein rechnerisch gestiegene Größe (z. B. gestiegenes Bruttoinlandsprodukt) nicht automatisch bedeutet, dass auch die Leistungsfähigkeit der Volkswirtschaft zugenommen haben muss. Die Steigerung des Bruttoinlandsproduktes kann nämlich nicht nur durch eine erhöhte Gütererzeugung hervorgerufen worden sein, sondern ganz oder teilweise auch durch Preissteigerungen.
- Bei der **realen Bewertung** werden diese Preissteigerungen herausgerechnet (preisbereinigtes Bruttoinlandsprodukt). Dies erreicht man dadurch, dass die Bewertung der Größen verschiedener Jahre zu den **Preisen eines bestimmten Basisjahres** – z.B. 2015 – erfolgt. Auf diese Weise bleiben die inflationsbedingten Preissteigerungen unberücksichtigt.

1.1 Bruttoinlandsprodukt

Der Gesamtwert aller im Inland in einem bestimmten Zeitraum – meist einem Jahr – erzeugten Güter (Waren und Dienstleistungen) abzüglich der Vorleistungen wird als **Bruttoinlandsprodukt** bezeichnet. Die zahlenmäßige Berechnung und Darstellung des Bruttoinlandsproduktes erfolgt als

- **Entstehungsrechnung,**
- **Verteilungsrechnung** und
- **Verwendungsrechnung.**

▶ Entstehung des Bruttoinlandsproduktes

Innerhalb der **Entstehungsrechnung,** einem Teilbereich der volkswirtschaftlichen Gesamtrechnung, wird die wirtschaftliche Leistung aller Wirtschaftsbereiche, die **Bruttowertschöpfung,** statistisch erfasst. Damit lässt sich die Frage beantworten, welchen Beitrag jeder **einzelne der insgesamt sechs Wirtschaftsbereiche** zur Entstehung des Bruttoinlandsproduktes beigetragen hat.

Bruttowertschöpfung nach Wirtschaftsbereichen in jeweiligen Preisen *(in Mrd. EUR)*

Jahr	insgesamt	Land-, Forstwirtschaft, Fischerei	produzierendes Gewerbe (ohne Baugewerbe)	Baugewerbe	Handel, Verkehr, Gastgewerbe	Information, Finanzierung, Vermietung, Unternehmensdienstleister	öffentliche und sonstige Dienstleister
1991	1443,0	17,5	444,6	87,0	232,1	375,7	286,1
2000	1901,8	21,0	486,4	98,6	302,5	585,0	407,9
2010	2305,7	20,6	588,6	99,9	364,3	724,5	507,7
2015	2725,9	20,7	695,3	124,8	431,8	854,3	599,0
2019	3093,0	27,3	749,1	171,7	502,0	944,6	698,3

Quelle: Institut der deutschen Wirtschaft Köln: Deutschland in Zahlen, Ausgabe 2020, Köln 2020, S. 25

Um die Bruttowertschöpfung statistisch erfassen zu können, werden zunächst alle durch Produktion neu geschaffenen Güter eines Wirtschaftsbereiches aufaddiert. Da zur Erstellung dieser Produktionswerte jedoch häufig Vorleistungen notwendig sind (z. B. werden im Produktionsprozess gelieferte Roh-, Hilfs- und Betriebsstoffe eingesetzt), müssen – um die doppelte Erfassung zu vermeiden – diese aus anderen Wirtschaftsbereichen stammenden Vorleistungen vom Produktionsergebnis abgezogen werden.

	Produktionswert zu den jeweiligen Herstellungspreisen
–	Vorleistungen
=	**Summe der Bruttowertschöpfung der Wirtschaftsbereiche**
+	Gütersteuern *(z. B. Mehrwert-, Mineralöl-, Tabak- oder Versicherungsteuer)*
–	Gütersubventionen *(z. B. Subventionen auf öffentliche Personenbeförderung)*
=	**Bruttoinlandsprodukt**

Unterschied zwischen Bruttoinlandsprodukt und Bruttonationaleinkommen

Die Berechnung des Bruttoinlandsproduktes erfolgt unabhängig davon, ob die Güter von In- oder Ausländern des Wirtschafts**raumes** erstellt worden sind **(Inlandskonzept,** das die Produktionsleistung zeigt). Damit unterscheidet sich das Bruttoinlandsprodukt vom **Bruttonationaleinkommen** (vgl. S. 344 f.). Denn diese Größe erfasst den Gesamtwert aller erzeugten Güter nach Wirtschafts**einheiten (Inländerkonzept,** das die Einkommensleistung aller Inländer weltweit zeigt, also unabhängig davon, ob die Güter im In- oder Ausland erstellt worden sind).

	Bruttoinlandsprodukt *(Inlandskonzept)*	
–	Inlandseinkommen von Ausländern	→ „Saldo der Erwerbs- und Vermögenseinkommen" zwischen In- und Ausland (als einer von insgesamt drei Bestandteilen des „Saldos der Primäreinkommen aus der übrigen Welt")
+	Auslandseinkommen von Inländern	
=	**Bruttonationaleinkommen** *(Inländerkonzept)*	

Verwendung des Bruttoinlandsproduktes

Im Rahmen der **Verwendungsrechnung** der volkswirtschaftlichen Gesamtrechnung wird ermittelt, wie das Bruttoinlandsprodukt verbraucht worden ist. Dabei ist jedoch zu beachten, dass neben dem Bruttoinlandsprodukt einer Volkswirtschaft, also dem Gesamtwert der selbst erzeugten Güter, auch die aus dem Ausland importierten Waren und Dienstleistungen zur Verfügung stehen.

Diese Güter können eingesetzt werden:

- für den **Konsum:**
  - Individualkonsum *(Konsumausgaben der privaten Haushalte und der privaten Organisationen ohne Erwerbszweck sowie die den privaten Haushalten zufließenden sozialen Sachtransfers des Staates wie z. B. die Dienstleistungen des Gesundheits- und Erziehungswesens),*
  - Kollektivkonsum *(Konsumausgaben des Staates abzüglich der sozialen Sachtransfers des Staates),*
- als **Investitionen** zur Erhaltung, Erweiterung oder Modernisierung von Maschinen, Anlagen, Gebäuden, Straßen, Flughäfen u. a.,
- für die Ausfuhr (Exporte) abzüglich der Einfuhr (Importe) [= **Außenbeitrag].**

Damit lässt sich das Bruttoinlandsprodukt auch als Gesamtwert jener Güter beschreiben, die während eines Jahres in einer Volkswirtschaft ausgegeben, also für die Zwecke Konsum, Investitionen und Außenbeitrag eingesetzt worden sind.

Sozialbudget

Das **Sozialbudget** umfasst die Gesamtheit der direkten und indirekten Sozialleistungen, die in der Bundesrepublik Deutschland in einem Jahr gewährt worden sind. Die umfangreichen Tabellen zum Sozialbudget werden in einem ausführlichen Materialband nur alle vier Jahre zusammen mit dem Sozialbericht/Sozialbudget veröffentlicht. Die Tabellen sind nach verschiedenen Kriterien gegliedert, die – je nach Art der Statistik – miteinander kombiniert werden:

- Das **Sozialbudget nach Finanzierungsarten** gliedert die Einnahmen der Sozialbudgets nach der Mittelbeschaffung (z. B. Sozialbeiträge der Versicherten, Sozialbeiträge der Arbeitgeber, Zuweisungen aus öffentlichen Mitteln).
- Das **Sozialbudget nach Leistungsarten** gliedert die Sozialleistungen z. B. in Einkommensleistungen, Barerstattungen oder solche Waren und Dienste, die den Anspruchsberechtigten von den Leistungsträgern zur Verfügung gestellt werden.
- Das **Sozialbudget nach Quellen** gliedert die Finanzierung der Sozialleistungen nach jenen volkswirtschaftlichen Sektoren, von denen die Einnahmen bereitgestellt werden (z. B. Unternehmen, Bund, Länder, Gemeinden, Sozialversicherung, private Organisationen ohne Erwerbszweck, private Haushalte).
- Das **Sozialbudget nach Funktionen** gliedert die Sozialleistungen nach sozialen Tatbeständen, Risiken oder Bedürfnissen, deren Eintritt oder Vorhandensein die Anspruchsberechtigung auf Sozialleistungen ausgelöst hat (z. B. Ehe und Familie, Mutterschaft, Krankheit, Arbeitsunfall/Berufskrankheit oder Arbeitslosigkeit).
- Das **Sozialbudget nach Institutionen** gliedert die Sozialleistungen nach Berichtseinheiten, die diese Leistungen verwalten bzw. denen einzelne Leistungen aufgrund eines gesetzlich zugeschriebenen Leistungskataloges zugerechnet werden (z. B. Bundesagentur für Arbeit, Deutsche Rentenversicherung Bund).

Der prozentuale Anteil der Sozialleistungen am Bruttoinlandsprodukt wird als **Sozialleistungsquote** bezeichnet.

Sozialbudget 2019 – Hauptergebnisse

Sozialleistungen insgesamt:	1 040,3 Mrd. EUR
Sozialleistungsquote: (Sozialleistungen in v. H. des Bruttoinlandsproduktes)	30,3 %
Leistungen nach Funktionen (ohne Verwaltungsausgaben)	
▪ Krankheit und Invalidität	441,6 Mrd. EUR
▪ Alte und Hinterbliebene	383,3 Mrd. EUR
▪ Kinder, Ehegatten und Mutterschaft	115,8 Mrd. EUR
▪ Arbeitslosigkeit	31,8 Mrd. EUR
▪ Sonstige	25,5 Mrd. EUR
Finanzierung der Leistungen durch	
▪ Sozialbeiträge der Arbeitgeber	34,8 %
▪ Sozialbeiträge der Versicherten	30,9 %
▪ Zuschüsse des Staates	32,8 %

Das Sozialbudget nach Sicherungszweigen im Jahr 2019: Anteile an den Gesamtausgaben einschließlich der Beiträge des Staates

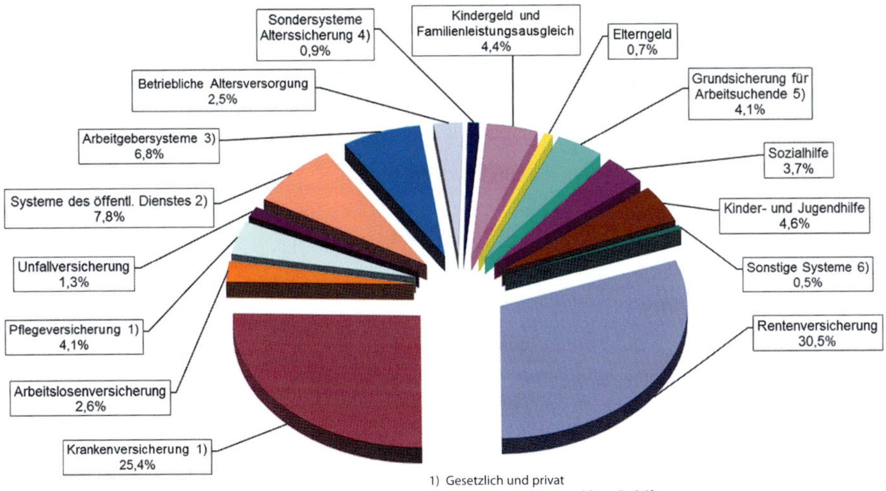

1) Gesetzlich und privat
2) Pensionen, Familienzuschläge, Beihilfen
3) Entgeltfortzahlung, Zusatzversorgung des öffentl. Dienstes u. a. m.
4) Alterssicherung der Landwirte, Versorgungswerke, private Altersvorsorge
5) einschließlich sonstige Arbeitsförderung
6) Ausbildungs- und Aufstiegsforderung, Wohngeld und Entschädigungssysteme

Quelle: Bundesministerium für Arbeit und Soziales: Sozialbudget 2019, Bonn 2020, S. 6

Sozialbudget nach Funktionen, Finanzierungsarten und -quellen*

	1970[1]	1980[1]	1991	2000	2010	2015	2017	2018[2]
insgesamt in Mrd. EUR	73,0	202,7	394,9	607,6	770,1	888,4	964,9	995,2
Sozialleistungsquote in Prozent[3]	20,2	25,7	24,9	28,8	30,0	29,3	29,7	29,8
Leistungen des Sozialbudgets nach Funktionen in Prozent								
Krankheit	°	°	32,7	29,9	32,8	35,1	35,1	35,4
Invalidität	°	°	7,5	8,0	7,6	8,0	8,5	8,7
Alter	°	°	30,0	32,7	32,9	32,4	32,2	32,3
Hinterbliebene	°	°	10,7	8,9	7,1	6,4	6,2	6,1
Kinder	°	°	7,8	10,2	10,3	10,7	10,9	10,9
Ehegatten	°	°	1,0	0,8	0,4	0,3	0,3	0,3
Mutterschaft	°	°	0,4	0,3	0,4	0,3	0,3	0,3
Arbeitslosigkeit	°	°	8,5	7,5	5,7	3,7	3,4	3,2
Wohnen	°	°	1,0	1,1	2,3	2,0	2,0	1,9
Allgem. Lebenshilfen	°	°	0,4	0,5	0,5	1,0	1,0	0,9
Finanzierung des Sozialbudgets nach Finanzierungsarten in Prozent								
Sozialbeiträge	57,3	61,1	70,2	65,9	62,6	65,0	65,2	65,6
Zuschüsse des Staates	40,9	37,5	26,5	31,8	35,6	33,2	33,2	32,9
sonstige Einnahmen	1,9	1,4	3,3	2,3	1,8	1,8	1,7	1,5
Finanzierung des Sozialbudgets nach Finanzierungsquellen in Prozent								
Unternehmen	32,7	33,2	35,9	31,4	26,3	27,5	27,3	27,4
private Haushalte	20,9	22,4	28,7	28,5	30,2	31,5	31,7	31,9
Staat[4]	45,5	43,3	34,2	38,8	42,5	40,0	39,9	39,7
private Organisationen	0,9	1,1	1,2	1,2	1,1	1,1	1,1	1,1
Ausland	0,0	0,0	0,0	0,1	0,0	0,0	0,0	0,0

* bis 1980 früheres Bundesgebiet, ab 1991 Deutschland; ohne steuerliche Leistungen, ab 2010 einschl. privater Krankenversicherung
1 einschl. steuerlicher Leistungen
2 vorläufige Werte
3 Sozialleistungen im Verhältnis zum BIP
4 Gebietskörperschaften einschl. Sozialversicherung

Quelle: BMAS

Quelle: Gesamtverband der Deutschen Versicherungswirtschaft e.V. (GDV): Statistisches Taschenbuch der Versicherungswirtschaft 2020, Berlin 2020, Tabelle 117

Die Ausgaben für Soziales sind in der Geschichte der Bundesrepublik Deutschland kräftig gewachsen. Gab Deutschland im Jahr 1969 rund 64 Milliarden Euro für Soziales aus, so waren es 2019 rund 1040 Milliarden Euro. Das Wachstum der Ausgaben ist allerdings nicht nur auf die Einführung neuer Sozialleistungen wie die Pflegeversicherung oder Elternzeit zurückzuführen. Auch steigende Preise spielen eine Rolle, denn die Sozialleistungen werden in gewissen Abständen an die Preisentwicklung angepasst. So relativiert sich der enorme Anstieg, wenn man die Ausgaben ins Verhältnis zur Wirtschaftsleistung setzt. Entsprachen die Ausgaben im Jahr 1969 noch 21,0 Prozent des Bruttoinlandsprodukts, so waren es 50 Jahre später (2019) 30,3 Prozent. Die höchste sogenannte Sozialleistungsquote gab es im Jahr 2009; damals erreichte sie einen Wert von 30,8 Prozent, was aber auch daran lag, dass erstmals die private Krankenversicherung in die Berechnung einbezogen wurde und zudem das Bruttoinlandsprodukt, also die Bezugsgröße für die Berechnung, wegen der Finanzkrise spürbar gesunken war. Größte Posten im sogenannten Sozialbudget sind die Ausgaben für Krankheit sowie fürs Alter, auf die jeweils rund ein Drittel der Gesamtausgaben entfällt.

1.2 Bruttonationaleinkommen

Da sich mit der Erzeugung von Gütern der Wert der zu ihrer Erstellung benötigten Maschinen und Anlagen durch ständige Abnutzung verringert, wird das Bruttoinlandsprodukt um Abschreibungen gekürzt.

	Bruttoinlandsprodukt
–	Abschreibungen
=	**Nettoinlandsprodukt**

Das Nettoinlandsprodukt gibt den Wert der in einer Periode im Inland erzeugten Güter an. Allerdings waren an dieser Güterherstellung auch ausländische Produktionsfaktoren beteiligt. Zu ihnen zählen etwa die von Ausländern bereitgestellten Patente und Lizenzen oder auch die Arbeitskraft jener im Ausland lebenden Erwerbspersonen, die im Inland arbeiten.

Grenzgänger, die z.B. ihren Wohnsitz in Dänemark haben, gehen ihrer Arbeit in der Bundesrepublik Deutschland nach.

Andererseits werden vom Inland auch Patente und Lizenzen an das Ausland vergeben bzw. im Inland wohnende Personen arbeiten im Ausland.

Einkommen, die aus dem Ausland bezogen werden, erhöhen das Nettoinlandsprodukt ebenso wie die von der Europäischen Union (EU) empfangenen Subventionen. Einkommen, die an das Ausland fließen, vermindern das Nettoinlandsprodukt. Gleiches gilt für die an die EU geleisteten Produktions- und Importabgaben.

	Nettoinlandsprodukt
+	Saldo der Primäreinkommen aus der übrigen Welt
=	**Nettonationaleinkommen** *(Primäreinkommen)*

- Saldo der Erwerbs- und Vermögenseinkommen
- Saldo der empfangenen Subventionen
- Saldo der geleisteten Produktions- und Importabgaben

Werden dem Nettonationaleinkommen die Abschreibungen wieder hinzugerechnet, erhält man wiederum das Bruttonationaleinkommen.

	Nettonationaleinkommen *(Primäreinkommen)*
+	Abschreibungen
=	**Bruttonationaleinkommen**

1.3 Volkseinkommen

Das Nettonationaleinkommen (Primäreinkommen) gibt den im Inland neu geschaffenen Gesamtwert der Güter eines Jahres an. Bei der Produktion dieser Güter sind Einkommen entstanden, die an Haushalte und Unternehmen fließen. In diesen Werten sind aber noch Produktions- und Importabgaben (z. B. indirekte Steuern oder Zölle) enthalten, die beim Austausch der Güter auf den Märkten angefallen sind, bzw. Subventionen, die der Staat bestimmten Unternehmen gewährt hat. Berücksichtigt man diese Größen, erhält man das **Volkseinkommen.**

	Nettonationaleinkommen *(Primäreinkommen)*
–	Produktions- und Importabgaben
+	Subventionen
=	**Volkseinkommen**

Das Volkseinkommen gibt also an, welche Einkommen durch den Einsatz der Produktions-„Faktoren" Arbeit (→ **Lohn**), Unternehmerleistung (→ **Gewinn**) und Kapital (→ **Zins**) erzielt worden sind.

▶ Verteilung des Volkseinkommens

Das Volkseinkommen, das der **Verteilungsrechnung** des Bruttoinlandsproduktes entstammt, wird gebildet durch:

- das **Arbeitnehmerentgelt** (Nichtunternehmereinkommen): Bruttolöhne und -gehälter aus nichtselbstständiger Arbeit zuzüglich der Arbeitgeberbeiträge zur Sozialversicherung,
- das **Unternehmens- und Vermögenseinkommen:** Unternehmensgewinne sowie Zinsen, Dividenden, Mieten und Pachten.

Jahr	**Volkseinkommen insgesamt** in jeweiligen Preisen *(in Mrd. EUR)*	**Arbeitnehmer-entgelt** in jeweiligen Preisen *(in Mrd. EUR)*	**Lohnquote** (= prozentualer Anteil des Arbeitnehmer-entgelts am Volks-einkommen) *(in %)*	**Unternehmens- und Vermögens-einkommen** in jeweiligen Preisen *(in Mrd. EUR)*	**Gewinnquote** (= prozentualer Anteil des Unternehmens- und Vermögens-einkommens am Volkseinkommen) *(in %)*
1991	1 231,9	855,8	69,5	376,1	30,5
2000	1 547,2	1 117,4	72,2	429,8	27,8
2010	1 905,1	1 295,4	68,0	609,7	32,0
2015	2 259,4	1 564,8	69,3	694,5	30,7
2016	2 346,1	1 625,1	69,3	721,0	30,7
2017	2 430,5	1 694,7	69,7	735,8	30,3
2018	2 503,1	1 771,3	70,8	731,8	29,2
2019	2 561,5	1 849,1	72,2	712,4	27,8

Quelle: Institut der deutschen Wirtschaft Köln: Deutschland in Zahlen, Ausgabe 2020, Köln 2020, S. 58

Dieses zunächst erzielte Einkommen **(primäre Einkommensbildung)** wird durch staatliche Maßnahmen umverteilt **(sekundäre Einkommensbildung).** Über Abgaben (insbesondere Steuern) und Sozialversicherungsbeiträge finanziert der Staat seine Aufgaben bzw. leitet einen Teil in Form von sozialen Unterstützungen **(Transferzahlungen** wie z. B. Kindergeld, Renten oder Arbeitslosengeld) wieder an die Haushalte zurück.

Das **verfügbare Einkommen** der Haushalte lässt sich daher vereinfacht beschreiben als:

	Volkseinkommen
–	nicht ausgeschüttete Gewinne der Unternehmen
–	Einkommen- und Vermögensteuern *(z. B. Einkommen-, Lohn- und Körperschaftsteuer)*
–	Vermögen und Unternehmereinkommen des Staates
–	Arbeitnehmerbeiträge zur Sozialversicherung
+	Transferzahlungen
=	**verfügbares Einkommen**

Dieses verfügbare Einkommen kann von den Haushalten zur Bestreitung des Lebensunterhaltes ausgegeben **(konsumtive Einkommensverwendung)** oder gespart werden **(nicht konsumtive Einkommensverwendung).**

Jahr	Verfügbares Einkommen der privaten Haushalte[1] (in Mrd. EUR)	Konsum der privaten Haushalte[1] (in Mrd. EUR)	Sparen der privaten Haushalte[1] (in Mrd. EUR)	Sparquote der privaten Hauhalte[2] (= private Ersparnis in Prozent des verfügbaren Einkommens) (in %)
1991	1 020,5	888,7	131,9	12,9
1995	1 193,9	1 058,0	135,9	11,4
2000	1 309,6	1 187,4	122,2	9,3
2005	1 446,6	1 293,8	152,8	10,6
2010	1 575,6	1 413,2	162,4	10,3
2015	1 781,5	1 602,3	179,3	10,1
2018	1 958,2	1 743,7	214,5	11,0
2019	2 013,7	1 794,0	219,7	10,9

[1] einschließlich Zunahme betrieblicher Versorgungsansprüche
[2] einschließlich privater Organisationen ohne Erwerbszweck

Quelle: Institut der deutschen Wirtschaft Köln: Deutschland in Zahlen, Ausgabe 2020, Köln 2020, S. 69

▸ Zusammenfassung

Messzahlen der gesamtwirtschaftlichen Leistung

Bruttoinlandsprodukt

als Gesamtwert aller von In- und Ausländern während eines Jahres in einer Volkswirtschaft erzeugten Güter (Waren und Dienstleistungen)

- **Sozialbudget** als Gesamtheit der während eines Jahres gewährten Sozialleistungen

Bruttonationaleinkommen

als Gesamtwert aller von Inländern weltweit während eines Jahres in einer Volkswirtschaft erzeugten Güter (Waren und Dienstleistungen)

Volkseinkommen

als Ergebnis der durch die Produktionsfaktoren Arbeit, Unternehmerleistung und Kapital erzielten Einkommen

Aufgaben 26

(1) *Die volkswirtschaftliche Gesamtrechnung unterscheidet zwischen der nominalen und der realen Bewertung von Messzahlen, die die gesamtwirtschaftliche Leistung einer Volkswirtschaft widerspiegeln sollen. Verdeutlichen Sie die unterschiedliche Bewertung dieser Messzahlen!*

(2) *Was versteht man unter der Bruttowertschöpfung einer Volkswirtschaft?*

(3) *Stellen Sie in einem Kurzvortrag auf Basis der Informationen von S. 342 f. die wesentlichen Aussagen zum Thema „Das Sozialbudget 2019" vor!*

(4) *Das Inlandseinkommen der Inländer betrage 1 000 Geldeinheiten. Das Auslandseinkommen der Inländer belaufe sich auf 200 Geldeinheiten, während auf das Inlandseinkommen der Ausländer 300 Geldeinheiten entfallen. Subventionen sowie Produktions- und Importabgaben wurden nicht gezahlt. Ermitteln Sie*

a) das Bruttoinlandsprodukt,

b) das Bruttonationaleinkommen!

(5) *Welche Informationen enthält die Messzahl „Volkseinkommen"?*

(6) *Das Volkseinkommen betrage 1 851,5 Geldeinheiten, von denen 1 333,1 Geldeinheiten auf das Arbeitnehmerentgelt entfallen sind. Berechnen Sie*

a) die Lohnquote

b) die Gewinnquote!

(7) *Definieren Sie die Begriffe: Lohnquote, Gewinnquote und Sparquote!*

2 Beschäftigungsniveau und Wirtschaftswachstum im Konjunkturverlauf

Die wirtschaftliche Entwicklung einer Volkswirtschaft vollzieht sich nicht regelmäßig, sondern unterliegt ständigen Schwankungen. Einmal nimmt das Bruttoinlandsprodukt – die Größe, die wirtschaftliches Wachstum beschreibt (vgl. S. 340 ff.) – zu, dann folgt wieder eine Phase abnehmender Wachstumsraten. Diese Berg- und Talfahrt beruht auf **Konjunkturschwankungen,** also Abweichungen vom normalen Wachstumspfad, die für eine hoch entwickelte Wirtschaft kennzeichnend sind. In stagnierenden Volkswirtschaften verändert sich die gesamtwirtschaftliche Leistung nicht („Nullwachstum"). Die langfristige Entwicklung, der Trend, zeigt kein Wachstum, aber auch keinen Schrumpfungsprozess. In schrumpfenden Volkswirtschaften zeigt der Trend nach unten, die Wirtschaftsleistungen nehmen ständig ab.

Stellt man die Abweichungen der wirtschaftlichen Entwicklung vom Trend grafisch dar, zeigt sich eine **Wellenlinie.** Eine Welle mit Wellental und -berg nennt man **Konjunkturzyklus.** Welche Zeit ein solcher Zyklus durchläuft, ist nicht allgemein verbindlich festzulegen. Für die Bundesrepublik Deutschland konnte nach 1945 eine **Zyklusdauer von 4 bis 5 Jahren** festgestellt werden.

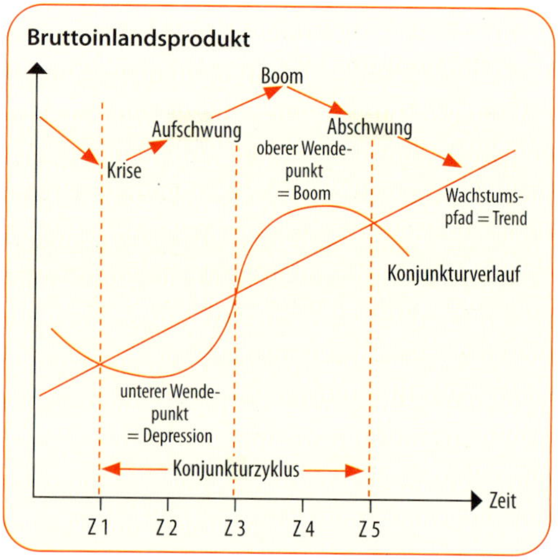

- Die **Krise (Depression)** wird begleitet von hoher Arbeitslosigkeit und unausgelasteten Produktionskapazitäten. Alle Wirtschaftssubjekte setzen wenig Vertrauen in die zukünftige Entwicklung. Entsprechend nehmen die Kaufbereitschaft der Verbraucher und die Investitionsbereitschaft der Unternehmen ab. Da weniger Geld nachgefragt wird, sinken die Kreditzinsen. Mangelnde Nachfrage führt zu Umsatzeinbußen. Gefüllte Läger erzwingen die weitere Einschränkung der Produktion. Es kommt zu Betriebsaufgaben und Insolvenzen.[1] Erst wenn die Talsohle, also der untere Wendepunkt, durchschritten ist, macht sich allmählich wieder Optimismus breit.

1 Zahlungsunfähigkeit von Unternehmen.

- Im **Aufschwung (Expansion)** beschleunigt sich langsam die Produktionsleistung. Mit zunehmendem Vertrauen in die wirtschaftliche Zukunft steigt die Güternachfrage. Unternehmen investieren wieder und stellen neue Arbeitskräfte ein. Mit der Nachfrage nach Krediten wächst der Zins.
- Die **Hochkonjunktur (Boom)** ist bereits durch Engpässe bei der Beschaffung von Produktionsfaktoren gekennzeichnet. Die angeheizte Konsumgüternachfrage erhöht das Preisniveau. Noch wird erheblich investiert. Arbeitskräfte sind nur noch schwer zu finden, das Lohnniveau steigt entsprechend. Gelingt es den Unternehmen nicht mehr, die gestiegenen Kosten über die Preise abzuwälzen, kommt es zu ersten Gewinneinbußen. Die Gesamtnachfrage nach Produktionsfaktoren stagniert.
- Der **Abschwung (Rezession)** beschreibt den sich allmählich verstärkenden Rückgang der wirtschaftlichen Aktivitäten. Die Zukunftschancen werden erneut pessimistisch beurteilt. Die Nachfrage nimmt ab, die Produktion wird gedrosselt, Arbeitskräfte werden entlassen, die Investitionsneigung sinkt rapide. Die Volkswirtschaft stürzt erneut in eine Krise.

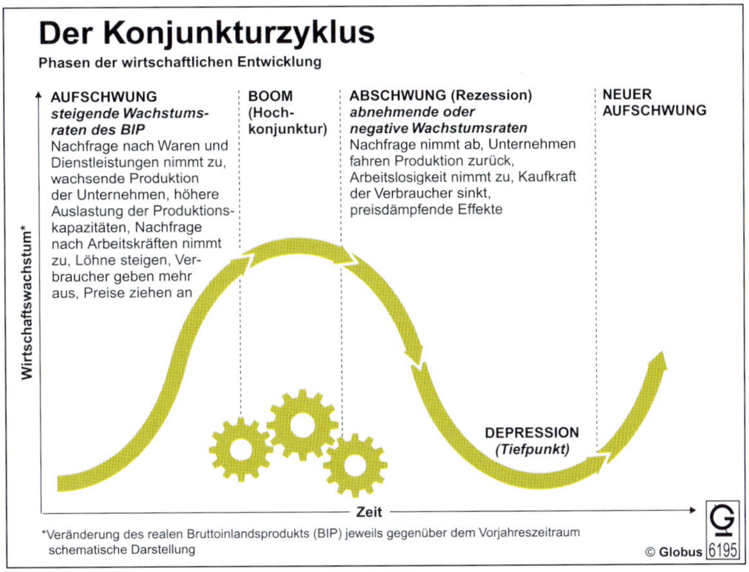

Die Entwicklung der Konjunktur verläuft typischerweise in Wellen: Aufschwung, Boom, Abschwung und Depression bilden die vier Phasen der wirtschaftlichen Entwicklung. Im Aufschwung nehmen die Aufträge der Unternehmen aus dem In- und/oder aus dem Ausland zu, Produktion und Gewinne steigen, die Unternehmen weiten ihre Kapazitäten aus: Sie investieren beispielsweise in neue Fabrikhallen und Maschinen, stellen zusätzliche Mitarbeiter ein und bilden verstärkt aus. Mehr Mitarbeiter bedeuten in der Masse mehr Einkommen (ebenso wie Lohnerhöhungen für die Mitarbeiter), und mehr Einkommen heißt mehr Konsum, denn ein großer Teil des Mehrverdienstes wird wieder ausgegeben. Die wachsende Binnennachfrage wiederum stützt und verstärkt den Aufschwung. Auch der Staat profitiert gleich mehrfach. Er nimmt zusätzliche Steuern von Unternehmen, Erwerbstätigen und Verbrauchern ein, muss weniger Mittel für Erwerbslose aufbringen, und auch die Rentenkassen füllen sich. In dieser Phase kann der Staat aufs Schuldenmachen verzichten, ja bestenfalls sogar Schulden abbauen. – Die Abschwungphase verläuft ähnlich, allerdings mit negativem Vorzeichen. Auch hier tragen die Wirtschaftssubjekte mit ihrem Verhalten – Verbraucher geben weniger aus, Unternehmen entlassen Mitarbeiter – im ungünstigsten Fall zu einer Verschärfung der Lage bei, sodass die Wirtschaft oft erst mit geldpolitischen Maßnahmen oder Konjunkturpaketen wieder auf Touren kommt

Das Bruttoinlandsprodukt stellt einen Indikator dar, um Konjunkturschwankungen zu messen. Neben diesem „Anzeiger" gibt es eine Reihe weiterer wirtschaftlicher Größen, die die Abweichungen vom Trend beschreiben oder sogar Voraussagen über zukünftige Entwicklungen (Prognosen) zulassen.

Überblick über Konjunkturindikatoren und deren Entwicklung im Konjunkturzyklus				
Indikatoren	Phasen im Konjunkturzyklus			
	Aufschwung	Hochkonjunktur	Abschwung	Krise
Arbeitslosigkeit	–	– –	+	+ +
offene Stellen	+	+ +	–	– –
Güternachfrage der Haushalte	+	+ +	–	– –
Preisniveausteigerung	0	+ +	+	–
Zinsniveau	+	+ +	–	– –
Investitionen	+ +	+	–	– –
Gewinne	+ +	+	–	– –
Lagerbestände	–	– –	+	+ +
Zukunftserwartungen	+ +	+	–	– –

0 gleichbleibend + + starke Zunahme + Zunahme – – starke Abnahme – Abnahme

Insbesondere die Entwicklung zweier Indikatoren im Konjunkturverlauf spricht dafür, dass sich **die staatliche Wirtschaftspolitik um eine Verstetigung der Konjunktur bemüht.** Starke Preisniveausteigerungen im überhitzten Klima des Booms können inflationäre Tendenzen fördern. Zunehmende Arbeitslosigkeit in Abschwung und Krise führen zu erheblichen sozialpolitischen Problemen. Preisniveaustabilität und Vollbeschäftigung lassen sich daher eher durch ein stetiges und angemessenes Wirtschaftswachstum sichern als in einer konjunkturellen Entwicklung, die sich durch starke Ausschläge vom Trend darstellt.

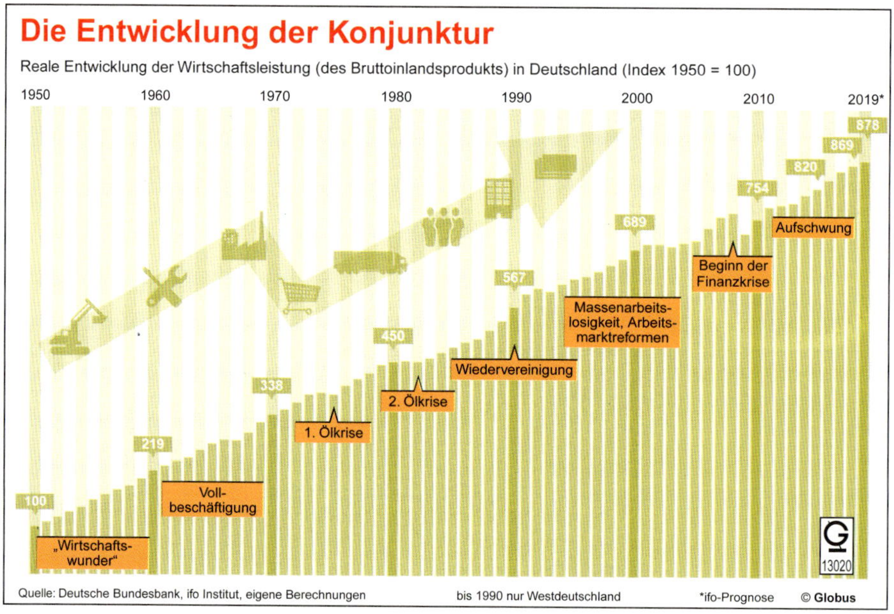

Mit der Währungsreform im Jahr 1948 und der Geburt der Bundesrepublik Deutschland im Jahr 1949 begann die Geschichte der deutschen Konjunktur. „Wirtschaftswunder“ und „Wohlstand für alle“ (Wirtschaftsminister Ludwig Erhard), Vollbeschäftigung und Überbeschäftigung, Ölkrisen und Rezessionen, Vereinigungsboom, Massenarbeitslosigkeit und Arbeitsmarktreformen, Finanzkrise und neuer Aufschwung – so könnte man einige Kapitel der Wirtschaftsentwicklung von damals bis heute überschreiben. Insgesamt betrachtet war es eine Erfolgsgeschichte. Denn in den vergangenen sieben Jahrzehnten hat sich die gesamtwirtschaftliche Leistung fast verneunfacht – und zwar real, also Preissteigerungen abgerechnet. Das heißt, dass die Menschen von heute mehr als neunmal so viele Güter und Dienstleistungen produzieren wie die Bundesbürger Anfang der 50er Jahre.

3 Arbeitsmarkt

Die Erwerbstätigkeit dient nicht nur der Sicherung des Lebensunterhaltes, sondern hat auch Einfluss auf die Entwicklung und Entfaltung der Persönlichkeit.

Die von Arbeitslosen bzw. einen neuen Arbeitsplatz suchenden Personen auf dem **Arbeitsmarkt** angebotene menschliche Arbeitskraft wird von den Unternehmen nachgefragt, die ihren Bedarf an geeigneten Mitarbeitern decken müssen. Demzufolge ist der Arbeitsmarkt der Ort des Zusammentreffens von Angebot und Nachfrage nach menschlicher Arbeitsleistung.

Die Beteiligten handeln sowohl die Arbeitsbedingungen als auch die Höhe der Entgelte aus. Zur Stärkung ihrer Stellung haben sich die Arbeitnehmer in Gewerkschaften, die Arbeitgeber in Arbeitgeberverbänden organisiert.

Der Arbeitsmarkt kann in **Teilmärkte** untergliedert werden, etwa in Arbeitsmärkte verschiedener Branchen (wie z. B. das Gesundheitswesen) oder für bestimmte Berufe.

Gesundheitspersonal nach Berufen und Geschlecht (in 1 000)

Berufe nach der Klassifikation der Berufe 2010	2016		2017	
	insgesamt	darunter Frauen	insgesamt	darunter Frauen
insgesamt	**5 486**	**4 161**	**5 579**	**4 226**
Verkauf von drogerie- und apothekenüblichen Waren, Sanitäts- und Medizinbedarf	52	48	52	48
Verwaltung	85	75	87	77
Medien-, Dokumentations- und Informationsdienste	6	5	7	6
Arzt- und Praxishilfe	663	650	670	657
Medizinisches Laboratorium	102	91	103	92
Gesundheits- und Krankenpflege, Rettungsdienst und Geburtshilfe	1 062	858	1 083	869
Human- und Zahnmedizin	451	208	457	213
Psychologie und nichtärztliche Psychotherapie	43	31	45	33
Nichtärztliche Therapie und Heilkunde	399	315	403	317
Pharmazie	166	134	169	136
Altenpflege	594	505	624	527
Ernährungs- und Gesundheitsberatung, Wellness	16	13	17	14
Medizin-, Orthopädie- und Rehatechnik	155	82	156	83
Erziehung, Sozialarbeit, Heilerziehungspflege	52	41	52	41
Andere Berufe	1 640	1 103	1 653	1 113

Quelle: https://www.destatis.de/DE/ZahlenFakten/GesellschaftStaat/Gesundheit/Gesundheitspersonal/Tabellen/Berufe.html vom 22.12.2018

In der Corona-Krise verdient das medizinische Personal in Deutschland derzeit höchste Anerkennung. Besonders in Krisenzeiten zeigt sich die Bedeutung eines gut funktionierenden Gesundheitssystems. Um dieses am Laufen zu halten, arbeiteten Ende 2018 insgesamt 5,7 Millionen Menschen in den zugehörigen Einrichtungen. Seit Ende 2004 ist ihre Zahl um rund 33 Prozent gestiegen. Einen besonders hohen Anstieg der Arbeitsplätze verzeichnete das Statistische Bundesamt in diesem Zeitraum bei ambulanten Pflegediensten und bei medizinischen Praxen, die nicht zu den üblichen Arzt- oder Zahnarztpraxen zählen. Dazu gehören beispielsweise Physiotherapeuten, Masseure, Sprachtherapeuten, Hebammen oder Psychotherapeuten. In diesem Bereich waren Ende 2018 mit rund 521 000 Personen 72 Prozent mehr beschäftigt als Ende 2004. Ein Rückgang der Beschäftigten wurde im selben Zeitraum nur beim Gesundheitsschutz registriert.

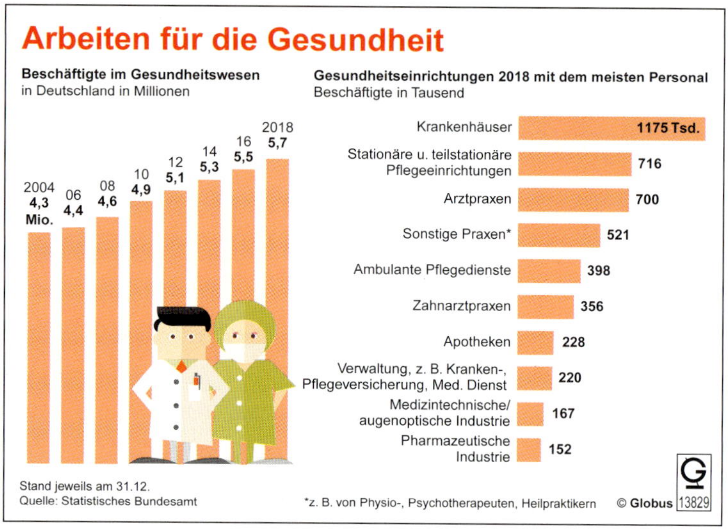

Ein Industrieland im klassischen Sinne ist Deutschland schon lange nicht mehr. Der Trend geht in Richtung Dienstleistungsgesellschaft, denn bereits fast 75 Prozent der Erwerbstätigen arbeiten im Dienstleistungssektor. Dieser Bereich umfasst Handel, Banken und Versicherungen, aber auch die Gastronomie, Friseure und Pflegedienste, um nur einige der Branchen zu nennen, die Dienstleistungen für Verbraucher und Unternehmen anbieten. Service-Unternehmen sind arbeitsintensiv, deshalb sehen Experten in diesem Bereich das größte Job-Potenzial. Industrielle Arbeitsplätze verlieren demgegenüber an Gewicht. Von 1991 bis heute sank der Anteil des produzierenden Gewerbes (Industrie, Bergbau, Energiewirtschaft) von über 28 Prozent auf unter 19 Prozent. Und auch in der Landwirtschaft gibt es immer weniger Jobs, denn die erheblich gestiegene Produktivität, beispielsweise durch den vermehrten Einsatz von Maschinen, macht es möglich, dass immer weniger Bauern die Bevölkerung mit Nahrungsmitteln versorgen.

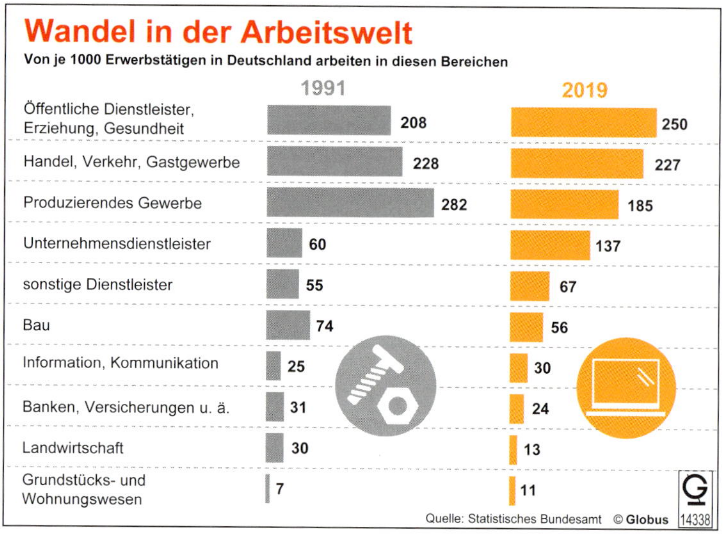

▶ Zusammenfassung

Beschäftigung

Schwankungen im Beschäftigungsniveau und im Wirtschaftswachstum

- hoch entwickelte Volkswirtschaften sind durch einen **Wachstumspfad** beschrieben, der Jahr für Jahr ein zunehmendes Bruttoinlandsprodukt verzeichnet
- **Konjunkturschwankungen** sind Abweichungen von diesem Pfad
- alle 4 bis 5 Jahre wiederholt sich ein **Konjunkturzyklus,** der durch die Phasen Krise, Aufschwung, Hochkonjunktur und Abschwung beschrieben wird
- in der Krise ist die Arbeitslosigkeit am höchsten, im Abschwung gibt es erhebliche Probleme am Arbeitsmarkt, im Aufschwung werden neue Mitarbeiter von Unternehmen gesucht, in der Hochkonjunktur reichen die zur Verfügung stehenden Arbeitskräfte häufig nicht aus, um alle offenen Stellen zu besetzen

Arbeitsmarkt

- Ort des Zusammentreffens von Angebot und Nachfrage nach menschlicher Arbeitsleistung

Aufgaben

27

(1) Erläutern Sie die Begriffe Konjunkturschwankungen, -zyklus und Wachstumspfad!

(2) Wie entwickeln sich Investitionen, Zinsniveau, Arbeitslosigkeit, Preisniveau und wirtschaftliches Wachstum in den einzelnen Phasen des Konjunkturzyklus?

(3) Entscheiden Sie, welche der nachfolgenden Aussagen im Zusammenhang mit den beiden Begriffen Konjunkturschwankungen und Konjunkturzyklus richtig oder falsch sind!

a) Konjunkturschwankungen sind solche zyklischen Abweichungen vom Wachstumspfad, die in hoch entwickelten Volkswirtschaften ein unregelmäßig zu- und abnehmendes Bruttoinlandsprodukt als Wellenbewegungen um den Trend beschreiben.

b) Der idealtypische Konjunkturzyklus verläuft zumeist in fünf Phasen.

c) Der Boom beginnt nach dem unteren Wendepunkt.

d) Die Krise wird auch als Depression bezeichnet.

e) Der Abschwung beginnt nach dem oberen Wendepunkt.

f) Die Rezession wird auch als Krise bezeichnet.

(4) Welche der folgenden vier Phasen der wirtschaftlichen Entwicklung im Konjunkturzyklus

① Aufschwung

② Hochkonjunktur

③ Abschwung

④ Krise

werden durch die unten stehenden idealtypischen Merkmale vorrangig beschrieben? Ordnen Sie den idealtypischen Merkmalen die Ziffer vor der jeweils zutreffenden Konkunkturphase zu!

23 Merkur-Nr. 0054

Idealtypische Merkmale:

a) niedriges Zinsniveau

b) Vollauslastung der Produktionskapazitäten

c) sehr hohe Arbeitslosigkeit, häufig verbunden mit Massenentlassungen

d) hohes Zinsniveau

e) steigende Auslastung der Produktionskapazitäten

f) pessimistische Stimmung und Erwartungen

g) starker Rückgang der Nachfrage nach Investitionsgütern

h) steigende Löhne, die wiederum zu steigenden Preisen führen

i) Zunahme der Arbeitsplätze

j) sehr hohes Preisniveau

k) sinkende Konsumgüternachfrage

l) steigende Wachstumsraten des BIP

m) sinkendes Zinsniveau

n) zunehmende Sparneigung

(5) Diskutieren Sie die Entwicklung von der Produktions- zur Dienstleistungsgesellschaft! Welche Gründe könnten ausschlaggebend dafür gewesen sein?

4 Personalpolitik

Eine wesentliche Aufgabe der betrieblichen Personalpolitik ist, die in den verschiedenen Funktionsbereichen des Unternehmens benötigten **Mitarbeiter bereitzustellen,** damit die leistungswirtschaftlichen Unternehmensziele erreicht werden können.

Entscheidungen der betrieblichen Personalpolitik sind nicht isoliert – etwa als reine Verwaltungsaufgabe – zu betrachten, sondern stehen vielmehr in einem engen wechselseitigen Zusammenhang mit den unternehmenspolitischen Entscheidungen in den übrigen Funktionsbereichen.

> Art und Umfang personalpolitischer Maßnahmen in einem Großhandelsunternehmen wie etwa Einstellung oder Versetzung von Mitarbeitern hängen einerseits von den Aufgaben ab, die z. B. in der Abteilung „Einkauf" anfallen. Andererseits können die Ergebnisse der Personalpolitik aber auch die in den übrigen Bereichen des Unternehmens zu fällenden Entscheidungen beeinflussen, denn die Qualität unternehmenspolitischer Maßnahmen in den anderen Abteilungen (wie Rechnungswesen/Controlling oder Verkauf) wird wesentlich durch die persönlichen Qualifikationen und den Einsatzwillen der Beschäftigten bestimmt. Eine dringend erforderliche Kapazitätsausweitung kann etwa an einem Mangel qualifizierter Bewerber auf dem Arbeitsmarkt scheitern.

Um ein Unternehmen leistungswirksam mit einem **bedarfsgerechten Personalbestand** ausstatten zu können, muss vor allem ermittelt werden,

- wie viele Mitarbeiter (quantitativ),
- mit welchen Qualifikationen (qualitativ),
- wann (zeitlich) und
- wo (in welchen betrieblichen Abteilungen)

benötigt werden.

Zur Bewältigung dieser betrieblichen Teilaufgabe werden unter anderem auch folgende **Instrumente der Personalpolitik** eingesetzt:

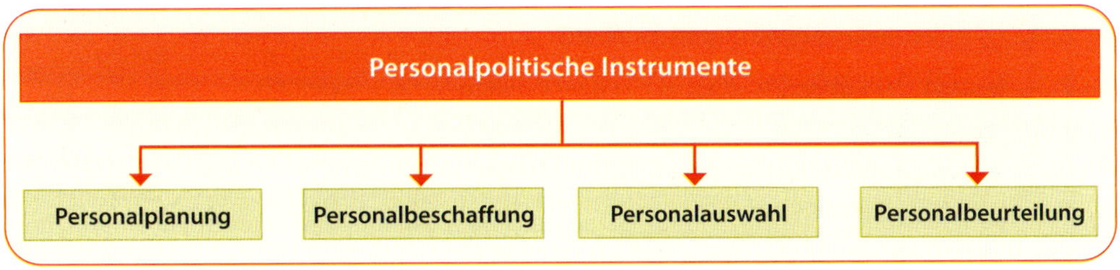

4.1 Personalplanung

Innerhalb der Personalplanung, die gleichzeitig auch die Grundlage für die anderen personalpolitischen Instrumente darstellt, wird der Personalbestand **(Personalbestandsplan)** ermittelt und in quantitativer, qualitativer, zeitlicher und örtlicher Hinsicht dem zukünftigen Personalbedarf **(Personalbedarfsplan)** gegenübergestellt. Da der Personalbestand nur selten mit dem Personalbedarf übereinstimmen wird, kommt es zu einer **Personalüberdeckung bzw. -unterdeckung.** Daher zählt es auch zu den Aufgaben der Personalplanung, geeignete Maßnahmen einzuleiten, damit der festgestellte Personalbedarf gedeckt werden kann.

Maßnahmen bei Personalüberdeckung (Personalbestand > Personalbedarf):
- Kündigung von Mitarbeitern;
- Aufhebungsverträge zum Ausscheiden von Mitarbeitern aus dem Unternehmen;
- Maßnahmen des vorgezogenen Ruhestandes aufgrund eines Sozialplans.

Maßnahme bei Personalunterdeckung (Personalbestand < Personalbedarf):
- Neueinstellung von Mitarbeitern.

▶ Personalbestandsplan

Der Personalbestandsplan zeigt ausgehend vom aktuellen Bestand die Veränderungen bis zu einem festgelegten Stichtag auf und dokumentiert so die voraussichtliche Mitarbeiterzahl. Der so ermittelte Personalbestand kann jedoch nur die der Personalabteilung bereits bekannten Personalveränderungen berücksichtigen. Personalveränderungen ergeben sich durch Zu- und Abgänge von Mitarbeitern.

In einer Pharmagroßhandlung können **Zugänge** erfolgen durch:
- Einstellung neuer Mitarbeiter;
- Rückkehr längerfristig nicht tätig gewesener Mitarbeiter (etwa durch Inanspruchnahme der Elternzeit);
- Übernahme von Auszubildenden nach Bestehen der Abschlussprüfung.

Abgänge ergeben sich z. B. durch:
- Kündigung von Arbeitsverhältnissen;
- Ausscheiden von Mitarbeitern durch Erreichen der Altersgrenze;
- Nichtübernahme von Auszubildenden nach Bestehen der Abschlussprüfung.

Alle sich so ergebenden Personalveränderungen werden zu einem Stichtag – etwa zum 31. Dez. 20.. – im **Personalbestandsplan** zusammengefasst.

Abteilungen / Personalbestand	Einkauf	Lager	Verkauf	Rechnungswesen/ Controlling	Verwaltung/ Personal	Summe
Bestand 1. Jan. 20..	13	8	110	14	17	162
+ voraussichtliche Zugänge	4	–	2	1	3	10
– voraussichtliche Abgänge	3	1	4	–	1	9
voraussichtlicher Bestand 31. Dez. 20..	14	7	108	15	19	163

Personalbedarfsplan

Hier wird auf Basis der aktuellen Daten versucht, die zukünftige Entwicklung des Personalbedarfs zu planen. Dabei kann z. B. ausgehend von Erfahrungswerten aus der Vergangenheit bzw. aufgrund mathematischer Verfahren vor allem folgenden Faktoren Rechnung getragen werden, die den **Personalbedarf** eines Unternehmens bestimmen:

- unerwartet auftretende (vorübergehende) Ausfälle von Mitarbeitern durch Unfall oder Krankheit;
- unerwartete Abgänge von Mitarbeitern durch Kündigung oder Eintritt einer Erwerbsunfähigkeit;
- Veränderungen innerbetrieblicher Strukturen und Prozesse, z. B. hervorgerufen durch Kapazitätsausweitungen bzw. -einschränkungen oder Rationalisierungsmaßnahmen;
- derzeitige und zukünftige Nachfrage nach den vom Unternehmen auf dem Absatzmarkt angebotenen Sachleistungen bzw. bereitgestellten Dienstleistungen.

In **quantitativer** Hinsicht führen diese Bestimmungsfaktoren zu einem Reserve-, Ersatz-, Neu- oder Zusatz- bzw. Freistellungsbedarf von Mitarbeitern im Unternehmen. Unter **qualitativen** Gesichtspunkten ist der Personalbedarf so zu planen, dass die Kenntnisse und Fähigkeiten der Mitarbeiter bzw. Bewerber mit den jeweiligen Anforderungen eines Arbeitsplatzes in Einklang gebracht werden können. Einen ersten Anhaltspunkt dazu kann eine Gegenüberstellung der Stellenanforderungen mit dem erlernten bzw. ausgeübten Beruf des Mitarbeiters bzw. Bewerbers liefern.

In der Regel wird jedoch eine Differenzierung des qualitativen Personalbedarfs in ungelernte, angelernte, ausgebildete und hoch qualifizierte Arbeitnehmer allein nicht ausreichen. Um einer qualitativen Personalbedarfsplanung gerecht zu werden, kann das aus den Arbeitsanforderungen einer Stelle abgeleitete **Anforderungsprofil** (Soll) mit dem **Fähigkeitsprofil** (Ist) des Mitarbeiters bzw. Bewerbers verglichen werden. Dieses Fähigkeitsprofil sollte Art und Umfang der Kenntnisse und Fähigkeiten widerspiegeln, die ein Arbeitnehmer durch seine Berufsausbildung und -praxis erworben hat.

4.2 Personalbeschaffung

Zeigt der Personalbedarfsplan eine Lücke in der Stellenbesetzung auf, wird die freie Stelle zur Besetzung ausgeschrieben. Dies erfolgt häufig zunächst innerbetrieblich **(interne Personalbeschaffung)**, um den bereits im Unternehmen tätigen Mitarbeitern die Möglichkeit zur Bewerbung zu geben. Der Betriebsrat kann die innerbetriebliche Ausschreibung der zu besetzenden Stelle verlangen *(§ 93 BetrVG 1972)*. Ausgeschriebene Stellen lassen sich intern vor allem über entsprechende Ausbildungs-, Fortbildungs- oder Umschulungsmaßnahmen sowie durch Versetzung qualifizierter Mitarbeiter besetzen.

▶ Maßnahmen zur externen Personalbeschaffung

Ist es nicht möglich oder zweckmäßig, eine freie Stelle betriebsintern zu besetzen, müssen externe Bewerber angesprochen werden. Maßnahmen zur **externen Personalbeschaffung** sind vor allem abhängig von der Situation auf dem Arbeitsmarkt, dem erforderlichen Anforderungsprofil der zu besetzenden Stelle und dem Fähigkeitsprofil eines Bewerbers. Da es sich bei den Entscheidungen über die Einstellung von Bewerbern um bedeutsame und langfristige Entschlüsse handelt, wird das Unternehmen den Beschaffungsmaßnahmen und dem Auswahlverfahren größte Sorgfalt und Aufmerksamkeit widmen.

■ Einschaltung von Arbeitsvermittlungsstellen

Zunächst kann das Unternehmen versuchen, die Stelle über die Einschaltung der von der Bundesagentur für Arbeit eingerichteten Arbeitsvermittlungsstellen zu besetzen. Deren örtliche **Jobcenter** vermitteln vorwiegend im regionalen Bereich Stellen der unteren Hierarchieebenen. Die Landesstellen und die Zentralstelle für Arbeitsvermittlung sowie die Fachvermittlungsdienste dienen der überregionalen Vermittlung besonders qualifizierter Fach- und Führungskräfte. **Private Arbeitsvermittler** ergänzen das Dienstleistungsangebot.

■ Stellenanzeigen

Häufig versuchen Unternehmen, einen direkten Kontakt zu Stellensuchenden auf dem Arbeitsmarkt herzustellen. Zu diesem Zweck werden in regionalen und überregionalen **Zeitungen** und **Zeitschriften** Stellenanzeigen veröffentlicht. Die zielgruppengerechte Auswahl der Zeitung bzw. Zeitschrift wird dabei ebenso wie die Wahl des Anzeigentermins von der Art der ausgeschriebenen Stelle abhängen. Während freie Stellen der unteren und mittleren Ebene der Unternehmenshierarchie meist in lokalen oder regionalen Tageszeitungen ausgeschrieben werden, veröffentlichen Unternehmen Stellenangebote für Fach- und Führungskräfte eher in überregionalen Tages- oder Wochenzeitungen und Fachzeitschriften.

Das Unternehmen kann dabei eine den Namen des Inserenten enthaltende offene Stellenanzeige aufgeben. Vereinzelt wird auch eine Stellenanzeige unter einer Kennziffer **(Chiffre)** veröffentlicht. Anhand dieser Kennziffer kann dann das Bewerbungsschreiben über die Zeitung oder Zeitschrift an das inserierende Unternehmen weitergeleitet werden.

Aufgrund der fehlenden Informationen über das inserierende Unternehmen ist es aber dem Stellensuchenden allerdings nicht möglich, gezielt auf eine unter einer Chiffre veröffentlichten Anzeige zu antworten. Ferner besteht die Gefahr, dass sich ein Stellensuchender bei seiner Antwort auf eine Chiffreanzeige bei dem Unternehmen bewirbt, bei dem er zurzeit beschäftigt ist.

Quelle: Institut der deutschen Wirtschaft Köln e.V.: Informationen aus dem Institut der deutschen Wirtschaft, Nr. 7 vom 28.03.2019, S. 5

Personalleasing

Das Personalleasing kann sich für ein Unternehmen anbieten, wenn **kurzfristig** Arbeitsplätze besetzt werden müssen wie etwa bei überraschender Kündigung, Krankheit von Mitarbeitern oder bei einem nicht ausreichenden Personalbestand infolge einer vorübergehenden Kapazitätsausweitung.

Bei der Personalbeschaffung durch Leasing überlässt der gewerbsmäßige **Leasinggeber** (Personalleasing-Unternehmer) dem **Leasingnehmer** (Auftraggeber) gegen Zahlung eines Entgelts Arbeitskräfte, die unter Fortbestand des Rechtsverhältnisses zum Leasinggeber verpflichtet sind, für den Betrieb des Auftraggebers nach dessen Weisung zu arbeiten. Häufig verwandte Begriffe wie „Leiharbeiter" oder „Verleihfirma" sind rechtlich unzutreffend, da es sich beim Personalleasing nicht um einen – unentgeltlichen – Verleih handelt.

Schließt ein Unternehmen als Auftraggeber mit einem gewerbsmäßigen Personalleasinggeber einen **Arbeitnehmerüberlassungsvertrag,** bedarf es einer Erlaubnis der Bundesagentur für Arbeit. Eine Arbeitsvermittlung wie bei einer „normalen" Neueinstellung liegt jedoch nicht vor, da der Auftraggeber nicht als Arbeitgeber der Arbeitskraft auftritt. Alle

Arbeitgeberpflichten (einschließlich der Lohnzahlung) liegen nämlich aufgrund des mit dem Arbeitnehmer geschlossenen Dienstvertrages beim Leasing-Unternehmen.

Den mit Personalleasing verbundenen **hohen Kosten** stehen als **Vorteile** eine flexiblere Anpassung an kurzfristig auftretende Engpässe und – durch Wegfall von Fehlentscheidungen bei der Einstellung eigener Mitarbeiter – ein geringeres Risiko gegenüber.

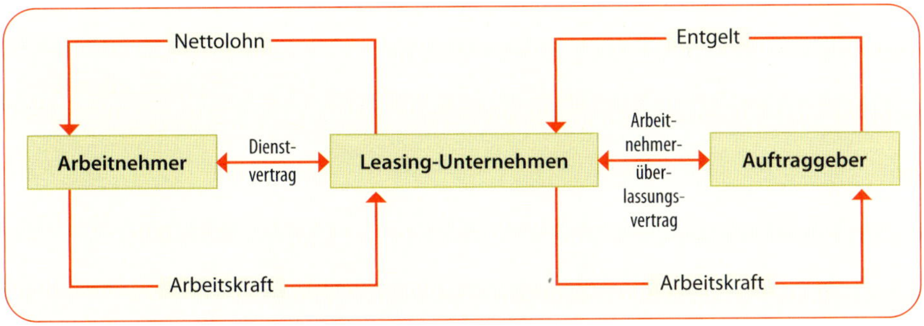

Neben dem Personalleasing, den Stellenanzeigen und den Arbeitsvermittlungsstellen als den wichtigsten Möglichkeiten zur externen Personalbeschaffung kann ein Unternehmen **darüber hinaus** auch Mitarbeiter gewinnen:

- über **Kontakte** zu Schulen, Fachhochschulen und Universitäten, um Absolventen zu interessieren;
- durch **Vermittlung** über die bereits im Unternehmen beschäftigten Mitarbeiter;
- durch **Beauftragung eines Personalberaters,** der das Unternehmen bei der Suche und Auswahl von Mitarbeitern (etwa durch Formulierung von Anzeigentexten, durch Einholung von Empfehlungen, Auskünften oder durch Prüfung, Vergleich und Bewertung der eingegangenen Bewerbungsunterlagen) gewerbsmäßig unterstützt.

4.3 Personalauswahl

Nach dem **Eingang der Bewerbungsunterlagen** als Ergebnis externer Personalbeschaffungsmaßnahmen muss eine Auswahl durchgeführt werden, um den für die offene Stelle bestqualifizierten Bewerber zu ermitteln. Dazu wird sich das Unternehmen eines einheitlichen, sachlichen (objektiven) Kriterienkataloges bedienen, um persönliche (subjektive) Eindrücke von Bewerbern (wie z. B. Vorurteile, Zu- oder Abneigung) auf ein Minimum zu reduzieren.

> Derzeit wird im Rahmen einer Studie geprüft, ob **anonyme Bewerbungen** zu besseren Jobchancen für ältere Bewerber, Frauen oder Ausländer führen. Indem in solchen anonymisierten Bewerbungsunterlagen sowohl das Foto als auch der Name, das Geburtsdatum, der Familienstand sowie die Adresse des Bewerbers fehlen, sollen – **diskriminierungsfrei** – gleiche Jobchancen geschaffen werden. Ziel ist es, die Einladung zum Vorstellungsgespräch ausschließlich von der jeweiligen fachlichen Qualifikation des Stellensuchenden abhängig zu machen und nicht von dessen Herkunft oder dessen sozialem Status.

Anonyme Bewerbung hat es schwer

Die Jobsuche ist für junge Frauen und Menschen mit Migrationsgeschichte besonders schwierig – wegen Vorurteilen hat ihre Bewerbung trotz Qualifikationen oft weniger Chancen. Dieses Problem könnte man lösen, meinen die einen. Aber nicht alle sind dafür.

Berlin – Der Name klingt nach Migrationshintergrund, die junge Frau will sicherlich bald ein Kind, der Mann im Rollstuhl schafft die Arbeit bestimmt nicht – gängige Vorurteile, mit denen viele Bewerberinnen und Bewerber zu kämpfen haben und durch die sie diskriminiert werden. Nach Einschätzung der Antidiskriminierungsstelle des Bundes ist Diskriminierung im deutschen Arbeitsmarkt immer noch weit verbreitet. Rund ein Viertel der Diskriminierungsverfahren im Arbeitsleben werden während der Arbeitssuche und Bewerbung gemacht. Anonymisierte Bewerbungsverfahren könnten Abhilfe schaffen – setzen sich in Deutschland aber seit Jahren nicht durch. „Nachholbedarf gibt es aus unserer Sicht bei privaten Unternehmen", sagt Bernhard Franke, kommissarischer Leiter der Antidiskriminierungsstelle.

In Deutschland verbietet das Allgemeine Gleichbehandlungsgesetz (AGG) Diskriminierung auf allen Ebenen des Arbeitslebens. Das herkömmliche deutsche Bewerbungsverfahren mache es aber vor allem jungen Frauen und Menschen mit Migrationsgeschichte besonders schwer, zum Zug zu kommen, sagt Franke. Das belegten viele Studien und auch Beratungsfragen.

Anonymisierte Bewerbungsprozesse setzen genau hier an: Sie seien ein Instrument, um Diskriminierungsfreiheit zu gewährleisten, erklärt Vera Egenberger vom Deutschen Gewerkschaftsbund (DGB). Persönliche Informationen der Bewerber wie etwa Name, Alter oder Adresse werden dabei von den Qualifikationen abgekoppelt. „Der Bewerber wird zur Nummer." Eine Auswahl finde daher rein auf Basis der Kompetenzen statt. So habe jeder die Chance, bis zum Bewerbungsgespräch zu kommen, sagt die Expertin für den Bereich Migration und Antirassismuspolitik. „Mehrere Pilotprojekte haben gezeigt, dass das Verfahren leicht umzusetzen ist und Benachteiligungen beim ersten Schritt im Bewerbungsverfahren minimieren kann", sagt Franke.

In Deutschland ist es trotzdem noch nicht Usus. Üblich seien nicht-anonyme Bewerbungen, bei denen auch die persönlichen Faktoren immer noch als Auswahlkriterium angesetzt werden, sage Egenberger. Eins der zentralen Probleme dabei: Das Foto, das hierzulande nahezu standardmäßig zu einer Bewerbung gehört und der Expertin zufolge Raum für Vorurteile und Diskriminierungen bietet. Auch die Antidiskriminierungsstelle kritisiert diese gängige Praxis. International seien Bewerbungsverfahren beispielsweise mit Foto seit vielen Jahren nicht mehr üblich. Besonders im angelsächsischen Raum seien standardisierte Verfahren wie das anonymisierte Verfahren verbreitet.

Ein weiteres zentrales Problem bei nicht-anonymen Bewerbungen sieht Egenberger in der Bekanntgabe des Namens. In Deutschland würden oft Assoziationen aufgrund von Namen vorgenommen – hinsichtlich beispielsweise eines Migrationshintergrundes. Viele Deutsche hätten etwa einen polnischen oder türkischen Namen.

Trotz der weiterhin bestehenden Kritik habe sich in den vergangenen Jahren etwas getan in puncto diskrimnierungsfreie Bewerbungsverfahren, sind sich Franke und Egenberger einig. Bereits jetzt liefen Bewerbungsprozesse im öffentlichen Dienst, etwa in der Verwaltung von Ländern oder Städten, diskriminierungsfrei ab. Verwaltungen seien laut Egenberger erheblich weiter als private Firmen. Zwar handelten einige Firmen schon vorbildlich, das seien aber Ausnahmen. Franke sieht moderne Personalverwaltungen auf einem guten Weg. „Ich bin zuversichtlich, dass weitere Unternehmen folgen werden."

Es gibt also Fortschritte, sagt Egenberger. „Aber längst nicht genug". Für die Zukunft ist sie optimistisch: „Es gibt schon ein Gespür dafür, dass man etwas anders machen sollte." Sie rechne damit, dass sich anonyme Bewerbungsverfahren in den nächsten zehn bis zwanzig Jahren durchsetzen könnten.

Die Bundesvereinigung der Deutschen Arbeitgeberverbände (BDA) misst anonymisierten Bewerbungen keine wesentliche Rolle bei. „Bewerbungsverfahren sollen in ein erfolgreiches und möglichst nachhaltiges Arbeitsverhältnis führen", teilt der BDA mit. „Die gegenseitige Grundlage für Vertrauen ist dabei umfassende Information, deshalb ist in Bewerbungsverfahren Transparenz in beide Richtungen so wichtig." Transparenz und eine klare Unternehmenspolitik trügen nachhaltiger gegen Diskriminierung bei als die anonyme Bewerbung.

■ **dpa**

Quelle: Westfälischer Anzeiger vom 29. Januar 2020

▶ Analyse der Bewerbungsunterlagen

Zunächst erfolgt eine erste Analyse der Bewerbungsunterlagen, um festzustellen, ob die durch geeignete Unterlagen von den Bewerbern nachgewiesenen Qualifikationen den Mindestanforderungen des zu besetzenden Arbeitsplatzes genügen.

Folgende Unterlagen können inhaltlich und formal Basisinformationen über den Bewerber, seinen Ausbildungsgang, seine berufliche Laufbahn und seinen Lebensweg liefern:

- Bewerbungsschreiben;
- Lichtbild des Bewerbers;
- Lebenslauf;
- Schul- und Ausbildungszeugnisse;
- Arbeitszeugnisse;
- Personalfragebogen;
- Empfehlungen;
- polizeiliches Führungszeugnis;
- Ergebnis einer ärztlichen Untersuchung.

Darüber hinaus kann der Gesamteindruck der vorgelegten Unterlagen u. a. auch Rückschlüsse auf die sprachliche Ausdrucksgewandtheit, den Wortschatz oder den Ordnungssinn des Bewerbers zulassen.

Bewerbungsschreiben ade

Bahn will von möglichen Azubis nur noch Lebenslauf und Zeugnisse – und das online

Berlin. – Die Deutsche Bahn will bei angehenden Azubis künftig auf das Bewerbungsschreiben verzichten. Ab Herbst soll es möglich sein, über eine Online-Plattform nur noch Lebenslauf und Zeugnisse einzureichen. „Wir wollen es den Bewerbern so einfach wie möglich machen", sagte Personalerin Carola Hennemann. Der Konzern will dieses Jahr rund 19 000 Mitarbeiter einstellen, darunter 3 600 Auszubildende.

In den nächsten Jahren gehen bei der Bahn Tausende Mitarbeiter in Rente. Etwa die Hälfte der Belegschaft wird den Konzern in den kommenden zehn Jahren aus Altersgründen verlassen, wie das Unternehmen erklärt. Neben IT-Experten oder Ingenieuren sucht die Bahn auch Leute, die Lokführer oder Fahrdienstleiter werden wollen.

„Für Schüler ist so ein Motivationsschreiben schon schwierig", sagte Hennemann, die die Personalgewinnung in Baden-Württemberg leitet und bundesweit für die Einstellung von Ingenieuren zuständig ist. „Auch andere sind froh, wenn sie nicht so viel schreiben müssen. Wir prüfen die Motivation der Bewerber sowieso nochmal in einem Gespäch ab."

Dass kein Anschreiben mehr hochgeladen werden muss, soll für Bewerber gelten, die 2019 als Azubis anfangen wollen. Der Staatskonzern prüft, bei welchen Berufsgruppen es noch Sinn macht, auf ein Anschreiben zu verzichten. „Wir schauen, welche Erfahrungen wir damit machen. Und dann werden wir das ausweiten", sagte ein Bahnsprecher.

Nicht nur die Bahn steht vor einer Pensionierungswelle, auch andere Unternehmen oder öffentliche Verwaltungen suchen Leute. Sie konkurrieren zum Beispiel um Ingenieure. Einen Engpass gibt es auch bei Lokführern. Hier bemühen sich der Staatskonzern Bahn und seine privaten Wettbewerber seit geraumer Zeit stärker um Nachwuchs.

Denn beim Fernverkehr steht die Bahn auch vor einer Herausforderung: Union und SPD fordern in ihrem Koalitionsvertrag, dass im Jahr 2030 rund 280 Millionen Fahrgäste in ICE und Intercity unterwegs sind. Das wären doppelt so viele wie im vergangenen Jahr. Der Konzern selbst hatte sich 180 Millionen zum Ziel für 2030 gesetzt.

Bisher hat die Deutsche Bahn für rund 12 000 von 19 000 Stellen in diesem Jahr Mitarbeiter gefunden. 10 000 davon haben nach Angaben des Bahnsprechers bereits ihre Arbeit begonnen. „In Regionen, in denen wir Vollbeschäftigung haben, ist die Suche natürlich schwieriger, in Bayern und Baden-Württemberg zum Beispiel", sagt Hennemann.

Seit Längerem nutzt die Bahn intern auch einen Bonus zur Personalsuche: Wirbt ein Mitarbeiter einen neuen Kollegen, bekommt er 1 500 Euro. Die Bahn sucht heute auch stärker im Ausland als früher. „Aus Spanien, Griechenland haben wir schon Ingenieure nach Baden-Württemberg geholt", sagt Hennemann. „Und wir haben für die S-Bahn in Stuttgart auch schon Lokführer aus Kroatien eingestellt, die Deutsch sprechen." Die Bahn schult auch Quereinsteiger um. „Da hat auch Ü-50 noch die Chance, einen neuen Weg einzuschlagen."

dpa

Quelle: Westfälischer Anzeiger vom 26. Juli 2018

Nach der Auswertung der Unterlagen lassen sich drei Gruppen von Bewerbern unterscheiden:

- Bewerber, die für die Stelle ungeeignet sind,
- Bewerber, die für die Stelle geeignet erscheinen, deren Unterlagen jedoch nicht vollständig vorliegen,
- geeignet erscheinende Bewerber mit vollständig vorgelegten Unterlagen.

Ungeeigneten Bewerbern sollte unter Beifügung aller eingereichten Unterlagen schnellstmöglich eine Absage zugesandt werden. Geeignet erscheinenden Bewerbern wird die Möglichkeit zur Vervollständigung ihrer Unterlagen gegeben.

Vorstellungsgespräch

Die nach der Analyse der vollständigen Bewerbungsunterlagen in die engere Auswahl kommenden Bewerber werden zu einem **Vorstellungsgespräch** eingeladen. Durch dieses Gespräch kann das Unternehmen:

- über einen Bewerber einen **persönlichen Eindruck** gewinnen;
- zusätzliche, in den vorgelegten Unterlagen nicht genannte **Qualifikationen** des Bewerbers feststellen und in die Bewerbungsunterlagen aufnehmen;
- **Interessen und Erwartungen** des Bewerbers in Erfahrung bringen;
- den Bewerber näher **über die zu besetzende Stelle informieren;**
- dem Bewerber **einen positiven Eindruck** vermitteln.

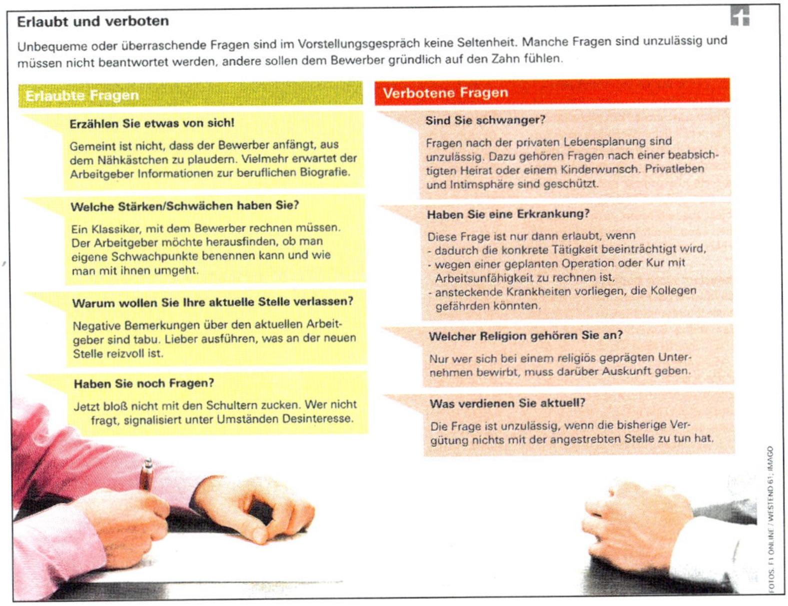

Quelle: Stiftung Warentest: FINANZtest 10/2012, S. 16

Im Anschluss an das Vorstellungsgespräch sollten das Verhalten und die Motive des Bewerbers genauer untersucht werden.

- **Untersuchtes Verhalten:**
  Auftreten, Verhandlungsgeschick, Sprache, Selbstvertrauen, Anpassungsfähigkeit, Zielstrebigkeit
- **Untersuchte Motive:**
  Beweggründe für den schulischen, beruflichen und privaten Werdegang

Checkliste für das Vorstellungsgespräch

- Anreiseweg zeitlich so einplanen, dass man ca. 15 Minuten vor dem Termin eintrifft.
- Das eigene Bewerbungsschreiben vorher nochmals sorgfältig durchlesen.
- Informationen über das Unternehmen einholen.
- Zum Vorstellungsgespräch mitnehmen:
  - das Einladungsschreiben des Unternehmens
  - die eigenen Bewerbungsunterlagen
  - Block und Kugelschreiber
- Überlegungen darüber anstellen, welche eigenen Fragen man im Vorstellungsgespräch stellen will.
- Das Vorstellungsgespräch zu Hause mit Bekannten oder Freunden mehrfach durchspielen.
- Angemessenes äußeres Erscheinungsbild (Kleidung, Frisur u. a.).
- Verhalten während des Gesprächs:
  - Aufregung möglichst abbauen
  - Persönliche Vorstellung beim Betreten des Raumes
  - Wird eine Frage nicht richtig verstanden oder benötigt man Bedenkzeit, ist die Bitte nach Wiederholung der Frage angebracht
  - Möglichst deutlich und verständlich sprechen
  - Aktive Teilnahme an der Gesprächsführung, d. h. Mitgestaltung der Unterredung
  - Nachfrage am Ende des Gesprächs, bis zu welchem Zeitpunkt eine Entscheidung über die Einstellung fallen wird

Eignungstest

Das Bild, das während des Vorstellungsgespräches vom Bewerber entstanden ist, kann durch einen – an das Einverständnis des Bewerbers gebundenen – **Eignungstest** ergänzt werden, wenn die offene Stelle dem Bewerber besondere persönliche und fachliche Eigenschaften abverlangt, die weder aus den vorgelegten Unterlagen noch aus dem durchgeführten Vorstellungsgespräch hervorgehen. Allerdings ist die Durchführung solcher Tests umstritten, da sie in Hinblick auf Leistungsfähigkeit oder Belastbarkeit des Bewerbers nur eine geringe Aussagekraft besitzen.

Eignungsuntersuchung

Oft schließt eine **ärztliche Eignungsuntersuchung** das Auswahlverfahren ab. Mit ihr soll die körperliche Belastbarkeit des Bewerbers festgestellt werden. Das Ergebnis der Untersuchung wird in einer **Tauglichkeitsbescheinigung** dokumentiert.

Auf Basis der vorgelegten Bewerbungsunterlagen, der durchgeführten Vorstellungsgespräche und der stattgefundenen Tests bzw. Eignungsuntersuchungen kann die Entscheidung erfolgen, welcher Bewerber eingestellt werden soll. Dabei muss der Arbeitgeber die Beteiligungsrechte des Betriebsrates (vgl. S. 112) beachten.

Wenn Arbeitgeber neue Mitarbeiterinnen und Mitarbeiter suchen, ist vor allem eines gefragt: Fachkenntnis. Die neuen Kolleginnen und Kollegen sollen ihr „Handwerk" beherrschen und im Betrieb möglichst nach kurzer Einarbeitung ihre Aufgaben erfüllen. Immer mehr rücken allerdings auch andere Eigenschaften in den Blickpunkt: die sogenannten Soft Skills, also im weitesten Sinne soziale Kompetenz. Das hat eine Untersuchung des Bundesarbeitgeberverbandes der Personaldienstleister (BAP) ergeben. An der Spitze der gewünschten Eigenschaften steht die Teamfähigkeit: In rund zwei Dritteln der Jobangebote ist zu lesen, dass Teamplayer gesucht werden. Mit großem Abstand taucht Verantwortungsbewusstsein als zweitwichtigste Qualifikation auf (35,5 Prozent). Erst an letzter Stelle steht die Höflichkeit – möglicherweise auch, weil höflicher Umgang mit anderen Menschen als eine Selbstverständlichkeit gesehen wird und es daher keiner besonderen Erwähnung in einer Stellenanzeige bedarf.

Haben sich in dem Unternehmen, in dem eine Stelle intern besetzt werden soll, **mehrere Mitarbeiter auf diese Stelle beworben,** wird das Unternehmen unter Rückgriff auf die in der Personalabteilung geführten Unterlagen (Personalakte, die u.a. auch Beurteilungen enthalten wird) eine Auswahl treffen.

4.4 Personalbeurteilung

Die Personalbeurteilung ist ein wesentliches **Instrument betrieblicher Personalpolitik,** das Aussagen darüber bereitstellt, ob und inwieweit ein Mitarbeiter hinsichtlich Eignung und Leistung den Anforderungen und Erwartungen eines Arbeitsplatzes entspricht.

Personalbeurteilungen werden in die **Personalakte** des betreffenden Mitarbeiters aufgenommen und können vom Arbeitnehmer eingesehen werden *(§ 83 I BetrVG 1972).* Auf sein Verlangen kann er zum Inhalt der Personalakte Erklärungen abgeben, die in diese aufgenommen werden müssen *(§ 83 II BetrVG 1972).*

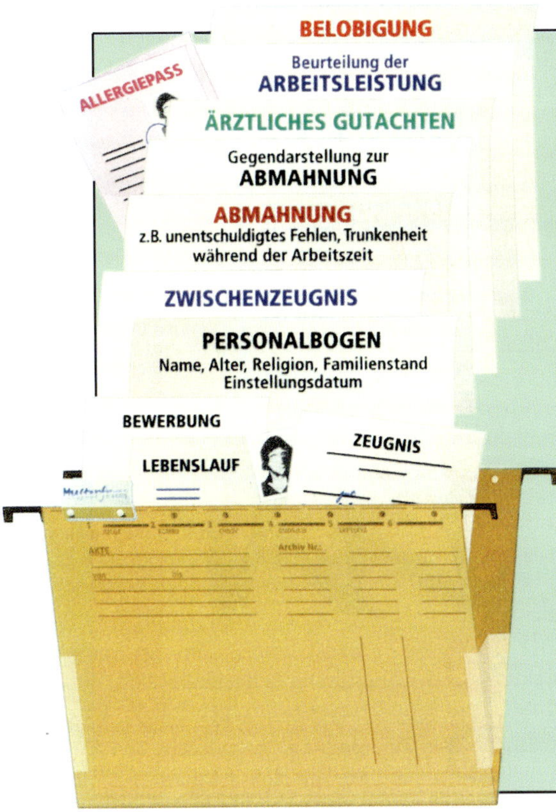

DIESE UNTERLAGEN KÖNNTE IHRE PERSONALAKTE ENTHALTEN

Es gibt keine gesetzliche Vorschrift über ihren Inhalt. In aller Regel enthält eine Personalakte jedoch folgende Elemente:

- Einen **Personalbogen,** der persönliche Daten des Arbeitnehmers enthält. So sieht der Chef auf einen Blick, wessen Mappe er vor sich hat.
- Die **Bewerbungsmappe** mit Lebenslauf und Zeugnissen wird meist komplett beigelegt.
- Beantragt der Arbeitnehmer ein **Zwischenzeugnis**, wird eine Kopie davon zusammen mit den anderen Unterlagen aufbewahrt.
- Bevor eine **Abmahnung** oder eine Beschwerde in die Personalakte gelangt, muss der Mitarbeiter informiert werden.
- Zu jeder Abmahnung kann man eine **Gegendarstellung** schreiben, die der Arbeitgeber den gesammelten Papieren beilegen muss.
- Es besteht keine Pflicht, dem Chef ein **ärztliches Gutachten** auszuhändigen. Vertraut man es ihm jedoch an, muss es in der Akte verschlossen aufbewahrt werden.
- Führt die Firma Beurteilungen der **Arbeitsleistung** durch, so landet das Ergebnis bei den anderen Daten.
- Eine **Belobigung** für herausragendes Engagement oder eine besondere Leistung gehört ebenfalls in die Akte.

▶ Aufgaben der Personalbeurteilung

Der Personalbeurteilung kommt vor allem bei den Maßnahmen der **internen Personalbeschaffung** eine besondere Bedeutung zu, wenn etwa über Versetzungen, Beförderungen oder Teilnahme von Mitarbeitern an Aus- und Fortbildungsmaßnahmen entschieden werden soll.

Darüber hinaus kann die Personalbeurteilung **Informationen** als Entscheidungsgrundlage bzw. -hilfe über die individuelle Lohnfestsetzung oder die Entlassung eines Mitarbeiters liefern. Eine als fair und gerecht empfundene **objektive Beurteilung** durch einen Vorgesetzten kann einen Mitarbeiter in der Anerkennung seiner Leistungen bestärken bzw. kann ihn motivieren, erkannte Mängel in seinem Persönlichkeits-, Verhaltens- oder Leistungsbild auszugleichen.

▶ Häufigkeit der Personalbeurteilung

Personalbeurteilungen können sowohl regelmäßig, d.h. zu festgesetzten Terminen, als auch fallweise durchgeführt werden. **Regelmäßige Beurteilungen,** die halbjährlich, jährlich oder zweijährlich erfolgen, dienen in der Regel dazu, über einen Mitarbeiter kontinuierlich und umfassend Informationen zu gewinnen. Zu besonderen Anlässen wie z.B. Ablauf der Probezeit, Kündigung des Arbeitsverhältnisses, anstehenden Beförderungen oder Gehaltserhöhungen können **fallweise Beurteilungen** von Mitarbeitern vorgenommen werden.

▶ Beurteilungskriterien

Der **Aussagewert von Personalbeurteilungen** hängt wesentlich davon ab, inwieweit es dem Beurteiler gelingt, seine persönlichen Eindrücke, Wertvorstellungen, Gefühle, Einstellungen oder auch seine Sympathie bzw. Antipathie gegenüber dem zu Beurteilenden nicht in das Beurteilungsergebnis mit einfließen zu lassen. Diese Gefahr besteht umso mehr,

- je weniger sich die Beurteilung auf die in der Regel messbare **Leistung** eines Mitarbeiters beschränkt;
- wenn aufgrund nicht oder nur in geringem Umfang messbarer Kriterien Aussagen über die **Eignung** eines Arbeitnehmers gemacht werden sollen.
  - **Quantitative Kriterien** messen vor allem die Leistungsmenge wie die Zahl der zu betreuenden Kunden oder der Vertragsabschlüsse bzw. die Umsatzhöhe.
  - **Qualitative Kriterien** erstrecken sich eher auf die subjektive, nicht oder nur schlecht messbare Eignung von Mitarbeitern wie Treue (Loyalität), Zuverlässigkeit, Aufrichtigkeit, Führungsverhalten, Initiative, Kreativität bei ungewöhnlichen, unerwarteten oder neuartigen Problemstellungen.

Damit Personalbeurteilungen miteinander verglichen werden können, sollte bei der Beurteilung von Mitarbeitern ein möglichst **objektiver und einheitlicher Kriterienkatalog** eingesetzt werden. Nur so ist gewährleistet, dass unterschiedliche Beurteiler (im Idealfall) zu demselben bzw. zu einem ähnlichen Ergebnis kommen.

Eine brauchbare und aussagefähige Personalbeurteilung könnte sich etwa auf die folgenden **Beurteilungskriterien** erstrecken:

- **zum Persönlichkeitsbild:**
  - äußeres Erscheinen
  - Allgemeinbildung
  - Umgangsform
  - Auffassungsgabe
  - Ausdrucksvermögen
  - Selbstbewusstsein

- **zum Leistungsbild:**
  - Fleiß
  - Entschlusskraft
  - Ausdauer
  - Belastbarkeit
  - Arbeitssorgfalt
  - Verantwortungsbereitschaft
  - Fachkenntnisse
  - Spezialwissen
  - Arbeitsqualität
  - Fehlerhäufigkeit
  - Arbeitsplanung
  - Pünktlichkeit
  - Zielstrebigkeit
  - Zuverlässigkeit
  - Arbeitstempo
  - Kreativität
  - Selbstständigkeit
  - Lernbereitschaft
- **zum Verhalten gegenüber Vorgesetzten und Kollegen (Verhaltensbild):**
  - Kooperation
  - Mitteilungsbereitschaft
  - Aggressivität
  - Sensibilität
  - Hilfsbereitschaft
  - Aufgeschlossenheit
- **zusätzliche Kriterien zur Beurteilung des Führungsverhaltens gegenüber unterstellten Mitarbeitern:**
  - Durchsetzungsvermögen
  - Überzeugungsvermögen
  - Delegationsbereitschaft
  - Gleichbehandlung von Mitarbeitern
  - Organisationstalent
  - Ausgeglichenheit
  - Verständnis für Mitarbeiter
  - Motivationsfähigkeit
  - Mitarbeiterüberwachung (Kontrolle)

In der betrieblichen Praxis orientieren sich Personalbeurteilungen vorwiegend an den Einzelkriterien zum Leistungs-, aber auch zum Verhaltensbild eines Mitarbeiters.

Bei allen Bemühungen des Beurteilers um Objektivität kann eine Personalbeurteilung dennoch mit folgenden **Fehlerquellen und Schwierigkeiten** verbunden sein:

- Begünstigungsabsichten von Mitarbeitern (Protektion);
- Schädigungsabsichten z. B. aus Rache, Vergeltungssucht, Neid;
- Dilemma, einen Mitarbeiter beurteilen zu müssen, der qualifizierter ist als der Beurteiler;
- Temperament und augenblickliche Stimmungen bzw. Sorgen des Beurteilers können eine Beurteilung zu gut oder zu schlecht ausfallen lassen;
- Abwertung von Leistungen anderer, um einen eingearbeiteten Fachmann nicht an andere Abteilungen zu verlieren bzw. um die eigene Position nicht zu gefährden;
- Wegloben unbequemer Mitarbeiter;
- Sympathie und Antipathie gegenüber dem zu Beurteilenden;
- Vorurteile, die zu schablonenhaften Denkweisen führen können wie etwa: Ein Mitarbeiter, der häufiger zu spät am Arbeitsplatz erscheint, kann einfach nicht fleißig, zielstrebig oder belastbar sein bzw. über gute Fachkenntnisse verfügen;
- zu nachsichtige Beurteilung von Mitarbeitern, um selbst nicht zur Rechenschaft gezogen zu werden.

▶ Beurteilungsgespräch

Der beurteilte Mitarbeiter hat das Recht auf **Erörterung der Leistungsbeurteilung** *(§ 82 II BetrVG 1972)*. Aber auch zur Vermeidung von Fehlern und zur Beseitigung von Konflikten ist es ratsam, die Beurteilung zusammen mit dem betroffenen Arbeitnehmer zu besprechen. In diesem Beurteilungsgespräch sollte der Vorgesetzte, der in der Regel auch die Beurteilung erstellt hat, die positiven Seiten herausstellen, aber auch die Verbesserungsmöglichkeiten der Leistung bzw. des Verhaltens eines Mitarbeiters aufzeigen.

Der Arbeitnehmer sollte sich zur Personalbeurteilung äußern können. Führt das Beurteilungsgespräch für den Vorgesetzten zu neuen wichtigen Erkenntnissen, die er bei der Abgabe der Personalbeurteilung nicht hatte, sollte der Vorgesetzte zur Korrektur seiner Beurteilung bereit sein.

4.5 Weiterqualifizierung

Krankenhäuser, Pflegeheime, Vorsorge- und Rehabilitationseinrichtungen, Krankenkassen, Wohlfahrtverbände sowie ärztliche Organisationen und Arztpraxen bieten entweder interne Fortbildungsmaßnahmen an oder beauftragen geeignete externe Fortbildungsinstitute mit entsprechenden Schulungen (etwa EDV, Organisation, Controlling, Qualitätssicherung oder Material- und Lagerwirtschaft).

Nützliche Internetadressen für aktuelle Informationen über außerbetriebliche Weiterqualifizierungsangebote:

- Datenbank WIS (**W**eiterbildungs-**I**nformations-**S**ystem der Industrie- und Handelskammern [IHK]: www.wis.ihk.de.
- Weiterbildungsdatenbank „LIQUIDE" (**Li**nks zu **Qu**alifizierungsanbietern **i**n **De**utschland) des Instituts der Deutschen Wirtschaft Köln: www.liquide.de.

Weiterbildungskosten der deutschen Wirtschaft

	1998	2001	2004[1]	2007	2010	2013	2016[2]
	in EUR pro Mitarbeiter						
Kosten insgesamt	1 128	869	1 072	1 053	1 035	1 132	1 067
Nach Kostenarten:							
Eigene/interne Lehrveranstaltungen	562	345	243	330	321	351	260
Externe Lehrveranstaltungen	215	258	377	378	350	369	390
Informationsveranstaltungen	39	31	85	141	103	162	99
Umschulungsmaßnahmen	2	4	4	–	–	–	–
Lernen in der Arbeitssituation	111	138	222	86	112	95	114
Selbstgesteuertes Lernen mit Medien	35	24	71	50	43	88	56
Haupt- u. nebenamtliches Personal	162	64	54	58	97	59	133
Sonstige Kosten	2	5	16	11	9	9	15

[1]Ab 2004 modifiziertes Berechnungsverfahren für indirekte Kosten; [2]ab 2016 veränderte Erhebung der indirekten Kosten

Quellen: Weiterbildungserhebungen des Instituts der deutschen Wirtschaft

Quelle: Institut der deutschen Wirtschaft Köln: Deutschland in Zahlen, Ausgabe 2020, Köln 2020, S. 117

Die Arbeitswelt wird sich in den kommenden Jahren spürbar wandeln. Digitalisierung und Künstliche Intelligenz sind nur zwei Stichwörter, die in diesem Zusammenhang eine wichtige Rolle spielen. Das bedeutet auch, dass sich die Anforderungen an die Mitarbeiter in den Unternehmen spürbar verändern werden. Viele Beschäftigte nutzen die Möglichkeiten, sich weiterzubilden, um ihr Wissen zu erweitern und auf den neuesten Stand zu bringen. Nach einer Umfrage des Deutschen Industrie- und Handelskammertages (DIHK) stehen bei den Motiven auch das berufliche Fortkommen und ein höheres Einkommen ganz weit oben. So gaben mehr als zwei Drittel der Befragten an, dass sie sich weiterbilden, um auf der Karriereleiter aufzusteigen. Etwa jeder zweite (46 Prozent) sieht auch die Chance auf ein höheres Gehalt. Viele geben auch an, dass sie die Aussicht, etwas Neues zu lernen und die beruflichen Kenntnisse zu erweitern, zur Weiterbildung motiviert. Etwa jeder neunte Befragte sah darin auch eine Chance, seinen Arbeitsplatz sicherer zu machen.

▶ Zusammenfassung

Personalpolitik

Wesentliche Aufgabe der Personalpolitik

bedarfsgerechte und leistungswirksame **Ausstattung des Unternehmens mit Personal** in quantitativer, qualitativer, zeitlicher und örtlicher Hinsicht, damit die Unternehmensziele realisiert werden können

Erfüllung der Aufgabe durch personalpolitische Instrumente

- **Personalplanung**
  - Gegenüberstellung von **Personalbestandsplan** und **Personalbedarfsplan**
  - Bereitstellung geeigneter Maßnahmen, um bei **Über- bzw. Unterdeckung** den Personalbestand zu sichern
- **Personalbeschaffung**
  - **interne Personalbeschaffung** vor allem durch innerbetriebliche Stellenausschreibung, Versetzung und Schulungsmaßnahmen
  - **externe Personalbeschaffung** vor allem durch Einschaltung der Arbeitsvermittlungsstellen, Stellenanzeigen im Internet und in den Printmedien und Personalleasing
- **Personalauswahl**
  - Ermittlung des für eine offene Stelle bestqualifizierten Bewerbers durch **Analyse der Bewerbungsunterlagen, Vorstellungsgespräch** und **Eignungstest** bzw. **ärztliche Untersuchung** (bei externer Personalbeschaffung) oder durch Rückgriff auf die Personalakte (bei interner Personalbeschaffung)
- **Personalbeurteilung**
  - Aussagen über Mitarbeiter hinsichtlich ihrer **Eignung und Leistung,** die vor allem bei Beförderungen, Versetzungen, Entlassungen oder Festsetzung der Lohnhöhe als Entscheidungsgrundlage dienen
  - Vergleichbarkeit von Personalbeurteilungen am ehesten gegeben bei einem einheitlichen **Kriterienkatalog,** der möglichst objektiv das Persönlichkeits-, Leistungs- und Verhaltensbild des Beurteilten widerspiegelt
  - **Fehlerquellen und Schwierigkeiten** bei Personalbeurteilungen sind in aller Regel nicht auszuschließen

Weiterqualifizierung

durch Arbeitgeber oder externe Fortbildungsinstitute

24 Merkur-Nr. 0054

Aufgaben

28

(1) *Erläutern Sie die Aufgabe der betrieblichen Personalpolitik!*

(2) *Welche Maßnahmen kann ein Unternehmen ergreifen, um eine Personalüberdeckung zu beseitigen?*

(3) *Grenzen Sie Personalbestandsplan und Personalbedarfsplan gegeneinander ab!*

(4) *Erläutern Sie die Maßnahmen zur externen Personalbeschaffung!*

(5) *Grundsätzlich können Unternehmen das von ihnen benötigte Personal intern oder extern beschaffen. Welche Vor- und Nachteile sind mit der*

a) internen bzw.

b) externen Personalbeschaffung

verbunden?

(6) *Ein Krankenhaus sucht einen Kaufmann/eine Kauffrau im Gesundheitswesen für die Personalabteilung. Erstellen Sie eine Stellenanzeige für die örtliche Tageszeitung!*

(7) *Was versteht man unter Personalleasing?*

(8) *Skizzieren Sie den Ablauf eines Personalauswahlverfahrens aufgrund einer Stellenanzeige in einer Tageszeitung!*

(9) *Welche Kriterien einer Personalbeurteilung halten Sie für besonders objektiv und aussagekräftig? Begründen Sie Ihre Meinung!*

(10) *Welche Fehlerquellen kann eine Personalbeurteilung aufweisen?*

5 Grundlagen des Arbeitsrechts

Das Arbeitsrecht regelt die rechtlichen Beziehungen zwischen Arbeitgeber und Arbeitnehmer. Inhaltlich wird das deutsche Arbeitsrecht, das keine einheitliche gesetzliche Regelung kennt, vor allem sowohl durch **staatlich festgelegte Rechtsnormen** des privaten und des öffentlichen Rechts als auch durch die **eigenverantwortlich** – also ohne staatliche Einflussnahme – auf freiwilliger Basis **geschaffenen Regelungen** (Tarifverträge, Betriebsvereinbarungen, Einzelarbeitsvertrag) ausgestaltet.

Sozialpolitische Schwellenwerte

Unternehmen müssen ab einer bestimmten Mitarbeiterzahl folgende gesetzliche Auflagen und Regelungen beachten:

- **Arbeitsrecht,** darunter Betriebsverfassungsgesetz, Europäisches Betriebsratsgesetz, Kündigungsschutzgesetz, Gesetz über die Mitbestimmung der Arbeitnehmer, Drittelbeteiligungsgesetz, Teilzeit- und Befristungsgesetz, Gesetz zum Elterngeld und zur Elternzeit, Entgeltfortzahlungsgesetz
- **Sozialrecht,** darunter Sozialgesetzbuch, Aufwendungsausgleichsgesetz, Pflegezeitgesetz
- **Arbeitsschutzrecht,** darunter Arbeitsstättenverordnung, Arbeitssicherheitsgesetz

ab 1 Mitarbeiter	■ Teilnahme an den Ausgleichsverfahren U1 (Entgeltfortzahlung im Krankheitsfall) und U2 (Mutterschaftsaufwendungen)
	■ Betriebsärztliche und sicherheitstechnische Betreuung; Schwellenwerte variieren je nach Berufsgenossenschaft
ab 5 Mitarbeitern	■ Betriebsrat: 1 Mitglied, vereinfachte Wahl möglich
ab 6	■ Kündigungsschutzgesetz gilt für vor 2004 begonnene Arbeitsverhältnisse; Teilzeitkräfte zählen mindestens zur Hälfte
ab 11	■ Kündigungsschutzgesetz gilt für ab Januar 2004 begonnene Arbeitsverhältnisse
	■ Beschäftigte, die nicht in Büros arbeiten, haben Anspruch auf einen Pausenraum; Teilzeitkräfte zählen voll
ab 16	■ Anspruch auf Teilzeitarbeitsplatz, bei Schwellenwert zählen Teilzeitkräfte voll ■ Anspruch auf Arbeitszeitverringerung im Rahmen der Elternzeit
	■ Anspruch auf Freistellung für die Pflege eines nahen Angehörige
ab 20	■ Beschäftigungspflicht für einen Schwerbehinderten, sonst monatliche Ausgleichsabgabe von 105 Euro
ab 21	■ Geschlecht, das in der Belegschaft in der Minderheit ist, muss mindestens entsprechend seinem Anteil im Betriebsrat vertreten sein
	■ Zustimmung des Betriebsrats zur Einstellung, Ein- und Umgruppierung und Versetzung
	■ Mündliche Unterrichtung der Belegschaft über die wirtschaftliche Lage des Unternehmens mindestens einmal im Kalendervierteljahr in Abstimmung mit dem Betriebsrat ■ Beratung bei Betriebsänderungen, bei Interessenausgleich und beim Sozialplan ■ Arbeitgeber muss Entlassung von mehr als 5 Arbeitnehmern bei der Bundesagentur für Arbeit anzeigen
	■ Bestellung mindestens eines Sicherheitsbeauftragten unter Mitwirkung des Betriebsrats ■ Bildung eines Arbeitsschutzausschusses aus Arbeitgeber, Betriebsrat, Fachkraft für Arbeitssicherheit und Sicherheitsbeauftragtem in Betrieben, in denen Betriebsärzte oder Fachkräfte für Arbeitssicherheit bestellt sind
ab 40	■ Beschäftigungspflicht für 2 Schwerbehinderte, sonst monatliche Ausgleichsabgabe von 180 Euro; bei einem beschäftigten Schwerbehinderten 105 Euro
ab 51	■ Wahlvorstand und Arbeitgeber können zweistufiges Wahlverfahren für den Betriebsrat vereinbaren
ab 60	■ Arbeitgeber muss Entlassung von 10 Prozent der Belegschaft oder mehr als 25 Arbeitnehmern bei der Bundesagentur für Arbeit anzeigen
	■ Grundsätzlich sind 5 Prozent der Arbeitsplätze mit Schwerbehinderten zu besetzen

Quellen: BDA, IW-Zusammenstellung; erweiterte Grafik unter www.iwkoeln.de

In Anlehnung an: iw-dienst: Informationen aus dem Institut der deutschen Wirtschaft Köln, Nr. 13 vom 29. März 2012, S. 7

So besitzen aus dem Bereich des privaten Rechts die **allgemeinen Bestimmungen des BGB** zum Dienstvertrag *(§§ 611 ff. BGB),* die grundsätzlich auch für Dienstverträge mit abhängig Beschäftigten – also für Arbeitsverträge – gelten, Gültigkeit. Arbeitsschutzrechtliche Vorschriften wie das **Arbeitszeitgesetz** oder die **Gewerbeordnung** (vgl. S. 102 f.) zählen demgegenüber zum öffentlichen Recht. Neben dem Staat in seiner Rolle als Gesetzgeber wird der arbeitsrechtliche Rahmen auch durch die **Tarifvertragsparteien** (Sozialpartner – vgl. S. 373 f.), durch die Interessenvertretung der Arbeitnehmer gegenüber dem Arbeitgeber (Betriebs- bzw. Personalrat – vgl. S. 110 ff.) und durch Arbeitgeber und Arbeitnehmer als Parteien des **Einzelarbeitsvertrages** (vgl. S. 378) geprägt.

In dieser Gesamtheit aller Rechtsquellen (**Pyramidenaufbau des deutschen Arbeitsrechts** – vgl. S. 377) kommt der in den Betriebsablauf eingegliederte Arbeitnehmer seiner Verpflichtung zur Arbeitsleistung nach, die der Arbeitgeber unter Beachtung gesetzlich, tariflich, betriebsverfassungsrechtlich und vertraglich zulässiger Weisungen konkretisiert. Die **Rechtsprechung der Arbeitsgerichtsbarkeit** – insbesondere die des **Bundesarbeitsgerichtes** – ergänzt das geschriebene Recht der Arbeit, wenn Streitigkeiten aus Arbeits-, Tarifverträgen oder der Betriebsverfassung gütlich beigelegt oder mit einem Urteil abgeschlossen werden.

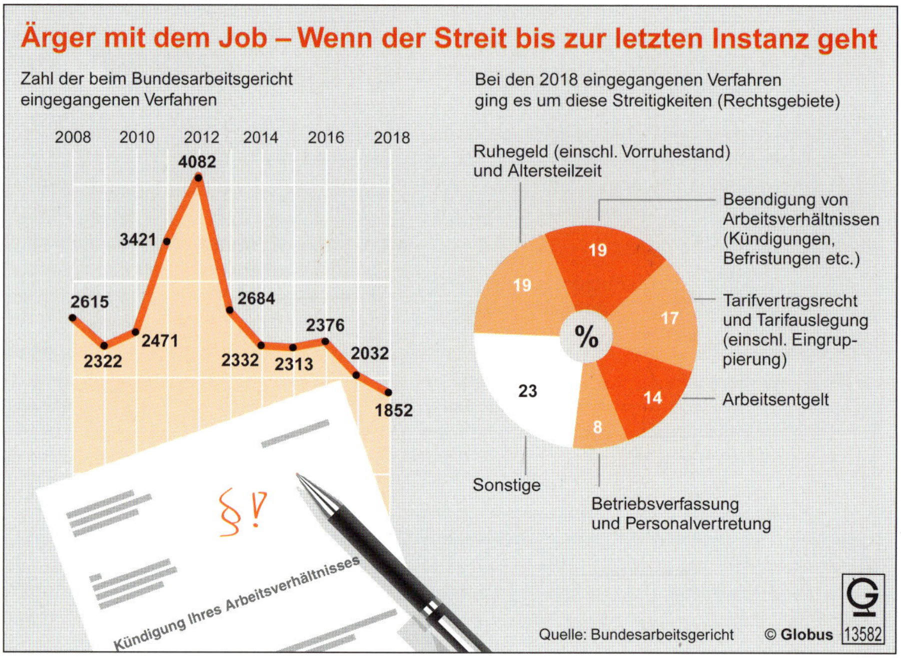

Im Jahr 2018 gingen 1852 neue Fälle (im Fachjargon „Sachen" genannt) beim höchsten deutschen Arbeitsgericht, dem Bundesarbeitsgericht (BAG), ein. Damit kam nur ein Bruchteil der bis zu 400 000 Klagen, die Jahr für Jahr vor den deutschen Arbeitsgerichten verhandelt werden, am Ende bei einem der zehn Senate des BAG zur Verhandlung. Im Jahr 2018 landeten damit 180 Fälle weniger auf den Schreibtischen der Bundesarbeitsrichter in Erfurt als im Vorjahr. Bei einem Fünftel der Verfahren ging es um Streitigkeiten um Altersteilzeit und Ruhegeld, also zum Beispiel Vorruhestandsregelungen. Zweithäufigster Streitpunkt waren Beendigungen von Arbeitsverhältnissen; dazu gehörten beispielsweise Kündigungen von Arbeitsverträgen, aber auch Auseinandersetzungen um befristete Arbeitsverhältnisse. Erledigt wurden vom Bundesarbeitsgericht im Jahr 2018 insgesamt 1958 Verfahren. Die Erfolgsquote bei Klagen vor dem BAG lag bei 24 Prozent. Im Durchschnitt dauerte ein Verfahren sieben Monate und 23 Tage. – Das Bundesarbeitsgericht ist nach den Arbeitsgerichten und den Landesarbeitsgerichten die letzte Instanz. Es gehört zu den fünf obersten Gerichtshöfen der Bundesrepublik Deutschland. Neben dem BAG sind dies der Bundesgerichtshof (BGH), das Bundesverwaltungsgericht (BVerwG), der Bundesfinanzhof (BFH) sowie das Bundessozialgericht (BSG).

In den zahlreichen arbeitsrechtlichen Einzelvorschriften dokumentiert sich vor allem der geschichtlich gewachsene **Arbeitnehmerschutzgedanke:** In Ausübung seiner Erwerbstätigkeit soll der Arbeitnehmer sowohl unter technischen, medizinischen, hygienischen und räumlichen Gesichtspunkten als auch unter sozialen, zeitlichen, rechtlichen und organisatorischen Aspekten gesundheitlich nicht beeinträchtigt, gefährdet oder geschädigt werden. Darüber hinaus trägt das Arbeitsrecht auch zur Sicherung der materiellen Existenzgrundlage der Beschäftigten bei.

Insbesondere folgende Vorschriften spiegeln diese rechtliche Zielsetzung deutlich wider:

- Gesetz über die Bereitstellung von Produkten auf dem Markt (Produktsicherheitsgesetz);
- Gewerbeordnung;
- Kündigungsschutzgesetz;
- Arbeitszeitgesetz;
- Gesetz zum Schutz von Müttern bei der Arbeit, in der Ausbildung und im Studium (Mutterschutzgesetz);
- Gesetz über die Zahlung des Arbeitsentgelts an Feiertagen und im Krankheitsfall (Entgeltfortzahlungsgesetz).

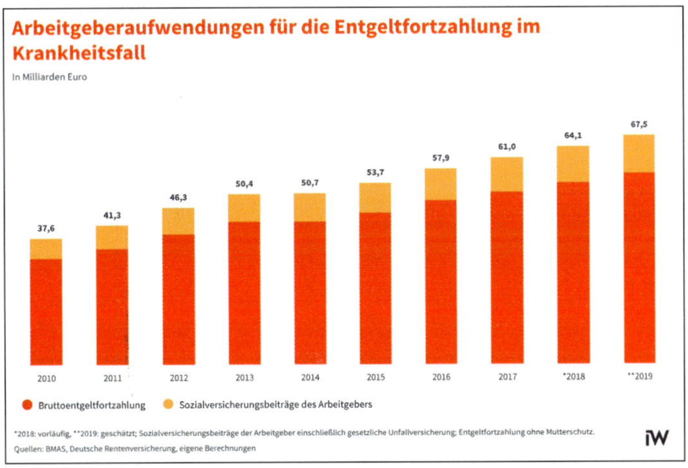

Quelle: Institut der deutschen Wirtschaft Köln: IW-Kurzbericht 128/2020 vom 23. Dezember 2020

5.1 Sozialpartner und Tarifvertrag

5.1.1 Tarifvertragsparteien

Bei der Einstellung eines neuen Mitarbeiters werden nur in einzelnen Fällen die Arbeitsbedingungen zwischen Arbeitgeber und Arbeitnehmer gesondert geregelt. Im Allgemeinen gelten die zwischen den Tarifvertragsparteien ausgehandelten **Tarifverträge** als Grundlage des Arbeitsverhältnisses für eine Vielzahl von Arbeitgebern und Arbeitnehmern. Tarifvertragsparteien **(Sozialpartner)** sind Gewerkschaften, einzelne Arbeitgeber sowie Vereinigungen von Arbeitgebern.

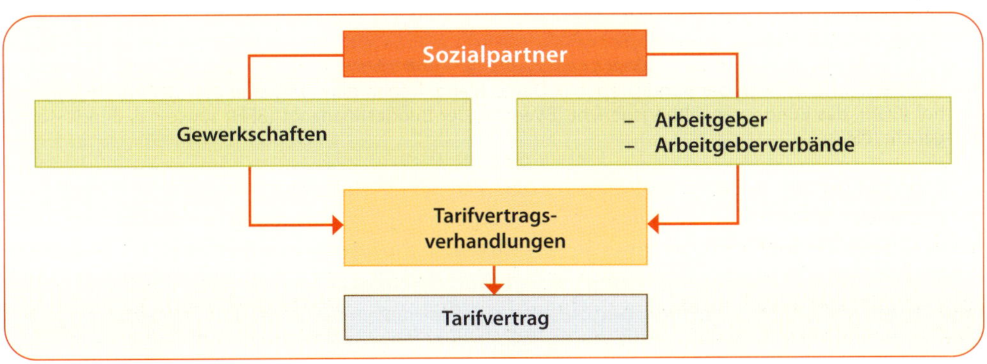

▶ Dachorganisationen der Deutschen Gewerkschaften

Innerhalb der Dachorganisationen der deutschen Gewerkschaften kommt dem **Deutschen Gewerkschaftsbund (DGB)** mit seinen acht Einzelgewerkschaften eine herausragende Bedeutung zu.

Kaufleute im Gesundheitswesen können Mitglied der Vereinigten Dienstleistungsgewerkschaft ver.di sein.

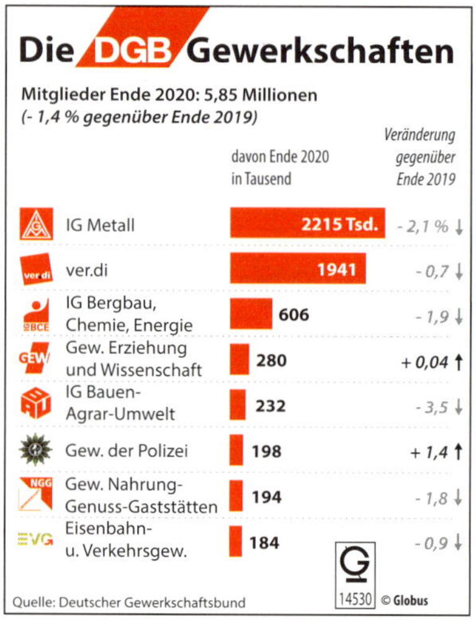

▶ Bundesvereinigung der Deutschen Arbeitgeberverbände

Spitzenorganisation der Arbeitgeberverbände ist die **Bundesvereinigung der Deutschen Arbeitgeberverbände (BDA).** Sie ist sowohl fachlich (in Bundesfachverbände) als auch regional (in Landesvereinigungen) gegliedert.

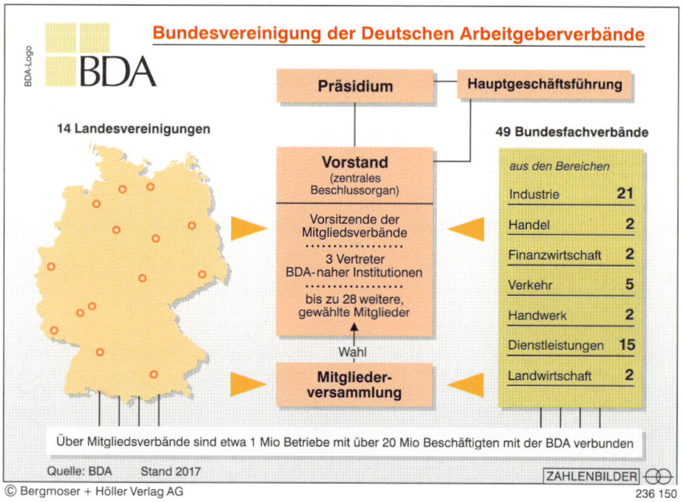

5.1.2 Tarifautonomie

Tarifautonomie bedeutet, dass die Vertreter der Arbeitgeber und Arbeitnehmer **unabhängig von anderen** die Arbeitsbedingungen und Arbeitsvergütungen in Tarifverhandlungen autonom vereinbaren können. Vor allem soll der Staat in diese Auseinandersetzungen nicht eingreifen.

5.1.3 Tarifvertragsarten

Tarifverträge regeln die Rechte und Pflichten der Tarifvertragsparteien und enthalten Bestimmungen über die Inhalte, den Abschluss und die Beendigung von Arbeitsverhältnissen. Sie bedürfen der Schriftform *(§ 1 TVG).*

Tarifverträge legen **Mindestinhalte** (Mindestvergütungen, Mindesturlaubstage) für die Arbeitsverhältnisse fest. Zulässig sind allerdings Änderungen dieser Regelungen zugunsten der Arbeitnehmer *(§ 4 TVG).*

Eine Kauffrau im Gesundheitswesen hat mit dem Arbeitgeber arbeitsvertraglich ein monatliches Entgelt in Höhe von 2017 EUR ausgehandelt, während der maßgebliche Tarifvertrag eine niedrigere Vergütung vorsieht. Obwohl der Tarifvertrag in der Rangfolge arbeitsrechtlicher Vorschriften über dem Einzelarbeitsvertrag steht, besitzt diese individuelle arbeitsvertragliche Absprache abweichend vom ranghöheren Recht aufgrund des **Günstigkeitsprinzips** (vgl. S. 377) dennoch Gültigkeit, da die dort geregelten Mindestvoraussetzungen überschritten werden.

Neben übertariflichen Zulagen können einzelarbeitsvertraglich auch andere Inhalte (wie z. B. längere Kündigungsfristen oder zusätzlicher Urlaub) vereinbart werden.

Nach dem Inhalt unterscheidet man:

- **Mantel- oder Rahmentarifverträge,** in denen allgemeine Arbeitsbedingungen wie Arbeitszeit, Urlaub, Mehrarbeit, Sonn- und Feiertagsarbeit geregelt werden.
- **Vergütungstarifverträge,** die die Höhe der Löhne, Gehälter und Ausbildungsvergütungen für eine befristete Dauer (häufig für ein Jahr) festlegen.

Immer weniger Arbeitnehmer in Deutschland arbeiten in tarifgebundenen Unternehmen. Von je 100 Beschäftigten arbeiten im Westen nur noch 46 in Unternehmen mit Branchentarifvertrag, im Osten sind es 34. Mitte der 1990er Jahre waren es im Westen noch 70 Prozent, im Osten 56 Prozent. Elf Prozent der Ost-Arbeitnehmer arbeiten in Betrieben mit einem Firmen- oder Haustarifvertrag. Das gilt in den westdeutschen Ländern nur für sieben Prozent der Arbeitnehmer. Ganz ohne Tarifvertrag – und damit ohne tarifvertraglich festgelegte Lohngruppen, Arbeitszeiten und Urlaubsregelungen – arbeiten insgesamt 47 Prozent im Westen und 55 Prozent im Osten. Allerdings bedeutet das nicht automatisch, dass diese Arbeitnehmer nicht in den Genuss tarifvertraglicher Regelungen kommen: Manche Betriebe orientieren sich zumindest teilweise an geltenden Tarifverträgen.

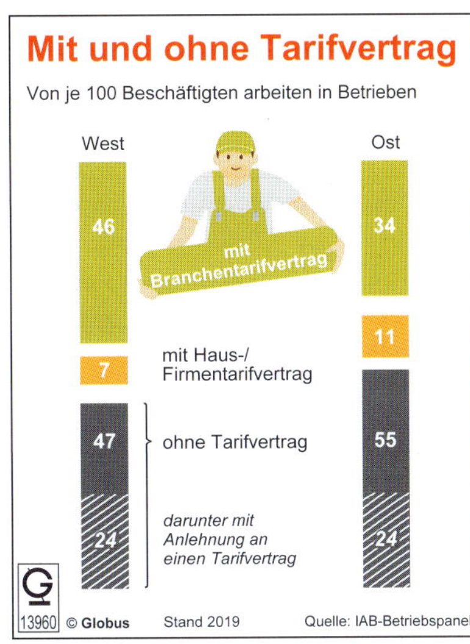

5.1.4 Tarifvertragsverhandlungen

An einen bestehenden Tarifvertrag sind die Parteien gebunden. Auch nach Kündigung oder Ablauf der vereinbarten Zeit gilt er weiter, bis ein neuer Vertrag ausgehandelt wurde *(§ 4 TVG).*

Die Aushandlung eines neuen Tarifvertrages vollzieht sich in folgenden Schritten:

- **Kündigung** des bestehenden Tarifvertrages durch die Tarifkommission der Arbeitgeber oder in der Regel durch die Tarifkommission der Gewerkschaft.

- Die Tarifparteien einigen sich auf einen **Verhandlungstermin,** bei dem häufig die Gewerkschaft ihre Forderungen nach Verbesserung des Tarifinhaltes bekannt gibt. Die Arbeitgebervertreter werden ihrerseits eigene Vorstellungen für einen Vertragsabschluss darlegen. Diese Tarifvertragsverhandlungen können bereits von **Warnstreiks** begleitet werden.
- Kommt es im Laufe der Tarifverhandlungen zu keiner Einigung, kann eine Partei das **Scheitern** dieser Verhandlungen erklären. In diesem Fall bleibt es entweder für einige Zeit bei einem „tariflosen" Zustand oder es kommt zur **Schlichtung.**
- In einer Vielzahl von Tarifverträgen ist für diese Situation die Anrufung einer **Schieds- oder Schlichtungsstelle** vorgesehen. In ihr sind die gleiche Anzahl von Vertretern der Tarifparteien und ein unparteiischer Vorsitzender vertreten. Ziel ist das Erreichen eines für beide Seiten kompromissfähigen Verhandlungsergebnisses.
- Erkennen die Tarifparteien den Spruch der Schlichtungsstelle nicht an, werden die Verhandlungen für gescheitert erklärt. Die Friedenspflicht erlischt, d. h., es dürfen **Arbeitskampfmaßnahmen** ergriffen werden.
- Zur Vorbereitung eines **Streiks** wird in der Regel eine Urabstimmung unter den Mitgliedern der zuständigen Gewerkschaft durchgeführt. Bei einer vorgenommenen Urabstimmung muss die in der Satzung festgelegte Mitgliederzahl (in der Regel 75 %) den Streik befürworten. In diesem Fall wird die Arbeitsniederlegung durch die Gewerkschaft ausgerufen.
- Mögliche Gegenmaßnahme der Arbeitgeber ist die **Aussperrung,** wobei die bestehenden Arbeitsverhältnisse bis zur Beendigung des Arbeitskampfes **ruhen.** Damit werden die Lohn- und Gehaltszahlungen eingestellt. Wird der Arbeitskampf beendet, müssen die Arbeitsverhältnisse wieder hergestellt werden. Aufgelöst bleiben nur solche mit Arbeitnehmern, die sich Verfehlungen haben zu Schulden kommen lassen.

- Bereits während des Arbeitskampfes nehmen die Tarifparteien die Verhandlungen wieder auf. Kommt es zu einem Verhandlungsergebnis, müssen 25 % der Gewerkschaftsmitglieder diesem Kompromiss und damit der **Beendigung des Streiks** zustimmen.
- Ein **neuer Vertrag** beendet die Tarifauseinandersetzungen.

Pyramidenaufbau des deutschen Arbeitsrechts

Das deutsche Arbeitsrecht kennt keine einheitliche Regelung. Es gelten vielmehr zahlreiche Einzelvorschriften (Gesetze und Verordnungen), die die Rechtsbeziehungen zwischen Arbeitgeber und Arbeitnehmer konkretisieren.

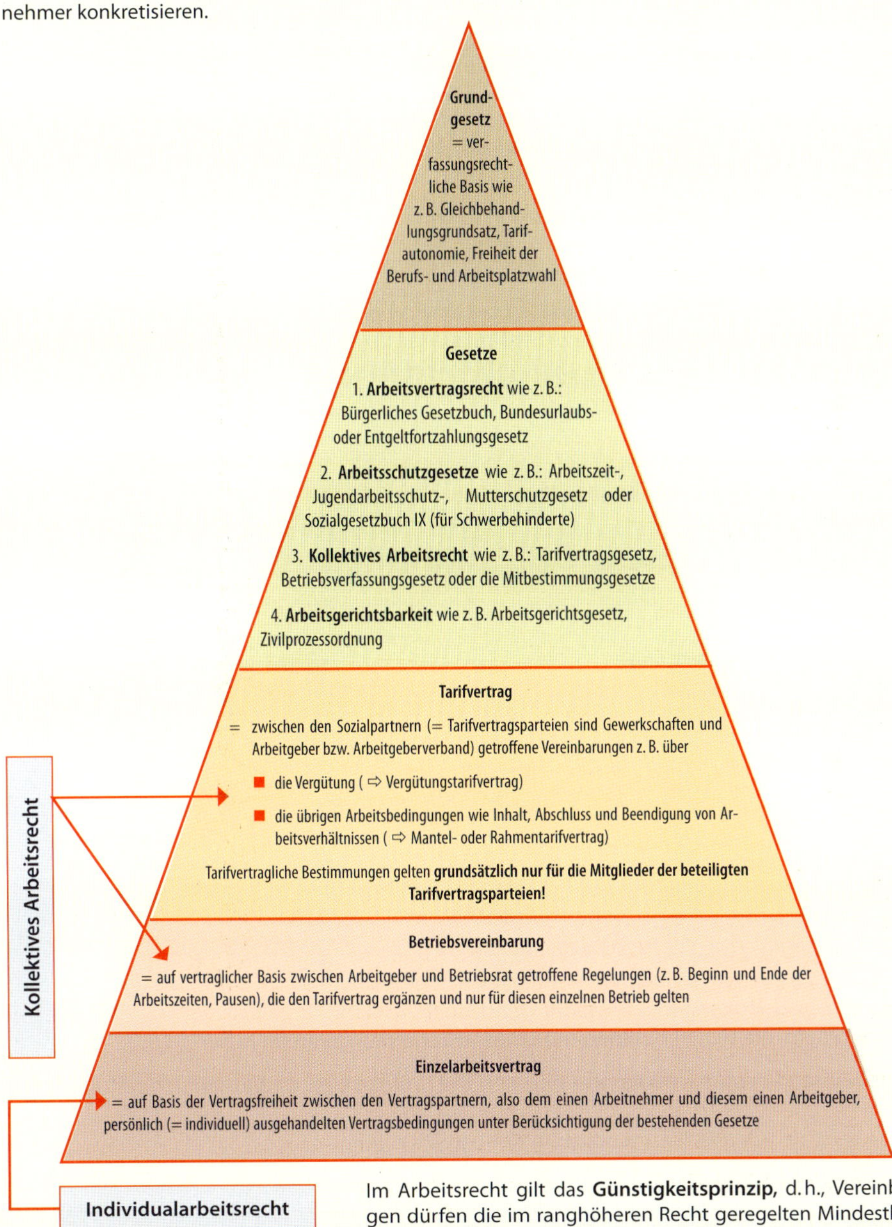

Im Arbeitsrecht gilt das **Günstigkeitsprinzip,** d. h., Vereinbarungen dürfen die im ranghöheren Recht geregelten Mindestbedingungen **nicht unterschreiten,** wohl aber zugunsten des Arbeitnehmers **überschreiten!**

5.2 Arbeitsvertrag

Bei der Einstellung eines neuen Mitarbeiters/einer neuen Mitarbeiterin wird zwischen diesem/dieser und dem Arbeitgeber ein **Arbeitsvertrag** geschlossen. Dieser **Einzelarbeitsvertrag** regelt die Arbeitsbedingungen zwischen diesem Arbeitgeber und diesem Arbeitnehmer.

Einzelarbeitsvertrag: Einzelner Arbeitgeber mit einzelnem Arbeitnehmer, z. B. BARMER Wuppertal mit der Kauffrau im Gesundheitswesen Bärbel Klein.

Die Inhalte von Arbeitsverträgen werden allerdings nur selten zwischen dem einzelnen Arbeitnehmer und Arbeitgeber ausgehandelt. In der Regel bilden die zwischen den Sozialpartnern ausgehandelten Tarifverträge, die die Vertragsinhalte für eine Vielzahl von Beschäftigten festlegen, die rechtliche Grundlage des Arbeitsverhältnisses.

Tarifvertrag als Grundlage des Arbeitsverhältnisses: Arbeitgeber mit Gewerkschaft (z. B. VW AG mit IG Metall, Bezirk Hannover oder der Bundesminister des Inneren [Arbeitgeber des öffentlichen Dienstes] mit der Gewerkschaft ver.di.)

Das Arbeitsverhältnis zwischen dem Arbeitgeber und seinen Mitarbeitern/Mitarbeiterinnen wird nicht nur durch den Arbeitsvertrag bzw. die ihm zugrunde liegenden Tarifverträge geregelt, sondern zusätzlich durch eine Reihe besonderer arbeitsrechtlicher Bestimmungen.

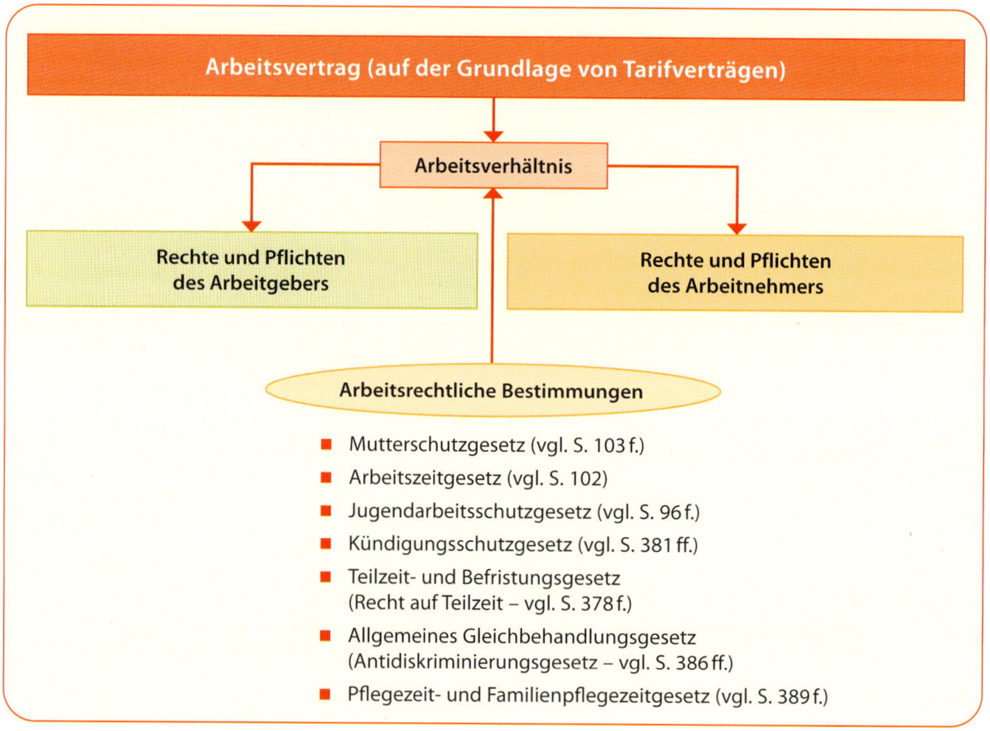

5.3 Recht auf Teilzeit

Beschäftigte in Unternehmen mit mehr als 15 Mitarbeitern haben nach sechsmonatiger Betriebszugehörigkeit das Recht, ihre tarifvertraglich festgelegte Arbeitszeit (etwa 37,5 Wochenstunden) zu verringern, **also in Teilzeit zu arbeiten.**

Der Mitarbeiter muss den Antrag auf Teilzeitarbeit drei Monate vor dem geplanten Beginn stellen. Das Unternehmen kann den Antrag nur ablehnen, wenn durch die Teilzeitarbeit Organisation, Arbeitsabläufe oder die Arbeitssicherheit im Betrieb wesentlich beeinträchtigt würden.

Das Recht auf Teilzeit

Rechtsanspruch

Nach dem Teilzeit- und Befristungsgesetz haben Arbeitnehmer in Betrieben mit mehr als 15 Mitarbeitern Anspruch auf Verringerung der Arbeitszeit, wenn ihr Arbeitsverhältnis seit mindestens 6 Monaten besteht. Arbeitgeber müssen zustimmen, wenn keine betrieblichen Gründe dagegen sprechen.

SO FUNKTIONIERT´S

Frau Meier arbeitet seit einem Jahr bei der Flexibel-AG (200 Mitarbeiter). Sie wünscht sich Teilzeit ab dem 1.1. des kommenden Jahres: 30 Stunden die Woche statt 38,5.

Fristgemäß teilt sie ihren Wunsch spätestens 3 Monate vorher, bis zum 1.10., der Flexibel-AG mit. Ihr Vorschlag: montags bis freitags je 6 Stunden.

Im Gespräch mit dem Arbeitgeber klärt sich, dass Organisation, Ablauf und Sicherheit im Betrieb nicht gestört würden.

Frau Meier erhält bis zum 1.12. (fristgemäß spätestens 1 Monat vor Beginn der beantragten Teilzeitarbeit) eine schriftl. Genehmigung zur Verringerung der Arbeitszeit ab dem 1.1.

Verbot der Diskriminierung

Teilzeitbeschäftigte dürfen nicht schlechter behandelt werden als vergleichbare Vollzeitbeschäftigte:

Gehalt und andere Geldleistungen (z.B. Urlaubsgeld)
mindestens entsprechend dem Anteil der Arbeitszeit des Teilzeitbeschäftigten an der Arbeitszeit eines Vollzeitbeschäftigten
Rechenbeispiel:

Vollzeitbeschäftigter		**Teilzeitbeschäftigter** (60 %-Stelle)
3 000 €	monatliches Bruttogehalt	(3 000 × 60) ÷ 100 = 1 800 €

Weiterbildung
Teilnahme an Weiterbildungsmaßnahmen ist auch Teilzeitbeschäftigten zu gewähren.

Rückkehr in Vollzeit

Wurde die **Teilzeit befristet**, kann der Arbeitnehmer nach Ablauf der Frist wieder Vollzeit arbeiten.

Wurde die **Teilzeit unbefristet** vertraglich vereinbart, hat der Arbeitnehmer kein Recht auf Rückkehr in Vollzeit; bei der Besetzung einer frei werdenden Stelle ist er jedoch bei gleicher Eignung bevorzugt zu berücksichtigen.

Quelle: Teilzeit- und Befristungsgesetz

Zehn Millionen Personen gingen im Jahr 2011 in Deutschland einer Teilzeittätigkeit nach, 84 Prozent von ihnen freiwillig. Für gut jeden Fünften der Teilzeitbeschäftigten haben nach Angaben des Statistischen Bundesamtes familiäre Gründe zum Entschluss der Verringerung der Arbeitszeit geführt: 22 Prozent gaben die Betreuung von Kindern oder anderen Angehörigen an, 24 Prozent nannten sonstige familiäre Verpflichtungen. Nach dem im Jahr 2001 in Kraft getretenen Teilzeit- und Befristungsgesetz haben Arbeitnehmer in Unternehmen mit mehr als 15 Mitarbeitern einen Anspruch auf Teilzeitarbeit. Voraussetzung ist allerdings, dass sie bereits ein halbes Jahr im Unternehmen sind und dass der Arbeitszeitverringerung keine betrieblichen Gründe entgegenstehen. Wer einmal in Teilzeit gegangen ist, kann erst dann erneut eine Verringerung der Arbeitszeit beantragen, wenn eine Frist von zwei Jahren verstrichen ist.

Über den Antrag auf Teilzeitarbeit muss innerhalb von zwei Monaten schriftlich entschieden werden. Geschieht dies nicht, reduziert sich die Arbeitszeit gemäß dem Wunsch des Arbeitnehmers.

Wird der Wunsch auf Teilzeittätigkeit abgelehnt, kann das zuständige Arbeitsgericht die Rechtmäßigkeit der Verweigerung des Arbeitgebers prüfen.

Will ein Teilzeitbeschäftigter die Arbeitszeit später wieder verlängern, muss das Unternehmen ihn bevorzugt berücksichtigen, falls ein geeigneter Arbeitsplatz zur Verfügung steht. Ansonsten kann auch dieser Anspruch beim Arbeitsgericht eingeklagt werden.

5.4 Beendigung von Arbeitsverhältnissen

5.4.1 Kündigung *(§§ 622 f., 626 BGB)*

In der Regel sind Arbeitsverhältnisse auf Dauer angelegt, also **unbefristet.** Zu ihrer Beendigung ist deshalb eine **schriftliche Kündigung** notwendig, die sowohl vom Arbeitgeber als auch vom Arbeitnehmer – auch gegen den Willen des Betroffenen – erklärt werden kann. Nur in bestimmten Ausnahmefällen (bei zeitlich befristeten Arbeitsverhältnissen)[1] ist eine Kündigung nicht erforderlich. Allerdings muss schon beim Abschluss des Vertrages ein sachlicher Grund für die Befristung (z. B. Vertretung eines erkrankten Arbeitnehmers) vorgelegen haben. Ein solches für eine bestimmte Zeit eingegangenes **befristetes Arbeitsverhältnis** endet mit Ablauf der vereinbarten Zeit, ohne dass eine Kündigung erforderlich ist.

Somit bedarf es zur Beendigung eines unbefristeten Arbeitsverhältnisses immer entweder einer **ordentlichen Kündigung** oder einer **außerordentlichen Kündigung.** Im Gegensatz zur außerordentlichen Kündigung, bei der das Arbeitsverhältnis mit sofortiger Wirkung (fristlos) aufgelöst wird, endet das Arbeitsverhältnis bei einer ordentlichen Kündigung erst nach Ablauf der Kündigungsfrist.

▶ Ordentliche Kündigung

■ Gesetzliche Kündigung

Die gesetzliche **Grundkündigungsfrist** beträgt für alle Arbeitnehmer vier Wochen zum 15. oder zum Ende eines Kalendermonats *(§ 622 I BGB)*. Damit ist es bei einer **Betriebszugehörigkeit von unter zwei Jahren** grundsätzlich möglich, ein unbefristetes Arbeitsverhältnis nach Ablauf der Probezeit vier Wochen nach dem Zugang der Kündigungserklärung zu beenden.

Beabsichtigt jedoch ein Arbeitgeber, einem Arbeitnehmer ordentlich zu kündigen, gelten einseitig **verlängerte Kündigungsfristen.** Je nach Dauer der Betriebszugehörigkeit ist die Kündigung, die jeweils zum Monatsende erfolgen muss, unter Einhaltung einer Frist von einem Monat (nach zweijähriger Betriebszugehörigkeit) bis zu sieben Monaten (nach 20-jähriger Betriebszugehörigkeit) möglich.

1 Befristete Arbeitsverhältnisse können für die Dauer von maximal 24 Monaten abgeschlossen werden. Diese Arbeitsverhältnisse sind – ohne spezielle Begründungen – **nur** für Neueinstellungen zulässig.

- **Vertragliche Kündigung**

  Einzelvertraglich kann zwischen Arbeitgeber und Arbeitnehmer eine kürzere als die o.g. Grundkündigungsfrist nur vereinbart werden,

  - wenn ein Arbeitnehmer zur vorübergehenden Aushilfe (bis zu einer Dauer von drei Monaten) eingestellt ist,
  - wenn der Arbeitgeber in der Regel nicht mehr als 20 Arbeitnehmer (ausschließlich Auszubildender) beschäftigt und die Kündigungsfrist vier Wochen nicht unterschreitet *(§ 622 V BGB).*

Fristlose Kündigung *(außerordentliche Kündigung)*

Ohne Einhaltung einer Kündigungsfrist (fristlos) kann das Arbeitsverhältnis von jedem Vertragspartner nur aus **einem wichtigen Grund** aufgelöst werden.

- **Kündigungsgründe für den Arbeitgeber:** Betrug, Diebstahl, Tätlichkeiten, wiederholte Trunkenheit am Arbeitsplatz, häufiges Zuspätkommen
- **Kündigungsgründe für den Arbeitnehmer:** keine Entgeltzahlungen, keine Urlaubsgewährung, Verletzung der Fürsorgepflicht

Eine fristlose Kündigung muss jedoch spätestens innerhalb von **zwei Wochen nach Bekanntwerden des Kündigungsgrundes** erfolgt sein *(§ 626 II BGB).*

5.4.2 Kündigungsschutz

Während die Regelungen des Arbeitsschutzrechts (vgl. S. 102 ff.) die Mitarbeiter vor Schäden an Leben und Gesundheit bewahren sollen, dienen die Kündigungsschutzbestimmungen – ähnlich wie das Tarifvertragsrecht – eher der materiellen Sicherung der Arbeitnehmer.

Allgemeiner Kündigungsschutz

Arbeitnehmer, die mindestens sechs Monate dem Unternehmen angehören, sind gegen eine ordentliche Kündigung, die **sozial ungerechtfertigt** ist, geschützt *(§ 1 KSchG).*[1] Eine ordentliche Kündigung wird nur dann wirksam, wenn sie durch Gründe gerechtfertigt werden kann:

1 Die Vorschriften des KSchG zum allgemeinen Kündigungsschutz *(§§ 1–14 KSchG)* gelten für Neueinstellungen in Betrieben und Verwaltungen des privaten und öffentlichen Rechts, in denen regelmäßig **mehr als zehn Arbeitnehmer** – Auszubildende ausgenommen – beschäftigt werden *(§ 23 I KSchG).*

- die **in der Person des Arbeitnehmers** liegen
(krankheits- oder altersbedingtes Nachlassen von Fähigkeiten, die für die Tätigkeit wesentlich sind; Fehlen oder Wegfallen der Arbeitserlaubnis);
- die **im Verhalten des Arbeitnehmers** begründet sind
(Arbeitsverweigerung; andauernd schlechte Arbeitsleistung);
- die sich **aus betrieblichen Erfordernissen** ergeben
(Personalverringerung infolge Umsatzrückganges).

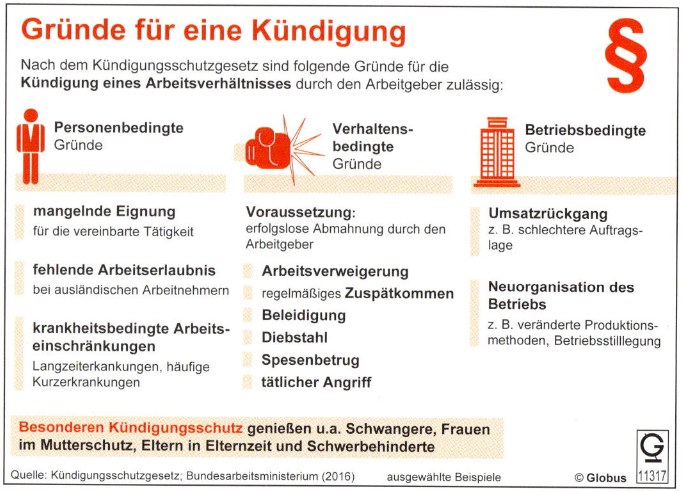

Ein Arbeitsverhältnis kann auf unterschiedliche Weise enden. Etwa wenn ein befristeter Arbeitsvertrag ausläuft, wenn eine bestimmte Altersgrenze erreicht wird – oder eben auch durch die Kündigung durch den Arbeitgeber. Das Kündigungsrecht soll zweierlei garantieren: Arbeitnehmer sollen vor übereilten und sozial ungerechtfertigten Kündigungen geschützt sein. Arbeitgeber müssen aber auch in der Lage sein, Arbeitnehmer entlassen zu können, wenn es die wirtschaftliche Situation erfordert oder wenn ein Arbeitnehmer für seine Position ungeeignet ist. Der Paragraph eins des Kündigungsschutzgesetzes (KSchG) besagt, dass eine Kündigung grundsätzlich nur dann sozial gerechtfertigt und damit rechtswirksam ist, wenn sie durch Gründe, die in der Person oder im Verhalten des Arbeitnehmers liegen oder durch dringende betriebliche Erfordernisse bedingt ist. Eine fristgemäße oder fristlose Kündigung muss schriftlich erfolgen. Die Angabe von Gründen ist bei fristgemäßen Kündigungen grundsätzlich nicht erforderlich. In besonderen Fällen ist sie jedoch gesetzlich vorgesehen (z. B. im Mutterschutzgesetz), oder der Tarifvertrag enthält eine entsprechende Vereinbarung. Unter die Regelungen des Kündigungsschutzgesetzes fallen nur Betriebe mit mehr als zehn Arbeitnehmern; außerdem greift der gesetzliche Kündigungsschutz nur bei den Arbeitnehmern, die seit mindestens sechs Monaten beschäftigt sind.

Bei der Kündigung aus **betrieblichen Gründen** muss allerdings hinzukommen, dass der Arbeitgeber bei der Auswahl der zu kündigenden Mitarbeiter **soziale Gesichtspunkte** in ausreichendem Maß berücksichtigt hat. Es muss zunächst denjenigen Arbeitnehmern gekündigt werden, die von dieser Maßnahme am wenigsten „hart getroffen" sind.

Infolge eines drastischen Umsatzrückganges sieht sich ein Handelsbetrieb gezwungen, von seinen Mitarbeitern zehn zu entlassen. Damit die ordentliche Kündigung aus dringenden betrieblichen Erfordernissen überhaupt rechtswirksam werden kann, muss der Arbeitgeber unter Beachtung der Dauer der Betriebszugehörigkeit, des Lebensalters, eventueller Unterhaltsverpflichtungen und einer Schwerbehinderung eine Auswahl unter den Beschäftigten treffen. In die **Sozialauswahl** sind solche Arbeitnehmer nicht einzubeziehen, deren Weiterbeschäftigung wegen ihrer Kenntnisse, Fähigkeiten und Leistungen oder zur Sicherung einer ausgewogenen Personalstruktur im betrieblichen Interesse liegt.

Würde in diesem Handelsbetrieb ein Betriebsrat bestehen, müsste dieser vor der Kündigung angehört worden sein. Ferner hätte der Arbeitgeber die Gründe für die Kündigung mitzuteilen. Die fehlende bzw. nicht ordnungsgemäße Anhörung des Betriebsrates würde zur **Unwirksamkeit der Kündigung** führen *(§ 102 I BetrVG)*. Würde darüber hinaus der Arbeitnehmer die Kündigung für sozial ungerechtfertigt halten, könnte er innerhalb einer Woche Einspruch beim Betriebsrat einlegen, der dann versuchen würde, eine Einigung mit dem Arbeitgeber herbeizuführen *(§ 3 KSchG)*.

Hält ein Arbeitnehmer eine ordentliche Kündigung für sozial ungerechtfertigt und will er seinen Anspruch auf Beibehaltung des Arbeitsverhältnisses wahren, muss er innerhalb einer Frist von **drei Wochen** nach Zugang der Kündigung **Kündigungsschutzklage** beim Arbeitsgericht erheben *(§ 4 KSchG).*

Erhebt der Arbeitnehmer bis zum Ablauf der Frist keine Kündigungsschutzklage, hat er mit dem Ablauf der Kündigungsfrist Anspruch auf eine **Abfindung,** wenn der Arbeitgeber in der Kündigungserklärung auf diesen Anspruch hingewiesen hat. Die Höhe dieser Abfindung beträgt 0,5 Monatsgehälter für jedes Beschäftigungsjahr bei diesem Arbeitgeber *(§ 1 a KSchG).*

Quelle: Stiftung Warentest: FINANZtest Nr. 1/2010, S. 16

▶ Besonderer Kündigungsschutz

Neben dem allgemeinen Kündigungsschutz unterliegen **bestimmte Arbeitnehmergruppen,** die als besonders schutzbedürftig gelten, **zusätzlichen Beschränkungen bei ordentlichen Kündigungen durch den Arbeitgeber:**

- **Mitglieder eines Betriebsrates, einer Jugend- und Auszubildendenvertretung oder einer Personalvertretung** sind bis zu einem Jahr nach Ablauf ihrer Amtszeit nicht kündbar *(§ 15 I und II KSchG).*
- **Auszubildenden** kann nach Ablauf der Probezeit nicht mehr ordentlich gekündigt werden *(§ 22 BBiG).*
- **Schwerbehinderte** können nur dann vom Arbeitgeber gekündigt werden, wenn die vorherige Zustimmung des Integrationsamtes vorliegt *(§ 85 SGB IX).*
- **Schwangere Frauen** und **Mütter** genießen während der Schwangerschaft, bis zum Ablauf von vier Monaten nach einer Fehlgeburt nach der zwölften Schwangerschaftswoche und bis zum Ende ihrer Schutzfrist nach der Entbindung, mindestens jedoch bis zum Ablauf von vier Monaten nach der Entbindung, Kündigungsschutz *(§ 17 MuSchG).* Die Schutzfrist erweitert sich um die Dauer der Elternzeit[1] *(§ 18 BEEG).*
- **Mitarbeitern in Pflegezeit,** die von der Arbeitsleistung vollständig *(PflegeZG)* oder teilweise *(FPfZG)* freigestellt worden sind, um einen nahen Angehörigen in der häuslichen Umgebung pflegen zu können, darf von der Ankündigung bis zur Beendigung der Pflege nicht gekündigt werden *(§ 5 PflegeZG).*

1 Arbeitnehmer haben Anspruch auf Elternzeit bis zur Vollendung des dritten Lebensjahres eines Kindes *(§ 15 II BEEG).*

5.5 Arbeitszeugnis

Bei der Beendigung ihres/seines Arbeitsverhältnisses kann die ausscheidende Mitarbeiterin/der ausscheidende Mitarbeiter ein schriftliches **Arbeitszeugnis** über Dauer und Art der Beschäftigung **(einfaches Zeugnis)** fordern. Darüber hinaus kann sie/er verlangen, dass das Zeugnis auch über Führung und Leistung Auskunft gibt **(qualifiziertes Zeugnis).**

Arbeitszeugnis bei Beendigung eines Arbeitsverhältnisses

Inhalte eines einfachen Zeugnisses

- **Bezeichnung des Arbeitnehmers** mit Vor- und Zunamen, ggf. Anschrift
- **Angabe der Beschäftigungsdauer** (Beginn und Ende)
- **Bezeichnung der Art der geleisteten Tätigkeit** in wenigen Worten, in der Regel durch Nennung der Berufsbezeichnung (z. B. Kauffrau im Gesundheitswesen)

Inhalte eines qualifizierten Zeugnisses

- **Eingangssatz** (enthält die gleichen Inhalte wie das einfache Zeugnis, die in einem Satz zusammengefasst werden)
- **Tätigkeitsbeschreibung** (Angabe der verrichteten Tätigkeiten einschließlich der beruflichen Entwicklung)
- **Leistungsbewertung** (Angabe darüber, wie die Mitarbeiterin/der Mitarbeiter diese zuvor genannten Tätigkeiten erledigt hat)
- **Führungsbewertung** (Angabe über die Führung der Mitarbeiterin/des Mitarbeiters)
- **Gesamtbewertung** („Note" als Zusammenfassung der Leistungs- und Führungsbewertung)
- **Abschlusssatz** (Art des Ausscheidens sowie Angabe von Gründen dafür – sofern dies für die ausscheidende Mitarbeiterin/den ausscheidenden Mitarbeiter günstig ist)

Insbesondere die Beurteilung problematischer Mitarbeiter (z. B. Unpünktlichkeit, Unzuverlässigkeit, schlechte Arbeitsleistung, renitentes Verhalten gegenüber Vorgesetzten) eröffnet ein **Spannungsfeld** bei der Ausstellung eines Arbeitszeugnisses. Dieses besteht darin,

- dass das Zeugnis einerseits vom verständigen Wohlwollen für den Arbeitnehmer getragen sein soll, um das weitere berufliche Fortkommen des ausscheidenden Mitarbeiters nicht zu erschweren **(Wohlwollenspflicht)** und
- dass andererseits der Inhalt des Zeugnisses wahr sein muss **(Wahrheitspflicht).**

In der betrieblichen Praxis wird dieser Zwiespalt qualifizierter Arbeitszeugnisse, die **keine negativen Beurteilungen** enthalten dürfen, jedoch umgangen. Dies geschieht vor allem dadurch, dass

- die Beurteilung durch überwiegend positive Formulierungen erfolgt, wobei über standardisierte Ausdrucksweisen negative Sachverhalte bzw. Eigenschaften „kodiert" werden;
- durch offenkundiges Nichterwähnen Kritik geübt wird, indem z. B. einzelne Wörter in wichtigen Aussagen oder sogar ganze Aussagen, die einen wichtigen Bestandteil des Zeugnisses darstellen, bewusst weggelassen werden;
- positive Aussagen eingesetzt werden, die eine spezielle negative Bedeutung besitzen (z. B. „Wegen seiner Pünktlichkeit war er stets ein gutes Vorbild.")

Checkliste

So überprüfen Sie Ihr Arbeitszeugnis

Ihr Zeugnis muss vollständig und richtig sein. Prüfen Sie folgende Punkte:

Tätigkeitsbeschreibung

- Sind Tätigkeit, Position und Werdegang richtig dargestellt? Bei Führungskräften müssen die Kompetenz und auch die Zahl der unterstellten Mitarbeiter erwähnt werden. Die wichtigen Aufgaben sollten vor den unwichtigen aufgeführt sein.
- Ist die Tätigkeit konkret beschrieben? Pauschale Schlagwörter („Die Mitarbeiterin war mit administrativen Aufgaben betraut") reichen nicht.

Leistungsbeurteilung

- Die Leistungsbeurteilung sollte individuell sein und nicht nur allgemeine Floskeln enthalten, die in fast jedem Zeugnis stehen könnten.
- Wurden alle für den Beruf wichtigen Fähigkeiten und Eigenschaften genannt und Irrelevantes weggelassen? Die Kreativität eines Buchhalters muss nicht erwähnt werden, sein Zahlenverständnis sehr wohl.
- Doppelte Verneinungen sind nichts Gutes. „Er erzielte nicht unerhebliche Verkaufserfolge" meint: Er hat keine tollen Erfolge erzielt.
- Schränkt der Arbeitgeber Aussagen ein? „Er hat sich im Rahmen seiner Fähigkeiten eingesetzt" ist negativ.
- Achtung bei doppeldeutigen Sätzen wie „er war stets bestrebt, seinen Aufgaben gerecht zu werden". Beim Leser kommt an: Die Mühe des Arbeitnehmers war oft erfolglos.
- Die Leistungsbewertung sollte mit der Zufriedenheitsfloskel abschließen. Sie besteht aus einem Wort, das die Qualität der Arbeit umschreibt (etwa „Zufriedenheit") und einem Zeitfaktor wie „stets", „jederzeit" oder „immer". Damit kann der Arbeitgeber weitere Abstufungen bei der Beurteilung vornehmen. Die Floskel: „Er hat die ihm übertragenen Aufgaben stets zu unserer vollsten Zufriedenheit erledigt", entspricht der Note 1.
- Passt die Zufriedenheitsformel zur gesamten Leistungsbeurteilung? Widersprüche wecken Misstrauen.

Verhaltensbeurteilung

- Ist das Verhalten zu allen relevanten Personen wie Chefs und Kollegen erwähnt? Auch die Reihenfolge ist wichtig: Es deutet auf Zoff mit dem Vorgesetzten hin, wenn im Satz „Sein Verhalten gegenüber Kollegen und Vorgesetzten war einwandfrei" nicht die Vorgesetzten vor den Kollegen genannt werden.
- Sagt das Zeugnis Konkretes zu Persönlichkeit und Sozialkompetenz? Es ist schlecht, wenn bei einer Sekretärin nichts zur Diskretion steht.
- Achten Sie auf Floskeln, die negativ ausgelegt werden könnten. Die „kommunikationsfreudige Mitarbeiterin" ist mitunter eine Quasselstrippe.

Schlussformulierungen

- Im Endzeugnis: Wurde angegeben, dass die Kündigung auf eigenen Wunsch oder betriebsbedingt (etwa wegen Reduzierung der Belegschaft) erfolgte? Wenn nicht, lässt das Raum für Spekulationen. Äußert der Arbeitgeber Dank und Bedauern über den Weggang?
- Ist ein plausibler Grund für ein Zwischenzeugnis angegeben? Etwa: „Herr X wechselt zum ... in die Abteilung ... und bat aus diesem Grund um ein Zwischenzeugnis."

Allgemeines

- Ist das Zeugnis zum Ende des Arbeitsverhältnisses ausgestellt? Ein späteres Datum könnte auf einen Rechtsstreit hindeuten.
- Ist der Unterzeichner ranghöher und kann er den Arbeitnehmer beurteilen?
- Zwischenzeugnisse müssen in der Gegenwartsform verfasst sein, Endzeugnisse in der Vergangenheitsform. Etwas anderes gilt für Eigenschaften, die fortdauern: „Er verfügt über ausgezeichnete Fachkenntnisse, die er gewinnbringend einsetzen konnte."
- Stehen im Zeugnis mehrere Passivsätze wie „wurde bei uns beschäftigt" oder „hatte zu bearbeiten", kann das ein Hinweis auf Unselbstständigkeit und mangelnde Initiative sein.
- Die Beschäftigungsdauer sollte sich in der Länge des Zeugnisses widerspiegeln. In der Regel sollte das Zeugnis zwei Seiten nicht überschreiten. Minimum sind etwa 350 Wörter.
- Das Zeugnis sollte wie üblich gegliedert sein: Überschrift, Einleitung, Tätigkeitsbeschreibung (oft tabellarisch), Leistungs-, Verhaltensbeurteilung und Schlussformulierungen.
- Stimmen die Formalien wie Überschrift, Vor- und Zuname, Geburtsdatum, Ein- und Austrittsdatum, Unterschrift, Ausstellungsort und -datum? Das Zeugnis darf nicht handschriftlich verfasst sein und muss auf Geschäftspapier der Firma stehen. Prüfen Sie das Zeugnis auf Rechtschreibfehler, Flecken oder handschriftliche Korrekturen.

Quelle: Stiftung Warentest: FINANZtest Nr. 5/2009, S. 19 f.

Streitfall Arbeitszeugnis Bescheinigt ein Arbeitgeber seinem Arbeitnehmer im Zeugnis, dass er die ihm übertragenen Aufgaben „zur vollen Zufriedenheit" erfüllt hat, entspricht das der Schulnote „Befriedigend". Möchte der Arbeitnehmer eine bessere Beurteilung haben und klagt deswegen, muss er vor Gericht auch beweisen, dass seine Leistungen besser waren. Dies gilt auch dann, wenn in seiner Branche überwiegend gute („stets zur vollen Zufriedenheit") oder sehr gute („stets zur vollsten Zufriedenheit") Noten üblich sind. Zu diesem Urteil kam das Bundesarbeitsgericht (Az. 9 AZR 584/13).	**Der Arbeitnehmer hat die ihm übertragenen Aufgaben … erledigt.**	**Entspricht der Note**
	Stets zu unserer vollsten Zufriedenheit	1 (sehr gut)
	Stets zu unserer vollen Zufriedenheit	2 (gut)
	Zu unserer vollen Zufriedenheit	2 – 3 (vollbefriedigend)
	Stets zu unserer Zufriedenheit	3 (befriedigend)
	Zu unserer Zufriedenheit	4 (ausreichend)
	Insgesamt/im Großen und Ganzen zu unserer Zufriedenheit	5 (mangelhaft)
	Zu unserer Zufriedenheit zu erledigen versucht/führte die übertragenen Aufgaben mit großem Fleiß und Interesse durch	6 (ungenügend)

Quelle: Stiftung Warentest: FINANZtest Nr. 2/2015, S. 11

5.6 Allgemeines Gleichbehandlungsgesetz

Das „Allgemeine Gleichbehandlungsgesetz" *(Antidiskriminierungsgesetz – AGG)* soll Benachteiligungen im Beruf aufgrund *(§ 7 AGG)*

- des Geschlechts,
- der Rasse oder ethnischen Herkunft,
- der Religion oder Weltanschauung,
- des Alters,
- einer Behinderung oder
- der sexuellen Identität (z. B. Homosexualität)

verhindern. Geschützt werden unter anderem Arbeitnehmer und Auszubildende. Sie dürfen weder bei der Einstellung, den Beschäftigungs- und Arbeitsbedingungen, beim beruflichen Aufstieg oder bei der Beendigung eines Beschäftigungsverhältnisses aufgrund der Benachteiligungskriterien schlechter behandelt werden als andere Mitarbeiter.

Diskriminierende Stellenanzeige

Berlin – Schreibt ein Arbeitgeber eine Stelle als Position in einem „jungen Team" aus, kann das als unzulässige Diskriminierung gelten. Darauf weist die Antidiskriminierungsstelle des Bundes hin. Im Allgemeinen Gleichbehandlungsgesetz *(AGG)* ist festgelegt, dass Stellenausschreibungen keine unmittelbaren Altersangaben enthalten dürfen. Aber auch indirekte Formulierungen zum gewünschten Alter der Bewerber sind zu vermeiden. Bewerber können auf Grundlage des AGG klagen, wenn Stellenausschreibungen nicht neutral formuliert sind. Das kann neben dem Alter auch Angaben zum Geschlecht, der sexuellen Identität oder der Zugehörigkeit zu einer Religionsgemeinschaft betreffen. Anzeigen, die Menschen mit Behinderung explizit ausschließen, sind ebenfalls diskriminierend. ■ **dpa**

Quelle: Westfälischer Anzeiger vom 13. Oktober 2018

Dabei wird zwischen unmittelbarer und mittelbarer Benachteiligung unterschieden:

- **Unmittelbare Benachteiligung** *(§ 3 I AGG)* liegt vor, wenn Mitarbeiter eine weniger günstige Behandlung erfahren als andere Personen in gleicher Situation.
- **Mittelbare Benachteiligung** *(§ 3 II AGG)* ist dann gegeben, wenn Vorschriften, Kriterien oder Verfahren dazu beitragen, Mitarbeiter zu diskriminieren.

Auch **Belästigungen** (Einschüchterung, Anfeindung, Erniedrigung, Entwürdigung oder Beleidigung) und sexuelle Belästigungen gelten als Benachteiligungen *(§ 3 III, IV AGG)*.

Aber nicht alle unterschiedlichen Behandlungen von Mitarbeitern sind Benachteiligungen.

- Kirchliche Einrichtungen müssen keine Mitarbeiter anderer Religionsgemeinschaften beschäftigen.
- Für bestimmte Berufsgruppen gelten Altersmindestgrenzen (etwa bei Busfahrern) oder Altershöchstgrenzen (zum Beispiel für Piloten).
- Wird ein männlicher Bewerber zur „Frauenbeauftragten“ abgelehnt, ist dies nicht diskriminierend.

Arbeitgeber haben die Pflicht, ihre Mitarbeiter über die Unzulässigkeit von Benachteiligungen zu informieren.

Dieser Informationspflicht kann ein Arbeitgeber etwa durch folgende Maßnahmen nachkommen:

- Aushang am „Schwarzen Brett“
- Bekanntgabe im Intranet
- Betriebsversammlung

Arbeitgeber haben vorrangig Vorgesetzte in Aus- und Fortbildungsmaßnahmen entsprechend zu schulen. Verstoßen Mitarbeiter trotzdem gegen diese Vorschriften, kann der Arbeitgeber abmahnen, umsetzen oder sogar kündigen.

Der Arbeitgeber hat zudem eine **Beschwerdestelle** (dies kann der Personalleiter oder der Betriebsrat sein) einzurichten.

Liegt eine Benachteiligung vor, besitzt der Arbeitnehmer folgende Rechte:

- **Beschwerderecht**
  Bei Vorgesetzten oder der Beschwerdestelle kann auf die Benachteiligung hingewiesen werden.
- **Leistungsverweigerungsrecht** *(§ 14 AGG)*
  Reagiert der Arbeitgeber auf die Beschwerde nicht oder ist er selbst für die Belästigung verantwortlich, kann der Mitarbeiter die Tätigkeit einstellen.
- **Entschädigung** *(§ 15 II AGG)*
  Für immaterielle Schäden kann eine angemessene Entschädigung in Geld (Schmerzensgeld) verlangt werden.

> - Wer eine Bewerberin deswegen nicht einstellt, weil sie ein Kind im Grundschulalter hat, begeht eine mittelbare Diskriminierung und schuldet der Bewerberin Schadensersatz. Mit der Absage erhielt eine Bewerberin ihre Bewerbungsunterlagen zurück. Auf dem Lebenslauf war neben der Textzeile vermerkt, dass die Bewerberin verheiratet sei und ein Kind habe. Dies reichte dem Gericht aus, eine Diskriminierung zu vermuten. Der Bewerberin wurde eine Entschädigung von 3 000 EUR zugesprochen (Landesarbeitsgericht Hamm – Az.: 11 Sa 335/13).
> - Eine Stellenanzeige mit der Formulierung „Geschäftsführer gesucht" kann diskriminierend sein und damit gegen das Allgemeine Gleichbehandlungsgesetz verstoßen – so ein Urteil des Oberlandesgerichts Karlsruhe (AZ 17 U 99/10). Dies – so die Urteilsbegründung – gilt jedenfalls, wenn im weiteren Text der Stellenanzeige nicht ausdrücklich auch weibliche Bewerber angesprochen werden. Denn die Überschrift erweckt den Eindruck, dass für die ausgeschriebene Position nur männliche Bewerber infrage kommen. Im verhandelten Fall wurde daher einer Frau, die sich erfolglos auf diese Stelle beworben hatte, in der zweiten Instanz eine Entschädigung von ca. 13 000 EUR zugesprochen, da das Antidiskriminierungsgesetz vorschreibe, dass eine Stellenausschreibung geschlechtsneutral formuliert werden muss. Dies sei im verhandelten Fall jedoch versäumt worden. Da das stellenausschreibende Unternehmen die für die Personalauswahl maßgeblichen Erwägungen nicht dargelegt hat, vermuteten die Richter eine Benachteiligung wegen des Geschlechts.
> - Erhält eine Frau weniger Lohn für gleiche Arbeit als die männlichen Kollegen, hat sie Anspruch auf Lohnnachzahlung und Entschädigung. Darauf weist der Deutsche Anwaltverein hin. Er bezieht sich auf eine Entscheidung des Landesarbeitsgerichts Rheinland-Pfalz – Az: 4 Sa 517/13. In dem verhandelten Fall arbeitete eine Frau in der Produktion bei einem Schuhhersteller. Der Arbeitgeber zahlte bis Ende 2012 den in der Produktion beschäftigten Frauen bei gleicher Tätigkeit einen geringeren Stundenlohn als Männern. Anwesenheitsprämie, Weihnachtsgeld und Urlaubsgeld berechnete er für die beschäftigten Frauen ebenfalls auf der Grundlage des niedrigeren Stundenlohnes. Hieraus ergab sich für die Frau für die Jahre 2009 bis 2012 eine Vergütungsdifferenz von über 8 000 EUR brutto. Die Frau klagte auf Nachzahlung dieses Betrages und eine Entschädigung wegen geschlechtsspezifischer Benachteilung. Die Klage der Frau war erfolgreich. Ihr Arbeitgeber musste ihr nicht nur die Vergütungsdifferenz, sondern auch eine Entschädigung in Höhe von 6 000 EUR zahlen. Die niedrigere Entlohnung beruhe allein auf dem Geschlecht der Mitarbeiterin, so das Gericht. Sie sei eine unmittelbare geschlechtsbezogene Ungleichbehandlung, die nicht gerechtfertigt ist. **dpa**

- **Schadensersatzpflicht** *(§ 15 I AGG)*
  Bei materiellen Schäden – hier hat der Arbeitgeber die Pflichtverletzung zu vertreten – ist Schadensersatz zu leisten.

> - Ein Mitarbeiter wird diskriminierend nicht befördert.
> - Ein Arbeitnehmer muss benachteiligt schon mit 60 Jahren aus dem Arbeitsverhältnis ausscheiden.

5.7 Pflegezeit- und Familienpflegezeitgesetz

Sowohl das Pflegezeit- als auch das Familienpflegezeitgesetz regeln Möglichkeiten der Freistellung von der Arbeit, um nahe Angehörige pflegen zu können. Pflegezeit und Familienpflegezeit dürfen dabei gemeinsam eine Gesamtdauer von 24 Monaten je pflegebedürftigem nahen Angehörigen nicht überschreiten *(§ 2 FPfZG).*

▶ Pflegezeitgesetz *(PflegeZG)*

Das Pflegezeitgesetz will die Möglichkeit, nahe Angehörige in häuslicher Umgebung zu pflegen und trotzdem berufstätig sein zu können, verbessern *(§ 1 PflegeZG).*

Tritt eine akute Pflegesituation ein, können Pflegende bis zu zehn Arbeitstage von der Arbeit fernbleiben *(§ 2 PflegeZG).* Für diese Zeit gibt es ein Pflegeunterstützungsgeld, das von der Pflegeversicherung des zu pflegenden Angehörigen übernommen wird.

Berufstätige Angehörige sind von der Arbeitstätigkeit vollständig oder teilweise freizustellen, wenn sie einen pflegebedürftigen nahen Angehörigen in häuslicher Umgebung länger pflegen. Der Arbeitgeber muss spätestens zehn Arbeitstage vor Beginn der Pflege darüber unterrichtet werden, für wie lange und in welchem Umfang die Freistellung erfolgen soll *(§ 3 PflegeZG).*

Grundsätzlich ist die Pflegebedürftigkeit durch Vorlage einer Bescheinigung der Pflegekasse oder des medizinischen Dienstes der Krankenversicherung nachzuweisen *(§ 3 PflegeZG).*

Diese Pflegezeit beträgt höchstens sechs Monate. Ist der nahe Angehörige nicht mehr pflegebedürftig oder die häusliche Pflege durch den nahen Angehörigen nicht mehr möglich, endet die Pflegezeit vier Wochen nach Eintritt der veränderten Umstände *(§ 4 PflegeZG).*

Für diese Pflegezeit kann beim Bundesamt für Familie und zivilgesellschaftliche Aufgaben ein zinsloses Darlehen beantragt werden, um so den Einkommensverlust abzufedern. Es beträgt die Hälfte der Differenz zwischen dem Nettoentgelt vor und während der Pflegezeit. Das Darlehen muss nach Ende der Pflegezeit in Raten zurückgezahlt werden *(§ 3 PflegeZG).*

Ein Rechtsanspruch auf sechs Monate Freistellung besteht gegenüber Arbeitgebern, die mehr als 15 Arbeitnehmer beschäftigen *(§ 3 PflegeZG).*

Arbeitgeber dürfen von der Ankündigung der Pflege bis zu deren Beendigung das Arbeitsverhältnis **nicht kündigen** *(§ 5 PflegeZG).*

▶ Familienpflegezeitgesetz *(FPfZG)*

Sind nahe Verwandte länger pflegebedürftig, haben pflegende Angehörige die Möglichkeit, für einen Zeitraum von maximal 24 Monaten ihre Arbeitszeit auf bis zu 15 Wochenstunden zu reduzieren *(§ 2 FPfZG).* Arbeitgeber müssen darüber acht Wochen vor Beginn der Familienpflegezeit informiert werden *(§ 2a FPfZG).* Ein Rechtsanspruch darauf besteht allerdings nur für Betriebe mit über 25 Beschäftigten (außer Auszubildenden) *(§ 2 FPfZG).*

Die Pflegebedürftigkeit des nahen Angehörigen ist durch Vorlage einer Bescheinigung der Pflegekasse oder des medizinischen Dienstes der Krankenversicherung nachzuweisen *(§ 2a FPfZG).*

Pflegende, die die Familienpflegezeit in Anspruch nehmen, haben für diese Zeit Anspruch auf ein zinsloses Darlehen. Auch hier beträgt die Höhe die Hälfte der Differenz vom Nettoentgelt vor und während der Pflegezeit. Es wird direkt beim Bundesamt für Familie und zivilgesellschaftliche Aufgaben beantragt und muss nach Ende der Familienpflegezeit in Raten zurückgezahlt werden *(§ 3 FPfZG).*

Während der Familienpflegezeit darf das Arbeitsverhältnis **nicht gekündigt** werden *(§ 5 PflegeZG).*

Pflegende Arbeitnehmer: Worauf haben Sie Anspruch?

Kurzfristige pflegebedingte Arbeitsverhinderung: Wer in einer akuten Pflegesituation die pflegebedingte kurze Auszeit in Anspruch nehmen möchte, muss dies unverzüglich seinem Arbeitgeber mitteilen. Das sollte – ähnlich wie bei einer eigenen Krankmeldung – spätestens morgens bei Arbeitsbeginn telefonisch erfolgen. Dabei sollte man nicht nur mitteilen, dass man eine Freistellung nach § 2 des Pflegezeitgesetzes nehmen will, sondern auch, wie viele Tage man der Arbeit fernbleiben möchte. Der Arbeitgeber kann später eine ärztliche Bescheinigung verlangen, in der steht, dass der Angehörige „voraussichtlich pflegebedürftig" ist und die Freistellung des Beschäftigten erforderlich ist, um die Pflege zu organisieren. Der Arbeitgeber muss die Bescheinigung nicht unbedingt verlangen. Sie ist aber in jedem Fall notwendig, um später von der Pflegekasse des Pflegebedürftigen das Pflegeunterstützungsgeld zu bekommen.

Pflegezeit- und Familienpflegezeit: Wenn Pflegebedürftige für längere Zeit Hilfe brauchen, können pflegende Angehörige das oft nicht neben ihrem Job leisten. Dann gibt es für sie zwei Möglichkeiten:

- Für maximal sechs Monate können sie **„Pflegezeit"** nach § 3 des Pflegezeitgesetzes nehmen. Der nahe Angehörige muss in häuslicher Umgebung gepflegt werden. Dieser Rechtsanspruch besteht aber nur für Arbeitnehmer aus Betrieben mit mehr als 15 Beschäftigten. Die Pflegezeit kann wahlweise als Aus- oder Teilzeit genommen werden. Der ausfallende Lohn kann teilweise durch ein staatliches Darlehen ersetzt werden.
- Aber auch sechs Monate Pflegezeit reichen in vielen Fällen nicht aus. Darum gibt es zusätzlich noch den Anspruch auf eine **„Familienpflegezeit"**. Dabei handelt es sich um eine pflegebedingte Arbeitszeitreduzierung. Die Arbeitszeit muss mindestens 15 Stunden pro Woche betragen. Dieser Anspruch gilt nur für Beschäftigte aus Unternehmen mit mehr als 25 Beschäftigten. Auszubildende zählen nicht mit.

Familienpflegezeit und Pflegezeit dürfen zusammen maximal 24 Monate dauern. Anspruch auf beide Varianten besteht nur, wenn der Angehörige mindestens in den Pflegegrad 1 eingruppiert ist.

	Kurzzeitige pflegebedingte Arbeitsverhinderung	Pflegezeit	Familienpflegezeit
Ankündigungsfrist	keine	zehn Arbeitstage	acht Wochen
Gilt für welche Betriebe?	alle Betriebe	Betriebe mit mehr als 15 Beschäftigten	Betriebe mit mehr als 25 Beschäftigten (ohne Auszubildende)
Gilt für welche Arbeitnehmer?	alle Arbeitnehmer, auch befristet Beschäftigte und Minijobber		
Gilt für welche Angehörigen?	Ehegatten, Lebenspartner, Partner einer eheähnlichen Gemeinschaft, Großeltern, Eltern, Geschwister, Kinder, Adoptiv- und Pflegekinder, Enkelkinder sowie Schwiegereltern, Schwiegerkinder, Stiefeltern, Schwäger und Schwägerinnen, gleichgeschlechtliche Partner, auch wenn keine eingetragene Lebenspartnerschaft besteht		
Gilt für welche Grade von Pflegebedürftigkeit?	„voraussichtliche Pflegebedürftigkeit" (nach ärztlicher Bescheinigung)	mindestens Pflegegrad 1	
Dauer	bis zu zehn Arbeitstage	bis zu sechs Monate	bis zu 24 Monate (einschließlich der Pflegezeit)
Arbeitszeit	Auszeit vom Job	wahlweise Auszeit oder Teilzeit	nur Teilzeit mit mindestens 15 Arbeitsstunden pro Woche
Finanzieller Ausgleich	Pflegeunterstützungsgeld	rückzahlbares zinsloses Darlehen, das den Einkommensverzicht teilweise ausgleicht	
Kündigungsschutz	ja, von der Ankündigung bis zur Beendigung der Arbeitsverhinderung	ja, von der Ankündigung bis zur Beendigung der Pflegezeit	ja, von der Ankündigung bis zur Beendigung der Familienpflegezeit

In Anlehnung an: Deutsche Rentenversicherung Bund: Zukunft jetzt, Ausgabe 3.2016, S. 24 ff.

Zusammenfassung

Grundlagen des Arbeitsrechts

Rechtsrahmen

Gesetze und einzelvertragliche Vorschriften (Tarifverträge, Einzelarbeitsverträge, Betriebsvereinbarungen) regeln die rechtlichen Beziehungen zwischen Arbeitgebern und Arbeitnehmern. Dabei gilt das **Günstigkeitsprinzip**

Recht auf Teilzeit

tarifliche Arbeitnehmer besitzen einen Rechtsanspuch auf verringerte Arbeitszeit, wenn nicht betriebliche Gründe entgegenstehen

Beendigung von Arbeitsverhältnissen

- **Kündigung**

Ordentliche Kündigung	Außerordentliche Kündigung
unter Einhaltung gesetzlicher bzw. vertraglicher Fristen – gesetzliche Kündigung: vier Wochen zum 15. oder zum Monatsende – gesetzlich verlängerte Kündigung: je nach Dauer der Betriebszugehörigkeit bis zu sieben Monaten zum Monatsende – vertragliche Kündigung: mindestens einen Monat	fristlos aus wichtigem Grunde, spätestens 14 Tage nach Bekanntwerden des Kündigungsgrundes

- **Kündigungsschutzbestimmungen**

Allgemeiner Kündigungsschutz	Besonderer Kündigungsschutz
Schutz gegen **sozial ungerechtfertigte Kündigungen** 1. bei ordentlicher Kündigung durch den Arbeitgeber 2. bei Beschäftigung von mindestens elf Arbeitnehmern 3. bei sechsmonatigem Bestehen eines Arbeitsverhältnisses	für **bestimmte Arbeitnehmergruppen** wie Betriebsratsmitglieder, Jugendvertreter, Personalräte, Auszubildende, Schwerbehinderte, Schwangere und Mütter sowie Mitarbeiter in Pflegezeit

- **Arbeitszeugnis**

Einfaches Arbeitszeugnis	Qualifiziertes Arbeitszeugnis
– gibt Aufschluss über Dauer und Art der Beschäftigung	– gibt Aufschluss über 1. Dauer und Art der Beschäftigung 2. Führung und Leistung – steht seitens des Beurteilers im Spannungsfeld zwischen der Wohlwollens- und Wahrheitspflicht

Allgemeines Gleichbehandlungsgesetz

untersagt Benachteiligungen im Arbeitsleben aufgrund des Geschlechts, der Rasse, der Religion, des Alters oder einer Behinderung

Pflegezeit- und Familienpflegezeitgesetz

regeln den Rechtsanspruch
- auf vollständige *(PflegeZG)* bzw.
- teilweise Freistellung *(FPfZG)*

von der Arbeit bis zu einer Gesamtdauer von 24 Monaten, um einen nahen Angehörigen pflegen zu können

Aufgaben

29

(1) Erläutern Sie, welche Inhalte in Tarifverträgen festgelegt werden!

(2) Stellen Sie in einem Rollenspiel den Verlauf einer Tarifvertragsverhandlung dar, in der die Gewerkschaft eine Lohnerhöhung von 6 % für die nächsten 12 Monate durchsetzen will!

(3) Wodurch unterscheidet sich der Einzelarbeitsvertrag von einem Arbeitsvertrag, dem ein Tarifvertrag zugrunde liegt?

(4) Welche gesetzliche Kündigungsfrist gemäß BGB gilt jeweils, wenn der Arbeitgeber eines Unternehmens mit derzeit 53 Arbeitnehmern überlegt, ob er den drei nachfolgend genannten Beschäftigten ordentlich kündigen sollte?

Gehen Sie dabei von der Annahme aus, dass die Kündigungsfristen in den jeweiligen Arbeitsverträgen nicht geregelt worden sind! Benutzen Sie zur Lösung dieser Aufgabe auch die Grafik „Die gesetzlichen Kündigungsfristen" (vgl. S. 380).

a) Barbara Lopat, 52 Jahre, seit 16 Jahren und 2 Monaten in diesem Unternehmen beschäftigt.

b) Werner Smolinski, 32 Jahre, seit 7 Jahren in diesem Unternehmen beschäftigt.

c) Mehmet Özkan, 24 Jahre, seit 6 Jahren und 1 Monat in diesem Unternehmen beschäftigt.

(5) Zu welchem Zeitpunkt würde das Arbeitsverhältnis von Werner Smolinski (vgl. Aufgabe 4) frühestens enden,

a) wenn der Angestellte die ordentliche Kündigung am 22. August des Jahres erklärt?

b) wenn der Arbeitgeber nach vorausgegangener Abmahnung wegen erneuter Trunkenheit am Arbeitsplatz in einem letzten Gespräch mit dem Betroffenen am 13. Juli des Jahres die außerordentliche Kündigung erklärt?

c) wenn der Arbeitgeber die ordentliche Kündigung am 15. August des Jahres erklärt?

(6) Beschreiben Sie an einem selbst gewählten Beispiel, wann eine Kündigung aus „sozialen Gründen" ungerechtfertigt sein könnte!

(7) Erläutern Sie den Kündigungsschutz, indem Sie die wichtigsten Bestimmungen des allgemeinen Kündigungsschutzes denen des besonderen Kündigungsschutzes gegenüberstellen!

(8) Was versteht man unter einer Kündigungsschutzklage?

(9) Worin unterscheidet sich ein qualifiziertes von einem einfachen Arbeitszeugnis?

(10) Zeigen Sie auf, in welchem Zwiespalt qualifizierte Arbeitszeugnisse stehen können!

(11) Welche Rechte hat ein Arbeitnehmer, wenn er im Berufsleben von anderen Arbeitnehmern oder dem Arbeitgeber benachteiligt wird?

6 Entlohnung

Als Gegenleistung für die von abhängig Beschäftigten erbrachten Leistungen hat der Arbeitgeber das vereinbarte **Arbeitsentgelt** zu zahlen. Die Abwicklung des betrieblichen Entgeltwesens zählt zu den ständig wiederkehrenden Routinearbeiten personalverwaltungstechnischer Maßnahmen.

6.1 Begriff des Lohns

Lohn ist der Preis für geleistete menschliche Arbeit. Im engeren Sinne werden unter diesem Begriff verschiedene Formen des Arbeitsentgelts zusammengefasst, und zwar sowohl das Gehalt des Angestellten, der Lohn des Arbeiters, die Gage des Künstlers als auch einmalig oder laufend gewährte Sondervergütungen, die ein Arbeitnehmer zusätzlich zu seinem vertraglich vereinbarten Arbeitsentgelt erhält.

Zu den Sondervergütungen zählen insbesondere:

- **Gratifikationen,** die zu bestimmten Anlässen gezahlt werden (z. B. Weihnachts-, Urlaubsgeld, Jubiläumszuwendung);
- **Provisionen,** die sich in einem bestimmten Prozentsatz vom erzielten Umsatz eines einzelnen Mitarbeiters, einer Abteilung oder des ganzen Unternehmens berechnen;
- **Zuschläge** für Mehr-, Spät-, Nacht-, Sonn- und Feiertagsarbeit, für gefährliche oder schmutzige Arbeiten;
- **Boni,** die in Abhängigkeit von der Erreichung vorab vereinbarter Ziele gewährt werden;
- **Tantiemen,** die in Abhängigkeit vom jeweils erzielten Jahresergebnis als Gewinnbeteiligung an außertarifliche Mitarbeiter gezahlt werden.

Entlohnung:
Meistens als gerecht empfunden

So viel Prozent der Beschäftigten in Deutschland empfinden ihren … als gerecht

	… Bruttoverdienst	… Nettoverdienst
Männer	60,5	55,6
Frauen	61,4	55,3
Westdeutschland	63,2	57,3
Ostdeutschland	50,0	46,4
Belastungen mit Steuern und Sozialabgaben		
Weniger als 16 Prozent	71,9	73,1
Zwischen 16 und 25 Prozent	59,7	57,4
Zwischen 26 und 35 Prozent	54,0	49,8
Mehr als 35 Prozent	63,8	53,0
Transferempfänger		
Ja	56,2	54,1
Nein	61,1	55,5
Beschäftigungsumfang		
Vollzeit	58,7	52,3
Teilzeit	61,5	56,2
Ggeringfügig beschäftigt	78,7	80,0
Nach Tarif bezahlt		
Ja	63,2	56,0
Nein	56,3	51,8
Außertariflich bezahlt	71,3	64,9
Insgesamt	**60,9**	**55,4**

Stand: 2015

Ursprungsdaten: Sozio-oekonomisches Panel
© 2018 IW Medien / iwd

iwd

Quelle: iw-dienst: Informationen aus dem Institut der deutschen Wirtschaft Köln, Nr. 6 vom 15.03.2018, S. 6

Der Lohnbegriff im engeren Sinne erstreckt sich auf **alle Einkünfte eines Arbeitnehmers aus nichtselbstständiger Arbeit,** die

- entweder individuell durch **einzelarbeitsvertragliche Vereinbarungen** mit dem Arbeitgeber **(Einzelarbeitsvertrag)**
- oder – wie in den allermeisten Fällen – durch **kollektivvertragliche Vereinbarungen (Tarifvertrag)** zwischen den Sozialpartnern

ausgehandelt und festgelegt worden sind.

6.2 Steuer- und sozialversicherungsrechtliche Grundlagen der Entlohnung

Da Arbeitgeber aufgrund öffentlich-rechtlicher Vorschriften zur Einbehaltung und Abführung von **Steuern** (Lohn- und Kirchensteuer sowie Solidaritätszuschlag) und **Sozialversicherungsbeiträgen** verpflichtet sind, wird die vereinbarte Vergütung i.d.R. nicht brutto, sondern gekürzt um die **gesetzlichen Lohnabzüge** (vgl. S. 395 ff.), an die Beschäftigten ausgezahlt.

In welchem Umfang diese Abzüge vom Lohn einzubehalten und abzuführen sind, richtet sich nach der Höhe der steuer- und sozialversicherungspflichtigen Arbeitsvergütung. Bemessungsgrundlage im Sinne des Lohnsteuerrechts ist dabei der **Arbeitslohn,** während im Sozialversicherungsrecht der Terminus des **Arbeitsentgelts** maßgeblich ist. Um den Betrieben den Abzug von Steuern und Sozialversicherungsbeiträgen zu erleichtern, besteht trotz dieser unterschiedlichen Bezeichnungen eine weitgehende Übereinstimmung.

▶ Arbeitslohn im steuerrechtlichen Sinne *(§ 19 I EStG, § 2 LStDV)*

In steuerrechtlicher Hinsicht zählen zum **Arbeitslohn** alle Einnahmen, die durch das individuelle Dienstverhältnis des Arbeitnehmers veranlasst sind. Diese Einkünfte aus nichtselbstständiger Arbeit unterliegen **grundsätzlich der Lohnsteuer.** Dabei ist es unerheblich, ob es sich um laufende oder um einmalige Bezüge handelt, ob ein Rechtsanspruch auf sie besteht und unter welcher Bezeichnung oder in welcher Form sie gewährt werden.

Neben Gehältern, Löhnen, Gratifikationen und Tantiemen zählen insbesondere auch folgende Einnahmen, soweit diese nicht ausdrücklich steuerfrei gestellt worden sind, zum Arbeitslohn:

- **Lohnzuschläge,** die wegen der Besonderheit der Arbeit gewährt werden (Erschwerniszuschläge wie z.B. Hitze-, Schmutz- und Gefahrenzulagen);
- **besondere Entlohnung für Dienste, die über die regelmäßige Arbeitszeit hinaus geleistet werden** (z.B. Entlohnung für Überstunden, Sonntagsarbeit);
- **andere Bezüge und Vorteile** (wie z.B. unentgeltliche Überlassung eines Dienstwagens zur privaten Nutzung; unentgeltliche oder verbilligte Überlassung von Waren an den Arbeitnehmer, die im Betrieb des Arbeitgebers hergestellt oder vertrieben werden).

▶ Arbeitsentgelt im sozialversicherungsrechtlichen Sinne *(§ 14 I SGB IV)*

Unter den Begriff des **Arbeitsentgelts** fallen alle laufenden oder einmaligen Einnahmen aus einer Beschäftigung, gleichgültig, ob ein Rechtsanspruch auf die Einnahmen besteht, unter welcher Bezeichnung oder in welcher Form sie geleistet werden und ob sie unmittelbar aus der Beschäftigung oder im Zusammenhang mit ihr erzielt werden. Damit gelten alle Zuwendungen, die in Geld oder Geldwert bestehen, als Einnahme im sozialversicherungsrechtlichen Sinne.

Steuer- und beitragsfrei sind u. a.:	Steuer- und beitragspflichtig sind u. a.:
■ Arbeit**geber**beiträge zur Sozialversicherung des Arbeitnehmers ■ Arbeitslosengeld und Arbeitslosengeld II ■ Zuschläge für Sonntags-, Feiertags- oder Nachtarbeit (soweit sie die steuerfrei gestellten Beträge nicht übersteigen) ■ Getränke und Genussmittel, soweit sie der Arbeitgeber dem Arbeitnehmer zum Verbrauch im Betrieb unentgeltlich oder verbilligt überlässt ■ Aufwendungen des Arbeitgebers für Betriebsveranstaltungen wie z. B. Betriebsausflüge, Weihnachts- oder Jubiläumsfeiern (begünstigt für bis zu zwei Betriebsveranstaltungen jährlich, wobei pro teilnehmendem Arbeitnehmer 110 EUR [brutto] je Veranstaltung nicht überschritten werden dürfen) ■ Preisnachlässe und Personalrabatte beim Bezug von Waren, die im Betrieb nicht überwiegend für den Bedarf der Mitarbeiter hergestellt oder vertrieben werden, soweit der Nachlass insgesamt 1 080 EUR im Kalenderjahr nicht übersteigt	■ Arbeit**nehmer**beiträge zur Sozialversicherung ■ Erschwerniszuschläge ■ Weihnachtszuwendungen ■ Provisionen ■ Boni ■ Tantiemen ■ Urlaubsgeld ■ Entgeltfortzahlung für Feier-, Urlaubstage und im Krankheitsfall ■ Kraftfahrzeugüberlassung zum privaten Gebrauch ■ Prämien für Verbesserungsvorschläge ■ Aufwendungen des Arbeitgebers für Betriebsveranstaltungen, die den Freibetrag von 110 EUR [brutto] je Betriebsveranstaltung und teilnehmendem Arbeitnehmer übersteigen ■ vermögenswirksame Leistungen

6.2.1 Gesetzliche Lohnabzüge

Gesetzliche Lohnabzüge

Steuern	Arbeitnehmerbeiträge zur gesetzlichen Sozialversicherung
■ Lohnsteuer ■ Solidaritätszuschlag ■ Kirchensteuer (für Mitglieder anerkannter Religionsgemeinschaften)	■ Krankenversicherung ■ Pflegeversicherung ■ Rentenversicherung ■ Arbeitslosenversicherung

6.2.1.1 Steuern

Bei jeder Entgeltzahlung an seine Mitarbeiter ist der Arbeitgeber verpflichtet, die **dafür fälligen Steuern** im Wege des Abzugsverfahrens zu ermitteln und für Rechnung des Arbeitnehmers einzubehalten. Darüber hinaus hat der Arbeitgeber diese Steuerbeträge dem Finanzamt zu den gesetzlich bestimmten Terminen anzumelden und dorthin zu überweisen (**Lohnsteuer-Anmeldung** – vgl. S. 403 ff.).

Die Höhe der für das maßgebliche Entgelt einzubehaltenden Steuern richtet sich nach den **lohnsteuerlichen Merkmalen** des Arbeitnehmers (z. B. Steuerklasse, Steuerfreibeträge, Zahl der Kinderfreibeträge, Religionszugehörigkeit), die in der **ELStAM-Datenbank**[1] (ELStAM = **E**lektronische **L**ohn**st**euer**a**bzugs**m**erkmale) gespeichert sind. Die Finanzverwaltung stellt dem Arbeitgeber diese für die Entgeltabrechnung relevanten Mitarbeiterdaten elektronisch zum Abruf bereit.

Neben der **Lohnsteuer** wird ein **Solidaritätszuschlag** in Höhe von grundsätzlich 5,5 % der jeweiligen Lohnsteuer erhoben. Allerdings ist dieser der Finanzierung der Einheit Deutschlands dienende Solidaritätszuschlag ab 2021 durch die Anhebung der Freigrenzen weitgehend abgeschafft worden, sodass für etwa 90 % aller Lohnsteuerzahler dieser Zuschlag zur Lohnsteuer vollständig entfällt. Arbeitsentgelte, die von Mitgliedern steuererhebungsberechtigter Religionsgemeinschaften erzielt werden, unterliegen darüber hinaus auch der **Kirchensteuer.** Je nach Bundesland beträgt diese im Regelfall

- 8 % (in Baden-Württemberg und Bayern) oder
- 9 % (in den übrigen Bundesländern)

der Lohnsteuer. Sowohl der Solidaritätszuschlag als auch die Kirchensteuer werden somit als **Zuschlag zur Lohnsteuer** erhoben.

Grundsätzlich stehen dem Arbeitgeber dabei zwei verschiedene Verfahren zur Verfügung, um die Höhe der gesetzlich einzubehaltenden Steuern zu ermitteln.

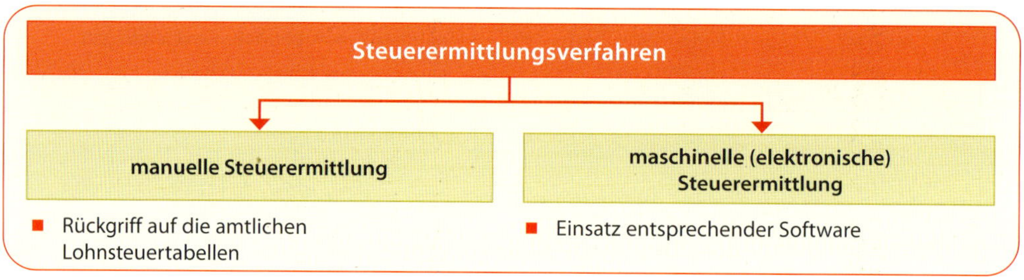

▶ Manuelle Steuerermittlung

Die manuelle Steuerermittlung erfolgt unter Rückgriff auf die amtlichen Lohnsteuertabellen (z. B. Allgemeine Lohnsteuer-Tabelle – Monat). Dabei kommt der **Stufentarif** zur Anwendung. Dies bedeutet, dass der Arbeitgeber die Steuern für jene Stufe ermittelt, die sich für die Größe ergibt, die für die Lohnsteuerberechnung entscheidend ist.

Bei der monatlichen Entgeltabrechnung ist regelmäßig der vom Arbeitgeber gezahlte Arbeitslohn in Gestalt des **steuerpflichtigen Bruttoentgeltes** maßgeblich. Indem sich die zu der jeweiligen Stufe ausgewiesenen Steuerbeträge aus der Obergrenze dieser Stufe ermitteln, gelten diese Steuerbeträge für alle Löhne bzw. Gehälter, die in diese Stufe fallen.

1 Im Rahmen einer grundlegenden Modernisierung des Lohnsteuer-/Einkommensteuerverfahrens sind die bisher gängigen **papiergebundenen Verfahren (insbesondere Lohnsteuer-Anmeldung, Einkommensteuererklärung)** durch vollelektronische Verfahren ersetzt worden. Neben einem erheblichen Bürokratieabbau aufseiten der Arbeitgeber, der Arbeitnehmer, der Gemeinden und des Finanzamtes sollen so auch Kosten gesenkt werden.

Auszug aus der Allgemeinen Lohnsteuer-Tabelle zur manuellen Ermittlung der Steuerbeträge bei laufendem Arbeitslohn

2 243,99 * MONAT

Lohn/ Gehalt	Abzüge an Lohnsteuer, Solidaritätszuschlag (SolZ) und Kirchensteuer (8%, 9%) in den Steuerklassen																								
	I–VI					I, II, III, IV																			
			ohne Kinderfreibeträge					mit Zahl der Kinderfreibeträge . . .																	
								0,5			1			1,5			2			2,5			3 **		
bis €*		LSt	SolZ	8%	9%		LSt	SolZ	8%	9%	SolZ	8%	9%	SolZ	8%	9%	SolZ	8%	9%	SolZ	8%	9%	SolZ	8%	9%
2 195,99	I,IV	207,16	—	16,57	18,64	I	207,16	—	9,40	10,58	—	3,—	3,38	—	—	—	—	—	—	—	—	—	—	—	—
	II	165,66	—	13,25	14,90	II	165,66	—	6,30	7,09	—	0,78	0,88	—	—	—	—	—	—	—	—	—	—	—	—
	III	9,16	—	0,73	0,82	III	9,16	—	—	—	—	—	—	—	—	—	—	—	—	—	—	—	—	—	—
	V	460,33	—	36,82	41,42	IV	207,16	—	12,93	14,54	—	9,40	10,58	—	6,01	6,76	—	3,—	3,38	—	0,58	0,65	—	—	—
	VI	491,16	—	39,29	44,20																				
2 198,99	I,IV	207,83	—	16,62	18,70	I	207,83	—	9,46	10,64	—	3,04	3,42	—	—	—	—	—	—	—	—	—	—	—	—
	II	166,33	—	13,30	14,96	II	166,33	—	6,36	7,15	—	0,81	0,91	—	—	—	—	—	—	—	—	—	—	—	—
	III	9,50	—	0,76	0,85	III	9,50	—	—	—	—	—	—	—	—	—	—	—	—	—	—	—	—	—	—
	V	461,33	—	36,90	41,51	IV	207,83	—	12,98	14,60	—	9,46	10,64	—	6,06	6,81	—	3,04	3,42	—	0,62	0,69	—	—	—
	VI	492,—	—	39,36	44,28																				
2 201,99	I,IV	208,50	—	16,68	18,76	I	208,50	—	9,50	10,69	—	3,08	3,47	—	—	—	—	—	—	—	—	—	—	—	—
	II	167,—	—	13,36	15,03	II	167,—	—	6,40	7,20	—	0,84	0,95	—	—	—	—	—	—	—	—	—	—	—	—
	III	10,—	—	0,80	0,90	III	10,—	—	—	—	—	—	—	—	—	—	—	—	—	—	—	—	—	—	—
	V	462,16	—	36,97	41,59	IV	208,50	—	13,03	14,66	—	9,50	10,69	—	6,10	6,86	—	3,08	3,47	—	0,65	0,73	—	—	—
	VI	493,—	—	39,44	44,37																				
2 204,99	I,IV	209,16	—	16,73	18,82	I	209,16	—	9,56	10,75	—	3,12	3,51	—	—	—	—	—	—	—	—	—	—	—	—
	II	167,58	—	13,40	15,08	II	167,58	—	6,45	7,25	—	0,88	0,99	—	—	—	—	—	—	—	—	—	—	—	—
	III	10,33	—	0,82	0,92	III	10,33	—	—	—	—	—	—	—	—	—	—	—	—	—	—	—	—	—	—
	V	463,—	—	37,04	41,67	IV	209,16	—	13,08	14,72	—	9,56	10,75	—	6,15	6,92	—	3,12	3,51	—	0,68	0,76	—	—	—
	VI	493,83	—	39,50	44,44																				
2 207,99	I,IV	209,83	—	16,78	18,88	I	209,83	—	9,60	10,80	—	3,16	3,56	—	—	—	—	—	—	—	—	—	—	—	—
	II	168,25	—	13,46	15,14	II	168,25	—	6,50	7,31	—	0,90	1,01	—	—	—	—	—	—	—	—	—	—	—	—
	III	10,83	—	0,86	0,97	III	10,83	—	—	—	—	—	—	—	—	—	—	—	—	—	—	—	—	—	—
	V	463,83	—	37,10	41,74	IV	209,83	—	13,13	14,77	—	9,60	10,80	—	6,20	6,97	—	3,16	3,56	—	0,71	0,80	—	—	—
	VI	494,83	—	39,58	44,53																				
2 210,99	I,IV	210,50	—	16,84	18,94	I	210,50	—	9,65	10,85	—	3,20	3,60	—	—	—	—	—	—	—	—	—	—	—	—
	II	168,91	—	13,51	15,20	II	168,91	—	6,54	7,36	—	0,94	1,05	—	—	—	—	—	—	—	—	—	—	—	—
	III	11,16	—	0,89	1,—	III	11,16	—	—	—	—	—	—	—	—	—	—	—	—	—	—	—	—	—	—
	V	464,83	—	37,18	41,83	IV	210,50	—	13,18	14,83	—	9,65	10,85	—	6,24	7,02	—	3,20	3,60	—	0,74	0,83	—	—	—
	VI	495,66	—	39,65	44,60																				
2 213,99	I,IV	211,16	—	16,89	19,—	I	211,16	—	9,70	10,91	—	3,24	3,64	—	—	—	—	—	—	—	—	—	—	—	—
	II	169,50	—	13,56	15,25	II	169,50	—	6,59	7,41	—	0,97	1,09	—	—	—	—	—	—	—	—	—	—	—	—
	III	11,50	—	0,92	1,03	III	11,50	—	—	—	—	—	—	—	—	—	—	—	—	—	—	—	—	—	—
	V	465,50	—	37,24	41,89	IV	211,16	—	13,24	14,89	—	9,70	10,91	—	6,29	7,07	—	3,24	3,64	—	0,77	0,86	—	—	—
	VI	496,66	—	39,73	44,69																				
2 216,99	I,IV	211,83	—	16,94	19,06	I	211,83	—	9,75	10,97	—	3,28	3,69	—	—	—	—	—	—	—	—	—	—	—	—
	II	170,16	—	13,61	15,31	II	170,16	—	6,64	7,47	—	1,—	1,13	—	—	—	—	—	—	—	—	—	—	—	—
	III	12,—	—	0,96	1,08	III	12,—	—	—	—	—	—	—	—	—	—	—	—	—	—	—	—	—	—	—
	V	466,50	—	37,32	41,98	IV	211,83	—	13,28	14,94	—	9,75	10,97	—	6,34	7,13	—	3,28	3,69	—	0,80	0,90	—	—	—
	VI	497,50	—	39,80	44,77																				

Quelle: Monats-Lohnsteuer-Tabelle 2021, Stollfuß Verlag

Dieser Auszug aus der Allgemeinen Lohnsteuer-Tabelle – Monat weist für **alle Bruttolöhne bzw. -gehälter zwischen 2 199,00 EUR und 2 201,99 EUR** folgende Lohnsteuerbeträge aus:

- Steuerklasse I, IV (ohne Faktor): 208,50 EUR
- Steuerklasse II: 167,00 EUR
- Steuerklasse III: 10,00 EUR
- Steuerklasse V: 462,16 EUR
- Steuerklasse VI: 493,00 EUR

Maschinelle (elektronische) Steuerermittlung

Neben der manuellen Steuerermittlung kann der Arbeitgeber die Höhe der Steuern auch mithilfe entsprechender Software maschinell berechnen. Bei dieser elektronischen Steuerermittlung kommt der **Formeltarif** zur Anwendung.

Dabei handelt es sich um einen **stufenlosen Steuertarif,** bei dem die Steuern genau für die Größe ermittelt werden, die für die Lohnsteuerberechnung maßgeblich ist. Dies hat zur Folge, dass sich für jeden Cent mehr Lohn bzw. Gehalt grundsätzlich auch höhere Steuerbeträge ergeben.

Die **elektronische Steuerermittlung** führt bei laufendem Arbeitslohn eines 2002 geborenen sozialversicherungspflichtig beschäftigten Arbeitnehmers[1] zu folgenden **Lohnsteuerbeträgen:**

Höhe der Lohnsteuer / Monatsbruttolohn/-gehalt	Steuerklasse I bzw. IV (ohne Faktor)	Steuerklasse II (Zahl der Kinderfreibeträge: 0,5)	Steuerklasse III	Steuerklasse V	Steuerklasse VI
2 199,00 EUR	208,41 EUR	166,91 EUR	9,50 EUR	462,16 EUR	492,83 EUR
2 200,00 EUR	208,66 EUR	167,08 EUR	9,66 EUR	462,33 EUR	493,16 EUR
2 201,00 EUR	208,91 EUR	167,33 EUR	9,83 EUR	462,66 EUR	493,33 EUR
2 201,99 EUR	209,08 EUR	167,50 EUR	10,00 EUR	462,83 EUR	493,83 EUR

Quelle: Interaktiver Abgabenrechner des Bundesministeriums der Finanzen (https://www.bmf-steuerrechner.de)

Die elektronisch berechneten Steuerbeträge können daher in einigen Fällen geringfügig von der manuell ermittelten Lohnsteuer (einschließlich der davon abhängigen Steuern, und zwar dem Solidaritätszuschlag und der Kirchensteuer) abweichen.

Wie der Arbeitgeber die einzubehaltende Lohnsteuer **erhebungstechnisch** zu ermitteln hat, hängt davon ab, ob die dem Arbeitnehmer im Lohnzahlungszeitraum zufließenden Bezüge dem **laufenden Arbeitslohn** oder den einmalig und nicht regelmäßig wiederkehrenden **sonstigen Bezügen** zuzurechnen sind.

▶ Ermittlung der Lohnsteuer bei laufendem Arbeitslohn *(§ 39 b II EStG)*

Die einem Arbeitnehmer regelmäßig zufließenden Bezüge (z. B. Monatsgehalt, Nachzahlungen für das laufende Kalenderjahr, Mehrarbeitsvergütungen, Zuschläge) zählen zum **laufenden Arbeitslohn.**

Der Arbeitgeber hat die Höhe dieses laufenden **steuerpflichtigen Arbeitslohns** festzustellen und die sich dafür für den jeweiligen **Lohnzahlungszeitraum** (z. B. Monat) ergebenden Steuern – und zwar die Lohnsteuer, den Solidaritätszuschlag und ggf. die Kirchensteuer – manuell oder maschinell zu ermitteln und vom Arbeitslohn einzubehalten.

▶ Ermittlung der Lohnsteuer bei sonstigen Bezügen *(§ 39 b III EStG)*

Zu den sonstigen Bezügen gehören insbesondere **Einmalzahlungen** (z. B. Weihnachts-, Urlaubsgeld, Gratifikationen, Tantiemen), die neben dem laufenden Arbeitslohn gewährt werden.

Da sonstige Bezüge somit weder fortlaufend noch in gleichbleibender Höhe gezahlt werden, ist die Lohnsteuer nach einem besonderen Verfahren zu berechnen: Zu diesem Zweck hat der Arbeitgeber zunächst den voraussichtlichen Jahresarbeitslohn des Beschäftigten ohne den sonstigen Bezug sowie die darauf entfallende Jahreslohnsteuer zu ermitteln. Anschließend ist die Jahreslohnsteuer für den voraussichtlichen Jahresarbeitslohn einschließlich des sonstigen Bezuges festzustellen. Die Differenz zwischen diesen beiden Steuerbeträgen ist die Lohnsteuer, die der Arbeitgeber für den sonstigen Bezug einzubehalten hat.

Bei manueller Ermittlung kann die Lohnsteuer aus der Tabelle **„Sonstige Bezüge"** abgelesen werden.

1 Angaben zu den Vorsorgeaufwendungen des Beschäftigten: gesetzliche Rentenversicherung West, gesetzliche Krankenversicherung, Zusatzbeitrag zur gesetzlichen Krankenversicherung in Höhe von 1,1 %, Pflegeversicherung ohne Zuschlag von 0,25 %, nicht Sachsen.

Der Arbeitgeber erfüllt seine **Aufzeichnungspflichten,** indem er für jeden Beschäftigten ein **Lohnkonto** einrichtet, in das bei Lohn- und Gehaltzahlungen die entsprechenden Daten (z.B. Tag der Lohnzahlung unter Angabe des Lohnzahlungszeitraumes, steuerfreie Bezüge, Bruttoarbeitslohn, Lohnsteuer, Kirchensteuer und Solidaritätszuschlag, Arbeitnehmerbeiträge zur Kranken-, Pflege-, Renten- und Arbeitslosenversicherung) einzutragen sind.

6.2.1.2 Arbeitnehmerbeiträge zur gesetzlichen Sozialversicherung

Neben der Lohn- und ggf. Kirchensteuer sowie dem Solidaritätszuschlag mindert sich das Bruttoarbeitsentgelt sozialversicherungspflichtig Beschäftigter – jeweils bis zu der in den einzelnen Sozialversicherungszweigen maßgeblichen Beitragsbemessungsgrenze, vgl. S. 54 – um die Arbeit**nehmer**beiträge zur Sozialversicherung.

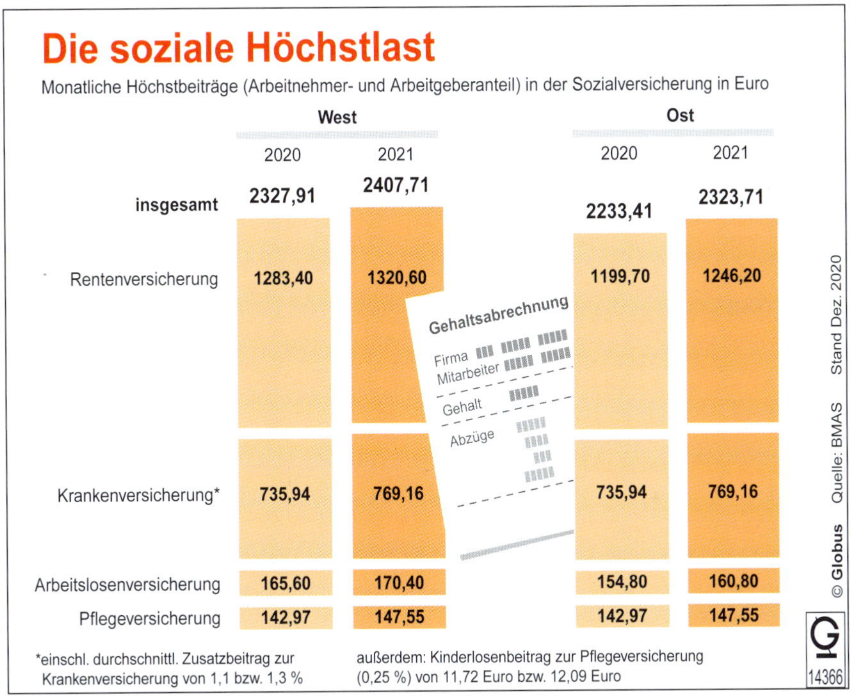

In der Sozialversicherung gibt es Anfang 2021 nur wenige Änderungen. Für manche gesetzlich Krankenversicherte steigt der Beitrag für die Krankenkasse: Der durchschnittliche Zusatzbeitrag zum festgelegten Satz von 14,6 Prozent, über den jede Krankenkasse selbst entscheiden kann, steigt von 1,1 auf voraussichtlich 1,3 Prozent. Die mögliche Höchstlast in der Sozialversicherung steigt auch 2021 weiter, denn die sogenannten Beitragsbemessungsgrenzen in der Sozialversicherung werden weiter angehoben. Bis zu dieser Grenze werden Sozialversicherungsbeiträge von Lohn und Gehalt fällig; der Teil des Gehalts, der über dieser Grenze liegt, bleibt unberücksichtigt. In der gesetzlichen Renten- und Arbeitslosenversicherung steigt diese Grenze in Westdeutschland von 6900 auf 7100 Euro pro Monat und im Osten von 6450 auf 6700 Euro. Ebenfalls angehoben wird die Beitragsbemessungsgrenze in der Kranken- und Pflegeversicherung, die in West und Ost gleich hoch ist; sie beträgt dann 4837,50 Euro statt 4687,50 Euro. Für diejenigen, deren Bruttomonatsgehalt diese Beitragsbemessungsgrenzen erreicht oder überschreitet, bedeutet das: Die soziale Höchstlast wird im Westen rund 2408 Euro pro Monat erreichen; im Osten werden es 2324 Euro sein. Kinderlose werden darüber hinaus noch zusätzlich zur Kasse gebeten; sie müssen für die Pflegeversicherung einen Extrabeitrag in Höhe von 0,25 Prozent bis zur Bemessungsgrenze leisten. Für sie erhöht sich damit der gesamte Sozialversicherungsbeitrag um bis zu 12,09 Euro.

Entwicklung der Beitragssätze in der gesetzlichen Sozialversicherung[1]
(in % des sozialversicherungspflichtigen Bruttoentgelts)

Jahr[2]	Krankenversicherungsbeitrag[3]	Zuschlag zum Krankenversicherungsbeitrag (von Juli 2005 bis Dezember 2014)[4]	Durchschnittlicher Zusatzbeitrag zur Krankenversicherung[5] (seit Januar 2015)	Pflegeversicherungsbeitrag	Zuschlag zum Pflegeversicherungsbeitrag für kinderlose Arbeitnehmer ab 23 Jahren (seit Jan. 2005)	Rentenversicherungsbeitrag	Arbeitslosenversicherungsbeitrag	Gesamtsozialversicherungsbeitrag
1960	8,4					14,0	2,0	24,40
1965	9,8					14,0	1,3	25,10
1970	8,2					17,0	1,3	26,50
1975	10,5					18,0	2,0	30,50
1980	11,4					18,0	3,0	32,40
1985	11,8					18,7	4,4	34,90
1990	12,6					18,7	4,3	35,60
1995	13,2			1,00		18,6	6,5	39,30
2000	13,5			1,70		19,3	6,5	41,00
2005	14,2			1,70	0,25	19,5	6,5	42,15
2010	14,0	0,9		1,95	0,25	19,9	2,8	39,80
2015	14,6		0,9	2,35	0,25	18,7	3,0	39,80
2018	14,6		1,0	2,55	0,25	18,6	3,0	40,00
2019	14,6		0,9	3,05	0,25	18,6	2,5	39,90
2020	14,6		1,1	3,05	0,25	18,6	2,4	40,00
2021	14,6		1,3	3,05	0,25	18,6	2,4	40,20

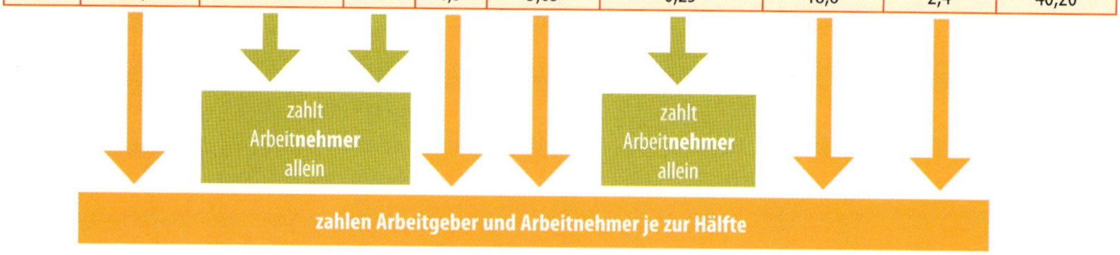

1 bis 1990: alte Bundesländer; ab 1990: Deutschland

2 jeweils am 1. Januar des Jahres

3 bis 2008: durchschnittlicher Beitragssatz; ab 2009: bundeseinheitlicher Beitragssatz (**ohne** Berücksichtigung der **Zusatzbeiträge** für solche Krankenkassen, die mit den ihnen aus dem Gesundheitsfonds zugewiesenen Geldern nicht auskommen), ab 2015: allgemeiner Beitragssatz gemäß § 241 SGB V

4 Der bislang von den Versicherten zu finanzierende feste Sonderzuschlag in Höhe von 0,9 Prozentpunkten entfällt. Allerdings können die gesetzlichen Krankenkassen seit Januar 2015 stattdessen je nach Finanzlage einen individuellen **Zusatzbeitrag** erheben oder erhöhen.

5 durchschnittlicher Zusatzbeitragssatz in der gesetzlichen Krankenversicherung, den das Bundesministerium für Gesundheit festgelegt hat. Bereits seit Januar 2019 finanzieren Arbeitgeber und Arbeitnehmer diesen prozentualen Zusatzbeitrag wieder je zur Hälfte.

6.2.2 Auszahlungsbetrag

Der auf das Girokonto des Beschäftigten zu überweisende Auszahlungsbetrag ergibt sich somit als **Differenz aus dem steuer- und sozialversicherungspflichtigen Bruttoentgelt und den gesetzlichen Lohnabzügen.**

Darüber hinaus können auf privatrechtlicher Grundlage erfolgende private Abzüge (z. B. vermögenswirksam angelegte Leistungen, Rückzahlung eines Arbeitgeberdarlehens, Verrechnung eines im Vormonat ausgezahlten Gehaltsvorschusses) zu einer weiteren Verminderung des **Auszahlungsbetrages** führen.

In ihrem individuell mit dem Arbeitgeber ausgehandelten Arbeitsvertrag hat eine kaufmännische Angestellte ein über dem maßgeblichen Vergütungstarifvertrag liegendes monatliches Entgelt in Höhe von 1 623,90 EUR vereinbart. Aufgrund tarifvertraglicher Verpflichtung zahlt der Arbeitgeber monatlich 26,59 EUR als (steuer- und sozialversicherungspflichtigen) Arbeitgeber-Anteil zu den vermögenswirksamen Leistungen.

Die vermögenswirksam angelegten Leistungen (monatlicher Sparbetrag in Höhe von 40,00 EUR) lässt die Angestellte auf das entsprechende Anlagekonto, und zwar einen Sparvertrag über Wertpapiere, überweisen.

Auszug aus der Entgeltmitteilung *(bei manueller Steuerermittlung)*

Frau
Kerstin Schomm
Pirolweg 13 a
44388 Dortmund

– PERSÖNLICH –

Abrechnungsmonat 01/20 . .

Personal-Nr.:	12
Geburtsdatum:	22. September 1996
VSNR:	11220996S504
eTIN:	YMMOKRST88I22P
Identifikationsnr.:	83198235378
Eintrittsdatum:	01. Juli 20 . .
Gehaltsgruppe:	V
Gehaltsstufe:	3
Bankverbindung (Gehaltskonto):	
• *IBAN:*	DE81 4405 0199 0037 8526 27
• *BIC:*	DORTDE33XXX (SPK Dortmund)
Krankenkasse:	BARMER

Allgemeine Besteuerungsmerkmale
(lt. ELStAM-Datenbank)

Steuerklasse:	I
Steuerfreibetrag Jahr in EUR:	0
Steuerfreibetrag Monat in EUR:	0
Zahl der Kinderfreibeträge:	0,0
Konfession:	ev

Bezüge		**lfd. Monat**	**Vormonat(e)**	**Zusammenstellung**
Entgelt lt. Arbeits-/Tarifvertrag		1 623,90		
VL-Arbeitgeber-Zulage		26,59		
weitere steuerpflichtige Zahlungen		0,00		
steuer- und sozialversicherungspflichtiges Bruttoentgelt		**1 650,49**		**1 650,49**
gesetzliche Lohnabzüge				
Lohnsteuer[1]	91,16			
Solidaritätszuschlag[1]	0,00			
Kirchensteuer[1]	8,20			
Arbeitnehmerbeiträge zur SV[2]	335,48			
– Krankenversicherung 132,87				
– Pflegeversicherung 29,30				
– Rentenversicherung 153,50				
– Arbeitslosenversicherung 19,81				
Summe gesetzlicher Lohnabzüge		**434,84**		**434,84**
Nettoentgelt		**1 215,65**		**1 215,65**
private Abzüge				
VL-Sparbetrag	40,00			
sonstige Abzüge	0,00			
Summe privater Abzüge		**40,00**		**40,00**
		Auszahlungsbetrag		**1 175,65**

1 Bei **elektronischer Steuerermittlung** ergeben sich folgende Beträge: Lohnsteuer 80,58 EUR, Solidaritätszuschlag 0,00 EUR und Kirchensteuer 8,15 EUR.

2 Unterstellte Gesamt**arbeitnehmer**anteile zur gesetzlichen Sozialversicherung: Krankenversicherung 7,3 % (= 120,49 EUR) + individueller Zusatzbeitrag 0,75 % (= 12,38 EUR), Pflegeversicherung 1,525 % (= 25,17 EUR) + 0,25 % (= 4,13 EUR), Rentenversicherung 9,3 %, Arbeitslosenversicherung 1,2 %.

Wenn Chef und Mitarbeiter über Lohn und Gehalt reden, diskutieren sie oft aneinander vorbei. Der Arbeitgeber stöhnt über die hohen Lohnkosten, der Arbeitnehmer beklagt sein niedriges Nettoeinkommen. In der Tat: Vom Aufwand für Arbeit, wie ihn das Unternehmen in seiner Kostenrechnung kalkuliert, landet nur gut die Hälfte (55 Prozent) auf dem Konto des Arbeitnehmers. Durchschnittlich 3 772 Euro im Monat mussten die Arbeitgeber im Jahr 2020 für jeden abhängig Beschäftigten kalkulieren. Davon sind nur 3 092 Euro brutto auf der monatlichen Lohn- und Gehaltsabrechnung ausgewiesen. Unsichtbar für den Arbeitnehmer bleiben jene 680 Euro, die der Betrieb als Arbeitgeberbeiträge an die Sozialkassen abführt. Nach Abzug der Lohnsteuer und der Arbeitnehmerbeiträge zur Renten-, Arbeitslosen-, Kranken- und Pflegeversicherung bleiben dem Beschäftigten 2 084 Euro netto im Monat. Fazit: Der Betrieb wendet 3 772 Euro auf, der Beschäftigte erhält 2 084 Euro. Den Unterschied zwischen Lohnkosten und Nettolohn – in diesem Beispiel 1 688 Euro – kassieren der Staat und die Sozialversicherung. – Die Berechnungen in dieser Grafik orientierten sich an einem vereinfachten Modell. So können beispielsweise Zahlungen des Arbeitnehmers in eine private Altersvorsorge den Nettoverdienst zusätzlich verringern.

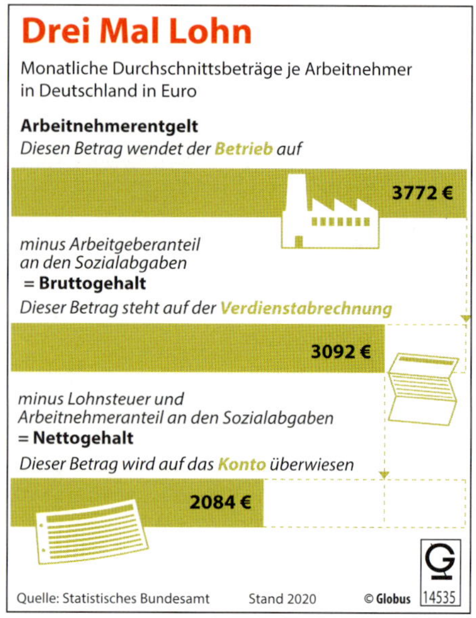

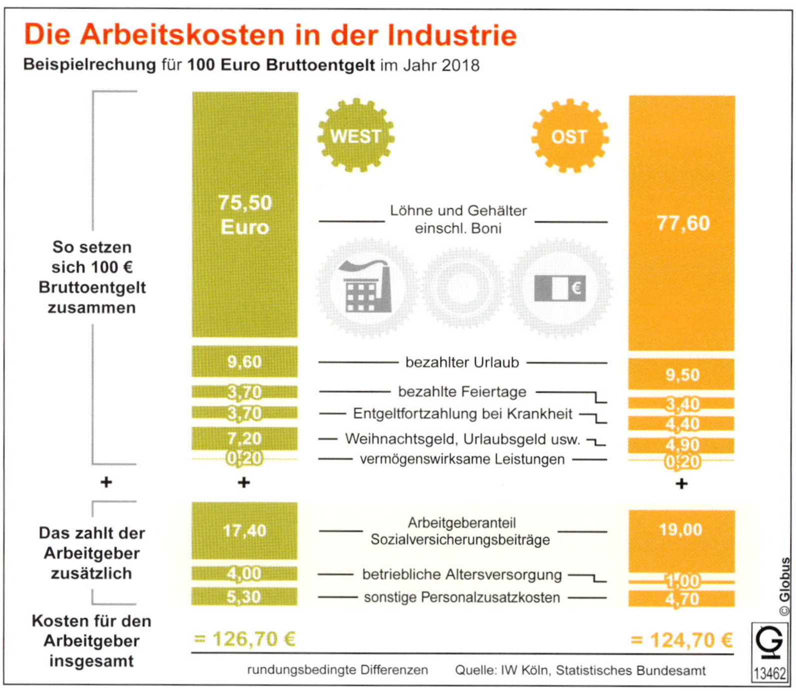

Auf den ersten Blick kann sich die Einkommensentwicklung der letzten Jahre in Deutschland sehen lassen. Die durchschnittlichen Bruttomonatsverdienste je Arbeitnehmer erhöhten sich von 1 657 Euro im Jahr 1991 auf 3 092 Euro im Jahr 2020; das ist ein Plus von 86,6 Prozent. Und auch netto – also nach Abzug von Steuern und Sozialversicherungsbeiträgen – gab es über die Jahre einen ordentlichen Zuwachs: Plus 79,5 Prozent (von 1 161 auf 2 084 Euro) lautet das Ergebnis im Vergleich zu 1991. Berücksichtigt man jedoch die Geldentwertung durch den Anstieg der Verbraucherpreise, dann schrumpft dieser Zuwachs erheblich – und zwar auf 11,1 Prozent. Denn die Verbraucherpreise in Deutschland sind seit dem Jahr 1991 um rund 61,5 Prozent gestiegen. Berücksichtigt man diese Entwicklung, dann ist die Kaufkraft der Nettomonatsverdienste im Jahr 2020 nur um 129 Euro höher als im Jahr 1991. Mit anderen Worten: Die Realeinkommen der Arbeitnehmer haben sich von 1991 bis 2020 nur im Schneckentempo erhöht – der Arbeitnehmer von heute kann sich gerade einmal für knapp 130 Euro (in Kaufkraft des Jahres 1991) mehr leisten als vor 29 Jahren.

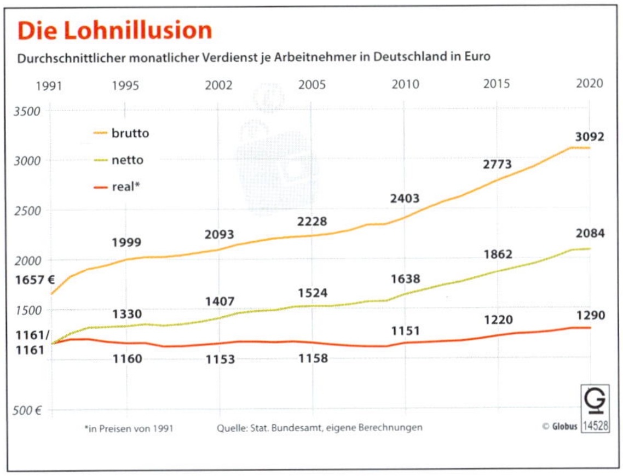

6.2.3 Lohnsteuer-Anmeldung

Der Arbeitgeber hat dem zuständigen Finanzamt (= Betriebsstättenfinanzamt) die bei der Lohn- bzw. Gehaltszahlung vom Bruttoentgelt der Beschäftigten einzubehaltenden Steuern (Lohnsteuer, Kirchensteuer und Solidaritätszuschlag) fristgerecht anzumelden (= Anmeldungszeitraum) und zu überweisen (= Abführungszeitpunkt). Der **Lohnsteuer-Anmeldung** sind nicht nur Steuernummer sowie Anschrift des Arbeitgebers und Anzahl der beschäftigten Arbeitnehmer zu entnehmen, sondern auch die für den jeweiligen Anmeldungszeitraum maßgebliche Summe der von **allen Beschäftigten** einzubehaltenden und zu übernehmenden Steuerabzugsbeträge.

Bereits seit Januar 2005 ist die Übermittlung der Daten aus der Lohnsteuer-Anmeldung auf **elektronischem Wege** verpflichtend. Zur Vermeidung unbilliger Härten kann das Betriebsstättenfinanzamt auf Antrag auf die elektronische Übermittlung verzichten. In diesem Fall ist der entsprechende amtliche Erklärungsvordruck weiterzuverwenden, der vom Arbeitgeber oder einer zu seiner Vertretung berechtigten Person zu unterschreiben ist. Seit 2013 ist die Lohnsteuer-Anmeldung nur noch elektronisch authentifiziert zu übermitteln.

▶ Anmeldungszeitraum

Je nachdem, wie hoch der **Lohnsteuerbetrag im Vorjahr** gewesen ist, ist die Lohnsteuer-Anmeldung **bis spätestens zum zehnten Tag nach Ablauf des jeweiligen Lohnsteuer-Anmeldungszeitraumes** (Kalendermonat, Kalendervierteljahr oder Kalenderjahr) zu übermitteln bzw. zu übersenden. Trifft die Anmeldung nicht rechtzeitig ein, kann das Betriebsstättenfinanzamt zu der Lohnsteuer einen **Verspätungszuschlag** bis zu 10 % des anzumeldenden Betrages festsetzen.

▶ Abführungszeitpunkt

Die Steuerabzugsbeträge sind ebenfalls bis zu dem oben genannten Zeitpunkt, also bis spätestens zum zehnten Tag nach Ablauf des jeweiligen Anmeldungszeitraumes, an das Betriebsstättenfinanzamt zu überweisen. Im Falle der nicht rechtzeitigen Zahlung ist ein **Säumniszuschlag** zu entrichten. Dieser beträgt – für jeden angefangenen Monat der Säumnis – 1 % des rückständigen Steuerbetrages.

Anmeldungszeitraum und Abführungszeitpunkt sind somit spätestens

- der zehnte Tag nach Ablauf eines **jeden Kalendermonats** *(die abzuführende Lohnsteuer für das vorangegangene Kalenderjahr hat* **mehr als 5 000 EUR** *betragen);*
- der zehnte Tag nach Ablauf eines **jeden Kalendervierteljahres** *(die abzuführende Lohnsteuer für das vorangegangene Kalenderjahr hat* **mehr als 1 080 EUR, aber nicht mehr als 5 000 EUR** *betragen);*
- der zehnte Tag nach Ablauf eines **jeden Kalenderjahres** *(die abzuführende Lohnsteuer für das vorangegangene Kalenderjahr hat* **nicht mehr als 1 080 EUR** *betragen).*

Aus der aktuellen Entgeltabrechnung einer von mehreren Fachärzten betriebenen Gemeinschaftspraxis ergeben sich für den **Monat September d. J.** für die insgesamt 11 Mitarbeiter/-innen folgende Beträge:

Zusammenstellung der relevanten Daten aus den Entgeltabrechnungen des Monats September für alle 11 Mitarbeiter/-innen

Summe …	**Summe der Beträge** (für 11 Beschäftigte)	**Beträge aufgesplittet je nach der für den Beschäftigten zuständigen Krankenkasse**	
		BARMER (für 6 Beschäftigte)	**DAK-Gesundheit** (für 5 Beschäftigte)
… der Entgelte lt. Arbeits-/Tarifvertrag:	**30 267,77 EUR**	16 539,19 EUR	13 728,58 EUR
… der VL-Arbeitgeber-Zulagen:	**143,00 EUR**	78,00 EUR	65,00 EUR
… der steuer- und sozialversicherungspflichtigen Bruttoentgelte:	**30 410,77 EUR**	16 617,19 EUR	13 793,58 EUR
… **der Steuern,** davon:	**3 770,33 EUR**	**1 936,28 EUR**	**1 834,05 EUR**
… – Lohnsteuer:	**3 523,30 EUR**	1 797,82 EUR	1 725,48 EUR
… – Solidaritätszuschlag:	**0,00 EUR**	0,00 EUR	0,00 EUR
… – Kirchensteuer (evangelisch):	**171,10 EUR**	110,39 EUR	60,71 EUR
… – Kirchensteuer (römisch-katholisch):	**75,93 EUR**	28,07 EUR	47,86 EUR
… der Arbeit**nehmer**beiträge zur gesetzlichen Sozialversicherung, davon:	**6 155,93 EUR**	**3 358,79 EUR**	**2 797,14 EUR**
– **Krankenversicherung:**[1]	**2 219,99 EUR**	1 213,06 EUR	1 006,93 EUR
– Zusatzbeiträge zur **Krankenversicherung:**[1]	**228,08 EUR**	124,63 EUR	103,45 EUR
– **Pflegeversicherung:**[1]	**463,78 EUR**	253,42 EUR	210,36 EUR
– gesetzliche Zuschläge zur **Pflegeversicherung:**[2]	**50,95 EUR**	22,87 EUR	28,08 EUR
– **Rentenversicherung:**[1]	**2 828,19 EUR**	1545,40 EUR	1 282,79 EUR
– **Arbeitslosenversicherung**[1]	**364,94 EUR**	199,41 EUR	165,53 EUR
… der gesetzlichen Lohnabzüge:	**9 926,26 EUR**	**5 295,07 EUR**	**4 631,19 EUR**
… der Nettoentgelte:	**20 484,51 EUR**	**11 322,12 EUR**	**9 162,39 EUR**
… der VL-Sparbeträge:	**440,00 EUR**	240,00 EUR	200,00 EUR
… der Auszahlungsbeträge:	**20 044,51 EUR**	**11 082,12 EUR**	**8 962,39 EUR**

[1] Beiträge, die **auch vom Arbeitgeber in gleicher Höhe** zu tragen sind

[2] gesetzlicher Zuschlag für Kinderlose ab 23 Jahren, der **nur vom Arbeitnehmer** zu tragen ist

- Bitte weiße Felder ausfüllen oder ☒ ankreuzen und Hinweise auf der Rückseite beachten -

2021

Fallart	Steuernummer	Unterfallart
11	322 1548 1391	62

30 Eingangsstempel oder -datum

Finanzamt
Hamm
Grünstraße 1

59069 Hamm

Arbeitgeber - Anschrift der Betriebsstätte - Telefonnummer - E-Mail
Dres. Claudia und Harald Berger
Bahnhofstr. 19
59065 Hamm
02381 75100-0
gemeinschaftspraxis.berger@t-online.de

Lohnsteuer-Anmeldung 2021

Anmeldungszeitraum

bei **monatlicher** Abgabe bitte ankreuzen

21 01	Jan.		21 07	Juli	
21 02	Feb.		21 08	Aug.	
21 03	März		21 09	Sept.	X
21 04	April		21 10	Okt.	
21 05	Mai		21 11	Nov.	
21 06	Juni		21 12	Dez.	

bei **vierteljährlicher** Abgabe bitte ankreuzen

21 41	I. Kalendervierteljahr	
21 42	II. Kalendervierteljahr	
21 43	III. Kalendervierteljahr	
21 44	IV. Kalendervierteljahr	

bei jährlicher Abgabe bitte ankreuzen

21 19	Kalenderjahr	

Berichtigte Anmeldung (falls ja, bitte eine „1" eintragen).........	10	
Zahl der Arbeitnehmer (einschl. Aushilfs- und Teilzeitkräfte)...............	86	11
zu Zeile 22: Zahl der Arbeitnehmer mit BAV-Förderbetrag.....................	90	

		EUR	Ct
Summe der einzubehaltenden Lohnsteuer [1) 2)]	42	3 523	30
Summe der pauschalen Lohnsteuer - ohne § 37b EStG - [1)]	41		
Summe der pauschalen Lohnsteuer nach § 37b EStG [1)]	44		
abzüglich Kürzungsbetrag für Besatzungsmitglieder von Handelsschiffen	33		
abzüglich Förderbetrag zur betrieblichen Altersversorgung nach § 100 EStG (BAV-Förderbetrag) [1)]	45		
Verbleiben [1)]	48	3 523	30
Solidaritätszuschlag [1) 2)]	49		
pauschale Kirchensteuer im vereinfachten Verfahren	47		
Evangelische Kirchensteuer - ev [1) 2)]	61	171	10
Römisch-Katholische Kirchensteuer - rk [1) 2)]	62	75	93
Gesamtbetrag [1)]	83	3 770	33

1) Negativen Beträgen ist ein **Minuszeichen** voranzustellen
2) Nach Abzug der im Lohnsteuer-Jahresausgleich erstatteten Beträge

Ein Erstattungsbetrag wird auf das dem Finanzamt benannte Konto überwiesen, soweit der Betrag nicht mit Steuerschulden verrechnet wird.
Verrechnung des Erstattungsbetrags erwünscht/Erstattungsbetrag ist abgetreten (falls ja, bitte eine „1" eintragen)............. **29**
Geben Sie bitte die Verrechnungswünsche auf einem besonderen Blatt oder auf dem beim Finanzamt erhältlichen Vordruck „Verrechnungsantrag" an.

Das **SEPA-Lastschriftmandat** wird ausnahmsweise (z. B. wegen Verrechnungswünschen) für diesen Anmeldungszeitraum **widerrufen** (falls ja, bitte eine „1" eintragen)............ **26**
Ein ggf. verbleibender Restbetrag ist gesondert zu entrichten.

Über die Angaben in der Steueranmeldung hinaus sind weitere oder abweichende Angaben oder Sachverhalte zu berücksichtigen (falls ja, bitte eine „1" eintragen)............ **23**
Diese ergeben sich aus der beigefügten Anlage, welche mit der Überschrift „Ergänzende Angaben zur Steueranmeldung" gekennzeichnet ist.

08.10.2021 *Dr. C. Berger*
Datum, Unterschrift

Datenschutzhinweis:
Die mit der Steueranmeldung angeforderten Daten werden auf Grund der §§ 149, 150 der Abgabenordnung und des § 41a des Einkommensteuergesetzes erhoben. Die Angabe der Telefonnummer und der E-Mail-Adresse ist freiwillig.
Informationen über die Verarbeitung personenbezogener Daten in der Steuerverwaltung und über Ihre Rechte nach der Datenschutz-Grundverordnung sowie über Ihre Ansprechpartner in Datenschutzfragen entnehmen Sie bitte dem allgemeinen Informationsschreiben der Finanzverwaltung. Dieses Informationsschreiben finden Sie unter www.finanzamt.de (unter der Rubrik „Datenschutz") oder erhalten Sie bei Ihrem Finanzamt.

3.20 - **LStA** - Lohnsteuer-Anmeldung 2021 -

▶ Modernisierung des Lohnsteuer-/Einkommensteuerverfahrens

Das in den 30er-Jahren des letzten Jahrhunderts entwickelte Lohnsteuerverfahren ist immer noch papiergebunden: So bilden im Zusammenspiel der Beteiligten (Gemeinde, Arbeitnehmer, Arbeitgeber und Finanzamt) die amtlichen Formulare (z. B. Lohnsteuer-Anmeldung, Ermäßigungsantrag und Einkommensteuererklärung) die Eckpfeiler des heutigen Lohnsteuerverfahrens.

Ziel der Modernisierung des heutigen Lohnsteuer-/Einkommensteuerverfahrens ist es, die sich durch die weit verbreitete Nutzung von Computern und Internet ergebenden Vereinfachungsmöglichkeiten unter Abbau bürokratischer Hürden weiter auszunutzen. Schon heute können im Rahmen des Projektes **ELSTER** (= **EL**ektronische **ST**euer**ER**klärung) Lohnsteuer-Anmeldungen vollelektronisch an das Finanzamt übermittelt werden. Inzwischen ist die papiergebundene Lohnsteuerkarte bereits durch ein weiteres elektronisches Verfahren – **ElsterLohn II** genannt – ersetzt worden. Seit 2013 kann der Arbeitgeber die jeweiligen Lohnsteuerabzugsmerkmale seiner Beschäftigten aus der ELStAM-Datenbank der Finanzverwaltung (vgl. S. 396) abrufen.

In der Endstufe sollen die heute gängigen papiergebundenen durch vollelektronische Lohnsteuer-/Einkommensteuerverfahren ersetzt werden.

Vollelektronisches Lohnsteuer-/Einkommensteuerverfahren (Endstufe)

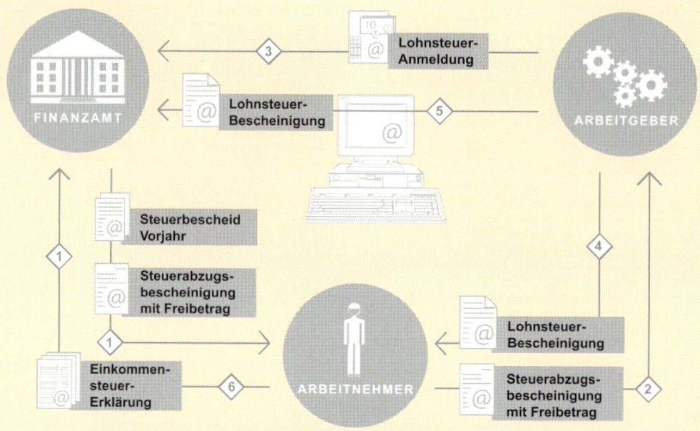

Das Finanzamt bearbeitet die (elektronische) Einkommensteuer-Erklärung des Arbeitnehmers für das Vorjahr und übermittelt den Einkommensteuerbescheid sowie eine Steuerabzugsbescheinigung (mit Freibetrag) elektronisch an den Arbeitnehmer (1).

Der Arbeitnehmer gibt die Steuerabzugsbescheinigung (mit Freibetrag) an seinen Arbeitgeber weiter. Anhand dieser Bescheinigung (Steuerklasse, Freibetrag etc.) zieht der Arbeitgeber die Lohnsteuer vom Arbeitslohn ab (2).

Mit einer elektronischen Lohnsteuer-Anmeldung meldet der Arbeitgeber die einbehaltene Lohnsteuer beim zuständigen Finanzamt an (3).

Am Jahresende erstellt der Arbeitgeber **eine elektronische Lohnsteuerbescheinigung** (vgl. S. 407), die er dem Arbeitnehmer (4) und der Finanzverwaltung übermittelt (5).

Die Daten der Lohnsteuerbescheinigung fügt der Arbeitnehmer lediglich seiner elektronischen Einkommensteuer-Erklärung bei und sendet sie verschlüsselt via Internet an die Finanzverwaltung (6).

Quelle: Bundesministerium der Finanzen

Christian Dürr, FDP-Fraktionsvize, will die Steuererklärung für den Normalbürger abschaffen. Nach Vorstellung des Finanzexperten soll künftig das Finanzamt automatisch den Steuerbescheid erstellen, den ein Steuerzahler dann nur noch per SMS zu bestätigen braucht. „Die Kombination aus Digitalisierung und Steuervereinfachung könnte der goldene Weg sein, um den Menschen endlich eine wirklich spürbare Entlastung bei dem bürokratischen Steuerwahnsinn zu geben", sagte er im Hinblick auf das digitale Zeitalter. ■ **afp**

Quelle: Westfälischer Anzeiger vom 29. Dezember 2018

Ausdruck der elektronischen Lohnsteuerbescheinigung für 2021

Nachstehende Daten wurden maschinell an die Finanzverwaltung übertragen.

Korrektur/Stornierung

Datum:

eTIN:

Identifikationsnummer:

Personalnummer:

Geburtsdatum:

Transferticket:

Dem Lohnsteuerabzug wurden im letzten Lohnzahlungszeitraum zugrunde gelegt:

Steuerklasse/Faktor

Zahl der Kinderfreibeträge

Steuerfreier Jahresbetrag

Jahreshinzurechnungsbetrag

Kirchensteuermerkmale

Anschrift und Steuernummer des Arbeitgebers:

1. Bescheinigungszeitraum		vom - bis	
2. Zeiträume ohne Anspruch auf Arbeitslohn		Anzahl „U“	
Großbuchstaben (S, M, F, FR)			
		EUR	Ct
3. Bruttoarbeitslohn einschl. Sachbezüge ohne 9. und 10.			
4. Einbehaltene Lohnsteuer von 3.			
5. Einbehaltener Solidaritätszuschlag von 3.			
6. Einbehaltene Kirchensteuer des Arbeitnehmers von 3.			
7. Einbehaltene Kirchensteuer des Ehegatten/Lebenspartners von 3. (nur bei Konfessionsverschiedenheit)			
8. In 3. enthaltene Versorgungsbezüge			
9. Ermäßigt besteuerte Versorgungsbezüge für mehrere Kalenderjahre			
10. Ermäßigt besteuerter Arbeitslohn für mehrere Kalenderjahre (ohne 9.) und ermäßigt besteuerte Entschädigungen			
11. Einbehaltene Lohnsteuer von 9. und 10.			
12. Einbehaltener Solidaritätszuschlag von 9. und 10.			
13. Einbehaltene Kirchensteuer des Arbeitnehmers von 9. und 10.			
14. Einbehaltene Kirchensteuer des Ehegatten/Lebenspartners von 9. und 10. (nur bei Konfessionsverschiedenheit)			
15. (Saison-)Kurzarbeitergeld, Zuschuss zum Mutterschaftsgeld, Verdienstausfallentschädigung (Infektionsschutzgesetz), Aufstockungsbetrag und Altersteilzeitzuschlag			
16. Steuerfreier Arbeitslohn nach	a) Doppelbesteuerungsabkommen (DBA)		
	b) Auslandstätigkeitserlass		
17. Steuerfreie Arbeitgeberleistungen, die auf die Entfernungspauschale anzurechnen sind			
18. Pauschal mit 15 % besteuerte Arbeitgeberleistungen für Fahrten zwischen Wohnung und erster Tätigkeitsstätte			
19. Steuerpflichtige Entschädigungen und Arbeitslohn für mehrere Kalenderjahre, die nicht ermäßigt besteuert wurden - in 3. enthalten			
20. Steuerfreie Verpflegungszuschüsse bei Auswärtstätigkeit			
21. Steuerfreie Arbeitgeberleistungen bei doppelter Haushaltsführung			
22. Arbeitgeber-anteil/-zuschuss	a) zur gesetzlichen Rentenversicherung		
	b) an berufsständische Versorgungs-einrichtungen		
23. Arbeitnehmer-anteil	a) zur gesetzlichen Rentenversicherung		
	b) an berufsständische Versorgungs-einrichtungen		
24. Steuerfreie Arbeitgeber-zuschüsse	a) zur gesetzlichen Krankenversicherung		
	b) zur privaten Krankenversicherung		
	c) zur gesetzlichen Pflegeversicherung		
25. Arbeitnehmerbeiträge zur gesetzlichen Krankenversicherung			
26. Arbeitnehmerbeiträge zur sozialen Pflegeversicherung			
27. Arbeitnehmerbeiträge zur Arbeitslosenversicherung			
28. Beiträge zur privaten Kranken- und Pflege-Pflichtversicherung oder Mindestvorsorgepauschale			
29. Bemessungsgrundlage für den Versorgungsfreibetrag zu 8.			
30. Maßgebendes Kalenderjahr des Versorgungsbeginns zu 8. und/oder 9.			
31. Zu 8. bei unterjähriger Zahlung: Erster und letzter Monat, für den Versorgungsbezüge gezahlt wurden			
32. Sterbegeld; Kapitalauszahlungen/Abfindungen und Nachzahlungen von Versorgungsbezügen - in 3. und 8. enthalten			
33. Ausgezahltes Kindergeld			—
34. Freibetrag DBA Türkei			
Finanzamt, an das die Lohnsteuer abgeführt wurde (Name und vierstellige Nr.)			

Anmerkungen:

1 Bei der **eTIN** handelt es sich um ein Ordnungsmerkmal, das aus dem Namen, Vornamen und Geburtsdatum des Arbeitnehmers gebildet wird, um so den Beschäftigten, dessen Daten der Arbeitgeber elektronisch an das Finanzamt meldet, eindeutig identifizieren zu können.

2 Die **Identifikationsnummer,** die langfristig sowohl die bisherige Steuernummer als auch die eTIN ersetzen soll, ist eine lebenslang geltende Steuer-identifikationsnummer (Steuer-ID) für die Einkommensteuer. Sie wird aus zehn zufällig gebildeten Ziffern sowie einer zusätzlichen 11. Prüfziffer gebildet, ohne dass diese Ziffern Rückschlüsse auf die individuellen Daten des Steuerpflichtigen (wie z. B. Name, Geschlecht, zuständiges Finanzamt) zulassen. Spätestens 20 Jahre nach Ablauf des Kalenderjahres, in dem der Steuerpflichtige verstorben ist, werden die Daten gelöscht.

6.2.4 Beitragsnachweis zur gesetzlichen Sozialversicherung

Der Arbeitgeber ist verpflichtet, die für den jeweiligen Entgeltabrechnungszeitraum (z. B. Monat) abzuführenden Beiträge zur Kranken-, Pflege-, Renten- und Arbeitslosenversicherung gegenüber der zuständigen Einzugsstelle rechtzeitig durch Datenübertragung einzureichen *(§ 28 f. III SGB IV)*. Zuständig dafür ist die Krankenkasse (z. B. DAK-Gesundheit, BARMER, AOK, BKK), bei der der Arbeitnehmer krankenversichert ist.

Zu diesem Zweck hat der Arbeitgeber mit dem **Beitragsnachweis** die Summe aller Sozialversicherungsbeiträge zu ermitteln, und zwar sowohl jeweils getrennt nach Beitragsgruppen für die entsprechenden Versicherungsträger als auch zu einem Betrag, dem sogenannten **Gesamtsozialversicherungsbeitrag** aufaddiert. Da die Beiträge zur Kranken-, Pflege-, Renten- und Arbeitslosenversicherung in der Regel je nur zur Hälfte von Arbeitnehmer und Arbeitgeber getragen werden, sind Arbeit**nehmer- und** Arbeit**geber**anteile zur Sozialversicherung zusammenzurechnen, um so den **Gesamtsozialversicherungsbeitrag** für alle Beschäftigten zu ermitteln.

Summe aller Arbeitnehmer- und Arbeitgeberanteile zur Sozialversicherung (ohne Berücksichtigung der Umlagen – Ausgleichsverfahren vgl. S. 411 ff.)	**Beiträge für den entsprechenden Versicherungsträger**
■ Arbeitnehmeranteile zur Krankenversicherung ■ Arbeitgeberanteile zur Krankenversicherung ■ Zusatzbeiträge zur Krankenversicherung	**Beiträge zur Krankenversicherung** ⇨ Beitragsgruppe 1000 ⇨ Beitragsgruppe –
■ Arbeitnehmeranteile zur Pflegeversicherung ■ gesetzliche Zuschläge zur Pflegeversicherung ■ Arbeitgeberanteile zur Pflegeversicherung	**Beiträge zur Pflegeversicherung** ⇨ Beitragsgruppe 0001/0002
■ Arbeitnehmeranteile zur Rentenversicherung ■ Arbeitgeberanteile zur Rentenversicherung	**Beiträge zur Rentenversicherung** ⇨ Beitragsgruppe 0100
■ Arbeitnehmeranteile zur Arbeitslosenversicherung ■ Arbeitgeberanteile zur Arbeitslosenversicherung	**Beiträge zur Arbeitslosenversicherung** ⇨ Beitragsgruppe 0010

Gesamtsozialversicherungsbeitrag für alle Beschäftigten
(ist für jede der jeweils zuständigen Krankenkassen separat zu ermitteln)

Unter der Annahme, dass die kaufmännische Angestellte Kerstin Schomm die einzige Mitarbeiterin ist, die bei der BARMER krankenversichert ist, ergibt sich auf der Grundlage der Entgeltabrechnung (vgl. S. 401) ein **Gesamtsozialversicherungsbeitrag** in Höhe von 666,83 EUR.

Zweige der gesetzlichen Sozial-versicherung	**Gesamtbeitragssatz**	Arbeit**nehmer**-anteile		Arbeit**geber**-anteile	**Gesamtsozialversicherungsbeitrag** (Summe aller Arbeit-nehmer- **und** Arbeit-geberanteile)
		paritätisch finanziert	Zuschlag	paritätisch finanziert	
Kranken-versicherung	*16,1 %* ■ allgemeiner Beitragssatz: 14,6 % ■ kassenindividueller Zusatzbeitrag: 1,5 %	*(7,3 % + 0,75 % = 8,05 %)* 132,87 EUR	– –	*(7,3 % + 0,75 % = 8,05 %)* 132,87 EUR	**265,74 EUR**
Pflege-versicherung	*3,3 %* *(3,05 % + 0,25 %[1])*	*(1,525 %)* 25,17 EUR	*(0,25 %[1])* 4,13 EUR	*(1,525 %)* 25,17 EUR	**54,47 EUR**
Renten-versicherung	*18,6 %*	*(9,3 %)* 153,50 EUR	–	(9,3 %) 153,50 EUR	**307,00 EUR**
Arbeitslosen-versicherung	*2,4 %*	*(1,2 %)* 19,81 EUR	–	(1,2 %) 19,81 EUR	**39,62 EUR**
	Summen	**331,35 EUR**	**4,13 EUR**		
		335,48 EUR		**331,35 EUR**	**666,83 EUR**

[1] Beitragszuschlag für kinderlose Versicherte, die das 23. Lebensjahr vollendet haben

▶ Melde- und Beitragsverfahren *(§ 28 a ff. SGB IV)*

Beitragsnachweise werden der zuständigen Einzugsstelle vollautomatisch durch **Datenübertragung,** also auf elektronischem Wege, übermittelt. Dies kann durch gesicherte und verschlüsselte Datenübertragung aus zugelassenen systemgeprüften Entgeltabrechnungsprogrammen oder mittels maschinell erstellter Ausfüllhilfen erfolgen.

> Als Alternative zur zertifizierten systemgeprüften Software für die automatisierte Lohn- und Gehaltsabrechnung haben die Spitzenverbände der gesetzlichen Krankenkassen die Informationstechnische Servicestelle der Gesetzlichen Krankenversicherung GmbH *(ITSG)* gegründet, die die Software „sv.net" *[= Sozialversicherung im Internet]* (www.itsg.de) entwickelt hat.
>
> Dabei handelt es sich jedoch nicht um einen Ersatz für ein automatisiertes Entgeltabrechnungsprogramm, sondern um eine elektronische Ausfüllhilfe-Software, mit der ein Arbeitgeber auf elektronischem Wege die zuvor manuell erstellten Meldungen an die gesetzliche Sozialversicherung verschlüsselt übermitteln kann.
>
> Zum Leistungsumfang dieser Software gehören daher nicht nur An- und Abmeldungen sowie Jahresmeldungen, sondern insbesondere auch die Beitragsnachweis-Datensätze an die zuständige gesetzliche Krankenkasse.
>
> Die Software sv.net steht für Arbeitgeber sowohl in einer online- als auch in einer PC-basierten Variante kostenfrei zur Verfügung. Arbeitgeber mit hohem Meldeaufkommen müssen jedoch die kostenpflichtige Nutzung der Anwendung beantragen.

Der Arbeitgeber ist verpflichtet, den Beitragsnachweisdatensatz der Einzugsstelle immer **zwei Arbeitstage vor der Fälligkeit des Gesamtsozialversicherungsbeitrags**[1] zu übermitteln, also spätestens am **fünftletzten Bankarbeitstag des Monats.**

> Für das **vierte Quartal 2021** ergeben sich für die **Übermittlung des Beitragsnachweisdatensatzes** folgende Fälligkeitstermine:
>
> - **Beitragsmonat Oktober:** spätestens am 25. Oktober (auch für die Bundesländer, in denen der 31. Oktober [Reformationstag] als gesetzlicher Feiertag gilt)
> - **Beitragsmonat November:** spätestens am 24. November
> - **Beitragsmonat Dezember:** spätestens am 23. Dezember

Reicht der Arbeitgeber den Beitragsnachweis nicht rechtzeitig ein, kann die zuständige Krankenkasse das für die Beitragsberechnung maßgebliche Arbeitsentgelt schätzen, bis der Nachweis ordnungsgemäß eingereicht wird *(§ 28 f III SGB IV).*

Grundsätzlich ist der Beitragsnachweis für jeden Entgeltabrechnungszeitraum unter Angabe der Betriebs- bzw. Beitragskonto-Nr. des Arbeitgebers einzureichen. Sofern sich die Daten des Beitragsnachweises nicht verändern, kann der Arbeitgeber auch einen **Dauer-Beitragsnachweis** erstellen. Diese Meldung ist dann so lange gültig, bis der Arbeitgeber aufgrund veränderter Daten einen neuen Beitragsnachweis übermittelt.

---

1 Gemäß § 23 (1) SGB IV ist der Gesamtsozialversicherungsbeitrag in voraussichtlicher Höhe spätestens **am drittletzten Bankarbeitstag des Monats** fällig, in dem die Beschäftigung oder Tätigkeit ausgeübt worden ist oder als ausgeübt gilt (vgl. S. 412).

Die Facharztgemeinschaftspraxis (vgl. S. 404) erstellt mithilfe der Software „sv.net" für den Entgeltabrechnungszeitraum **September** für jene sechs Beschäftigten, die bei der **BARMER** (= Krankenkassen-Betriebs-Nr. 42938966) krankenversichert sind, den erforderlichen Beitragsnachweis und übermittelt den nachfolgenden Beitragsnachweisdatensatz, der die Gesamtsozialversicherungsbeiträge dieser Gruppe der Beschäftigten in Höhe von 7 168,30 EUR ausweist, **elektronisch** an die zuständige Krankenkasse.

Beitragsnachweis

Firma

Betriebsnummer: 86934044
Rechtskreis (Betriebsstätte): W

Name 1: Dres. Claudia und Harald Berger
Name 2:

Straße/Hausnummer/Postfach: Bahnhofstr. 19

Land:
PLZ: 59075
Ort: Hamm

Krankenkasse

Betriebsnummer: 42938966

Meldedaten

Stornierung: ☐
Dauerbeitragsnachweis: ☒
Beginn: 01.09.2021
Ende: 30.09.2021

Beitragsnachweis für freigestellte Arbeitnehmer nach Eintritt des Insolvenzereignisses
☐

Beitrag	**Beitragsgruppe**	**Betrag (in EUR)**
Beitrag zur Krankenversicherung – allgemein – ohne Zusatzbeitrag	1000	2 426,12
Beitrag zur Krankenversicherung – ermäßigt – ohne Zusatzbeitrag	3000	
Zusatzbeitrag zur Krankenversicherung für Pflichtversicherte	–	249,26
Beitrag zur Rentenversicherung – voller Beitrag –	0100	3 090,80
Beitrag zur Rentenversicherung – halber Beitrag –	0300	
Beitrag zur Arbeitslosenversicherung – voller Beitrag –	0010	398,82
Beitrag zur Arbeitslosenversicherung – halber Beitrag –	0020	
Beitrag zur Pflegeversicherung	0001 / 0002	529,71
Umlage Krankheitsaufwendungen	U1	365,58
Umlage Mutterschaftsaufwendungen	U2	88,07
Umlage zur Insolvenzgeldversicherung	INSO	19,94
Zwischensumme		7 168,30

Es wird bestätigt, dass die Angaben mit denen der Lohn- und Gehaltsunterlagen übereinstimmen und in diesen sämtliche Entgelte enthalten sind.

Beiträge für freiwillig Krankenversicherte	zur Krankenversicherung ohne Zusatzbeitrag	
	Zusatzbeitrag	
	zur Pflegeversicherung	
abzüglich Erstattung U1 / U2		
zu zahlender Betrag / Guthaben		7 168,30

Datum: 24.09.2021

Ausgleichsverfahren

Zu den Ausgleichsverfahren gehören folgende **Umlagen:**

Ausgleichsverfahren

Umlagen gemäß Aufwendungsausgleichsgesetz *(AAG):*
- **Umlage für Aufwendungen bei Krankheit** (U1-Verfahren) → *Beitragsgruppe: „U1"*
- **Umlage für Aufwendungen bei Mutterschaft** (U2-Verfahren) → *Beitragsgruppe: „U2"*

Umlage zur Insolvenzgeld-versicherung → *Beitragsgruppe: „INSO"*

- **Umlagen gemäß Aufwendungsausgleichsgesetz** *(AAG) (Beitragsgruppen „U1 und U2")*

  Das Ausgleichsverfahren sowohl für die **Umlage für Aufwendungen bei Krankheit (U1-Verfahren)** als auch für die **Umlage für Aufwendungen bei Mutterschaft (U2-Verfahren)** zielt darauf ab, die wirtschaftlichen Risiken des Arbeitgebers

  - bei der Entgeltfortzahlung im Krankheitsfall auf alle Klein- und Mittelbetriebe zu verteilen, indem für alle Arbeitgeber, die regelmäßig **nicht mehr als 30 Arbeitnehmer beschäftigen,** die Teilnahme an der Umlage U1 verpflichtend vorgeschrieben ist;
  - bei den Aufwendungen bei Mutterschaft verfassungsgemäß zu gestalten, indem – unabhängig von der Anzahl der Beschäftigten – die Teilnahme an der Umlage U2 für **alle Arbeitgeber** verpflichtend ist.

  Den am Ausgleichsverfahren teilnehmenden Arbeitgebern werden **auf Antrag** jene Aufwendungen erstattet *(§ 2 II AAG),* die ihnen bei Krankheit und Mutterschaft ihrer Beschäftigten entstehen. Der Erstattungsanspruch gegenüber der jeweils zuständigen Krankenkasse beträgt

  - **beim U1-Verfahren:** 80 % des Bruttoarbeitsentgelts, das an solche Arbeitnehmer fortgezahlt wird, die wegen Krankheit arbeitsunfähig sind. Zusätzlich werden die darauf entfallenden Arbeitgeberanteile zur Sozialversicherung erstattet *(§ 1 I AAG).* Der Umfang der Erstattung kann jedoch durch die Satzung der zuständigen Krankenkasse eingeschränkt werden *(§ 9 II AAG).*
  - **beim U2-Verfahren:** 100 % des gezahlten Zuschusses zum Mutterschaftsgeld sowie 100 % des gezahlten Arbeitsentgelts bei Beschäftigungsverboten nach § 11 MuSchG einschließlich der darauf entfallenden Arbeitgeberbeiträge zur Sozialversicherung *(§ 1 II AAG).* Für die Erstattung der Arbeitgeberbeitragsanteile kann die Satzung der zuständigen Krankenkasse auch eine pauschale Erstattung vorsehen *(§ 9 II AAG).*

  Die Mittel zur Durchführung der U1- und U2-Verfahren werden von den am Ausgleich beteiligten Arbeitgebern jeweils durch gesonderte Umlagen aufgebracht *(§ 7 I AAG).* Die Höhe der Umlagebeitragssätze wird durch die jeweilige Satzung der Krankenkasse festgelegt *(§ 9 I AAG).* Für die Berechnung der Umlagen U1 und U2 ist jeweils die Höhe des Arbeitsentgelts bis zu der für die Rentenversicherung geltenden Beitragsbemessungsgrenze (vgl. S. 54) maßgeblich *(§ 7 II AAG).*

Der Arbeitgeber deklariert die Umlagen U1 und U2 elektronisch zusammen mit den Gesamtsozialversicherungsbeiträgen gegenüber der jeweils zuständigen Krankenkasse monatlich im **Beitragsnachweisdatensatz** unter den beiden Beitragsgruppen „U1" und „U2".

Umlage- und Erstattungssätze der BARMER – gültig ab 1. Januar 2021

Beim Ausgleich für Krankheitsaufwendungen (U1) kann maximal ein Arbeitsentgelt in Höhe der für die Rentenversicherung maßgeblichen Beitragsbemessungsgrenze berücksichtigt werden. Die Arbeitgeberanteile an den Sozialversicherungsbeiträgen werden nicht erstattet. Diese Beschränkungen gelten nicht beim U2-Verfahren.

Bei Beschäftigungsverboten nach dem Mutterschutzgesetz wird der vom Arbeitgeber zu tragende Teil des Gesamtsozialversicherungsbeitrages pauschal mit 20 Prozent des Bruttoarbeitsentgelts abgegolten. Wird bei Beschäftigungsverboten nur teilweise mit der Arbeit ausgesetzt, ist nur der Teil der Aufwendungen erstattungsfähig, der als Entgeltfortzahlung erbracht wird.

Umlageverfahren	Erstattungssatz	Umlagebeitragssatz
U1 – Krankheit*	50 % Erstattung (ermäßigte Umlage)	1,5 %
	65 % Erstattung (Regelsatz)	2,2 %
	80 % Erstattung (erhöhte Umlage)	3,6 %
U2 – Mutterschaft	100 % Erstattung	0,5 %

* Der Arbeitgeber kann zwischen den drei Erstattungsvarianten frei wählen.

- **Umlage zur Insolvenzgeldversicherung** *(Beitragsgruppe „INSO")*

  Der Arbeitgeber ist verpflichtet, im **Beitragsnachweisdatensatz** auch die **Insolvenzgeldumlage** anzugeben. Beim Insolvenzgeld handelt es sich um einen durch die Bundesagentur für Arbeit gezahlten Entgeltersatz für solche Arbeitnehmer, deren Arbeitgeber aufgrund eines eröffneten Insolvenzverfahrens zahlungsunfähig geworden sind.

  Die Insolvenzgeldumlage wird **ausschließlich vom Arbeitgeber finanziert.** Für das Jahr 2021 beträgt der bundeseinheitliche Umlagesatz 0,12 %. Für die Berechnung der Insolvenzgeldumlage ist jeweils die Höhe des Arbeitsentgelts bis zu der für die Rentenversicherung geltenden Beitragsbemessungsgrenze (vgl. S. 54) maßgeblich.

  Der Arbeitgeber deklariert die Insolvenzgeldumlage elektronisch zusammen mit den Gesamtsozialversicherungsbeiträgen gegenüber der jeweils zuständigen Krankenkasse monatlich im Beitragsnachweisdatensatz unter der Beitragsgruppe „INSO".

Fälligkeit des Gesamtsozialversicherungsbeitrages *(§ 23 I SGB IV)*

Der Gesamtsozialversicherungsbeitrag ist in **voraussichtlicher Höhe der Beitragsschuld** spätestens am **drittletzten Bankarbeitstag** des Monats fällig, in dem die Beschäftigung oder Tätigkeit ausgeübt worden ist oder als ausgeübt gilt. Für Arbeitgeber, deren Entgeltabrechnungen regelmäßig durch Mitarbeiterwechsel oder durch die Zahlung variabler Entgeltbestandteile (z. B. Provisionen, Akkordarbeit) geprägt ist, kann unter bestimmten Voraussetzungen die voraussichtliche Höhe der Beitragsschuld auch nach den Beiträgen des Vormonats bemessen werden.

Ein ggf. aus dem Vormonat verbleibender Restbetrag wird zum drittletzten Bankarbeitstag des Folgemonats fällig, eine eventuelle Überzahlung aus dem Vormonat wird mit der nächsten Fälligkeit ausgeglichen.

Was passiert mit den gesetzlichen Lohnabzügen aus den Entgeltabrechnungen der Beschäftigten?

Steuern

- ① Lohnsteuer
- ② Solidaritätszuschlag
- ③ Kirchensteuer

für alle Beschäftigten jeweils in einer Summe zusammengefasst

Arbeitnehmer-Anteile zur gesetzlichen Sozialversicherung

- ① a Arbeitnehmer-Anteile zur **Krankenversicherung**
- ① b Zusatzbeiträge zur **Krankenversicherung**
- ② a Arbeitnehmer-Anteile zur **Pflegeversicherung**
- ② b gesetzliche Zuschläge zur **Pflegeversicherung**
- ③ Arbeitnehmer-Anteile zur **Rentenversicherung**
- ④ Arbeitnehmer-Anteile zur **Arbeitslosenversicherung**

Arbeitgeber-Anteile zur gesetzlichen Sozialversicherung
(ohne Berücksichtigung der Umlagen)

- ① a) Arbeitgeber-Anteile zur **Krankenversicherung**
- ① b) Zusatzbeiträge zur **Krankenversicherung**
- ② Arbeitgeber-Anteile zur **Pflegeversicherung**
- ③ Arbeitgeber-Anteile zur **Rentenversicherung**
- ④ Arbeitgeber-Anteile zur **Arbeitslosenversicherung**

Gesamtsozialversicherungsbeitrag (= Arbeitnehmer-Anteile **plus** Arbeitgeber-Anteile) für alle Beschäftigten in einer Summe zusammengefasst, jedoch jeweils separat für die jeweilige Krankenkasse

Steuern		Sozialversicherung
zuständiges Betriebsstättenfinanzamt	**Zahlungsempfänger**	die für die jeweilige Arbeitnehmergruppe zuständige Krankenkasse, die die Gelder entsprechend weiterverteilt, und zwar an die zuständigen Träger der Pflege-, Renten- und Arbeitslosenversicherung
authentifizierte Lohnsteuer-Anmeldung auf elektronischem Wege, und zwar spätestens am 10. Tag nach Ablauf des jeweiligen Anmeldezeitraumes	**Anmeldeformular**	Beitragsnachweis auf elektronischem Wege, und zwar jeweils 2 Arbeitstage **vor** der Fälligkeit des Gesamtsozialversicherungsbeitrages (also **spätestens am fünftletzten Bankarbeitstag des Monats**)
Kalendermonat **oder** -quartal **oder** -jahr	**Anmeldezeitraum**	Kalendermonat
spätestens der 10. Tag nach Ablauf des jeweiligen Anmeldezeitraumes	**Zahlungszeitpunkt**	**spätestens am drittletzten Bankarbeitstag des Monats,** in dem die Beschäftigung oder Tätigkeit ausgeübt worden ist oder als ausgeübt gilt

Bei der Feststellung der drei letzten Bankarbeitstage für den **Monat Dezember** ist zu berücksichtigen, dass sowohl der 24. Dezember als auch der 31. Dezember eines Jahres bundesweit **nicht** als bankübliche Arbeitstage gelten.

Für das **vierte Quartal 2021** ergeben sich für die **Zahlung des Gesamtsozialversicherungsbeitrages** folgende Fälligkeitstage:

- **Beitragsmonat Oktober:** spätestens am 27. Oktober (auch für die Bundesländer, in denen der 31. Oktober [Reformationstag] als gesetzlicher Feiertag gilt)
- **Beitragsmonat November:** spätestens am 26. November
- **Beitragsmonat Dezember:** spätestens am 28. Dezember

Für nicht fristgerecht gezahlte Beträge wird ein **Säumniszuschlag** in Höhe von 1 % erhoben.

Die nicht für sie bestimmten Beiträge leitet die jeweils zuständige Krankenkasse an den entsprechenden Versicherungsträger weiter, und zwar

- die Beiträge zur Pflegeversicherung an die Pflegekassen;
- die Beiträge zur Rentenversicherung an den zuständigen Rentenversicherungsträger;
- die Beiträge zur Arbeitslosenversicherung und die Insolvenzgeldumlage an die Bundesagentur für Arbeit.

▶ Zusammenfassung

Entlohnung

Lohnbegriff im engeren Sinne

alle Einkünfte eines Arbeitnehmers aus nichtselbstständiger Arbeit

Ermittlung des Auszahlungsbetrages

steuer- und sozialversicherungspflichtiges Bruttoentgelt

– Lohnsteuer – Solidaritätszuschlag – Kirchensteuer – Arbeit**nehmer**beiträge zur gesetzlichen Kranken-, Pflege-, Renten- und Arbeitslosenversicherung	} **gesetzliche Lohnabzüge**
– vermögenswirksam angelegte Leistungen	} ggf. **private Lohnabzüge**
= **Auszahlungsbetrag** (zur Gutschrift auf dem Girokonto)	

Lohnsteuer-Anmeldung

elektronisch authentifizierte Anmeldung der einzubehaltenden und zu übernehmenden Steuerabzugsbeträge für alle Beschäftigten in einer Summe zusammengefasst

- **zuständig:** Betriebsstättenfinanzamt
- **mögliche Anmeldezeiträume:** Kalendermonat, -vierteljahr oder -jahr
- **Zahlungszeitpunkt:** spätestens der zehnte Tag nach Ablauf des jeweiligen Anmeldezeitraumes

Beitragsnachweis zur gesetzlichen Sozialversicherung

elektronische Anmeldung der für alle Beschäftigten zu entrichtenden Sozialversicherungsbeiträge, und zwar getrennt für die entsprechenden Versicherungsträger als auch zum Gesamtsozialversicherungsbeitrag (Arbeitnehmer- **und** Arbeitgeberanteil zur Sozialversicherung) zusammengefasst

- **zuständig:** Krankenkasse, bei der der Arbeitnehmer krankenversichert ist
- **Anmeldezeitraum:** Kalendermonat
- Beitragsnachweisdatensatz muss der Einzugsstelle immer **zwei Arbeitstage vor dem Zahlungszeitpunkt des Gesamtsozialversicherungsbeitrags** vorliegen, also **spätestens am fünftletzten Bankarbeitstag** des Monats, in dem die Beschäftigung oder Tätigkeit ausgeübt worden ist oder als ausgeübt gilt
- **Zahlungszeitpunkt:** spätestens am **drittletzten Bankarbeitstag** des Monats, in dem die Beschäftigung oder Tätigkeit ausgeübt worden ist oder als ausgeübt gilt

Aufgaben

30

(1) Definieren Sie den Begriff des Lohns!

(2) Lassen sich die folgenden Einkünfte dem Lohnbegriff im engeren Sinne zuordnen? Begründen Sie Ihre Meinung!

a) Besoldung eines Beamten

b) Einkünfte eines freiberuflich tätigen Steuerberaters

c) Urlaubsgeld

d) Arbeitslosengeld I

e) Zuwendung anlässlich der 25-jährigen Betriebszugehörigkeit

f) Mieteinnahmen

g) Einkünfte als Gesellschafter einer OHG

h) Zinsen

i) Prämie für einen Verbesserungsvorschlag

(3) Was versteht man unter sonstigen Bezügen im Sinne des Einkommensteuergesetzes?

(4) Errechnen Sie die gesamten Personalkosten, die dem Arbeitgeber durch die Beschäftigung von Frau Kerstin Schomm (vgl. S. 401) für das ganze Kalenderjahr entstehen.

Lohnsteigerungen, Überstunden, Entgeltfortzahlung wegen Krankheit, Urlaubs- und Weihnachtsgeld etc. sind dabei nicht zu berücksichtigen!

(5) Erstellen Sie unter Berücksichtigung des Auszuges aus der Allgemeinen Lohnsteuer-Tabelle (vgl. S. 397) für den nachfolgenden Sachverhalt eine vollständige Entgeltabrechnung auf der Basis der zurzeit geltenden Sozialversicherungsbeitragssätze! Die gesetzliche Krankenkasse erhebt einen Zusatzbeitrag i. H. v. 1,4 %.

Das tarifliche Entgelt einer 25-jährigen kaufmännischen Angestellten beträgt 2 192,50 EUR. Die evangelische Angestellte mit Wohnsitz in Düsseldorf ist unverheiratet und hat keine Kinder. Der Arbeitgeber leistet einen Zuschuss zu den vermögenswirksamen Leistungen in Höhe von 13 EUR. Die monatliche VL-Sparrate der Mitarbeiterin beträgt 40 EUR. Darüber hinaus ist ein im Vormonat bar ausgezahlter Gehaltsvorschuss in Höhe von 150 EUR zu verrechnen.

(6) *Erstellen Sie für die drei nachfolgenden Mitarbeiter, die bei einem Arbeitgeber mit Geschäftssitz in den neuen Bundesländern beschäftigt sind, unter Berücksichtigung der beiden Auszüge aus der Allgemeinen Lohnsteuer-Tabelle (vgl. S. 397 bzw. S. 417) die jeweilige Entgeltabrechnung! Gehen Sie dabei von den zurzeit gültigen Beitragssätzen und Beitragsbemessungsgrenzen aus!*

a) *Daten für die Entgeltabrechnung des Mitarbeiters 1:*

- *Entgelt lt. Arbeits-/Tarifvertrag: 2 162,70 EUR*
- *Zusatzbeitrag der gesetzlichen Krankenversicherung: 1,1 %*
- *VL-Arbeitgeber-Zulage: 40,00 EUR*
- *Beide Ehepartner sind evangelisch (Kirchensteuersatz: 9,0 %)*
- *Familienstand: verheiratet; Zahl der Kinderfreibeträge: 2,0; für den Ehepartner gilt die Steuerklasse IV*
- *VL-Sparbetrag: 40,00 EUR*

b) *Daten für die Entgeltabrechnung des 28-jährigen Mitarbeiters 2:*

- *Entgelt lt. Arbeits-/Tarifvertrag: 2 622,98 EUR*
- *Zusatzbeitrag der gesetzlichen Krankenversicherung: 1,5 %*
- *VL-Arbeitgeber-Zulage: 26,59 EUR*
- *Beide Ehepartner sind evangelisch (Kirchensteuersatz: 9,0 %)*
- *monatlicher Steuerfreibetrag: 438,00 EUR*
- *Familienstand: verheiratet; für den Ehepartner gilt die Steuerklasse III*
- *VL-Sparbetrag: 40,00 EUR*

c) *Daten für die Entgeltabrechnung der 35-jährigen Mitarbeiterin 3:*

- *Entgelt lt. Arbeits-/Tarifvertrag: 4 932,30 EUR*
- *Zusatzbeitrag der gesetzlichen Krankenversicherung: 1,2 %*
- *VL-Arbeitgeber-Zulage: 13,00 EUR*
- *konfessionslos*
- *Familienstand: ledig, keine Kinder*
- *freiwillig in der gesetzlichen Krankenkasse versichert*
- *VL-Sparbetrag: 40,00 EUR*

(7) *Welche Veränderungen würden sich in der Entgeltabrechnung der Aufgabe 6 a) bei sonst gleicher Datenlage ergeben, wenn der Mitarbeiter 28 Jahre alt, ledig und kinderlos wäre?*

(8) *Welchen Zweck erfüllen die Lohnsteuer-Anmeldung und der Beitragsnachweis?*

(9) *Bis zu welchen Terminen müssen*

a) *die Steuerabzugsbeträge und*

b) *der Gesamtsozialversicherungsbeitrag*

angezeigt und entrichtet werden?

Auszug aus der Allgemeinen Lohnsteuer-Tabelle

MONAT 4 926,–*

Abzüge an Lohnsteuer, Solidaritätszuschlag (SolZ) und Kirchensteuer (8%, 9%) in den Steuerklassen

Lohn/ Gehalt	I–VI		ohne Kinderfreibeträge			I, II, III, IV		mit Zahl der Kinderfreibeträge . . . 0,5			1			1,5			2			2,5			3 **		
bis €*		LSt	SolZ	8%	9%		LSt	SolZ	8%	9%	SolZ	8%	9%	SolZ	8%	9%	SolZ	8%	9%	SolZ	8%	9%	SolZ	8%	9%
4 928,99	I,IV	940,83	—	75,26	84,67	I	940,83	—	64,91	73,02	—	55,04	61,92	—	45,66	51,36	—	36,77	41,36	—	28,37	31,91	—	20,46	23,01
	II	881,16	—	70,49	79,30	II	881,16	—	60,36	67,90	—	50,71	57,05	—	41,56	46,75	—	32,88	36,99	—	24,71	27,80	—	17,02	19,15
	III	561,33	—	44,90	50,51	III	561,33	—	37,24	41,89	—	29,81	33,53	—	22,64	25,47	—	15,70	17,66	—	9,16	10,30	—	3,68	4,14
	V	1 393,83	—	111,50	125,44	IV	940,83	—	70,02	78,77	—	64,91	73,02	—	59,91	67,40	—	55,04	61,92	—	50,29	56,57	—	45,66	51,36
	VI	1 430,08	2,03	114,40	128,70																				
4 931,99	I,IV	941,91	—	75,35	84,77	I	941,91	—	64,99	73,11	—	55,12	62,01	—	45,73	51,44	—	36,84	41,44	—	28,43	31,98	—	20,52	23,08
	II	882,25	—	70,58	79,40	II	882,25	—	60,44	67,99	—	50,78	57,13	—	41,62	46,82	—	32,95	37,07	—	24,77	27,86	—	17,08	19,22
	III	562,16	—	44,97	50,59	III	562,16	—	37,30	41,96	—	29,88	33,61	—	22,69	25,52	—	15,76	17,73	—	9,20	10,35	—	3,72	4,18
	V	1 394,91	—	111,59	125,54	IV	941,91	—	70,11	78,87	—	64,99	73,11	—	59,99	67,49	—	55,12	62,01	—	50,36	56,66	—	45,73	51,44
	VI	1 431,25	2,17	114,50	128,81																				
4 934,99	I,IV	942,91	—	75,43	84,86	I	942,91	—	65,06	73,19	—	55,19	62,09	—	45,80	51,53	—	36,90	41,51	—	28,50	32,06	—	20,58	23,15
	II	883,25	—	70,66	79,49	II	883,25	—	60,51	68,07	—	50,86	57,21	—	41,70	46,91	—	33,02	37,14	—	24,84	27,94	—	17,14	19,28
	III	563,—	—	45,04	50,67	III	563,—	—	37,36	42,03	—	29,93	33,67	—	22,74	25,58	—	15,81	17,78	—	9,25	10,40	—	3,76	4,23
	V	1 396,08	—	111,68	125,64	IV	942,91	—	70,19	78,96	—	65,06	73,19	—	60,07	67,58	—	55,19	62,09	—	50,44	56,74	—	45,80	51,53
	VI	1 432,33	2,30	114,58	128,90																				
4 937,99	I,IV	944,—	—	75,52	84,96	I	944,—	—	65,14	73,28	—	55,26	62,17	—	45,88	51,61	—	36,97	41,59	—	28,56	32,13	—	20,64	23,22
	II	884,25	—	70,74	79,58	II	884,25	—	60,59	68,16	—	50,93	57,29	—	41,76	46,98	—	33,08	37,22	—	24,90	28,01	—	17,20	19,35
	III	563,66	—	45,09	50,72	III	563,66	—	37,41	42,08	—	29,98	33,73	—	22,80	25,65	—	15,86	17,84	—	9,29	10,45	—	3,80	4,27
	V	1 397,25	—	111,78	125,75	IV	944,—	—	70,27	79,05	—	65,14	73,28	—	60,14	67,66	—	55,26	62,17	—	50,51	56,82	—	45,88	51,61
	VI	1 433,50	2,43	114,68	129,01																				
4 940,99	I,IV	945,08	—	75,60	85,05	I	945,08	—	65,23	73,38	—	55,34	62,26	—	45,95	51,69	—	37,04	41,67	—	28,63	32,21	—	20,70	23,29
	II	885,33	—	70,82	79,67	II	885,33	—	60,67	68,25	—	51,01	57,38	—	41,84	47,07	—	33,16	37,30	—	24,96	28,08	—	17,26	19,41
	III	564,50	—	45,16	50,80	III	564,50	—	37,48	42,16	—	30,05	33,80	—	22,86	25,72	—	15,92	17,91	—	9,34	10,51	—	3,84	4,32
	V	1 398,41	—	111,87	125,85	IV	945,08	—	70,36	79,15	—	65,23	73,38	—	60,22	67,75	—	55,34	62,26	—	50,58	56,90	—	45,95	51,69
	VI	1 434,75	2,58	114,78	129,12																				
4 943,99	I,IV	946,08	—	75,68	85,14	I	946,08	—	65,31	73,47	—	55,42	62,34	—	46,02	51,77	—	37,11	41,75	—	28,69	32,27	—	20,76	23,36
	II	886,33	—	70,90	79,76	II	886,33	—	60,75	68,34	—	51,08	57,47	—	41,90	47,14	—	33,22	37,37	—	25,02	28,15	—	17,32	19,48
	III	565,33	—	45,22	50,87	III	565,33	—	37,54	42,23	—	30,10	33,86	—	22,92	25,78	—	15,97	17,96	—	9,40	10,57	—	3,88	4,36
	V	1 399,58	—	111,96	125,96	IV	946,08	—	70,44	79,24	—	65,31	73,47	—	60,30	67,84	—	55,42	62,34	—	50,66	56,99	—	46,02	51,77
	VI	1 435,83	2,71	114,86	129,22																				
4 946,99	I,IV	947,16	—	75,77	85,24	I	947,16	—	65,39	73,56	—	55,50	62,43	—	46,09	51,85	—	37,18	41,82	—	28,76	32,35	—	20,82	23,42
	II	887,33	—	70,98	79,85	II	887,33	—	60,82	68,42	—	51,16	57,55	—	41,98	47,22	—	33,29	37,45	—	25,08	28,22	—	17,38	19,55
	III	566,—	—	45,28	50,94	III	566,—	—	37,60	42,30	—	30,16	33,93	—	22,97	25,84	—	16,02	18,02	—	9,44	10,62	—	3,90	4,39
	V	1 400,75	—	112,06	126,06	IV	947,16	—	70,52	79,33	—	65,39	73,56	—	60,38	67,93	—	55,50	62,43	—	50,73	57,07	—	46,09	51,85
	VI	1 437,—	2,85	114,96	129,33																				
4 949,99	I,IV	948,25	—	75,86	85,34	I	948,25	—	65,47	73,65	—	55,57	62,51	—	46,16	51,93	—	37,25	41,90	—	28,82	32,42	—	20,88	23,49
	II	888,41	—	71,07	79,95	II	888,41	—	60,90	68,51	—	51,23	57,63	—	42,05	47,30	—	33,35	37,52	—	25,15	28,29	—	17,44	19,62
	III	566,83	—	45,34	51,01	III	566,83	—	37,66	42,37	—	30,22	34,—	—	23,02	25,90	—	16,08	18,09	—	9,49	10,67	—	3,94	4,43
	V	1 401,91	—	112,15	126,17	IV	948,25	—	70,60	79,42	—	65,47	73,65	—	60,46	68,01	—	55,57	62,51	—	50,80	57,15	—	46,16	51,93
	VI	1 438,16	2,99	115,05	129,43																				
4 952,99	I,IV	949,25	—	75,94	85,43	I	949,25	—	65,55	73,74	—	55,65	62,60	—	46,24	52,02	—	37,32	41,98	—	28,88	32,49	—	20,94	23,56
	II	889,41	—	71,15	80,04	II	889,41	—	60,98	68,60	—	51,30	57,71	—	42,12	47,38	—	33,42	37,59	—	25,21	28,36	—	17,50	19,68
	III	567,50	—	45,40	51,07	III	567,50	—	37,72	42,43	—	30,28	34,06	—	23,08	25,96	—	16,13	18,14	—	9,53	10,72	—	3,98	4,48
	V	1 403,08	—	112,24	126,27	IV	949,25	—	70,68	79,52	—	65,55	73,74	—	60,54	68,10	—	55,65	62,60	—	50,88	57,24	—	46,24	52,02
	VI	1 439,33	3,13	115,14	129,53																				

Quelle: Monats-Lohnsteuer-Tabelle 2021, Stollfuß-Verlag

(10) Ermitteln Sie für jene fünf Mitarbeiter, die bei der DAK-Gesundheit versichert sind (vgl. S. 404), die für den Entgeltabrechnungszeitraum September – jeweils nach Beitragsgruppen getrennt – maßgeblichen Sozialversicherungsbeiträge, die der Arbeitgeber im Beitragsnachweisdatensatz zu übermitteln hätte. Beachten Sie dabei, dass bei keinem dieser Beschäftigten die jeweils zurzeit gültigen Beitragsbemessungsgrenzen überschritten worden sind.

Die für 2021 maßgeblichen Beitragssätze der Umlageversicherung der DAK-Gesundheit betragen 2,4 % (U1) bzw. 0,65 % (U2). Der Beitragssatz für die Insolvenzgeldumlage beträgt 0,12 %.

(11) *Ein Großhandelsunternehmen beschäftigt insgesamt sieben Mitarbeiter als Vollzeitkräfte, von denen drei bei der BARMER und zwei bei einer örtlichen Betriebskrankenkasse (BKK) pflichtversichert sind. Zwei Beschäftigte sind bei der AOK angemeldet.*

Im Rahmen der Entgeltabrechnung für den Monat August sind unter anderem auch die entsprechenden Gehalts- bzw. Lohnlisten erstellt worden, aus denen die nachfolgenden Daten entnommen worden sind:

Mitarbeiter/ Pers.-Nr.	Arbeitnehmeranteile zur gesetzlichen Sozialversicherung						Träger der gesetzlichen Krankenversicherung
	Krankenversicherung	krankenkassenindividueller Zusatzbeitrag	Pflegeversicherung	gesetzlicher Zuschlag der Versicherten zur Pflegeversicherung	Rentenversicherung	Arbeitslosenversicherung	
100	246,02 EUR	25,28 EUR	51,40 EUR	8,43 EUR	313,43 EUR	40,44 EUR	BARMER
200	226,36 EUR	23,26 EUR	47,29 EUR	7,75 EUR	288,37 EUR	37,21 EUR	BARMER
201	182,57 EUR	18,76 EUR	38,14 EUR	6,25 EUR	232,59 EUR	30,01 EUR	BARMER
202	209,00 EUR	14,32 EUR	43,66 EUR	7,16 EUR	266,26 EUR	34,36 EUR	BKK
300	248,97 EUR	17,05 EUR	52,01 EUR	8,53 EUR	317,19 EUR	40,93 EUR	BKK
400	202,47 EUR	18,03 EUR	42,30 EUR	6,93 EUR	257,94 EUR	33,28 EUR	AOK
401	145,69 EUR	12,97 EUR	30,44 EUR	4,99 EUR	185,61 EUR	23,93 EUR	AOK
Bearbeitungshinweis: Die jeweils maßgeblichen Beitragsbemessungsgrenzen sind bei **keinem** der Beschäftigten überschritten worden.							

Aus Vereinfachungsgründen soll jeweils auf die Berechnung der Umlagen (U1, U2, Insolvenzgeldumlage) verzichtet werden.

a) Ermitteln Sie die Gesamtsozialversicherungsbeträge, die der Arbeitgeber für den Monat August zu erklären und an die BARMER, BKK bzw. AOK abzuführen hätte!

b) Ermitteln Sie für den Monat August die Beiträge, die der Arbeitgeber an die BARMER abzuführen hätte, und zwar getrennt nach Beitragsgruppen!

c) Ermitteln Sie für den Monat August die Beiträge, die der Arbeitgeber an die BKK abzuführen hätte, und zwar getrennt nach Beitragsgruppen!

d) Ermitteln Sie für den Monat August die Beiträge, die der Arbeitgeber an die AOK abzuführen hätte, und zwar getrennt nach Beitragsgruppen!

e) Bis zu welchen Terminen ist der Gesamtsozialversicherungsbeitrag für den Monat August spätestens zu übermitteln und zu zahlen?

(12) *Ermitteln Sie anhand des nachfolgenden Auszuges aus der Entgeltliste für den Abrechnungsmonat*

a) *die Summe der Bruttoentgelte;*

b) *die Summe der Auszahlungs- bzw. Überweisungsbeträge;*

c) *die Summe der an das Finanzamt abzuführenden Steuerbeträge;*

d) *die Summe der an die zuständige Krankenversicherung abzuführenden Gesamtsozialversicherungsbeiträge;*

e) *die Summe der Personalkosten.*

Auszug aus der Entgeltliste für den Abrechnungsmonat (alle Angaben in EUR)											
Personal-Nr.	Entgelt lt. Arbeits- bzw. Tarifvertrag	VL-Arbeitgeber-Zulage	Bruttoentgelt	Lohnsteuer	Solidaritätszuschlag	Kirchensteuer (rk)	Kirchensteuer (ev)	Arbeit**nehmer**-Anteile zur Sozialversicherung (inklusive des paritätisch finanzierten Zusatzbeitrages zur KV in Höhe von 1,2 %)	VL-Sparbeträge	Auszahlungs- bzw. Überweisungsbetrag	Arbeit**geber**-Anteile zur Sozialversicherung (inklusive des paritätisch finanzierten Zusatzbeitrages zur KV in Höhe von 1,2 %)
...	...	...	...	...	...	...	...	...	...	...	...
Summe	28 816,60	380,00		3 790,01	0,00	134,53	164,66	5 890,41	680,00		5 817,42

7 Mitarbeiterführung

Durch die Festlegung einzelner Arbeitsvorgänge, vor allem aber mit der im Rahmen der Aufbauorganisation geregelten Gestaltung unternehmerischer Strukturen wird darüber informiert, welche Stelleninhaber innerhalb ihrer Zuständigkeitsbereiche Weisungen erteilen bzw. Entscheidungen vorbereiten und durchsetzen sollen. Die **Organisationsstruktur** eines Unternehmens beinhaltet daher nicht nur sachbezogene, sondern in erheblichem Umfang auch **personenbezogene Aspekte.** Mit dem Wachstum der Betriebe, ihrer zunehmenden Spezialisierung und Komplexität sowie der vermehrten Teilung von Aufgaben in kleinste Arbeitsverrichtungen hat die **Mitarbeiterführung** ständig an Bedeutung gewonnen.

Den meisten Stelleninhabern werden – wenn auch häufig in begrenztem Rahmen – **Führungsaufgaben** abverlangt. Wie dieses notwendige Führungsverhalten gestaltet werden soll, ist ein wesentliches Problem jeder Organisation.

Unter **Führung** versteht man die Steuerung des Verhaltens einzelner Mitarbeiter zur Bewältigung von Aufgaben. Betrachtet man innerhalb der Führung die zur betrieblichen Leistungserstellung und -verwertung von den Mitarbeitern eines Unternehmens zu bewältigenden Aufgaben in der Folge ihrer zeitlichen Erfüllung, so erstrecken sich diese Führungsaufgaben auf einen **Prozess, der in vier aufeinanderfolgenden Stufen abläuft: Zielsetzung, Planung, Realisierung und Kontrolle.**

Ein Versicherungsunternehmen beabsichtigt, den Umsatz für das nächste Geschäftsjahr um 10 % zu steigern (**Zielsetzung**). Zur Verwirklichung ist u. a. daran gedacht, durch intensivere Werbemaßnahmen (**Werbeplan**) den Bekanntheitsgrad der neu ins Leistungsangebot aufgenommenen Dread-Diseace-Versicherungen zu erhöhen. Schließlich realisiert das Unternehmen seinen Werbeplan, indem es das Werbebudget für das kommende Geschäftsjahr um 15 % erhöht und den Etat in geeigneter Weise zeitlich und sachlich auf die einzelnen Werbemittel und -träger verteilt (**Realisierung**). Das betriebliche Rechnungswesen liefert dem Versicherungsunternehmen das erforderliche Datenmaterial zur Feststellung, ob bzw. in welchem Umfang die Zielsetzung erreicht worden ist (**Kontrolle**).

Viele Mitarbeiter kündigen „innerlich"

Münster (dpa) – Innerliche Kündigungen von Mitarbeitern durch bewussten Verzicht auf Engagement und Initiative haben sich bereits zu einem „gefährlichen Trend" mit hohen Verlusten für deutsche Unternehmen entwickelt. Das betonte Professor Fritz Raidt (Mainz), Präsident der „Akademie für Führungskräfte der Wirtschaft", bei einem Kolloquium der Akademie für leitende Mitarbeiter in Münster.

Gefährlich sei diese Resignation und damit Leistungsminderung auch deshalb, weil sie wie ein „schleichendes Gift" nur schwer zu erkennen sei. Raidt vertrat den Standpunkt, dass innerliche Kündigungen meistens durch Führungsfehler verursacht werden. Schon das Ausbleiben von Kritik oder Beschwerden bei der Betriebsleitung könne ein bedenkliches Anzeichen für innerliches Aussteigen von Mitarbeitern sein, denen dieser Wandel anfangs oft selbst noch nicht bewusst sei.

Weitere Signale könnten Humorlosigkeit, unterkühltes Benehmen und das Vortäuschen einer konfliktfreien Harmonie sein. Höchst alarmierend sei es, wenn engagierte Mitarbeiter plötzlich für nichts mehr Interesse zeigten oder wenn aus debattierfreudigen Kollegen auf einmal Ja-Sager würden. Als gefährliches Phänomen stufte es Raidt ein, sollten Mitarbeiter eines Tages ihre Kompetenzen nicht mehr voll wahrnehmen.

Führungsfehler, die zu innerlichen Kündigungen führen können, seien unter anderem unzureichende Informationen oder Kompetenzübertragungen, fehlende Sinngebung für Entscheidungen, ungerechte Beurteilungen und fehlendes Verständnis für persönliche Schwierigkeiten von Mitarbeitern. Um innere Kündigungen zu vermeiden, sollten Chefs solche Fehler abstellen und eine vertrauensvolle Zusammenarbeit anstreben, damit im Betrieb wieder das unverzichtbare „Wir-Gefühl" hergestellt werde, dessen Fehlen sich katastrophal auswirken müsse.

Führung im Unternehmen bezieht sich insbesondere auf den Bereich der zwischenmenschlichen Beziehungen, wenn Vorgesetzte und die ihnen unterstellten Mitarbeiter bzw. Mitarbeitergruppen direkt bei der Umsetzung unternehmerischer Entscheidungen bzw. bei der Realisierung der Unternehmensziele auf den einzelnen Ebenen der Unternehmenshierarchie im Prozess der betrieblichen Leistungserstellung und -verwertung zusammenwirken.

Fehler bei der Gestaltung der Wechselbeziehungen (Interaktionen) zwischen Vorgesetzten und den von ihnen geführten Mitarbeitern bzw. Mitarbeitergruppen (Personalführung) können weitgehend durch die **Wahl geeigneter Führungsstile** und **Führungstechniken,** aber auch durch die Beachtung gewisser **Grundsätze der Mitarbeiterführung** vermieden werden.

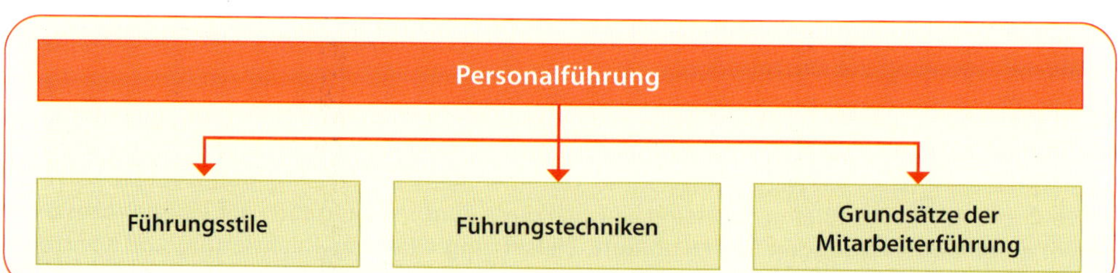

7.1 Führungsstile

Führungsstile beschreiben die Art und Weise, wie Vorgesetzte Entscheidungen treffen bzw. Anordnungen übermitteln, koordinieren und kontrollieren. Dabei kann sich die Wahl des Führungsstils eines Vorgesetzten in erster Linie an der zu bewältigenden (Teil-)Aufgabe oder eher an den Bedürfnissen und Erwartungen der ihm unterstellten Mitarbeiter orientieren.

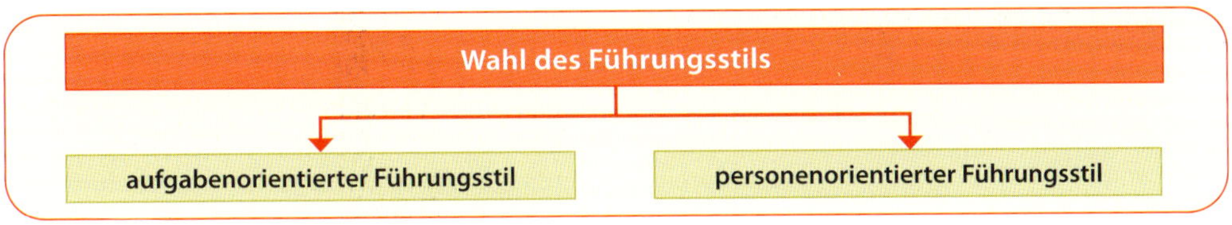

▶ Aufgabenorientierter Führungsstil

Bei einem **aufgabenorientierten Führungsstil** liegt das Hauptinteresse des Vorgesetzten auf der Leistungserstellung. Persönliche Beziehungen zwischen Vorgesetztem und den ihm unterstellten Mitarbeitern bei der Bewältigung von Teilaufgaben zur Erfüllung der betrieblichen Gesamtaufgabe werden unterdrückt.

▶ Personenorientierter Führungsstil

Bemüht sich ein Vorgesetzter vor allem darum, gute persönliche Beziehungen zwischen den Gruppenmitgliedern aufzubauen und aufrechtzuerhalten, um dadurch ein angenehmes Betriebsklima bei der Lösung der betrieblichen Gesamtaufgabe zu schaffen, spricht man von einem **personenorientierten Führungsstil.**

> Ein Vorgesetzter mit einem aufgabenorientierten Führungsstil wird kraft der ihm übertragenen Autorität mangelhafte Arbeitsverrichtungen tadeln und die ihm unterstellten Mitarbeiter durch Vorgaben (etwa durch das Setzen von Terminen oder Dringlichkeiten bei der Aufgabenerfüllung) zu größeren Anstrengungen anspornen.
>
> Der Umgang zwischen einem Vorgesetzten, der einen personenorientierten Führungsstil praktiziert, und seinen Mitarbeitern wird eher durch gegenseitiges Verständnis, Vertrauen und Partnerschaft gekennzeichnet sein.

In der betrieblichen Praxis treten reine Ausprägungen dieser beiden Orientierungen allerdings selten auf. Vorgesetzte werden ihren Führungsstil in der Regel sowohl in Abhängigkeit von der zu bewältigenden Aufgabe als auch unter Berücksichtigung der Bedürfnisse und Erwartungen der ihnen unterstellten Mitarbeiter wählen. **Die Bandbreite möglicher Führungsstile erstreckt sich vom autoritären bis zum kooperativen Führungsstil.**

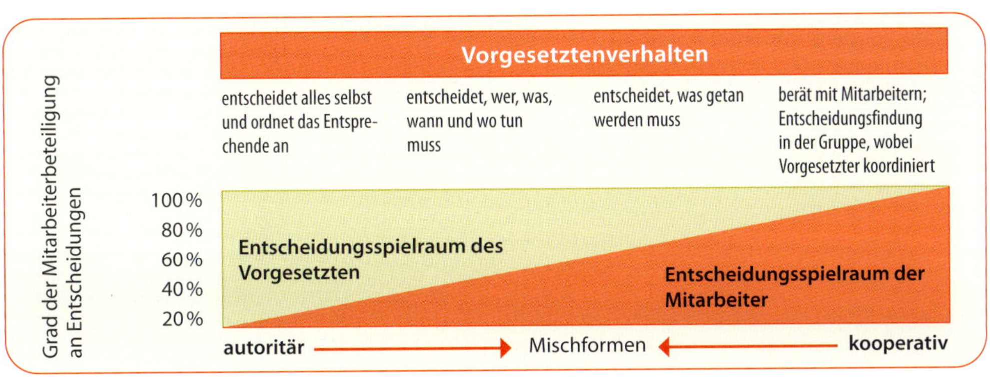

7.1.1 Autoritärer Führungsstil

Beim autoritären Führungsstil, der durch eine starke Machtkonzentration in der Person des Vorgesetzten geprägt ist, erfolgen Zielsetzung, Entscheidungsfindung und -durchsetzung allein durch die **Führungskraft des Vorgesetzten.** Führung wird durch die aus der Unternehmenshierarchie abgeleitete Amtsautorität einer Person gegenüber mehreren Geführten wahrgenommen, indem der Vorgesetzte von den ihm unterstellten Mitarbeitern die widerspruchslose Ausführung seiner Anordnungen verlangt.

Eine straff gegliederte Unternehmensorganisation begünstigt den einseitigen Informationsfluss („Befehle") vom Vorgesetzten zum Mitarbeiter. Da der Vorgesetzte seine Entscheidungen ohne Anhörung der Mitarbeiter fällt, sodass deren Kenntnisse, Erfahrungen und Ideen unberücksichtigt bleiben, liegen die Verantwortung und Kompetenz allein in der Hand des Führenden. Er selbst kontrolliert; eine Eigenkontrolle durch den Ausführenden gibt es nicht.

Einer raschen Entscheidungsfähigkeit und Klarheit der Entscheidungsbefugnisse stehen jedoch die Nachteile häufiger Fehlentscheidungen, Desinteresse, fehlender Motivation – die Mitarbeiter werden zu reinen Befehlsempfängern – und die Gefahr des Gruppenverfalls gegenüber.

7.1.2 Kooperativer Führungsstil

Grundlage des kooperativen Führungsstils ist die **„beratende Willensbildung"**, indem Führungskraft und Geführte im Rahmen partnerschaftlicher Beziehungen gemeinsam an der Zielsetzung und am Entscheidungsprozess beteiligt sind. Dabei findet ein ständiger Informationsaustausch zwischen Vorgesetztem und Mitarbeiter bzw. Mitarbeitergruppen statt. Im Rahmen vorher festgelegter Zuständigkeiten entscheidet und denkt der einzelne Stelleninhaber mit. Durch diese Delegation von Entscheidungsbefugnissen trägt der Mitarbeiter für seinen Tätigkeitsbereich die Eigenverantwortung und kontrolliert die mitbestimmten Leistungsziele weitgehend selbst. Die Führungskraft wird stärker zum Betreuer, der berät, anregt und motiviert.

Der kooperative Führungsstil setzt einen aufgeschlossenen Vorgesetzten voraus, der unter Verzicht auf persönliche Vorrechte bereit ist, Arbeiten zu delegieren und seinen Mitarbeitern einen Freiraum zur Erfüllung dieser Aufgaben einzuräumen.

Im Vergleich zum autoritären Führungsstil, bei dem unterstellt wird, dass der Vorgesetzte über die höhere Einsicht und den größeren Sachverstand als die ihm unterstellten Mitarbeiter verfügt, wird ein kooperativer Führungsstil in aller Regel eher zu sachgerechten Entscheidungen führen. Darüber hinaus entlastet dieser Führungsstil den Vorgesetzten und dürfte die **Motivation der Mitarbeiter erhöhen.**

Übersicht: Merkmale des autoritären und kooperativen Führungsstils

Kriterium	autoritär	kooperativ
Vorgesetztenverhalten	■ entscheidet alles allein unter Berufung auf seine Position (Amtsautorität) ■ befiehlt (beauftragt) bis in die Einzelheiten ■ lässt keine Kritik an seinen Entscheidungen zu ■ informiert die Untergebenen nur über das Notwendigste ■ erwartet in erster Linie: Pünktlichkeit, Ordnung, Aufrechterhaltung der Disziplin, Anerkennung der gegebenen Zustände	■ berät Entscheidungen zusammen mit den Mitarbeitern, zeigt Alternativen auf und stellt sein Fachwissen zur Verfügung (Fachautorität) ■ empfiehlt und regt zur Selbstentscheidung in den Einzelheiten an ■ ist dankbar für Kritik und Anregungen ■ gibt Informationen weiter und berät die Mitarbeiter ■ erwartet in erster Linie: Zusammenarbeit, Mitdenken, Mitverantwortung
Art der Autoritätsausübung	■ absolute Überwachung mit ständigen Kontrollen ■ destruktive (zerstörende) Kritik ■ persönliches Lob und Anerkennung	■ Steuerung der Mitarbeiter durch sachliche Begründung und Überzeugung; Mitarbeiter melden ihre Ergebnisse; weitgehend Selbstkontrolle ■ konstruktive Kritik (Zeigen des besseren Weges!) ■ sachliche Anerkennung der geleisteten Arbeit (beurteilt wird die Gruppe und ihre Arbeit, nicht die Person!)
Mitarbeiterverhalten	■ Gehorsam, Disziplin, hohe Leistung unter Druck, d. h. bei Anwesenheit des Vorgesetzten; Anpassung, evtl. Opposition ■ Gefahr einer schlechten Gruppenmoral („Radfahrerei", „Suche nach dem Sündenbock"); Wettbewerbsverhalten, evtl. Cliquenbildung	■ bedingte Entscheidungsfreiheit – eingeengt durch Empfehlung, Anregung und Übereinkunft in der Gruppe ■ hohe Leistung – insbesondere hinsichtliche der Qualität – ohne ständige „Gängelei" durch den Vorgesetzten ■ stabile und gute Motivation in der Gruppe
Verantwortung	■ Vorgesetzter fühlt sich für alles verantwortlich	■ Vorgesetzter und Arbeitsgruppe verantworten gemeinsam
Betriebsklima	■ gespannte Atmosphäre ■ Untergebene sind in der Regel unzufrieden und daher apathisch oder aggressiv ■ Bedürfnis nach Achtung und Anerkennung sowie Selbstentfaltung bleibt unbefriedigt	■ gelockerte Atmosphäre ■ Mitarbeiter sind in der Regel zufrieden und arbeiten freundlich und vertrauensvoll zusammen ■ soziale Bedürfnisse, Statusstreben und Selbstverwirklichungsdrang werden in der Gruppe weitgehend abgesättigt
Vorteile	■ klare, einheitliche und schnelle Entscheidungen ■ einfache und durchschaubare Trennung von Entscheidung und Ausführung	■ höhere Entscheidungsqualität und einfachere Durchsetzung und Umsetzung ■ Identifikation der Mitarbeiter mit den Zielen, Entscheidungen und Maßnahmen führt zu geringeren Fehlzeiten und geringerer Fluktuation
Nachteile	■ Denkfähigkeit der Untergebenen bleibt unausgenutzt ■ erzeugt Desinteresse an der Arbeit bei den Untergebenen	■ Entscheidungen werden durch lange Diskussionen evtl. verzögert ■ verlangt von den Mitarbeitern entsprechende Qualifikation und ständiges Engagement

In der betrieblichen Praxis dürfte die Anwendung eines autoritären bzw. kooperativen Führungsstils in seiner reinsten Ausprägung eher die Ausnahme darstellen. Stattdessen werden **Mischformen** – wie etwa ein **bürokratischer Führungsstil** – vorzufinden sein.

> Ein bürokratischer Führungsstil, der vor allem in öffentlichen Verwaltungen, aber auch in Körperschaften und Anstalten des öffentlichen Rechts zu finden ist, zeichnet sich in erster Linie durch einen hohen Grad an Reglementierung und Organisation aus. Die Befugnisse der einzelnen Mitarbeiter sind durch schriftliche Anweisungen und Vorschriften präzise bestimmt und abgegrenzt. Auch die Abläufe der zu verrichtenden Tätigkeiten sind durch Regeln ausführlich festgelegt. Häufig läuft ein bürokratischer Führungsstil Gefahr, dass der Führungsapparat durch die Tendenz zur Überorganisation bzw. Überreglementierung starr und unwirtschaftlich wird.

7.2 Führungstechniken

Während Führungsstile die von einem Vorgesetzten realisierte Art der Führung ihm unterstellter Mitarbeiter darstellen, handelt es sich bei den **Führungstechniken** um jene grundsätzlichen Möglichkeiten, wie Führungsaufgaben (d. h. Zielsetzung, Planung, Realisierung und Kontrolle) in einem Unternehmen bewältigt werden können.

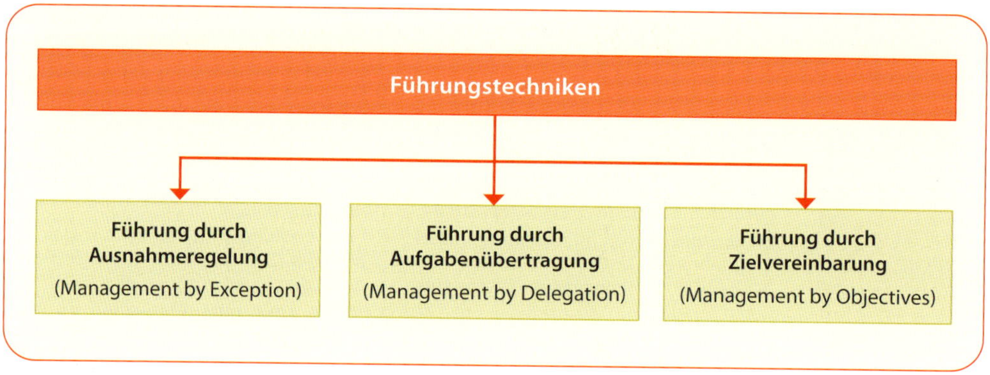

▶ Führung durch Ausnahmeregelung *(Management by Exception)*

Bei dem Prinzip **„Führung durch Ausnahmeregelung"** erhält der einzelne Mitarbeiter innerhalb eines genau vorgegebenen Rahmens Entscheidungsfreiheit und Verantwortung. Die Rahmenbedingungen werden durch die Routinemäßigkeit eines Vorganges gesteckt. Fällt ein Vorgang aus dem Rahmen des normalen Betriebsablaufes heraus, hat der Mitarbeiter seinem Vorgesetzten die Entscheidung zu überlassen.

> Der Einkäufer eines Unternehmens ist berechtigt, eigenverantwortlich Aufträge bis zu 5 000 EUR zu vergeben. Darüber hinausgehende Abschlüsse bedürfen der Zustimmung des Vorgesetzten.

Der Vorgesetzte wird ebenfalls eingeschaltet, wenn vorgegebene Ziele für einen Planungszeitraum nicht erfüllt werden können. Durch Management by Exception werden leitende Mitarbeiter von Routinearbeiten befreit, indem die ausführenden Mitarbeiter eine **begrenzte Entscheidungsbefugnis** erhalten. Die Beschränkung auf Routinearbeiten und der Zwang zur Meldung (auch bei negativen Abweichungen vom Soll) wirken sich jedoch nachteilig auf die Motivation der Mitarbeiter aus. Als besonders schwierig stellt sich bei dieser Management-Technik die exakte Formulierung der Aufgaben- und Kompetenzbereiche der Mitarbeiter dar, wenn zu entscheiden ist, ob es sich bei einem Problem um einen Routine- oder um einen Ausnahmefall handelt.

▶ Führung durch Aufgabenübertragung *(Management by Delegation)*

Durch das Prinzip der **„Führung durch Aufgabenübertragung“**, das eine Weiterentwicklung des Prinzips „Führung durch Ausnahmeregelung“ darstellt, soll die übergeordnete Stelle in einem Unternehmen durch entsprechende Übertragung (Delegation) von Aufgaben entlastet werden. Die **Entscheidungsbefugnisse** der Mitarbeiter werden über den normalen Betriebsablauf hinaus auf nahezu alle zu treffenden Entscheidungen **ausgedehnt,** sodass nicht nur einzelne Aufgaben, sondern auch Kompetenzen und Handlungsverantwortung delegiert werden. Damit wird es möglich, die Leistungsfähigkeit des einzelnen Mitarbeiters voll in Anspruch zu nehmen. Der Vorgesetzte legt die zu erreichenden Ziele fest und stellt die erforderlichen Informationen zur Verfügung. Die Selbstkontrolle des Mitarbeiters wird ergänzt durch gelegentliche Stichproben und Erfolgskontrollen der höheren Führungsebene.

Voraussetzung zur Realisierung dieses Konzeptes ist, dass der einzelne Mitarbeiter über genügend Fachkompetenz und Erfahrung verfügt und bereit ist, Verantwortung zu übernehmen. Die Übertragung wiederholt auftretender Entscheidungen auf bestimmte Mitarbeiter setzt die **Ausarbeitung von Stellenbeschreibungen** voraus.

Kompetenzfestlegung durch Stellenbeschreibung

Allgemeine Merkmale	Beispiele
1. Stellenbeschreibung	Leiter der Auftragsabwicklung
2. Unterstellungsverhältnis	dem Abteilungsleiter Verkauf unterstellt
3. Zielsetzung	Sicherstellung einer reibungslosen Auftragserledigung
4. Aufgaben	Abgabe von Angeboten, Auftragsbearbeitung
5. Kompetenzen	Anleitung und Kontrolle von drei Sachbearbeitern; selbstständige Abwicklung aller Aufträge
6. Stellvertreter	Sachbearbeiter für Angebote

▶ Führung durch Zielvereinbarung *(Management by Objectives)*

Das Konzept der **„Führung durch Zielvereinbarung“** stellt die umfassendste Einbeziehung des Mitarbeiters in die Entscheidungsfindung dar. Bei dieser Führungstechnik wird die Zusammenarbeit zwischen Vorgesetztem und Mitarbeiter durch das **gemeinsame Festlegen von Zielen** gekennzeichnet sein.

Die Unternehmensleitung legt in einem ersten Schritt die groben **Oberziele** (Globalziele) fest. Daran anschließend werden mit den einzelnen Abteilungsleitern Teilziele vereinbart, die – unter Einbeziehung der betroffenen Mitarbeiter – wiederum in den einzelnen Abteilungen in **Unterziele** umgesetzt werden. Häufig ist eine Veränderung einzelner Zielvorgaben möglich. So entsteht nach und nach eine **Zielhierarchie** aus Unternehmens-, Bereichs-, Gruppen- und Stellenzielen.

Zielermittlungsprozess durch Management by Objectives

Unternehmensleitung gibt Globalziel vor:	*12 % Kostensenkung*
Teilziele werden mit den einzelnen Abteilungsleitern gemeinsam festgelegt:	z. B. Einsparung in den Abteilungen ■ Verkauf 3 % ■ Werbung 4 % ■ Lagerhaltung 5 %
In den einzelnen Abteilungen werden gemeinsam Möglichkeiten der Realisierung des Teilzieles besprochen:	■ z. B. prüfen die Mitarbeiter der Abteilung Lagerhaltung, wie bei Aufrechterhaltung der Lieferbereitschaft Kosten eingespart werden könnten; welche Produkte in zu hoher Stückzahl vorhanden sind, wie das Bestellwesen optimiert werden könnte ■ Unterziele werden formuliert
Periodische Leistungsüberprüfung durch gemeinsame Analyse des Soll-(= Ziel) und Ist-(= erreichten) Zustandes: Evtl. Revision der Teil- und Unterziele Neue Globalzielfestlegung:	■ Kostenentwicklung wird gemeinsam analysiert ■ Bestimmte Unterziele sind unrealistisch, andere lassen sich verwirklichen ■ Abweichungen von den Zielvorgaben werden diskutiert, geänderte Einsparungsraten festgelegt ■ Kostenersparnis von 8 % im nächsten Geschäftsjahr

Die **Beteiligung der Mitarbeiter** wirkt motivierend und führt zu einer stärkeren Identifikation mit den Unternehmenszielen. Sie werden mit mehr Bereitschaft aufgenommen und getragen. Durch den gemeinsamen Zielermittlungsprozess wird ein ständiger Informationsaustausch gewährleistet. Bei Abweichungen von den festgelegten Sollzielen trifft diejenige Führungsebene, die mit der entsprechenden Vollmacht ausgestattet ist, die notwendige Entscheidung.

7.3 Grundsätze der Mitarbeiterführung

Die Zusammenarbeit zwischen Vorgesetzten und den ihnen unterstellten Mitarbeitern bzw. Mitarbeitergruppen sollten den **Grundsätzen der Mitarbeiterführung** entsprechen. Damit sind vor allem jene Umgangsformen gemeint, die den menschlichen Kontakt zwischen Vorgesetzten und Mitarbeitern kennzeichnen.

Die Art und Weise, wie Vorgesetzte etwa in Gesprächen den ihnen unterstellten Mitarbeitern Anerkennung und Lob aussprechen oder auch ein Fehlverhalten oder eine Fehlleistung kritisieren und tadeln, kann sich positiv oder negativ auf die Umsetzung unternehmerischer Entscheidungen (bzw. auf die Realisierung der Unternehmensziele auf den einzelnen Ebenen der Unternehmenshierarchie) auswirken.

▶ Anerkennung und Lob

Durch Anerkennung und Lob kann die Motivation und damit die **Leistungsbereitschaft** und **Arbeitszufriedenheit** eines Mitarbeiters positiv verstärkt werden, wenn sie nicht übertrieben und nicht zu häufig von einem Vorgesetzten ausgesprochen werden. Anerkennung als die schwächere Form einer positiven Verstärkung sollte insbesondere solchen Mitarbeitern zuteil werden, die monotone Arbeiten verrichten. Ein Mitarbeiter sollte gelobt werden, wenn eine

Leistung unter besonders schwierigen Bedingungen (z.B. Bewältigung einer Aufgabe unter großem Zeitdruck) erbracht wurde. Im Einzelfall kann der Vorgesetzte entscheiden, ob er Anerkennung oder das Lob gegenüber dem jeweiligen Mitarbeiter in einem größeren Kreis von Kollegen oder aber – zur Vermeidung von Neid und Missgunst – im Gespräch unter vier Augen ausspricht.

Kritik und Tadel

Ein Vorgesetzter wird bei falschen Verhaltensweisen seiner Mitarbeiter gegenüber Kollegen oder bei nicht ausreichenden Leistungen Kritik und Tadel einsetzen. Während Kritik die **Mängel einer Arbeitsleistung** aufzeigen soll, also in der Regel sachbezogen ist, richtet sich der Tadel eher an eine Person bzw. deren **Einstellung zur Arbeit.** Sollen Kritik und Tadel jedoch einen positiven Einfluss auf die zukünftige Arbeitsleistung bzw. Arbeitseinstellung eines Mitarbeiters nehmen, müssen sie unter vier Augen, d.h. in einem Gespräch zwischen Vorgesetztem und Mitarbeiter, eingesetzt werden. Nur ein ruhiges, sachliches Gespräch, in dem der Vorgesetzte aufbauende (konstruktive) Kritik übt, wird dazu geeignet sein, die Leistung eines Mitarbeiters in der Zukunft zu verbessern. Auf jeden Fall ist eine zerstörende (destruktive) oder gar ironische Kritik zu vermeiden.

Ein **konstruktives Kritikgespräch** wird folgenden Anforderungen entsprechen:

- Im **Gespräch** mit dem jeweiligen Mitarbeiter lässt der Vorgesetzte deutlich werden, dass er den Mitarbeiter weiterhin schätzt und auch für die Zukunft von einer guten und vertrauensvollen Zusammenarbeit ausgeht.
- Dem Mitarbeiter ist Gelegenheit zu geben, sein Fehlverhalten oder seine Fehlleistung zu erklären sowie zur geäußerten Kritik **Stellung zu nehmen.**
- **Ursachen und Folgen** des Fehlverhaltens oder der Fehlleistung sind zu durchleuchten, um dem Mitarbeiter die Einsicht zu vermitteln, dass er sich falsch verhalten oder die Leistung nicht im erforderlichen Umfang erbracht hat.
- Es sollte eine **Vereinbarung** zwischen den beiden Gesprächspartnern über die zukünftige Zusammenarbeit getroffen werden, um ein Fehlverhalten bzw. eine Fehlleistung für die Zukunft auszuschließen. Dabei können auch Kontrollen vereinbart werden, deren Durchführung dem Vorgesetzten später die Möglichkeit einräumt, das geänderte Verhalten des Mitarbeiters durch Bestätigung zu einem Erfolgserlebnis werden zu lassen.

Nicht nur ein situationsangemessener Einsatz von Anerkennung und Lob bzw. Kritik und Tadel durch einen Vorgesetzten kann langfristig dazu beitragen, dass das Unternehmen sein Zielsystem auf den einzelnen Stufen der Hierarchie erreicht. Der Vorgesetzte sollte darüber hinaus gegenüber den persönlichen und beruflichen Belangen seiner Mitarbeiter aufgeschlossen und im täglichen Umgang mit den ihm unterstellten Mitarbeitern hilfsbereit, höflich, ermutigend und gerecht sein.

▶ Zusammenfassung

Führung als Steuerung menschlichen Verhaltens im Unternehmen

Führung

Steuerung des Verhaltens einzelner Mitarbeiter zur gemeinsamen Bewältigung von Führungsaufgaben (Zielsetzung, Planung, Realisierung und Kontrolle) beim Zusammenwirken von Vorgesetzten und den ihnen unterstellten Mitarbeitern bzw. Mitarbeitergruppen im Rahmen der betrieblichen Leistungserstellung und -erbringung

Personalführung

Gestaltung der Interaktion zwischen Vorgesetzten und Mitarbeitern durch die Wahl des Führungsstils, der Führungstechnik und unter Beachtung der Grundsätze der Mitarbeiterführung

- **Führungsstil: Art und Weise, wie Weisungen erteilt, Entscheidungen vorbereitet und durchgeführt werden**
  - **nach dem Hauptinteresse des Vorgesetzten**
    aufgabenorientiert (die zu bewältigende Teilaufgabe steht im Mittelpunkt) bzw. **personenorientiert** (die guten persönlichen Beziehungen zwischen den Gruppenmitgliedern stehen im Mittelpunkt)
  - **nach dem Grad der Beteiligung von Mitarbeitern an Entscheidungen**
    autoritär (Zielsetzung und Entscheidungsfindung durch die Führungskraft) bzw. **kooperativ** Beteiligung der Mitarbeiter an Entscheidungsprozessen)
- **Führungstechniken:** Form der Ausgestaltung des kooperativen Führungsstils in der Betriebspraxis
  - **Führung durch Ausnahmeregelung**
    (Management by Exception): Mitarbeiter erhalten Entscheidungsbefugnisse für regelmäßig auftretende Aufgaben; darüber hinausgehende Entscheidungen trifft der Vorgesetzte
  - **Führung durch Aufgabenübertragung**
    (Management by Delegation): Übertragung von Verantwortung auf die Mitarbeiter für alle gewöhnlich auftretenden Arbeiten; übersteigt ein Problem einen festgelegten Entscheidungsspielraum, greift jedesmal der Vorgesetzte ein
  - **Führung durch Zielvereinbarung**
    (Management by Objectives): Die Mitarbeiter sind an der Umsetzung der Globalziele auf den einzelnen Stufen des Unternehmens in eine Zielhierarchie beteiligt
- **Grundsätze der MItarbeiterführung:** Sie gestalten die zwischenmenschlichen Kontakte von Vorgesetzten zu Mitarbeitern und sichern langfristig die Verwirklichung der Unternehmensziele
  - positive Verstärkung durch Anerkennung und Lob
  - konstruktive Kritik und Tadel zur positiven Einflussnahme auf die zukünftige Arbeitsleistung bzw. Arbeitseinstellung eines Mitarbeiters
  - Aufgeschlossenheit für die persönlichen und beruflichen Belange der MItarbeiter
  - Hilfsbereitschaft, Höflichkeit, Ermutigung bei Fehlern und Gerechtigkeit

Aufgaben 31

(1) *Was versteht man unter dem Begriff „Führung"?*

(2) *Nennen und beschreiben Sie die Führungsaufgaben an einem selbst gewählten Beispiel aus der betrieblichen Praxis!*

(3) *Warum bedarf es im Unternehmen der Personalführung?*

(4) *Grenzen Sie folgende Begriffe gegeneinander ab!*

a) *aufgabenorientierter und personenorientierter Führungsstil*

b) *autoritärer und kooperativer Führungsstil*

(5) *Diskutieren Sie, wie in der betrieblichen Praxis der Führungsstil von Vorgesetzten gestaltet sein sollte!*

(6) *Nennen Sie mögliche Nachteile eines autoritären bzw. eines kooperativen Führungsstils!*

(7) *Erläutern Sie, was unter „Management by Delegation" und „Management by Exception" zu verstehen ist und verdeutlichen Sie Ihre Ausführungen durch selbst gewählte Beispiele!*

(8) *Skizzieren Sie den Ablauf der Konkretisierung und Durchsetzung des von der Unternehmensleitung vorgegebenen Globalzieles „Umsatzsteigerung um 10 % im nächsten Geschäftsjahr" in einem nach dem Prinzip des „Management by Objectives" geführten Unternehmen!*

(9) *Zeigen Sie Vor- und Nachteile der einzelnen Führungstechniken im Hinblick auf Arbeitszufriedenheit und Leistungsbereitschaft der geführten Mitarbeiter auf!*

(10) *Welcher Führungsstil wird in Ihrem Ausbildungsbetrieb überwiegend angewendet?*

(11) *Bestimmen Sie in den folgenden beiden Fällen den Führungsstil des Vorgesetzten!*

a) *Die Pflegedienstleiterin eines Altenheimes ruft ihre Mitarbeiter zusammen, gibt jedem genaueste Anweisungen, was er wo und wann zu tun hat, reagiert auf Einwände und Hinweise ihrer Untergebenen mit: „Hier bestimme immer noch ich!"*

b) *Ein Arzt, der seine Praxis neu einrichten will, bespricht gemeinsam mit seinen Mitarbeiterinnen, wie die Gestaltung am effizientesten vorgenommen werden kann. Er hört Argumente und gibt Hinweise. Man einigt sich dann auf einen gemeinsamen Einrichtungsvorschlag.*

(12) *Stellen Sie fest, um welche Führungstechnik es sich handelt!*

a) *Ein Großhändler für medizinische Geräte will die Zahl der Reklamationsfälle um mindestens 30 % senken. Er informiert seine Abteilungsleiter und berät mit ihnen Möglichkeiten der Durchsetzung. Jedem wird eine bestimmte Teilaufgabe zur Erreichung des Gesamtzieles übertragen, die die Abteilungsleiter wiederum mit ihren Mitarbeitern besprechen und als Unterziele formulieren. Jeder einzelne Mitarbeiter versucht nun eigenverantwortlich, die ihm übertragene Teilaufgabe zu erfüllen.*

b) *Der Geschäftsführer eines Verlages überträgt seiner Sekretärin die Aufgabe, die Termingestaltung eigenverantwortlich zu übernehmen. Er möchte nur rechtzeitig über die festgelegten Gesprächsorte und -zeiten informiert werden.*

c) Der Küchenchef einer Krankenhauskantine leitet eigenverantwortlich die gesamte Abwicklung des Wareneinkaufes, der Zubereitung und der Ausgabe der Mahlzeiten. Zu diesem Zweck steht ihm ein monatliches Budget von 40 000 EUR zur Verfügung. Überschreitet er diesen Rahmen um mehr als 5 %, ist die Krankenhausleitung umgehend einzuschalten.

(13) Verdeutlichen Sie den richtigen Einsatz von Anerkennung und Lob bzw. Kritik und Tadel zur Steigerung der Leistungsbereitschaft von Mitarbeitern!

(14) Nehmen Sie kritisch Stellung zu der folgenden Behauptung:
Bei der Gestaltung der direkten Wechselbeziehung zwischen Vorgesetzten und den von ihnen geführten Mitarbeitern ist die Beachtung der Grundsätze der Mitarbeiterführung bzw. der allgemeinen Umgangsformen überflüssig!

(15) Ein Mitarbeiter hat einen wichtigen Bestelltermin versäumt. Skizzieren Sie den möglichen Ablauf eines konstruktiven Kritikgespräches zwischen diesem Mitarbeiter und dessen Vorgesetzten!

Lernfeld: Geldwirtschaft

1 Investition und Finanzierung

1.1 Zusammenhang zwischen Investition und Finanzierung

Ziel eines Unternehmens ist es, die benötigten einzelwirtschaftlichen **Produktionsfaktoren zu beschaffen,** die **betrieblichen Leistungen zu erstellen und** auf den Absatzmärkten **zu verwerten.** Dieser dreiteilige betriebliche Leistungsprozess lässt sich durch **Güter- und Geldströme** charakterisieren,

- die in entgegengesetzter Richtung fließen;

  So führt in einem Handelsbetrieb die Beschaffung der weiterzuveräußernden Waren zu verminderten Bar- oder Buchgeldbeständen, während andererseits durch den Weiterverkauf auf dem Absatzmarkt wiederum Geldmittel in das Unternehmen zurückfließen.

- die sich gegenseitig bedingen.

  Der betriebliche Güterstrom (Beschaffung → Leistungserstellung → Absatz) ist auf Dauer nur möglich, wenn es mindestens gelingt, die zur Aufrechterhaltung des Güterkreislaufes erforderlichen finanziellen Mittel durch die Verwertung der betrieblichen Leistungen auf dem Absatzmarkt zurückzugewinnen, um dieses Geld – ganz oder teilweise – erneut in Güter umzuwandeln. Übersteigen diese **Kapitalbindungsprozesse** zu einem bestimmten Zeitpunkt sowohl die **Kapitalfreisetzung** als auch die Möglichkeiten einer **internen Kapitalzuführung** (z. B. Selbstfinanzierung), muss über den Geld- bzw. Kapitalmarkt von Außenstehenden zusätzliches Kapital (z. B. in Form eines kurzfristigen Kredites oder einer längerfristigen Beteiligung) beschafft werden.

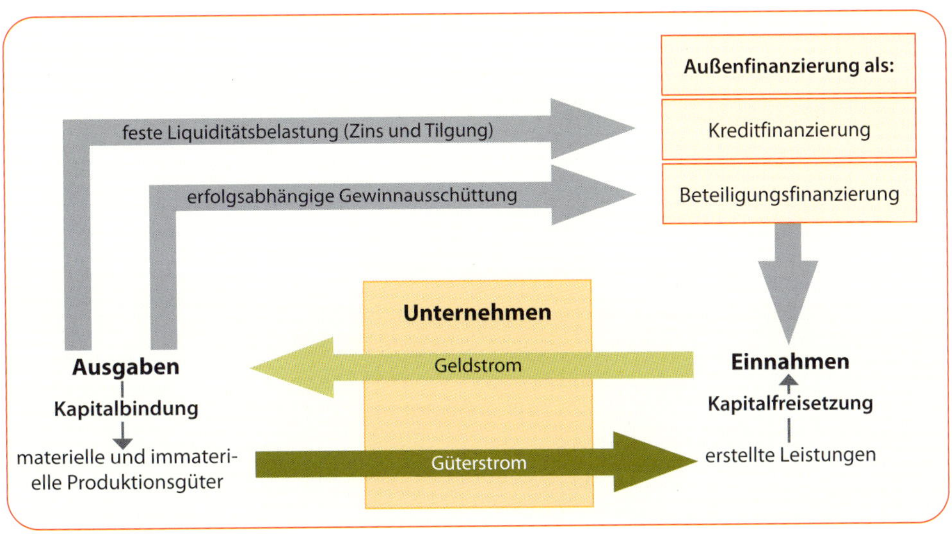

Ein in güter- und geldwirtschaftlicher Hinsicht **störungsfreier betrieblicher Leistungsprozess** ist insbesondere gebunden:

- an die zweckgerechte Verwendung des beschafften Kapitals **(Investition);**

  Alle Maßnahmen der **Kapitalverwendung,** die der Schaffung von Vermögenswerten dienen, bezeichnet man aus bilanzieller Sicht als **Investitionen,** die stets mit einer **Auszahlung** beginnen. Ihren Niederschlag in der Bilanz finden Investitionen auf der **Aktivseite** (vgl. S. 434), die Auskunft darüber gibt, in welchen Positionen des Anlage- (z. B. Gebäude, Maschinen oder Gegenstände der Betriebs- und Geschäftsausstattung) und Umlaufvermögens (z. B. Warenbestände, Forderungen aus Lieferungen und Leistungen oder Bankguthaben) das beschaffte Kapital zum jeweiligen Stichtag Verwendung gefunden hat.

- an die Beschaffung von Kapital **(Finanzierung).**

Aus bilanzieller Sicht umschreibt der Begriff der **Finanzierung** alle Maßnahmen der **Kapitalbeschaffung.** Dabei ist es unerheblich, ob die Mittel dem Unternehmen intern, also aus eigener Ertragskraft (Innenfinanzierung, vgl. S. 435), oder extern, also von Dritten (Außenfinanzierung, vgl. S. 436 ff.), zugeführt worden sind. Die mit einer **Einzahlung** beginnenden Finanzierungsvorgänge schlagen sich auf der **Passivseite** der Bilanz (vgl. S. 434) nieder, die Auskunft über Höhe und rechtliche Form des zur Verfügung gestellten Kapitals gibt.

1.2 Investitionsanlässe

Je nach Anlass der geplanten Investition lässt sich folgende Einteilung vornehmen:

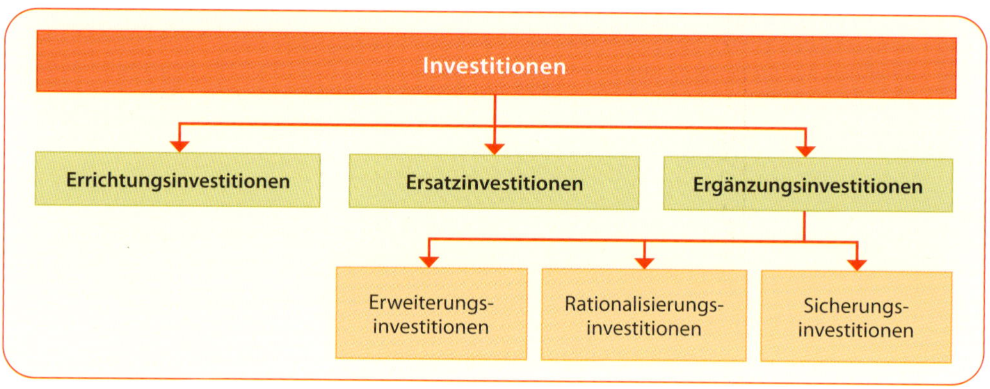

▶ Errichtungsinvestitionen

Errichtungsinvestitionen statten das Unternehmen bei der Gründung erstmalig mit dem zur Leistungserstellung notwendigen Betriebsvermögen aus.

Zur Aufnahme des Geschäftsbetriebes ist es für ein Unternehmen notwendig, Gegenstände der Betriebs- und Geschäftsausstattung, Kraftfahrzeuge sowie evtl. Grundstücke zu erwerben und Gebäude zu erstellen bzw. zu kaufen.

▶ Ersatzinvestitionen

Die in einem Unternehmen eingesetzten Produktionsmittel sind einer ständigen Abnutzung unterworfen. Vorhandene Anlagen müssen also von Zeit zu Zeit ersetzt werden. Reine **Ersatzinvestitionen,** die alte Anlagen durch technisch identische ersetzen, sind allerdings sehr selten, da in den neuen Anlagen fast immer technische Weiterentwicklungen enthalten sind.

Die vor fünf Jahren für die Mitarbeiter eines ambulanten Pflegedienstes beschafften Fahrzeuge sollen durch Pkw desselben Typs ersetzt werden. Die neu angeschafften Modelle sind allerdings auf dem aktuellen Stand der Fahrzeugtechnik.

▶ Ergänzungsinvestitionen

Ergänzungsinvestitionen erweitern, rationalisieren oder sichern bereits vorhandene Vermögenswerte.

■ Erweiterungsinvestitionen

In diesem Fall erweitern Unternehmen z.B. aufgrund einer sich abzeichnenden verbesserten Auftragslage oder einer gefestigten Marktposition ihre betrieblichen Kapazitäten. Dabei kann zum einen eine vorhandene Anlage durch eine mit größerer Kapazität ersetzt werden oder es werden zusätzliche Anlagen beschafft.

> Ein Altersheim sieht sich durch zunehmende Nachfrage gezwungen, weitere Räumlichkeiten zur Verfügung zu stellen.

■ Rationalisierungsinvestitionen

Bei dieser Art von Investitionen werden wirtschaftlichere Anlagen beschafft, die entweder günstiger oder leistungsfähiger produzieren als die bisherigen oder die der Schaffung verbesserter Organisationsabläufe dienen.

> - Eine Großwäscherei ersetzt ihre Waschautomaten durch energie- und wassersparendere Modelle.
> - Ein Pflegedienst erprobt den Einsatz von Elektroautos, um möglichst emissionsfrei zu sein.

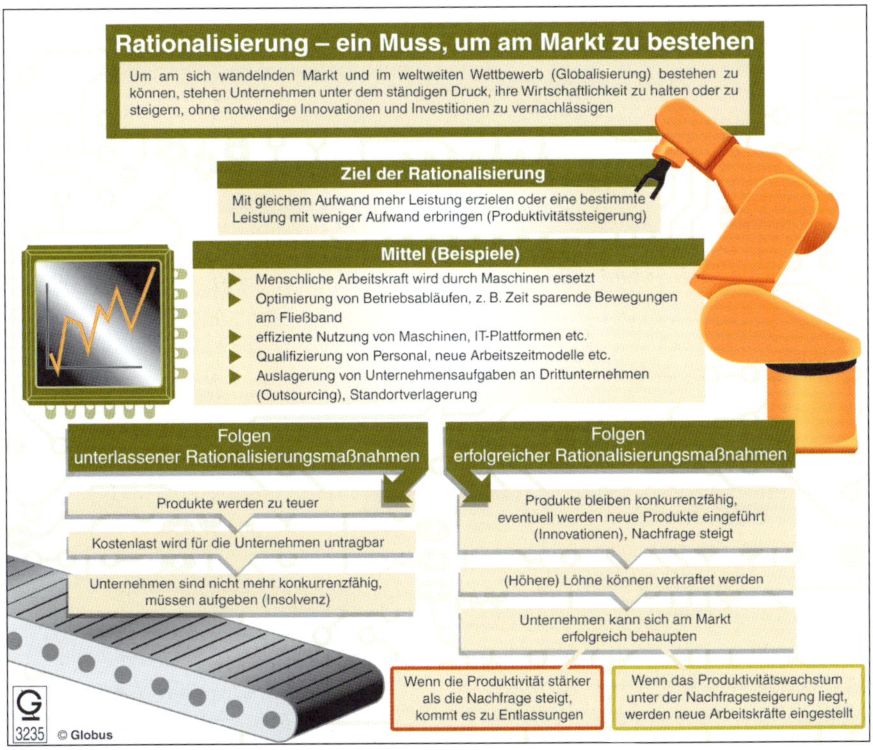

Bei dem Begriff Rationalisierung denken viele sofort an Lohnkostensenkungen und Stellenabbau. Eine Folge von Rationalisierung kann zwar die Streichung von Arbeitsplätzen sein, aber hinter diesem Begriff verbirgt sich weit mehr. Denn ohne ständige Rationalisierungs- und Investitions-

28 Merkur-Nr. 0054

maßnahmen könnten die meisten Unternehmen am Markt nicht bestehen. So gehören auch die Produktivitätssteigerung durch bessere Nutzung von Maschinen oder die Optimierung von Abläufen zu den Rationalisierungsmaßnahmen. Um die Marktposition eines Unternehmens zu halten oder zu verbessern, reichen Rationalisierungsmaßnahmen alleine auf Dauer nicht aus. Gleichwertig sind Investitionen und Innovationen zu sehen. Durch neue Produkte und Prozesse kann einerseits die Nachfrage gesteigert werden, andererseits ergeben sich neue Bereiche für zukünftige Rationalisierungsmaßnahmen.

- **Sicherungsinvestitionen**

Um die wirtschaftliche Situation eines Unternehmens zu sichern und um vor zukünftigen, nicht genau abschätzbaren Ereignissen geschützt zu sein, können Sicherungsinvestitionen notwendig werden.

Durch umfassende Investitionen im Bereich „Forschung und Entwicklung" will ein Pharmaunternehmen seine Marktposition ausbauen.

1.3 Finanzierungsarten

Wie Kapital verwendet und beschafft wurde, lässt sich z. B. aus der **Bilanz** des Unternehmens entnehmen.

Bilanz zum 31. Dezember 20 . .

Aktiva	*(Angaben in Euro)*		**Passiva**
I. Anlagevermögen		**I. Eigenkapital**	282 045,00
Gebäude	130 000,00	**II. Fremdkapital**	
Maschinen	45 600,00	Verbindlichkeiten gegenüber Kreditinstituten	78 420,00
Fuhrpark	71 400,00	Verbindlichkeiten aus Lieferungen und Leistungen	12 500,00
Betr.- u. Geschäftsausstattung	50 000,00	Sonstige Verbindlichkeiten	7245,00
II. Umlaufvermögen			
Vorräte	31 950,00		
Forderungen	47 695,00		
Kasse	1 250,00		
Bank	2 315,00		
	380 210,00		380 210,00

Wie wurde das Kapital **verwendet?**
= **Kapitalverwendung**
= **Investition**

Wie wurde das Kapital **aufgebracht?**
= **Kapitalbeschaffung**
= **Finanzierung**

Eigenkapital und Fremdkapital können den Unternehmen auf unterschiedliche Weise zur Verfügung gestellt werden. Dabei lassen sich u. a. folgende **Kapitalbeschaffungsmaßnahmen** unterscheiden:

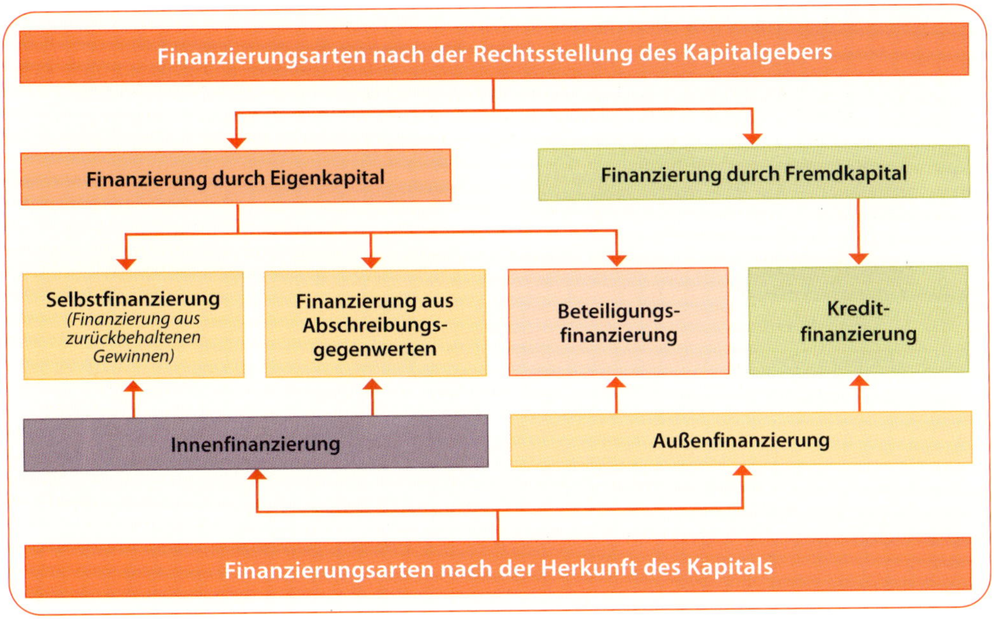

1.3.1 Innenfinanzierung

Bei der **Innenfinanzierung** bringt das Unternehmen die benötigten Mittel aus eigener Kraft auf.

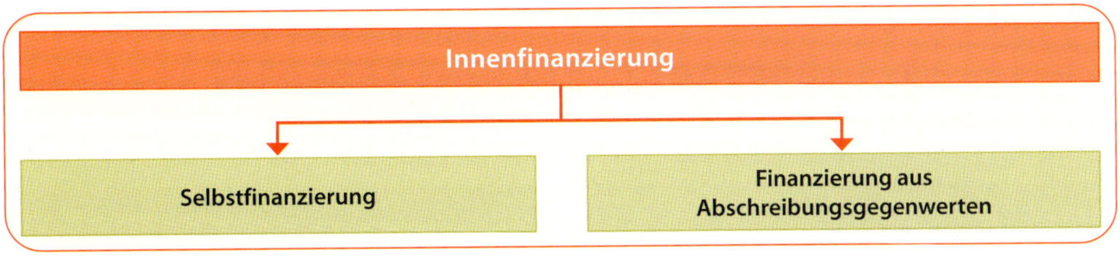

▶ Selbstfinanzierung

Die Bereitstellung von Mitteln aus den im Unternehmen erwirtschafteten Gewinnen (bei Kapitalgesellschaften durch das Nichtausschütten, bei Personengesellschaften durch die Nichtentnahme) nennt man **Selbstfinanzierung.**

- In einer Aktiengesellschaft wird nur ein Teil des Jahresüberschusses als Dividende an die Aktionäre ausgeschüttet, der Rest als Eigenkapitalanteil in die Rücklagen eingestellt.
- Ein Einzelunternehmer entnimmt nur die Hälfte des Jahresüberschusses aus dem Unternehmen, der andere Teil wird als zusätzliches Eigenkapital seinem Kapitalkonto gutgeschrieben.

▶ Finanzierung aus Abschreibungsgegenwerten

Gegenstände des Anlagevermögens (Maschinen, Anlagen, Kraftfahrzeuge, Betriebs- und Geschäftsausstattung, Gebäude) verlieren mit ihrer Nutzung bzw. im Zeitablauf an Wert. Dieser Tatsache wird dadurch Rechnung getragen, dass die jährlich für eine spätere Neuanschaffung erforderlichen Abschreibungsbeträge in den Preisen der vom Unternehmen verkauften Güter kalkuliert werden.

Werden diese Abschreibungswerte jedoch nicht aufgespart, sondern zwischenzeitlich anderen Verwendungszwecken zugeführt, liegt Innenfinanzierung vor.

Ein Unternehmen finanziert aus Eigenkapitalmitteln fünf Pkw zum Preis von jeweils 40 000 EUR. Jährlich werden 20 % der Anschaffungskosten abgeschrieben. Die Abschreibungsgegenwerte werden für die Anschaffung neuer Pkw verwandt.

Jahr	Bestand an Pkw	Gesamtwert der Anschaffungskosten	Abschreibung (20 % vom Anschaffungswert)	Flüssige Mittel am Ende des Jahres	Anzahl der Pkw, die neu beschafft werden können	Restliche flüssige Mittel nach dem Pkw-Kauf zu Beginn des neuen Jahres
2018	5	200 000 EUR	40 000 EUR	40 000 EUR	1	—
2019	6	240 000 EUR	48 000 EUR	48 000 EUR	1	8 000 EUR
2020	7	280 000 EUR	56 000 EUR	64 000 EUR	1	24 000 EUR
2021	8	320 000 EUR	64 000 EUR	88 000 EUR	2	8 000 EUR
2022	10	400 000 EUR	80 000 EUR	88 000 EUR	2	8 000 EUR
2023	7*	280 000 EUR	56 000 EUR	64 000 EUR	1	24 000 EUR
2024	7*	280 000 EUR	56 000 EUR	80 000 EUR	2	—
2025	8*	320 000 EUR	64 000 EUR	64 000 EUR	1	24 000 EUR

* Im Jahre 2023 sind 5 Pkw abgeschrieben, im Jahre 2024 bzw. 2025 jeweils ein weiterer Pkw.

1.3.2 Außenfinanzierung

Bei der **Außenfinanzierung** wird dem Unternehmen Kapital von Dritten (von Außenstehenden) zur Verfügung gestellt.

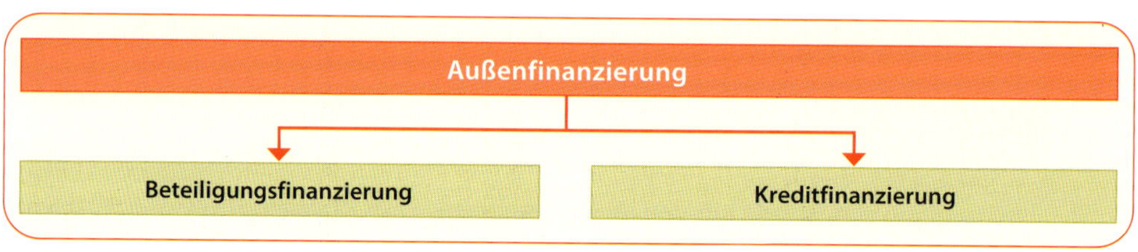

▶ Beteiligungsfinanzierung *(Außenfinanzierung durch Eigenkapital)*

Bei der **Beteiligungsfinanzierung** wird **Eigenkapital** zur Verfügung gestellt und damit werden **Eigentumsrechte** am Unternehmen erworben. Dies bedeutet:

- das Kapital wird dem Unternehmen zeitlich unbefristet überlassen;
- es besteht kein Anspruch auf Verzinsung des Kapitals;
- der Kapitalgeber hat Mitsprache- bzw. Kontrollrechte im Unternehmen;
- ein Gewinnbeteiligungsanspruch ist vorhanden;
- in der Regel haftet der Kapitalgeber – zumindest bis zur Höhe der geleisteten Einlage – für die Verluste des Unternehmens;

- bei freiwilliger Auflösung des Unternehmens hat der Kapitalgeber Anspruch auf anteiligen Liquidationserlös.

  - Ein neuer Gesellschafter tritt als Kommanditist in eine Kommanditgesellschaft ein.
  - Durch die Ausgabe neuer Aktien wird der Eigenkapitalanteil (Grundkapital) einer AG erhöht.

Kreditfinanzierung *(Außenfinanzierung durch Fremdkapital)*

Bei der **Kreditfinanzierung** wird dem Unternehmen **Fremdkapital** zur Verfügung gestellt. Dies bedeutet:

- die Kreditzusage ist in aller Regel an Sicherheiten gebunden;
- die Überlassung des Kapitals ist zeitlich befristet;
- das Unternehmen ist mit festen Zinszahlungen, die als Betriebsausgaben steuerlich abzugsfähig sind, belastet;
- die Kapitalgeber haben in der Regel keinen Einfluss auf die Unternehmensentscheidungen;
- seitens der Kapitalgeber besteht ein Anspruch auf Rückzahlung des Kredites;
- es besteht kein Anspruch auf Gewinnbeteiligung oder Liquidationserlös;
- der Kapitalgeber hat – außer bei Insolvenz – kein Verlustrisiko.

Möglichkeiten der Kreditfinanzierung werden in der Regel von Kreditinstituten, aber auch von staatlichen Stellen oder Versicherungsinstituten angeboten.

Kreditarten im Überblick

Je nach gewähltem Merkmal führen die verschiedenen Formen der Kreditfinanzierung zu folgenden **Kreditarten:**

Merkmale	Wichtige Kreditarten	Beispiele
Fristigkeit des Kapitals (Laufzeit)	**kurzfristige Kredite:** in der Regel bis zu drei (je nach Branche auch bis zu zwölf) Monaten	Zielkäufe, Wechseldiskont-, Kontokorrent-, Dispositionskredite
	mittelfristige Kredite: bis zu vier Jahren	persönliche Anschaffungsdarlehen, Teilzahlungsgeschäfte, Bankkredite
	langfristige Kredite: über vier Jahre	Teilzahlungsgeschäfte, Hypothekendarlehen, Bankkredite
Verwendung des Kapitals	an Unternehmen bzw. Angehörige freier Berufe ausgezahlte **Produktivkredite**	Investitions-, Betriebs-, Saison-, Zwischenkredite
	an Endverbraucher ausgezahlte **Konsumtionskredite**	persönliche Anschaffungsdarlehen, Warenkredit in Form von Teilzahlungsgeschäften
Verfügbarkeit des Kapitals	Kredite in laufender Rechnung, die **in wechselnder Höhe bis zu einem vorab festgelegten Limit in Anspruch genommen werden**	Kontokorrentkredite (an Unternehmen) Dispositionskredite (an Endverbraucher)
	Kredite, die in **einer Summe oder in bestimmten Teilbeträgen ausgezahlt und in oder nach einer vorab festgelegten Zeit getilgt werden**	Fälligkeits-, Annuitäten-, Abzahlungsdarlehen

Merkmale	Wichtige Kreditarten	Beispiele
Herkunft des Kapitals (Kapitalgeber)	■ Kredite, die von Geschäftsbanken zur Verfügung gestellt werden **(Bankkredite)**	■ Kontokorrent-, Dispositions-, Wechseldiskontkredite, Gelddarlehen
	■ Kredite, die der Verkäufer der Ware seinen Kunden einräumt **(Lieferantenkredite)**	■ Zielkäufe, Teilzahlungsgeschäfte, Wechselziehung
	■ Kredite, die der Lieferant bei seinen Kunden in Anspruch nimmt **(Kundenkredite)**	■ Anzahlungen, Vorauszahlungen
	■ Kredite, die die öffentliche Hand gewährt **(Staatskredite)**	■ staatliche Förderung durch ERP–Existenzgründungsprogramm, Stundungen von Steuern
Rechtliche Sicherung des Kapitals	■ Kredite, die **nur aufgrund der persönlichen Kreditwürdigkeit des Kreditnehmers** gewährt werden	■ Blanko-, Kontokorrent-, Dispositionskredite
	■ Kredite, die aufgrund **schuldrechtlicher Sicherung** eingeräumt werden	■ durch Bürgschaft oder Zession abgesicherte Kredite
	■ Kredite, die aufgrund **sachenrechtlicher Sicherung** eingeräumt werden	■ durch Sicherungsübereignung, Eigentumsvorbehalt oder Grundpfandrechte gesicherte Kredite

1.4 Kreditarten

Warenkredite werden von Unternehmen (teilweise in Zusammenarbeit mit Geldinstituten) eingeräumt, um den Verkauf der eigenen Leistungen zu kreditieren, während die von Banken oder Sparkassen gewährten **Geldkredite** in der Regel **nicht** an bestimmte Warengeschäfte gebunden sind.

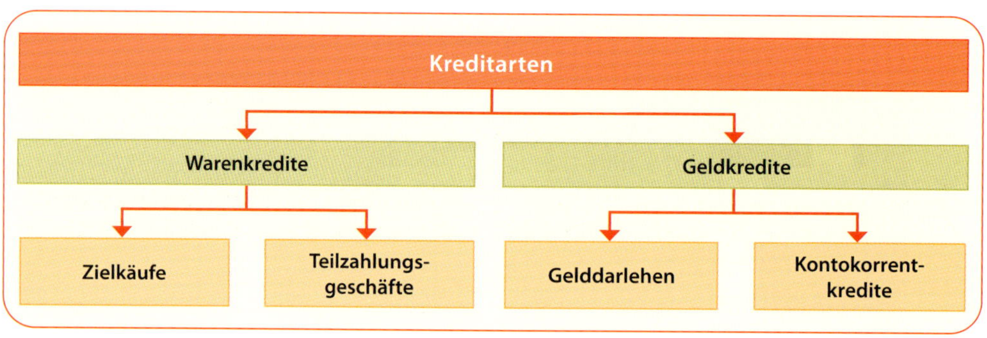

1.4.1 Warenkredite

Bei Warenkrediten erhält der Kreditnehmer Waren, die er erst zu einem späteren Zeitpunkt bezahlen muss. Warenkredite können in Form von **Konsumtionskrediten** (an Endverbraucher) oder als **Produktivkredite** (an Unternehmen bzw. Angehörige freier Berufe) vergeben werden.

▶ Zielkäufe

In diesem Fall gewährt ein Unternehmen mit der Warenlieferung seinem Kunden gleichzeitig einen Zahlungsaufschub, z. B. bei „Zahlung innerhalb 30 Tagen netto Kasse". Zahlt der Käufer vor Ablauf dieser Frist, kann er vom Rechnungsbetrag einen bestimmten Prozentsatz als Skonto einbehalten, z. B. bei „Zahlung innerhalb 30 Tagen ohne Abzug, innerhalb 10 Tagen 3 % Skonto".

▶ Teilzahlungsgeschäfte

Beim Teilzahlungsgeschäft verpflichtet sich der Kunde, auf den Kaufpreis der Ware eine Anzahlung zu leisten und den Restbetrag in mehreren Raten (meist monatlich) zu begleichen. Er hat Zinsen zu entrichten und auch sonst entstehende Kosten zu tragen. Teilzahlungsgeschäfte können nur im Zusammenhang mit Warenkäufen gewährt werden und dienen dem **Endverbraucher** zur Finanzierung von Anschaffungen.

Konsumenten, die im Rahmen eines Teilzahlungsgeschäftes den Kaufpreis in Raten zahlen, stehen unter dem Schutz des **Bürgerlichen Gesetzbuches** *(§§ 501 ff. BGB)*. Die Kreditgewährung bedarf der Schriftform.

Teilzahlungsgeschäfte lassen sich nach dem Kreditgeber unterscheiden:

- Kreditgewährung durch das Unternehmen selbst (bei größeren Unternehmen durch spezielle Kreditabteilungen);
- Kreditgewährung durch das Unternehmen in Zusammenarbeit mit einem Geldinstitut.
  - Manche Unternehmen verfügen über eine ihnen angeschlossene Bank, die die Kreditvergabe übernimmt, wie z. B. die V.A.G. Bank für die Vertragshändler des Autoherstellers Volkswagen.
  - Andere Unternehmen arbeiten bei der Kreditgewährung mit einem ihnen nicht angeschlossenen Geldinstitut zusammen. Dieses Institut räumt dem Kunden einen Kredit ein, für den dieser die gewünschte Ware im entsprechenden Unternehmen ersteht.

1.4.2 Geldkredite

Bei Geldkrediten hat der Kreditnehmer die Möglichkeit, über das ihm zur Verfügung gestellte Geld **frei zu verfügen,** d. h., er ist bei einem Warenkauf **nicht** an ein bestimmtes Unternehmen gebunden.

▶ Gelddarlehen *(§§ 488 ff. BGB)*

Gelddarlehen werden in einer Summe oder in bestimmten Teilbeträgen an den Schuldner ausgezahlt bzw. seinem Girokonto gutgeschrieben. Der Darlehensnehmer verpflichtet sich, die Darlehenssumme in oder nach einer vorab festgelegten Zeit zurückzuerstatten **(Tilgung).** Zinsen werden ab der Bereitstellung der Darlehenssumme berechnet, unabhängig davon, ob das Darlehen auch tatsächlich beansprucht wird.

Die Rückzahlung kann erfolgen als:

- **Fälligkeits- oder Kündigungsdarlehen,** d. h., die Darlehenssumme wird nach Ablauf der vereinbarten Zeit bzw. nach Kündigung des Vertrages **in einer Summe** fällig. Während der Laufzeit sind nur Zinsen zu entrichten.
- **Annuitätendarlehen,** d. h., der Schuldner zahlt über die gesamte Laufzeit **gleich hohe Beträge (Annuitäten),** die sich aus **Zins- und Tilgungsanteilen** zusammensetzen. Im Laufe der Zeit sinkt der Zinsanteil, während der Tilgungsanteil in den gleichbleibenden Annuitäten steigt.

- **Abzahlungsdarlehen,** d.h., **die Tilgung erfolgt in gleich hohen Raten.** Da damit die Restschuld laufend geringer wird, sinkt die Zinsbelastung. Die einzelnen vom Schuldner zu entrichtenden Zahlungen werden hier fortlaufend geringer.

Darlehensbedingungen:

Darlehenshöhe 10 000 EUR; effektiver Zins 12 %; Laufzeit 5 Jahre

① Fälligkeits- oder Kündigungsdarlehen

Jahr	Darlehenssumme/ Restschuld	Zins	Tilgung	Jährliche Rate
1	10 000 EUR	1 200 EUR	—	1 200 EUR
2	10 000 EUR	1 200 EUR	—	1 200 EUR
3	10 000 EUR	1 200 EUR	—	1 200 EUR
4	10 000 EUR	1 200 EUR	—	1 200 EUR
5	10 000 EUR	1 200 EUR	10 000 EUR	11 200 EUR

② Annuitätendarlehen

Jahr	Darlehenssumme/ Restschuld	Zins	Tilgung	Annuität*
1	10 000,00 EUR	1 200,00 EUR	1 574,10 EUR	2 774,10 EUR
2	8 425,90 EUR	1 011,11 EUR	1 762,99 EUR	2 774,10 EUR
3	6 662,91 EUR	799,55 EUR	1 974,55 EUR	2 774,10 EUR
4	4 688,36 EUR	562,60 EUR	2 211,50 EUR	2 774,10 EUR
5	2 476,86 EUR	297,22 EUR	2 476,88 EUR	2 774,10 EUR

③ Abzahlungsdarlehen

Jahr	Darlehenssumme/ Restschuld	Zins	Tilgung	Annuität*
1	10 000,00 EUR	1 200,00 EUR	2 000,00 EUR	3 200,00 EUR
2	8 000,00 EUR	960,00 EUR	2 000,00 EUR	2 960,00 EUR
3	6 000,00 EUR	720,00 EUR	2 000,00 EUR	2 720,00 EUR
4	4 000,00 EUR	480,00 EUR	2 000,00 EUR	2 480,00 EUR
5	2 000,00 EUR	240,00 EUR	2 000,00 EUR	2 240,00 EUR

* Annuität = jährliche Rate aus Zins und Tilgung; beim Annuitätendarlehen ist die Rate stets gleich (**feste Annuität**), beim Abzahlungsdarlehen verringert sich die Rate (**fallende Annuität**).

Besonderheit

Neben Geld können auch andere **vertretbare Sachen als Darlehen (= Sachdarlehensvertrag**, vgl. S. 228 f.) gewährt werden. In diesem Fall ist der Darlehensnehmer jedoch verpflichtet, ein Darlehensentgelt zu zahlen und bei Fälligkeit das Empfangene in Sachen gleicher Art, Güte und Menge zurückzuerstatten *(§ 607 BGB)*.

Kontokorrentkredite *(§§ 355 ff. HGB)*

Der Kontokorrentkredit gehört zu den kurzfristigen Krediten und soll einen **vorübergehenden Zahlungsbedarf** decken. Aufgrund seiner hohen Zinskosten sollte er nur dann in Anspruch genommen werden, wenn der Kontostand (etwa durch den Eingang eigener Forderungen) in absehbarer Zeit ausgeglichen werden kann.

Beim Kontokorrent (= laufende Rechnung) wird es dem Bankkunden gestattet, bis zu einem vorab festgelegten Höchstbetrag (Limit) selbst auch dann noch Abbuchungen vornehmen zu lassen, wenn das Konto kein Guthaben mehr aufweist. Der in Anspruch genommene Kredit wird laufend mit eingehenden Gutschriften verrechnet.

Im Gegensatz zum Gelddarlehen hat der Kontokorrentkredit den Vorteil, dass zwar eine Kreditzusage in bestimmter Höhe besteht, **Sollzinsen** aber nur für die tatsächlich beanspruchten Mittel berechnet werden. Daneben ist eine **Kreditprovision** für die Bereitstellung des Kredites (auch bei Nichtinanspruchnahme) zu zahlen (etwa 3 %). Überzieht der Kunde den eingeräumten Kreditspielraum, hat er zudem **Überziehungszinsen** zu entrichten.[1]

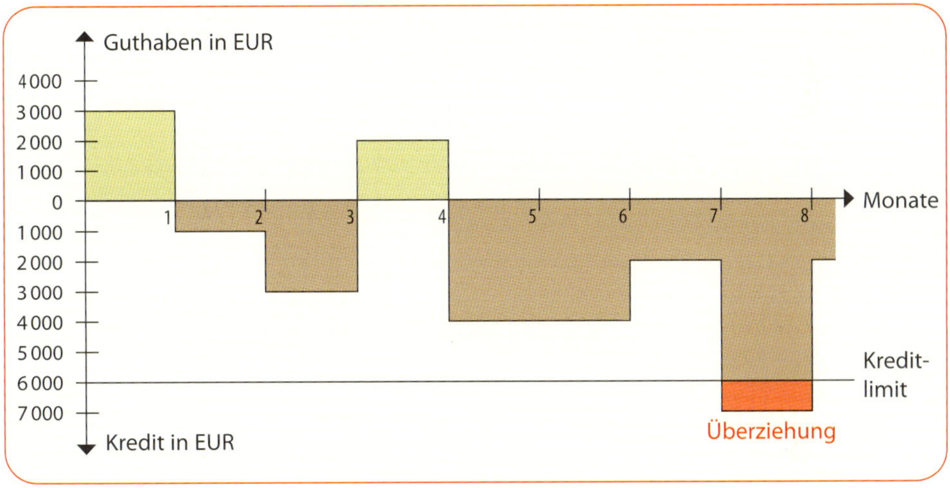

1.5 Kostenvergleich zwischen Waren- und Geldkredit

In bestimmten Situationen stellt sich die Frage, ob es günstiger ist, den Warenbezug über einen Zielkauf (Warenkredit) zu finanzieren und auf die übliche Skontoeinräumung zu verzichten oder den Rechnungsbetrag über einen Bankkredit (Geldkredit) zu begleichen und damit die Möglichkeit zu erhalten, Skonto in Anspruch zu nehmen.

Ein Zahnarzt muss die Rechnung seines Lieferanten in Höhe von 10 000 EUR begleichen. Die Zahlungsbedingung lautet: „30 Tage netto Kasse; bei Zahlung innerhalb von 10 Tagen 3 % Skonto". Für einen Kontokorrentkredit der Hausbank wären 12 % effektiver Jahreszins zu entrichten. Der Kredit könnte durch den Eingang erwarteter Einnahmen nach 20 Tagen ausgeglichen werden.

1 Gleiches gilt bei der Überziehung der bei Gehaltskonten (Girokonten) vereinbarten **Dispositionskredite.**

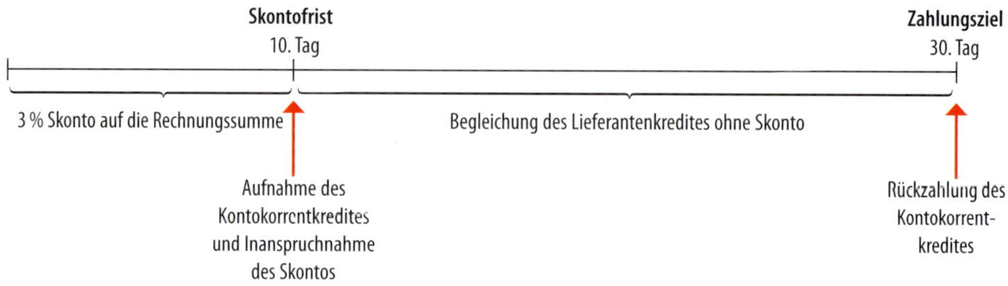

- **Skonto**
  - Bei Inanspruchnahme des Skontos müsste am 10. Tag ein Bareinkaufspreis von:

Rechnungsbetrag	10 000 EUR
– 3 % Skonto	300 EUR
= Überweisungsbetrag	9 700 EUR beglichen werden.

  - Die Inanspruchnahme des Skontos entspricht bei der in der kaufmännischen Praxis angewandten Überschlagsrechnung einer Jahresverzinsung von:

$$i = \frac{\text{Skontosatz in \% x 360}}{\text{Zahlungsziel – Skontofrist}} = \frac{3\,\% \text{ x } 360}{30 - 10} = \underline{\underline{54\,\%}}$$

- **Kontokorrentkredit**

Die Zinskosten bei Inanspruchnahme des Kontokorrentkredites belaufen sich auf:

$$Z = \frac{\text{Kapital x Tage x Prozentsatz}}{360 \text{ x } 100\,\%} = \frac{9\,700 \text{ EUR x } 20 \text{ x } 12\,\%}{360 \text{ x } 100\,\%} = \underline{\underline{64{,}66 \text{ EUR}}}$$

Die Ersparnis bei Ausnutzung des Skontos und Aufnahme des Kontokorrentkredites beträgt:

	300,00 EUR	Skonto
–	64,66 EUR	Zinskosten
=	235,34 EUR	Ersparnis

Besteht bei kurzzeitiger Zahlungsschwierigkeit die Möglichkeit, eine Eingangsrechnung durch eine Kreditaufnahme zu finanzieren, sollte davon Gebrauch gemacht werden. **Lieferantenkredite (bei nicht ausgenutztem Skonto) gehören zu den teuersten Finanzierungsarten!** Die Begleichung von Rechnungen durch einen kurzfristigen Bankkredit wird daher stets vorteilhafter sein.

1.6 Kredit ersetzende Maßnahmen

1.6.1 Leasing

Durch das Leasing erwirbt ein Unternehmen[1] (Leasingnehmer) von einem Leasinggeber gegen Entgelt Nutzungsrechte an Maschinen, Ladeneinrichtungen, Kopiergeräten, Kraftfahrzeugen, EDV-Anlagen oder Gebäuden (Gegenstände des Anlagevermögens). Die Ausgestaltung des Leasingvertrages kann sehr unterschiedlich vorgenommen werden. Sie reicht vom normalen Mietvertrag bis zum verdeckten Raten-Kaufvertrag.

1 Auch für den privaten Bereich können im Rahmen des Konsumgüterleasings Pkw, Fernseh- und Videogeräte, Waschmaschinen und sogar Möbel geleast werden.

▶ Direktes Leasing

Der Hersteller des Leasingobjektes tritt als Leasinggeber auf. Der Leasingnehmer zahlt die für die Nutzung zu entrichtenden Leasingraten an den Hersteller.

▶ Indirektes Leasing

Zwischen den Hersteller des Leasingobjektes und den Leasingnehmer tritt ein Unternehmen als Leasinggeber. Dieses erwirbt durch einen Kaufvertrag das Eigentumsrecht am Leasingobjekt, das es dem Leasingnehmer auf der Grundlage eines Leasingvertrages zur Nutzung überlässt.

Eine besondere Leasingvariante liegt vor, wenn ein Unternehmen die Anlagegüter zunächst selbst erwirbt, um sie dann an eine Leasinggesellschaft zu verkaufen, die ihrerseits das Leasingobjekt wiederum dem Unternehmen aufgrund eines Leasingvertrages zur Nutzung überlässt („Sale-lease-back"). Da die als Leasinggeber auftretenden Unternehmen (Leasinggesellschaften) in der Regel nicht in der Lage sind, die von ihnen erworbenen Leasingobjekte vollständig aus eigenen Mitteln zu finanzieren, werden sie sich über Kreditinstitute refinanzieren. In diesem Fall zahlt der Leasingnehmer die vertraglich vereinbarten Leasingraten:

- an die **Leasinggesellschaft** (bei stiller Zession) oder
- an das **Kreditinstitut,** bei dem sich die Leasinggesellschaft refinanziert hat (bei offener Zession).

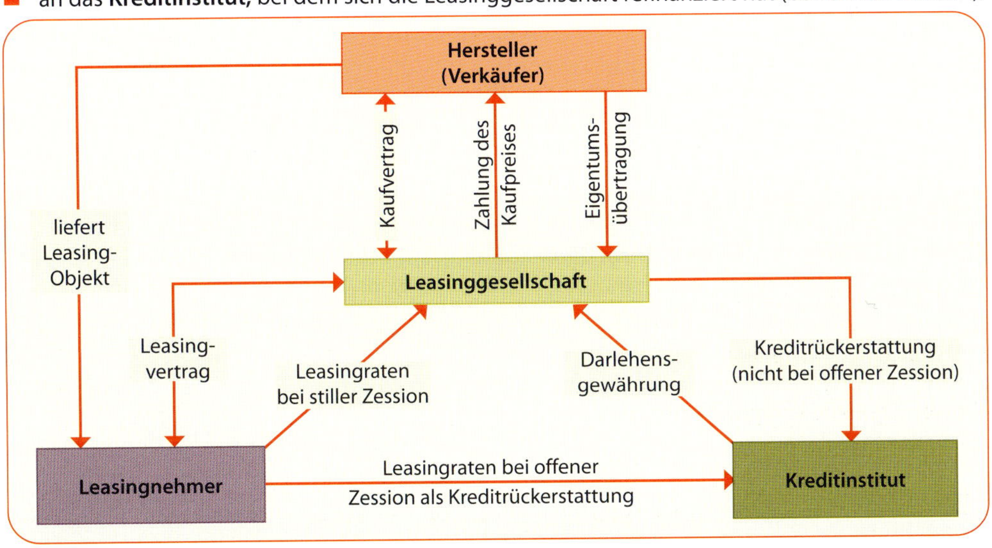

In der Regel wird zwischen Leasingnehmer und -geber eine **unkündbare Grundmietzeit** vereinbart (40–90 % der betriebsgewöhnlichen Nutzungsdauer des Gutes), in der Leasingraten zu entrichten sind, die sich aus Tilgungs- und Kapitalkostenanteilen zusammensetzen. Zum Ende der Grundmietzeit kann das Investitionsgut dem Leasinggeber zurückgegeben werden oder – bei vorab vereinbarter Kaufoption – durch Zahlung des Restwertes in das Eigentum des Leasingnehmers übergehen.

Anschaffung eines Pkw im Wert von 80 000 EUR
(Nettokaufpreis: 67 226,89 EUR + 12 773,11 EUR Umsatzsteuer)

geschätzte jährliche km-Leistung:	50 000
Grundmietzeit:	24 Monate
Restwert nach 2 Jahren:	30 % vom Kaufpreis

Berechnung der monatlichen Leasingrate

Leasingsatz:	3,4 %	
monatliche Leasingrate	= monatlicher Leasingsatz x Nettokaufpreis	
	= 3,4 % x 67 226,89 EUR	= 2 285,71 EUR
	+ 19 % USt	434,28 EUR
monatliche Gesamt-Leasingrate	=	2 719,99 EUR

Manchmal wird zwischen dem Leasingnehmer und dem Leasinggeber auch eine Anzahlung vereinbart.

Neben der Bereitstellung des zu nutzenden Gutes kann der Leasinggeber gegen entsprechende Gebühren, d. h. höhere Raten, auch die Wartung und Reparatur der überlassenen Anlagegüter übernehmen.

Vorteile des Leasings für den Leasingnehmer bestehen darin, dass der Leasinggeber die **Wartung und Reparatur** der überlassenen Güter übernimmt. Darüber hinaus kann der Leasingnehmer schneller auf **technische Weiterentwicklungen** reagieren, da Leasingverträge mit kurzer Laufzeit den Ersatz des „veralteten" Gutes ermöglichen. Unter bestimmten Voraussetzungen hat der Leasingnehmer zudem die Möglichkeit, **Steuervorteile** durch das Absetzen der monatlichen Leasingraten zu erzielen.

Nachteile des Leasings für den Leasingnehmer ergeben sich aus den **relativ hohen Leasingraten** (diese Mietraten können 20–50 % über dem Anschaffungswert des Gegenstandes liegen). Leasingobjekte können zudem nicht als Sicherheiten für weitere Kreditaufnahmen dienen.

1.6.2 Factoring

Das Factoring ist eine besondere **Form der Forderungsabtretung.** Der Factor (Bank oder spezielle Factorgesellschaft) kauft Forderungen eines Kunden an, die dieser gegenüber Dritten aus Warenlieferungen geltend machen kann. Vorteil für den Factoringnehmer (Kunde) ist, dass seine Forderungen von der Bank bevorschusst werden. Er erhält also sofort und nicht erst am Fälligkeitstag seiner Forderungen Geld ausgezahlt.

Für diese **Finanzierungsfunktion** berechnet der Factor neben banküblichen Vorschusszinsen (Zins für die Zeit zwischen Auszahlung und Fälligkeit der Forderung) auch eine Gebühr für seine Leistung. Der Factor kann zudem eine **Delkrederefunktion** anbieten, d. h. das Risiko eines Forderungsausfalls übernehmen. Darüber hinaus eröffnet er seinem Kunden die Möglichkeit, für ihn die Debitorenbuchhaltung (Kundenbuchhaltung), die Rechnungsausstellung, den Forderungseinzug und ein eventuell notwendig werdendes Mahnverfahren zu übernehmen **(Dienstleistungsfunktion).** Für die Delkredere- und Dienstleistungsfunktion werden zusätzliche Gebühren berechnet.

Wie bei der Zession sind beim Factoring offene und stille Forderungsabtretungen zu unterscheiden. Die eigentliche Form des Factorings ist die der offenen Forderungsabtretung, bei der der Factor sowohl die Finanzierungsfunktion als auch die Delkredere- und Dienstleistungsfunktion übernimmt.

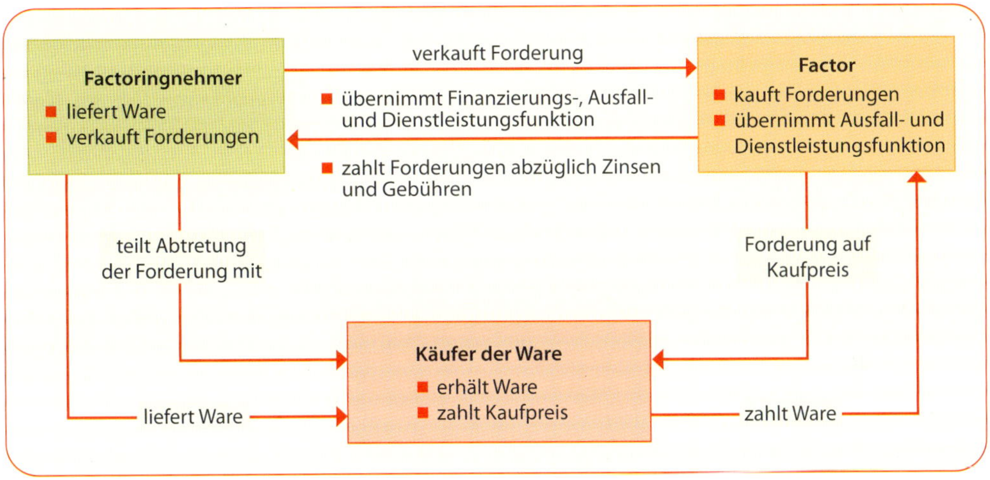

Während Leasingmaßnahmen der Finanzierung des Anlagevermögens dienen, stellt Factoring als Finanzierungshilfe auf das Umlaufvermögen eines Unternehmens ab.

1.7 Liquiditätsgrade

Ein Unternehmen benötigt stets ausreichende finanzielle Mittel, um insbesondere seinen kurzfristigen Zahlungsverpflichtungen termingerecht nachkommen zu können. Zur Überprüfung einer gesicherten Zahlungsfähigkeit müssen **Liquiditätskontrollen** durchgeführt werden. Dabei unterscheidet man verschiedene **Stufen der Liquidität:**

▶ Liquidität 1. Grades *(Barliquidität)*

Sie gibt Auskunft darüber, ob die **flüssigen Mittel** (Bargeld und Bankguthaben) ausreichen, um die sofort fälligen kurzfristigen Verbindlichkeiten zu begleichen.

$$\textbf{Liquidität 1. Grades} = \frac{\text{flüssige Mittel x 100 \%}}{\text{kurzfristiges Fremdkapital}}$$

Liquidität 2. Grades *(einzugsbedingte Liquidität)*

Hierbei handelt es sich um **einzugsbedingte Mittel,** die erst durch Einzug zu flüssigen Mitteln werden (Forderungen gegen Kunden), sie dienen zum Ausgleich kurzfristiger Verbindlichkeiten.

$$\textbf{Liquidität 2. Grades} = \frac{(\text{flüssige Mittel + Forderungen}) \times 100\,\%}{\text{kurzfristiges Fremdkapital}}$$

Liquidität 3. Grades *(umsatzbedingte Liquidität)*

Dies sind Bestandteile des Umlaufvermögens, die als **umsatzbedingte Mittel** erst durch Verkauf zu flüssigen Mitteln werden (Warenvorräte). Hierdurch wird die Zahlungsbereitschaft über einen mittelfristigen Zeitraum gesichert.

$$\textbf{Liquidität 3. Grades} = \frac{\text{Umlaufvermögen} \times 100\,\%}{\text{kurzfristiges Fremdkapital}}$$

Ein Unternehmen weist in der Bilanz des letzten Geschäftsjahres folgende Warenbestände, Forderungen, Barmittel und Bankguthaben (als Umlaufvermögen) sowie sofort fällige und kurzfristige Verbindlichkeiten (als kurzfristiges Fremdkapital) aus:

Bilanz (in 1 000 EUR)

Aktiva		Passiva	
.		.	
.		.	
.		.	
Warenbestand	4 650	Verbindlichkeiten aus Lieferungen und Leistungen	19 150
Forderungen aus Lieferungen und Leistungen	11 357	sonstige kurzfristige Verbindlichkeiten	8 153
Kassenbestand	75		
Bankguthaben	8 179		
.		.	
.		.	
.		.	
	49 118		49 118

Die Liquiditätskontrolle (2. Grades) ergibt:

$$\frac{19\,611 \text{ EUR} \times 100\,\%}{27\,303 \text{ EUR}} = \underline{\underline{71{,}83\,\%}}$$

Für dieses Unternehmen kann also eine **Unterdeckung** und damit eine **Finanzierungslücke** festgestellt werden. **28,17 %** des kurzfristigen Fremdkapitals sind nicht mit zeitlich entsprechend zu erwartenden Forderungseingängen abgedeckt. Eine Umwandlung der sonstigen kurzfristigen Verbindlichkeiten in mittel- oder langfristige Verbindlichkeiten scheint geboten.

▶ Zusammenfassung

Investition und Finanzierung

Zusammenhang zwischen Investition und Finanzierung

Ein in güter- und geldwirtschaftlicher Hinsicht störungsfreier betrieblicher Leistungsprozess ist insbesondere gebunden an die:

- zweckgerichtete Verwendung des beschafften Kapitals **(Investition)** → Aktivierung in der Bilanz
  - ➤ Investitionsanlässe:
    - Errichtungsinvestitionen
    - Ersatzinvestitionen
    - Ergänzungsinvestitionen (Erweiterungs-, Rationalisierungs- und Sicherungsinvestitionen)
- Beschaffung von Kapital sowohl aus der Ertragskraft des Unternehmens als auch von Dritten **(Finanzierung)** → Passivierung in der Bilanz

Finanzierungsarten

- **Finanzierung durch Eigenkapital**
  - Selbstfinanzierung
  - Finanzierung aus Abschreibungsgegenwerten
  - Beteiligungsfinanzierung
- **Finanzierung durch Fremdkapital**
  - Kreditfinanzierung

Selbstfinanzierung } **Innenfinanzierung**

Finanzierung aus Abschreibungsgegenwerten, Beteiligungsfinanzierung, Finanzierung durch Fremdkapital } **Außenfinanzierung**

Außenfinanzierung durch Fremdkapital (Kreditfinanzierung)

- **Arten der Kreditfinanzierung**

Warenkredite	Geldkredite
Kreditnehmer erhält Waren, die erst später bezahlt werden müssen – Zielkäufe – Teilzahlungsgeschäfte	Kreditnehmer kann über das zur Verfügung gestellte Geld frei bestimmen – Gelddarlehen – Kontokorrentkredite

- **Gelddarlehensarten**
  - **Fälligkeits- oder Kündigungsdarlehen**
  - **Annuitätendarlehen**
  - **Abzahlungsdarlehen**

  } einmalige Bereitstellung einer Geldsumme, die in oder nach Ablauf einer vorab festgelegten Zeit getilgt wird

- **Kontokorrentkredite**
  Zur kurzfristigen Überbrückung von Liquiditätsengpässen wird es dem Kreditnehmer gestattet, sein Konto bis zum festgelegten Kreditlimit zu überziehen. Kreditaufnahmen und Einzahlungen werden laufend miteinander verrechnet.

Kredit ersetzende Maßnahmen

- **Leasing**
  Anlagegüter werden gegen Entgelt dem Unternehmen zur Nutzung vom Leasinggeber (Hersteller oder Leasing-Gesellschaft) überlassen. Teile des Anlagevermögens müssen also nicht gekauft, sondern können gemietet bzw. gepachtet werden.

- **Factoring**
  Ein Factor (Kreditinstitut oder Factorgesellschaft) kauft Forderungen eines Unternehmens aus Warenlieferungen auf und bevorschusst sie gegen Gebühr und Zinsabzug. Darüber hinaus kann der Factor das Risiko des Forderungsausfalls (Delkredere) und bestimmte Dienstleistungen (Buchhaltung, Rechnungsausstellung usw.) für das Unternehmen gegen Gebühr übernehmen.

Liquiditätsgrade

Die **Kennzahlen** geben Auskunft über die Zahlungsfähigkeit des Unternehmens.

Aufgaben

32

(1) Verdeutlichen Sie den Zusammenhang zwischen Investition und Finanzierung!

(2) Nennen Sie – ausgehend von Ihrem Ausbildungsbetrieb – je ein Beispiel zu einem der folgenden Investitionsanlässe!

a) Ersatzinvestition

b) Erweiterungsinvestition

c) Rationalisierungsinvestition

d) Sicherungsinvestition

e) Errichtungsinvestition

(3) Erläutern Sie die drei grundsätzlichen Möglichkeiten, wie sich ein Unternehmen durch Eigenkapital finanzieren kann!

(4) Grenzen Sie die Innen- von der Außenfinanzierung ab!

(5) Entscheiden Sie bei den nachfolgenden Finanzierungsvorgängen, ob es sich um eine Innen- oder um eine Außenfinanzierung handelt!

a) Ein Unternehmen nimmt bei seiner Hausbank ein Darlehen auf.

b) Ein neuer Gesellschafter tritt in eine OHG ein.

c) Eine AG gibt neue Aktien aus.

d) Der Staat fördert die Existenzgründung eines neuen Unternehmens durch ein zinsgünstiges Darlehen.

e) Ein Großhandelsunternehmen stockt seine Warenvorräte durch Zielkäufe auf.

f) Ein Einzelunternehmen belässt die Hälfte des Jahresgewinns für Investitionszwecke im Betrieb.

g) Die Aktiva eines Unternehmens sind unterbewertet, weil ein vor einigen Jahren gekauftes Grundstück inzwischen erheblich an Wert gewonnen hat.

h) Zur Begleichung einer Verbindlichkeit gegenüber seinem Großhändler akzeptiert ein Einzelhändler einen Wechsel.

(6) Entscheiden Sie bei den Finanzierungsvorgängen der Aufgabe 5, ob es sich um eine Finanzierung durch Eigenkapital oder um eine Finanzierung durch Fremdkapital handelt!

(7) Welche Möglichkeiten der Beteiligungsfinanzierung bestehen bei einem Einzelunternehmen bzw. bei einer OHG, KG, GmbH bzw. UG (haftungsbeschränkt) oder einer AG?

(8) Worin unterscheiden sich Zielkäufe von Teilzahlungsgeschäften?

(9) Wodurch unterscheidet sich die Annuität eines Annuitätendarlehens von der eines Abzahlungsdarlehens?

(10) Welcher Bestandteil der Annuität bleibt beim Abzahlungsdarlehen über die gesamte Laufzeit konstant?

(11) *Für ein Annuitätendarlehen (Darlehenshöhe 90 000 EUR; effektiver Jahreszins 15 %; Laufzeit 6 Jahre) ist eine jährliche Annuität in Höhe von 23 781,32 EUR ermittelt worden. Berechnen Sie die jährlichen Zins- und Tilgungsanteile über die Laufzeit des Darlehens!*

(12) *Welche Kosten verursacht ein Kontokorrentkredit?*

(13) *Ein Lieferant gewährt seinem Kunden bei einer Warenlieferung im Wert von 8 500 EUR einen Zahlungsaufschub „Zahlung innerhalb 20 Tagen netto Kasse, innerhalb 8 Tagen 3 % Skonto".*
   a) *Welcher Bareinkaufspreis ist bei Inanspruchnahme des Skontos am 8. Tag zu entrichten?*
   b) *Welche Jahresverzinsung würde die Skontoinanspruchnahme bedeuten?*
   c) *Welchen Betrag kann der Kunde einsparen, wenn er zur Ausnutzung des Skontos seinen Kontokorrentkredit bei 15 % Zinsen in Anspruch nimmt?*

(14) *Wie wird durch Leasing und Factoring die Kreditaufnahme bei Banken und Sparkassen vermieden?*

(15) *Welchem Zweck dienen Liquiditätskennzahlen?*

(16) *Berechnen Sie zu den Daten der vorliegenden Bilanz (vgl. S. 446) sowohl die Liquidität 1. Grades als auch die des 3. Grades!*

2 Staatliche Förderung des Gesundheitswesens

In der sozialen Marktwirtschaft fällt dem Staat die Aufgabe zu, durch bestimmte Eingriffe unerwünschte ökonomische und soziale Folgen des marktwirtschaftlichen Geschehens zu verhindern. So ist es dem Staat im Rahmen seiner **Sozialpolitik** in den vergangenen Jahrzehnten gelungen, ein engmaschiges Netz sozialer Sicherheit zu knüpfen.

Das soziale Netz in Deutschland ist aus vielen Knoten geknüpft – großen und kleinen. Größter Knoten ist die Rentenversicherung mit 330 Milliarden Euro im Jahr 2019. Es folgen die gesetzliche Krankenversicherung mit 250 Milliarden Euro und die Beamtenpensionen mit 63 Milliarden Euro. Wesentlich kleinere Knoten – dennoch für viele Menschen wichtig – sind beispielsweise das Wohngeld, die Ausbildungsförderung oder das Elterngeld. Alle direkten Sozialleistungen zusammengenommen erreichten im Jahr 2019 einen Umfang von rund 1 040 Milliarden Euro. Das entsprach 30,3 Prozent der gesamten deutschen Wirtschaftsleistung (Bruttoinlandsprodukt). Schließt man noch die steuerlichen Leistungen ein, so ergibt sich sogar eine Summe von 1071 Milliarden Euro.

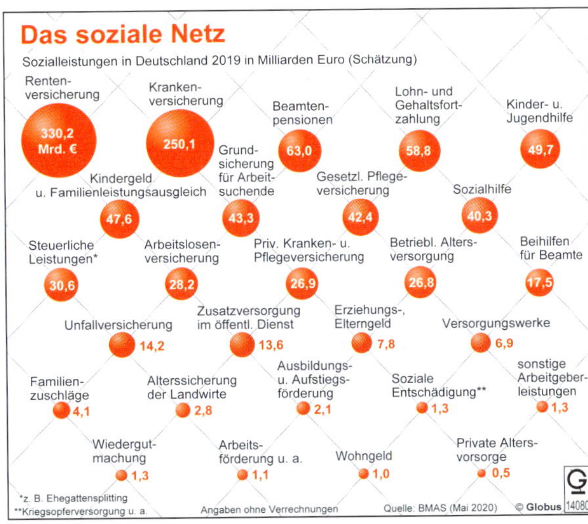

Während einige Bausteine dieses **sozialen Netzes** (z. B. Kinder-, Elterngeld) der breiten Bevölkerung zugute kommen, werden andere Sozialleistungen (z. B. Arbeitslosengeld II, Entgeltfortzahlung im Krankheitsfall, Rente wegen Ewerbsunfähigkeit, Wohngeld, Beihilfen, Ausbildungsförderung) gezielt an den eng begrenzten Personenkreis gezahlt, der die jeweiligen Anspruchsvoraussetzungen (z. B. Mitgliedschaft im jeweiligen Zweig der Sozialversicherung, verbunden mit vorherigen Beitragszahlungen, bestimmte Einkommensmerkmale) erfüllt.

Die soziale Sicherheit in Deutschland kostete im Jahr 2019 schätzungsweise gut eine Billion Euro. Das geht aus dem Sozialbudget hervor, das regelmäßig vom Bundesministerium für Arbeit und Soziales (BMAS) veröffentlicht wird. In dieser riesigen Summe sind sämtliche Sozialleistungen enthalten, also beispielsweise Renten und Pensionen, Krankenversicherungsleistungen und Arbeitslosengeld, Jugend- und Sozialhilfe und vieles anderes mehr. Drei große Geldgeber sorgen dafür, dass das soziale Netz nicht zerreißt: der Staat (also Bund, Länder und Gemeinden), die Unternehmen und privaten Haushalte, darunter vor allem die Arbeitnehmerhaushalte, die Sozialversicherungsbeiträge entrichten. Bedenkt man allerdings, wie Staat und Unternehmen ihren Teil finanzieren, so sind es am Ende die Bürger, die dafür aufkommen: Die Bürger nämlich bezahlen mit Steuern und Abgaben das staatliche soziale Engagement; und als Verbraucher kaufen sie Waren und Dienstleistungen, in deren Preise die Unternehmen ihre Sozialkosten bereits einkalkuliert haben. Fazit: Am Ende sind es die Steuerzahler und Konsumenten, die – direkt und indirekt – den Sozialstaat finanzieren.

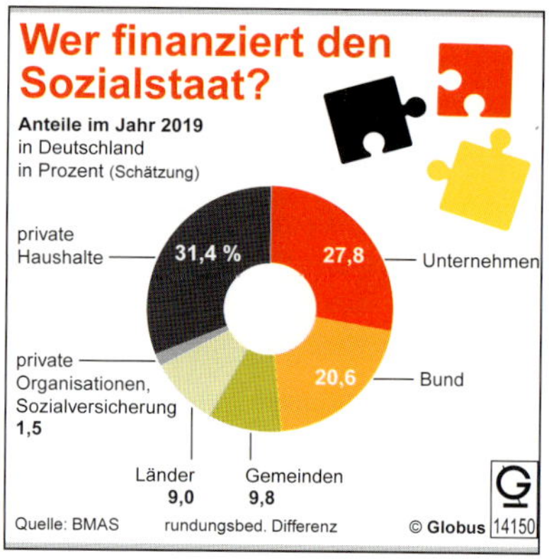

Das Gesundheitswesen in Deutschland wird von einer Vielzahl von Einrichtungen und Personen getragen, die zur Gesundheit der Bevölkerung beitragen, sie fördern und wiederherstellen. Träger staatlicher Einrichtungen im Gesundheitswesen sind **Bund, Länder und Gemeinden oder öffentliche Körperschaften** mit speziellen Aufgaben.

Neben den Arbeitgebern und den Versicherten ist der Staat an der Finanzierung des Gesundheitswesens mit direkten und indirekten Sozialleistungen (Sozialbudget, vgl. S. 342 ff.) beteiligt. So gibt es staatliche Zuschüsse zur Renten- und Arbeitslosenversicherung, Steuerermäßigungen bei Krankheitskosten, Pflegegeld, Übernahme von Investitionskosten bei Krankenhäusern oder die Finanzierung der staatlichen Gesundheitsämter.

Im Jahr 2018 betrugen die Gesundheitsausgaben in Deutschland 390,6 Milliarden Euro. Das waren rund 4712 Euro je Einwohner. Mit 193,9 Milliarden Euro wurde knapp die Hälfte der Ausgaben in ambulanten Einrichtungen getätigt, darunter 82,2 Milliarden Euro in Arzt- und Zahnarztpraxen und 51,9 Milliarden Euro in Apotheken. Die Ausgaben der stationären und teilstationären Einrichtungen summierten sich auf 142,5 Milliarden Euro. Am meisten kosteten hier mit 96,9 Milliarden Euro die Krankenhäuser. Finanziert wurden die Gesundheitsausgaben vor allem von den gesetzlichen Krankenkassen. Sie trugen 222,1 Milliarden Euro oder 56,9 Prozent der Gesamtkosten. Die privaten Haushalte mussten zusammen mit den privaten Organisationen ohne Erwerbszweck 52,1 Milliarden Euro aufbringen – zum Beispiel für Medikamente oder Zuzahlungen.

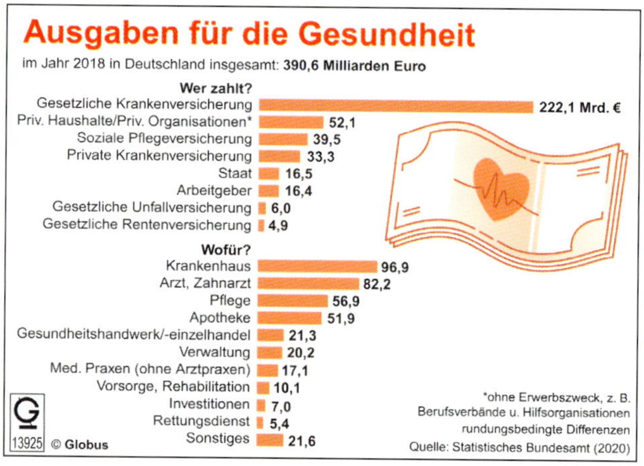

Die Gesamtverantwortung für das Gesundheitswesen liegt bei Bund und Ländern. Diese übertragen einzelne Aufgaben auf Körperschaften des öffentlichen Rechts (z. B. Krankenkassen, Rentenversicherungen, Berufsgenossenschaften und kassenärztliche Vereinigungen) und an private Anbieter (z. B. Wohlfahrtsverbände wie Deutsches Rotes Kreuz, Diakonisches Werk, Deutscher

Caritasverband oder Arbeiterwohlfahrt sowie an Ärzte, Apotheken, die pharmazeutische Industrie, Krankenhäuser oder Hersteller medizinischer Geräte).

Dabei sind einige von ihnen Unternehmen, die **erwerbswirtschaftliche Ziele** verfolgen (z.B. Ärzte, Apotheker, die pharmazeutische Industrie), andere hingegen sind **gemeinwirtschaftlich** orientiert wie etwa Krankenhäuser oder die Träger der gesetzlichen Sozialversicherung.

Grundsätzliche Zielsetzungen von Unternehmen

erwerbswirtschaftliches Ziel	gemeinwirtschaftliches Ziel
■ bestmögliche Verzinsung des eingesetzten Kapitals, d.h. Gewinnerzielung	■ Erfüllung staatlich vorgegebener Aufgaben, d.h. bestmögliche Versorgung der Bevölkerung mit Waren und Dienstleistungen nach dem Kostendeckungsprinzip

Indem viele Unternehmen bei der Verfolgung ihrer erwerbswirtschaftlich oder gemeinwirtschaftlich ausgerichteten Zielsetzung zunehmend auch Umweltaspekte gleichberechtigt mit wirtschaftlichen und auch sozialen Gesichtspunkten in Einklang zu bringen suchen, rückt das **Konzept des nachhaltigen Wirtschaftens (Nachhaltigkeit)** in den Fokus des unternehmerischen Handelns.

Unternehmen: So wichtig ist ihnen Nachhaltigkeit

Nachhaltige Entwicklung stellt einen kontinuierlichen Prozess dar, in dem die ökonomische, ökologische und soziale Dimension in Unternehmen immer wieder neu abgewogen werden.

Auf die Frage: „Welchen Stellenwert hat eine so verstandene Nachhaltigkeit für Ihr Unternehmen?" antworten so viel Prozent der Unternehmen

Nachhaltigkeit ist ein Bestandteil unseres Leitbildes	83
Nachhaltigkeit trägt zu Kostenreduktionen bei (z.B. Energie- und Materialeffizienz)	73
Nachhaltigkeit ist zur Erschließung von Zukunftsmärkten wichtig	65
Wir haben eine verantwortliche Stelle/Person für Nachhaltigkeitsbelange	62
Wir haben für uns konkrete Nachhaltigkeitsziele formuliert	60
Nachhaltigkeit ist für die Motivation der Mitarbeiter wichtig	60
Wir haben Nachhaltigkeit bereits mit unserem Kerngeschäft verknüpft (z.B. Entwicklung grüner Produkte oder Technologien)	59
Wir berücksichtigen Nachhaltigkeitsaspekte bei der Lieferantenauswahl	55
Wir kontrollieren regelmäßig die Erfüllung der Nachhaltigkeitsziele	52
Wir veröffentlichen einen Nachhaltigkeitsbericht	49
Nachhaltigkeit ist für unsere Unternehmensbewertung wichtig (Finanzmärkte)	43
Nachhaltigkeit ist für uns aufgrund kritischer Medienberichterstattung wichtig	37
Wir veröffentlichen keine Nachhaltigkeitsberichte, aber wir planen dies	10
Sonstiges	3

Mehrfachnennungen; Befragung von 157 Umweltexperten der Wirtschaft im März/April 2012
Quelle: IW-Umweltexpertenpanel

Institut der deutschen Wirtschaft Köln

Quelle: iw-dienst: Informationen aus dem Institut der deutschen Wirtschaft Köln, Nr. 24 vom 14. Juni 2012, S. 8

▶ Ziele erwerbswirtschaftlicher Unternehmen

Erwerbswirtschaftliche Unternehmen sollen vorrangig die finanziellen Einkünfte und damit den Lebensstandard der Eigenkapitalgeber (z.B. Einzelunternehmer, Gesellschafter einer KG, OHG oder GmbH, Anteilseigner einer AG) sichern. Zwar ist die **Gewinnerzielung** grundsätzliches Ziel aller privatwirtschaftlichen Unternehmen (in der Wirtschaftstheorie wird sogar unterstellt, dass alle Aktivitäten auf Gewinnmaximierung ausgerichtet seien), die langfristige Sicherung des Einzelunternehmens am Markt verlangt dabei aber die Beachtung weiterer Aspekte:

u. a.
- Erhaltung oder Erhöhung des **Marktanteils,**
- Ausbau der **Marktmacht,**
- **Kapazitätsausweitung** und **Umsatzsteigerung,**
- **Liquiditätssicherung,**
- **Kostensenkung,**
- **Berücksichtigung gesamtgesellschaftlicher Entwicklungen** (z. B. Umweltschutz), die Gewährleistung eines **qualifizierten Mitarbeiterstammes** (z. B. durch betriebliche Aus- und Fortbildung sowie durch freiwillige Sozialleistungen).

Ziele gemeinwirtschaftlicher Unternehmen

Gemeinwirtschaftliche Zielsetzung ist die Erfüllung öffentlicher Aufgaben, d. h. die **Deckung des Bedarfs** der Bevölkerung an bestimmten Waren und Dienstleistungen.

- Aufrechterhaltung der Kranken- und Altersversorgung (z. B. durch die AOK und die Deutsche Rentenversicherung Bund)
- Versorgung mit Gas, Wasser und Elektrizität (allerdings nur durch öffentlich-rechtliche Anbieter wie z. B. Stadtwerke)
- Bereitstellung von Bildungs-, Ausbildungs- und Informationsangeboten (z. B. durch Universitäten, Theater, Industrie- und Handelskammern, ZDF und ARD)

Zur Durchführung ihrer Aufgaben, eine bestmögliche Versorgung der Gemeinschaft in bestimmten Bereichen zu sichern, müssen sich gemeinwirtschaftliche Betriebe häufig damit begnügen, die Kosten zu decken **(Prinzip der Kostendeckung)** oder sie sind sogar auf **Zuschüsse** der öffentlichen Hand angewiesen. Allerdings ist die Erzielung von Gewinn nicht grundsätzlich ausgeschlossen. Häufig werden in Teilbereichen Gewinne erwirtschaftet (z. B. bei Elektrizitäts-, Gas- und Wasserwerken), die für Ersatz- und Erweiterungsinvestitionen dienen bzw. zur Deckung von Verlusten (z. B. städtische Verkehrsbetriebe) herangezogen werden.

Zusammenfassung

Staatliche Förderung des Gesundheitswesens

- Finanzierung des Gesundheitswesens durch Arbeitgeber, Versicherte und Staat.
- Die Gesamtverantwortung für das Gesundheitswesen liegt bei Bund und Ländern.
- Aufgaben im Rahmen des Gesundheitswesens werden an Körperschaften des öffentlichen Rechts und an private Anbieter übertragen.
- Diese Unternehmen verfolgen erwerbs- oder gemeinwirtschaftliche Ziele.

Aufgaben

33

(1) Welche Aufgaben übernimmt der Staat im Gesundheitswesen?

(2) Welche grundlegenden Unterschiede bestehen zwischen erwerbs- und gemeinwirtschaftlich orientierten Unternehmen des Gesundheitswesens?

3 Wirtschaftspolitik

Alle Maßnahmen, die darauf gerichtet sind, das Wirtschaftsleben zu ordnen und den Wirtschaftsablauf im Sinne vorgegebener Ziele zu beeinflussen, werden als **Wirtschaftspolitik** bezeichnet. Insbesondere ist es der Staat, der durch wirtschaftspolitische Aktivitäten auf den **konjunkturellen Verlauf der Wirtschaft** einzuwirken sucht. Neben staatlichen Organen sind hieran aber auch das Bankensystem sowie die Interessenverbände der Arbeitgeber und Arbeitnehmer beteiligt.

3.1 Träger der Wirtschaftspolitik

▶ Regierungen und Parlamente

Hauptträger der Wirtschaftspolitik ist die Bundesregierung. Auf der Grundlage bestehender Gesetze wird sie durch finanz- und steuerpolitische Maßnahmen sowie durch außenpolitische Entscheidungen bemüht sein, **wirtschaftliches Wachstum** mit möglichst **stabilen Preisen** und **hohem Beschäftigungsstand** zu ermöglichen. Sofern zur wirtschaftspolitischen Gestaltung neue Vorschriften erforderlich sind, werden entsprechende Gesetzesentwürfe erarbeitet und an Bundestag und Bundesrat zur Beschlussfassung weitergeleitet.

Auch die Regierungen und Parlamente der Bundesländer ergreifen eigene Initiativen zur Wirtschaftspolitik. Dies geschieht insbesondere dann, wenn regionale Maßnahmen (Industrieansiedlung, Ausbau des Straßen- und Kanalnetzes usw.) notwendig erscheinen.

▶ Bankensystem

Neben der Bundesregierung ist die **Europäische Zentralbank (EZB)** in Frankfurt/Main – und damit die nationalen Zentralbanken der beteiligten EU-Mitgliedstaaten (NZB) – ein grenzüberschreitender Träger der Wirtschaftspolitik in der Europäischen Union (EU).

Die **Deutsche Bundesbank** – als nationale Zentralbank der Bundesrepublik Deutschland, integriert in das Europäische System der Zentralbanken (ESZB) – hat an der Erfüllung der Aufgaben des ESZB mit dem vorrangigen Ziel mitzuwirken, die Preisstabilität zu gewährleisten. Ferner hält und verwaltet die Deutsche Bundesbank die Währungsreserven der Bundesrepublik Deutschland. Darüber hinaus sorgt sie für die bankmäßige Abwicklung des Zahlungsverkehrs im Inland und mit dem Ausland und trägt zur Stabilität der Zahlungs- und Verrechnungssysteme bei (vgl. S. 467 ff.).

▶ Interessenverbände der Arbeitgeber und Arbeitnehmer

Wirtschaftspolitische Interessen werden zudem von den verschiedensten Verbänden wahrgenommen. Diese versuchen Einfluss auf wirtschaftspolitische Maßnahmen der Regierungen in Bund und Ländern zu nehmen. Häufig sind Vertreter dieser Gruppen Abgeordnete des Bundestages oder der Landtage.

Die Interessenverbände unterhalten eigene **Wirtschaftsinstitute,** die von Zeit zu Zeit Situationsanalysen zur aktuellen Wirtschaftslage erstellen und bestimmte wirtschaftspolitische Aktivitäten (z. B. zur Erhaltung der Kaufkraft des Geldes oder zur Beschäftigungspolitik) empfehlen.

Interessenverbände

Arbeitgeberseite

- Industrie- und Handelstag
- Deutscher Handwerkskammertag
- Bundesverband der Deutschen Industrie
- Bundesvereinigung der Deutschen Arbeitgeberverbände

Arbeitnehmerseite

- Deutscher Gewerkschaftsbund
- DBB – Beamtenbund und Tarifunion als Dachorganisation der Gewerkschaften des öffentlichen Dienstes
- Christlicher Gewerkschaftsbund

3.2 Hauptziele der Wirtschaftspolitik

Die wirtschaftliche Entwicklung einer Volkswirtschaft verläuft nicht gleichmäßig. Sie ist vielmehr durch unterschiedliche Wirtschaftsschwankungen gekennzeichnet. Dieses Auf und Ab des wirtschaftlichen Geschehens erfolgt in einer Art Wellenbewegung und wird als **Konjunktur** bezeichnet. Im Ablauf mehrerer Jahre lassen sich immer wieder einzelne Phasen des **Konjunkturzyklus** (vgl. S. 348 ff.) feststellen:

- **Aufschwung** mit steigender Beschäftigung, Geldmenge, Nachfrage und steigendem Einkommen,
- **Hochkonjunktur (Boom),** in der die Nachfrage das Angebot übersteigt und die Inflationsrate (Geldentwertung) zunimmt,
- **Abschwung (Rezession)** mit rückläufigem Einkommen und sinkender Nachfrage sowie aufkommender Arbeitslosigkeit,
- **Tiefstand (Depression)** mit geringer Investitionstätigkeit der Unternehmen, stark abgeschwächter Konsumgüternachfrage und hoher Arbeitslosenquote.

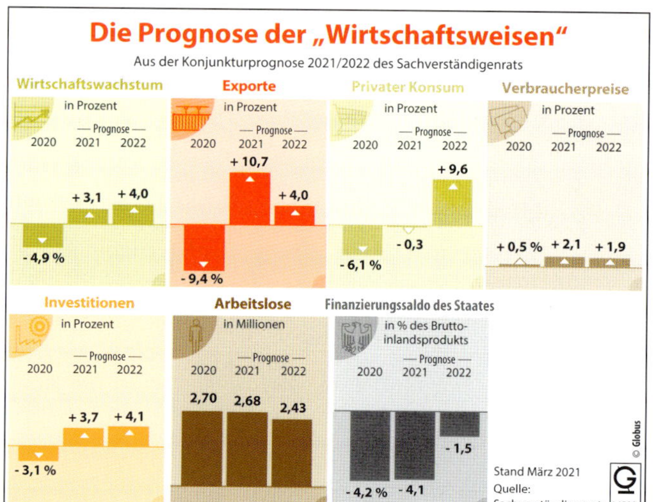

Die „Wirtschaftsweisen" haben ihre Prognose zum Wirtschaftswachstum nach unten korrigiert. Gingen sie im November 2020 noch von einem Plus von 3,7 Prozent für das Jahr 2021 aus, rechnen sie nun nur noch mit einem Wachstum von 3,1 Prozent. Das Vorkrisenniveau wird die deutsche Wirtschaft der Prognose zufolge zum Jahreswechsel 2021/22 erreichen. Für das Jahr 2022 erwartet der Sachverständigenrat zur Begutachtung der gesamtwirtschaftlichen Entwicklung – so die offzielle Bezeichnung des Expertengremiums – eine Beschleunigung des Wachstums auf 4,0 Prozent. Die Expertinnen und Experten sehen aktuell eine zweigeteilte Konjunktur: Da ist zum einen die exportorientierte Industrie, die von steigender Nachfrage aus China und den USA profitiert. Und da sind auf der anderen Seite beispielsweise der stationäre Einzelhandel, das Gastgewerbe und der Tourismus, die unter den Corona-bedingten Einschränkungen stark leiden. – Dem Sachverständigenrat gehören aktuell vier Fachleute an: die Professorinnen und Professoren Veronika Grimm, Monika Schnitzer, Achim Truger und Volker Wieland. Die fünfte Stelle im Gremium ist derzeit nicht besetzt.

In einem hoch industrialisierten Land wie der Bundesrepublik Deutschland, das insbesondere durch seine **Exportorientierung** mit den Volkswirtschaften anderer Staaten eng verbunden (und damit von ihnen abhängig) ist, reichen die Selbststeuerungskräfte der Marktwirtschaft allein nicht aus, um konjunkturelle Schwankungen und damit Krisen zu überwinden. Aus diesem Grunde muss versucht werden, den Wirtschaftsablauf durch eine **aktive Wirtschaftspolitik** zu beeinflussen.

Das Gesetz zur Förderung der Stabilität und des Wachstums der Wirtschaft (Stabilitätsgesetz – *StabG*) verpflichtet Bund und Länder, „bei ihren wirtschaftlichen und finanzpolitischen Maßnahmen die Erfordernisse des **gesamtwirtschaftlichen Gleichgewichts** zu beachten" *(§ 1 StabG)*. Zur Erreichung dieses Gleichgewichtes sind die Maßnahmen so zu treffen, dass sie im Rahmen der marktwirtschaftlichen Ordnung gleichzeitig beitragen:

- zur **Stabilität des Preisniveaus,**
- zu einem **hohen Beschäftigungsstand** (Vollbeschäftigung),
- zu **außenwirtschaftlichem Gleichgewicht,**
- zu **stetigem und angemessenem Wirtschaftswachstum.**

3.2.1 Stabilität des Preisniveaus

Unter **Geldwertstabilität** versteht man, dass im Durchschnitt die Preise aller Güter in einer Volkswirtschaft gleich bleiben. Dies bedeutet jedoch **nicht,** dass jeder einzelne Preis unverändert bestehen muss. Preissteigerungen einzelner Güter müssten lediglich durch Preissenkungen anderer Güter ausgeglichen werden.

In keinem Land ist es der Wirtschaftspolitik bisher gelungen, auf Dauer eine **absolute Preisstabilität** zu erreichen. Aus diesem Grunde wird heute auch lediglich eine **relative Preisstabilität** gefordert, was einer jährlichen Steigerung des allgemeinen Preisniveaus von etwa 2 – 3 % entspricht.

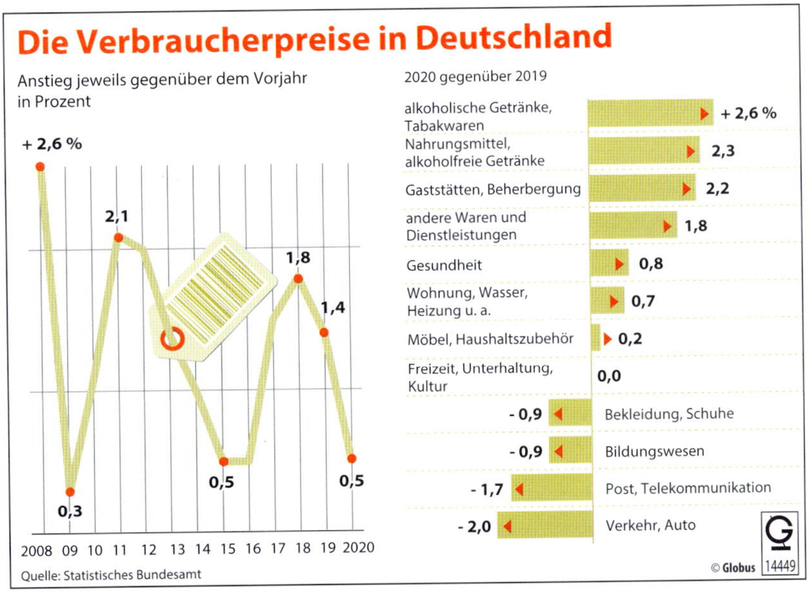

3.2.2 Vollbeschäftigung

Das Ziel eines **hohen Beschäftigungsgrades** ist zu einer Hauptaufgabe der Wirtschaftspolitik geworden. Im umfassenden Sinne versteht man unter Vollbeschäftigung die Auslastung sämtlicher Produktionsfaktoren, d.h. den vollständigen Einsatz des gesamtwirtschaftlichen Produktionspotenzials durch die vorhandenen Arbeitskräfte und die Kapitalmittel. In der öffentlichen Diskussion wird Vollbeschäftigung jedoch nur auf die **Auslastung des Produktionsfaktors Arbeit** bezogen. Die Beschäftigungslage wird danach an folgenden statistischen Werten gemessen:

- **Arbeitslosenquote,** die das Verhältnis der Zahl der registrierten Arbeitslosen zur Gesamtzahl der Erwerbspersonen in Form eines Prozentsatzes angibt,
- **Verhältnis der Zahl der offenen Stellen** zur **Gesamtzahl der registrierten Arbeitslosen.**

Was die im Stabilitätsgesetz enthaltene Zielvorgabe eines hohen Beschäftigungsstandes konkret bedeutet, wird von Zeit zu Zeit neu definiert.

Ein gewisser Prozentsatz an Arbeitslosigkeit besteht grundsätzlich, und zwar aus folgenden Gründen:

- **konjunkturelle Arbeitslosigkeit,** die dadurch hervorgerufen wird, dass in der Phase des Konjunkturabschwunges Arbeitskräfte nicht beschäftigt werden, weil die gesamtwirtschaftliche Nachfrage zur Auslastung der Produktionsmöglichkeiten nicht ausreicht,
- **saisonale Arbeitslosigkeit** infolge jahreszeitlich bedingter Zustände (Bauindustrie, Landwirtschaft, Tourismus usw.),
- **strukturelle Arbeitslosigkeit** durch technischen Fortschritt, Nachfrageveränderungen, Rohstoffverknappung usw.,
- **friktionelle Arbeitslosigkeit:** Als Folge mangelnder Übersicht über den Arbeitsmarkt stellt sich kurzfristig eine „Sucharbeitslosigkeit" ein, und zwar zwischen dem Zeitpunkt der Aufgabe des bisherigen (z.B. durch Betriebsstilllegung oder Insolvenz) und der Aufnahme eines neuen Beschäftigungsverhältnisses (Fluktuationsarbeitslosigkeit).

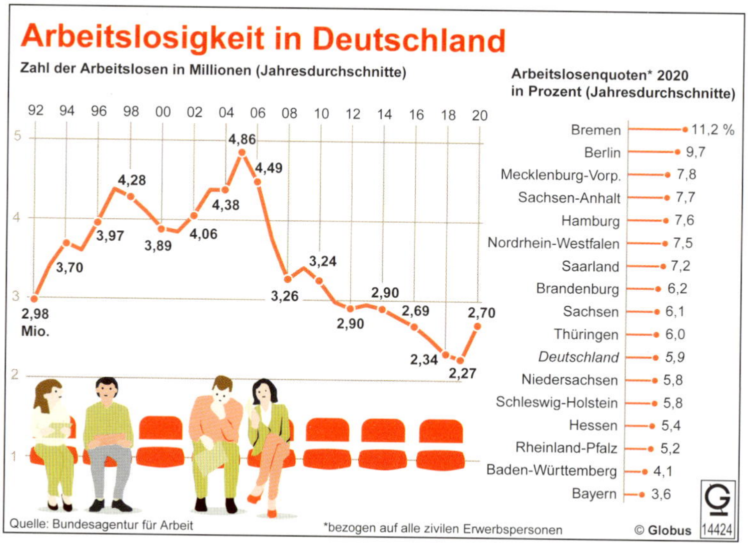

Die Corona-Pandemie hat deutliche Spuren auf dem deutschen Arbeitsmarkt hinterlassen. Waren im Jahresdurchschnitt 2019 noch rund 2,27 Millionen Männer und Frauen arbeitslos gemeldet, so waren es im Jahr 2020 mit knapp 2,70 Millionen rund 430 000 mehr. Die Quote stieg von 5,0 (2019) auf 5,9 Prozent (2020). In Westdeutschland waren im Jahresdurchschnitt 2,08 Millionen Menschen arbeitslos gemeldet, dies entsprach einer Quote von 5,6 Prozent (2019: 4,7 Prozent). Im Osten waren es rund 620 000; damit lag die ostdeutsche Jahresquote bei 7,3 Prozent (2019: 6,4 Prozent). Die höchsten Arbeitslosenquoten gab es in Bremen und Berlin mit 11,2 bzw. 9,7 Prozent. Die geringste Arbeitslosigkeit hatten Baden-Württemberg und Bayern mit Quoten von 4,1 und 3,6 Prozent. Die Statistik der gemeldeten Arbeitslosen zeigt allerdings nicht das ganze Bild. Denn gleichzeitig gab es eine Rekordzahl von Kurzarbeitern. Mit dem Beginn des Lockdowns im März kletterte die Kurzarbeit auf ein historisches Niveau. Der bisherige Höchststand wurde im April mit knapp sechs Millionen Arbeitnehmerinnen und Arbeitnehmern in Kurzarbeit erreicht, das waren 18 Prozent aller sozialversicherungspflichtig Beschäftigten. In der Finanz- und Wirtschaftskrise 2008/09 lag der Höchststand bei 1,4 Millionen. Bei einem durchschnittlichen Arbeitsausfall von 38 Prozent konnten nach Angaben der Bundeagentur für Arbeit durch Kurzarbeit rechnerisch Arbeitsplätze für rund eine Million Beschäftigte gesichert und Arbeitslosigkeit verhindert werden.

3.2.3 Außenwirtschaftliches Gleichgewicht

Infolge der zunehmenden internationalen Verflechtungen der Volkswirtschaften ist es ein weiteres Ziel der Wirtschaftspolitik, auf ein außenwirtschaftliches Gleichgewicht hinzuarbeiten. Hierunter wird der **Ausgleich der Zahlungsbilanz** verstanden. Außenwirtschaftliches Gleichgewicht liegt vor, wenn die Devisenabflüsse einer Volkswirtschaft den Devisenzuflüssen entsprechen.

Der Import von Gütern muss mit Devisen bezahlt werden, die im Wesentlichen aus Exporten stammen. Ein langfristiger **Importüberschuss** würde somit zur Zahlungsunfähigkeit gegenüber dem Ausland führen. Andauernde **Exportüberschüsse** können demgegenüber zu einer Erhöhung des Geldumlaufes und damit zu steigendem Preisniveau („importierte Inflation") führen, da die Exporteure die ausländischen Zahlungsmittel über das Bankensystem in inländische Währung umtauschen.

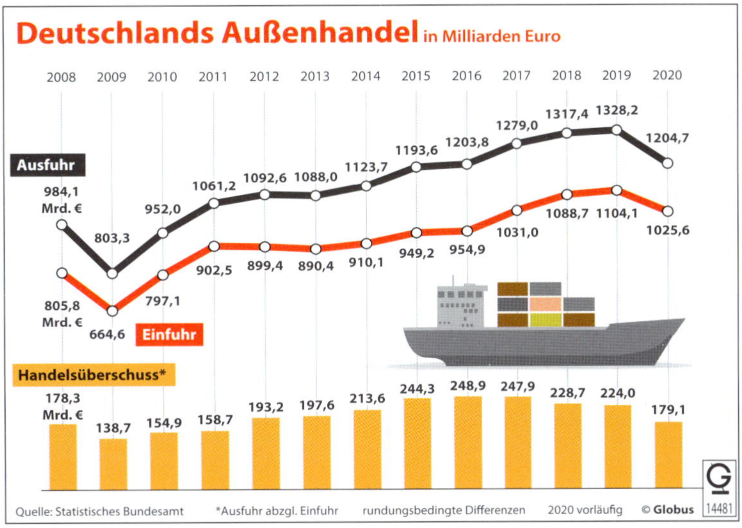

Das Corona-Jahr 2020 hat auch Deutschlands Außenhandel stark getroffen. Die Exporte sanken im Vergleich zum Jahr 2019 um 9,3 Prozent, die Importe um 7,1 Prozent. Das waren die höchsten Rückgänge seit der Finanz- und Wirtschaftskrise im Jahr 2009. Damals sanken die Werte aber noch deutlicher um 18,4 bzw. 17,5 Prozent. Im Jahr 2020 erzielte Deutschland einen Exportüberschuss von gut 179 Milliarden Euro. Damit war 2020 das vierte Jahr in Folge, in dem der Exportüberschuss abnahm, und dieses Mal war der Rückgang besonders stark: Er betrug rund 45 Milliarden Euro weniger als im Jahr 2019. Allerdings ist das immer noch ein deutlicher Handelsüberschuss, und der wird nicht nur positiv gesehen. Denn dem gegenüber stehen Defizite anderer Länder, die von Deutschland mehr Waren kaufen, als sie selbst nach Deutschland liefern. Insgesamt exportierte Deutschland im Corona-Jahr Waren im Wert von 1 205 Milliarden Euro und importierte Waren für 1 026 Milliarden Euro. Der wichtigste Abnehmer waren erneut die USA. Sie kauften Waren für knapp 104 Milliarden Euro. Auf Platz zwei und drei landeten China und Frankreich, die Waren für knapp 96 bzw. 91 Milliarden Euro kauften. Die meisten Importe kamen aus China, den Niederlanden und den USA.

3.2.4 Wirtschaftswachstum

Gesamtwirtschaftliches Wachstum liegt dann vor, wenn die Produktion von Waren und Dienstleistungen in einem Jahr größer ist als im Vorjahr.

In der Bundesrepublik Deutschland wird nach dem Stabilitätsgesetz unter stetigem und angemessenem Wirtschaftswachstum eine Erhöhung des **Bruttoinlandsproduktes** (vgl. S. 339 ff.) von jährlich 4 % verstanden. Dieses Wachstumsziel wurde in den letzten Jahren nicht erreicht. Das Wirtschaftswachstum unterlag vielmehr erheblichen Schwankungen.

Zweifel an der Orientierung „Wachstum um jeden Preis" sind heute durchaus angebracht (vgl. S. 482 ff.). Es wird die Forderung nach einem **qualitativen Wachstum** laut, das zu einer Steigerung der Lebensqualität beiträgt, was sich z. B. ausdrückt in einem vermehrten Bildungsangebot, einer besseren Gesundheits- und Altersvorsorge sowie vor allem in besseren Umweltbedingungen. Qualitatives Wachstum bedingt die Produktion von umweltfördernden Gütern sowie den Einsatz solcher Technologien, die Umweltschäden vermeiden.

Erreichte Jahreswerte der wirtschaftlichen Ziele in der Bundesrepublik Deutschland

Jahr	Verbraucherpreisindex[1] *Veränderung gegenüber dem Vorjahr in % (Gesamtindex: 2010 = 100)*	Arbeitslosenquote[1] *in %*			Zahlungsbilanz: Veränderung der Währungsreserven[2] *in Mio. EUR*	Wirtschaftswachstum:[1] *Veränderung des Bruttoinlandsproduktes gegenüber dem Vorjahr in % (preisbereinigt)*
		West	Ost	Deutschland		
2000	1,4	8,4	18,5	10,7	− 5 844	2,9
2005	1,5	11,0	20,6	13,0	− 2 182	0,7
2010	1,1	6,6	12,0	7,7	+ 1 613	4,2
2015	0,5	5,7	9,2	6,4	− 2 213	1,7
2016	0,5	5,6	8,5	6,1	+ 1 686	2,2
2017	1,5	5,3	7,6	5,7	− 1 269	2,5
2018	1,8	4,8	6,9	5,2	+ 392	1,5
2019	1,4	4,7	6,4	5,0	− 544	0,6

Quellen: Daten zusammengestellt aus:
1 Institut der Deutschen Wirtschaft Köln: Deutschland in Zahlen, Ausgabe 2020, Köln 2020, S. 15, 21, 66
2 Deutsche Bundesbank: Monatsbericht März 2021, S. 76* (Abnahme: –; Zunahme: +)

3.2.5 Abgeleitete Ziele

▶ Gerechtere Einkommensverteilung

Bereits aus einer der grundlegenden Aufgaben staatlicher Wirtschaftspolitik, und zwar dem sozialen Ausgleich zwischen Marktteilnehmern, wird deutlich, dass ein weiteres Ziel die **gerechtere Einkommensverteilung** sein muss.

Obwohl es dem Staat untersagt ist, direkt in Tarifvertragsverhandlungen einzugreifen, verbleiben ihm eine Reihe von wirtschafts- und sozialpolitischen Maßnahmen, um Einkommensströme zu lenken. Staatliche Sparförderungen, die Gestaltung des Steuersystems oder Sozialleistungen an private Haushalte **(Transferleistungen)** stellen Maßnahmen dar, mit denen Einkommen umverteilt werden können.

Umweltschutz

Die bereits beim Wirtschaftswachstum angesprochenen Probleme (vgl. S. 482 ff.) lassen ein weiteres Ziel der Wirtschaftspolitik erkennen, den **Umweltschutz.** Es ist mittlerweile als Aufgabe des Staates im Grundgesetz *(Art. 20 a GG)* verankert.

Heute müssen bei allen Entscheidungen zur Sicherung der Leistungsfähigkeit einer Volkswirtschaft auch Überlegungen zur Verringerung bzw. Vermeidung von Umweltbelastungen einbezogen werden. Nur so gelingt es, umfassende und den Anforderungen einer modernen Gesellschaft entsprechende Vorgaben staatlichen Handelns zu entwickeln.

Eine verantwortungsbewusste **Umweltpolitik**

- **erhält eine lebenswerte Umwelt,** die den Menschen vor Schäden an Leib und Leben (z. B. Erkrankungen der Atemwege, Stress, Allergien) bewahrt,
- **schützt die natürlichen Lebensgrundlagen** wie Luft, Wasser, Boden, aber auch Flora und Fauna vor nachteiligen Beeinträchtigungen (z. B. Bodenverdichtungen, Zersiedelung der Landschaft, Nährstoff-Ungleichgewichten, Klimawandel, Störungen des Naturhaushaltes),
- **beseitigt bereits vorhandene Umweltschäden** (z. B. Sanierung von Deponien, in denen Abfälle, Chemikalien usw. unsachgemäß abgelagert worden sind; Entsorgung radioaktiver Abfälle).

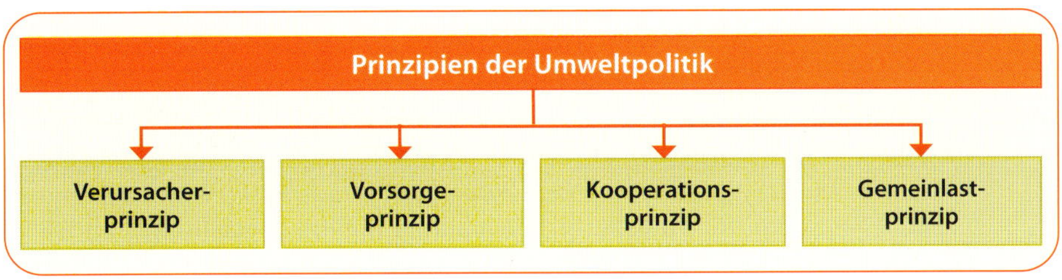

Verursacherprinzip

Das Verursacherprinzip, nach dem derjenige die **Kosten zur Vermeidung, Beseitigung oder zum Ausgleich von Umweltbelastungen tragen soll, der für ihre Entstehung verantwortlich ist,** stellt ein allgemein akzeptiertes Prinzip der Umweltpolitik dar.

Eine konsequente Umsetzung dieses Konzeptes kann folgenden marktwirtschaftlichen Selbstheilungsprozess auslösen: Solange sich Unternehmen, deren Leistungserstellungsprozess in erheblichem Maße die Umwelt belastet, nicht starker Konkurrenz von umweltbewussten Betrieben ausgesetzt sehen, werden sie die Kosten des Umweltschutzes über die Preise auf den Endverbraucher abwälzen. Demzufolge werden Güter aus solchen umweltbelastenden Produktionsprozessen immer teurer, weil sich die Kosten des Umweltschutzes auch im Preis des Gutes niederschlagen. Der Konsument, der bei steigenden Preisen seine Nachfrage nach diesen Gütern verringert, wird bestrebt sein, auf weniger umweltbelastende Erzeugnisse umzusteigen.

In der Praxis bereitet die konsequente Anwendung des Verursacherprinzips als umweltpolitische Leitlinie allerdings Probleme. So ist es oft nicht exakt und vollständig möglich, **Umweltkosten zu erfassen, zu identifizieren, zu bewerten und zuzurechnen.** Die Frage, wen man für eine durch Phosphor und Stickstoff hervorgerufene Algenüberproduktion in der Nordsee oder gar für das Waldsterben bzw. den Klimawandel verantwortlich machen soll, verdeutlicht anschaulich die Schwierigkeiten eines konsequenten Einsatzes des Verursacherprinzips.

Mit dem **Umwelthaftungsgesetz** *(UmweltHG)* hat der Gesetzgeber eine vom Verschulden unabhängige **Gefährdungshaftung** eingeführt. Soweit ein Schaden nicht durch höhere Gewalt verursacht wurde *(§ 4 UmweltHG),* ist der Inhaber einer Anlage zum Ersatz aller Personen- und Sachschäden verpflichtet *(§ 1 UmweltHG),* die durch eine von der Anlage ausgehende Umwelteinwirkung (z.B. durch Gase, Dämpfe, Strahlen, Druck und Wärme) entstehen. Die vom Geschädigten nachzuweisende Schadensursache wird schon dann dem Betreiber der Anlage angelastet, wenn diese geeignet ist, den entstandenen Schaden zu verursachen *(§ 6 I UmweltHG).* Diese Ursachenvermutung gilt jedoch nicht, wenn die Anlage bestimmungsgemäß betrieben wurde, d.h. die besonderen Betriebspflichten eingehalten worden sind und auch keine Störung des Betriebes vorliegt *(§ 6 I UmweltHG).* Darüber hinaus verpflichtet das Umwelthaftungsgesetz bestimmte Anlagebetreiber zur Deckungsvorsorge, etwa durch Abschluss eines Haftpflichtversicherungsvertrages *(§ 19 UmweltHG).*

- **Vorsorgeprinzip**

  Grundgedanke des Vorsorgeprinzips ist es, **Umweltschäden möglichst von vornherein zu vermeiden als nachträglich wieder zu beseitigen,** zumal die Korrektur eingetretener Schäden i.d.R. mit erheblichen finanziellen Aufwendungen verbunden ist. Das konsequente, direkte Bekämpfen von Umweltproblemen an der Quelle ihrer Entstehung trägt nicht nur zur unmittelbaren Durchsetzung aktueller umweltpolitischer Zielsetzungen bei, sondern gewährleistet auch, dass künftigen Generationen eine möglichst intakte Umwelt hinterlassen werden kann.

- **Kooperationsprinzip**

  Alle am Wirtschaftsleben Beteiligten (Staat, Unternehmen und Verbraucher) arbeiten einvernehmlich zur Durchsetzung umweltpolitischer Zielsetzungen zusammen. Damit baut das Kooperationsprinzip nicht nur auf die **Mitverantwortlichkeit und Mitwirkung,** sondern auch auf die **Beteiligung des Bürgers** an umweltpolitischen Entscheidungsprozessen, um so neues Umweltbewusstsein zu schaffen bzw. vorhandenes zu stärken.

- **Gemeinlastprinzip**

  In den Fällen, bei denen die Anwendung des Verursacherprinzips mit Schwierigkeiten verbunden ist, sind Maßnahmen nach dem Gemeinlastprinzip zu ergreifen. Dabei **trägt die öffentliche Hand die Kosten für die Sanierung von Umweltschäden.** Allerdings erscheint diese Vorgehensweise aus ökonomischer und ökologischer Sicht nur dann vertretbar, wenn zur Beseitigung eines akuten Notstandes rasch gehandelt werden muss. Da der generelle Einsatz des Gemeinlastprinzips den Verursacher von Umweltschäden aus seiner Verantwortung, für die Kosten der von ihm verursachten Schäden aufzukommen, entlassen würde, stellt dieses Prinzip eher einen umweltpolitischen „Notbehelf" dar.

Gerechtere Verteilung der vorhandenen Arbeit

Grundsätzlich wird auch die **gerechtere Verteilung der vorhandenen Arbeit** als Ziel der Wirtschaftspolitik formuliert.

Wenn aus ökologischen und sozialen Gründen ein Wachstum um jeden Preis abgelehnt wird, müssen die Aufgaben in Sach- und Dienstleistungsunternehmen auf alle gerechter verteilt werden. Dabei wird zum einen an eine **Verkürzung der Arbeitszeit** des einzelnen Arbeitnehmers gedacht. Andere Denkmodelle gehen von einer **flexibleren Arbeitszeitgestaltung** aus, indem mehr Teilzeitbeschäftigungen angeboten werden oder Arbeitnehmer selbst bestimmen, wie lange sie pro Woche, Monat oder Jahr arbeiten möchten.

3.2.6 Zielkonflikte der Wirtschaftspolitik

Das Stabilitätsgesetz fordert die gleichzeitige Verfolgung der vier grundlegenden Ziele staatlicher Wirtschaftspolitik. Die Praxis zeigt jedoch, dass es kaum möglich ist, diese Vorgaben stets **gleichzeitig** zu verwirklichen. Es kommt daher zu **Zielkonflikten,** die die wirtschaftspolitischen Entscheidungsträger zwingen, Schwerpunkte zu setzen.

Trotz aller bekannter Schwierigkeiten darf in der Wirtschaftspolitik keines der vier Ziele völlig vernachlässigt werden. Als Grundregel sollte gelten:

- In Zeiten steigender Arbeitslosigkeit und bei stabilem Preisniveau hat das Ziel der Vollbeschäftigung Vorrang.
- Bei hohem Beschäftigungsgrad und steigenden Preisen sollte das Ziel der Geldwertstabilität nachhaltig verfolgt werden.

Welche Zielkonflikte sich im Einzelnen ergeben können, soll an dem – um die abgeleiteten Ziele erweiterten – **magischen Viereck** verdeutlicht werden.

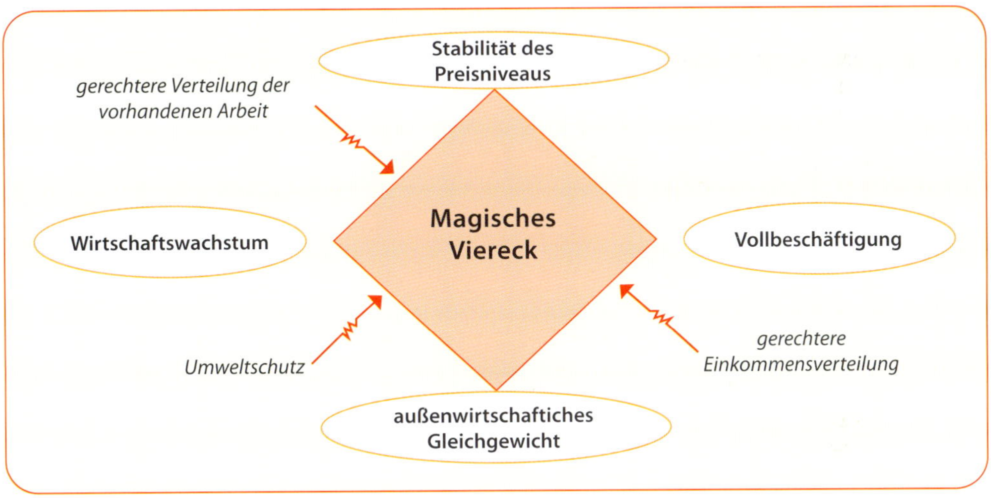

Ein Zielkonflikt besteht insbesondere zwischen der **Stabilität des Preisniveaus** und der **Vollbeschäftigung.** Die Erfahrungen der letzten Jahre zeigen, dass eine Förderung der Investitionstätigkeit zum Zweck der Vollbeschäftigung und des Wirtschaftswachstums mit einem gewissen Maß an Preissteigerungen erkauft werden muss. Die von Unternehmen realisierten Umweltschutzmaßnahmen gefährden darüber hinaus die Stabilität des Preisniveaus, wenn die Kosten dieser Maßnahmen zu steigenden Güterpreisen führen und diese Preissteigerungen nicht durch entsprechende Preissenkungen anderer Waren und Dienstleistungen ausgeglichen werden.

Die wichtigsten Ziele der deutschen Wirtschaftspolitik sind vor mehr als einem halben Jahrhundert gesetzlich verankert worden. Sie heißen: angemessenes Wirtschaftswachstum, Vollbeschäftigung, Preisstabilität und außenwirtschaftliches Gleichgewicht. So steht es im sogenannten Stabilitätsgesetz aus dem Jahr 1967. Diese vier Ziele gleichzeitig zu erreichen, gleicht einer Quadratur des Kreises und erfordert wohl magische Fähigkeiten (deswegen auch die Bezeichnung „magisches Viereck"). Im vergangenen Jahr wurden nicht alle Ziele gleichermaßen erreicht. Mit 0,6 Prozent hat sich das Wachstumstempo gegenüber den Vorjahren deutlich abgeschwächt. Die Verbraucherpreise stiegen mit durchschnittlich 1,4 Prozent etwas langsamer als im Vorjahr. Die Arbeitslosigkeit ging weiter auf 5,0 Prozent zurück (im Jahresdurchschnitt waren 2,27 Millionen Männer und Frauen arbeitslos). Das Ziel außenwirtschaftliches Gleichgewicht wurde mit einem Leistungsbilanzüberschuss von 244 Milliarden Euro verfehlt.

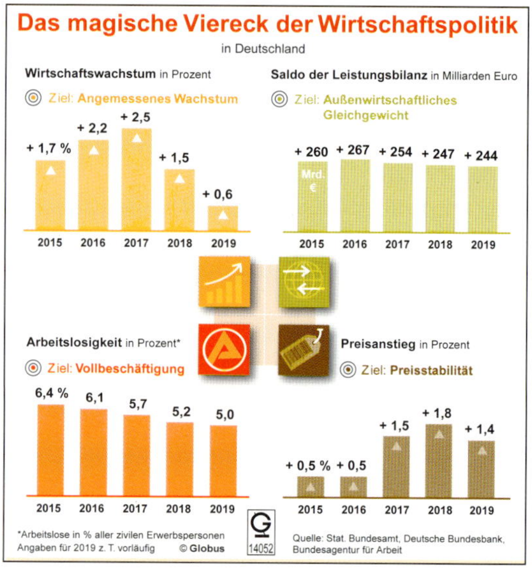

▶ Zusammenfassung

Wirtschaftspolitik

Träger

- Regierungen und Parlamente
- Bankensystem
- Interessenverbände der Arbeitgeber und Arbeitnehmer

Hauptziele

- das **Stabilitätsgesetz** verpflichtet Bund und Länder, mit ihren wirtschaftlichen und finanzpolitischen Maßnahmen gleichzeitig
  - zur **Stabilität des Preisniveaus**
  - zu hohem **Beschäftigungsstand** (Vollbeschäftigung)
  - zu **außenwirtschaftlichem Gleichgewicht** und
  - zu stetigem und angemessenem **Wirtschaftswachstum**

  beizutragen, damit **gesamtwirtschaftliches Gleichgewicht** erreicht wird

Abgeleitete Ziele

- **gerechtere Einkommensverteilung**
- **Umweltschutz** durch Umsetzung des Verursacher-, Vorsorge-, Kooperations- und Gemeinlastprinzips
- **gerechtere Verteilung der vorhandenen Arbeit**

Zielkonflikte

nicht alle Ziele der Wirtschaftspolitik können **gleichzeitig** und **in gewünschtem Umfang** verwirklicht werden

Aufgaben 34

(1) *Nennen Sie Träger der Wirtschaftspolitik in der Bundesrepublik Deutschland!*

(2) *Beschreiben Sie die einzelnen Phasen, die sich über Jahre immer wieder im Konjunkturverlauf feststellen lassen!*

(3) *Erläutern Sie die vier grundlegenden sowie die abgeleiteten Ziele der Wirtschaftspolitik!*

(4) *Welche der folgenden Arten der Arbeitslosigkeit werden durch die nachfolgenden Sachverhalte angesprochen?*

① *konjunkturelle Arbeitslosigkeit*
② *saisonale Arbeitslosigkeit*
③ *strukturelle Arbeitslosigkeit*
④ *friktionelle Arbeitslosigkeit*

Ordnen Sie den Sachverhalten die Ziffer vor der jeweils zutreffenden Art der Arbeitslosigkeit zu!

Sachverhalte:

a) *Zwischen der Kündigung des alten und der Aufnahme eines neuen Beschäftigungsverhältnisses vergeht einige Zeit.*

b) *Witterungsbedingt nehmen in den Wintermonaten die Aktivitäten in der Landwirtschaft ab.*

c) *Durch eine Änderung der Verbrauchsgewohnheiten lässt die Nachfrage in einem bestimmten Wirtschaftsbereich nach, sodass dort Arbeitsplätze abgebaut werden müssen.*

d) *Arbeitslosigkeit ergibt sich als Folge einer unzureichenden volkswirtschaftlichen Gesamtnachfrage.*

(5) *Die Sicherung des qualitativen Wachstums ist eine wesentliche Aufgabe der Wirtschaftspolitik. Was kennzeichnet diese Art des Wachstums?*

(6) *Diskutieren Sie, ob sich die Ziele „Vollbeschäftigung" und „gerechtere Verteilung der vorhandenen Arbeit" überhaupt in Einklang bringen lassen!*

(7) *Erläutern Sie die Prinzipien der Umweltpolitik!*

(8) *Welchem Prinzip der Umweltpolitik sollte der Vorrang gegeben werden? Begründen Sie Ihre Meinung!*

(9) *Beurteilen Sie das „Verursacherprinzip" hinsichtlich seiner Möglichkeiten, Umweltschäden einzudämmen!*

(10) *Zeigen Sie Konflikte auf, die sich zwischen den einzelnen Zielen der Wirtschaftspolitik ergeben und schlagen Sie Lösungen vor!*

3.3 Geldpolitik als Mittel staatlicher Wirtschaftspolitik

In der Bundesrepublik Deutschland kann der Staat nicht selbst konjunkturellen Schwankungen durch den Einsatz geldpolitischer Mittel begegnen. Verantwortlich für die Geldpolitik ist das **Europäische System der Zentralbanken (ESZB).**

3.3.1 Träger der Geldpolitik

Dem Europäischen System der Zentralbanken gehören die Europäische Zentralbank (EZB) und die nationalen Zentralbanken (NZB) an. Die Deutsche Bundesbank ist die nationale Zentralbank der Bundesrepublik Deutschland. Sie hat die allgemeine Wirtschaftspolitik der Bundesregierung zu unterstützen, soweit dies unter Wahrung der Aufgaben im ESZB möglich ist.

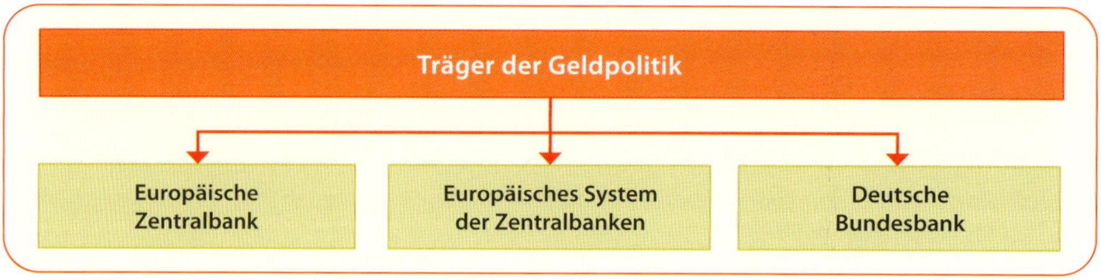

3.3.1.1 Europäische Zentralbank

Die Europäische Zentralbank mit Sitz in Frankfurt am Main wacht über die europäische Währung – den Euro. Sie ist unabhängig von politischen Weisungen oder Vorgaben der am Europäischen Währungssystem beteiligten Regierungen. Ihr vorrangiges Ziel ist es, die **Geldwertstabilität** in den beteiligten Staaten **zu sichern.** Nachrangig soll die allgemeine Wirtschaftspolitik der Europäischen Währungsunion unterstützt werden.

Was die Deutsche Bundesbank einst für die D-Mark war, ist die Europäische Zentralbank (EZB) für den Euro: Hüterin der Währung und der Geldwertstabilität. Seit dem 1. Januar 1999, dem Geburtstag des Euro, ist sie zuständig für die Geldpolitik in den Euroländern. Die EZB, die wie die Deutsche Bundesbank ihren Sitz in Frankfurt am Main hat, ist gemäß dem Vertrag von Maastricht unabhängig von der Politik. Ihre oberste Aufgabe ist die Sicherung der Preisstabilität – sie soll zum Beispiel eine zu hohe Inflation verhindern. Erster Präsident der EZB war der Niederländer Wim Duisenberg, derzeitige Präsidentin ist die französische Politikerin Christine Lagarde. Wichtigstes Gremium ist der Zentralbankrat (EZB-Rat); er tagt in der Regel zweimal monatlich und setzt unter anderem die Leitzinsen fest. Der Zentralbankrat besteht aus dem sechsköpfigen Direktorium sowie den Präsidenten der Zentralbanken der 19 Länder, die an der EuropäischenWährungsunion teilnehmen.

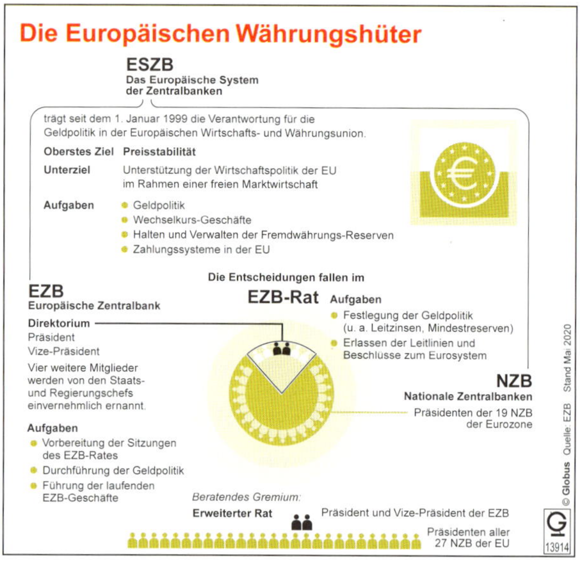

Im Einzelnen obliegen der Europäischen Zentralbank:

- die Geldpolitik festzulegen und auszuführen, d.h. Leitzinsen zu bestimmen und Zentralbankgeld bereitzustellen;
- die Währungsreserven der Mitgliedstaaten zu halten und zu verwalten,
- die Euro-Banknoten drucken zu lassen.

715 570 © Erich Schmidt Verlag

▶ Organe der Europäischen Zentralbank

Zur Wahrnehmung ihrer Aufgaben benötigt die Europäische Zentralbank bestimmte Organe.

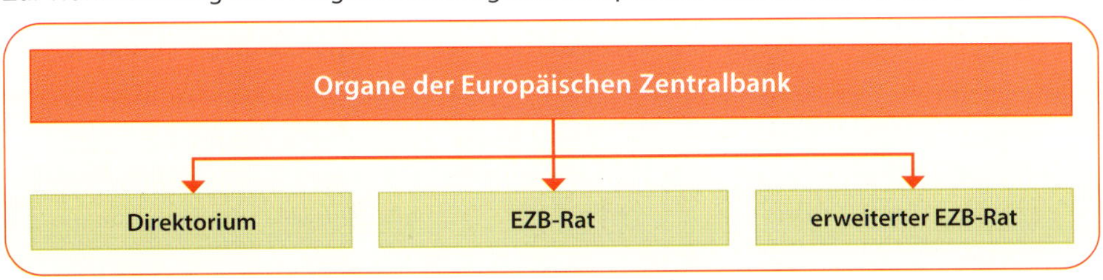

- Dem **Direktorium** gehören der Präsident der EZB, dessen Vizepräsident und vier weitere Mitglieder an. Es ist das geschäftsführende Organ des Systems der Europäischen Zentralbanken.
- Den **EZB-Rat** bilden das Direktorium und die Präsidenten der nationalen Zentralbanken, die am Euro-Währungsgebiet teilnehmen. Der EZB-Rat trifft mit einfacher Stimmenmehrheit alle geldpolitischen Entscheidungen und erlässt Weisungen für die beteiligten nationalen Zentralbanken.
- Der **erweiterte EZB-Rat** stellt das Bindeglied zwischen allen EU-Staaten innerhalb und außerhalb der Euro-Währungsunion dar und hat vorrangig beratende Funktion. Neben den Mitgliedern des EZB-Rates gehören ihm daher auch die Zentralbank-Präsidenten der Staaten der Europäischen Union an, die noch nicht Mitglied der Währungsunion sind.

30 Merkur-Nr. 0054

Der Euro ist in 19 Mitgliedstaaten der Europäischen Union offizielle Währung. Eingeführt wurde er im Jahr 1999 mit den EU-Gründungsmitgliedern Belgien, Deutschland, Frankreich, Italien, Luxemburg und Niederlande und fünf weiteren der neun bis dahin zusätzlich der EU beigetretenen Staaten. Die alten Währungen wurden stufenweise abgelöst. Zunächst behielten sie als Bargeld und als Untereinheit des Euro ihre Gültigkeit, während der Euro virtuell für bargeldlose Zahlungen und Buchhaltungszwecke genutzt wurde. Anfang 2002 wurden dann die ersten Euro-Banknoten und -Münzen eingeführt. Die EU-Mitgliedstaaten, die den Euro noch nicht als offizielle Währung eingeführt haben, werden der Eurozone beitreten, sobald sie die Bedingungen für die Übernahme erfüllt haben. Ausnahme ist Dänemark, das vertraglich ausgehandelt hat, von der Euro-Teilnahme befreit zu sein. Gültig ist der Euro auch in den meisten Außengebieten der Euroländer, wie den Kanaren, den Azoren oder Französisch-Guayana.

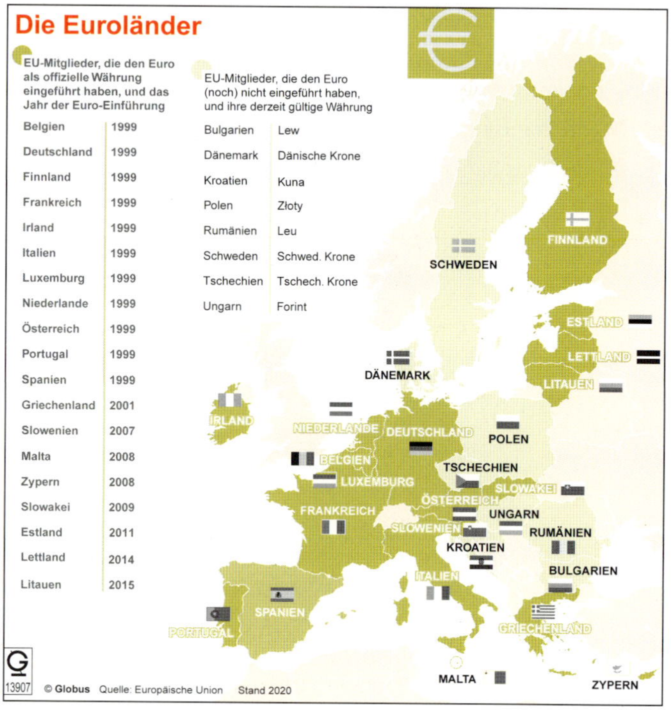

Vor dem Hintergrund anhaltender Finanzierungsschwierigkeiten einzelner Euroländer (z. B. Portugal, Spanien) haben die Staats- und Regierungschefs der Euro-Staatenländer im Oktober 2012 den **Europäischen Stabilitätsmechanismus** (ESM) auf den Weg gebracht. Mit diesem dauerhaften Euro-Rettungsschirm soll sichergestellt werden, dass der Euro verlässlich gegen künftige Schuldenkrisen einzelner Euroländer gewappnet ist.

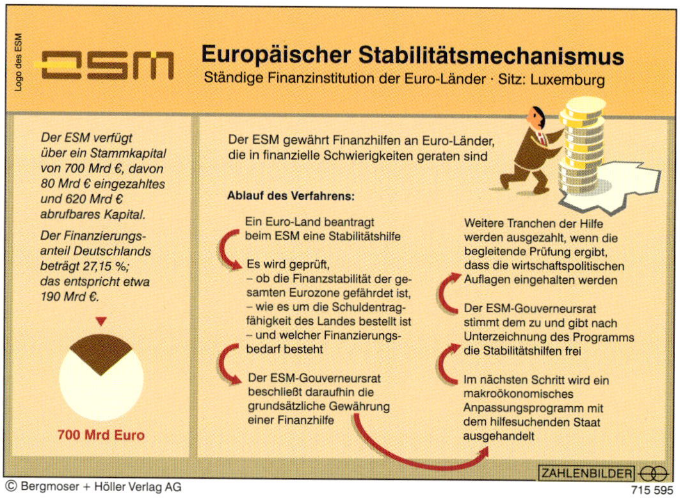

Gleichzeitig löst der ESM den bereits im Mai 2010 begründeten ersten Euro-Rettungsschirm, den **EFSF** (European Financial Stability Facility), ab. Deutschlands Anteil am aufgestockten Rettungsschirm liegt bei der vom Bundesverfassungsgericht festgesetzten Grenze in Höhe von 190 Milliarden Euro.

Die Corona-Pandemie hat in vielen Ländern zu schweren Rezessionen geführt. Wegen der Lockdowns wurde zum Teil die Produktion in Betrieben heruntergefahren, Teile des Handels und der Gastronomie, Kinos, Theater, Friseursalons und viele mehr mussten schließen. Die Folge waren schwere Konjunktureinbrüche: schrumpfende Wirtschaftsleistung und steigende Arbeitslosigkeit. Die Steuereinnahmen der Staaten brachen weg, während sie gleichzeitig Kredite aufnehmen mussten, um die vielfältigen Unterstützungsmaßnahmen für die Wirtschaft, die Beschäftigten und die Rettung von Arbeitsplätzen zu finanzieren. So hat die Corona-Pandemie auch erhebliche Auswirkungen auf die Staatsfinanzen der 19 Euro-Länder. Der aktuellen EU-Prognose zufolge wird es kein Euro-Land geben, das den Staatshaushalt 2020 nicht mit einem Defizit abschließt. Zudem wird sich der Schuldenstand (ausgedrückt in Prozent des Bruttoinlandsprodukts) in allen Ländern erhöhen. Laut Vertrag von Maastricht liegt die Grenze beim jährlichen Defizit bei drei Prozent und beim Schuldenstand bei maximal 60 Prozent. Doch wegen der Coronakrise wurden auf Vorschlag der EU-Kommission diese Regeln erstmals ausgesetzt. Das erlaubt die „allgemeine Ausweichklausel“, die 2011 nach der Wirtschafts- und Finanzkrise in den europäischen Stabilitäts- und Wachstumspakt eingefügt wurde, um in Krisen mehr Spielraum zu erlauben.

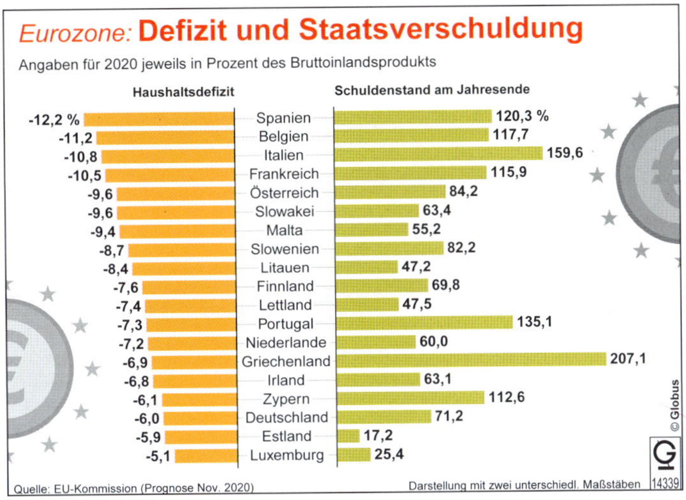

3.3.1.2 Europäisches System der Zentralbanken

Das ESZB hat die Aufgabe übernommen, die einheitliche Geldpolitik für das Euro-Währungsgebiet zu koordinieren. Es trägt für die gemeinschaftliche Geldpolitik Verantwortung.

Soweit es mit den Zielen und Aufgaben im ESZB vereinbar ist, können aber auch die nationalen Zentralbanken eigene Aufgabenbereiche übernehmen. So zeichnet die Deutsche Bundesbank, die weiterhin in den Bereichen Bankenaufsicht, Statistik und Außenwirtschaft tätig ist, nach wie vor für die Abwicklung des Zahlungsverkehrs im Inland und mit dem Ausland verantwortlich.

> Die **Deutsche Bundesbank** hat ihre alleinige Funktion als Hüterin der Währung an das Europäische System der Zentralbanken abgegeben, ist aber in der Bundesrepublik Deutschland dafür zuständig, die Beschlüsse des ESZB national umzusetzen.

3.3.1.3 Deutsche Bundesbank

Die Deutsche Bundesbank ist in das System der Europäischen Zentralbanken eingebunden. Sie hat ihren Sitz in Frankfurt am Main und ist eine Person des öffentlichen Rechts. Ihr Grundkapital beträgt 2,5 Milliarden EUR.

▶ Organe der Deutschen Bundesbank

Wie jede juristische Person benötigt auch die Deutsche Bundesbank zur Wahrnehmung ihrer Aufgaben bestimmte Organe *(§ 7 ff. BBankG):*

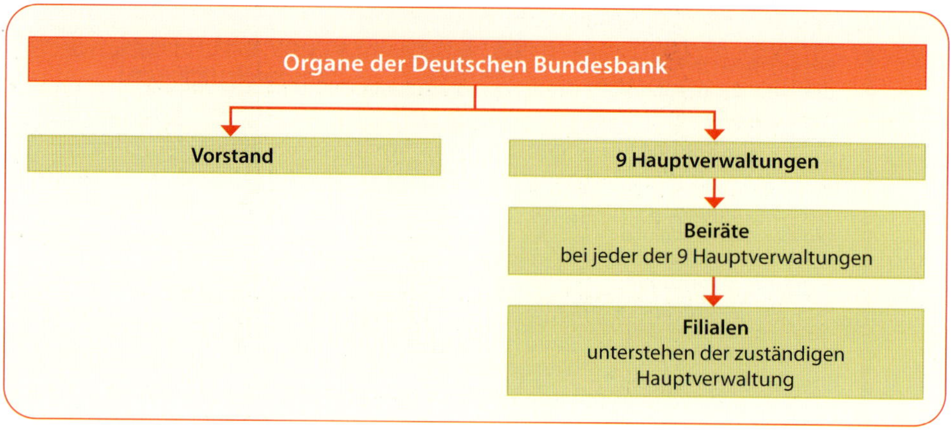

- Der **Vorstand** *(§ 7 BBankG)* als oberstes Organ der Deutschen Bundesbank, der aus dem Präsidenten, dem Vizepräsidenten und vier weiteren Mitgliedern besteht,
  - leitet und verwaltet die Bank,
  - berät unter dem Vorsitz des Präsidenten oder des Vizepräsidenten,
  - fasst seine Beschlüsse mit einfacher Mehrheit der abgegebenen Stimmen. Bei Stimmengleichheit gibt die Stimme des Vorsitzenden den Ausschlag.

  Die sechs Mitglieder des Vorstandes werden vom Bundespräsidenten bestellt. Die Bestellung des Präsidenten und des Vizepräsidenten sowie eines weiteren Mitglieds erfolgt auf Vorschlag der Bundesregierung, die der übrigen drei Mitglieder auf Vorschlag des Bundesrates im Einvernehmen mit der Bundesregierung. Die Bundesregierung und der Bundesrat haben bei ihren Vorschlägen den Vorstand anzuhören.

  Die Vorstandsmitglieder werden für eine Amtszeit von acht Jahren, ausnahmsweise auch für kürzere Zeit, mindestens jedoch für fünf Jahre bestellt. Bestellung und Ausscheiden sind im Bundesanzeiger zu veröffentlichen.

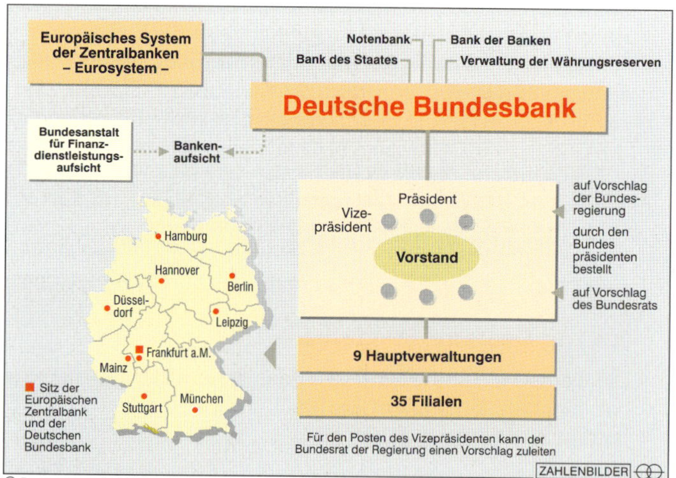

459 120

- Die Deutsche Bundesbank unterhält je eine **Hauptverwaltung** für den Bereich
  1. des Landes Baden-Württemberg,
  2. des Freistaates Bayern,
  3. der Länder Berlin und Brandenburg,
  4. der Freien Hansestadt Bremen und der Länder Niedersachsen und Sachsen-Anhalt,
  5. der Freien Hansestadt Hamburg und der Länder Mecklenburg-Vorpommern und Schleswig-Holstein,
  6. des Landes Hessen,
  7. des Landes Nordrhein-Westfalen,
  8. der Länder Rheinland-Pfalz und Saarland und
  9. der Freistaaten Sachsen und Thüringen *(§ 8 I BBankG).*

  Die insgesamt **neun Hauptverwaltungen** werden jeweils von einem Präsidenten geleitet, der dem Vorstand der Deutschen Bundesbank untersteht. Diese tragen die Bezeichnung Präsident der Hauptverwaltung *(§ 8 II BBankG).*

  Bei jeder Hauptverwaltung besteht ein **Beirat,** der regelmäßig mit dem Präsidenten der Hauptverwaltung zusammentrifft und mit ihm über die Durchführung der in seinem Bereich anfallenden Arbeiten berät.

  Die Deutsche Bundesbank darf **Filialen** unterhalten, die der zuständigen Hauptverwaltung unterstehen *(§ 10 BBankG).*

Aufgaben und Ziele der Deutschen Bundesbank

Zielsetzung der Deutschen Bundesbank ist es, die allgemeine Wirtschaftspolitik der Bundesregierung zu unterstützen, soweit es unter Wahrung ihrer Aufgabe innerhalb des ESZB möglich ist. Demnach hat die Zentralbank insbesondere folgende Ziele zu verfolgen:

- Erhaltung der Kaufkraft des Geldes,
- Vollbeschäftigung der Wirtschaft,
- Ausgleich der Zahlungsbilanz,
- Sicherung des Wirtschaftswachstums.

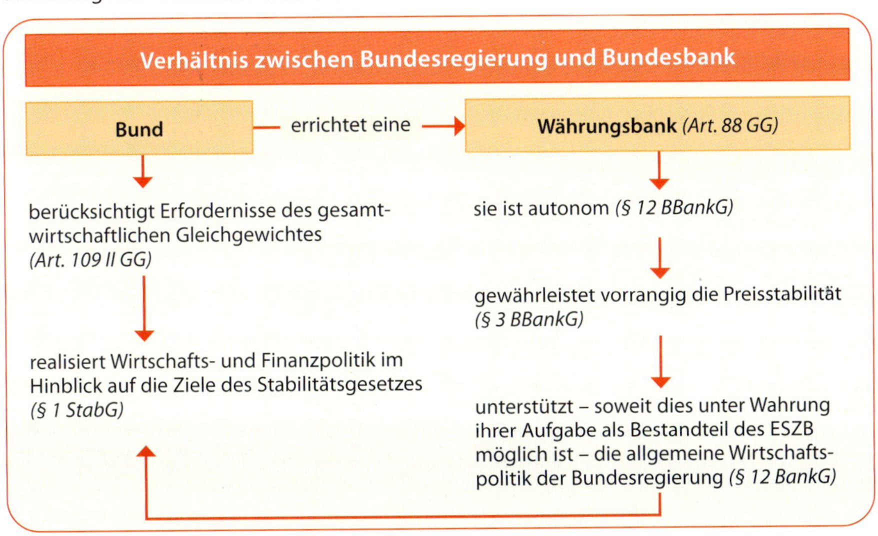

Zur Wahrnehmung dieser Aufgaben hat die Deutsche Bundesbank das ausschließliche Recht zur Ausgabe von Banknoten; diese sind das einzige unbeschränkte gesetzliche Zahlungsmittel *(§ 14 I BBankG)*.

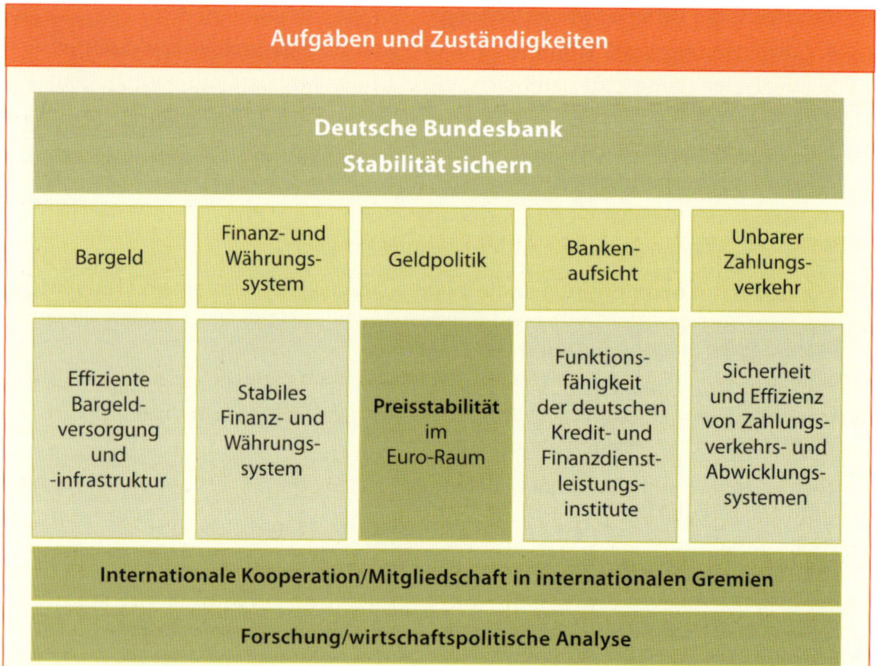

Quelle: Deutsche Bundesbank

3.3.2 Ansatzpunkte der Geldpolitik

Um das geldpolitische Instrumentarium (vgl. S. 472 ff.) zu verstehen, ist es zunächst notwendig, sich einen Überblick über die **„Geldschöpfung"** zu verschaffen. An der „Geldproduktion" beteiligt sind das ESZB und – unter anderem – die Deutsche Bundesbank.

▶ Passive Giralgeldschöpfung

Zahlt ein Kunde bei seiner Bank Bargeld auf sein Konto ein, so erhöhen sich nicht nur seine Sichteinlagen, sondern gleichzeitig auch der Kassenbestand der Bank. Man spricht hier von **passiver Giralgeldschöpfung,** da die Einlagen der Kunden Forderungen gegen das Kreditinstitut darstellen. Das gesamtwirtschaftliche Geldangebot wird davon **nicht** beeinflusst, da nur das dem Wirtschaftskreislauf entzogene Bargeld in Buchgeld umgewandelt wurde, das die Sichteinlagen erhöht.

▶ Aktive Giralgeldschöpfung

Anders verhält es sich bei der **aktiven Giralgeldschöpfung.** Sie findet dann statt, wenn eine Geschäftsbank ihrerseits Kredite vergibt oder Wertpapiere ankauft und die Ausgaben mit Gutschriften auf Girokonten bezahlt. Die Geschäftsbank muss allerdings damit rechnen, dass sie zu irgendeinem Zeitpunkt das Giralgeld in Bargeld auszahlen muss. Da erfahrungsgemäß aber nur ein geringer Teil aller Zahlungen in Bargeld abgewickelt wird, genügt es, wenn die Geschäftsbanken eine kleine **Kassenreserve** in bar halten. Zudem sind sie verpflichtet, einen bestimmten Prozentsatz der Kundeneinlagen, **die Mindestreserve,** bei der Bundesbank zu hinterlegen. Nur der diese Mindestreserve übersteigende Betrag, die **Überschussreserve,** kann damit von den Geschäftsbanken zur Kreditvergabe eingesetzt werden.

Bank A erhält eine Kundeneinzahlung über 10 000 EUR. 10 % davon muss sie für eventuelle Barauszahlungen als Kassenreserve halten. Die bei der Bundesbank zu hinterlegende Mindestreserve beträgt 30 %. Damit kann die Bank Kredite in Höhe von 6 000 EUR gewähren.

Ein Kreditnehmer zahlt mit diesem Geld eigene Verbindlichkeiten. Sein Gläubiger bringt den erhaltenen Betrag zur Bank B. Davon werden nun 600 EUR (10 %) an Kassenreserve und 1 800 EUR (30 %) als Mindestreserve zurückbehalten. Die Überschussreserve beträgt jetzt 3 600 EUR.

Über den **Geldschöpfungsmultiplikator** lässt sich nun errechnen, wie aus einer Bareinzahlung von 10 000 EUR **zusätzliches Giralgeld** geschöpft wird, falls die jeweiligen Überschussreserven stets voll ausgeliehen werden:

$$\text{Geldschöpfungsmultiplikator} = \frac{1}{\text{Kassenreserve} + \text{Mindestreserve}} = \frac{1}{0{,}10 + 0{,}30} = \underline{\underline{\mathbf{2{,}5}}}$$

Aus 10 000 EUR Bareinlage können damit 25 000 EUR Giralgeld geschaffen werden.

▶ Orientierungsgrößen der Geldpolitik

Das Bankensystem richtet seine geldpolitischen Entscheidungen vor allem an der Zentralbankgeldmenge **(Geldbasis)** aus, weil es diese Größe unmittelbar selbst beeinflussen kann. Eine ausschließliche Orientierung an den Beständen der Geldmengen M1, M2 und M3 **(Geldvolumen)** ist deshalb problematisch, da das Geldvolumen auch vom Verhalten der übrigen Wirtschaftseinheiten, also den privaten Haushalten, den Unternehmen, dem Staat oder dem Ausland, abhängt.

Geldmenge M3						
Geldmenge M2				Repogeschäfte *(kurzfristige Wertpapiere mit Rückkaufvereinbarung, mit denen sich Kreditinstitute und/oder Versicherungsunternehmen refinanzieren)*	Geldmarktfondsanteile und Geldmarktpapiere	kurzfristige Bankschuldverschreibungen mit einer Ursprungslaufzeit bis zu zwei Jahren
Geldmenge M1		Einlagen bei Kreditinstituten mit einer vereinbarten Laufzeit von bis zu zwei Jahren	Einlagen bei Kreditinstituten mit einer vereinbarten Kündigungsfrist von bis zu drei Monaten			
Bargeldumlauf *(Banknoten und Münzen)*	täglich fällige Einlagen *(Buchgeld)*					

Eine durch Kreditaufnahme finanzierte verstärkte Nachfrage der privaten Haushalte nach Konsumgütern führt bei den Kreditinstituten zu einer aktiven Giralgeldschöpfung. Diese zusätzlichen Nachfrageimpulse auf den Gütermärkten wirken in den monetären Bereich zurück, indem die Geldmenge steigt, auch ohne dass die Zentralbank ihrerseits diese Geldmengenausweitung durch Maßnahmen einer expansiven Geldpolitik verursacht hat.

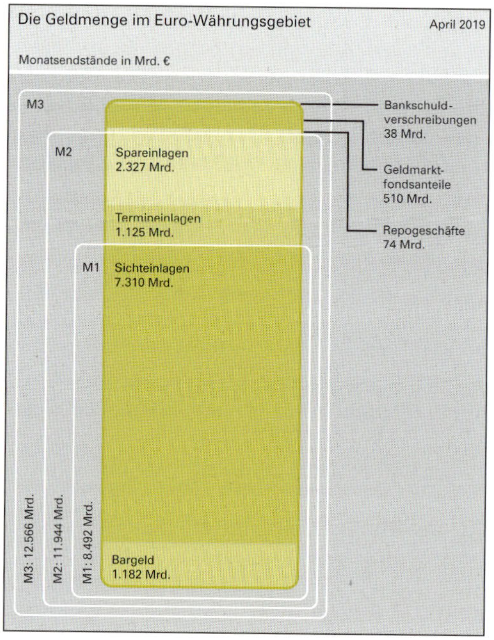

Quelle: Deutsche Bundesbank: Geld und Geldpolitik, Frankfurt 2019, S. 75

3.3.3 Geldpolitisches Instrumentarium

Die Europäische Zentralbank und die nationalen Zentralbanken verfügen über eine Reihe von **zins- und liquiditätsbeeinflussenden geldpolitischen Mitteln,** um das Ziel der Geldwertstabilität erreichen zu können.

Die geldpolitischen Mittel, die dem ESZB zur Steuerung der freien Liquiditätsreserven bei den Geschäftsbanken zur Verfügung stehen, beeinflussen deren Kreditangebotsspielraum. Das geldpolitische Instrumentarium trägt über eine Veränderung der Kreditnachfrage zu einer **Erhöhung oder Senkung des Zinsniveaus bei.** Damit wird letztlich die gesamtwirtschaftliche Nachfrage nach Gütern (Waren und Dienstleistungen) und somit die Preisentwicklung beeinflusst, wenngleich auch zwischen Einsatz und Wirkungsdauer des Instrumentes oft ein größerer Zeitraum verstreicht.

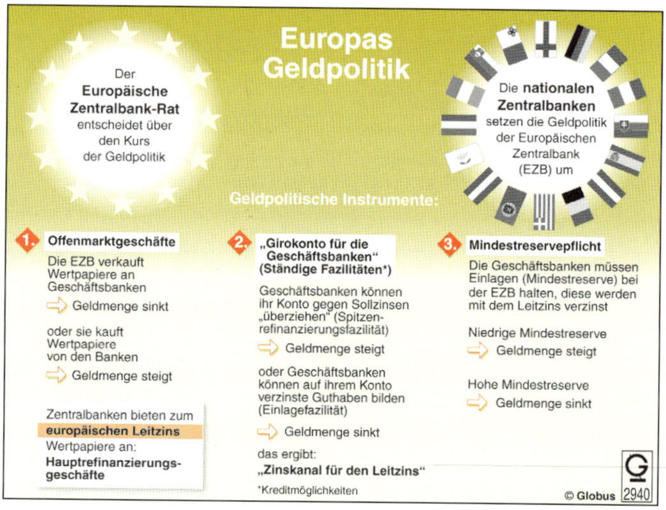

Leitzins	↑	↓
Geldmarktzinsen	↑	↓
Bankzinsen Kapitalmarktzinsen	↑	↓
Nachfrage nach Krediten Geldmenge	↓	↑
Nachfrage auf Gütermärkten	↓	↑
Preisentwicklung	↓	↑

Quelle: Deutsche Bundesbank: Geld und Geldpolitik, Frankfurt 2019, S. 160

Geldpolitisches Instrumentarium

Offenmarktgeschäfte
- Mengentender
- Zinstender

ständige Fazilitäten
- Spitzenrefinanzierungsfazilitäten
- Einlagenfazilitäten

Mindestreservepolitik

▶ Offenmarktgeschäfte

Im Rahmen dieser geldpolitischen Maßnahme kauft oder verkauft das ESZB Wertpapiere am „offenen Markt". Das ESZB eröffnet damit Möglichkeiten der Geldaufnahme für die Geschäftsbanken. Ihnen wird damit freigestellt, wie viele Wertpapiere sie erwerben möchten.

■ Mengentender

Beim Mengentender legt das ESZB fest, zu welchem Zinssatz es bereit ist, diese Geschäfte abzuschließen. Die Geschäftsbanken sind aufgefordert, den Betrag an Zentralbankgeld zu nennen, zu dem sie bereit sind, zu diesem Zinssatz Geld von der Notenbank zu übernehmen.

■ Zinstender

Hier müssen die Geschäftsbanken neben der Betragshöhe auch den Zinssatz benennen, zu dem sie über Wertpapiergeschäfte Geld von der Zentralbank erwerben möchten.

Verkauft das ESZB den Geschäftsbanken Wertpapiere, wird den Käufern **Liquidität entzogen.** Damit verringert sich der Geldumlauf und einer überhitzten Nachfrage nach Gütern wird entgegengewirkt.

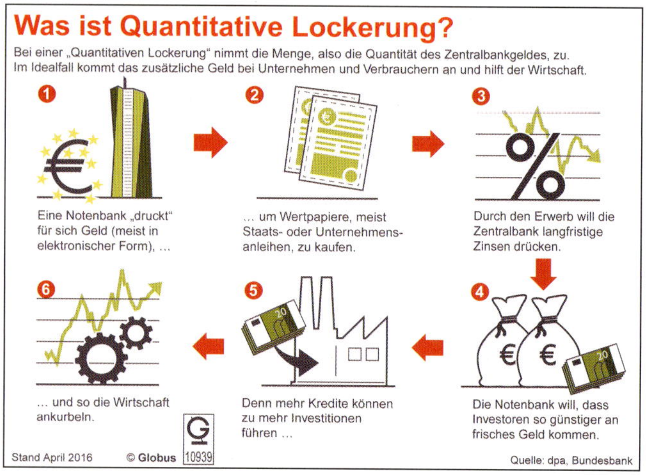

Einige Zentralbanken, darunter die amerikanische und die japanische, haben in den letzten Jahren zu Maßnahmen gegriffen, die als „Quantitative Easing" (QE), auf Deutsch „Mengenmäßige Lockerung", bezeichnet werden. QE kann zum Einsatz kommen, wenn der Leitzins bereits nahe null Prozent liegt und die Geldpolitik über diesen Weg nicht weiter gelockert werden kann. Ab dem Jahr 2011, mit der Verschärfung der Schuldenkrise, senkte die Europäische Zentralbank (EZB) den Leitzins auf das Rekordtief von 0,05 Prozent. Seit März 2015 nutzt die EZB auch die Methode der Quantitativen Lockerung. Dabei verwendet die EZB Geld, meist elektronisch, um Wertpapiere zu kaufen. Das sind vor allem Anleihen von Staaten und Unternehmen. Dadurch sollen die langfristigen Zinsen gedrückt werden und Investoren günstiger an frisches Geld gelangen. Im Idealfall kommt das zusätzliche Zentralbankgeld über die Banken bei Unternehmen und Verbrauchern an. Rund 60 Milliarden Euro pumpte die EZB seit dem März 2015 jeden Monat in den europäischen Markt. Bis mindestens März 2017 sollen insgesamt 1,5 Billionen Euro helfen, die Konjunktur anzukurbeln und die Inflation in Richtung der Zielmarke von knapp unter 2,0 Prozent zu befördern.

▶ Ständige Fazilitäten

Fazilitäten sind Kreditmöglichkeiten, die bei Bedarf von Kreditinstituten in Anspruch genommen werden können.

■ Spitzenrefinanzierungsfazilitäten

Hier bietet die ESZB den Banken die Möglichkeit, sich im Falle eines Liquiditätsengpasses über Nacht Geld auszuleihen. Banken müssen dafür einen Zinssatz von derzeit [seit März 2016] 0,25 Prozent entrichten. Spitzenrefinanzierungsfazilitäten **erhöhen** demzufolge den Kreditspielraum der Geschäftsbanken.

■ Einlagenfazilitäten

Banken können überschüssiges Geld über Nacht bei der Zentralbank anlegen und erhalten dafür – derzeit [seit September 2019] –0,50 Prozent – Zinsen. Einlagenfazilitäten **verringern** daher den Kreditspielraum der Geschäftsbanken.

▶ Mindestreservepolitik

Kreditinstitute sind durch die aktive Giralgeldschöpfung in der Lage, das Kreditangebot um ein Mehrfaches der Bargeldmenge zu erhöhen (vgl. S. 470). Für das Europäische Zentralbankensystem ist es daher erforderlich, über ein Instrument zu verfügen, diese Giralgeldschöpfung zu steuern. Mittel dazu ist die **Festlegung der Mindestreservehöhe,** die die Geldschöpfungsmöglichkeit der Geschäftsbanken beschneidet. Je höher der Mindestreservesatz festgelegt wird, desto niedriger ist der Geldschöpfungsspielraum der Geschäftsbanken und desto stärker wird deren Kreditangebot begrenzt.

- Steuert die Wirtschaft auf inflationärem Kurs, kann durch eine Erhöhung der Mindestreservesätze das Kreditpotenzial der Geschäftsbanken beschnitten werden. Aufgenommenes Geld wird teurer, Kredite nur noch in begrenztem Maße nachgefragt. Damit kann eine Verringerung der gesamtwirtschaftlichen Nachfrage eingeleitet werden, durch die wiederum die Inflationsgefahr abgeschwächt wird.
- Erscheint eine Ankurbelung der Wirtschaft notwendig, können die Mindestreservesätze gesenkt und damit die Kreditspielräume ausgeweitet werden. Die Zinsen geben nach und die Nachfrage nach Krediten zur Finanzierung von Investitionen und privatem Konsum regen den Wirtschaftskreislauf an.

Zusammenfassung

Geldpolitik als Mittel staatlicher Wirtschaftspolitik

wirkt über den **Liquiditätsspielraum der Banken** und die **Zinshöhe** auf die **Nachfrage nach Konsum- und Investitionsgütern**

Instrumente

- Offenmarktgeschäfte
  - Mengentender
  - Zinstender
- ständige Fazilitäten
  - Spitzenrefinanzierungsfazilitäten
  - Einlagefazilitäten
- Mindestreservepolitik

Aufgaben

35

(1) Wie stellt sich das Verhältnis zwischen Bundesregierung und Bundesbank bei der Steuerung der Geldpolitik dar?

(2) Erläutern Sie die Möglichkeiten der Geldschöpfung!

(3) Berechnen Sie jeweils mithilfe des Geldschöpfungsmultiplikators, wie viel Giralgeld im Rahmen der aktiven Giralgeldschöpfung aus einer Bareinlage eines Bankkunden maximal geschaffen werden kann, wenn die jeweilige Überschussreserve stets voll ausgeliehen wird!

	Bareinlage	Kassenreserve	Mindestreserve
a)	150 000 EUR	5 %	30 %
b)	150 000 EUR	15 %	25 %
c)	800 000 EUR	10 %	20 %
d)	800 000 EUR	5 %	35 %

(4) Skizzieren Sie die Aufgaben der verschiedenen Träger der Geldpolitik im System der Europäischen Zentralbanken!

(5) Welche Aufgaben erfüllt die Deutsche Bundesbank in diesem Rahmen und im Verhältnis zur Bundesregierung?

(6) Welche Folgen für andere am Wirtschaftsleben Beteiligte haben Veränderungen der Geldpolitik durch die verschiedenen geldpolitischen Instrumente?

(7) Welches wirtschaftspolitische Ziel verfolgt die Europäische Zentralbank (EZB) durch ihre Geldpolitik vorrangig?

a) Vollbeschäftigung

b) außenwirtschaftliches Gleichgewicht

c) Umweltschutz

d) Stabilität des Preisniveaus

e) stetiges und angemessenes Wirtschaftswachstum

f) gerechtere Einkommensverteilung

(8) Welche der folgenden Maßnahmen unterstützen tendenziell eine Konjunkturbelebung?

a) Die Europäische Zentralbank (EZB) erhöht den Mindestreservesatz.

b) Die Abschreibungsmöglichkeiten werden ausgedehnt.

c) Die EZB erleichtert den Geschäftsbanken die Aufnahme von Krediten.

d) Der Beitragssatz zur gesetzlichen Krankenversicherung wird gesenkt.

(9) Welches konjunkturelle Ziel verfolgt die EZB, wenn sie eine Zinssenkung beschließt?

a) Die Sparneigung soll erhöht werden.

b) Die Investitionsneigung soll gebremst werden.

c) Die Investitionsneigung soll erhöht werden.

d) Die steigende Inflation soll gebremst werden.

3.4 Wachstum und Wachstumspolitik

Die Sicherung des Wirtschaftswachstums ist grundlegende Aufgabe der Wirtschaftspolitik eines Staates. So verlangt das „Gesetz zur Förderung der Stabilität und des Wachstums der Wirtschaft", dass Bund und Länder in der Bundesrepublik Deutschland ihre wirtschafts- und finanzpolitischen Maßnahmen in der Weise ausrichten, dass sie zu einem stetigen und angemessenen Wirtschaftswachstum beitragen *(§ 1 StabG).*

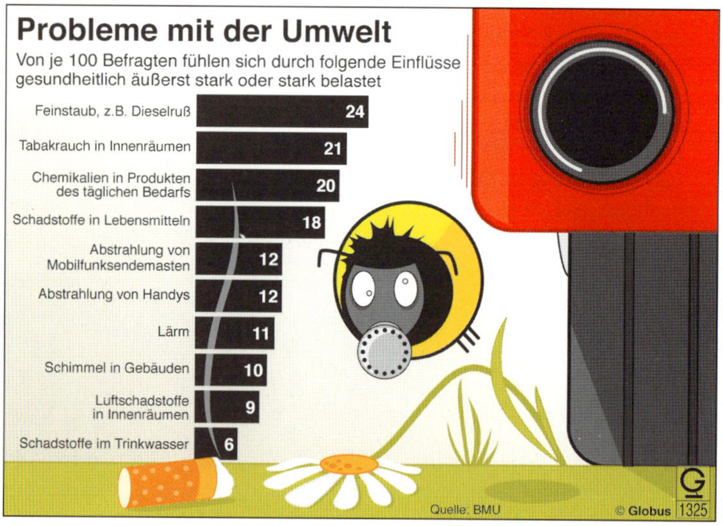

Begründet wird dieses Ziel damit, dass das **Wirtschaftswachstum:**

- Arbeitsplätze sichere,
- den Wohlstand der Bürger erhöhe,
- zu einer gerechteren Verteilung des Einkommens und Vermögens zwischen allen am Wirtschaftsleben Beteiligten beitrage.

Kritiker der Forderung nach stetigem wirtschaftlichen Wachstum halten entgegen, dass „Wachstum um jeden Preis":

- den Katalog der Umweltbelastungen weiter steigere,
- die natürlichen Ressourcen der Erde noch schneller ausschöpfe,
- keinesfalls mehr Lebensqualität für die Menschen bedeute.

Doch was ist eigentlich unter Wirtschaftswachstum zu verstehen?

3.4.1 Begriff des wirtschaftlichen Wachstums

Die gesamtwirtschaftliche Leistung eines Landes wird üblicherweise am **realen Bruttoinlandsprodukt** (vgl. S. 339ff.) gemessen. Dieser **Wachstumsindikator** dient der Wirtschaftspolitik jedoch nicht nur zur Beurteilung und Gestaltung der konjunkturellen Entwicklung des Landes, sondern auch zur Messung des Wohlstandes der Volkswirtschaft.

Positive Zuwachsraten des Bruttoinlandsproduktes bescheinigen entsprechendes Wachstum. Bleibt der Indikator konstant, liegt „Nullwachstum" vor. Sinkt er gar, spricht man von negativem Wachstum oder besser von einem Schrumpfungsprozess der Wirtschaft.

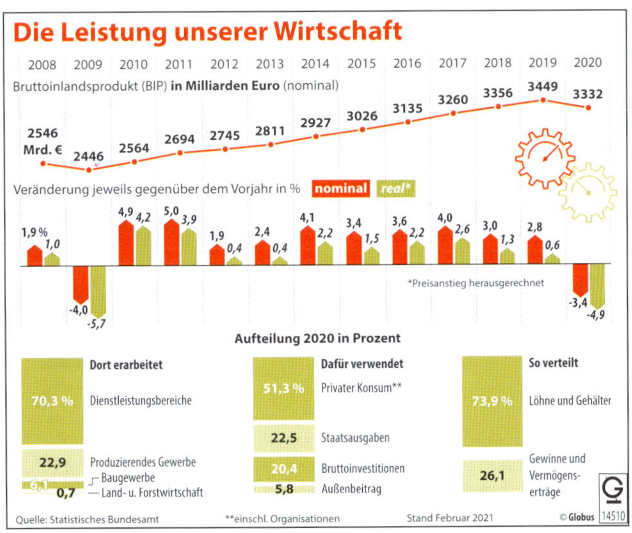

Das Jahr 2020 war ein schlechtes Jahr für die deutsche Wirtschaft. Die Folgen der Corona-Pandemie führten zu Einbrüchen, die in ihrer Stärke mit der Wirtschafts- und Finanzkrise im Jahr 2009 vergleichbar sind. Damals sank das nominale Bruttoinlandsprodukt (BIP) um 4,0 Prozent im Vergleich zum Vorjahr. Rechnet man den Preisanstieg heraus, lag das Minus sogar bei 5,7 Prozent. 2020 waren die Veränderungen ähnlich: nominal minus 3,4 Prozent und real minus 4,9 Prozent. Dabei war das Wachstum 2019 schon geringer ausgefallen als die Jahre davor. Der Grund waren u.a. Handelskonflikte. Im Jahr 2020 lag das BIP bei 3332 Milliarden Euro und damit unter dem Wert des Jahres 2018. – Im BIP spiegelt sich die gesamtwirtschaftliche Leistung wider. In ihm wird der Wert aller produzierten Güter und geleisteten Dienste zusammengefasst. Die Arbeiten eines kleinen Handwerksbetriebs sind im BIP ebenso enthalten wie die Produktion eines Industriekonzerns. Die Leistungen des Transportgewerbes, des Dienstleistungssektors, des Handels, der Banken und Versicherungen sowie der Landwirtschaft spiegeln sich darin genauso wider wie die des Staates, der Kirchen, der Gewerkschaften und anderer Organisationen. Ins BIP fließen zudem auch Schätzungen für die Bereiche Schwarzarbeit, Prostitution, Drogenhandel und Tabakschmuggel ein.

Doch diese Prozentwerte sagen nicht unbedingt etwas über die Vorteile aus, die für den Bürger mit dem Wachstumsanstieg verbunden sind. Steigt das Bruttoinlandsprodukt etwa um 4 %, die Bevölkerung aber im gleichen Zeitraum um 10 %, nutzt das erreichte Wirtschaftswachstum dem Einzelnen wenig.

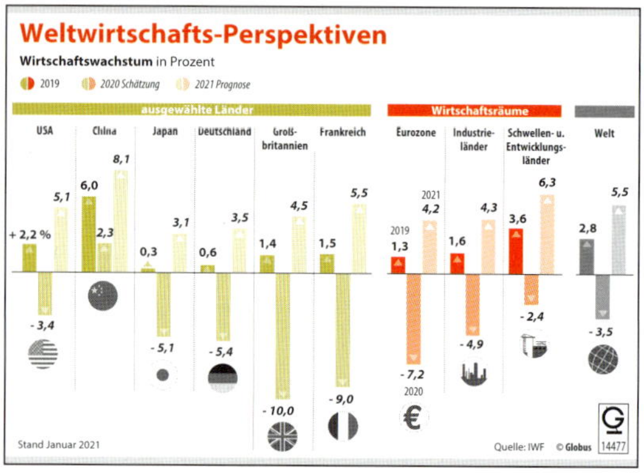

Die Corona-Pandemie hat die Weltwirtschaft im Jahr 2020 in eine schwere Rezession gezwungen. Nun gibt die Entwicklung von Impfstoffen Hoffnung, dass es im Jahr 2021 wirtschaftlich wieder bergauf gehen wird. Der Internationale Wirtschaftsfonds (IWF) hat im Januar seine Prognose für das laufende Jahr leicht angehoben: Statt der erwarteten 5,2 Prozent Wachstum weltweit (Prognose vom Herbst 2020) gehen die Wirtschaftsexperten nun von 5,5 Prozent Plus aus. – Der Einbruch der Weltwirtschaft im vergangenen Jahr mit einem geschätzten Minus von 3,5 Prozent sei die schlimmste Rezession seit der Weltwirtschaftskrise vor rund 90 Jahren, so der IWF. So schrumpfte die Wirtschaftsleistung in den Industrieländern um fast fünf Prozent und in den Schwellen- und Entwicklungsländern um 2,4 Prozent. Allerdings gibt es eine bemerkenswerte Ausnahme: China, ebenfalls ein Schwellenland und die nach den USA zweitgrößte Volkswirtschaft der Welt, konnte durch sehr harte Lockdown-Maßnahmen im Frühjahr 2020 den Corona-Ausbruch schnell unter Kontrolle bringen. Am Ende des Jahres lag die chinesische Wirtschaft mit 2,3 Prozent im Plus. Damit war China das einzige größere Land, das im vergangenen Pandemie-Jahr ein Wirtschaftswachstum verzeichnen konnte.

Dieser Wettlauf zwischen der Mehrerzeugung von Gütern und der Entwicklung der Bevölkerungszahl ist für viele Entwicklungsländer charakteristisch. Vorrangiges Ziel in diesen Staaten ist vor allem die Deckung elementarer Grundbedürfnisse, während in hoch entwickelten Industrienationen eine Steigerung des Bruttoinlandsproduktes durch vermehrte Angebotsvielfalt, neue Dienstleistungs- oder Freizeitbranchen gekennzeichnet ist.

Wie stark der Mensch die Erde beansprucht, spiegelt der ökologische Fußabdruck wider. Anfang der 1990er-Jahre erfunden, dient dieses Werkzeug als eine Art Buchhaltungssystem für unsere natürlichen Ressourcen. Berechnet wird er in globalen Hektar (gha): je kleiner der Wert, desto besser. Besonders die Industrieländer erreichen extrem hohe Werte. Angeführt wird der Ländervergleich laut Living Planet Report 2018 von Katar, es folgen Luxemburg, die Vereinigten Arabischen Emirate und die Mongolei. Ihre Fußabdrücke sind viel größer als ihre eigene biologische Kapazität. Auch die USA und Kanada sowie viele europäische Länder können ihren Ressourcenbedarf nicht im eigenen Land decken. Sie müssen Lebensmittel, Waren und andere Leistungen importieren. Ein Beispiel ist Soja: Für den Anbau von Sojapflanzen, die unter anderem in deutschen Ställen als Energiefutter landen, wird in Südamerika großflächig Regenwald gerodet. Auf der anderen Seite gibt es Länder, die mit viel weniger auskommen (müssen). Dazu zählen beispielsweise Eritrea und Osttimor. Rein rechnerisch steht jedem Menschen auf der Welt nur eine Fläche von 1,7 gha zur Verfügung. Auch der Fußabdruck eines Menschen in Deutschland ist fast drei Mal so groß, wie er eigentlich sein sollte.

3.4.2 Bestimmungsgründe des Wachstums

Sieht man von konjunkturellen Schwankungen der Wirtschaft ab, kann man die Steigerung des Bruttoinlandsproduktes auch mit einer Ausweitung der Produktionsfaktoren Arbeit, Kapital, Boden und technisches Wissen (Know-how) gleichsetzen. Da der Bestand an natürlichen Ressourcen gleich bleibt und das Bruttoinlandsprodukt pro Kopf der Bevölkerung als Maßstab für Wachstum maßgeblich sein sollte, sind für das Wirtschaftswachstum vor allem der **technische Fortschritt** und das **Angebot an Kapital** entscheidend.

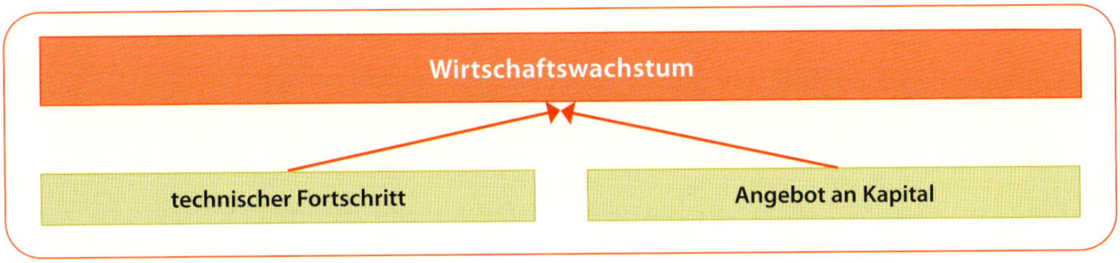

▶ Technischer Fortschritt

Neuartige Güter tragen dazu bei, dass der Wohlstand der Bevölkerung eines Landes zunimmt. Von den durch Verbesserungen des Know-how möglichen **Produktinnovationen** gehen in vielen Wirtschaftsbereichen Wachstumsimpulse aus: Konsumenten fragen neue Güter nach. Unternehmen sind gezwungen, durch erhöhte Forschungs- und Entwicklungstätigkeiten den Wissensvorsprung anderer Anbieter auszugleichen, wollen sie nicht selbst in Absatzprobleme geraten.

Innovationen bei Produktionsverfahren bewirken, dass bei gleichbleibendem Einsatz der Produktionsfaktoren eine größere oder qualitativ hochwertigere Gütermenge erstellt bzw. die gleiche oder qualitativ bessere Gütermenge mit geringerem Faktoreinsatz erzeugt werden kann.

> Im Bereich der erneuerbaren Energien hat der technische Fortschritt zu alternativen Energiequellen geführt, die vor allem als Photovoltaik, Solarwärme, Windkraft, Wasserkraft, Geothermie immer effektiver genutzt werden können und so einen wertvollen Beitrag zum Umweltschutz leisten.

▶ Angebot an Kapital

Je mehr investiert wird, desto schneller kann die Wirtschaft wachsen. Das Angebot an Kapital ergibt sich durch die Summe aus vergangenen und neuen Investitionen. Dieser **Kapitalstock** wächst also nur so lange, wie neue Investitionen die Abschreibungen für Verschleiß und Veralterungen der bisherigen Anlagen übersteigen. Um Wachstumswirkung zu haben, müssen Investitionen daher grundsätzlich höher ausfallen als die jährliche Abschreibungsrate der Wirtschaft. Im Allgemeinen bedeutet diese höhere Investitionsquote aber auch, dass – vom Staat oder den Bürgern – entsprechend mehr gespart werden muss, um dem Kapitalmarkt die notwendigen Mittel zuzuführen.

3.4.3 Wachstumspolitische Maßnahmen

Technischer Fortschritt und Kapitalstock sind die treibenden Kräfte des Wachstums. Will der Staat dem Ziel des stetigen Wirtschaftswachstums zuarbeiten, muss er in einer marktwirtschaftlichen Ordnung **Rahmenbedingungen schaffen,** die die Erhöhung beider Faktoren auf Dauer sichern.

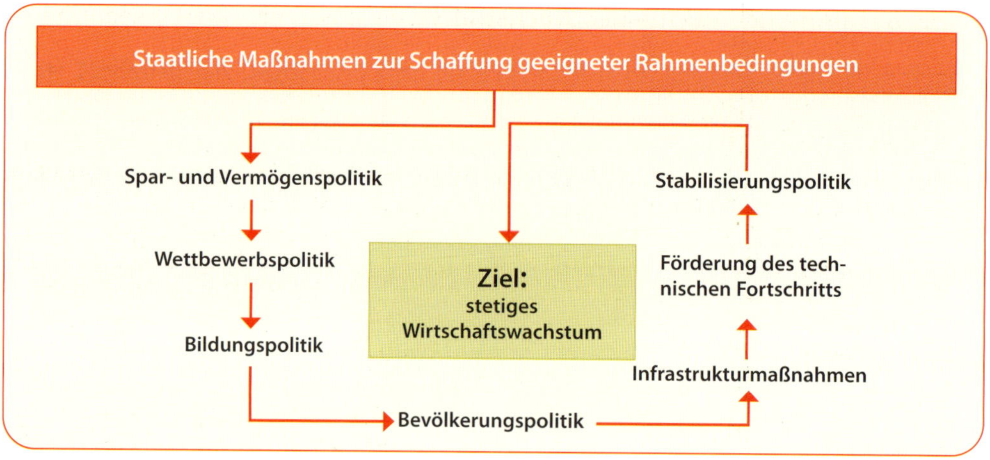

Spar- und Vermögenspolitik

Ohne Sparen keine Investitionen. Wird das Gesamteinkommen der privaten Haushalte zu Konsumzwecken verbraucht, können keine Gelder angelegt und über das Bankensystem den Unternehmen zu Investitionen zur Verfügung gestellt werden. **Der Staat fördert daher die Sparneigung seiner Bürger** durch entsprechende Anreize (z.B. Vermögensbildung im Rahmen des Vermögensbildungsgesetzes, Einkommensteuervergünstigungen im Rahmen der Sonderausgaben für geleistete Lebensversicherungsbeiträge, Wohnungsbauprämie nach dem Wohnungsbau-Prämiengesetz).

Zudem ist es erforderlich, über die Vermögenspolitik Zuwächse möglichst gleichmäßig zu verteilen. Wachstum soll nicht nur einer Bevölkerungsgruppe zugute kommen, sondern muss allen einen angemessenen Zugewinn ermöglichen. Steuergesetze, die in Abhängigkeit von der Höhe des Einkommens oder vom Wert der zufließenden Erbschaften bzw. Schenkungen gestaffelte Abgaben verlangen, tragen zu diesem Ziel bei.

Wettbewerbspolitik

Mehr Spielraum für den Wettbewerb führt zu **mehr Konkurrenz zwischen den Unternehmen.** Er dient indirekt der Innovationsfreudigkeit und fördert Produktionsausweitungen. Mit entsprechenden Rechtsnormen kann der Staat dazu beitragen, dass auf den Märkten freier Wettbewerb möglich ist. Aber auch der Abbau noch bestehender Marktzutrittsschranken wie bei Energie- und Versorgungsunternehmen oder im Gesundheitsbereich schafft dem Wettbewerb größere Freiräume.

Bildungspolitik

Bildungspolitik zu betreiben ist für jeden Staat ein Stück **Zukunftssicherung.** Schulen, Universitäten und andere Aus- und Fortbildungseinrichtungen sorgen dafür, dass das fachliche Können der Arbeitskräfte den ständig wachsenden Ansprüchen moderner Arbeitsplätze gerecht wird. Wissen ist einerseits für den Einzelnen von persönlichem Wert, andererseits stellt es für die Gesellschaft ein bedeutendes Investitionsgut dar.

Die Unternehmen selbst fördern durch gezielte Fortbildungsmaßnahmen, eigene Ausbildungsstätten oder die Freistellung von Arbeitnehmern zur beruflichen Weiterqualifikation dieses „Wissenspotenzial". Während diese Bildungsangebote eher zweckgerichtet gestaltet sind, nehmen heute viele Bürger in ihrer Freizeit an Bildungsmaßnahmen teil, um sich – je nach individueller Neigung – zusätzliche fachliche oder allgemeinbildende Kenntnisse anzueignen.

▶ Bevölkerungspolitik

Misst man das wirtschaftliche Wachstum am realen Bruttoinlandsprodukt, ist die **Bevölkerungsentwicklung nicht ohne Einfluss auf die Wachstumsrate.** Stetiges Wachstum kann bei gleichem technischen Know-how und gleicher Jahresarbeitszeit nur erreicht werden, wenn die Bevölkerungszahl zunimmt. Mehr Konsumenten und mehr Arbeitskräfte tragen dann zur positiven wirtschaftlichen Entwicklung bei. Starke Geburtenrückgänge führen hingegen dazu, dass ganze Industriezweige aus Arbeitskräftemangel ihre Kapazitäten nicht auslasten können oder die Nachfrage nach bestimmten Gütern (etwa Baby- oder Kinderartikel) stagniert bzw. zurückgeht.

Bezieht man wirtschaftliches Wachstum auf das reale Bruttosozialprodukt pro Kopf der Bevölkerung, führt eine starke Geburtenzunahme selbst bei guter wirtschaftlicher Entwicklung zu schrumpfenden Wachstumsraten. Daher versuchen Staaten wie China oder Indien, durch Geburtenkontrolle die Bevölkerungsentwicklung nicht zu stark explodieren zu lassen. Länder mit geringem Bevölkerungswachstum bieten hingegen Anreize für mehr Geburten, wie es z. B. in der Bundesrepublik Deutschland entweder durch die Zahlung von Kinder- und Elterngeld oder die einkommensteuerliche Begünstigung von Familien mit Kindern (Kinderfreibeträge) geschieht.

▶ Infrastrukturmaßnahmen

Voraussetzung für eine ausreichende Investitionstätigkeit von Unternehmen ist weiterhin **eine geeignete Infrastruktur,** die in aller Regel vom Staat geschaffen wird. Die Bereitstellung von Wasser und Energie, der Ausbau des Verkehrsnetzes, die Abfallentsorgung, die Sicherung der Gesundheit der Bevölkerung oder die Aufrechterhaltung der öffentlichen Ordnung dienen dabei nicht nur wirtschaftlichen Interessen, sondern kommen direkt auch jedem Bürger zugute.

▶ Förderung des technischen Fortschritts

Der Staat fördert mit erheblichen Mitteln die private und öffentliche Forschung. **Grundlagenforschung** an Universitäten und anderen Institutionen kommt letztendlich allen Unternehmen zugute. Gezielte **Forschungsaufträge** in zukunftsträchtige Technologien sichern das Wissen für die nächsten Jahrzehnte.

Aber auch private Unternehmen haben erkannt, dass ihre **Forschungs- und Entwicklungsinvestitionen** mindestens genauso wichtig sind wie Produktionsausweitungen im Anlagevermögen. Gerade ein Land wie die Bundesrepublik Deutschland, die ihre seit Jahren aktive Handelsbilanz insbesondere dem hohen technischen Standard ihrer Produkte verdankt, darf auf diesem Sektor nicht in Rückstand zur internationalen Konkurrenz geraten.

▶ Stabilisierungspolitik

Selbst wenn Privathaushalte mit hoher Sparquote in großem Umfang Mittel für Investitionen bereitstellen, bedeutet dies nicht zwangsläufig, dass Unternehmen auch bereit sind, diese Gelder in Anspruch zu nehmen. Voraussetzung dafür ist nicht zuletzt eine **stetige vorausschaubare Wirtschaftspolitik,** die Krisen im Inneren und nach außen vermeidet. Ein Klima, in dem Unternehmen ihre Zukunftsaussichten und Gewinnchancen positiv beurteilen, beeinflusst deren Investitionstätigkeit maßgeblich.

3.4.4 Grenzen des Wachstums

Immer wieder begegnet man den Argumenten, dass ohne **quantitatives Wachstum,** also der rein mengenmäßigen Steigerung des realen Bruttoinlandsproduktes,

- Arbeitsplätze gefährdet seien,
- die Sozialversicherung in bisherigem Rahmen nicht mehr finanzierbar wäre,
- der allgemeine Wohlstand infrage stünde,
- die Zukunft allgemein wenig rosig aussehe.

Andererseits werden Zweifel am Wachstum um jeden Preis geäußert, für das

- noch größere Umweltschäden,
- die Aufzehrung der natürlichen Rohstoff- und Energievorräte,
- eine verminderte Lebensqualität für den Bürger

in Kauf zu nehmen seien.

Der globale Klimawandel, die Verschlechterung der Qualität von Luft und Wasser, eine vom Aussterben bedrohte Tier- und Pflanzenwelt, die Ausbeutung der Rohstoff- und Energiereserven, die durch Umweltbelastungen hervorgerufenen Gesundheitsschäden der Menschen – eine Liste, die sich noch lange fortsetzen ließe – skizzieren die aktuellen Umweltprobleme.

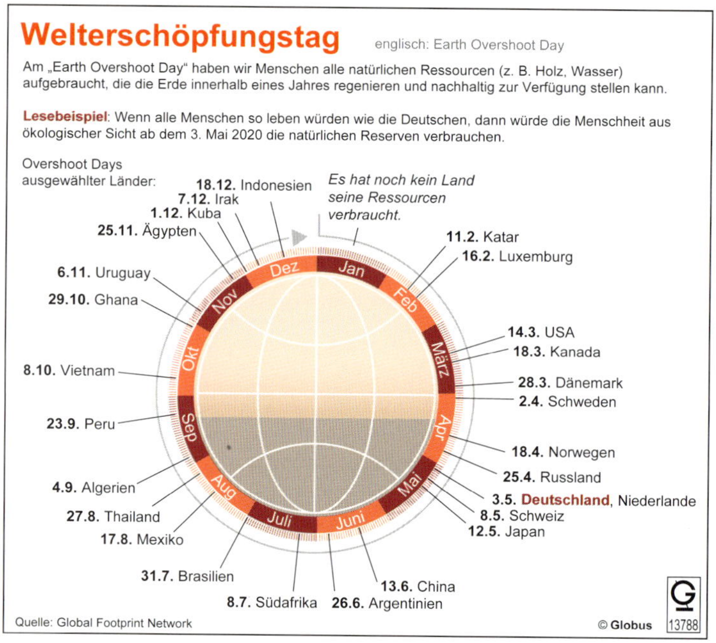

Wenn alle Menschen weltweit so leben würden wie die Deutschen, dann hätten sie am 3. Mai 2020 das Budget der Natur für das gesamte Jahr aufgebraucht. Jedes Jahr veröffentlicht die Forschungsorganisation Global Footprint Network die „Earth Overshoot Days" für zahlreiche Länder. Am schnellsten verbrauchen die Einwohner von Katar die natürlichen Ressourcen der Erde. Für ihre Berechnungen legen die Forscher eine Art Buchhaltungssystem an. Auf der einen Seite steht der Verbrauch der Menschen: Wie viel Energie verbrauchen wir, wie viel Fisch haben wir gefangen und wie viel Kohlendioxid stoßen wir aus? Auf der anderen Seite stehen die Leistungen der Natur: Wie viel Kohlendioxid können Wälder und Ozeane aufnehmen, wie schnell können sich Fischbestände erholen und wie schnell wachsen Bäume nach? Der Overshoot Day markiert den Tag, ab dem sich unsere Ökosysteme nicht mehr erholen können. Von diesem Tag an leben die Menschen sozusagen auf Pump.

Grundsätzlich stellt sich die Frage, wer für die Kosten des Umweltschutzes (ggf. in welchem Umfang) aufkommen soll und wie weiteren Zerstörungen vorgebeugt werden kann. Die konsequente Durchsetzung des Verursacher-, Vorsorge-, Kooperations- und Gemeinlastprinzips (vgl. S. 459 f.) umreißt das Aufgabenfeld einer verantwortungsbewussten effizienten Umweltpolitik.

Aber wirtschaftliches Wachstum muss nicht notwendigerweise mit weiteren Umweltschäden einhergehen! Eine Gesellschaft, die grundsätzlich auf Wachstumsinvestitionen verzichtet, beschneidet zudem nicht nur die heutigen sozialen Errungenschaften, sondern gefährdet gleichzeitig die Zukunft der nächsten Generationen.

Entscheidend scheint daher zu sein, in Zukunft **qualitatives Wachstum** zu unterstützen. Dazu ist sowohl der Staat als auch jedes Wirtschaftssubjekt gefordert.

- Der Staat muss **Rechtsnormen erlassen,** die helfen, weitere Umweltschäden zu vermeiden. Darüber hinaus ist die **Einhaltung staatlicher Vorgaben** bezüglich des Gewässer- und Lärmschutzes, der Reinhaltung der Luft sowie der Abfallbeseitigung **zu kontrollieren.**

Mit ihrem Klimapaket bringt die Bundesregierung zunächst zahlreiche Förder- und Entlastungsmaßnahmen auf den Weg und kombiniert diese mit einem moderaten CO_2-Preis.

Klimaschutzprogramm 2030: Was die Bundesregierung plant

Zusatzausgaben/Mindereinnahmen in Millionen Euro

	2020	2021	2022	2023
Nicht näher benannte Einzelmaßnahmen	**1.516**	**1.698**	**1.732**	**2.164**
Gebäudesanierung	**0**	**152**	**303**	**455**
Pendlerpauschale	**0**	**20**	**169**	**212**
E-Mobilitätsförderung	**33**	**69**	**101**	**123**
E-Dienstwagen	**11**	**27**	**42**	**60**
Wohngeld	**0**	**60**	**60**	**60**
Mindereinnahmen durch Senkung der EEG-Umlage	**0**	**900**	**1.750**	**2.200**
Mindereinnahmen durch niedrigere Mehrwertsteuer auf Bahntickets	**224**	**269**	**275**	**280**
Insgesamt	**1.784**	**3.195**	**4.432**	**5.554**

Quellen: Bundesministerium der Finanzen, Institut der deutschen Wirtschaft
© 2019 IW Medien / iwd

iwd

Quelle: Institut der deutschen Wirtschaft Köln e.V.: iwd # 21 vom 10.10.2019, S. 2

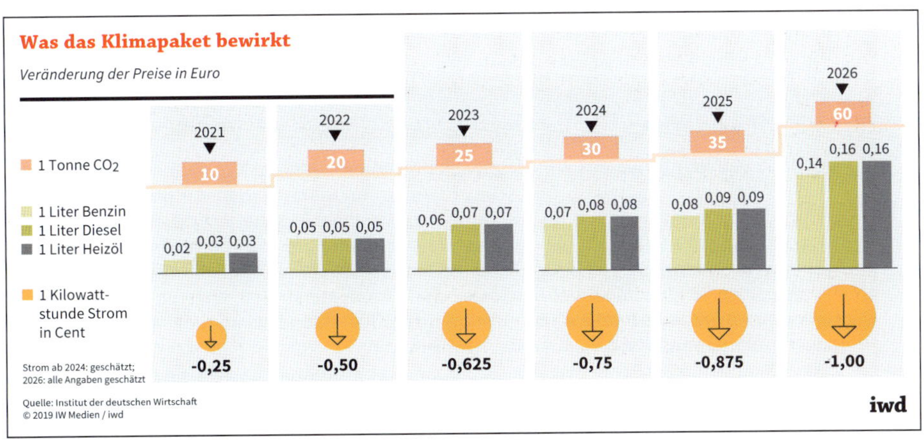

Quelle: Institut der deutschen Wirtschaft Köln e.V.: iwd # 21 vom 10.10.2019, S. 2

- **Technologien sind umweltfreundlich zu gestalten.** Produktionsverfahren sollten möglichst rohstoff- und energieschonend ausgelegt werden. Dabei anfallende Kosten dürfen nicht zulasten der Allgemeinheit gehen, sondern müssen vom Hersteller getragen werden. Bereits bei der Konzeption eines neuen Produktes oder Produktionsverfahrens müssen Umweltaspekte (z. B. Recycling- oder Entsorgungseignung) mit berücksichtigt werden.
- **Reduzierung der in Unternehmen anfallenden Abfälle,** nicht zuletzt durch die Verringerung unnötiger Verpackungsmaterialien (Müllvermeidung).
- **Die Rückgewinnung (Recycling) und Rückführung wertvoller Rohstoffe in den Produktionsprozess** müssen bis an die Grenze des technisch Möglichen vorangetrieben werden.
- Ein entscheidender Schritt zu größerem Umweltbewusstsein wäre auch dadurch erreichbar, dass **umweltfreundliche Produkte zu niedrigeren Preisen angeboten würden** als umweltschädigende. Über den Preismechanismus könnten dann die unerwünschten Waren vom Markt verdrängt werden.
- **Von jedem einzelnen Verbraucher muss ökologisch verantwortungsbewusstes Handeln gefordert werden.**

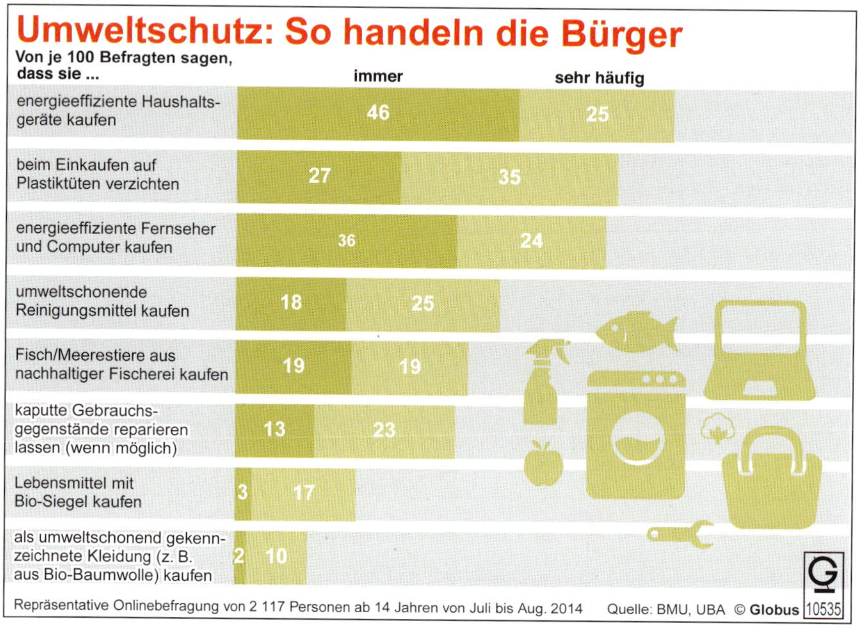

Seit 1996 veröffentlichen das Bundesumweltministerium und das Umweltbundesamt regelmäßig die Studie „Umweltbewusstsein in Deutschland". Alle zwei Jahre werden die Bundesbürger unter anderem nach ihrem Engagement für die Umwelt sowie ihrer Einschätzung der Umweltqualität befragt. Fast die Hälfte der Befragten gab an, dass sie sich beim Kauf von Haushaltsgeräten immer für energieeffiziente Produkte entscheiden. Jeder Vierte tut dies sehr häufig. Beim Kauf von Fisch und Meerestieren wählen 38 Prozent immer bzw. sehr häufig Produkte aus nachhaltiger Fischerei. Die Nachfrage nach grünen Produkten ist auch bei Reinigungsprodukten und Strom groß: 43 Prozent greifen immer oder häufig zu umweltschonenden Reinigungsmitteln, 39 Prozent haben schon einmal Ökostrom bezogen. In anderen Bereichen wie Bekleidung und Lebensmitteln ist der Griff der Verbraucher zu nachhaltigen Produkten noch eher selten. Drei Prozent der Befragten kaufen ausschließlich Lebensmittel mit Bio-Siegel, und nur zwei Prozent entscheiden sich immer für Kleidung, die als umweltschonend gekennzeichnet ist. Vor allem bei umweltfreundlich hergestellter Kleidung stimme das Angebot der Hersteller noch nicht, sagen die Experten der Studie.

Unter den genannten Voraussetzungen wären **qualitatives Wachstum und Umweltschutz gemeinsam zu verwirklichen,** wobei ein Gleichgewicht zwischen Ökonomie und Ökologie entsteht. Die Umweltindustrie hat damit gute Aussichten, der Wachstumsgarant für die Zukunft zu werden.

Maßnahmen zum Klimaschutz, zum Artenschutz, zur Luftreinhaltung sowie zur Wärmedämmung von Gebäuden helfen nicht nur der Umwelt, sondern schaffen in Deutschland auch Arbeitsplätze und Umsatz. Für das Jahr 2018 belief sich dieser nach Angaben des Statistischen Bundesamtes auf 71,4 Milliarden Euro. Damit sank der Umsatz gegenüber dem Vorjahr um 3,5 Prozent. Ein Großteil dieses Rückgangs geht auf die Windenergiebranche zurück. Der Umsatz der Herstellung, Installation und Wartung von Windkraftanlagen sank gegenüber 2017 um knapp 30 Prozent auf 12,7 Milliarden Euro. Insgesamt erwirtschaftete der Bereich Klimaschutz, zu dem auch die Windenergie zählt, einen Umsatz von knapp 46 Milliarden. Das waren knapp acht Prozent weniger als im Vorjahr. Rund 289 300 Männer und Frauen arbeiteten 2018 im Bereich Umweltschutz.

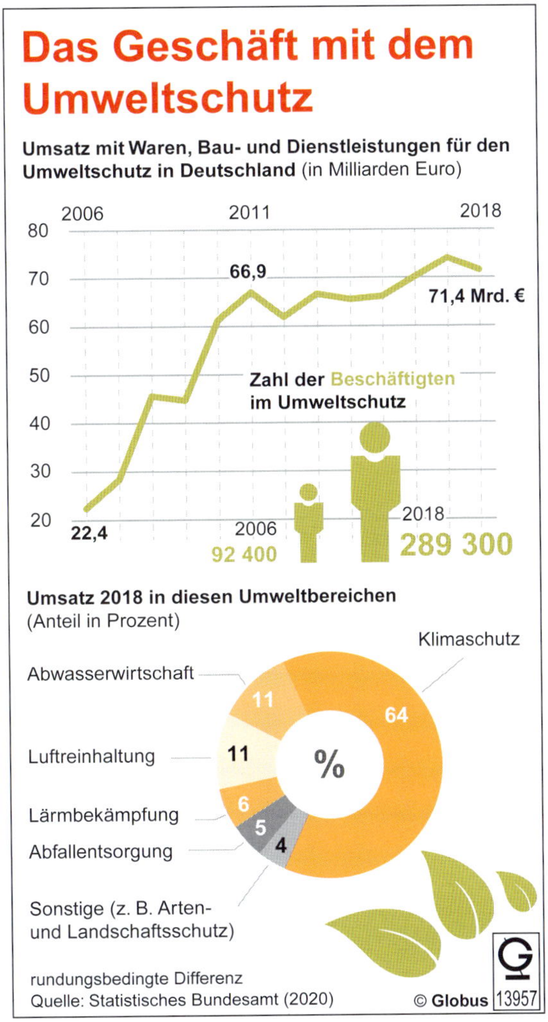

▶ Zusammenfassung

Wachstum und Wachstumspolitik

Indikator für wirtschaftliches Wachstum

- reales Bruttoinlandsprodukt

Träger des wirtschaftlichen Wachstums

- technischer Fortschritt, also innovative Produkte und Produktionsverfahren
- Kapitalangebot (also der Kapitalstock, der sich aus der Summe früherer und neuer Investitionen errechnet)

Wachstumspolitische Maßnahmen

- Spar- und Vermögenspolitik
- Wettbewerbspolitik
- Bildungspolitik
- Bevölkerungspolitik
- Infrastrukturmaßnahmen
- Förderung des technischen Fortschritts
- Stabilisierungspolitik

Grenzen des Wachstums

- Zunahme von Umweltbelastungen
- begrenzte Rohstoff- und Energiereserven
- Verminderung der Lebensqualität

Quantitatives Wachstum kann nicht ausschließliche Zielsetzung der Wachstumspolitik sein. Eher können qualitatives Wachstum und Umweltschutz in Einklang gebracht werden, z.B. durch

- Erlass und Kontrolle staatlicher Vorgaben zur Beseitigung und Vermeidung von Umweltbelastungen
- umweltfreundlich gestaltete Technologien
- Abfallreduzierung in Unternehmen
- Rückgewinnung und -führung von Rohstoffen in den Produktionsprozess
- gesteigertes Umweltbewusstsein
- ökologisch verantwortungsbewusstes Handeln der Verbraucher

Aufgaben 36

(1) Mit welchen Argumenten wird das Ziel des stetigen Wirtschaftswachstums begründet?

(2) Worin sehen Sie negative Auswirkungen eines stetigen Wachstums für den Einzelnen und die Gesamtgesellschaft?

(3) Was versteht man unter „Nullwachstum"?

(4) Beschreiben Sie die Bestimmungsgründe des Wirtschaftswachstums!

(5) *In welcher Größenordnung müssen Investitionen getätigt werden, damit von ihnen Wachstumsimpulse ausgehen?*

(6) *Mit welchen Maßnahmen kann der Staat das wirtschaftliche Wachstum anregen?*

(7) *Warum dehnen Unternehmen trotz vorhandener Investitionsmittel ihre Produktion möglicherweise nicht weiter aus?*

(8) *Wie schafft staatliche Wettbewerbspolitik günstige Bedingungen für ein stetiges Wirtschaftswachstum?*

(9) *In welcher Weise hat die Bevölkerungsentwicklung Einfluss auf die Wachstumsrate?*

(10) *Unter welchen Bedingungen sind qualitatives Wachstum und Umweltschutz gemeinsam zu verwirklichen?*

(11) *Erläutern Sie am Beispiel Ihres Ausbildungsbetriebes, inwieweit sich qualitatives Wachstum und Umweltschutz in Einklang bringen lassen könnten!*

(12) *Ausgaben, die ausschließlich dazu dienen, wachstumsbedingte Schädigungen und Verschlechterungen der Lebens-, Arbeits- und Umweltsituation zu vermindern, auszugleichen oder vorbeugend zu vermeiden, werden als defensive oder kompensatorische Ausgaben bezeichnet.*

Zeigen Sie anhand der im Schaubild dargestellten „Kosten des Wachstums" Lösungsmöglichkeiten auf, die zu einer Verringerung dieser defensiven Ausgaben beitragen können!

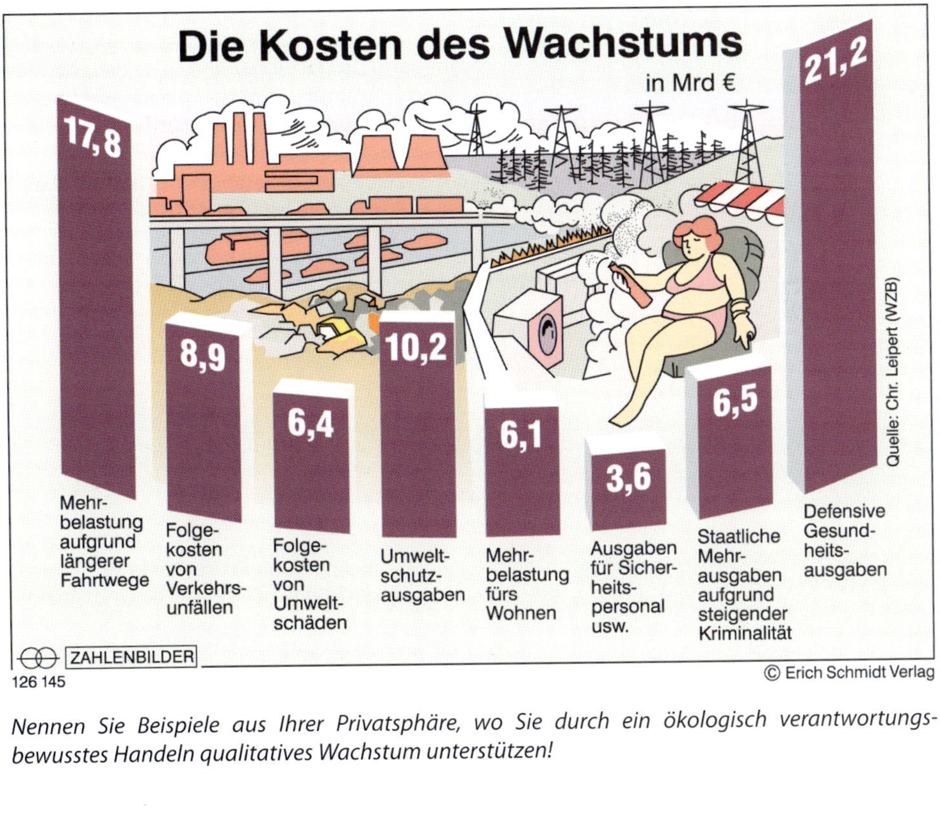

(13) *Nennen Sie Beispiele aus Ihrer Privatsphäre, wo Sie durch ein ökologisch verantwortungsbewusstes Handeln qualitatives Wachstum unterstützen!*

Die normgerechte Gestaltung von Briefvordrucken und -vorlagen gemäß DIN 5008

1 Äußere Form von Briefvordrucken und -vorlagen

Regeln zur Form und Gestaltung kaufmännischer Geschäftsbriefe werden vom DIN, dem **D**eutschen **I**nstitut für **N**ormung e.V. in Berlin, herausgegeben. Sie sind aus der

DIN 5008: Schreib- und Gestaltungsregeln für die Text- und Informationsverarbeitung
(derzeitiger Stand: März 2020)

ersichtlich und dienen dazu, die Geschäftsbriefe durch die **einheitliche Verwendung von Briefvordrucken und -vorlagen** zu rationalisieren und effizient zu gestalten. Zu diesem Zweck wird dabei am häufigsten das **Papierformat A4** (210 mm x 297 mm – Briefbogen im Hochformat) verwendet.

2 Formaler Aufbau von Briefvordrucken und -vorlagen

In der nachstehend aufgeführten Normbriefvorlage A4 nach DIN 5008 (vgl. S. 493) wird der **formale Aufbau** eines Briefvordruckes dargestellt.

Durch die Benutzung dieser genormten Briefvorlagen – in der Regel kommen dabei im Rahmen der elektronischen Textverarbeitung **Dokumentvorlagen** zum Einsatz – wird eine übersichtliche Gliederung gewährleistet. Das Einstellen des linken Randes auf **2,5 cm von der linken Blattkante** ergibt eine einheitliche Begrenzung des Zeilenanfanges **(Fluchtlinie).** An dieser Linie beginnen sowohl das Anschriftfeld, der Betreff, die Anrede, der Brieftext als auch der Gruß, die Unterschrift und ggf. der Anlagenvermerk.

Je nach der **Höhe des Feldes für den Briefkopf,** der den Namen oder die Bezeichnung des Absenders enthält, kann zwischen zwei Geschäftsbriefvorlagen A4 unterschieden werden:

Geschäftsbriefvorlagen A4

- **Form A** → **hochgestelltes Anschriftfeld** mit einem **2,7 cm** hohen Feld für den Briefkopf
- **Form B** → **tiefgestelltes Anschriftfeld** mit einem **4,5 cm** hohen Feld für den Briefkopf

▶ Absenderangabe

Die Absenderangabe (Name und Anschrift des Absenders) ist bei den meisten Briefvorlagen **im Feld für den Briefkopf** bereits vorgedruckt. Dabei kann auch die gesamte Blattbreite zur individuellen Gestaltung der Absenderangabe genutzt werden.

▶ Anschriftfeld

Das aus insgesamt 11 Zeilen bestehende Anschriftfeld ist 8,5 cm breit und 4,5 cm hoch. Neben ggf. möglicher Zusätze und Vermerke sowie der Rücksendeangabe enthält es insbesondere die **Anschrift des Briefempfängers,** die auch im Bereich der Fensterbriefumschläge sichtbar ist.

Das 11-zeilige Anschriftfeld wird in zwei Bereiche unterteilt:

- die **Zusatz- und Vermerkzone** mit der **integrierten Rücksendeangabe** (5-zeilig, die sowohl die – **immer in der jeweils obersten Zeile stehende** – **Rücksendeangabe** enthält als auch die ggf. möglichen **postalischen Zusätze und Vermerke;** die Beschriftung erfolgt **aufwärts**) und
- die **Anschriftzone** (6-zeilig mit den Daten der jeweiligen Empfängeranschrift; die Beschriftung erfolgt **abwärts**).

Inhalt des Anschriftfeldes ist die **Aufschrift,** also alle 11 Zeilen des Anschriftfeldes. Diese Aufschrift wird dabei nicht nur in Geschäftsbriefen, sondern insbesondere auch auf allen Briefhüllen und Etiketten in gleicher Weise angeordnet.

In Geschäftsbriefen beginnt jede dieser 11 Zeilen des Anschriftfeldes an der Fluchtlinie. Das Anschriftfeld sollte dem folgenden Aufbau entsprechen:

Aufschrift (11-zeiliges Anschriftfeld)	5-zeilige **Zusatz- und Vermerkzone mit integrierter Rücksendeangabe**	5			Beschriftung erfolgt aufwärts ↑
		4	**einzeilige postalische Rücksendeangabe mit der Anschrift des Absenders** (⇨ sofern 3 Zeilen für mögliche Zusätze und Vermerke genutzt worden sind),		
		3	**Zusätze und Vermerke** (Vorausverfügungen wie z. B.: Nicht nachsenden!),		
		2	Produktbezeichnungen (z. B. **Einschreiben Einwurf**) und		
		1	**elektronische Frankiervermerke** [⇨ richten sich nach dem jeweiligen Postdienstleister]		
	6-zeilige **Anschriftzone**	1	Empfängerbezeichnung **(Anrede** [z. B. Herrn, Frau], **Branchenbezeichnung, Berufs- und Amtsbezeichnung)**		Beschriftung erfolgt abwärts ↓
		2	Empfängerbezeichnung **(akademische Grade** [z. B. Dr. oder Dipl.-Kffr.], **Vor- und Zuname)**		
		3	Straße und Hausnummer (= **Zustellangabe**) oder Postfach und Postfachnummer (= **Abholangabe**)		
		4	Postleitzahl und Bestimmungsort		
		5	ggf. Leerzeile	falls die jeweilige Empfängeranschrift in den Zeilen 1 bis 4 der Anschriftzone platziert werden konnte	
		6	ggf. Leerzeile		

Innerhalb der Zusätze und Vermerke mit der integrierten Rücksendeangabe sowie innerhalb der Anschriftzone werden **keine Leerzeilen** geschrieben, also

- weder zur Trennung der Zusatz- und Vermerkzone mit der integrierten Rücksendeangabe von der nachfolgenden Anschriftzone
- noch innerhalb der Anschriftzone vor der Postleitzahl und dem Bestimmungsort.

Der Text in der Zusatz- und Vermerkzone mit der integrierten Rücksendeangabe beginnt **nur dann in der fünften Zeile der Aufschrift,** wenn er auch insgesamt 5 Zeilen umfasst. Demzufolge beginnt ein vierzeiliger Text in der vierten Zeile. Eine einzeilige Rücksendeangabe (also ohne weitere postalische Zusätze und Vermerke) steht in der ersten Zeile der Zusatz- und Vermerkzone, also unmittelbar oberhalb der 6-zeiligen Anschriftzone. Da die Rücksendeangabe in die Zusatz- und Vermerkzone integriert worden ist, steht die **postalische Rücksendeangabe des Absenders immer in der obersten Zeile.** Aus diesem Grunde darf bei der Verwendung von Fensterbriefhüllen die Absenderangabe auf dem Briefumschlag auch entfallen.

In den nachfolgenden **Musteranschriften** – jeweils dargestellt am Beispiel des absendenden Unternehmens ([Balleria GmbH, Postfach 10 49, 59425 Unna] als einzeilige Rücksendeangabe) kennzeichnen

- die Ziffern vor dem Zeilenanfang die jeweilige Position in der 11-zeiligen Aufschrift,
- die Punkte (.) die Anzahl der jeweiligen Leerzeilen.

5 .
4 .
3 .
2 .
1 Balleria GmbH, Postfach 10 49, 59425 Unna
1 Frau
2 Petra Salzmann
3 Baumschulenweg 17
4 39128 Magdeburg
5 .
6 .

5 .
4 .
3 Balleria GmbH, Postfach 10 49, 59425 Unna
2 Einschreiben
1 Persönlich
1 Herrn Bankdirektor
2 Dr. Werner Schröter
3 Commerzbank AG
4 Bahnhofstraße 144
5 66111 Saarbrücken
6 .

5 .
4 .
3 .
2 .
1 Balleria GmbH, Postfach 10 49, 59425 Unna
1 Herrn Oberstudienrat
2 Horst Peters M.A.
3 Hölderlinstr. 34
4 74074 Heilbronn
5 .
6 .

5 .
4 .
3 .
2 .
1 Balleria GmbH, Postfach 10 49, 59425 Unna
1 Blumengroßhandel
2 Irene Kurlig e.K.
3 Personalabteilung
4 Industriestraße 303
5 04229 Leipzig
6 .

5 .
4 .
3 .
2 Balleria GmbH, Postfach 10 49, 59425 Unna
1 Eilzustellung
1 Finanz-Nachrichten
2 Anzeigenannahme
3 Frau Böhl
4 Postfach 12 50
5 52013 Aachen
6 .

5 .
4 .
3 .
2 Balleria GmbH, Postfach 10 49, 59425 Unna
1 Einschreiben mit Rückschein
1 Textilwarenfabrik
2 Corinna Müller OHG
3 Kohlmarkt 5
4 23552 Lübeck
5 .
6 .

Bezugszeichen und Kommunikationsangaben

Bezugszeichen und Kommunikationsangaben zu den in der Geschäftsbriefvorlage A4 bereits **vorgedruckten Leitwörtern** sollen die Bearbeitung des Briefes erleichtern. Alternativ zum **Standardinformationsblock** darf auch ein individuell gestalteter Informationsblock verwendet werden. Geschäftsbriefvorlagen mit einer **Bezugszeichenzeile** sieht die im März 2020 überarbeitete DIN 5008 nicht mehr vor.

Bezugszeichen und Kommunikationsangaben in Geschäftsbriefvordrucken und -vorlagen DIN A4

Briefvordruck und -vorlage **mit Standardinformationsblock**	Briefvorduck und -vorlage **mit gestalteten Informationsblock**
Leitwörter, Bezugszeichen und Kommunikationsmöglichkeiten werden in Form **eines Standardinformationsblockes rechts neben dem Anschriftfeld** geschrieben.	Leitwörter und Bezugszeichen werden in Form **eines gestalteten Informationsblockes rechts neben dem Anschriftfeld** geschrieben. Dabei werden die Leitwörter in der Geschäftsbriefvorlage des Standardinformationsblockes **individuell** ergänzt, weggelassen oder verändert.

Standardinformationsblock*

Ihr Zeichen:
Ihre Nachricht vom:
Unser Zeichen:
Unsere Nachricht von:
■ < *Leerzeile* >
Name:
Telefon:
Telefax:
E-Mail:
■ < *Leerzeile* >
Datum:

Die jeweiligen Bezugsangaben des Briefes erfolgen unmittelbar hinter dem Leitwort, und zwar in der im Geschäftsbrief verwendeten Schriftart und -größe.

vorgedruckte Leitwörter

individuell gestalteter Informationsblock (Beispiel)

Vorgangsnummer:
■ < *Leerzeile* >
Ihre Gesprächspartnerin:
Abteilung:
■ < *Leerzeile* >
Telefon:
Telefax:
E-Mail:
Internet:
■ < *Leerzeile* >
Datum:

Die jeweiligen Bezugsangaben des Briefes erfolgen unmittelbar hinter dem Leitwort, und zwar in der im Geschäftsbrief verwendeten Schriftart und -größe.

Kalenderdaten und Briefdatum als **Bezugsangaben sollten stets numerisch** angegeben werden. Dabei müssen alle Jahresangaben generell **vierstellig** sein, Monat und Tag sind stets **zweistellig** aufzuführen.

Im Einzelnen soll auf die **Leitwörter, Bezugszeichen und Kommunikationsmöglichkeiten des Standardinformationsblocks** näher eingegangen werden:

- **Ihr Zeichen, Ihre Nachricht vom**

  Diktat- oder Aktenzeichen sowie das Datum des zu beantwortenden Geschäftsbriefes werden hier aufgeführt. Das numerisch anzugebende Datum wird entweder **absteigend** im Format JJJJ-MM-TT (Gliederung erfolgt mit einem Bindestrich) **oder** – bei Schreiben an inländische Empfänger – **aufsteigend** im Format TT.MM.JJJJ (Gliederung erfolgt durch Punkte) geschrieben.

  > 2021-12-05 bzw. 05.12.2021

- **Unser Zeichen, unsere Nachricht vom**

  Hier muss das Kurzzeichen des für den Inhalt des Briefes Verantwortlichen sowie ggf. auch das Kurzzeichen des Briefschreibers bzw. der Briefschreiberin erscheinen. Wird darüber hinaus auf einen eigenen früheren Geschäftsbrief Bezug genommen, so ist das Datum dieses Schreibens ebenfalls zu vermerken. Dieses numerisch anzugebende Datum wird – wie zuvor beschrieben – entweder **absteigend** im Format JJJJ-MM-TT (Gliederung erfolgt mit einem Bindestrich) **oder** – bei Schreiben an inländische Empfänger – **aufsteigend** im Format TT.MM.JJJJ (Gliederung erfolgt durch Punkte) geschrieben.

- **Name, Telefon, Telefax, E-Mail**

  Bei diesen Leitwörtern werden

  - der Name des für den Inhalt des Briefes zuständigen Sachbearbeiters bzw. der zuständigen Sachbearbeiterin,
  - die Telefonnummer (bzw. die Telefondurchwahl) sowie
  - die jeweiligen Kommunikationsdaten (Telefax und E-Mail) des zuständigen Sachbearbeiters bzw. der zuständigen Sachbearbeiterin

  angegeben.

- **Datum**

  Wie alle Kalenderdaten, so wird das Ausfertigungsdatum des aktuellen Schreibens numerisch **absteigend oder** – bei Schreiben an inländische Empfänger – **aufsteigend** geschrieben.

Betreff

Der **Betreff** ist eine kurze inhaltliche Zusammenfassung des Briefes und soll die Weiterleitung an die zuständige Abteilung erleichtern. Der Wortlaut des Betreffs wird mit zwei Leerzeilen vom Informationsblock abgesetzt und beginnt an der Fluchtlinie.

Anrede

Die **Anrede** beginnt nach zwei Leerzeilen unter dem Betreff. Persönlich bekannte Geschäftspartner werden mit Namen angeschrieben. Ist der direkte Empfänger namentlich nicht bekannt, so empfiehlt sich die allgemeine Anrede „Sehr geehrte Damen und Herren". An das Ende der Anrede wird ein Komma gesetzt. In Ausnahmefällen (z. B. bei einer 4. Mahnung mit gleichzeitiger Klageandrohung) kann das Ausrufezeichen stehen.

Normbriefvorlage A4 (mit Standardinformationsblock) (Maße in Millimetern)

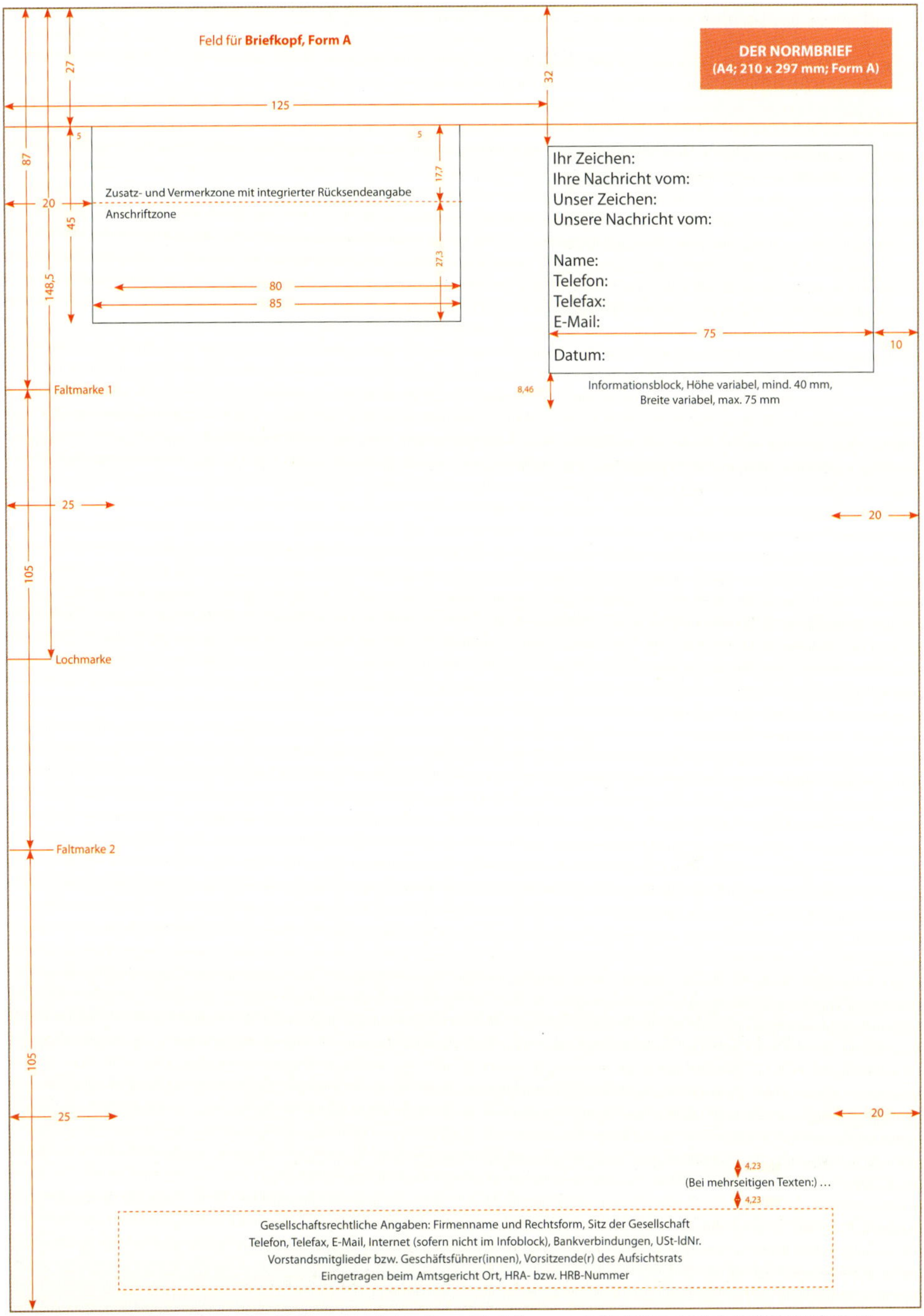

In Anlehnung an: DIN Deutsches Institut für Normung e.V.: Schreib- und Gestaltungsregeln für die Text- und Informationsverarbeitung, 6. Auflage, Berlin 2020, Seite 56.

▶ Brieftext

Der an der Fluchtlinie beginnende **Brieftext** folgt einer Leerzeile nach der Anrede. Der Text des Geschäftsbriefes wird in **Sinnabschnitte gegliedert.** Nach jedem Absatz folgt eine Leerzeile. Der nachfolgende Absatz beginnt wieder an der Fluchtlinie.

Wichtige Angaben können u. a. durch Wechsel der Schriftgröße, Kursivschrift oder Einrücken hervorgehoben werden. Eingerückte Textteile werden vom vorausgehenden und vom nachfolgenden Text **durch je eine Leerzeile** abgesetzt.

Enthält der **Fließtext** des Geschäftsbriefes **Kalenderdaten,** sollte die **alphanumerische Datumsschreibweise** gewählt werden. Dabei ist die Jahreszahl stets **vierstellig** anzugeben. Der Monatsname sollte im Fließtext jedoch nicht abgekürzt werden. Einstellige Tagesangaben enthalten bei alphanumerischer Schreibweise des Datums **keine** führende Null.

> 5. Dezember 2021

▶ Gruß

Jeder Geschäftsbrief endet in der Regel mit einem **Gruß** (z. B. „Freundliche Grüße", „Mit freundlichen Grüßen"). Der Gruß beginnt eine Leerzeile nach dem Brieftext an der Fluchtlinie.

▶ Unterschrift

Die an der Fluchtlinie beginnende **Unterschrift** besteht aus

1. **der maschinenschriftlichen Bezeichnung des Unternehmens, die bei Bedarf auch auf mehrere Zeilen verteilt werden kann,**
2. **der handgeschriebenen Unterschrift des Inhabers oder dessen Bevollmächtigten** (Art und Umfang der erteilten Vollmacht werden durch **Zusätze** [z. B. ppa., i. A., i. V.] kenntlich gemacht. Die Zusätze stehen zwischen der maschinenschriftlichen Bezeichnung des Unternehmens und der maschinenschriftlichen Namenswiedergabe oder vor der Namenswiedergabe in derselben Zeile.) sowie
3. **der maschinenschriftlichen Namenswiederholung des Unterzeichnenden.**

Der Inhaber muss mit dem vollen Firmennamen unterzeichnen. Die Angabe der maschinenschriftlichen Bezeichnung des Unternehmens erscheint nach einer Leerzeile unter dem Gruß, die maschinenschriftliche Namenswiederholung drei Leerzeilen darunter.

▶ Anlagenvermerk

Der **Anlagenvermerk** dient dazu, den Empfänger auf beiliegende Papiere oder Muster hinzuweisen. Die **„Anlagen"** können unter dem gleichlautenden Vermerk auch einzeln aufgeführt werden.

Das Wort „Anlage", das **nicht** unterstrichen wird, darf auch durch Fettschrift hervorgehoben werden.

Der empfohlene Mindestabstand des Anlagenvermerkes sollte betragen:

1 Leerzeile zur maschinenschriftlichen Namenswiederholung des Unterzeichnenden **oder**

3 Leerzeilen zum Gruß oder zur maschinenschriftlichen Bezeichnung des Unternehmens.

Verzeichnis der Gesetze und Rechtsverordnungen

AAG	Gesetz über den Ausgleich der Arbeitgeberaufwendungen für Entgeltfortzahlung (Aufwendungsausgleichsgesetz)
AGG	Allgemeines Gleichbehandlungsgesetz (Antidiskriminierungsgesetz)
AktG	Aktiengesetz
AMPreisV	Arzneimittelpreisverordnung
ArbZG	Arbeitszeitgesetz
BBankG	Bundesbankgesetz
BBiG	Berufsbildungsgesetz
BEEG	Gesetz zum Elterngeld und zur Elternzeit
BetrVG 1972	Betriebsverfassungsgesetz 1972
BeurkG	Beurkundungsgesetz
BGB	Bürgerliches Gesetzbuch
DrittelbG	Gesetz über die Drittelbeteiligung der Arbeitnehmer im Aufsichtsrat (Drittelbeteiligungsgesetz)
EStG	Einkommensteuergesetz
FPfZG	Familienpflegezeitgesetz
GenG	Genossenschaftsgesetz
GewO	Gewerbeordnung
GG	Grundgesetz
GmbHG	Gesetz betreffend die Gesellschaft mit beschränkter Haftung
GWB	Gesetz gegen Wettbewerbsbeschränkungen
GwG	Geldwäschegesetz
HGB	Handelsgesetzbuch
HWG	Heilmittelwerbegesetz
JArbSchG	Jugendarbeitsschutzgesetz
KrWG	Kreislaufwirtschaftsgesetz
KSchG	Kündigungsschutzgesetz
LStDV	Lohnsteuer-Durchführungsverordnung
MitbestG	Mitbestimmungsgesetz
MuSchG	Gesetz zum Schutz von Müttern bei der Arbeit, in der Ausbildung und im Studium (Mutterschutzgesetz)
PAngV	Preisangabenverordnung
PartGG	Gesetz über Partnerschaftsgesellschaften Angehöriger Freier Berufe (Partnerschaftsgesellschaftsgesetz)
PflegeVG	Pflege-Versicherungsgesetz
PflegeZG	Pflegezeitgesetz
RRG	Rentenreformgesetz
ScheckG	Scheckgesetz
SGB	Sozialgesetzbuch
SigG	Signaturgesetz
StabG	Stabilitätsgesetz
StGB	Strafgesetzbuch
TKG	Telekommunikationsgesetz
TzBfG	Teilzeit- und Befristungsgesetz
TVG	Tarifvertragsgesetz
UmweltHG	Umwelthaftungsgesetz
UWG	Gesetz gegen den unlauteren Wettbewerb
VerpackG	Gesetz über das Inverkehrbringen, die Rücknahme und die hochwertige Verwertung von Verpackungen (Verpackungsgesetz)
ZPO	Zivilprozessordnung

Stichwortverzeichnis

A

B

32 Merkur-Nr. 0054

D

E

F

G

H

I

J

K

L

M

N

O

P

Q

R

S

T

U

V

W

Z